如皋市人大志

（1949.1—2016.7）

如皋市人大志编纂委员会 编

方志出版社

图书在版编目(CIP)数据

如皋市人大志. 1949.1—2016.7 / 如皋市人大志编纂委员会编. —— 北京：方志出版社，2016.10
ISBN 978-7-5144-2166-8

Ⅰ. ①如… Ⅱ. ①如… Ⅲ. ①地方各级人民代表大会-工作概况-如皋-1949-2016 Ⅳ. ①D624.533

中国版本图书馆CIP数据核字(2016)第259654号

如皋市人大志（1949.1—2016.7）

编　　者：如皋市人大志编纂委员会
责任编辑：梅中英

出 版 人：冀祥德
出 版 者：方志出版社
地址 北京市朝阳区潘家园东里9号（国家方志馆4层）
邮编 100021
网址 http://www.fzph.org
发　　行：方志出版社发行中心
电话（010）67110500
经　　销：各地新华书店
印　　刷：南通彩虹印刷有限责任公司

开　　本：889×1194　1/16
印　　张：28.25
字　　数：814千字
版　　次：2016年10月第1版　2016年10月第1次印刷
印　　数：0001～3000册

ISBN 978-7-5144-2166-8　　定价：150.00元

1992年9月，如皋市第十一届人大常委会第十七次会议听取了市人民政府关于组织评选市树、市花情况的报告，审议决定银杏树为如皋市树，月季花为如皋市花。上图为如皋市树，左下图为如皋市花

1993年2月召开的如皋市第十二届人民代表大会第一次会议上，通过了《如皋市市徽图案的决议》，如皋市徽外形为菱形，近似如皋地图，底色为天蓝色，上有古城墙曲线，中有以如皋市市花月季花金黄色的花蕾、花枝、花叶组成的美术变形体“皋”字。图为如皋市徽

如皋市人大常委会十分重视对古城历史文化的保护，2015年11月27日市十六届人大常委会第三十六次会议通过了关于批准《如皋历史文化名城保护规划》的决议。右上图为全国重点文物保护单位水明楼；右下图为东大街古巷；下图为千年古刹定慧禅寺

2012年6月14日，如皋市第十六届人大常委会第四次会议通过了关于批准《江苏省如皋市生态文明建设规划》（2011—2030）的决议，拉开了创建全国生态文明城市的序幕。2016年6月24日，如皋被命名为国家生态市。图为流光溢彩的龙游河公园音乐喷泉夜景

第八届人大常委会组成人员合影

第九届人大常委会组成人员合影

第十届人大常委会组成人员合影

第十一届人大常委会组成人员合影

第十二届人大常委会组成人员合影

第十三届人大常委会组成人员合影

第十四届人大常委会组成人员合影

第十五届人大常委会组成人员合影

第十六届人大常委会组成人员与市委、"一府两院"主要负责人合影

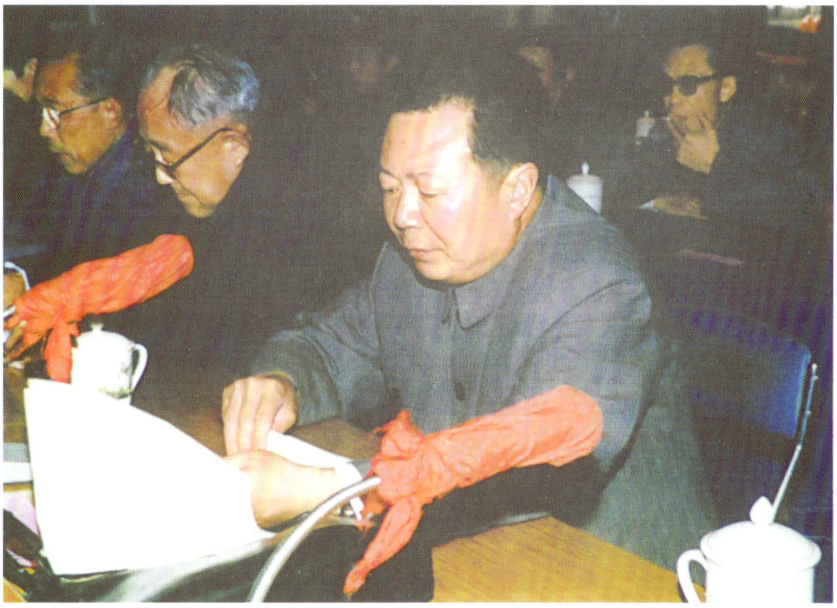
第八届人大常委会主任谢翼飞

第九届人大常委会主任孙忠权

第十届人大常委会主任孙德明

第十一届人大常委会主任刘桂江

第十二届人大常委会主任冯邦才

第十二届、十三届人大常委会主任石秀峰

第十四届、十五届人大常委会主任石耀

第十六届人大常委会主任谢新民

市委每年都专题研究市人大常委会重点工作。图为市委常委会听取市人大常委会工作汇报

图为市委召开全市人大工作会议

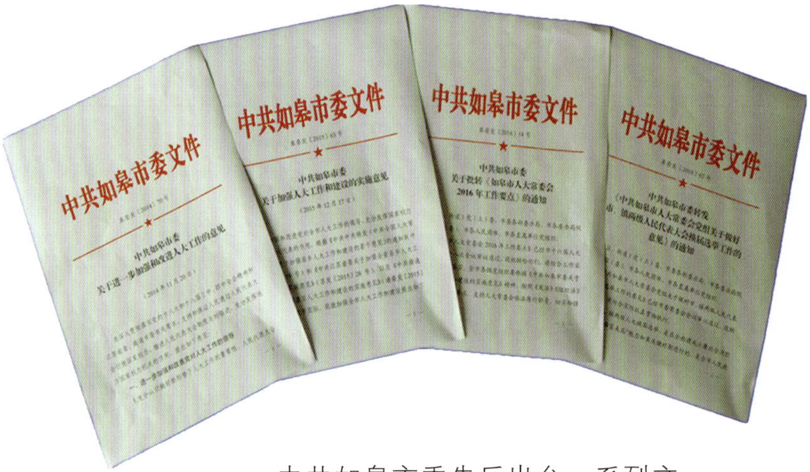

中共如皋市委先后出台一系列文件，以进一步加强和改进党对人大工作的领导

中共如皋市委高度重视市、镇两级人大换届选举工作。图为2016年9月30日市委召开如皋市市、镇两级人民代表大会换届选举工作会议，对换届选举工作进行全面部署

听取和审议“一府两院”的专项工作报告，是人大常委会履行职责的重要途径之一。图为市十六届人大常委会第三十一次会议听取和审议“一府两院”相关工作报告

在履职过程中，市人大常委会十分注重对“一府两院”实施法律法规情况的监督检查。图为市十六届人大常委会开展《档案法》执法检查

市人大常委会高度关注全市经济社会发展情况。图为市十六届人大常委会听取全市经济社会发展情况报告

图为市人大常委会调研文化工程建设情况

农产品质量安全关系到人民群众的切身利益。图为市人大常委会现场检查《中华人民共和国农产品质量安全法》贯彻实施情况

图为市人大常委会督查爱国主义教育基地建设情况

“安全生产，责任重于泰山”。图为市人大常委会督查企业安全生产情况

组织人大代表对政府组成部门的工作进行评议，有利于进一步加强和改进政府部门工作。图为市人大常委会召开市人大代表评议教育和供电工作情况通报会

就某一特定议题或领域相关情况组织开展询问，有利于“一府两院”依法行政、公正司法。图为市十六届人大常委会就“全市生态文明建设情况”开展专题询问

授予荣誉称号是法律赋予人大常委会的一项重要职权。如皋市人大常委会自十四届开展授予荣誉称号活动。图为在2006年2月市十四届人大四次会议上，10人获颁“如皋市人民奖章”

市人大常委会对被提请任命的人员进行任前法律知识考试

2015年7月，全国人大常委会作出关于宪法宣誓制度的决定，以进一步增强新任命人员的宪法意识。图为市十六届人大常委会第四十一次会议上，接受任命人员向宪法宣誓

2014年，市十六届人大常委会任命160名人民陪审员，图为新获任命的人民陪审员合影留念

为进一步坚持和完善人民代表大会制度，保障人民代表依法行使权利，加强跟踪监督，市人大及其常委会高度重视代表建议、批评和意见办理工作。图为市十六届人大常委会召开2016年建议交办会

图为市人大常委会组织开展建议办理工作集中督查活动

2012年7月,市十六届人大常委会组织人大代表专题视察全市教育工作

为进一步加强人大代表和人民群众的联系，不断完善和提升人大代表活动阵地建设，市十六届人大常委会于2014年8月14日召开了全市“人大代表之家”建设推进会，提出了“重规范、全覆盖”的建设要求

基层人大工作者悬挂“人大代表之家”匾牌

市人大常委会重视基层人大干部队伍建设。图为2011年5月11日，全市新任镇人大干部培训班开班典礼

图为市十六届人大常委会召开镇、街道人大工作座谈会

市人大常委会注重加强机关自身建设。图为市人大机关开展党员集中学习活动

市人大工作研究会定期举行活动，积极开展对人民代表大会制度、社会主义民主政治及地方人大工作的研究，助推全市民主政治建设。图为市人大工作研究会举行常务理事会第三次会议

《如皋市人大志》编纂委员会

目　　录

第四篇　人大常委会及组织机构

第五篇　县(市)人大常委会会议

第六篇 人大常委会重要活动和特色工作

第七篇　乡（镇）人大

第八篇　人大工作研究会

第九篇　文件辑存

附　　录

序

如皋地处长江三角洲北翼，建县于东晋义熙七年（公元411年），1991年撤县建市，有“长寿之乡”的美称。如皋地理位置优越，历史悠久，人文荟萃，改革开放以后，特别是近年来，经济社会跨越发展，名列全国县域经济与县域基本竞争力百强县。

人民代表大会制度是中国特色社会主义制度的重要组成部分，也是支撑中国国家治理体系和治理能力的根本政治制度。自1950年1月如皋县第一届各界人民代表会议召开以来，人民代表大会制度已经在雉水大地生根发芽，开花结果。60多年间，特别是地方人大设立常委会的30多年间，如皋历届人民代表大会及其常委会，在中共如皋县（市）委领导下，以经济建设为中心，以加强民主法治建设为己任，认真履行宪法和法律赋予的各项职权，勇于探索，开拓进取，做了大量富有成效的工作，为推进全市社会主义物质文明建设、政治文明建设、精神文明建设和生态文明建设作出了重要贡献。

如皋市人大常委会编纂了《如皋市人大志》（1949.1—2016.7），志书比较全面、真实、系统地记述了如皋县（市）人民代表大会及其常委会立足如皋大地，践行人民代表大会制度的历史轨迹，展示了全市人民当家作主，推进社会主义民主政治建设的历史进程，为今后进一步坚持和完善人民代表大会制度提供了有益的借鉴，对于进一步推进社会主义民主政治建设，更好地行使人民代表大会及其常委会的职权，不断开创如皋人大工作新局面具有一定的指导作用。

我们坚信，在新的历史征程上，如皋人大将在中共如皋市委的坚强领导下，继往开来，开拓前进，为建设“强富美高”魅力如皋作出新的贡献。

中共如皋市委书记 

2016年8月

凡　例

一、本志以马克思列宁主义、毛泽东思想、邓小平理论、“三个代表”重要思想、科学发展观和习近平总书记系列重要讲话为指导,运用历史唯物主义和辩证唯物主义的观点和方法,全面、准确地记述如皋县(市)人民代表大会的历史,力求做到真实性、思想性、科学性和资料性的有机统一,努力体现时代特征和如皋地方特色。

二、本志记述时限,上自1949年1月28日如皋全境解放起,下至2016年7月,个别资料性质时限,下延至2016年9月。

三、区域称谓:1991年6月1日撤县建市前,称如皋县;1991年6月1日至今,称如皋市。

四、本志着重记述如皋县(市)人民代表大会及其常务委员会在行使宪法和法律赋予的职权方面所做的主要工作,重点反映如皋县(市)人民代表大会的地位与作用。对作为人民代表大会主体的人民代表分专篇记述;对履职行权的具体情况在相应篇章中记述;对设立县(市)人大常委会制度以来的人大常委会重要活动和特色工作设专篇加以记述;对最基层的乡、镇(街道)人大工作单列专篇记述,主要内容记述时限上自1981年恢复基层人民代表大会制度起,下至2015年12月底,部分镇、街道人大领导任职时间下延至2016年相关月份;附录部分主要收录有:历届县(市)人民政府县(市)长名录;历届县(市)人民政府副县(市)长名录;历届县(市)法院院长名录;历届县(市)检察院检察长名录;历届出席南通市、江苏省和全国人民代表大会代表大会的代表名录;上级人大领导到如皋视察调研记略。

五、根据地方志书质量的有关规定,本志内容取舍上遵循志书“详近略远,详今略古”的原则。结构上横排纵写,力求横不缺项,纵不断线。体裁上采用述、记、志、图、表、录诸体,以志为主。卷首概述和各篇概述,为全志和各篇之纲。其余按篇、章、节、目、子目,层层相辖,依次记述。图、照集中于卷首展示,表格随文插附。

六、本志以语体文记述,力求表述准确,朴实、严谨。使用规范简化字。标点符号按国家新闻出版总署的统一规定使用。数量词除惯用语或专用名词外,均用阿拉伯数字;计量单位按照不同时期的国家规定记载。

七、本志对机构、部门、社会团体、会议和其他专用名词的简称,按习惯用语使用。

八、本志资料,主要来自市档案局馆藏档案,同时采用历史文献、图书报刊和相关部门、单位档案资料。资料经认真考订、核准后入编,除个别需要加注外,一般不注明出处。

概　述

如皋地处北纬32°00′~32°30′、东经120°20′~120°50′。位于江苏省东部，长江三角洲北翼，滨江临海，紧邻上海，是江海平原最早成陆的地区。东晋义熙七年(公元411年)置县，宋时为中下县，元至元年间升为上等县。民国时为一等县，与湖南邵阳同列为全国最大的县。1940年析为如皋、如西二县。1945年9月，如西县复名如皋县(原设在如皋东乡的如皋县更名为如东县)。中华人民共和国成立后，定为特等县。全市现辖3个街道、11个镇，拥有1个国家级经济技术开发区、1个省级高新技术产业开发区和一个国家一类口岸。总面积1477平方公里，总人口142.7万人。

新中国成立以后特别是改革开放以后，如皋人民解放思想，勇于实践，改革创新，经济实力、城乡面貌发生巨大而深刻的变化。是中国首批对外开放的沿海城市、江苏沿江开发重点县(市)，先后建成国家卫生城市、国家园林城市、国家生态市、中国优秀旅游城市、全国中小城市综合实力百强县(市)、全国县域经济基本竞争力百强县(市)、中国最佳休闲小城、全国最具幸福感县级城市十强和江苏省文明城市，2015年获得全国文明城市提名，素有"江苏历史文化名城、中国花木盆景之都、世界长寿养生福地"的美誉。

一

人民代表大会制度是中国的根本政治制度，而人民代表大会又是人大制度的核心。中国宪法规定："中华人民共和国的一切权力属于人民，人民行使国家权力的机关是全国人民代表大会和地方各级人民代表大会。"人民代表大会制度的实践过程清晰地反映出社会主义民主法治建设的发展进程。如皋县(市)人民代表大会作为地方国家权力机关，和国家的政治生活密切相关，与国家的人民代表大会制度上下呼应，经历了漫长曲折而日臻完善的发展历程。

二

如皋县(市)人民代表大会的前身是如皋县各界人民代表大会会议。根据1949年9月颁布的《中国人民政治协商会议共同纲领》和中央人民政府1949年12月公布的《县各界人民代表会议组织通则》的规定，如皋县于1950年1月6日—9日在如城举行如皋县第一届各界人民代表会议，至1954年7月，共举行四届6次会议。各界人民代表会议召开期间，由会议选举主席、副主席及委员若干人组成会议主席团，负责会议组织等各项工作。闭会期间，由会议选举的主席、副主席及委员若干人组成的常务委员会行使各界人民代表会议职权。

三

根据《中华人民共和国全国人民代表大会和地方各级人民代表大会选举法》的规定，如皋县第一届人民代表大会第一次会议于1954年6月27日至7月4日在如城召开，出席代表471名。至1966年1月3

日至5日的县六届人民代表大会，这期间如皋县人民代表大会共举行六届12次会议。文化大革命期间，县人民代表大会停止活动，人大工作中断。为保持历史的连续性，根据中央、省有关规定，如皋县在文化大革命中成立的县革命委员会，视同如皋县第七届人民代表大会。1981年4月25日至29日在如城召开的如皋县第八届人民代表大会第一次会议，标志着县人民代表大会制度重新恢复。自1981年4月至2016年1月召开的如皋市第十六届人民代表大会第五次会议，共举行县(市)人民代表大会37次。

县(市)人民代表大会都要举行预备会议，由预备会议选出的主席团主持人民代表大会。会议的议程主要有：听取和审查政府工作报告；审查和批准国民经济和社会发展计划、财政预算及其执行情况的报告；听取和审查人大常委会、法院、检察院工作报告，并作出相应决议和决定；选举县(市)国家机关领导人员，选举县(市)出席南通市人民代表大会代表等。

四

根据1979年7月第五届全国人民代表大会第二次会议通过的《关于修正〈中华人民共和国宪法〉若干规定的决定》，如皋县(市)人民代表大会常务委员会由每届人民代表大会第一次会议选举产生，是县(市)人民代表大会的常设机关。推动了如皋民主政治建设，是如皋人民代表大会建设史上的重要里程碑。

县(市)人大常委会的基本工作就是举行人大常委会会议。常委会会议由常委会主任召集，每两个月至少举行一次。

人大常委会的主要职权有：决定本行政区内的重大事项；监督本级国家行政机关、审判机关和检察机关的工作；任免本级国家机关工作人员。

人大常委会实施监督的主要方法有：听取和审议“一府两院”的工作报告，作出相关决议、决定；进行专项评议；组织人大代表进行视察检查和调研；办理议案，督促办理代表建议、批评和意见；处理代表、群众来信来访等。

五

自如皋县第八届人大常委会第一次会议至如皋市第十六届人大常委会第四十二次会议，共召开常委会会议283次，其中八届18次，九届23次，十届22次，十一届20次，十二届34次，十三届38次，十四届46次，十五届40次，十六届42次(截止2016年7月底)。会议由人大常委会主任召集，主要议程是听取和审议“一府两院”的工作报告；讨论和决定重大事项；任免常委会工作部门及“一府两院”国家机关工作人员等。

人大常委会设立党组，主要职责对县(市)委负责，保证党的路线、方针、政策和党的决议在人大常委会得到贯彻执行。

自1981年县(市)设立人大常委会起，历届如皋县(市)人大常委会都能认真履行宪法和法律赋予的各项职权，切实加强对“一府两院”的法律监督和工作监督，保障人民行使管理国家的权力，在实施“依法治国、建设社会主义法治国家”基本方略和民主法制建设中，做了大量工作，为促进如皋经济社会的全面腾飞发挥了重要作用。

第一篇
如皋县各界人民代表会议

概　述

1949年1月初，中国人民解放军华东野战军和中原野战军发起的淮海战役进入尾声，苏中国民党政权呈土崩瓦解之势。1月28日上午8时，苏中一分区第一团二营在《中国人民解放军进行曲》音乐声中，由如皋南门入城，全城民众纷纷涌向街头，欢迎解放军。上午，中共如皋县委、县政府以及警卫连和县警卫团二营六连等部300多人进入如皋城，县政府以县长张继中名义发布第一号通告，宣布如皋县城光复。2月5日，如皋城军事管制委员会成立，华中第一专员公署（同年5月改为泰州专员公署）副专员蔡美江兼任军事管制委员会主任，中共如皋县委书记周泽任副主任，县长张继中、县警卫团政治处主任朱光、中共如皋城区区委书记王遐松、县公安局局长庄振华任委员。同时成立如皋城警备司令部，宣告自即日起对如皋城实行军事管制。

1949年9月21日，在北平开幕的中国人民政治协商会议，通过《中国人民政治协商会议共同纲领》（以下简称《共同纲领》）。《共同纲领》规定："中华人民共和国为新民主主义即人民民主主义的国家，实行工人阶级领导的、以工农联盟为基础的、团结各民主阶级和国内各民族的人民民主专政"，"人民行使国家政权的机关为各级人民代表大会和各级人民政府。各级人民代表大会由人民用普选方法产生之。各级人民代表大会选举各级人民政府。各级人民代表大会闭会期间，各级人民政府为行使各级政权的机关。"《共同纲领》还规定召开普选的人民代表大会需要具备的基本条件，即："凡在军事行动已经完全结束、土地改革已经彻底实现、各界人民已有充分组织的地方，即应实行普选，召开地方的人民代表大会。"鉴于新中国成立初期实行普选的基本条件尚不具备，因此，在组织形式方面，采取从当时实际情况出发的过渡性办法，"在普选的地方人民代表大会召开以前，由地方各界人民代表会议逐步地代行人民代表大会的职权。"1949年12月2日，中央人民政府委员会第四次会议通过和颁布了《省各界人民代表会议组织通则》《市各界人民代表会议组织通则》和《县级各界人民代表会议组织通则》（以下简称《组织通则》）。

根据《组织通则》的规定，"县各界人民代表会议经省人民政府批准，可代行县人民代表大会如下的职权：1.听取与审查县人民政府的工作报告；2.审查与通过县人民政府的预决算；3.建议与决议有关县政的兴革事宜；4.向人民传达并解释县各界人民代表会议决议案，并协助县人民政府动员人民推行；5.选举县人民政府县长、副县长、委员，组成县人民政府委员会。"

县各界人民代表会议每三个月召开一次，但经县人民政府或县各界人民代表会议三分之一代表提议，可提前或延期召集。

如皋县于1949年12月24日邀请各界人士13人，成立县各界人民代表会议筹备委员会，由季一先任主任，王遐松、何景平任副主任。1950年1月，举行如皋县首届各界人民代表会议，选举产生常务委员会，设正副主席。1952年10月，如皋县第四届各界人民代表会议第一次会议通过《如皋县各界人民代表会议组织条例》《如皋县各界人民代表会议议事规则》，明确了经苏北人民行政公署批准，如皋县各界人民代表会议由如皋县人民政府召开，在普选的人民代表大会召开以前代行人民代表大会职权：1.听取和审查县人民政府的工作报告；2.决定本县人民政府施政方针与任务；3.建议与决议有关县政府兴革事宜；4.向人民传达并解释县各界人民代表会议决议案，并协助县人民政府动员人民推行各项工作；5.选举县人民政府县长、副县长、委员，组成县人民政府委员会。

在县各界人民代表会议休会期间，设常务委员会，由县各界人民代表会议选举委员若干人组成，再由常务委员会推选主席一人、副主席若干人,行使以下职权:1.组织与推进县各界人民代表会议代表,在各种场合,以各种方式,传达各界人民代表会议的决议及县人民政府政策,并协助推行;2.经常联系各界人民代表会议代表、民主党派、人民团体、民主人士,并通过他们广泛地联系人民,协助政府动员人民进行各种工作,有计划地搜集各方面意见,及时建议政府采纳;3.接受人民的建议、询问、要求、申诉与批评,负责加以适当地处理,务使有答复有交代;4.继续进行县人民民主统一战线工作,加强各民主党派、人民团体和民主人士的团结与合作;5.组织座谈会和学习会,协助与推动各民主党派、人民团体和民主人士关于时事政策和理论的学习;6.接受与办理苏北区各界人民代表会议委托事项;7.负责进行下层各界人民代表会议的准备工作。

常务委员会每三个月召开两次,但经县人民政府或县各界人民代表会议三分之一代表提议,可提前或延期召集。

1950年1月至1953年4月,如皋县各界人民代表会议历经4届、共举行6次会议,在宣传贯彻党的方针政策,团结和动员全市人民完成土地改革,镇压反革命,开展“三反”“五反”,抗美援朝,生产救灾,克服财政困难,保持社会稳定,发展统一战线,巩固人民政权等方面做了大量工作,发挥了重要作用。县各界人民代表会议的建立及其工作,为实行人民代表大会制度,在普选基础上召开人民代表大会奠定了基础。

第一章　如皋县第一届各界人民代表会议

如皋县第一届各界人民代表会议1950年1月6日至9日在如城召开,出席代表390人。会议听取中共如皋县委所作的生产救灾问题报告和县政府所作的政府工作报告,答复和处理提案84件。通过开展生产救灾、克服财政困难,确保财政收入,加强冬防治安的工作决议。会议选出25人组成县首届各界人民代表会议常务委员会,负责处理大会闭会期间的工作。

主　席	季一先	1950.01—1950.07				
副主席	王遐松	1950.01—1950.09				
	何景平	1950.01—1950.09				
常　委	丁秀松	王遐松	朱明亚	李　瑞(女)	何景平	汪铁君
	沙镇祥	季一先	马骏一	胡瑞坤	姜祝三	姚辉德
	倪锦瑜	陆美银(女)	陈志君	陈汉民	陈家元	孙平生
	孙邦俊	张朝模	张　旭	汤其尧	赵明镜	谢水富
	苏元怡					

第二章 如皋县第二届各界人民代表会议

如皋县第二届各界人民代表会议1950年9月25日至28日在如城召开，出席代表410人。会议以完成土地改革、做好军人复员工作以及秋征为主要内容。选举本届常务委员31人。

主　席	左开运	1950.09—1951.09
副主席	王遐松	1950.09—1951.08
	何景平	1950.09—1950.10

常　委	丁秀松	王遐松	左开运	朱天佑	朱石卿	何景平
	李　瑞(女)	沙镇祥	周德银	马骏一	姜祝三	夏正言
	夏宝连	倪锦瑜	郭裕和	陆美银(女)	陈加有	陈　德
	陈汉民	陈家元	陶肖溪	孙鳌清	孙少山	张　旭
	贾宗文	汤慧余	汤其尧	汤慕徐	刘锦章	魏耀山
	苏元怡					

第三章 如皋县第三届各界人民代表会议

如皋县第三届各界人民代表会议于1951年9月27日至30日在如城召开，出席代表444人。会议听取和讨论县政府工作报告、中共如皋县委《形势与任务》报告，通过深入持久开展抗美援朝运动、开展爱国售棉储棉运动、继续贯彻镇压反革命的方针政策、抓紧农时季节进行秋耕秋种、积极准备秋征工作等决议。选举本届常务委员37人，主席左开运，副主席巫云华、倪锦瑜、陶肖溪、汤慧余。

三届二次会议于1952年4月27日—30日在如城召开，出席代表386人，列席8人。会议听取和讨论如何普遍开展爱国丰产运动，发动群众组织起来，为提高单位面积产量作努力，同时结合进行“三反”“五反”政策的宣传教育。

主　席	左开运	1951.09—1952.10
副主席	巫云华	1951.09—1952.04
	倪锦瑜	1951.09—1952.10
	陶肖溪	1951.09—1952.10
	汤慧余	1951.09—1952.10

常　委　第一次会议选举的37人：

丁秀松	王耀庭	左开运	朱天佑	朱野樵	朱　白
巫云华	杨云高	吴敬宗	吴恕昌	何达盛	沈玉斋
沈松桂	林　茂	马骏一	胡伯兰	姚古渔	倪锦瑜

徐良泉	高兴隆	陆亦清	陆广发	陈友昌	陈　德
陈锦福	陈汝贤	陶肖溪	黄云芳(女)	黄锡五	程趾仁
汤慧余	万国臣	刘　淑(女)	刘松陆	刘延中	潘逸尘
储　骏					

第二次会议调整为33人：

丁邦敬	丁秀松	左开运	朱石卿	李汉卿	沈松桂
何达盛	吴恕昌	金其虎	姚古渔	胡伯兰	倪锦瑜
陈明朋	陈汝贤	陈　德	陈锦福	陈长富	陆亦清
张　健	马骏一	徐微之	唐锡铭	黄云芳(女)	
黄　炎	陶肖溪	汤慧余	杨云高	万国臣	邹义良
阚登连	刘　淑(女)	刘延中	潘逸尘		

第四章　如皋县第四届各界人民代表会议

如皋县第四届各界人民代表会议第一次会议于1952年10月18日至22日在如城召开，出席代表446人。会议以生产工作为中心议题，讨论秋耕、兴修农田水利，继续开展互助合作运动及城乡物资交流工作。选举本届常务委员会委员35人。主席左开运，副主席倪锦瑜、陶肖溪、汤慧余。

如皋县第四届各界人民代表会议第二次会议于1953年4月18日至20日在如城召开，出席代表410人。会议讨论研究继续加强抗美援朝力量，大力开展农业生产运动，整顿发展互助组，做好春耕春种，加强民主建政工作，作好普选准备，贯彻婚姻法及开展爱国卫生、治安、生产自救等工作。

主　席	左开运	1952.10—1954.05
副主席	倪锦瑜	1952.10—1956.03
	陶肖溪	1952.10—1956.03
	汤慧余	1952.10—1956.03

常　委	丁邦敬	丁秀松	丁宗联	左开运	朱春华	朱石卿
	吴兆庆	吴恕昌	金其虎	马骏一	胡伯兰	姜广银
	夏守甫	倪锦瑜	徐微之	徐炳如	唐锡铭	陆亦清
	陈长富	陈明朋	陈　德	陈锦福	陈汝贤	陶肖溪
	孙忠权	张朝模	张秀芳(女)	邹义良	汤慧余	汤宝一(女)
	僧琴舟	刘　淑(女)	潘逸尘	储心斋	阚登连	

第二篇

如皋县（市）人民代表大会代表

概　述

如皋县(市)人民代表大会是如皋县(市)行政区域内国家权力机关。县(市)人民代表大会代表是县(市)国家权力机关组成人员,代表人民的利益和意志,依照宪法和法律赋予本级人民代表大会的各项职权,参加行使国家权力,履行人民当家作主的职责。

县(市)人民代表大会代表实行任期制,任期与县(市)人民代表大会相同。对人民代表大会的任期,不同时期颁布的《中华人民共和国地方各级人民代表大会和地方各级人民政府组织法》有不同规定。县(市)人民代表大会的任期先后规定为二年、三年、五年,县(市)人民代表大会代表的任期与之相应。历届县(市)人民代表大会代表,均经过选举产生,严格按照不同时期颁布的《中华人民共和国全国人民代表大会和地方各级人民代表大会选举法》规定进行。

1954年至1966年,一届至六届县人民代表大会代表的选举工作,均按照1953年2月中央人民政府委员会第二十二次会议通过的《中华人民共和国全国人民代表大会和地方各级人民代表大会选举法》的规定进行。"文化大革命"期间,县人民代表大会停止活动。据1977年10月中共中央召开的各省、自治区、直辖市组织部部长、统战部部长会议关于省、自治区、直辖市人民代表大会有关问题的讨论意见,各省、自治区、直辖市于1967年、1968年成立的革命委员会作为一届人民代表大会计算。

1981年至2012年,八届至十六届县(市)人民代表大会代表的选举工作,按照1979年7月第五届全国人民代表大会第二次会议通过的《中华人民共和国全国人民代表大会和地方各级人民代表大会选举法选举法》和1982年12月、1986年12月、1995年2月、2004年10月、2010年3月全国人大常委会几次修正的《中华人民共和国全国人民代表大会和地方各级人民代表大会选举法选举法》的规定进行。

本篇共收录县(市)人民代表大会二届至六届代表名单、八届至十六届代表名单。由于资料缺失,县第一届人大代表详细名单、县革命委员会委员详细名单未能收录。

第一章　新中国成立以后至"文化大革命"结束期间代表

第一节　第一届人民代表大会代表

第一届人民代表大会代表471名,任期从1954年6月至1957年3月。
倪锦瑜等471人。(因资料缺失无法详列具体名单)

第二节　第二届人民代表大会代表(部分)

第二届人民代表大会代表438名,任期从1957年3月至1958年5月。

城区

吴宗俊	陈文龙	潘逸尘	胡伯兰	董昌荣	马信生(女)
车素英(女)	徐绥之	周奇勇	谢璞成	卢坤和	白玉英(女)
陈加琪	钱顺芝	昌谷宜	吴世达	万秀兰(女)	陶肖溪
王兆文	安子余	吴德修	郑其祥	姚古渔	韩瑞芝
苏　德	王金镛	陈汉民	张　云(女)	陈霭堂	潘信征
叶　枫	刘玉芳(女)	刘新灿	张顺贵	尤国彬	储心斋

城西区

李月昌	彭长凤(女)	范钦元	周继祥	凌光庭	汤克启
梅品山	曹正寿	周秀英(女)	徐仁贵	郭长兴	董法玉
周圣余	何久美(女)	侯书达	王裕祥	严许福	印文才
孙朝仁	许书宽	周省吾	许秀清	徐希才	黄友芝(女)
马贵选	明宏兰(女)	邹又良	姚志卿		

城东区

秦厚庵	许秀兰(女)	刘锡如	王如盛	张国珍	陶天圣
刘寅斋	张金缪	刘维远	骆源溪	陈　飞	黄淑娴(女)
刘镜屏	刘焕明	杨文元	隋龙章	阎玉秀	吴伯均
吴长安	黄玉南	谢珍乔(女)	钱井元	余富贵	朱从明
冯祖荣	冯广发	张广宣	周长凤(女)	周松山	马文银

卢港区

僧琴舟	曾发兴	谢玉芳(女)	倪锦瑜	张明武	丁正宽
黄克明	何锦春	王永国	黄素梅(女)	何长山	李正均
沈忠怀	卢从高	王遐松	王宝余	阎从信	宗序鹄
丁中文	薛佩玉(女)	季德鸿	冯绍庆	张悦英(女)	施国英(女)
宗绪国	施克山				

夏堡区

吕大甫	张永龙	夏保有	肖子贞	周昌美(女)	杨保之
任香山	徐祝轩	魏兴国	陈怀龙	王保银	曹金秀(女)
何剑芒	魏广如	冒子裕	贾同英(女)	朱松朋	韩国绍
黄开成	金乔凤(女)	张启芳	石征祥	陈炳衡	章子山
许昌松	谢从道	邹世安	朱桂英(女)	陈凤英(女)	

磨头区

张　健	张元俊	姜桂芳(女)	王海彬	杨春芳	许大年
徐良忠	郝有池	李普凡	章文宽	陈锦富	张力连(女)
陈季香	石明德	冒圣如(女)	李玉升	陈才美	钱祖成
唐林芳(女)	裴万如	陈光林	鞠明珠	沈伯才	宋成宽
王永美(女)	石来福	周恩陶	沈学根	赵金莲(女)	

江安区

沈　林	戴宜进	孙尔俊	汤玉兰(女)	尤福善	许伯微
徐名刚	环志银	朱子英(女)	顾子南	李莲英(女)	金仁贵
石开忠	许　震	龚寿凤(女)	冒受禄	陈福兵	丁文甫

高华英(女)	易淑庄(女)	柳怀清	钱月余	沈鹤松	章鹤年
柯步云	戴子成				

何正区

邵义良	周俊明	王凤藻	吴国兴	苏之云	刘　亮
刘金枚	周兰芳(女)	时俊堂	蔡忠仁	黄祥和	丁忠联
唐天元	周书明	孙蓬仙	宗子祥	陈少兰	王永福
周荣才	申启江	余林圣	王志中	陈广林	钱文达
李其昌	薛松岭	黄文昌			

石庄区

贾彭林	汤惠余	凌梅宾	徐文虎	杨成益	沙宇清
张光耀	张礼成	吴兆庆	杨本善	毛金根	吴其仁
马宏谟	张书和	张耀才	张乃银	张元浩	沙国兰
徐明哲	石明辉	张万福	蒋东成	陈启新	丁匡一
陈兰芳(女)	陈志余	徐永圣			

江防区

陈松云	郭　云(女)	唐可仁	夏　云	徐秀英(女)	王玉春
张金鸾	刘　杰	沈忠华	朱香琴	郝昌明	沙正祥
仇美英(女)	薛文焕	李薛新(女)	刘　理	黄其兵	宗孝根
吴纪芝	黄广新	陈德琪(女)	朱云圣	蔡玉章	李德圣
陈文焕	何立斋	邵寿发			

薛窑区

薛生才	刘继先	郑令怀	赵海林	杨文广	赵敦厚
夏礼成	韩永富	王海全	朱洪达	陆竹英(女)	杨少春
居家珍	丁学文	浦学贤(女)	金海山	李淑珍(女)	钱振华
姜若秀(女)	祁邦基	薛从杰	郭明成	沙凤山(女)	缪一清
顾仲池	孙光汉	马　芳	陈克俊(女)	马汝开	

平西区

王海泉	李宗衡	李伯俊	张　跃	陈宽玉(女)	张台铨
陈松奎	沈明伦	马高祥	仇正礼	沈德光	赵明镜
田春旭	刘泉珍(女)	马井煌	夏立本	石友兰(女)	责　进
尹士荣	徐长达	茅　强	杜献清	吴美英(女)	季裕伯
朱明裕	郭继华	吴光国	顾永恂(女)	张元炳	刘金高
李中林	朱秀林				

车马湖区

朱炳良	张如金	张道进	石太一	姚美英(女)	马从明
徐凤成	冒琴章	胡殿南	石太明	陈长富	陈金柱
陆春明	张步政	翁淑媛(女)	顾金玉	许贵生	姜德兴
顾井成	秦松井	吴正德	吴道纯	吴年英(女)	徐天祥
吴庭选	马　骏	石昭和	郭载仁	杨中美(女)	

白蒲区

沈成功	陈春江	孙汝群	潘俊卿	窦　建	陈沅泗

周桂元　刘光展　吴宗明(女)　吴西成　谢鸣竹　徐家龙
王佑才　谢　明　陈文斌　陈德奎　曹庆安　顾兆林
孙美英(女)　杨希文　谢国俊　冒长德　金凤英(女)　申必华(女)
谢西蕴(女)　邵应成　杨万富　范德斋　沈婉洁(女)　沈恒龙
朱桂云　张美英(女)

马塘乡

朱太林　汤前方　余承章　薛金凤(女)　王婉兰　冒金富
庄德怀　范青莲(女)　顾本有　郭有于　杨道益　周贤林
刘建芬　陶成佰　曹秀章　冒素英(女)　冒鸿福　陈万圣
陆志深　刘玉珍(女)　张友富　孙美娇(女)　刘竹轩　冯玉龙
孙海平　吴光遂　李昌明　周锦华　司雪兰(女)

第三节　第三届人民代表大会代表(部分)

第三届人民代表大会代表445名,任期从1958年5月至1961年12月。

如城镇

陶肖溪　安子余　吴德修　韩瑞芝　陈汉民　潘信征
刘新灿　张顺贵　卢坤和　储心斋　吴宗俊　董昌荣
徐绥之　钱顺芝　潘逸尘　马信生(女)　谢璞成　冒谷宜
胡伯兰　车素英(女)　白玉英(女)　吴世达　叶　枫　刘玉芳(女)
张　云(女)　王兆文　陈加琪　曹国彬　陈霭堂　姚古渔

刘杨乡

黄　鹏　王子发　李爱芳(女)　潘从彬　杨松山　周松山
高永太　沈太珍(女)

新民乡

胡奠南　卢德龙　朱秀英(女)　韩良富　丁昌芝　钱井元
陈井标　白秀林　谢珍乔(女)

东陈乡

蒋崇岩　徐登高　蒋　建　王婉兰(女)　冒桂芳(女)　黄玉南
张星楼

雪岸乡

张友富　黄万庆　吴伯君　徐天珍　阎毓秀(女)　管秀兰(女)
陈本年

柴湾乡

汤国祥　许　震　陈　飞　朱太林　张达美(女)　刘元宽
陈德琪　王树春　韩　隽

解放乡

冒志裕　徐　建(女)　孙朝仁　许书金　吴志旺　刘开宏
何剑芒　张启方

子厚乡

夏　彬　陈汝贤　张祥友　章中岭　金乔风(女)　王桂生

曹锦秀(女) 韩国绍

邓园乡

曹宏光 薛金涛 郭长兴 王遥松 侯书达 何久美(女)
许逢年 印文才

何庄乡

周继祥 林光庭 汤克启 梅品山 许文有 邓美芳(女)
李月昌 陈显宽 万 成

戴庄乡

张汝铎 秦厚庵 鞠九康 张金缪 王如圣 刘锡如
张祖芳(女) 刘良斋 陶天圣

高明乡

袁吉才 陈秀珍(女) 王正祥 王奎富 周家延 黄素梅(女)
宋邦俊 何锦春 黄克明

夏堡乡

刘 林 丁子根 肖子珍 周昌美(女) 苏建平 陈开庆
夏策良 张宝庆 袁若宏

搬经乡

王朝阳 陈炳衡 章子山 王正华(女) 夏桂兰(女) 石昭则
裴长庆

毕云乡

李昌圣 祝 澄 曾德兴 卢崇高 僧琴洲 王正芳
石 昭 沈中怀 徐竹轩

倪健乡

倪锦瑜 薛正富 谢林冲 袁履银 丁正宽 倪美玉(女)
丁邦贵 周中立 季子峰

胜利乡

苏来平 袁国如 冯广明 吴国兴 沈 林 丁祝山
汤玉兰(女) 孙蓬仙 孙尔俊

邓白乡

苏子云 黄祥和 丁忠联 周可法 环金安 曹光宇
周 太 许秀芝 张乡林

黄市乡

马宏谟 刘金枚 金仁贵 徐明刚 蔡忠仁 徐金如(女)
陈少兰 王永福 尤喜良

新建乡

周俊民 徐远节 张步洲 朱子英(女) 顾子南 李兰英(女)
石开宗

吴窑乡

何立斋 沈中华 刘茂桂 何克礼 邱广如(女) 刘文彬
沈玉斋 黄其兵 沈百桢

石庄镇

赉义士　陈桂村　沙宇清　徐文虎　吴兆庆　吴其仁
贾彭岭　凌墨宾　张礼成

永平乡

黄文昌　吴明章　金美兰(女)　申必华(女)　谢西蕴(女)　倪锦山

二案乡

石云峰　黄国英(女)　于民一　孙云贵　郭　云(女)　王玉春
陈宝才

何正乡

杨成益　石明辉　张元浩　刘美贞(女)　李其昌　石征轩
朱　坤　张乃银

石南乡

姚荣圣　姚日明　李文珍(女)　徐　琳　徐永圣　毛金根
杨本善　石光宗

蔡炎乡

张坤台　王凤藻　沙坤宜　马贵选　陈光勤　明宏兰(女)
邹又良

胡芝乡

朱祥生　陈广林　唐天元　彭仁伶(女)　周久元　姚志卿
张　杰

仁静乡

高申山　许秀清　郭秀梅(女)　周省吾　邹登轩　许兰英(女)
马成如　高申明　沈美英(女)

大明乡

陈才美　钱祖成　王耀庭　王圣才　濮一圣　环玉英(女)
范纯龙　沈义高

磨头乡

赵金莲(女)　吴元友　石来福　周恩陶　裴万如　章荣圣
沈伯才　宋成宽　王永美(女)

桃园乡

张台铨　陈松奎　李伯俊　张　跃　陈宽玉(女)　沈明伦
马高祥　仇正礼

花园乡

陈长富　陈金柱　陆春明　张步政　翁淑媛(女)　顾金玉
许贵生　石太明

车马湖乡

谢从道　邹世安　朱桂英(女)　陈凤英(女)　丁开岩　曹宏梅(女)
陈百海　周荣华　沈良瑞　朱石清　许昌松

下原乡

茅　强　杜献清　宗孝根　吴纪芝　黄广新　郭继华
吴光国　姜德兴　张元炳

长庄乡

沈良弼	黄佩珊	沈伯圣	孙天祥	吴庭选	郭载仁
张桂英(女)	石征琪	郑济南			

九华乡

沈德光	赵明镜	田春旭	刘泉珍(女)	马井煌	刘玉珍(女)
夏立本	李宗衡				

郭园乡

马汝开	王金镛	缪一清	朱洪达	郑令怀	姜若秀(女)
郭明成	薛从杰	薛生才			

龙舌乡

任勤堂	胡秉泉	杨桂如	杨文广	金海山	浦学贤(女)
周贤成					

营防乡

祁邦基	陈克俊(女)	居加珍	王海全	石照生	顾仲池
丁学文					

林梓乡

沈恒龙	顾永恂(女)	吴美英(女)	季裕伯	朱明裕	刘金高
李中林	徐长发				

白蒲镇

王佑才	周桂元	刘光展	沈成功	吴宗明(女)	陈沅四
陈春江	孙汝群	徐家龙	谢　明	窦　建	谢鸣竹

新姚乡

吴光遂	李昌明	周锦华	司雪兰(女)	高华英(女)	孟金山
顾碧光	于春林	陈文彬			

姚园乡

沈婉洁(女)	丁广林	丁文甫	贲　进	尹士荣	邵寿发
石友兰(女)	徐长达				

奚斜乡

孙文卿	张兴庭	丁邦如	孙美英(女)	杨希久	张铁生
冒长德					

勇敢乡

朱炳炎	孙建圣	金友林	戴万圣	钱海如	殷　林(女)
范文英(女)	顾迪清				

建设乡

陈立久	朱秀林	谢子臣	杨银聪	陈友文	徐金良
印维民	蔡广元	佘诚章			

骏发乡

施克山	宗序鹄	戴子如	施国英(女)	余明如	陆玉全
夏雨法	董法玉				

丁堰乡

朱云圣	蔡玉章	李德圣	陈文焕	柯步云	贾同岩

沈鹤松　严永祥　张兰珍(女)

赵明乡

吴功祥　刘建芬　冒爱禄　罗平元　陆万林　范清连(女)
毛其高

马塘乡

张　健　张元俊　姜桂芳(女)　王海彬　杨春芳　朱　莱(女)
冒锦富　顾本有

第四节　第四届人民代表大会代表(部分)

第四届人民代表大会代表449名,任期从1961年12月至1964年1月。

如城镇

张坤台　沈良朋　石志忠　陈汝均　张启方　周明良
袁力监　朱　群　沈峰仁　沈义高　朱祥生　许　松
卢中贤　裴万如　张万成　祁邦机　黄艾斌　吴崇俊
严永祥　沈德贵　孙尔炳　孙德明　秦恒太　蒋祝三
董昌荣　吴光遂　王志和　陆春明　薛忠兴　曹宏梅
曹光宇　柏银仲　冯玉杰　陈爱棠　张有富　吴德修
孙广汉　孙文青　徐　玲　鞠久康　孙圣礼　方生卿
耿忠明　赉　进　谢从道　孙伯林　黄达斋　陈世海
李义昌　沈良弼　潘信征　安子余　潘逸尘　钱顺芝
胡伯兰　张应方　刘心璨　沈学富　丁正兴　潘尊文
张文华　白玉英(女)　车素英(女)　马信生(女)　郭可才　曹青俊
李广珍　陈亚芳(女)　王锦荣　沈婉洁(女)　朱谦恕(女)

东陈公社

陆友山　蒋本连　沙　田　徐登高　徐海俊　殷桂芳(女)
黄玉南　蒋　健　方锦文

柴湾公社

刘元宽　江明青　孙秀英(女)　沈克祥　朱太林　卢井凤(女)

刘杨公社

潘永桂(女)　冒广才　汪　旭　沈玉民　龚寿凤(女)　叶　凤
夏凤圣

新民公社

秦　萍　黄云珍(女)　朱永来　卢桂龙　朱秀英(女)　徐长达
丁昌文　陈井美　吴光才　戴井元

雪岸公社

黄　朋　季宜友　朱明友　薛方贵

骏发公社

徐　廉　刘　勤(女)　戴子如　曹道元　卜长美　王学员

丁堰公社

孙伯良　吴功祥　欧阳文　张文忠　倪桂英　席玉香

薛永峰　李德全

马塘公社

康祖兰(女)　张勇俊　丁昌才　丁仁寿　柏春芳

建设公社

陈万福　陈立久　陈　旭　谢子臣　陈志贤　王秀芳(女)　朱秀林

赵明公社

柏　玲　焦有山　薛如恒　李秀珍(女)　冯志林　陆美林　李昌德

白蒲公社

张美成　陈沅泗　张方德　沈　正　谢鸣竹　陈春江　沈臣功　刘光展　孙海平　吴宗明

姚园公社

尹士荣　周大启　丁荣奎　施　铨　李凤翔　石友兰(女)　韩良富

勇敢公社

朱炳贤　许友珍(女)　陈文彬　朱晨林　杜新华　耿忠明　朱洪达

新姚公社

周楚玉　徐长发　朱　坚　司雪兰(女)　保金成

花园公社

陈金柱　缪荣青　张贤政　翁淑媛(女)　陈金文　石太如

林梓公社

沈忠怀　吴美英(女)　张凤英(女)　冒政英(女)　崔　岩　吴少卿　周海澄　陆兆明

奚斜公社

陈笛生　肖长德　张广义　张鑫庭　张贤堂　赵登魁

营防公社

王海泉　李汉臣　季桂杰　顾南生　田开甫　马国均　陈文英(女)

龙舌公社

徐有富　任祖棠　顾永恂(女)　柏文广　陈金斗

九华公社

田春旭　孙苏华(女)　夏立本　李忠恒　李昌富　孙加祥　汪光卫　沈德兴

郭园公社

缪一青　李文珍(女)　朱秦民(女)　吴加文　沙炳生　沈忠太　左春余

车马湖公社

朱石青　邹安晏　沈良瑞　朱甫堂　谢从道　丁　琳　吴　恒(女)

下原公社

何长生	杜献卿	吴济之	郭继华	陈汝文	沈伯林
张松山	张平成	丁志道	闸金泉	陈正生	

石庄公社

吴兆庆	凌墨实	刘孟晋	吴清芳	徐加龙	吴宏英(女)
张万玉	吴其仁	张元浩	徐文霈	沙岸卿	杨明礼
张礼成					

石南公社

杨德友	杨本善	徐　林	沈美琪(女)	朱裕民	沙坤义

蔡炎公社

储心斋	刘展英(女)	蔡怀珍(女)	孙占徐	汪克能	张光如

吴窑公社

刘茂贵	施兴邦	陈井文	沈中华	沈兆岭	方香银(女)

江防公社

李彭氏(女)	陈蔼云(女)	朱瑞兰(女)	谢国华	顾万海	沈中黄
朱金田	何汝中	周继祥	朱从仁	沙正祥	顾富泉
石云峰					

邓白公社

苏子云	朱建峰	黄正斋	朱桂莲(女)	许秀兰	丁忠瑛
黄祥和	殷南才				

黄市公社

陈少兰	刘全珍(女)	王永福	黄国仁	宗子祥	贲义士

胜利公社

袁国如	丁祝三	苏来平	孙蓬仙	汤玉兰(女)	冯广明
沈　琳	金仁贵	孙和俊			

新建公社

石开宗	顾子南	周玉田	丁永华	周炳恺	徐永荣

磨头公社

石来海	赵金莲(女)	缪玉珍(女)	黄伯寿	韩昌银	李伯俊
陈牡金					

胡芝公社

张元圣	周久元	李昌泉	高申忠	顾昌喜	陆锦泉
鞠明珠					

仁静公社

郑美俊	刘建华(女)	许秀卿	高申富	许兰英(女)	

大明公社

环玉英(女)	石高英(女)	许大年	石征荣	顾长山	郑正宏
徐俊生	范行龙				

桃园公社

许秀英(女)	孙如英	周书明(女)	徐友仁	黄克明	马高祥
张兆富					

长庄公社

马玉兰(女)	陈邦权	许秀如(女)	黄佩山	石征琪	郭载仁
陆　彪					

搬经公社

阎仁广	俞济道	丁秀梅(女)	陈玉英(女)	周中立	俞坎莱

倪健公社

曹宏仁	卢　明	曹国斌	陈文海	谢仁兰(女)	倪锦瑜

夏堡公社

陈长林	阎　廉	丁子庚	姚兴凤(女)	肖子英	陈开庆
任碧英(女)					

高明公社

薛金甫	张一太	张桂莲(女)	许逢开	田银泰	孙　明
朱邦俊					

毕云公社

僧友兴	周师涛	僧琴舟	王亚芳(女)	袁大彪	储桂莲(女)

城西公社

储明珍(女)	许吉甫	何九美(女)	周贵秀(女)	许书金	曹宏光
仇炳成	吴素明	徐　建	顾敦明	郭长兴	许逢连
陈汝贤	谢应中	孙朝仁	孔庆路		

戴庄公社

秦兆宇	刘寅斋	袁达青	单友太	顾九兰(女)	董法玉

何庄公社

曹正寿	梅品三	戴明义	周秀英(女)	丁邦余	范松元
李月昌					

子厚公社

韩国韶	吴淑珠(女)	汤克启	洪德美(女)	夏志贤	刘长元

第五节　第五届人民代表大会代表(部分)

第五届人民代表大会代表449名,任期从1964年1月至1966年1月。

如城镇

潘信征	安子余	董昆荣	谢璞成	车素英(女)	吴世达
钱顺芝	张宝珍	张应之	陈　德	白玉英(女)	胡伯兰
贲星楼	僧现月	吴宗俊	朱谦恕(女)	沈婉洁(女)	吴德修
方鲤卿	马信生(女)	郭祥华	张顺贵	吴瑞连	沈学府
潘逸尘	王金镛	卢坤和	陈亚芳(女)	李广珍	朱锦如

新民公社

缪　忠	潘永桂(女)	顾石青	吴光才	曹大明	陈锦美
黄国珍	徐长达	朱秀英(女)	金丽泉		

柴湾公社

卢德龙	沈克祥	孙芳英(女)	卢金凤(女)	许秀德	

柴湾公社

朱太林	顾登平	薛恩俊	许峰桂		

刘杨公社

叶　枫	杨娴春(女)	沈国民	汪　旭	夏凤盛	冒广才
王振华(女)					

雪岸公社

黄　鹏	曹　炳	朱明友	曹松领	徐天真	季宜友

东陈公社

朱永来	徐登高	陈松林	蒋　健	陆友山	殷桂芳(女)
黄玉南	陆镜泉	沙　田			

骏发公社

刘子山	徐崇山	徐俊修	王学源	刘　勤	施克山
徐　篪	卜长万				

丁堰公社

纪文忠	欧阳文	倪桂英(女)	高有桂	李并福	冒纯卿
申碧华(女)	顾长发	孙伯良	严永祥		

赵明公社

郑加林	陆万林	魏志田	于家和	侯瑞鉴	庄春涛(女)

建设公社

张　健	王秀芳(女)	谢林道	汤前芳	袁晖仁	陆　龙
陈立久	冒玉林	谢子臣			

马塘乡

丁学文	丁仁寿	张元俊	姜桂芳(女)	戴道明	丁昌才
杨春芳	康祖兰(女)				

白蒲镇

张万成	沈　政	沈成功	谢鸣竹	刘光展	陈源泗
陈春江	孙如群	丁爱珠(女)	俞丽生	张芳清	吴宗明(女)

林梓公社

陆兆明	冒政英(女)	崔　岩	章凤英(女)	沈忠怀	吴少卿
吴美英(女)	邵广富	李忠林			

新姚公社

周楚玉	司雪兰(女)	徐长发	保金成	薛淑芳(女)	吴国兴

勇敢公社

袁若健	陈文斌	杜新华	徐方震	王　彬	李长庚
张淑琴(女)	许有珍(女)				

桃园乡

黄克明	韩良富	石友兰(女)	李凤翔(女)	姚恩元	丁荣奎
尹自荣	施　铨				

奚斜公社

张光堂	顾敦行	陈友谅	肖美英(女)	张贤堂	夏名泉
周兴仁					

花园乡

成金柱 石太明 陈金文 冒同山 周韵芳(女) 朱炳才
张步正 陈美英(女)

下原公社

杜献卿 吴济芝 郁 垣 郭继华(女) 陈秀英(女) 陶金泉
陈海文 丁光道 陈玉生

车马湖公社

谢从道 朱石青 洪 苇(女) 姚 玉 沈良瑞 江照青
邹世安 吴兰英(女) 吴香连

龙舌公社

杨文广 任勤堂 王琴英(女) 姚金山 秦金锁 沙 荣
徐有富

营防公社

顾南生 周伯仁 王海泉 田开甫 汤淑英(女) 马桂杰

九华公社

沈美兰 李忠恒 王启发 汪铁君 缪一清 汤国瑞
陈松实 孙苏华(女) 田春旭

郭园公社

李昌富 左春余 李文珍(女) 吴庚尧 朱祥文 朱秦氏(女)
吴加文 陈 培 沙丙献

石庄镇

沈玉斋 吴其仁 刘孟晋 徐文虎 张礼成 张永裕

江防公社

刘 理 沙正祥 吴明章 罗淮元 宋瑞兰(女) 周继祥
谢国华 李彭代(女)

二案乡

石云峰 华香泉 顾万福 姜建荣 沈忠璜 吴玉清
杨世美(女) 朱全周

石南乡

沈秀琪(女) 周秀珍(女) 朱 千 沙坤仪 徐 琳 黄 斌
杨本善 杨如友 杨春荣

石北公社

杨明礼 张元浩 沙宇清 凌墨斌 吴兆庆 吴宏珍(女)
吴清方 戴明富

吴窑乡

孙圣礼 江明光 杨银聪 沈忠华 沈兆岭 陈井文
高秀云(女) 蔡可权 温国平

蔡炎公社

张光如 储心斋 蔡炳荣 张克能 孙占徐 蔡芳莲(女)
祝兰美(女)

新建乡

周玉田　李兰英(女)　尹翠南(女)　徐永荣　徐永发　石开忠
顾子南　卢　明　蔡兰英(女)

黄市公社

刘全珍(女)　王永福　宗志祥　陈少兰　黄国仁　徐炳喜
高保山　周荣才

邓白公社

丁忠联　朱桂连(女)　何德民　苏子云　贲祥和　朱建璋
贲达斋

胜利公社

孙少山　孙尔俊　石鹏仙　沈　琳　苏来平　金仁贵
万国成　汤玉兰(女)　袁国如

高明公社

张一太　陈秀珍(女)　许逢开　张桂莲(女)　马能富　孙　明
何锦春　蒋圣甫　宋祁俊

毕云公社

马宏谟　吴殿美　魏兴国　徐永辉　周师陶　僧琴舟
翟春云(女)　曾发兴　李昌圣

搬经公社

俞欣荣　裴长进　任吉兰(女)　苏效泉　纪子宏　于继道
周中立　周景炎

倪健公社

孟文秀(女)　吉开荣　邵佩珍(女)　曹国斌　陈殿文　倪锦瑜
张荣开　王　铎　谢同芳(女)

夏堡公社

陈开庆　任启美(女)　阎仁广　何永龙　顾昌俊　张德成(女)
丁子根　肖子贞　席玉元

长庄公社

陈邦权　吴廷选　郭载仁　黄佩珊(女)　石明秀(女)　陆　飞
柳福元　吴土汉　石柞仁

仁静公社

孙光汉　许秀卿　许文彬　朱秀珍(女)　石仲祥　何剑芒
许兰英(女)　朱昌发　丁昌圣

胡芝乡

朱　萍　朱祥生　周久元　朱济芝　周玉如　周可田
马秀英(女)　丁忠良

磨头公社

裴万如　叶世民　赵金莲(女)　黄百寿　缪玉珍(女)　姚志清
石来富　李百俊　韩昌民

桃园乡

王德才　周书明　张兆林　匡元府　马高祥　黄云芳(女)

孙如彬

大明乡

焦再斌 顾长山 俞必学 环玉英(女) 石高英(女) 郑正宏
范徇龙

何庄乡

明道奎 缪和华 梅品三 范钦元 汤克启 王修恺
周秀英(女)

子厚公社

许大年 韩国韶 曹金秀(女) 吴兴元 吴庭珠(女) 洪德美(女)
范钦高 孙永根

戴庄乡

单友太 仇炳臣 顾九兰(女) 刘寅斋 秦兴宇 董法玉
谭宜方(女) 袁祥友 朱千吉

邓园乡

吴功祥 朱洪达 夏 斌 孙学正 郭兴新 周书生
何久美(女) 储明珍(女) 高同美(女)

城西公社

陈汝贤 许吉甫 侯万和 许书金 徐 健 周桂秀(女)
翁淑媛(女) 田秀荣

人武部

吴广华 窦祖银

第六节 第六届人民代表大会代表(部分)

第六届人民代表大会代表450名,任期从1966年1月至1968年3月。

如城镇

曹国斌 袁 震 徐广和 周 明(女) 吴瑞莲 朱建璋
僧现月 沈 坚(女) 郭祥华 沈学富 马性生(女) 吴世达
吴宗俊 钱顺芝 车素英(女) 白玉英(女) 朱谦恕(女) 沈婉洁(女)
吴德修 潘逸尘 潘信征 安子余 董昌荣 谢朴诚
陈 德 贾文祥 张宝珍 胡伯兰 黄星楼 方鲤卿

新民公社

曹大民 徐方凤(女) 王飞岳 曹国珍(女) 吴光才 薛云高
高锡元 缪 忠 江 翔 顾从清

柴湾公社

吴功祥 沈克祥 卢金凤(女) 朱太林 顾登平 薛思俊
许峰桂 陈凤兰(女) 许 震

南凌公社

叶 枫 杨娴春(女) 汪 旭 沈国民 夏风圣 顾春泉
冒广才

雪岸公社

张承谋　曹松岭　季宜友　房金谷　徐天真　黄　鹏

东陈公社

朱永来　徐登高　范友山　蒋　建　沙　田　黄玉南
陆镜全　王友生　殷桂芳(女)

丁北公社

施克山　陈　梅(女)　刘　勤(女)　王学元　卜长万　吕宝山
薛祝轩　徐俊修

丁堰公社

严永祥　罗准元　徐金良(女)　施美凤(女)　冒纯卿　纪文中
欧阳文　倪桂英(女)　高友桂　李井福

丁西公社

魏志田　郑家林　陆万林　于家和　庄春桃(女)　侯瑞鉴

建设公社

柳春发　顾长发　王秀芳(女)　晋玉林　居凤鸣　谢林道
陆　龙　杨于山　佘文藻

马塘公社

徐相国　姜桂芳(女)　娄元成　杨春芳　陈金柱　顾永恂(女)
丁昌才　席桂兰(女)

白蒲镇

陈文翰　刘光展　沈　政　丁爱珠(女)　沈成功　吴宗明
陈沅泗　姚　竞(女)　谢鸣竹　陶云青　张芳德　姜准芳(女)

林梓公社

曹　怡　崔　岩　周海澄　吴少卿　吴美英(女)　吴迪斋
李中林　丁兰英(女)　邵广府

新姚公社

刘　林　周楚玉　徐长发　司雪兰(女)　蒋淑芳(女)　高门山
保金成

勇敢公社

陈文斌　耿忠明　袁若健　杜新华　李长庚　姚海英(女)
许有珍(女)　王祝山

蒲西公社

夏正国　朱文光　石友兰(女)　施　铨　姚恩元　丁荣奎
韩国兴　曾洪弼

奚斜公社

葛苏人　王忠甫　沈恒龙　顾光中　吴正兴　夏金奎
贾秀珍(女)

花园公社

吴金凤(女)　朱炳才　张文彬　许　松　石太明　张步政
周韵芳(女)　陈金文

下原公社

沈百桢　金世瑞(女)　蔡井城　朱青元　陈正生　陶金泉

郭陆英(女) 吴济芝 杜献卿

车马湖公社

刘忠正 朱石清 朱桂珍(女) 吴相连 吴兰英(女) 邹世安
姚 钰 朱普唐

龙舌公社

华香泉 任井堂 平凤英(女) 徐有府 沙 荣 金玉岗
秦金所

营防公社

汤国祥 顾南生 周伯仁 黄国森 陆 光 严福英(女)
马桂楫

郭园公社

缪一清 赵明进 邢文海 孙苏华(女) 汪铁军 马加琦
吴永昌 李忠恒 李连珍(女) 朱宝昌 左春余 李锦芳(女)
吴庚尧 朱祥文 秦政良 吕开太 沙炳德 郭明英(女)

石庄镇

沈玉斋 张永裕 徐文虎 吴其仁 刘孟晋 张礼成

江防公社

沙正祥 朱 明 刘 理 严绍恭 宋瑞兰(女) 李彭氏(女)
郝国昌 薛宏亮 李乐堃 石云峰 陆伸才 沈忠璜
吴玉清 刘忠仁 姜建荣 申道莅(女) 顾万福

石南公社

沙坤仪 康 伯 黄琪斌 杨本善 杨如友 杨春荣
沈秀琪(女) 孙伯良

石北公社

罗会均 高 逊 张元浩 吴兆庆 戴明富 杨明理
吴清芳 沙宇清

吴窑公社

杨银聪 孙圣礼 江明光 凌墨实 沈兆岭 高秀云(女)
陈锦文 温国平 蔡可权

高井公社

杨 林 储心斋 周师涛 洪锦堂 孙占徐 祝兰英(女)
蔡方连(女)

新建公社

石开忠 李莲英(女) 蔡兰英(女) 张步洲 徐永法 张奎良
管 尉 黄永昌 水东禹

黄市公社

贲义士 宗子祥 陈少兰 邓仿碧 刘泉珍(女) 黄国仁
陈兴高 周国臣 米启祥

江安公社

吴国兴 陆金仙 朱桂莲(女) 徐名瑞 贲正祥 周中立
丁忠联 黄祥和 苏子云

胜利公社

万国城	金仁贵	苏来平	汤玉兰(女)	袁国如	孙少山
孙尔俊	孙蓬仙	沈　琳			

高明公社

张益太	陈秀珍(女)	何征华(女)	宋邦俊	赵连高	薛圣甫
何景春	汤国瑞	孙　明			

常青公社

马宏谟	吴展美(女)	魏兴国	曾发兴	翟青云(女)	僧琴舟
易光仁	张益煌				

搬经公社

黄德银	谢翼飞	陈昭宽	任吉兰(女)	苏效泉	周景炎
余继道	纪子宏				

加力公社

徐帮俊	袁光鉴	黄如珍(女)	石昭美(女)	孟文秀(女)	吉开荣
许秀石	陈殿文				

夏堡公社

储友富	丁子庚	肖子贞	张德成(女)	夏宝虎	任启英(女)
张　兮	徐瑞平	李宏友			

长庄公社

陆　飞	闾仁广	黄佩珊	丁昌炎	阎　廉	周福勤
石明秀(女)	石祚仁	张万春			

场南公社

孙光汉	何剑芒	高仁元	石来章	丁昌圣	朱昌发
石仲群	许文彬	朱秀珍(女)			

场北公社

陆万璋	缪永萱	周久元	石征甫	朱祥生	许兰英
周可田	钱万圣				

磨头公社

陈学余	孙光国	石来福	姚志清	韩昌银	裴万如
虞志英(女)	黄伯寿	缪世兰(女)			

桃园公社

潘福仪	姜松寿	徐永华	黄云芳(女)	李伯俊	周书明
顾美如(女)	张兆富				

大明公社

周友林	石高英(女)	卢坤和	高云朋	顾长山	郑征宏
俞必学	吴美华(女)				

何庄公社

明道奎	范钦元	梅品山	汤克启	陈炳章	缪和华
万彩霞(女)					

戴庄公社

董法玉	吴　勇	葛存鸾	仇炳成	伊九兰(女)	谭宜芳(女)

朱谦吉　刘寅斋　蔡其茂

邓园公社

朱洪达　黄克铭　何久美(女)　夏　斌　郭长兴　孙学政
沙宏鹤　周书生　范广美(女)

城西公社

周荣美　许吉甫　翁淑媛(女)　徐　健(女)　侯万和　陈世本
许书金　洪德海

解放军3741部队

蒋　华　张若梓

人民武装部

吴广华　窦祖银

第七节　如皋县革命委员会

1968年3月，如皋县各派组织实现“联合”，经中国人民解放军六十军党委3月28日批准，于3月30日在如城体育场举行群众大会，宣布成立如皋县革命委员会，隶属于南通专区革命委员会(1971年4月改称南通地区革命委员会)。其组成人员系协商提名，经六十军党委批准，由部队干部、地方干部及群众组织代表三方面71名委员(缺17名)组成，设常委17名(缺4名)组成常务委员会。县革命委员会设主任1人，第一副主任1人，副主任3人。此后，人事变动均由上级任免。1976年10月“文化大革命”结束，如皋县革命委员会作为县政权机构予以保留。

主　任	窦祖银	1968.03—1971.05
	张　鸣	1971.05—1973.02
	唐如浴	1973.02—1976.01
	黄克明	1976.01—1977.09
	严永祥	1977.09—1978.03
	黄克明	1978.03—1978.12
副主任	王飞岳(第一)	1968.03—1971.05
	马亚保	1968.03—1971.05
	陈佩璜	1968.03—1971.05
	陈兰珍(女)	1968.03
	陆万璋	1968.10—1978.12
	张　鸣	1969.02—1971.05
	许吉甫	1970.01—1978.12
	于　赤	1970.01—1978.10
	唐如浴	1971.05—1973.02
	邓兰芳(女)	1973.02—1978.12
	徐祥修	1973.02—1975.08
	徐兆元	1973.02—1978.12
	潘宝才	1974.11—1978.12
	严永祥	1976.11—1977.09

徐希权(第一) 1978.03—1978.12
吴功祥 1978.03—1978.12
谢翼飞 1978.06—1978.12
吴凤琴 1978.06—1978.12
董介庚 1978.06—1978.12

常　委　窦祖银　王飞岳　陈佩璜　陈兰珍(女)　马亚保　朱枝桂　缪益清
李昌富　谢永兴　张炳根　吴伯才　于　赤　陈翔云

1969年2月3日增补:蒋高才

1969年2月6日增补:张　鸣　刘云腾

1971年5月4日增补:刘继达

第二章　县(市)人大常委会制度设立后代表

第一节　第八届人民代表大会代表

第八届人民代表大会代表450名,任期从1981年4月至1984年3月。

新民公社

徐兴成　朱从新　刘鹤凤(女)　范友富　刘佩琴(女)　姚延海
邵国华　沈兴兰(女)　殷鹤林　刘汉玉

柴湾、南凌公社

蒋裕和　刘德美(女)　刘进平　顾锦山(女)　陈昌银　杨性太
王兆良　张加广　钱中珍(女)　顾锦璋　范钦武　高云鹏
范广山　杨真凤(女)

东陈、雪岸公社

于成信　王爱平　秦保林　赵宏兰(女)　陈　科　杨银聪
冒秀芳(女)　冒文桂　冒永剧　冒永凤(女)　黄玉书(女)　黄金元
秦友权　陈玉琪

丁堰镇

徐相成　张　明　杨鹿鸣　姚建霞(女)　胡国富　何春元
郑　健　徐长明　刘奎一　陈秀红(女)　杨广荣　姜梅芳(女)
宗在华　王道荣

建设、丁北公社

陈朝宽　冒兰英(女)　王春轩　徐进礼　吴国盛　李生贵
马玉珍(女)　孙玉贵　李中林　陈福兰(女)　朱宝璜　冯兰英(女)
徐崇山　孙德明

马塘、丁西公社

钱本余　杨春芳　张秀山　李朱英(女)　陈昌福　仇美凤(女)

丁学文	陶明学	葛志锦	阚兰芳(女)	崔祥林	朱恒敬
朱学明					

新姚、奚斜、蒲西公社

章　经	沈洪煦	李　玲(女)	赵　正	曹昆明	时桂芳(女)
严绍恭	宋美兰(女)	佘德林	王秀兰(女)	张宏彬	陆广圣
赵广金	陆桂芳(女)	姚恩元	施如英(女)	潘信征	陈元贵
钱来宽					

勇敢公社、白蒲镇

张振熙	陈秀英(女)	金树模	沈　霞	任万银	金领珍(女)
徐汉璧	周　尧	张芳德	张银泉	李太谋	宋　英(女)
张季华(女)	洪兴政	郑汉华			

林梓、花园公社

崔　岩	沈达英(女)	吴迪斋	张必达	彭圣田	李百美
顾建国	章美琴(女)	徐有文	钱国梅(女)	许吉甫	周应生
郑桂芳(女)	顾学诗	张文富	吴荣林		

下原、营防公社

王德才	任进元	郭陆英(女)	房　涛	吴学盛	康美华(女)
杜献卿	李百兰	姜祝连	丁　凡(女)	邹良臣	石太云
薛国英(女)	陈玉民	袁振英(女)	李百祥		

龙舌、九华公社

金海波	李梅生	赵莲英(女)	何长余	陆文奎	任兰英(女)
金毓岗	倪志高	徐怡生	殷万成	李国清	陈永兴
吴琴英(女)	彭金龙	张　俊	田道元		

郭园、车马湖公社

朱朝俊	薛良栋	沙海泉	张宝华	石开基	陈美蓉(女)
马汝驹	吴秀珍(女)	李德林	宋　刚	吴兰英(女)	朱有芳(女)
王长有	朱　碧	谢同刚	王荣叶		

长青沙、江防公社

徐明德	薛轶堂	刘秀英(女)	吴兰华(女)	丁正洪	李建国
罗照英(女)	袁清平	顾天生	汤　池	沈玉美(女)	钱天柱
冒学山	程永祥	张兰芬(女)			

石南公社、石庄镇

薛嵩兴	苏宏岳	何兰芳(女)	潘志洪	周爱国	刘经陆
陈文翰	沙国英(女)	刘松贵	张耀贤	胡毓爵	储心斋
闵叔质	凌永珍(女)	佘如兰(女)			

长江、石北公社

孙有道	顾兆林	徐凤祥	蔡昭怡(女)	王光国	施秀兰(女)
申传友	杨金莲(女)	黄金福	张福兰(女)	石高琪	姚智梅(女)
石俊仪	王召瑜	张仕俊	吴于言		

高井、吴窑公社

高仁元	刘志高	沙坤明	高以峰	蔡怀兰(女)	石兰芳(女)

马宏谟	郝金发	蔡可全	韩士泉	张洁芬(女)	夏明辉
蔡可明	赵美珍(女)	吴德华	沈　建		

黄市、新建公社

戴崇颐	鞠秀莲(女)	宗永友	冯邦才	严淑芳(女)	祝世昌
陆先正	丁昌明	王秀如(女)	陈东初	周　进	王瑞凤
马倩如(女)	环　斌	贲礼兰(女)	张步洲	环俊生	邵国太

江安、胜利公社

周久宜	丁忠联	陈讲贯	周本素	孙宗权	周维道
苏来岳	环福梅(女)	苏宏芳(女)	徐　恺	周久林	孙少山
孙淑萍(女)	庞　坚	陈素英(女)	张富友	孙家鸿	

常青、搬经公社

冯春生	谢祥美(女)	许国平	钱伯涛	薛荣友	袁相圣
薛宝芳(女)	季从富	陈本贵	夏策章	黄金红(女)	孔凡龙
刘平松	卢玉轩	谢开生			

加力、高明公社

谢仁余	唐士林	吴云露	张秀梅(女)	谢同余	谢美银(女)
宋桂和	李义昌	顾环旺	章邦珍(女)	缪宏莲(女)	王贵成
何锦春	曹宏如	卢德秀(女)	谢翼飞		

夏堡公社

缪宏标	肖子贞	周华宽	曹久义	杨伯岳	任吉元
汤文山	戴庆鸥(女)	任吉兰(女)			

长庄、场南公社

王益民	冯俊义	周富连	周书海	纪佩兰(女)	朱友模
刘秀英(女)	康鸣鸿	吴道祥	祝大全	沈百余	许秀美
裴长青	孙秀芳(女)	徐永珍(女)	余克文		

磨头、场北公社

朱仁柏	张太富	彭祝英(女)	纪荣祥	周久美(女)	缪永萱
丁忠华	葛存鸾	潘　新	张广才	丛茂兰(女)	陈井章
郝昌梅(女)	张朝模	贾秀珠(女)	韩昌银	徐　尊	

桃园、大明公社

米增祥	冒维俊	王其华	陈宽凤(女)	周学礼	李世昌
隋桂英(女)	祁　俊	丁明圣	谢同昌	陈国梅(女)	范迪广
钱兆焕	黄万才				

邓园公社

李志生	明道奎	洪远琴	孙学政	陈秀芝	张素美(女)
葛菊芳(女)	李长发	孔照银	张国珍(女)		

何庄、袁桥公社

曹必荣	章孝良	陈伯玲(女)	张维明	陈明芳(女)	陈克胜
杨炜昌	黄汉生	张云轩	周开明	何秀生	张维峰
谢桂凤(女)	顾宏友	许秀珠(女)			

城西、戴庄公社

汪 旭　周桂生　徐 建(女)　朱秀梅(女)　吴信德　张正华(女)
谢广仁　刘志高　刘培月(女)　陆正友　刘兆相　朱从盛
张业奎　张英萍(女)　张达山

如城镇

谢 明　树 德　成家骅　周 明(女)　陈国太　秦菊芳(女)
沙正和　吴学玲(女)　吴功祥　杨兴哉

经委队

王金镛　王 彬　陆明钰　姚克义　石秀峰　黄国珍(女)
蒋元生　姜 平　沙 田　吴新成　丁广志　蓝敦瑞
赵爱芳　时家政

财贸计委队

何剑芒　钱企周　谢璞成　季子平　宋玉琳(女)　薛绍轩
钱祖梅(女)　吴凤琴　杨 玲　薛志海　吴国英(女)　杨学志

机关文卫农水队

王学源　蔡 迪　刁守坦　季秀英(女)　黄芝泉　蒋凤广
薛 明　陶 平(女)　陈鑫泉　王新庆　黄道贯　仓 平
责正祥

(说明:如皋县第八届人民代表大会选举产生县人民代表450名。1983年3月20日如皋县第八届人民代表大会第三次会议上,通过并批准刁守坦因离休户口迁出如皋县,代表资格自行终止。另,谢开生因病故,代表资格自然消失。1985年2月20日吴良柱调离如皋县,辞去县人大常委会委员职务。)

第二节　第九届人民代表大会代表

第九届人民代表大会代表500名,任期从1984年3月至1987年3月。

如城镇

叶世明　马忠如　施元英(女)　谢 明　树 德　沙正和
吴学玲(女)　吴功祥　成家骅　王金镛　万建章　陈昭武
祝德玲(女)　冒炳荣　金宝华(女)　祁 俊

财贸队

王宝鹤　洪启昌　何剑芒　缪广兴　吴冰玉(女)　杨佑生
季志伟　钱祖梅(女)　张之选　宋玉林(女)　张世和　张洪惠(女)
吴凤琴　陆 炎

经委队

陈殿文　冒泽民　张建忠　袁 泉　赵爱芳(女)　蒋元生
黄国珍(女)　陈汝贤　周 萍(女)　吴光斗　王 彬　张桂珍(女)
姜 平　时家政　沙 田　蓝敦瑞　刘建国　刘昌启
吴新城

农水计委队

缪益清　戈 强(女)　陈鑫泉　吴国英(女)　徐明华　曹林书
赵金泉

文卫队

黄道贯　季秀英(女)　顾琴和(女)　顾敦沂　薛　明　仓　平
张大遵　沙坤银　顾建国

机关队

贲正祥　薛凤城　张炳贤　杨熙春　蔡　迪　徐太山
黄金红(女)

政法队

顾静珍(女)　刘桂江　夏立荣　马湘平　陈禹峰　徐以成
李复生　范广友

东陈乡

吴梅芳(女)　沈　宏　陈　科　杨银聪　施淑惠(女)　朱正来
张锦春　骆祥明

雪岸乡

郑建华　陈玉琪　苏玉丽(女)　冒永凤(女)　刘中富　宦松山

南凌乡

徐兴城　顾锦璋　李二祥　祝龙梅(女)　王广芝　杨德芳(女)

柴湾乡

刘培龙　韩中建　刘长明　刘德美(女)　白本瑶(女)　陈昌银
王兆良　于传益

新民乡

王国贞　殷鹤林　范钦余　邹国华　刘汉裕　骆祥梅(女)
刘佩琴(女)　朱杨桂(女)　明子英(女)

建设乡

张鹏志　丁邦珠(女)　吴国盛　葛靖华　王春轩　马玉珍(女)
徐进礼　陈朝宽

马塘乡

丁学文　姜　华(女)　张秀山　张桂兰(女)　孟来如　袁　杰
朱从进

丁堰镇

张有德　杨鹿鸣　张祖林　程远迪　张梅芳(女)　单秀兰(女)
冒进元

丁堰乡

薛祝华　孙德明　顾翠芳(女)　许金如　郑　建　徐长明
张惠如(女)　姚国华　薛永峰　沈兰英(女)

丁北乡

王学源　冯兰英(女)　施中琪　朱宝瓒　薛如林　孙裕贵
陈福兰(女)　严寿明　许逢山

丁西乡

侯瑞康　阚兰芳(女)　冒兴领　曹　俊　陆尉茹(女)

白蒲镇

佘美云(女)　张芳德　郑焕华　缪巧云(女)　张志菊(女)　伊宗厚
宋　英(女)　张银泉　顾少泉　吴永良　房　涛

勇敢乡

沙振海	曹洪泉	严绍华	任金却	浦文海	张桂芳(女)
张淑芹(女)	张志贤				

林梓乡

丁邦魁	季永兰(女)	茅衍祥	张正荣	崔　芳(女)	彭圣田
金万成	姚红珠(女)				

花园乡

谢亚平(女)	陈宽美(女)	马德仁	陈汝春	胡志祥	陈邦元
陈美英(女)	许吉甫				

奚斜乡

张晓琴(女)	宗式清	孙爱英(女)	朱　煜	丁邦如	曹安良

新姚乡

沈　芹(女)	赵　正	曹坤明	沈洪熙

蒲西乡

钱来宽	施如英(女)	杜新华	姚恩元	赵广金	姚忠托
吴秀芳(女)					

九华乡

张友亮	王　振	殷万成	张　俊	李世杰	陈永兴
李玉美(女)	吴芹英(女)	丛永书(女)			

营防乡

邹良臣	邵中宇	冯海泉	汤文林	薛永芳(女)	崔凤鸣(女)

车马湖乡

卞正祥	朱从发	汪元才	王长有	朱受美(女)	吴兰英(女)

下原乡

侯秀云(女)	康美华(女)	姜祝连	孙志诚	任进元	沈志祥
周海林	范红云(女)				

龙舌乡

李进爵	陆文奎	金毓岗	江锦华	唐文英(女)	李梅生
任兰英(女)					

郭园乡

马汝驹	郭载荣	仇明德	周海涛	薛良栋	沙海泉
张　芸(女)	万建梅(女)	陈美荣(女)			

长江乡

司秀兰(女)	沈忠祥	朱仁才	徐天明	蔡照仪(女)	杨　龙
申传友	冯邦才	陈振东			

石庄镇

柳高云(女)	陈玉琴(女)	石秀峰	程时林	闵叔质	夏立衡
薛益祥	朱济生	储心斋	周久林		

高井乡

张忠梅(女)	马宏谟	陈业龙	汪克文	石征美(女)	王金龙
夏宝琪					

长青沙乡

孙永义	顾宇春(女)	张仕俊	王志成		

吴窑乡

蔡可明	张洁芬(女)	沈百明	蔡可全	韩士泉	马思行
施成美(女)	朱兰芳(女)	夏明辉			

江防乡

薛树云(女)	黄秀清	杜国仁	沈玉美(女)	郭载美(女)	冒学山
陈玉林	顾天生	汤　池			

张黄港乡

徐陈付	陈文翰	沙国英(女)	王友娣(女)	徐志贤	李德凤
沙志美(女)	马贵荣	苏宏岳			

石北乡

张福兰(女)	石太恒	吴于言	姚志梅(女)	黄金福	朱建兰(女)
张子周	王召瑜	张　恺			

黄市乡

吴爱莲(女)	毛爱芳(女)	黄小平	鞠秀莲(女)	宗永友	丁昌明
严淑芳(女)	祝世昌	陈冬初			

胜利乡

朱从祥	黄永和	周久林	周美英(女)	朱恒高	张跃仁
葛　毅(女)	张富友	丁秀云(女)	孙占文		

葛市乡

黄永明	环　斌	黄甫田	贲礼兰(女)	许伯微	马丽霞(女)
杨秀生	环俊生				

江安乡

孙依群	孙忠权	丁宗联	尤乃兰(女)	苏来岳	环福梅(女)
徐桂华	苏香萍(女)	陈讲贯	周维道		

搬经乡

杨任杰	陈本贵	谢翼飞	谢万生	杨宝芝	陈瑞兴
丁邦明	毕世荣(女)	丁志和(女)	朱桂兰(女)		

夏堡乡

汪建华	杨伯岳	谢仁海	周华宽	朱从圣	周元庚
王保芳	陆昔华	戴庆鸥(女)	肖兰英(女)		

加力乡

谢圣如	张圣美	储玉平	孙新建	谢仁圣	谢仁余
徐玉珍(女)	许美如(女)	谢美银(女)			

高明乡

赵登宽	卢明贤	刘兴华	章桂祥	缪兴祥	卢从美(女)
李桂英(女)	缪春梅(女)				

常青乡

沈加生	章友祥	钱伯涛	薛荣友	王宝仁	袁相盛
顾　萍(女)	许秀梅(女)				

磨头乡

张朝模 汤志琛 刘坤如 贾惠芳(女) 俞坤维 沈 祥
周永树 丛茂如(女) 王友君(女) 刘正元 王永凤(女) 孙平之

大明乡

谢同昌 孙健忠 徐淑媛(女) 陈忠年 庄石焕 王冬生(女)

场南乡

朱仁柏 张步政 张忠贵 朱仁兰(女) 曹玉兰(女) 高文良
郭光连 严世进

长庄乡

周书海 葛明成 康鸣鸿 纪佩兰(女) 黄佩珊 李昌荣
马维才 杨中礼 刘秀英(女) 王乃俊

场北乡

周之英(女) 彭祝英(女) 丁忠华 倪德才 高芝元

桃园乡

朱谦轩 王其华 蔡成义 仇正明 隋桂英(女) 程锦莲(女)
冒维俊 李世昌

城西乡

周桂生 徐德祥 徐 健(女) 孙德华 葛菊芳(女) 何佰平(女)
吴信德 明道奎 陈 亮

袁桥乡

姚惠娟(女) 任吉兰(女) 张维峰 吴信美(女) 王德富 单伯如
徐国来

何庄乡

刘平芳(女) 杨炜昌 陈大建 余荣富 曹必荣 殷正芳(女)
贾 途 章孝良 刘光诗

戴庄乡

刘炜金 张祥美(女) 刘银斋 张加兰(女) 陆正友 杨元高
刘培月(女)

邓园乡

张素美(女) 吴元富 陈德萍(女) 陈秀芝 余德林 朱守林
孙学政 郝玉兰(女)

(说明:如皋县第九届人民代表大会第二次会议时有代表497名。第二次会议以后,减少了9名代表。其中:张炳贤、张洪惠、李复生、顾静珍因工作需要调离如皋县;徐以成退伍还乡,离开如皋县;蔡迪为方便生活到南通安家;杨仁杰、徐志贤、刘银斋因病去世。如皋县第九届人大常委会第十六次会议前,根据选举法规定,补选了潘宝才、蒋家瑞、管桂芳、魏国平、周宝生、葛存斋6位代表。)

第三节 第十届人民代表大会代表

第十届人民代表大会代表429名,任期从1987年3月至1990年3月。

新民乡

徐太山 范钦余 明子英(女) 邹国华 张志祥 管桂芳

骆祥梅(女)　殷鹤林　张成玉　刘佩琴(女)

柴湾乡

王兆良　周宝生　张　健　章树山　纪正林　张学凯
许映美(女)　储祥云

东陈镇

张广山　仲　锋　王翠萍(女)　何季良　陈　科　杨银聪
冒鸿福　吴梅芳(女)　蒋家瑞

南凌乡、雪岸乡

范广有　李伯民　王广芝　徐兴城　孙开梅(女)　冒学春
薛维维　黄　鑫　张　骅

丁堰镇

袁　泉　张祖林　杨鹿鸣　宗志和　程远迪　孙裕贵
陈美英(女)　张梅芳(女)

丁北乡、丁西乡

潘宝才　薛春兰(女)　王学源　孙锡明　严寿明　陈福兰(女)
马松林　丁帮兴　季秀英(女)　侯瑞凤　诸桂芬(女)　席云耀
侯瑞康　赵　益

丁堰乡

孙德明　姜永贵　朱世太　王道荣　薛祝华　博启才
宗序春　张惠如(女)

建设乡、马塘乡

孙长林　丁帮珠(女)　居凤鸣　张鹏志　吴晓宏　谢林元
石　耀　丁左均　张建才　袁　杰　周淑芳(女)　高申贵

白蒲镇

王叔子　李世忠　汤建华　丁晓林　伊宗厚　章宏猷
罗泽林　常静贤(女)

林梓镇、新姚乡

房汉功　李汉清　谢新民　崔　芳(女)　朱其发　丁邦魁
顾建国　吴仲杰　金德明　曹坤明　沈洪煦　沈　琴(女)

勇敢乡、蒲西乡

浦文海　张淑芹(女)　沙振海　金明林　严绍华　任金却
时荣海　王志和　姚恩元　潘信征　蒋秀芳(女)　陈祥林
钱来宽

奚斜乡、花园乡

曹安良　王祥凤(女)　陈祥峰　陆裕发　许波涛　陆　燕
陈美英(女)　何文明　许吉甫　陈　亮　汤成均

下原乡、车马湖乡

吴炳龙　姜祝连　谢　健　孙志成　沙坤莲(女)　江录生
侯秀云(女)　张国钧　朱从发　沈小玲(女)　朱千中　田有章
朱　碧

龙舌乡、营防乡

喻学文　李进爵　赵连英(女)　陆文奎　金毓岗　邹良臣
魏明哲　周文正　冯海泉　陈冯英(女)

九华乡

邹　勇　薛凤城　薛美珠(女)　薛新忠　李世华　李百进
陈永兴

郭园乡

赵怀兵　王　振　薛良汉　薛锦瑞　王光国　万建梅(女)
马汝驹　郭载荣　周海涛　张　芸(女)

石庄镇

金海波　石秀峰　尹　浩　闵淑质　薛益祥　陈玉琴(女)
程时林　张耀山

江防乡

展　萍(女)　冒学山　黄秀清　陈步高　陶美娟(女)　陈玉林
顾天生　杜国仁

长江镇

徐天明　倪学成　冯邦才　朱敏祖　丁正国　薛兰芳(女)
申传友　符仁林

吴窑乡

朱兰芳(女)　夏明辉　张洁芬(女)　吴士宏　沈　健　魏国平
蔡可明　陈炳华

张黄港乡、石北乡

周荣圣　朱从富　张桂芬(女)　张玉台　苏宏岳　张志华
王昭瑜　周骏鸣　张光国　姚志梅(女)　石太恒　张子周
吴于言

高井乡、长青沙乡

马宏谟　张中梅(女)　陈业龙　朱从仁　王金龙　张国辉
石高建　苏　玲(女)　张士俊　戴子乾　丁正洪

葛市乡

殷高华　许伯微　孙依群　杨秀生　印翠芳(女)　黄甫田
环　斌

黄市乡

严淑芳(女)　严忠德　周永和　宗永友　严玉如(女)　黄永明
陈东初

江安乡

孙忠权　徐东兰(女)　丁忠联　苏湘萍(女)　陈讲贯　尤锦梅(女)
严裕法　周若平

胜利乡

贲正祥　周美英(女)　张耀仁　周久林　孙福建　唐伯璋
高伯和　黄永和

高明乡、常青乡

缪兴祥 章桂祥 陈玉和 陈瑞兴 王桂成 卢锦文
卢德秀(女) 徐毅立(女) 石明道 王宝仁 章友祥 夏泽富
顾益民

搬经镇

程亚民 杨宝芝 丁志和(女) 毕世荣(女) 张季良 曹宏文
陈璋炎 陈本贵

加力乡

孙殿鹏 孙新建 谢仁余 周玉圣 徐钧涛 许美如(女)
叶亦全

夏堡乡

王宝芳(女) 陈　良 汪如一 肖兰英(女) 章金彩 朱从胜
杨伯岳 任志龙

长庄乡

王乃俊 周书海 马道来 刘培荃(女) 石仰真 康鸣鸿
朱玉余 纪佩兰(女) 刘星华 阎　廉

场南乡

徐建平 张步政 张光品 曹玉兰(女) 周荣圣 马广德
朱仁柏

场北乡

刘其富 周久美(女) 吴圣达 单芝和 柳春发 唐文贵
谢仁华

磨头镇

丛茂如(女) 刘素梅(女) 俞坤维 石光玺 刘正元 周永树
汤志深 孙平之

桃园乡、大明乡

杨明珍(女) 蔡成义 陈禹峰 陈宽宏 左中和 朱谦轩
陈　兰(女) 徐淑媛(女) 王松华 徐复林 章　玲(女) 贾建生
胡加生

何庄乡

余荣富 杨炜昌 曹必荣 顾汝南 谢仁鉴 范钦凤(女)
刘　元

袁桥镇、戴庄乡

任吉兰(女) 陈如松 张维峰 姚惠娟(女) 范从建 刘焕林
何万祥 张春梅(女) 洪德厚 许逢昌 朱从海 顾伯兰(女)

邓园乡

洪秀芬(女) 余德林 张新武 纪国良 许映兰(女) 季全庆
张素美(女) 王春山 刘德仁

城西乡

明道奎 周桂生 万贵华 陈汝春 翁玉英(女) 葛秀萍(女)
陈太和 孙德华 陈　亮

如城镇

戴崇颐	吴学玲(女)	吴功祥	王金镛	伊藤郁子(女)	冒炳荣
刘志高	吴功倬	洪声浪	何良玉(女)	树　德	丁昌书
施元英(女)					

经委队

李明生	陈继忠	张建忠	陈汝贤	刘松涛	程　芳(女)
蒋元生	吉苏龙(女)	吴展文	李留福	陈殿文	昌泽民
黄国珍(女)	吴光斗	胡一平	吴新成		

财贸队

张之选	董昌加	吴永莲(女)	吴凤琴	曹清华	李　芸(女)
王宝鹤	周家渠	葛存斋	季志伟	杨　华(女)	奚定九
张友德	杨祐哲				

党群文卫队

黄金红(女)	马云鹏	杨松泉	顾敦沂	顾琴和(女)	黄道贯
薛炜清	石昭义	姚希霞(女)			

计委农水政法队

曹林书	刘桂友	张吉云	白莲珠	陈建新	戈　强(女)
王坤奎	张振刚	夏立荣	周立明	严世进	

(说明:如皋县第十届人民代表大会第一次会议时有代表429名。因工作需要,冯邦才、蒋家瑞调往海安县,周立明调往南通市;张振刚因工作需要调离如皋县。)

第四节　第十一届人民代表大会代表

第十一届人民代表大会代表440名,任期从1990年3月至1993年2月。

新民乡

张成玉	管贵方	黄裕龙	陈建帮	章秀芳(女)	刘佩琴(女)
殷鹤林	范钦余	邹国华	冒传林		

柴湾乡

史传如	周宝生	杜祝三	管怀岭(女)	吴志祥	乔德林
许映林	纪正林				

东陈镇

李中林	李昌焕	姚乃申	张广山	王翠萍(女)	何季良
何　峰	吴梅芳(女)				

雪岸乡、南凌乡

冒学春	陈兴龙	薛玉兰(女)	黄明祥	吴明模	周卫东
仲　锋	范广有	王立中	李伯明	章宏兰(女)	王广芝

丁堰镇

陈美英(女)	陈　坚	陈福南	陶明学	孙建明	程远迪
杨鹿鸣					

丁北乡

马松林	潘宝才	吴希林	薛春兰(女)	陈福兰(女)	薛国平

严寿明　高学林　柯　文

丁堰乡

张德寿　孙德明　梅光宇　冯学明　陈建明　贾云翔(女)
冯志礼　佘如山

丁西乡、马塘乡

侯瑞康　侯瑞凤　季秀英(女)　陈照煌　吴　健　殷瑞梅(女)
赵　益　高申贵　石　耀　袁　杰　顾学优　孙玉梅(女)
张建才

建设乡

陈汝春　张鹏志　周明贵　薛炜清　郭成义　居凤鸣
丁邦珠(女)　谢林元

白蒲镇

李世忠　郑志仁　章友猷　常静贤(女)　邵倜生　伊宗厚
陈宝泉　朱兰芳(女)　沈成熙(女)　席进生

林梓乡、新姚乡

羌汉荣　王学桂　周　容　纪盛汉　季　芹(女)　高振环
殷维光　吴仲杰　陈巧根　曹昆明　沈　琴(女)　陆浩然
金德明

勇敢乡、蒲西乡

顾建华　徐红英(女)　金明林　任金却　沙振海　陈祥林
潘信征　杜新华　钱来宽　秦玉兰(女)　毛建国

花园乡、奚斜乡

许波涛　许吉甫　陈翔宏　陆　燕　陈晓云(女)　何文明
汤成均　郁长如　黄道贯　杨勇振　陈国祥　王祥凤(女)
陆裕发

下原乡

顾遵才　朱炳鉴　沙坤莲(女)　江录生　侯秀云(女)　朱从谦
姜祝连　孙志成

郭园乡

葛志泉　郭载荣　王光国　陈南建　薛明杰　马汝驹
薛锦瑞　万建梅(女)　张　芸(女)

九华乡、车马湖乡

金剑良　薛美珠(女)　单美如(女)　郭振刚　陈永兴　朱建华
李百进　田祥云　朱千中　吴志清　王甫祥　朱从发
朱千琴(女)

营防乡、龙舌乡

强汉林　殷春和　蔡国柱　顾兰美(女)　周文正　冯海泉
耿玉生　喻学文　汤建华　缪维臣　李进爵　赵林英(女)
金毓岗　陆文奎　孙国富

石庄镇

姜步源　石秀峰　章启坤　钱馥伦(女)　吴建平　薛益祥

陈玉琴(女) 尹 浩

石北乡、高井乡

储鉴卿 张福兰(女) 张台如 贲义正 张光国 张 建
王金龙 石山官 张中梅(女) 石高建 朱从仁

长江镇、张黄港乡

丁正国 郭珍余(女) 李志翔 徐荣华 石志峰 李文金
薛兰芳(女) 张玉台 张桂芬(女) 陈云龙 李金良 张志华
苏宏岳

江防乡、长青沙乡

陈玉林 陈步高 展 萍(女) 冒学山 蔡松泉 陶美娟(女)
顾天生 褚建武 居黄平 苏 玲(女) 郑振明 尹建设

吴窑乡

沈国祥 魏国平 张洁芬(女) 王耀光 黄宏生 沈 健
沈世祥 朱兰芳(女) 夏明辉

黄市乡、葛市乡

黄永明 陈东初 周永和 宗永友 沈良灿 严淑芳(女)
严玉如(女) 严忠德 高伯和 刘炳辉 殷高华 杨秀生
许伯微 秦美芳(女)

江安乡

孙忠权 环志友 贲义满 孙光国 徐相银 尤锦梅(女)
曹德宽 金振达 周玉云(女)

胜利乡

黄志祥 贲正祥 苏绍华 孙荷英(女) 冯广安 陈建安
孙福贵 丁正权

高明乡、常青乡

卢锦文 朱奎龙 卢坤道 卢从美(女) 章邦银 章小宏
章友祥 袁 泉 邵祝友 环加进 张子林 褚贵峰
顾 萍(女)

搬经镇

陈璋炎 刘桂江 吴 旭 陈瑞兴 刘美玉(女) 丁志和(女)
沈征文 曹宏文 张季良

加力乡、夏堡乡

陈召志 徐均涛 倪 彪 叶寿如 陈本凤(女) 陈忠兰(女)
章金彩 王宝鹤 朱从胜 肖美兰(女) 丁秀兰(女) 陈怀凤(女)
陆希华 季全志

场南乡、场北乡

张松泉 谭志旺 董世英 马建中 张步政 马广德
张 静 郭秀梅(女) 唐文贵 单芝和 吴圣达 周久美(女)
刘其富 谢仁华

磨头镇

孙长林 汤志深 徐建平 李慧宏(女) 朱谦轩 石光玺

周云山　田美珠(女)　俞坤维　丛茂如(女)　刘正元

长庄乡

刘继忠　马道来　王乃俊　葛明成　石仰真　丁　吉
石福兰(女)　刘正海　石祚美(女)

大明乡、桃园乡

汤国礼　陆耀良　钱祖高　王冬生(女)　佘文学　岳达广
蔡成义　陈殿文　陈宽海　王其华　张斯云(女)　陈大志

袁桥镇、戴庄乡

刘焕林　刘维余　张维峰　万启良　范从健　季康生
丁邦秀(女)　余荣富　刘培银　张怀高　徐爱学　葛宝山
刘培秀(女)　刘炜和

何庄乡、邓园乡

朱从海　杨炜昌　范钦凤(女)　谢仁鉴　刘　源　席玉山
黄汉生　佘德林　裴友珍(女)　许映兰(女)　李达坤　沈兴余
季全庆　朱荷英(女)　纪国良

城西乡

张维明　明道奎　赵剑平　汪　旭　许秀伦　陈太和
周庆山　葛菊芳(女)　曹建玲(女)

如城镇

刘志高　戴崇颐　吴功倬　吴功祥　谢翠珍(女)　冒炳荣
恒　岳　洪声浪　顾清波　洪　玉(女)　范允芬(女)　丁昌书
陈莲芳(女)

财贸队

葛存斋　张之选　刘汉飞　桑前华(女)　柯尚敏　周家渠
奚定九　胡祥美(女)　张世和　李　芸(女)　单可俊　卢淑珍(女)

计委队

曹林书　张贤明　王焕文　蔡锦生　白莲珠(女)　韩扣林
马从海

宣传、文卫队

周桂莲(女)　张元健　顾永璋　顾琴和(女)　储祥珊(女)　陆志平
陆小兵　马云鹏

经委队

吴光斗　姚　远　章　骥　许　娟(女)　吴亚鹏(女)　吴　杰
贾桂芳(女)　刘　俊(女)　范大明　邱永祥　于永芳(女)　洪远镜
吴益军　吴展文　刘广胜　李留福

党群、农水、政法队

薛凤城　任吉兰(女)　黄金红(女)　陈鑫泉　桑庆玲(女)　汪如一
徐慧铭　孙秋玲(女)　陈　斌

(说明:县十一届人大代表原有440名,因潘宝才、魏国平、汤志深调出本行政区域,黄金红去香港定居,陈宽海因病去世,他们的代表资格自行终止,根据选举法规定,1991年1月26日县十一届人大常委会第六次会议通过补选柯文、王耀光、陈斌、徐建平4人为人大代表的代表资格审查报告。)

第五节 第十二届人民代表大会代表

第十二届人民代表大会代表450名,任期从1993年2月至1998年1月。

新民乡

刘佩琴(女)	许映奎	李昌荣	邹国华	张成玉	张志祥
陈建邦	陈德萍(女)	殷鹤林	黄裕龙	章秀芳(女)	管贵方

柴湾乡

许映林	纪正林	陈建萍(女)	周宝生	费秀平	韩志林
管怀岭(女)					

东陈镇

王有龙	王翠萍(女)	李昌焕	吴梅芳(女)	时广元	张广山
陈有华	葛振中				

雪岸乡

许金兰(女)	李德烈	吴明谟	张才美	张　武	冒昌德

南凌乡

王立忠	王振华	仲　锋	杨　兰(女)	范广有	郝先元

丁堰镇

刘　英(女)	孙建明	沈　建	陈　坚	陈　林	陈美英(女)
姜逸程					

丁北乡

孙裕贵	严世元	吴名山	柯　文	郁　政	秦祝林
徐登明	薛春兰(女)				

丁堰乡

孙德明	佘德元	张丽蓉(女)	陈建明	贾云翔(女)	顾华忠
薛裕才					

丁西乡

丁正如	杨怀德	陈照煌	季秀英(女)	赵　益	侯瑞康
阚兰芳(女)					

马塘乡

石　耀	孙玉梅(女)	顾学优	郭继忠	陶林泉	焦永明

建设乡

杜祝三	陈　钧	孟寿鹏	洪美凤(女)	徐兰芳(女)	郭成义
曹达和	薛炜清				

白蒲镇

丁美芳(女)	朱　春	李世忠	汪祖功	邵倜生	施金奎
姜剑国	常静贤(女)				

林梓镇

王学桂	刘伟东	纪盛汉	陈德耀	周建华	周　容
羌汉荣	冒银芳(女)	殷维光			

新姚乡

沈　琴(女)　陆浩然　陈巧根　金德明　姚德银　管怀清

勇敢乡

任金却　吴仲杰　沙振海　徐红英(女)　缪维臣

蒲西乡

李锦生　宋　军　赵兴荣　姚正美(女)　钱来宽

花园乡

卞兰英(女)　石洪波　朱光中　张　敏(女)　陈汝祥　秦锦国

奚斜乡

卢炳玲(女)　沈厚福　陆裕发　杨国泉　杨勇震

下原乡

丛左明　宋荣芳(女)　孙志成　邹美芳(女)　沙坤莲(女)　洪克芳(女)
姜祝莲　谢　建

郭园乡

万建梅(女)　王光国　开　封　杨忠富　周永秀(女)　邹继宽
张跃梅(女)　陈南建　钱志祥　郭载荣

九华乡

田海明　朱建华　邹余良　邹贤良　陈永兴　单美如(女)
薛美珠(女)

车马湖乡

朱千勤(女)　朱从发　朱受泉　朱桂林　吴　均　吴宝华
邹连乔

营防乡

卢国忠　冯海泉　刘海泉　顾兰美(女)　殷春和　喻学文
蔡国柱

龙舌乡

汤建华　孙国富　陆文奎　金毓岗　赵林英(女)　郭金泉
鞠竞成　魏明哲

石庄镇

尹　浩　吴建平　沐美云(女)　陈建华(女)　姜步源　章启坤
薛益祥

石北乡

石高兰(女)　邬小燕(女)　张台如　贲义正　储鉴卿

高井乡

于永芳(女)　刘茂祥　孙修生　张耀国　徐永祥　黄平甲
蔡　静(女)

长江镇

丁正国　石志锋　冯邦才　刘　健　李文金　徐荣华
郭珍余(女)　薛兰芳(女)　薛自励

张黄港乡

王金龙　汤明忠　张新兰(女)　秦杨太　黄爱如　喻振卿

江防乡

杨国清　杨忠礼　陈步高　赵文富　冒学山　顾天生
姜爱娟(女)　展　萍(女)

长青沙乡

朱桂生　苏　玲(女)　严锦坤　郑振明　黄　建

吴窑乡

王耀光　刘俊英(女)　沈良兵　张洁芬(女)　周久林　夏明辉
黄祥梅(女)　蔡成岗　蔡成彬

黄市乡

王秀如(女)　王贵芳(女)　孙新建　严世进　严忠德　严淑芳(女)
周瑞华　宗志和　陈东初

葛市乡

刘金泉　刘炳辉　何仕达　陆宏华　金桂兰(女)　葛存斋
褚建国

江安乡

申雅晨(女)　孙光国　沈美红(女)　陈喜梅(女)　环志友　金振达
周昌池　曹德宽

胜利乡

丁秀云(女)　王炳益　严贵春　沈保平　陈邦林　黄山友

高明乡

王桂华(女)　石秀峰　卢小娟(女)　卢玉瑞　许映如　张建润
缪世明

常青乡

冯于祥　许秀梅(女)　纪德圣　吴殿成　沈同友　袁　泉
章友祥

搬经镇

丁志和(女)　卢从先　刘桂江　汤明凤(女)　吴　旭　张季良
陈瑞兴　赵登宽　殷高华

加力乡

叶寿如　张怀民　陈忠兰(女)　金明甫　郭和良　谢同义
缪宏春

夏堡乡

肖美兰(女)　汪如一　陆西华　季全志　季全梅(女)　席玉田
谢仁才　谢跃进

场南乡

马广德　张光品　张步政　张松泉　张　静　郭秀梅(女)
董世英　高　奎　谭志旺

场北乡

刘其富　吴圣达　周久美(女)　单芝和　徐邦进　谢仁华

磨头镇

石光玺　丛茂如(女)　江国太　李慧宏(女)　佘德才　陈元福

周永树　　徐建平　　唐文贵　　缪宏标　　戴美银(女)

长庄乡

马汝全　　王乃俊　　石光均　　石祚美(女)　　刘正海　　杨皋鸣(女)
高以仁　　康鸣鸿　　葛明成

大明乡

张义林　　单长松　　单美兰(女)　　钱秀兰(女)　　钱耀华

桃园乡

丁玉兰(女)　　丁邦凤(女)　　仇正太　　田演坤　　朱　俊　　阮昌彦

袁桥镇

任银生　　刘焕林　　汤金贵　　汤金城　　陈克明　　季　梅(女)
赵成章

戴庄乡

王芝圣　　刘培银　　余荣富　　张怀高　　张春梅(女)　　徐爱华
高井扬

何庄乡

万启余　　朱从海　　刘　源　　杨炜昌　　徐建华(女)　　席玉山
谢翠明

邓园乡

方文明　　任银凤(女)　　纪国良　　沈兴余　　张世梅(女)　　张爱玲(女)
季全庆　　高申贵

城西乡

卢玉璠(女)　　史长如　　许秀伦　　佘德林　　陈建国　　明道奎
赵剑平　　翁玉英(女)

如城镇

刘友俊　　刘志高　　刘晓梅(女)　　孙美英(女)　　孙家庆　　吴功倬
吴志龙　　张如太　　陆涌庆　　陈克俊(女)　　冒炳荣　　恒　岳
洪声浪　　顾清波　　谢翠珍(女)　　戴崇颐

财贸队

王铁根　　朱敏祖　　张　为(女)　　陈邦忠　　陈德华　　单可俊
胡秀珍(女)　　柯尚敏　　徐邦友　　奚定九　　桑前华(女)　　葛建华(女)
蔡明芬(女)　　薛凤域

计委、建委、外经委队

王焕文　　朱本涛　　刘　进　　吴国华　　张世和　　周玉芳(女)
曹林书　　解棣广　　薛良汉

宣传教育卫生队

刘劲柏　　许映霞(女)　　张元健　　陆志平　　陈兴龙　　陈　烨(女)
冒志明　　顾汝南　　高　如　　薛　洪

经委队

王俊明　　冯竹明　　朱　燕(女)　　刘广胜　　刘松岩　　许　娟(女)
李思建　　肖志高　　邱永祥　　张　凤(女)　　陈继忠　　周桂英(女)
姜剑秋　　秦玉林　　贾山林

党群、农水、政法队

马能全 王 平 许映光 陈鑫泉 赵 康 桑庆龄(女)

(说明:市十二届人民代表大会原有代表450名,市十二届人大一次会议以后,孙家庆、李文金因病去世,补选陈爱玲为代表。市十二届人大二次会议以后,管贵方、董世英调离如皋,代表资格自行终止,补选高奎为人大代表。市十二届人大常委会第十四次会议上通过了补选郁政、徐天明为人大代表的审查报告。)

第六节 第十三届人民代表大会代表

第十三届人民代表大会代表416名,任期从1998年1月至2003年1月。

新民乡

仲 锋 时长华 李玉坤 张志祥 陈建帮 沈翠萍(女)
陈德萍(女) 施建林 钱秀松 徐明芳(女) 高树华 殷鹤林

柴湾乡

王兆良 纪正林 吴迪友 陈昭志 陈建萍(女) 周宝生

东陈镇

王翠屏(女) 司祝建 仲田凤(女) 张广山 李中林 陈有华
征立华 冒文桂 冒学春 彭广荣 程鸿兰(女)

雪岸乡

何秀琪 吴明谟 吴爱华(女) 陈照东 冒志明 冒昌德

南凌乡

卢旭光 汤 玲(女) 范从林 薛祥山

丁堰镇

王克成 朱学明 邹济宾 张 蓓(女) 陈 瑶(女) 范建华
郁 政 赵美兰(女) 侯瑞康 常连生 蒋兴龙 程纪新
沈峻峰

丁北镇

庄绳武 孙兴南 吴名山 季邦国 骆晓红(女) 秦祝林

丁堰乡

于家才 刘兴燕 朱 阳 李秀梅(女) 陈建明 陈朝宽
冒美芳(女)

马塘乡

朱美英(女) 沈 吴 张 跃 陈惠娟(女) 郭承荣

建设乡

庄明海 苏爱芬(女) 何桂兰(女) 孟寿朋 姚寓韶 缪广林
薛子生 薛炜清

白蒲镇

丁先华 丁美芳(女) 王 军 石明德 沈建国 杨春和
陆汝恒 陈邦仁 姜国良 姜剑国 姜锦红(女) 赵亚萍(女)
顾良建

林梓镇

羌汉荣 杨美霞(女) 陆兆岳 陈德耀 周国泉 徐亚平(女)

谢新民

新姚乡

李世忠	张　兵	张　娟(女)	金德明	程德兴

勇敢乡

宋　军	刘建明	陈永兰(女)	杨松泉	浦文海

花园乡

石洪波	朱光中	许波涛	张　敏(女)	陈汝祥

奚斜乡

王锦国	卢炳玲(女)	杨国泉	季永泉

下原镇

朱荣芳(女)	刘锦标	李世银	邹汉明	张建明	洪克芳(女)

郭园乡

万建梅(女)	王有进	张耀梅(女)	陈南建	郑汉章	郭载荣
夏国平	钱志祥				

龙舌乡

汤建华	陆汉成	张志英(女)	赵国祥	姚鑫明	郭金泉
崔淑珍(女)					

九华乡

田海建	朱建华	李百端	单美如(女)	秦锦国	薛美珠(女)

车马湖乡

丛左明	朱清正	朱新芳(女)	沈世斌	谢　正

营防乡

吕金城	严桂兰(女)	张振明	顾月平	殷春和	强汉林

石庄镇

丁凤声	丁　权	马德美(女)	孙定一	许松乔	刘国庆
汤明忠	杨忠礼	张再权	陈志进	陈建华(女)	姚国美(女)
郭其俊	韩　隽				

石北乡

丁正祥	邬晓燕(女)	张　祥	贲义正	柳其龙	魏国林

高井乡

于永芳(女)	刘茂祥	沈百梅(女)	沈　蔚	徐永祥	黄平甲

长江镇

王建人	石志峰	刘长英(女)	孙德明	张桂萍(女)	赵建华
徐天明	袁正义	顾袁明			

江防乡

于建芬(女)	冯邦才	孙永义	张兰芳(女)	杨国清	陈剑峰
周庆林	秦官宝				

长青沙乡

朱桂生	苏　玲(女)	张　勇	郑振明

吴窑镇

朱美丽(女)	沈良兵	徐邦友	黄祥梅(女)	黄锦美(女)	蔡可建

缪世美(女) 魏国平

黄市乡

丁正进 包高兰(女) 刘学成 孙修生 严世进 陈　林
黄秀萍(女) 黄奎生 臧德平

葛市乡

石　耀 杨汝祥 何宏开 陆宏华 金桂兰(女) 周久林
葛存斋

江安镇

卢昆伦 卢坤虎 沈美红(女) 陆　俊 金振达 贲义平
徐国华 殷济飞

胜利乡

严　翔 严桂春 周美芳(女) 章保平 黄山友 黄辉祥

高明乡

王桂华(女) 石秀峰 卢礼昌 周子明 缪世明

常青乡

石祚美(女) 纪德圣 张子林 周子泉 周文华 袁　泉
章友祥 缪长青

搬经镇

丁爱锋(女) 卢从先 卢新建 汤明凤(女) 朱乔梅(女) 严世斌
张　杰 陆宝龙 赵登宽 秦玉林

加力乡

叶寿如 许映明 肖志高 张怀明 郭和良 章树山
黄仁芳(女) 缪宏春

夏堡乡

任志龙 汪如一 肖美兰(女) 席玉田 席玉明 夏少梅(女)

场南乡

马广德 马成斌 刘茂宏 张元健 高锦兰(女) 谭志旺

场北乡

王才明 王田坤 刘其富 朱义进 唐金梅(女) 章开峰

磨头镇

丛茂如(女) 刘井石 宋伯光 宋美玉(女) 杨忠泽 佘德才
陈卫华(女) 高兴山 唐文贵 章金乔

长庄乡

石光均 石祚美(女) 刘正海 沙夕芳(女) 杨兆成 杨皋鸣(女)
张松泉

大明乡

马　斌 仇建兰(女) 吴　峰 吴建华 张跃建 郝小冬
蒋明华

桃园乡

仇正太 朱　俊 孙月兰(女) 阮建平 吴德华 顾淑红(女)

袁桥镇

王泉龙	朱平春	纪显龙	张大延	张 健	季 梅(女)

戴庄乡

刘培银	陈忠海	张春梅(女)	高井扬	秦兴明	缪小华

何庄乡

朱霁云	宗杨民	金海清	席玉梅(女)	顾怀旺	徐俊乔

邓园乡

纪正平	纪显来	刘焕林	张世梅(女)	李达林	李志生

城西乡

孙如芳(女)	许秀伦	刘坤如	张开祥	明道奎	黄美红(女)
葛长泉	韩爱琴(女)				

如城镇

丁跃进	王晓明	刘晓梅(女)	沙振和	李慧宏(女)	张如泰
张建明	陆涌庆	金宝华(女)	季全山	恒 岳	冒炳荣
贾小明(女)	顾清波	徐 龙	曹金年	喻光明	蓝绍敏
戴崇颐					

财贸、农水

刘卫红(女)	许剑秋	沈美玲(女)	张 为(女)	张余昌	陈 灿
陈根林	陈德华	陈鑫泉	周志军	单可俊	柯尚敏
奚定九	董昌家	魏祝明			

计经委、外经委、建委

王焕文	许家淦	朱蔼萍(女)	宋文中	杨国华	吴 华(女)
张兴国	张德寿	周谷荣	洪学文	章朝兰(女)	黄贵祥
黄美珍(女)	曹 华	谢瑞如(女)	戴武林		

党群、政法、宣教文卫、驻如部队

王宁如	邓筱娟(女)	叶智宏	刘 健	刘劲柏	刘桂江
许映霞(女)	许建华(女)	李 刚	张 权	张 武	张武林
陈志平	吴晓培	高 如	高 奎	徐光明	夏立荣
曹保清	谢晖来				

(说明:如皋市第十三届人民大会代表共417名。十三届人大一次会议以后,郁政、李慧宏、高奎、张武林调出如皋市,孙修生、夏立荣因病逝世,按有关法律规定,他们的代表资格自行终止,补选蓝绍敏、叶智宏为市十三届人大代表。市十三届人民代表大会第三次会议之后,刘井石、章树山、姜剑国、卢旭光、缪小华、李刚、王宁如7人因工作需要调离如皋市,吴迪友、陈汝祥因病去世。依照《中华人民共和国全国人民代表大会和地方各级人民代表大会代表法》有关规定,上述九人的代表资格终止,2000年9月和2001年1月上旬,补选周金仁、徐长凤、周铁根、邵晓泉、沈品辉、潘建华、姜永华、王圣柏为如皋市第十三届人民代表大会代表。这样,如皋市第十三届人民代表大会第四次会议实有代表413名,其中,张余昌、陈忠海暂停行使职务。)

第七节　第十四届人民代表大会名单

第十四届人民代表大会代表413名,任期从2003年1月至2007年12月。

东陈镇

朱金梅(女)	吴名山	张广山	张贤梅	李中林	杨 建(女)

季邦国 冒 平 冒秀祥 秦爱梅(女) 章建宏 程德兴
薛建华

雪岸镇

于昌宏 何秀琪 吴介来 吴爱华(女) 陈松稳 陈照东
陈璋炎 周安权 周金仁 季本山 贲娅男(女)

柴湾镇

王亚君(女) 王泉龙 刘培银 许映梅(女) 吴道建 张 强
张英兰(女) 张贤如 张春梅(女) 杜道平 陈玉兵 储开平
蓝绍敏

袁桥镇

朱伯明 纪显龙 张 健 李小琴(女) 李广建 陈国林(女)
奚定九 徐俊乔 秦 林 薛宜梅(女)

丁堰镇

丁爱华(女) 石 耀 宋 健 张国平 张俊梅(女) 李 平
沈 健 沈亚萍(女) 沈建成 陈 坚 陈兴林 陈拥军
陈爱玉(女) 娄加国 祝建华 倪建平 钱 梅(女) 黄 成
蒋兴龙

林梓镇

丁邦涛 王锦国 李秀英(女) 杨美霞(女) 陆兆岳 陈国祥
房拥军 姜建华 郭载荣 钱同春 钱跃华 谢新民

白蒲镇

丁先华 王晓明 石美平(女) 刘正光 孙俊生 吴 萍(女)
宋 军 张 兴 张 娟(女) 张广明 张元健 张栋之
李建国 杨松泉 邵晓泉 周太荣 姚俊义 姜晓燕(女)
郝锁兰(女) 浦文海 秦正国 郭美华(女) 顾良建 曹 娟(女)
颜瑞亮

下原镇

丁左梅(女) 马金华 朱 阳 朱光中 朱荣芳(女) 张 敏(女)
张建明 李少波 李世银 杨海山 范红云(女) 洪克芳(女)

九华镇

王 诚 王美兰(女) 王菊芳(女) 刘聪泉 朱建华 汤建华
严桂兰(女) 吴松兵 李松虎 陈震宇 周秀云(女) 金国平
姜藕英(女) 赵世明 赵国祥 殷春和 秦锦国 秦锦泉
薛美珠(女)

郭园镇

田祥云 孙定一 许开荣 吴菊芳(女) 张淑萍(女) 沙 霞(女)
狄正礼 邹永红 邹贤良 邹美琪(女) 黄玉云(女) 谢 正
潘建华

长江镇

于建芬(女) 毛建芳(女) 王有仁 冯邦才 田旭东 刘玉娥(女)
朱建梅(女) 吴灿华 张文斌 张俊仁 杨国清 陈振国

季爱明　郑振明　金剑良　赵建华　徐天明　秦玉林
袁志兵　曹　娟(女)　彭广荣

石庄镇

马德美(女)　王德峰　刘金泉　许国民　吴晓培　张再权
杨金兰(女)　杨曹明　邹济宾　陈冬梅(女)　周久升　季伦秀(女)
徐正友　徐建如(女)　殷志祥　秦建华　钱金龙　顾先龙
章　俊　薛宝芳(女)　魏国林

江安镇

石朗梅(女)　何宏开　吴书生　吴炳祥　沈美虹(女)　苏兴国
陆宏华　周贵林　赍义平　徐福英(女)　殷济飞　秦宏根
郭其俊

黄市镇

周美秀(女)　周维琴(女)　黄志祥　黄奎生　韩银松

高明镇

王桂华(女)　卢坤山　石秀峰　孙　林　严　翔　张学贵
陈德萍(女)　周久海　周子泉　唐春梅(女)　黄辉祥　葛仁芳(女)
缪世益　缪永跃

常青镇

丁佐如　石美红(女)　刘桂江　吴建梅(女)　李汝斌　杨汝祥
陈万圣　周文华　明长富　袁　霞(女)　钱志刚　黄建龙
薛海燕(女)

搬经镇

丁　勇　王朝圣　叶　林　任吉华　刘建明　朱乔梅(女)
张　健　张怀妹(女)　张秀良　张胜利　沈长明　沈品辉
陈亚兰(女)　陈建秋　周铁根　夏宝娟(女)　顾　军　缪宏春

夏堡镇

王　芳(女)　朱秀玲(女)　汪如一　肖美兰(女)　夏少梅(女)　席　忠
谢翠生

吴窑镇

朱建华(女)　张台轩　张玉兰(女)　张玲梅(女)　沈加强　沈克兰(女)
沈良兵　沈爱萍(女)　周秀梅(女)　明　华(女)　夏文彬　崔广全
彭深海　谢余平　蔡可建　薛　萍(女)　魏国平

磨头镇

马广德　王　芳(女)　王田坤　邓海如　申建宏(女)　刘茂宏
孙玉如　孙汝红(女)　孙国林　佘德才　吴　鹏　吴云国
沈　霞(女)　陆伯如　陈　彬　陈星际　单芝龙　周爱梅(女)
唐文贵　顾仁海　章开峰　谭志旺

桃园镇

刘　浩　刘建美(女)　朱　俊　许映琴(女)　严尔才　吴德华
张元海　沈良高　陈　平　袁　泉　郭承梅(女)　顾荣正

皋南镇

马　斌　任建芳(女)　刘平甫　朱晓明　吴文山　张耀建

汪树梅(女)	沈刘军	苏爱芬(女)	姚寓韶	姜永华	费秀平
郝晓东					

如城代表一团

史长银	任银凤(女)	朱春华	纪学林	张世红(女)	张志祥
张英田	张梅玉(女)	李文华	李玉坤	李红梅(女)	李美娟(女)
杨宝玲(女)	邱正江	邱松友	陆小建	陈召银(女)	陈林秀(女)
陈惠娟(女)	周达生	周宝生	季全山	林　锋	范从圣
范存莲(女)	金宝华(女)	恒　岳	翁玉英(女)	袁素梅(女)	顾　华
顾清波	高书华	曹子金	曹金年	章建平	章金元
黄兆林	葛长泉	缪永涛	薛华山	薛森林	

如城代表二团

丁兴华	万维庆	王　辉(女)	王圣伯	王国娟(女)	王建林
王昌德	左伯华	卢坤虎	田　桦	刘　淳(女)	刘培婷(女)
华国瑞	许友兰(女)	许建华(女)	佘鸣皋	吴光明	张美伦
张恩全	张爱玲(女)	张新才	李晓茹(女)	李淑云(女)	沙晓明
辛永华	陆　踊	陈立新	单可俊	周久林	周国平
周国华	林　俐(女)	姜亚南	姜健荣	赵太树	赵凯国
殷晓青	钱在祥	钱德清	曹燕蓉(女)	黄　毅	黄美珍(女)
黄贵祥	强汉林	葛夕芳	葛志宏	蒋海霖	谢晓凤(女)
鞠昌明					

(说明：十四届人民代表大会代表应为417名。市十四届人民代表大会第一次会议之后，蓝绍敏、王圣柏、陆踊、辛永华、张新才、赵太树6位代表调离如皋市，根据《中华人民共和国全国人民代表大会和地方各级人民代表大会代表法》有关规定，其代表资格终止。李世银、卢坤虎、苏兴国、李汝斌因病去世，代表资格终止。2006年1月，根据《中国人民解放军选举全国人民代表大会和县级以上地方各级人民代表大会代表的办法》，在空军如皋机场补选产生了何玉堂1名代表。另外，陈兴林、张栋之、姚俊义因涉及经济犯罪，陈星际因涉嫌受贿罪，被如皋市人大常委会暂停代表职务。)

第八节　第十五届人民代表大会代表

第十五届人民代表大会代表416名，任期从2007年12月至2012年3月。

东陈镇

王桂林	吴名山	张秀良	李中林	杨　剑(女)	季邦国
冒　平	姜永华	郝建兰(女)	秦爱梅(女)	钱四海	顾明山
顾保红	蒋正松	薛建华			

丁堰镇

石　耀	石秀峰	孙　杰	吴存银	宋　健	张　婧(女)
沈　健	沈亚利(女)	陈　亚(女)	陈　坚	陈　林	陈美兰(女)
周国祥	季永泽	娄加国	钱志荣	蒋兴龙	

林梓镇

王晓明	王桂兰(女)	刘伟东	朱美娟(女)	严世斌	吴忠信
杨美霞(女)	陆兆岳	陆建平	陈国祥	居小刚	徐国忠
黄志刚					

白蒲镇

丁先华	丁美芳(女)	刘晓光	孙步成	严金华	吴　萍(女)
张　斌	张广明	张　兴	张秀祥	李玲华(女)	杨松泉
邵晓泉	陈汉生	郑连英(女)	祝进明	郝锁兰(女)	浦文海
秦正国	袁国泉	蒋国和			

九华镇

王美兰(女)	王菊芳(女)	王锦国	石　兵	朱建华	李世杰
杜永红	杨国斌	陈永忠	陈震宇	周秀云(女)	范建银
金国平	姜其湖	姜藕英(女)	赵世明	赵国祥	秦建军
耿忠明	薛冠军	薛美珠(女)			

郭园镇

万国全	于小凡	任跃华(女)	朱　云(女)	朱桂华	何兴如
张　辉	张建军	杨建国	沙　霞(女)	邹美琪(女)	徐高泉
郭正宏	郭锡俊	黄玉云(女)	魏维农		

石庄镇

王德峰	刘金泉	祁凤银(女)	许国民	许国生	吴晓培
张建川	张松益	杨　龙	邱志刚	周金仁	姚国美(女)
徐正友	徐建如(女)	殷志祥	缪德兵	薛宝芳(女)	鞠九兵

长江镇

丁正美(女)	于建芬(女)	马金华	毛建芳(女)	王有仁	刘建梅(女)
朱玉华	张元兴	李　峰	杨国清	沈品辉	陈　强
陈振国	郑振明	胡拥军	徐天明	殷海青	秦玉林
黄　成	黄宝成	蔡锦祥			

江安镇

孙光国	朱刘美(女)	何宏开	吴志华	张　俊	张仕荣
张永旺	杨汝祥	沈美红(女)	陈兴美(女)	周秀兰(女)	周建生
周松兰(女)	徐桂华	徐桂红(女)	徐福英(女)	顾国全	高甫平
黄宏飞	黄国平	黄奎生	蔡建平		

常青镇

丁　芸(女)	卢新龙	刘桂江	张　健	张建成	陈冬梅(女)
陈怀进	周文华	明长富	洪德忠	赵建明	袁　霞(女)
谢晖来	谢福建	薛海燕(女)			

高明镇

于义圣	王美霞(女)	卢坤山	刘　华(女)	孙小平	孙家仁
纪成如	许　鹏	张学贵	陈爱玉(女)	陈德萍(女)	周久海
周建宏	缪世益	缪鹏程			

搬经镇

刘向阳	刘建明	朱千政	朱乔梅(女)	朱金霞(女)	朱海霞(女)
朱德秀(女)	阎生辉	阎慧莲(女)	何稳泉	张　健	张胜利
李秀梅(女)	杨曹明	汪正祥	沈长明	肖美兰(女)	邵先良
陈亚兰(女)	唐旭东	徐绍贵	顾宏如	缪建明	

袁桥镇

朱晓明 张 斌 张本荣 张素梅(女) 李广建 陈 祥
单可如 林 凯 秦炎圣 顾如荣 程德兴 谢万健
谢荣勤 薛宜梅(女)

柴湾镇

王亚君(女) 刘培亮 刘培银 许映梅(女) 吴道建 张亚鸾(女)
张英兰(女) 张贤如 杜道平 陈建萍(女) 陈慧宇 杭世银
袁 健 郭 庆 薛建中

雪岸镇

王立中 吴爱华(女) 沈寿友 周安权 周红林 季 淼
冒昌德 冒海清 盛建华 符成林

如皋经济开发区

王 青 王竹青 叶 彬 左春燕(女) 任缪根 刘 淳(女)
孙道宽 阮汝国 张建明 张梅玉(女) 杨 敏(女) 杨宁宁(女)
陆文林 居爱芳(女) 冒智华 施林友 崔业发 曹燕蓉(女)

下原镇

丁左梅(女) 王 平 王贵成 王海山 吴燕青 张 敏(女)
张国平 张建明 李淑云(女) 沈陈鹏 邵贤斌 范红云(女)
夏明华 高翠萍(女)

桃园镇

仇新华 王红莲(女) 田学松 刘建美(女) 刘聪泉 朱 俊
许 鹏 严尔才 张 美(女) 张志忠 李建华 沈良高
陈大和 戴春祥

磨头镇

丁帮宏 邓海如 孙晓明 朱 华 朱小燕(女) 朱为民
朱爱华(女) 张元德 杨国强 沈 霞(女) 沈建华 肖德友
苏 燕(女) 陈建平 金宝兰(女) 姚呈明 秦国民 贾建华
钱跃美(女) 顾仁海 谢新民 蔡可萍(女) 鞠美红(女)

吴窑镇

万久国 王印明 严希平 张 军 张台轩 张玉兰(女)
沈加强 沈良兵 沙夕圣 肖卫红 陈 健 季爱明
费 琴(女) 夏文彬 徐 斌 黄玉良 蔡可建 薛 萍(女)

如城代表团

丁 旭 丁建兰(女) 于 勇 马 斌 马海燕(女) 方峻江
王 辉(女) 冯竹明 史传如 田柏松 田祥云 刘冬梅(女)
刘松志 刘俊富 华国瑞 孙 骥 孙学梅(女) 孙明道
朱小燕(女) 朱春华 纪坤岗 纪学林 许映山 何玉堂
佘鸣皋 吴山林 吴文山 吴仕兰(女) 吴金如 吴金芹(女)
宏 学 张长健 张国基 张英田 杜松华 沙晓明
苏爱芬(女) 苏爱国 陈万圣 陈玉兵 陈惠娟(女) 单定方
单祝友 周海如(女) 季丽萍(女) 明正奎 林 锋 练荷琛(女)

范从圣	冒兴华	姚继兵	姚寓韶	施祥贵	赵建华
徐政泉	殷高华	袁晓琳(女)	顾清波	高书华	高建忠
曹金年	章志华(女)	黄　年	黄　辉(女)	黄　毅	黄兆林
彭书进	葛长泉	葛金荣	缪永涛	蔡锦莲(女)	薛华山
薛森林					

(说明:如皋市第十五届人民代表大会代表应为417名,换届选举实际选举产生了416名,缺1名。市第十五届人民代表大会第一次会议后,张志忠调离如皋市,徐政泉、吴金如因病去世,沈品辉、单定方、黄宏飞辞去代表职务,根据《中华人民共和国全国人民代表大会和地方各级人民代表大会代表法》的有关规定,这6位代表的代表资格终止。2008年12月,补选了羌强、马建明、万维庆、蔡卫红4名代表。市第十五届人民代表大会第三次会议后,陈慧宇、陈冬梅、顾保红、蔡卫红调离如皋市,何稳泉因病去世,宋健因犯受贿罪,上述6名代表资格终止。张松益因犯收贿罪、吴文山因涉嫌经济犯罪,暂停执行代表职务。2010年11月,补选了司祝建、赵男男、胡宏杰、许映如4名代表。)

第九节　第十六届人民代表大会代表

第十六届人民代表大会代表416名,任期从2012年3月至2017年1月。

如皋经济开发区(柴湾镇)

马金华	卞均锋	王文浩	王竹青	王海青	石　兵
左春燕(女)	朱建和	刘　淳(女)	刘晓静	刘培银	许映兰(女)
许映梅(女)	杨　敏(女)	吴道健	张宏祥	张贤如	张德明
陆文林	陈建萍(女)	陈银忠	施林友	郭　庆	唐　亮
唐晓星(女)	黄亚周	崔叶发	章金元	谢同兴	褚建华
薛建中					

长江镇(如皋港区)

毛建芳(女)	卢新龙	冯海燕(女)	成　明	朱玉华	刘建梅(女)
孙玉才	杨　亮	吴志华	吴灿华	张　勇	张建军
陈国荣	陈振国	陈跃东	邵先龙	邵亚平	胡拥军
赵银山	神俊华	顾留忠	钱福良	徐亚丽(女)	臧大秀

软件园(桃园镇)

王红莲(女)	王爱萍(女)	叶　彬	司祝建	朱　俊	任缪根
刘建美(女)	阮汝国	孙得利	李建华	严尔才	沈　彬
张　美(女)	张志勇	陈大彬	居爱芳(女)	郭基伟	戴　薇(女)

如城镇

马　斌	王　辉(女)	尤素敏(女)	朱凡亚(女)	朱玉敏(女)	朱春华
刘松志	许映红(女)	孙　骥	孙学梅(女)	纪国梅(女)	严　娟(女)
严兴友	吴山林	何　宏	余德建	邱德兰(女)	沙建华
沙晓明	沙海军	沙留强	沈安明	张　勇	张　彬
张英田	陈万圣	陈召建	陈克铭	陈惠娟(女)	范广建
范存莲(女)	明正奎	冒玉祥	冒兴华	冒志勇	赵建华
施祥贵	费秀平	顾清波	钱晓彬	郭夕俊	高书华
唐美云(女)	黄　年	黄　辉(女)	黄兆林	黄建龙	常稳俊
章志华(女)	蒋明国	景雪玲(女)	詹文浩	缪永涛	缪祥才
蔡建明	鞠昌明				

解放军代表

张万银 周 标

雪岸镇

李小军 吴 鹏 沈寿明 季 淼 周红林 姚桂兰(女)
徐竹梅(女) 崔怀林 符成林 蒋 建

东陈镇

卢树平 许映祥 孙 琴(女) 佘德华 杨 剑(女) 张秀良
张勇军 陆海峰 冒殿明 姜永华 徐国忠 蒋正松
戴 峰 戴伯萍(女)

丁堰镇

丁爱华(女) 万维庆 石 耀 卢志敏 华国瑞 张 婧(女)
张亚明 陈 亚(女) 陈 坚 陈美兰(女) 季永泽 周国祥
倪张根 徐拥军 钱志荣 薛爱平

林梓镇

王晓明 王舜慧(女) 尹建华 刘小霞(女) 刘伟东 孙建娟(女)
张长健 张红玲(女) 陆兆岳 陆雪松 周国泉 徐拥军
黄海松

九华镇

王美兰(女) 吕锦泉 朱建华 杨国斌 李 进 李百赋
李昌忠 李海清 佘鸣皋 邹美云(女) 陈文彬 周秀云(女)
赵志明 耿忠明 夏明华 钱文林 徐正鱼 曹 阳
喻耀辉 薛冠军 薛美银(女)

郭园镇

万国全 任跃华(女) 李玉书(女) 吴建兵 吴菊芳(女) 邹永红
邹美琪(女) 茅红宇(女) 郑赛荣 郝晓东 钱 冲 钱汉祥
郭其霞(女) 薛永航 魏维农

石庄镇

王德峰 石明东 丛立新 祁凤银(女) 邬继军 杨 龙
吴国平 何 强 邱志刚 陆 莹(女) 柳杰军 顾康清
徐建如(女) 钱爱兵 殷 尧 黄爱如 鲍明路 谭 真

江安镇

石 岳 许映亮 严世斌 吴小波 吴晓培 李志华
张永旺 张玉峰 张百璘 陆建宏 环志友 周 娟(女)
周学良 周金仁 周海丽(女) 徐 林 顾卫国 顾玲玲(女)
钱慧明 殷爱玲(女) 郭杰文 高甫平 陶美娣(女) 黄国平
黄奎生 谢桂平

常青镇

马军华 石国剑 印国兰(女) 邹 平 张 俊 张元芳(女)
陈怀进 陈建军 周 兵 胡宏杰 贲志军 赵建明
俞新宁(女) 谢福建

高明镇

王美霞(女)	卢小冬	刘 华(女)	孙文平(女)	孙世军	张小东
张学贵	陈晓仲	陈德萍(女)	邵晓泉	周久海	周建宏
钱 玉	钱兴中	章晓燕	蔡海军		

搬经镇

丁维民	朱千政	朱华杰	朱海霞(女)	刘亚东	刘建明
吴 丽(女)	阎生辉	阎慧莲(女)	张 健	张晓云(女)	汪正祥
沈长明	肖美兰(女)	陈 弢	陈 健	邵先良	季万进
胡欣荣	徐绍贵	徐朝阳	顾宏如	缪小华	缪爱诚
薛献忠					

袁桥镇

朱晓明	刘加峰	刘炜建	刘培华	李小琴(女)	李广建
张 斌	张素梅(女)	陈 祥	陈小燕	林 凯	季秀琴(女)
程德兴	谢仁国				

下原镇

丁佐林	王 平	王海山	刘海凤(女)	吕 庆	朱一峰(女)
杜永红	杨秀梅(女)	苏 强	李淑云(女)	沈陈鹏	张国平
张建明	邵贤斌	徐振亚	黄爱华	蔡 忠	

磨头镇

王 芳(女)	朱 华	朱小燕(女)	朱为民	许应红(女)	杨 军
吴云国	何亚萍(女)	沈 霞(女)	沈建华	张 锋	张书强
陈 宏	陈伯生	单芝龙	金宝兰(女)	周红梅(女)	冒 燕(女)
郝兆军	夏书华	钱耀美(女)	韩宝秀(女)	蒋明华	谢新民

吴窑镇

万久国	王天华	王亚娟(女)	严希平	吴存银	沙坤山
沈良华	沈良兵	沈良高	张元健	张台建	陈 健
周小红(女)	宗 晓	赵宏祥	费 琴(女)	郝荣建	谢亚平(女)
蔡可建					

白蒲镇

丁先华	丁国炎	王桂兰(女)	冯志刚	刘 建	孙步成
李中林	李思余	何美芬(女)	沙建华	沈亚林	陆建华
陈建华	范建银	周建华	周荣明	姜树华	姚国珍(女)
钱广军	浦文海	顾良建	谢水平(女)	谢海兵	

(说明:如皋市第十六届人民代表大会代表应为417名,换届时实际选举产生了416名。市十六届人大二次会议后,阮汝国、黄建龙因经济问题不再适合担任代表职务,向人大常委会提出辞职,如皋市十六届人大常委会第十二次会议和第十四次会议分别通过了接受阮汝国、黄建龙辞去如皋市第十六届人民代表大会代表职务请求的决定。根据有关法律规定,2014年1月2日补选了刘向阳、刘聪泉为市十六届人大代表。市十六届人大三次会议后,根据有关法律规定,2014年12月补选了祝国庆和夏宏平两名代表。此外,卞均锋、陈怀进辞去了代表职务,张万银、陈国荣、邵亚平、郑赛荣、顾康清因工作原因调离如皋市,代表资格终止。市十六届人大四次会议后,唐亮因工作原因调离如皋市,其代表资格终止。)

第三篇
县（市）人民代表大会会议

概 述

县(市)人民代表大会会议,是地方国家权力机关依法行使职权的主要方式,是人民代表大会代表管理国家事务的主要途径。根据1954年颁布的"地方组织法"关于"省、直辖市、县、市、市辖区的人民代表大会会议每年举行两次"的规定和1979年重新制定的"地方组织法"关于"地方各级人民代表大会会议每年至少举行一次"的规定,1954年6月,如皋县第一届人民代表大会举行第一次会议,至1966年1月,历经6届,共举行12次县人民代表大会。"文化大革命"期间,县人民代表大会停止活动。为保持历史的连续性,根据中央、省有关规定,如皋县在"文化大革命"中建立的县革命委员会,作为县第七届人民代表大会计算。1981年4月,县第八届人民代表大会第一次会议举行,标志着县人民代表大会重新恢复。自1954年6月县一届人大一次会议至2015年1月市十六届人大四次会议,其间共举行县(市)人民代表大会会议48次。

根据"地方组织法"规定的职权确定,县(市)人民代表大会会议的议程主要是:听取和审查政府工作报告;审查和批准国民经济和社会发展计划、财政预算及其执行情况的报告;听取和审查人大常委会、法院、检察院工作报告,并作出相应决议和决定;选举县(市)级国家机关领导人员,选举上一级人民代表大会代表等。县(市)人民代表大会成立初期,会议议程较少,只有审议政府工作报告、财政预决算报告、提案办理情况报告和法院工作报告,选举政府和法院领导人员及省人民代表大会代表等几项。第八届人民代表大会第一次会议开始增加审议检察院工作报告,选举常务委员会的组成人员,选举检察院检察长,选出的检察长须报经上一级人民检察院检察长提请同级人民代表大会常务委员会批准。第二次会议开始增加审议人大常委会工作报告,第九届人民代表大会第一次会议开始增加审议国民经济和社会发展计划报告的议程。

县(市)人民代表大会会议实行民主集中制,人大代表通过人民代表大会会议依法集体行使职权。会议各项议题的审议,以代表团分组审议为主,辅之以全体会议审议、代表团大组审议、专题审议等多种形式。

县(市)人民代表大会会议举行预备会议,选举会议主席团和秘书长,通过会议议程,通过会议各委员会组成人员名单等。县一届人大一次会议预备会议由县人民政府委员会主持,县一届人大二次会议至县六届人大一次会议的预备会议由县人民委员会主持,县八届人大一次会议决定设立县人大常委会后,每次会议的预备会议均由县(市)人大常委会主持。县(市)人民代表大会会议的领导机构为会议设立的主席团。主席团的主要职责是:主持县(市)人民代表大会会议;领导会议各委员会工作;提出各项决议、决定草案;提出县(市)级国家机关领导人员候选人人选;决定议案、罢免案和质询案是否列入会议的审议议程等。大会设副秘书长若干人,协助大会秘书长工作,人选由主席团会议决定。大会还可根据需要,设若干委员会。

主席团设秘书处,在主席团和秘书长领导下负责办理各项会务工作。大会秘书处下设秘书、组织、宣传、议案、后勤、保卫等组,负责处理大会具体事务。会议期间,代表可依法提出议案(提案)和建议、批评、意见,还可提出质询案和询问事项。

第一章　第一届人民代表大会

第一节　一届人大第一次会议

1954年6月27日—7月4日在如城召开,应出席会议代表471名,实到代表440名。

会议听取县委宣传部副部长马宏谟所作的《关于学习讨论中华人民共和国宪法(草案)的报告》、副县长张朝模所作的《如皋县人民政府今年来的工作报告》、副县长丁春江所作的《今后工作任务的报告》,并对以上报告作出相应的决议。会议还批准县人民政府《关于本年内自筹经费用于城乡必要经济建设事业的报告》《提案处理办法》。

会议选举出席江苏省首届人民代表大会代表5名:俞铭璜、罗清生、刘志健、倪锦瑜、江明卿。

会议收到代表提案1262件,经提案审查委员会审查,整理合并为127件,由县人民委员会根据大会通过的审议意见分别处理。

第二节　一届人大第二次会议

1955年12月16日—17日在如城召开,应出席会议代表488名,实到代表418名。

会议听取和审议县长李普凡所作的《关于1955年的政府工作及1956年工作任务的报告》,作出相应的决议;还通过了提案审查委员会对提案的审查意见报告。

会议决定将县人民政府改为县人民委员会。选举李普凡为县长,沈忠怀、张朝模为副县长,倪锦瑜、李晋凡、吴恕昌、杨文元、沈忠怀、贲进、刘淑、王金镛、韩隽、陈长富、钱顺芝、唐锡民、张礼成、洪久玉、费曹兰、张朝模、冒谷宜、陶肖溪、安子余19人为委员。选举严永祥为县人民法院院长。

会议共收到代表提案499件,经提案审查委员会审查,合并为64件,由县人民委员会根据大会通过的审议意见分别处理。

第三节　一届人大第三次会议

1956年12月14日—16日在如城召开,应出席会议代表445名,实到代表280名。县直部门负责人18人应邀列席会议。

会议审议和批准了县长李普凡所作的《关于如皋县人民委员会一年来的几项主要工作情况的报告》、副县长沈忠怀所作的《关于如皋县1956年度财政收支预算及其执行情况的报告》、县人民法院副院长张坚所作的《关于如皋县人民法院一年来的工作报告》,并对以上报告作出相应的决议。会议还通过今后工作意见报告和提案审查意见报告。

会议还听取检察院检察任务的介绍和一年来检察工作情况的汇报。

会议共收到代表提案174件,经提案审查委员会审查,合并为39件,会后交有关部门根据大会通过的审议意见分别处理。

第二章 第二届人民代表大会

第一节 二届人大第一次会议

1957年3月28日—4月1日在如城召开,应出席会议代表438名,实到代表347名,列席6人。

会议听取和审议县长李普凡所作的《关于1956年县人民委员会工作报告》及《1957年上半年工作意见》、县人民法院院长严永祥所作的《关于1956年法院工作报告》,并对以上报告作出相应的决议。会议还通过了提案审查委员会关于提案审查的报告。

会议选举李普凡为县长,沈忠怀、邹义良、丁学文、潘逸尘为副县长,丁宗联、王遐松、王婉兰、安子余、沙宇清、何剑芒、李普凡、吴宗俊、沈婉洁、胡伯兰、冒谷宜、陈长富、陶肖溪、孙海平、沈忠怀、邹义良、丁学文、潘逸尘、黄克明、黄其斌、曹金秀、张礼成、杨文沅、潘德才、谢璞成、钱顺芝、韩隽、韩瑞芝、韩永富29人为委员。

会议共收到代表提案219件,经提案审查委员会审查,会后交有关部门根据大会通过的审议意见分别处理。

第二节 二届人大第二次会议

1957年12月21日—27日在如城召开,应出席会议代表435名,实到代表296名。

会议听取和审议县长李普凡所作的《关于1957年的工作报告》、副县长沈忠怀所作的《关于1957年度收支总预算执行情况和1958年总预算编制意见的报告》、副县长丁学文所作的《关于今后工作意见的报告》、县人民法院副院长周月祥所作的《关于1957年的工作报告》、县委第一书记胡奠南所作的《关于生产运动的动员报告》,并对以上报告作出相应的决议。会议还通过《县二届人大一次会议提案处理情况的报告》。

会议批准李普凡辞去县长职务的请求,选举倪锦瑜为县长,增选李普凡为副县长。

会议共收到代表提案192件,会后提案审查委员会将这些提案交有关部门研究办理。

第三章 第三届人民代表大会

第一节 三届人大第一次会议

1958年5月23日—24日在如城召开,应出席会议代表445名,实到代表356名。

会议听取和审议副县长沈忠怀所作的《关于过去几个月工作情况的报告》、县长倪锦瑜所作的《关于今后工作任务的报告》、县人民法院副院长周月祥所作的《关于一九五八年四个月来的法院工作报告》,并对以上报告作出相应的决议。会议还通过副县长潘逸尘所作的《关于县第二届人民代表大会第二次会议提案办理情况的报告》以及《县人民委员会关于1957年度财政决算和1958年度财政收支总预算的报告》。

会议选举出新一届人民委员会委员共29人,选举倪锦瑜为县长,沈忠怀、邹义良、丁学文、陶肖溪为副县长;丁学文、丁忠联、王婉兰、王金镛、安子余、刘心粲、张顺贵、张健、张礼成、沈忠怀、沈婉洁、邹义良、沙宇清、何剑芒、吴宗俊、冒谷宜、胡蓂南、胡伯兰、倪锦瑜、陈长富、陶肖溪、曹金秀、黄克明、黄其斌、潘逸尘、钱顺芝、谢璞成、韩隽、韩瑞芝为委员。选举董法玉为县人民法院院长。

会议还选举出席江苏省第二届人民代表大会代表5名:江明清、罗清生、单宗肃、倪锦瑜、张礼成。

会议共收到代表提案204件,经提案审查委员会审查,会后交由县人民委员会所属有关部门依照审议意见进行处理,并在下一次人代会上报告办理情况。

第二节 三届人大第二次会议

1960年1月11日—13日在如城召开,应出席会议代表445名,实到代表259名。县政协委员56人和县人民政府各科、局负责人应邀列席会议。

会议听取和审议县长倪锦瑜所作的《如皋县人民委员会工作报告》、副县长沈忠怀所作的《关于如皋县1958年财政决算和1959年财政预算及执行情况的报告》、县人民法院副院长周月祥所作的《法院工作报告》,并对以上报告作出相应的决议。

会议批准倪锦瑜辞去县长职务的报告,选举严永祥为县长,补选吴功祥为副县长。

会议还听取潘逸尘所作的《关于县第三届人民代表大会第一次会议提案办理情况的报告》。

会议收到代表提案235件,经提案审查委员会审查,合并为110件,会后交由县人民委员会所属有关部门依照审议意见进行处理,并在下一次人代会上报告办理情况。

第四章 第四届人民代表大会

第一节 四届人大第一次会议

1961年月12月28日—31日在如城召开，应出席会议代表449名，实到代表383名，列席81人。

会议听取和审议副县长沈忠怀所作的《县人民委员会工作报告》、县财政局局长杨玲所作的《1960年财政决算和1961年财政预算及执行情况的报告》、县人民法院院长董法玉所作的《法院工作报告》，并对以上报告作出相应的决议。会议还通过提案审查委员会关于提案审查的报告。

会议选举沈忠怀为县长，吴功祥、丁学文、沙正祥、胡伯兰为副县长，丁学文、丁忠联、王金镛、王学源、方鲤卿、安子余、刘心粲、孙海平、张礼成、张贤堂、沈忠怀、沈婉洁、沙正祥、沙宇清、何剑芒、何锦春、陈锦美、陈玉英、吴功祥、吴宗俊、陆飞、胡伯兰、倪锦瑜、曹金秀、黄国珍、黄克明、黄鹏、潘逸尘、钱顺芝、谢璞成、窦祖银31人为委员。选举董法玉为县人民法院院长。

会议共收到代表提案546件，经提案审查委员会审查，合并为213件，会后交由县人民委员会所属有关部门依照审议意见进行处理，并在下一次人代会上报告办理情况。

第二节 四届人大第二次会议

1962年9月4日—8日在如城召开，应出席会议代表450名，实到代表365名。

会议听取副县长吴功祥传达省长惠裕宇在江苏省第二届人民代表大会第三次会议上的政府工作报告，听取和审议县长沈忠怀所作的《如皋县人民委员会工作报告》，并对以上报告作出相应的决议。会议还通过关于代表资格的审查报告及关于提案处理情况的报告。

会议共收到代表提案410件，经提案审查委员会审查，合并为264件，会后交由县人民委员会所属有关部门依照审议意见处理，并在下一次人民代表大会上报告办理情况。

第五章 第五届人民代表大会

第一节 五届人大第一次会议

1964年1月25日—28日在如城召开，应出席会议代表449名，实到代表344名。政府各部门负责人和政协全体委员应邀列席会议。

会议听取和审议县长沈忠怀所作的《人民委员会的工作报告》、县财政局副局长张光如所作的《财政预决算报告》、县人民法院院长董法玉所作的《县人民法院工作报告》，并对以上报告作出相应的决议。会议还通过《关于代表资格审查的报告》《关于四届人大二次会议提案处理结果和五届人大一次会议提案审查情况的报告》。

会议选举魏志田为县长，沈忠怀、张贤堂、沙镇祥、胡伯兰为副县长，丁宗联、王学源、王金镛、方鲤卿、安子余、魏志田、陈锦美、陈殿文、沈婉洁、沙宇清、何静平、何剑芒、何锦春、吴宗俊、沈忠怀、张贤堂、沙镇祥、胡伯兰、陆飞、张顺贵、张礼成、倪锦瑜、钱顺芝、曹金秀、黄国珍、黄克明、黄鹏、黄星楼、谢璞成、窦祖银、潘逸尘31人为委员。会议选举吴勇为县人民法院院长。

会议还选举李景晟、宋瑞兰、郑学年、郑庆瑞、胡奠南、胡伯兰、张礼成、夏凤珠、魏志国为出席江苏省第三届人民代表大会代表。

会议共收到代表提案380件，经提案审查委员会审查，会后交由县人民委员会所属有关部门依照审议意见处理，处理结果及时函告提案人，并在下一次人民代表大会报告办理情况。

第二节　五届人大第二次会议

1965年4月21日—23日在如城召开，应出席会议代表448名，实到代表331名。政府各部门负责人和政协全体委员应邀列席会议。

会议听取副县长胡伯兰传达江苏省第三届人民代表大会第一次会议精神，听取和审议县长魏志田所作的《县人民委员会工作报告》、县财政局局长杨玲所作的《关于财政工作的报告》、县人民法院副院长周荣凯所作的《关于人民法院工作的报告》，并对以上报告作出相应的决议。会议还通过《关于代表资格审查情况的报告》《关于上次会议提案处理结果和本次会议提案审查情况的报告》。

由于沈忠怀、张贤堂两位副县长和陈锦美、王金镛、何静平、倪锦瑜四位委员工作调动，补选曹怡、董法玉、刘勤为副县长，补选王飞岳、陈文斌、黄德银为委员。

会议共收到代表提案470件，经提案审查委员会审查，会后交由县人民委员会所属有关部门依照审议意见处理，处理结果及时函告提案人，并在下一次人民代表大会报告办理情况。

第六章　第六届人民代表大会

六届人大第一次会议　1966年1月3日—5日在如城召开，应出席会议代表450名，实到代表371名。政府各部门负责人和政协全体委员应邀列席会议。

会议听取县委书记王飞岳所作的形势报告，听取和审议县长魏志田所作的《县人民委员会的工作报告》、县财政局局长杨玲所作的《财政预决算(草案)的报告》、县人民法院院长吴勇所作的《如皋县人民法院工作报告》，并对以上报告作出相应的决议。会议还通过《关于代表资格审查情况的报告》《关于五届人大二次会议提案处理结果和本次会议提案审查情况的报告》。

会议选举魏志田为县长，曹怡、董法玉、沙镇祥、刘勤、胡伯兰为副县长，丁宗联、王飞岳、王学源、方鲤卿、安子余、陈文斌、陈殿文、陆飞、刘勤、何锦春、沙镇祥、沙宇清、沈坚、沈婉洁、吴宗俊、胡伯兰、席桂兰、贲义士、董法玉、黄国珍、黄德银、黄鹏、黄星楼、张礼成、钱顺芝、曹怡、曹金秀、潘逸尘、谢璞成、窦祖银、魏志田31人为委员。会议选举吴勇为县人民法院院长。

会议共收到代表提案444件,合并为370件,经提案审查委员会审查,会后交由县人民委员会所属有关部门依照审议意见处理,处理结果及时函告提案人,并在下一次人民代表大会报告办理情况。

第七章 如皋县革命委员会

如皋县革命委员会于1968年3月30日在如城成立,由71名委员组成,常务委员17人。首任主任窦祖银,第一副主任王飞岳,副主任马亚保、陈佩璜、陈兰珍。县革命委员会持续13年,其间历任正、副主任均由上级任命。为保持历史的连续性,根据中央、省有关规定,县革命委员会成立大会视作县第七届人民代表大会。

第八章 第八届人民代表大会

第一节 八届人大第一次会议

1981年4月25日—29日在如城召开,应出席会议代表450名,实到代表439名。县政协五届一次会议全体委员和县直机关各部门负责人应邀列席会议。

会议听取和审议县革命委员会副主任陆明钰所作的《政府工作报告》、县财政局局长杨玲所作的《关于1980年财政决算和1981年财政概算的报告》、县人民法院院长陈文翰所作的《如皋县人民法院工作报告》、县人民检察院代检察长高云鹏所作的《如皋县人民检察院工作报告》,并对以上四个报告作出相应的决议。

会议选举产生县第八届人民代表大会常务委员会,选举谢翼飞为主任,马宏谟、孙德明、杨炜昌、陈文翰、谢开生为副主任,王光国、王金镛、王新庆、仓平、任吉兰、杨银聪、沙振和、陆正友、陈本贵、范友富、赵爱芳、姚克义、贲正祥、黄玉书、黄金红、谢明、薛明17人为委员。

选举陆明钰为县人民政府县长,冯邦才、许吉甫、严绍恭、沈霞、明道奎、季秀英、胡国富为副县长。

选举庞坚为县人民法院院长,高云鹏为县人民检察院检察长。

议共收到代表提案1306件,经分类整理,会后交由县人民政府及有关部门研究处理,要求将办理情况和结果向人大常委会作出报告,同时答复代表。

第二节 八届人大第二次会议

1982年4月26日—28日在如城召开,应出席会议代表450名,实到代表376名。出席县政协会议的全体委员和县直机关各部门的负责人应邀列席会议。

会议听取和审议县长陆明钰所作的《如皋县人民政府工作报告》、县财政局局长杨玲所作的《关于如皋县一九八一年财政决算和一九八二年财政预算(草案)的报告》、县人大常委会副主任马宏谟所作的《如皋县第八届人民代表大会常务委员会工作报告》、县人民法院副院长周月祥代表院长庞坚所作的《如皋县人民法院工作报告》、县人民检察院检察长高云鹏所作的《如皋县人民检察院工作报告》,并对以上报告作出相应的决议。

会议共收到代表提案565件,经过分类整理,交由县人民政府及有关部门研究处理,并将办理情况和结果向人大常委会作出报告,同时答复代表。

第三节　八届人大第三次会议

1983年3月17日—20日在如城召开,应出席会议代表448名,实到代表406名。省人大代表、出席县政协会议的全体委员、县属有关单位的负责人共240人应邀列席会议。

会议听取和审议县长陆明钰所作的《如皋县人民政府工作报告》、县财政局局长杨玲所作的《关于如皋一九八二年财政决算和一九八三年财政预算(草案)的报告》、县人大常委会副主任马宏谟所作的《如皋县第八届人民代表大会常务委员会工作报告》、县人民法院院长庞坚所作的《如皋县人民法院工作报告》、县人民检察院副检察长沈忠明所作的《如皋县人民检察院工作报告》,并对以上报告作出相应的决议。

会议增选王金镛、杨银聪为县第八届人民代表大会常务委员会副主任;补选彭金龙为县人民检察院检察长。

选举丁学文等65人为出席南通市第八届人民代表大会代表。

会议期间收到代表提案192件,经过分类整理,交由县人民政府责成有关部门研究处理,要求将办理情况和结果向人大常委会作出报告,同时答复代表。

第九章　第九届人民代表大会

第一节　九届人大第一次会议

1984年3月12日—16日在如城召开,应出席会议代表500名,实到代表484名。出席县政协会议的全体委员和县属有关单位的负责人应邀列席会议。

会议听取和审议副县长冯邦才所作的《如皋县人民政府工作报告》、县计委主任曹林书所作的《关于如皋县一九八四年国民经济和社会发展计划的报告》、县财政局局长薛斌所作的《关于如皋县一九八三年财政决算和一九八四年财政预算(草案)的报告》、县人大常委会副主任王金镛所作的《如皋县第八届人民代表大会常务委员会工作报告》、县人民法院院长庞坚所作的《如皋县人民法院工作报告》、县人民检察院检察长彭金龙所作的《如皋县人民检察院工作报告》,并对以上报告作出相应的决议。

会议选举孙忠权为县第九届人民代表大会常务委员会主任,许吉甫、孙德明、陈文翰、杨炜昌为副主任,仓平、王乃俊、任吉兰、伊宗厚、陈本贵、沙振和、张恺、张之选、吴良柱、吴冰玉、陆正友、赵爱芳、顾琴和、黄金红、蒋元生、缪益清、薛明、薛凤城18人为委员。

选举张炳贤为县人民政府县长,冯邦才、明道奎、徐朋、季秀英、袁泉为副县长。

选举陈禹峰为县人民法院院长,刘桂江为县人民检察院检察长。

会议期间共收到代表议案73件,经审查,均列为重要建议、批评、意见,连同收到的代表建议、批评、意见243件,会后一并交由县政府及有关部门研究办理,要求将办理情况和结果向人大常委会作出报告,同时答复代表。

第二节　九届人大第二次会议

1985年4月26日—29日在如城召开,应出席会议代表497名,实到代表460名。出席县政协会议的全体委员和县直属有关单位的负责人应邀列席会议。

会议听取和审议县长张炳贤所作的《如皋县人民政府工作报告》、县计委主任曹林书所作的《关于一九八四年主要计划执行情况和一九八五年国民经济、社会发展计划(草案)的报告》、县财政局副局长葛存斋所作的《关于一九八四年财政决算和一九八五年财政预算(草案)的报告》、县人大常委会主任孙忠权所作的《如皋县人民代表大会常务委员会工作报告》、县人民法院院长陈禹峰所作的《如皋县人民法院工作报告》、县人民检察院检察长刘桂江所作的《如皋县人民检察院工作报告》,并对以上报告作出相应的决议。

会议分别通过关于接受孙忠权辞去县第九届人民代表大会常务委员会主任职务、陈文翰辞去第九届人民代表大会常务委员会副主任职务请求的决定。

会议补选孙德明为县第九届人民代表大会常务委员会主任,补选李复生为县第九届人民代表大会常务委员会委员。

通过接受季秀英辞去县人民政府副县长职务请求的决定,补选周宝生、郭载荣为县人民政府副县长。

会议期间共收到代表议案8件,经审查,均列为重要建议、批评、意见,连同收到的代表建议、批评、意见370件,会后一并交由县政府及有关部门研究办理,要求将办理情况和结果向人大常委会作出报告,同时答复代表。

第三节　九届人大第三次会议

1986年5月6日—10日在如城召开,应出席会议代表494名,实到代表465名。出席县政协会议的全体委员和县属有关单位的负责人应邀列席会议。

会议听取和审议代县长潘宝才所作的《如皋县人民政府工作报告》、副县长冯邦才所作的《关于如皋县国民经济和社会发展第七个五年计划(草案)的报告》、县计委主任曹林书所作的《关于如皋县一九八五年国民经济和社会发展计划执行情况以及一九八六年国民经济和社会发展计划(草案)的报告》、县财政局局长葛存斋所作的《关于一九八五年财政决算和一九八六年财政预算(草案)的报告》、县人大常委会副主任许吉甫所作的《如皋县人民代表大会常务委员会工作报告》、县人民法院院长陈禹峰所作的《如皋县人民法院工作报告》、县人民检察院检察长刘桂江所作的《如皋县人民检察院工作报告》,并对以上报告作出相应的决议。

因县长张炳贤调离本县,会议补选潘宝才为县人民政府县长。

会议期间共收到代表议案23件,经审查,均列为重要建议、批评、意见,连同收到的代表建议、批评、意见397件,会后一并交由县政府及有关部门研究办理,要求将办理情况和结果向人大常委会作出报告,并答复代表。

第十章　第十届人民代表大会

第一节　十届人大第一次会议

1987年3月24日—28日在如城召开,应出席会议代表429名,实到代表421名。出席县政协会议的全体委员和县属有关单位的负责人应邀列席会议。

会议听取和审议县长潘宝才所作的《如皋县人民政府工作报告》、县计委主任曹林书所作的《关于如皋县一九八六年国民经济和社会发展计划执行情况以及一九八七年国民经济和社会发展计划(草案)的报告》、县财政局局长葛存斋所作的《关于如皋县一九八六年财政决算和一九八七年财政预算(草案)的报告》、县人大常委会副主任许吉甫所作的《如皋县人民代表大会常务委员会工作报告》、县人民法院院长陈禹峰所作的《如皋县人民法院工作报告》、县人民检察院代检察长范广有所作的《如皋县人民检察院工作报告》,并对以上报告作出相应的决议。

会议选举孙德明为县第十届人民代表大会常务委员会主任,陈殿文、王宝鹤、张鹏志、杨炜昌为副主任,王乃俊、王光国、王志和、石昭义、任吉兰、伊宗厚、孙德华、纪国良、吴展文、张之选、张吉云、陈步高、陈禹峰、周骏鸣、顾琴和、徐建平、徐复林、谢新民、薛凤城、戴崇颐20人为委员。

选举潘宝才为县人民政府县长,张振刚、周宝生、郭载荣、汤建华、袁泉为副县长。

选举马道来为县人民法院院长,范广有为县人民检察院检察长。

会议期间共收到代表议案10件,经审查,均列为重要建议、批评、意见,连同收到的代表建议、批评、意见691件,会后一并交由县政府及有关部门研究办理,要求将办理情况和结果向人大常委会作出报告,并答复代表。

第二节　十届人大第二次会议

1987年11月27日—29日在如城召开,应出席会议代表428名,实到代表391名。

本次会议主要任务为选举出席南通市第九届人民代表大会代表,共选出南通市第九届人民代表大会代表69名。

第三节　十届人大第三次会议

1988年3月25日—28日在如城召开,应出席会议代表428名,实到代表419名。在如的省、市人大代表、出席县政协会议的全体委员和其他有关人员应邀列席会议。

会议听取和审议县长潘宝才所作的《如皋县人民政府工作报告》、县计委主任曹林书所作的《关于如皋县一九八七年国民经济、社会发展计划执行情况和一九八八年国民经济、社会发展计划(草案)的报告》、县财政局局长葛存斋所作的《关于如皋县一九八七年财政决算和一九八八年财政预算(草案)的报告》、县人大常委会主任孙德明所作的《如皋县人民代表大会常务委员会工作报告》、县人民法院院长马道来所作的《如皋县人民法院工作报告》、县人民检察院检察长范广有所作的《如皋县人民检察院工作报告》,并对以上报告作出相应的决议。

会议期间,县人民政府邀请28名人大代表和15名政协委员进行直接对话。县长潘宝才及有关部门的负责人对人大代表及政协委员的提问,实事求是地一一作答复。

会议期间共收到代表议案8件,经审查,均列为重要建议、批评、意见,连同收到的代表建议、批评、意见437件,会后一并交由县政府及有关部门研究办理,要求将办理情况和结果向人大常委会作出报告,同时答复代表。

第四节 十届人大第四次会议

1989年3月29日—4月3日在如城召开,应出席会议代表427名,实到代表424名。出席县政协会议的全体委员和县直机关各部门的负责人应邀列席会议。

会议听取和审议县长潘宝才所作的《如皋县人民政府工作报告》、县计委主任曹林书所作的《关于如皋县一九八八年国民经济、社会发展计划执行情况和一九八九年国民经济、社会发展计划(草案)的报告》、县财政局局长葛存斋所作的《关于如皋县一九八八年财政决算和一九八九年财政预算(草案)的报告》、县人大常委会主任孙德明所作的《如皋县人民代表大会常务委员会工作报告》、县人民法院院长马道来所作的《如皋县人民法院工作报告》、县人民检察院检察长范广有所作的《如皋县人民检察院工作报告》,并对以上报告作出相应的决议。

会议还作出《关于进一步开展全民义务植树运动,加速城乡绿化的决议》。

因潘宝才、石昭义工作变动,大会分别通过关于接受潘宝才辞去县人民政府县长职务、石昭义辞去县第十届人民代表大会常务委员会委员职务请求的决定。

会议选举石秀峰为县人民政府县长。

会议期间,共收到代表议案20件。其中县人大常委会向大会提出的《关于保护如海河(如皋段)水质的议案》,经大会审议,同意列入大会议程,提请大会通过并作出《关于保护如海河(如皋段)水质的决议》。其余的19件议案均转为重要建议、批评、意见,连同收到的代表建议、批评、意见370件(其中会议期间办理了23件),会后一并转交有关部门办理,并要求将所有办理情况和结果向人大常委会作出报告,并答复代表。

第十一章 第十一届人民代表大会

第一节 十一届人大第一次会议

1990年3月20日—24日在如城召开,应出席会议代表440名,实到代表434名。出席县政协会议的全体委员和县直机关各部门的负责人应邀列席会议。

会议听取和审议县长石秀峰所作的《如皋县人民政府工作报告》、县计委主任曹林书所作的《关于如皋县一九八九年国民经济、社会发展计划执行情况和一九九〇年国民经济、社会发展计划(草案)的报告》、县财政局局长葛存斋所作的《关于如皋县一九八九年财政决算和一九九〇年财政预算(草案)的报告》、县人大常委会主任孙德明所作的《如皋县人民代表大会常务委员会工作报告》、县人民法院院长马道来所作的《如皋县人民法院工作报告》、县人民检察院检察长范广有所作的《如皋县人民检察院工作报告》,并对以上报告作出相应的决议。

会议选举刘桂江为县第十一届人民代表大会常务委员会主任,戴崇颐、杨炜昌、杜祝三、李昌焕为副主任,王乃俊、王光国、伊宗厚、刘培银、苏绍华、李慧宏、吴旭、吴希林、汪旭、陈巧根、陈兴龙、周容、郑振明、姚乃申、顾琴和、奚定九、郭珍余、席进生、黄裕龙、梅光宇、蔡国柱、裴友珍、薛凤诚、薛炜清24人为委员。

选举石秀峰为县人民政府县长,石耀、周宝生、郭载荣、汤建华、于永芳、徐建平、陆耀良为副县长。

选举陈步高为县人民法院院长,选举范广有为县人民检察院检察长。

会议期间收到代表议案40件,会议决定将县第十届人大常委会提交的《关于加强全民国防教育的议案》列入大会议程,提交大会审议并作出决议。其余39件议案均列为重要的建议、批评、意见,连同收到的代表建议、批评、意见550件,会后一并交县政府及有关部门办理,要求将办理情况和结果向人大常委会作出报告,并答复代表。

第二节　十一届人大第二次会议

1991年3月18日—22日在如城召开,应出席会议代表439名,实到代表424名。出席县政协会议的全体委员和县直机关各部门的负责同志应邀列席会议。

会议听取和审议县长石秀峰所作的《如皋县人民政府工作报告》、副县长汤建华所作的《关于制定如皋县国民经济和社会发展第八个五年计划(草案)的说明》、县计委主任曹林书所作的《关于一九九〇年国民经济、社会发展计划执行情况和一九九一年国民经济、社会发展计划(草案)的报告》、县财政局局长葛存斋所作的《关于一九九〇年财政决算和一九九一年财政预算(草案)的报告》、县人大常委会主任刘桂江所作的《如皋县人民代表大会常务委员会工作报告》、县人民法院院长陈步高所作的《如皋县人民法院工作报告》、县人民检察院检察长范广有所作的《如皋县人民检察院工作报告》,并对以上报告作出相应的决议。会议还通过《关于议案若干问题的规定》。

会议期间收到代表议案20件。经审查,均列为重要建议、批评、意见,连同收到的代表建议、批评、意见201件,会后一并交县政府及有关部门办理,要求将办理情况和结果向人大常委会作出报告,并答复代表。

第三节　十一届人大第三次会议

1992年3月14日—17日在如城召开,应出席会议代表438名,实到代表426名。出席市政协会议的全体委员和市直机关各部门的负责人应邀列席会议。

会议听取和审议市长石秀峰所作的《如皋市人民政府工作报告》、市计委主任曹林书所作的《关于如皋市一九九一年国民经济、社会发展计划执行情况和一九九二年国民经济、社会发展计划(草案)的报告》、市财政局局长葛存斋所作的《关于如皋市一九九一年财政预算执行情况和一九九二年财政预算(草案)的报告》、市人大常委会主任刘桂江所作的《如皋市人民代表大会常务委员会工作报告》、市人民法院院长陈步高所作的《如皋市人民法院工作报告》、市人民检察院检察长范广有所作的《如皋市人民检察院工作报告》,并对以上报告作出相应的决议。

会议期间共收到代表议案25件。经审查,将其中3件交人大常委会在大会闭会后组织调查研究,提出处理意见,其余22件列为重要建议、批评、意见,连同收到的代表建议、批评、意见198件,会后一并交市政府及有关部门办理,要求将办理情况和结果向人大常委会作出报告,并答复代表。

第十二章　第十二届人民代表大会

第一节　十二届人大第一次会议

1993年2月20日—25日在如城召开，应出席会议代表450名，实到代表445名。出席市政协会议的全体委员和市直机关各部门的负责人应邀列席会议。

会议听取和审议代市长王耀光所作的《如皋市人民政府工作报告》、市计委主任曹林书所作的《关于一九九二年国民经济、社会发展计划执行情况和一九九三年国民经济、社会发展计划（草案）的报告》、市财政局局长葛存斋所作的《关于如皋市一九九二年财政预算执行情况和一九九三年财政预算（草案）的报告》、市人大常委会主任刘桂江所作的《如皋市人民代表大会常务委员会工作报告》、市人民法院院长陈步高所作的《如皋市人民法院工作报告》、市人民检察院检察长范广有所作的《如皋市人民检察院工作报告》，并对以上报告作出相应的决议。会议还通过《如皋市市徽图案的决议》。

会议选举冯邦才为市第十二届人民代表大会常务委员会主任，戴崇颐、郭载荣、汤建华、汪如一为副主任，王乃俊、王光国、朱俊、刘健、江国太、孙家庆、李慧宏、肖志高、吴旭、吴宝华、张元健、张武、陈巧根、陈兴龙、陈瑞兴、陈德萍、周容、郑振明、冒志明、郭珍余、黄裕龙、谢同义、蔡国桂、薛炜清等24人为委员。

选举王耀光为市人民政府市长，石耀、于永芳、徐建平、徐邦友、徐天明为副市长。

选举陈步高为市人民法院院长、范广有为市人民检察院检察长。

会议还选出出席南通市第十届人民代表大会代表71名。

会议期间共收到代表议案43件。其中《关于加快建设如皋商品大市场议案》交市人大常委会在大会闭会后组织调查研究，提出处理意见，其余42件均列为重要建议、批评、意见，连同收到的代表建议、批评、意见240件，会后一并交市政府及有关部门办理，要求将办理情况和结果向人大常委会作出报告，并答复代表。

第二节　十二届人大第二次会议

1994年2月19日—22日在如城召开，应出席会议代表449名，实到代表433名。出席市政协会议的全体委员和市直机关各部门的负责人应邀列席会议。

会议听取和审议市长王耀光所作的《如皋市人民政府工作报告》、市计委主任薛良汉所作的《关于一九九三年国民经济、社会发展计划执行情况和一九九四年国民经济、社会发展计划（草案）的报告》、市财政局局长于义林所作的《关于如皋市一九九三年财政预算执行情况和一九九四年财政预算（草案）的报告》、市人大常委会主任冯邦才所作的《如皋市人民代表大会常务委员会工作报告》、市人民法院院长陈步高所作的《如皋市人民法院工作报告》、市人民检察院检察长范广有所作的《如皋市人民检察院工作报告》，并对以上报告作出相应的决议。

会议增选奚定九为市第十二届人民代表大会常务委员会副主任，补选张如太为市第十二届人民代表大会常务委员会委员。

会议期间收到代表议案45件。经审查,均列为重要建议、批评、意见,连同收到的代表建议、批评、意见79件,会后一并交市政府及有关部门办理,要求将办理情况和结果向人大常委会作出报告,并答复代表。

第三节　十二届人大第三次会议

1995年3月2日—5日在如城召开,应出席会议代表447名,实到代表428名。出席市政协会议的全体委员和市直机关各部门的负责人应邀列席会议。

会议听取和审议市长王耀光所作的《如皋市人民政府工作报告》、市计委主任薛良汉所作的《关于一九九四年国民经济、社会发展计划执行情况和一九九五年国民经济、社会发展计划(草案)的报告》、市财政局局长于义林所作的《关于如皋市一九九四年财政预算执行情况和一九九五年财政预算(草案)的报告》、市人大常委会主任冯邦才所作的《如皋市人民代表大会常务会委员会工作报告》、市人民法院院长陈步高所作的《如皋市人民法院工作报告》、市人民检察院检察长范广有所作的《如皋市人民检察院工作报告》,并对以上报告作出相应的决议。

会议期间共收到代表议案41件。经审查,将其中《关于在如城人口密集地区禁止燃放烟花爆竹的议案》和《关于搬迁和扩建如皋市社会福利院的议案》交市人大常委会在大会闭会后组织调查研究,提出处理意见。另有1件议案所提问题,市人大常委会曾对此作过专门调查,并提出了具体意见,这次在审查议案时又提出了督办的意见。其他38件议案均列为重要建议、批评、意见,连同收到的代表建议、批评、意见181件,会后一并交市政府及有关部门办理,要求将办理情况和结果向人大常委会作出报告,并答复代表。

第四节　十二届人大第四次会议

1996年3月6日—9日在如城召开,应出席会议代表446名,实到代表418名。出席市政协会议的全体委员和市直机关各部门的负责人应邀列席会议。

会议听取和审议代市长刘井石所作的《市人民政府工作报告》、市计委主任薛良汉所作的《关于如皋市1995年国民经济、社会发展计划执行情况和1996年国民经济、社会发展计划(草案)的报告》、市财政局局长陈照东所作的《关于如皋市1995年财政预算执行情况和1996年财政预算(草案)的报告》、市人大常委会主任冯邦才所作的《如皋市人民代表大会常务委员会工作报告》、市人民法院代院长常连所生作的《如皋市人民法院工作报告》、市人民检察院代检察长卢旭光所作的《如皋市人民检察院工作报告》,并对以上报告作出相应的决议。会议还通过《如皋市国民经济、社会发展"九五"计划和2010年远景目标规划》。

大会分别通过关于接受冯邦才辞去市十二届人民代表大会常务委员会主任职务、戴崇颐辞去市十二届人民代表大会常务委员会副主任职务、王乃俊、王光国辞去市十二届人民代表大会常务委员会委员职务请求的决定。

会议通过关于接受徐邦友、徐建平辞去市人民政府副市长职务请求的决定。

会议补选石秀峰为市第十二届人民代表大会常务委员会主任,增选谭志旺、徐邦友为市第十二届人民代表大会常务委员会副主任,补选严世进、王学桂为市第十二届人民代表大会常务委员会委员。

补选刘井石为市人民政府市长,刘培银、章树山为市人民政府副市长。

补选常连生为市人民法院院长,卢旭光为市人民检察院检察长。

会议期间共收到代表议案27件。经审查,均列为重要建议、批评、意见,连同收到的代表建议、批评、意见117件,会后一并交市政府和有关部门办理,要求将办理情况和结果向人大常委会作出报告,并答复代表。

第五节　市十二届人大第五次会议

1997年1月25日—28日在如城召开,应出席会议代表446名,实到代表428名。出席市政协会议的全体委员和市直机关各部门的负责人应邀列席会议。

会议听取和审议市长刘井石所作的《如皋市人民政府工作报告》、市计经委主任程德兴所作的《关于1996年国民经济、社会发展计划执行情况和1997年国民经济社会发展计划(草案)的报告》、市财政局局长陈照东所作的《关于如皋市1996年财政预算执行情况和1997年财政预算(草案)的报告》、市人大常委会主任石秀峰所作的《如皋市人民代表大会常务委员会工作报告》、市人民法院院长常连生所作的《如皋市人民法院工作报告》、市人民检察院检察长卢旭光所作的《如皋市人民检察院工作报告》,并对以上报告作出相应的决议。

会议期间共收到代表议案38件。经审查,均列为重要建议、批评、意见,连同收到的代表建议、批评、意见75件,会后交市政府和有关部门办理,要求将办理情况和结果向人大常委会作出报告,并答复代表。

第十三章　第十三届人民代表大会

第一节　十三届人大第一次会议

1998年1月2日—6日在如城召开,应出席会议代表416名,实到代表411名。出席市政协会议的全体委员和市直机关各部门的负责人应邀列席会议。

会议听取和审议市长刘井石所作的《市人民政府工作报告》、市计经委主任程德兴所作的《关于1997年国民经济、社会发展计划执行情况和1998年国民经济、社会发展计划(草案)的报告》、市财政局局长陈照东所作的《关于如皋市1997年财政预算执行情况和1998财政预算(草案)的报告》、市人大常委会主任石秀峰所作的《如皋市人民代表大会常务委员会工作报告》、市人民法院院长常连生所作的《如皋市人民法院工作报告》、市人民检察院检察长卢旭光所作的《如皋市人民检察院工作报告》,并对以上报告作出相应的决议。

会议选举石秀峰为市十三届人民代表大会常务委员会主任,郭载荣、汤建华、殷春和、谭志旺、汪如一、奚定九、秦玉林为副主任,丁正祥、王克成、朱阳、朱俊、刘学成、刘健、庄绳武、李玉坤、李志生、严世进、肖志高、吴 峰、陈德萍、郑振明、冒志明、姚寓韶、章开峰、葛存斋、程鸿兰、缪长青、薛炜清21人为委员。

会议选举刘井石为市人民政府市长,章树山、陈惠娟、刘培银、徐天明、陈照东、姜剑国、张元健为市人民政府副市长。

选举蒋明华为市人民法院院长,选举卢旭光为市人民检察院检察长。

会议还选出马玉兰等78人为出席南通市第十一届人民代表大会代表。

会议期间共收到代表议案71件。经审查,将《关于推进依法治市工作的议案》列为本次大会议程,提请大会审议通过,并作出《关于推进依法治市工作的决议》,其余议案列为重要建议、批评、意见,连同收到的代表建议、批评、意见168件,会后一并交市政府和有关部门办理,要求将办理情况和结果向人大常委会作出报告,并答复代表。

第二节 十三届人大第二次会议

1999年3月24日—27日在如城召开,应出席会议代表417名,实到代表406名。出席市政协会议的全体委员以及市直机关各部门的负责人应邀列席会议。

会议听取和审议市人民政府市长刘井石所作的《市人民政府工作报告》、市计经委主任程德兴所作的《关于1998年国民经济、社会发展计划执行情况和1999年国民经济、社会发展计划(草案)的报告》、市财政局局长陆汉成所作的《关于如皋市1998年财政预算执行情况和1999年财政预算(草案)的报告》、市人大常委会主任石秀峰所作的《如皋市人民代表大会常务委员会工作报告》、市人民法院院长蒋明华所作的《如皋市人民法院工作报告》、市人民检察院检察长卢旭光所作的《如皋市人民检察院工作报告》,并对以上报告作出相应的决议。

会议期间共收到代表议案42件。经审查,将《关于加强骨干河道河床建设的议案》《关于加强全市公路建设的议案》《关于进一步加大再就业基金筹集力度的议案》列为大会议案,提交大会审议通过,并作出相应的决议。其余39件议案列为重要建议、批评、意见,连同收到的代表建议、批评、意见115件,会后一并交市政府和有关部门办理,要求将办理情况和结果向人大常委会作出报告,并答复代表。

第三节 十三届人大第三次会议

2000年1月15日—18日在如城召开,应出席会议代表413名,实到代表393名。出席市政协会议的全体委员以及市直机关各部门的负责人应邀列席会议。

会议听取和审议市人民政府代市长蓝绍敏所作的《市人民政府工作报告》、副市长兼市计经委主任程德兴所作的《关于1999年国民经济、社会发展计划执行情况和2000年国民经济、社会发展计划(草案)的报告》、市财政局局长陆汉成所作的《关于如皋市1999年财政预算执行情况和2000年财政预算(草案)的报告》、市人大常委会主任石秀峰所作的《如皋市人民代表大会常务委员会工作报告》、市人民法院院长蒋明华所作的《如皋市人民法院工作报告》、市人民检察院检察长卢旭光所作的《如皋市人民检察院工作报告》,并对以上报告作出相应的决议。

会议补选蓝绍敏为市人民政府市长,沈峻峰为市十三届人民代表大会常务委员会委员。

会议期间共收到代表议案46件,代表建议、批评、意见117件。大会对以上议案和建议、批评、意见进行了处理,会后一并交市政府和有关部门办理,要求将办理情况和结果向人大常委会作出报告,并答复代表。

第四节 十三届人大第四次会议

2001年1月15日—18日在如城召开,应出席会议代表411名,实到代表397名。出席市政协会议的全体委员以及市直机关各部门的负责人应邀列席会议。

会议听取和审议市人民政府代市长陈惠娟所作的《政府工作报告》、市计经委主任佘鸣皋所作的《关于2000年国民经济、社会发展计划执行情况和2001年国民经济、社会发展计划(草案)的报告》、市财政局局长陆汉成所作的《关于如皋市2000年财政预算执行情况和2001财政预算(草案)的报告》、市人大常委会主任石秀峰所作的《如皋市人民代表大会常务委员会工作报告》、市人民法院院长蒋明华所作的

《如皋市人民法院工作报告》、市人民检察院代检察长吴晓培所作的《如皋市人民检察院工作报告》,并对以上报告作出相应的决议。

会议分别通过关于接受殷春和、汪如一、奚定九辞去市十三届人民代表大会常务委员会副主任职务请求的决定和刘培银辞去市人民政府副市长职务请求的决定。

会议补选浦文海、刘培银、周金仁、邵晓泉为市十三届人民代表大会常务委员会副主任。

补选陈惠娟为市人民政府市长。

补选吴晓培为市人民检察院检察长。

会议期间收到代表议案43件。经审查,均列为重要建议、批评、意见,连同收到的代表建议、批评、意见57件,会后一并交市政府和有关部门办理,要求将办理情况和结果向人大常委会作出报告,并答复代表。

第五节 十三届人大第五次会议

2002年1月23日—26日在如城召开,应出席会议代表417名,实到代表407名。出席市政协会议的全体委员以及市直机关部委办局的负责人应邀列席会议。

会议听取和审议市长陈惠娟所作的《市人民政府工作报告》、市发改委主任佘鸣皋所作的《关于2001年国民经济、社会发展计划执行情况和2002年国民经济、社会发展计划(草案)的报告》、市财政局局长陆汉成所作的《关于如皋市2001年财政预算执行情况和2002年财政预算(草案)的报告》、市人大常委会主任石秀峰所作的《如皋市人民代表大会常务委员会工作报告》、市人民法院院长蒋明华所作的《如皋市人民法院工作报告》、市人民检察院检察长吴晓培所作的《如皋市人民检察院工作报告》,并对以上报告作出相应决议。

会议期间收到代表议案42件。经审查,将市人民政府提出的《关于加强农村改水工作的议案》,列入大会议程并作出《关于加强全市农村改水工作的决议》。对冯邦才等10名代表提出的《关于加快组织对全市骨干河道整治的议案》,市人民政府向大会作出《关于贯彻执行市十三届人大二次会议〈关于加强骨干河道河床保护工作的决议〉情况的报告》。对戴崇颐等十名代表提出的《关于让如城市民喝上卫生合格的自来水的议案》,交由人大常委会在大会闭会期间进行审议,并作出决议。其他39件议案均列为重要的建议、批评、意见,连同收到的代表建议、批评、意见68件,会后一并交市政府和有关部门办理,要求将办理情况和结果向人大常委会作出报告,并答复代表。

第十四章 第十四届人民代表大会

第一节 十四届人大第一次会议

2003年1月4日—9日在如城召开,应出席会议代表413名,实到代表403名。出席市政协会议的全体委员以及市直机关各部门的负责人应邀列席会议。

会议听取和审议代市长周铁根所作的《市人民政府工作报告》、市发改委主任佘鸣皋所作的《关于如皋市2002年国民经济、社会发展计划执行情况和2003年国民经济、社会发展计划(草案)的报告》、市财政局局长陆汉成所作的《关于如皋市2002年财政预算执行情况和2003年财政预算（草案）的报告》、市人大常委会主任石秀峰所作的《如皋市人民代表大会常务委员会工作报告》、市人民法院代院长祝建华所作的《如皋市人民法院工作报告》、市人民检察院检察长吴晓培所作的《如皋市人民检察院工作报告》，并对以上报告作出相应的决议。

会议选举石耀为市第十四届人民代表大会常务委员会主任，刘培银、徐天明、秦玉林、周金仁、程德兴、邵晓泉为副主任，王诚、王辉、朱阳、朱俊、朱晓明、刘建明、杜道平、杨海山、李玉坤、李淑云、吴鹏、张秀良、陈爱玉、陈璋炎、陈德萍、郑振明、姜健荣、姚寓韶、钱志刚、唐文贵、章开峰、缪永涛22人为市十四届人大常委会委员。

会议选举周铁根为市人民政府市长，陈照东、李中林、张元健、沈品辉、黄成、陈冬梅为市人民政府副市长。

选举祝建华为市人民法院院长，选举吴晓培为市人民检察院检察长。

会议还选出马特里等78人为出席南通市第十二届人民代表大会代表，选举出76名市人民法院人民陪审员。

会议期间共收到代表议案52件。经审查，均列为重要建议、批评、意见，连同收到的代表建议、批评、意见169件，会后一并交市政府和有关部门办理，要求将办理情况和结果向人大常委会作出报告，并答复代表。

第二节　十四届人大第二次会议

2004年1月8日—11日在如城召开，应出席会议代表411名，实到代表399名。出席市政协会议的全体委员以及市直机关各部门的负责人应邀列席会议。

会议听取和审议市长周铁根所作的《市人民政府工作报告》、市发改委主任佘鸣皋所作的《关于如皋市2003年国民经济、社会发展计划执行情况和2004年国民经济、社会发展计划（草案）的报告》、市财政局局长陈万圣所作的《关于如皋市2003年财政预算执行情况和2004年财政预算（草案）的报告》、市人大常委会主任石耀所作的《如皋市人民代表大会常务委员会工作报告》、市人民法院院长祝建华所作的《如皋市人民法院工作报告》、市人民检察院检察长吴晓培所作的《如皋市人民检察院工作报告》，并对以上报告作出相应的决议。

会议期间共收到代表议案21件。经审查，将市政府提出的《关于进一步兴起全民创业热潮、努力实现富民强市目标的议案》列入大会议程，提交大会审议通过，并作出相应的决议，其余的列为重要建议、批评、意见，连同收到的代表建议、批评、意见93件，会后一并交市政府和有关部门办理，要求将办理情况和结果向人大常委会作出报告，并答复代表。

第三节　十四届人大第三次会议

2005年1月7日—11日在如城召开，应出席会议代表407名，实到代表401名。出席市政协会议的全体委员以及市直机关各部门的负责人应邀列席会议。

会议听取并审议市长周铁根所作的《如皋市人民政府工作报告》、市发改委主任佘鸣皋所作的《关于2004年国民经济、社会发展计划执行情况和2005年国民经济、社会发展计划（草案）的报告》、市财政局局长陈万圣所作的《2004年财政预算执行情况和2005年财政预算（草案）的报告》、市人大常委会主任石耀所作的《如皋市人大常委会工作报告》、市人民法院院长祝建华所作的《如皋市人民法院工作报告》、市人民检察院检察长吴晓培所作的《如皋市人民检察院工作报告》，并对以上报告作出相应的决议。

会议选举孙玉如、吴道健为市第十四届人民代表大会常务委员会委员。

大会共收到议案49件。经审查,市政府提出的《关于加快实施河道整治的议案》被列入大会议程,作出并通过《关于加快河道整治的决议》。其余48件议案均列为重要建议、批评、意见,连同收到的代表建议、批评、意见139件,会后一并交市政府和有关部门办理,要求将办理情况和结果向人大常委会作出报告,并答复代表。

第四节 十四届人大第四次会议

2006年2月6日—11日在如城召开,应出席会议代表401名,实到代表392名。出席市政协会议的全体委员以及市直机关各部门的负责人应邀列席会议。

会议听取和审议市长周铁根所作的《如皋市人民政府工作报告》、市发改委主任佘鸣皋所作的《关于2005年国民经济、社会发展计划执行情况和2006年国民经济、社会发展计划(草案)的报告》、市财政局局长陈万圣所作的《如皋市2005年财政预算执行情况和2006年财政预算(草案)的报告》、市人大常委会主任石耀所作的《如皋市人大常委会工作报告》、市人民法院院长祝建华所作的《如皋市人民法院工作报告》、市人民检察院检察长吴晓培所作的《如皋市人民检察院工作报告》,并对以上报告作出相应的决议。会议还通过和批准《如皋市国民经济和社会发展第十一个五年规划纲要》。

会议通过关于接受吴晓培辞去市人民检察院检察长职务的决定。会议补选吴晓培为市人大常委会副主任,补选唐旭东为市人民检察院检察长。

大会对王华、王云娟、左伯华、张正联、张英田、沈良兵、姚泽民、施祥贵、秦旺平、顾清波等10人授予"如皋市人民奖章"。

大会共收到议案54件。经审查,市政府提出的《关于全面推进农民集中居住,建设新型现代农民社区的议案》被列入大会议程,作出并通过《关于全面推进农村集中居住,建设新型现代农民社区的决议》。其余53件议案均列为重要建议、批评、意见,连同收到的代表建议、批评、意见162件,会后一并交市政府和有关部门办理,要求将办理情况和结果向人大常委会作出报告,并答复代表。

第五节 十四届人大第五次会议

2007年1月15日—19日在如城召开,应出席会议代表499名,实到代表391名。出席市政协会议的全体委员以及市直机关各部门的负责人应邀列席会议。

会议听取和审议代市长姜永华所作的《如皋市人民政府工作报告》、市发改委主任佘鸣皋所作的《关于2006年国民经济、社会发展计划执行情况和2007年国民经济、社会发展计划(草案)的报告》、市财政局局长陈万圣所作的《如皋市2006年财政预算执行情况和2007年财政预算(草案)的报告》、市人大常委会主任石耀所作的《如皋市人大常委会工作报告》、市人民法院院长祝建华所作的《如皋市人民法院工作报告》、市人民检察院检察长唐旭东所作的《如皋市人民检察院工作报告》,并对以上报告作出相应的决议。

会议补选姜永华为市人民政府市长。

大会共收到议案40件。经审查,市政府提出的《关于落实环保优先加快建设国家级生态市的议案》被列入大会议程,作出并通过《关于落实环保优先加快建设国家级生态市的决议》。其余39件议案均列为重要建议、批评、意见,连同收到的代表建议、批评、意见142件,会后一并交市政府和有关部门办理,要求将办理情况和结果向人大常委会作出报告,并答复代表。

第十五章　第十五届人民代表大会

第一节　十五届人大第一次会议

2007年12月26日—31日在如城召开，应出席会议代表416名，实到代表403名。出席市政协会议的全体委员以及市直机关各部门的负责人应邀列席会议。

会议听取和审议市长姜永华所作的《如皋市人民政府工作报告》、市发改委主任杨飞所作的《关于2007年国民经济、社会发展计划执行情况和2008年国民经济、社会发展计划(草案)的报告》、市财政局局长陈万圣所作的《如皋市2007年财政预算执行情况和2008年财政预算(草案)的报告》、市人大常委会主任石耀所作的《如皋市第十四届人大常委会工作报告》、市人民法院代理院长吴存银所作的《如皋市人民法院工作报告》、市人民检察院检察长唐旭东所作的《如皋市人民检察院工作报告》，并对以上报告作出决议。

会议选举石耀为市第十五届人民代表大会常务委员会主任，刘培银、吴晓培、周金仁、程德兴、邵晓泉、张秀良、佘鸣皋为副主任，万国全、马斌、王辉、王桂兰、朱俊、朱晓明、刘金泉、刘建明、杜道平、杨龙、苏燕、李淑云、严世斌、严金华、何兴如、沈寿友、沈良高、陈爱玉、陈德萍、林凯、季淼、郑振明、赵建明、姚寓韶、徐斌、黄兆林、缪永涛27人为市十五届人大常委会委员。

会议选举姜永华为市人民政府市长，沈品辉、单定方、黄成、陈冬梅、张军、杜永红为市人民政府副市长。

选举吴存银为市人民法院院长，选举唐旭东为市人民检察院检察长。

会议还选举出席南通市十三届人民代表大会代表92名。

会议期间共收到代表议案69件。经审查，均列为重要建议、批评、意见，连同收到的代表建议、批评、意见282件，会后一并交市政府和有关部门办理，要求将办理情况和结果向人大常委会作出报告，并答复代表。

第二节　十五届人大第二次会议

2009年1月9日—11日在如城召开，应出席会议代表414名，实到代表408名。出席市政协会议的全体委员以及市直机关各部门的负责人应邀列席会议。

会议听取和审议市长姜永华所作的《如皋市人民政府工作报告》、市发改委主任杨飞所作的《关于如皋市2008年国民经济、社会发展计划执行情况和2009年国民经济、社会发展计划(草案)的报告》、市财政局局长张勇所作的《关于如皋市2008年财政预算执行情况和2009年财政预算(草案)的报告》、市人大常委会主任石耀所作的《市人大常委会工作报告》、市人民法院院长吴存银所作的《如皋市人民法院工作报告》、市人民检察院检察长唐旭东所作的《如皋市人民检察院工作报告》，并对以上报告作出决议。

会议期间共收到议案56件。经审查，市政府提出的《关于确保2009年总体建成全面小康社会的议案》被列入大会议程，作出并通过《关于确保2009年总体建成全面小康社会的决议》。《关于推动科技创新的议案》和《关于加大村级债务化解力度的建议》2件议案被列为重点建议、批评、意见,作为市人大常委会2009年调查研究的重点议题,其他议案连同收到的代表建议、批评、意见188件,会后一并交市政府和有关部门办理,要求将办理情况和结果向人大常委会作出报告,并答复代表。

第三节　十五届人大第三次会议

2010年1月13日—16日在如城召开,应出席会议代表408名,实到代表405名。出席市政协会议的全体委员以及市直机关各部门的负责人应邀列席会议。

会议听取和审议市长姜永华所作的《如皋市人民政府工作报告》、市发改委主任杨飞所作的《关于如皋市2009年国民经济、社会发展计划执行情况和2010年国民经济、社会发展计划(草案)的报告》、市财政局局长张勇所作的《关于如皋市2009年财政预算执行情况和2010年财政预算(草案)的报告》、市人大常委会主任石耀所作的《市人大常委会工作报告》、市人民法院院长吴存银所作的《如皋市人民法院工作报告》、市人民检察院检察长唐旭东所作的《如皋市人民检察院工作报告》,并对以上报告作出决议。

会议选举王晓明、华国瑞2人为市十五届人大常委会委员。

会议共收到议案25件。经审查,市政府提出的《关于建设更高水平小康社会为实现基本现代化奠定坚实基础的议案》被列入大会议程,作出并通过《关于〈如皋市人民政府关于建设更高水平小康社会为实现基本现代化奠定坚实基础的议案〉的决议》。其余24件议案列为重点代表建议、批评、意见,连同收到的代表建议、批评、意见232件,会后一并交市政府和有关部门办理,要求将办理情况和结果向人大常委会作出报告,并答复代表。

第四节　十五届人大第四次会议

2011年1月12日—15日在如城召开,应出席会议代表404名,实到代表365名。出席市政协会议的全体委员以及市直机关各部门的负责人应邀列席会议。

会议听取和审议市长姜永华所作的《如皋市人民政府工作报告》、市发改委主任杨飞所作的《关于如皋市2010年国民经济、社会发展计划执行情况和2011年国民经济、社会发展计划(草案)的报告》、市财政局局长张勇所作的《关于如皋市2010年财政预算执行情况和2011年财政预算(草案)的报告》、市人大常委会主任石耀所作的《市人大常委会工作报告》、市人民法院院长吴存银所作的《如皋市人民法院工作报告》、市人民检察院检察长唐旭东所作的《如皋市人民检察院工作报告》,并对以上报告作出决议。会议还通过和批准《如皋市国民经济和社会发展第十二个五年规划纲要》。

会议选举谢新民为市人大常委会副主任,许映如为市人大常委会委员。

会议期间收到代表10人以上联名提出的议案26件。经审查,均列为代表建议、批评、意见,连同收到的代表建议、批评、意见191件,会后一并交"一府两院"及有关部门研究办理,要求将办理情况和结果向人大常委会作出报告,并答复代表。

第十六章　第十六届人民代表大会

第一节　十六届人大第一次会议

2012年3月20日—24日在如城召开,应出席会议代表416名,实到代表406名。出席市政协会议的全体委员以及市直机关各部门的负责人应邀列席会议。

会议听取和审议市长姜永华所作的《如皋市人民政府工作报告》、市发改委主任杨飞所作的《如皋市2011年国民经济、社会发展计划执行情况和2012年国民经济、社会发展计划的报告》、市财政局局长王贵成所作的《如皋市2011年财政预算执行情况和2012年财政预算报告》、市人大常委会主任石耀所作的《如皋市第十五届人大常委会工作报告》、市人民法院院长吴存银所作的《如皋市人民法院工作报告》、市人民检察院代理检察长何强所作的《如皋市人民检察院工作报告》,并对以上报告作出决议。

大会选举谢新民为市十六届人大常委会主任,张元健、邵晓泉、阮汝国、张勇为副主任,万国全、马斌、王辉、王桂兰、王晓明、丛立新、朱俊、朱华杰、朱晓明、华国瑞、刘建明、孙世军、孙骥、杨龙、杨国斌、李淑云、严世斌、张建军、陈德萍、林凯、季森、周荣明、胡欣荣、赵建明、冒燕、费秀平、黄兆林、喻耀辉、缪永涛、戴峰30人为市十六届人大常委会委员。

选举姜永华为市人民政府市长,吴道健、杜永红、陈万圣、缪爱诚、成明、陆雪松、茅红宇为市人民政府副市长。

选举吴存银为市人民法院院长,何强为市人民检察院检察长。

会议还选举出席南通市第十四届人民代表大会的代表92名。

会议期间共收到议案23件。经审查,市政府提出的《关于积极推进村庄环境整治,共创和谐宜居美好家园的议案》被列入大会议程,作出并通过《关于积极推进村庄环境整治共创和谐宜居美好家园的决议》。其余22件议案连同收到的代表建议、批评、意见310件,会后一并交"一府两院"及有关部门研究办理,要求将办理情况和结果向人大常委会作出报告,并答复代表。

第二节　十六届人大第二次会议

2013年1月15日至18日在如城召开,应出席会议代表416名,实到代表407名。出席市政协会议的全体委员以及市直机关各部门的负责人应邀列席会议。

会议听取和审议代市长陈晓东所作的《如皋市人民政府工作报告》、市发改委主任杨飞所作的《如皋市2012年国民经济、社会发展计划执行情况和2013年国民经济、社会发展计划的报告》、市财政局局长王贵成所作的《如皋市2012年财政预算执行情况和2013年财政预算报告》、市人大常委会主任谢新民所作的《如皋市人大常委会工作报告》、市人民法院院长吴存银所作的《如皋市人民法院工作报告》、市人民检察院检察长何强所作的《如皋市人民检察院工作报告》,并对以上报告作出决议。

会议选举陈晓东为市人民政府市长。

会议期间共收到议案8件。经审查,均列为代表建议、批评、意见,连同收到的代表建议、批评、意见276件,会后一并交"一府两院"及有关部门研究办理,要求将办理情况和结果向人大常委会作出报告,并答复代表。

第三节 十六届人大第三次会议

2014年1月9日—12日在如城召开,应出席会议代表411名,实到代表398名。出席市政协会议的全体委员以及市直机关各部门的负责人应邀列席会议。

会议听取和审议市长陈晓东所作的《如皋市人民政府工作报告》、市发改委主任杨飞所作的《如皋市2013年国民经济、社会发展计划执行情况和2014年国民经济、社会发展计划的报告》、市财政局局长王贵成所作的《如皋市2013年财政预算执行情况和2014年财政预算报告》、市人大常委会主任谢新民所作的《如皋市人大常委会工作报告》、市人民法院院长吴存银所作的《如皋市人民法院工作报告》、市人民检察院检察长何强所作的《如皋市人民检察院工作报告》,并对以上报告作出决议。

会议选举刘聪泉为市第十六届人大常委会副主任,景雪玲为市十六届人大常委会委员。

会议共收到议案2件。经审查,将这2件议案列为代表建议、批评、意见,连同收到的代表建议、批评、意见227件,会后一并交"一府两院"及有关部门研究办理,要求将办理情况和结果向人大常委会作出报告,并答复代表。

第四节 十六届人大第四次会议

2015年1月14日—16日在如城召开,应出席会议代表406名,实到代表401名。出席市政协会议的全体委员以及市直机关各部门的负责人应邀列席会议。

会议听取和审议市长陈晓东所作的《如皋市人民政府工作报告》、市发改委主任杨飞所作的《如皋市2014年国民经济、社会发展计划执行情况和2015年国民经济、社会发展计划的报告》、市财政局局长王贵成所作的《如皋市2014年财政预算执行情况和2015年财政预算报告》、市人大常委会主任谢新民所作的《如皋市人大常委会工作报告》、市人民法院院长吴存银所作的《如皋市人民法院工作报告》、市人民检察院检察长何强所作的《如皋市人民检察院工作报告》,并对以上报告作出决议。

大会议案组没有收到议案。共收到代表建议、批评、意见351件,其中有6件经审查不符合办理要求,确定受理的代表建议、批评、意见共345件,会后一并交"一府两院"及有关部门研究办理,要求将办理情况和结果向人大常委会作出报告,并答复代表。

第五节 十六届人大第五次会议

2016年1月10日—12日在如城召开,应出席会议代表405名,实到代表399名。出席市政协会议的全体委员以及市直机关各部门的负责人列席会议。

会议听取和审议市长陈晓东所作的《如皋市人民政府工作报告》、市发改委主任杨飞所作的《如皋市2015年国民经济、社会发展计划执行情况和2016年国民经济、社会发展计划(草案)的报告》、市财政局提交的《2015年财政预算执行情况和2016年财政预算(草案)的报告》、市人大常委会主任谢新民所作的《如皋市人大常委会工作报告》、市人民法院院长吴存银所作的《如皋市人民法院工作报告》、市人民检察院检察长何强所作的《如皋市人民检察院工作报告》,并对以上报告作出决议。会议还通过和批准《如皋市国民经济和社会发展第十三个五年规划纲要》。

会议通过关于接受刘聪泉辞去市人大常委会副主任职务的决定。

会议期间没有收到议案,收到代表、批评、意见共267件,会后一并交"一府两院"及有关部门研究办理,要求将办理情况和结果向人大常委会作出报告,并答复代表。

第四篇
人大常委会及组织机构

第一章 人大常委会

概 述

1979年7月，五届全国人大二次会议通过宪法修正案和地方组织法，规定："县级以上的地方各级人民代表大会常务委员会是本级人民代表大会的常设机关，大会闭会期间，行使人民代表大会权力 。"

1981年4月，如皋县八届人大一次会议选举产生县人大常委会。如皋县人民代表大会常务委员会是如皋县人大的常设机关，大会闭会期间，行使如皋县人民代表大会的权力。如皋县人大常委会组成人员由如皋县人民代表大会在代表中选举产生，由主任、若干副主任和若干委员组成。如皋县人大常委会每届任期与如皋县人民代表大会每届任期相同，它行使职权到下届本级人民代表大会选出新的常务委员会为止。30多年中，如皋县（1991年撤县建市）人大常委会在中共如皋县（市）委的正确领导下，高举中国特色社会主义伟大旗帜，全面履行宪法和法律赋予的职责，在全县（市）改革开放和现代化建设中发挥出积极作用。

第一节 建立时间

1981年4月，恢复县人民代表大会制度，召开如皋县第八届人民代表大会第一次会议。4月28日选举产生如皋县第八届人民代表大会常务委员会。

如皋县第九届人民代表大会常务委员会，由1984年3月15日如皋县第九届人民代表大会第一次会议选举产生。

如皋县第十届人民代表大会常务委员会，由1987年3月28日如皋县第十届人民代表大会第一次会议选举产生。

如皋县第十一届人民代表大会常务委员会，由1990年3月24日如皋县第十一届人民代表大会第一次会议选举产生。

1991年6月，如皋撤县建市，经南通市人大常委会批准，如皋县人民代表大会常务委员会更名为如皋市人民代表大会常务委员会。

如皋市第十二届人民代表大会常务委员会，由1993年2月24日如皋市第十二届人民代表大会第一次会议选举产生。

如皋市第十三届人民代表大会常务委员会，由1998年1月6日如皋市第十三届人民代表大会第一次会议选举产生。

如皋市第十四届人民代表大会常务委员会，由2003年1月9日如皋市第十四届人民代表大会第一次会议选举产生。

如皋市第十五届人民代表大会常务委员会，由2007年12月31日如皋市第十五届人民代表大会第一次会议选举产生。

如皋市第十六届人民代表大会常务委员会，由2012年3月24日如皋市第十六届人民代表大会第一次会议选举产生。

第二节 性质和职能

县(市)人民代表大会常务委员会是县(市)人民代表大会的常设机构,对本级人民代表大会负责并报告工作。

根据《中华人民共和国地方各级人民代表大会和地方各级人民政府组织法》的规定,在全市范围内,市人大常委会必须保证宪法、法律、行政法规和上级人民代表大会及其常务委员会决议得到遵守和执行,其主要工作:

(一)在本行政区域内,保证宪法、法律、行政法规和上级人民代表大会及其常务委员会决议得到遵守和执行;

(二)领导或者主持本级人民代表大会代表的选举;

(三)召集本级人民代表大会会议;

(四)讨论、决定本行政区域内的政治、经济、教育、科学、文化、卫生、环境和资源保护、民政、民族等工作的重大事项;

(五)根据本级人民政府的建议,决定对本行政区域内的国民经济和社会发展计划、预算的部分变更;

(六)监督本级人民政府、人民法院和人民检察院的工作,联系本级人民代表大会代表,受理人民群众对上述机关和国家工作人员的申诉和意见;

(七)撤销镇人民代表大会的不适当的决议;

(八)撤销本级人民政府的不适当的决定和命令;

(九)在本级人民代表大会闭会期间,决定副县(市)长的个别任免;在县(市)长和人民法院院长、人民检察院检察长因故不能担任职务的时候,从本级人民政府、人民法院、人民检察院副职领导人员中决定代理的人选,决定代理检察长须报上一级人民检察院和人民代表大会常务委员会备案;

(十)根据县(市)长的提名,决定本级人民政府局长、委员会主任的任免,报上一级人民政府备案;

(十一)按照人民法院组织法和人民检察院组织法的规定,任免人民法院副院长、庭长、副庭长、审判委员会委员、审判员,任免人民检察院副检察长、检察委员会委员、检察员;

(十二)在本级人民代表大会闭会期间,决定撤销个别副县(市)长的职务;决定撤销由它任命的本级人民政府其他组成人员和人民法院副院长、庭长、副庭长、审判委员会委员、审判员,人民检察院副检察长、检察委员会委员、检察员的职务;

(十三)在本级人民代表大会闭会期间,补选上一级人民代表大会出缺的代表和罢免个别代表;

(十四)决定授予地方荣誉称号。

第三节 历届人大常委会组成人员

1.如皋县第八届人大常委会

(1981年4月28日县八届人大一次会议通过)

主 任	谢翼飞	(1981.04—1984.03)
副主任	孙德明	(1981.04—1984.03)
	马宏谟	(1981.04—1982.12)
	谢开生	(1981.04—1983.02)

陈文翰 (1981.04—1984.03)
杨炜昌 (1981.04—1984.03)
王金镛 (1983.03—1984.03)
杨银聪 (1983.03—1984.03)

委 员 (按姓名笔画排列)

王光国 王金镛 王新庆 仓 平 任吉兰(女) 杨银聪 沙振和
陆正友 陈本贵 范友富 赵爱芳(女) 姚克义 赉正祥 黄玉书
黄金红(女) 谢 明 薛 明

2.如皋县第九届人大常委会

(1984年3月15日县九届人大一次会议通过)

主 任 孙忠权 (1984.03—1985.04)
孙德明 (1985.04—1987.03)

副主任 许吉甫 (1984.03—1987.03)
孙德明 (1984.03—1985.04)
陈文翰 (1984.03—1985.04)
杨炜昌 (1984.03—1987.03)

委 员 (按姓名笔画排列)

王乃俊 仓 平 任吉兰(女) 伊宗厚 李复生(1985.04补选) 吴冰玉(女)
吴良柱(1985.03辞职) 沙振和 张之选 张 恺 陆正友 陈本贵
赵爱芳(女) 顾琴和(女) 黄金红(女) 蒋元生 缪益清 薛 明 薛凤城

3.如皋县第十届人大常委会

(1987年3月28日县十届人大一次会议通过)

主 任 孙德明 (1987.03—1990.03)

副主任 陈殿文 (1987.03—1990.03)
王宝鹤 (1987.03—1990.03)
张鹏志 (1987.03—1990.03)
杨炜昌 (1987.03—1990.03)

委 员 (按姓名笔画排列)

王乃俊 王光国 王志和 石昭义(1989.04辞职) 任吉兰(女) 伊宗厚
孙德华 纪国良 吴展文 张之选 张吉云 陈步高
陈禹峰(1989.12辞职) 周骏鸣 顾琴和(女) 徐建平 徐复林 谢新民
薛凤城 戴崇颐

4.如皋县第十一届人大常委会

(1990年3月24日县十一届人大一次会议通过)

主 任 刘桂江 (1990.03—1993.02)

副主任 戴崇颐 (1990.03—1993.02)
杨炜昌 (1990.03—1993.02)
杜祝三 (1990.03—1993.02)
李昌焕 (1990.03—1993.02)

委　员 (按姓名笔画排列)

王乃俊	王光国	伊宗厚	刘培银	苏绍华	李慧宏(女)	吴　旭
吴希林	汪　旭	陈巧根	陈兴龙	周　容	郑振明	姚乃申
顾琴和(女)	奚定九	郭珍余(女)	席进生	梅光宇	黄裕龙	蔡国柱
裴友珍(女)	薛风城	薛炜清				

5.如皋市第十二届人大常委会

(1993年2月24日市十二届人大一次会议通过)

主　任　冯邦才　(1993.02—1996.03)
　　　　石秀峰　(1996.03—1998.01)
副主任　戴崇颐　(1993.02—1996.03)
　　　　郭载荣　(1993.02—1998.01)
　　　　汤建华　(1993.02—1998.01)
　　　　谭志旺　(1996.03—1998.01)
　　　　汪如一　(1993.02—1998.01)
　　　　徐邦友　(1996.03—1998.01)
　　　　奚定九　(1994.02—1998.01)

委　员 (按姓名笔画排列)

王乃俊(1996.03辞职)　王光国(1996.03辞职)　王学桂(1996.03补选)　朱　俊
刘　健　江国太　孙家庆(1993.04去世)　李慧宏(女)(1994.06辞职)
严世进(1996.03补选)　肖志高　吴　旭(1994.06辞职)　吴宝华　张　武
张元健(1996.04辞职)　张如太(1994.02补选)　陈巧根　陈兴龙　陈瑞兴
陈德萍(女)　周　容　郑振明　冒志明　郭珍余(女)　黄裕龙(1996.12辞职)
谢同义　蔡国柱(1994.01辞职)　薛炜清

6.如皋市第十三届人大常委会

(1998年1月6日市十三届人大一次会议通过)

主　任　石秀峰　(1998.01—2003.01)
副主任　郭载荣　(1998.01—2003.01)
　　　　汤建华　(1998.01—2003.01)
　　　　殷春和　(1998.01—2001.01)
　　　　谭志旺　(1998.01—2003.01)
　　　　汪如一　(1998.01—2001.01)
　　　　奚定九　(1998.01—2001.01)
　　　　秦玉林　(1998.01—2003.01)
　　　　浦文海　(2001.01—2003.01)
　　　　刘培银　(2001.01—2003.01)
　　　　周金仁　(2001.01—2003.01)
　　　　邵晓泉　(2001.01—2003.01)

委　员 (按姓名笔画排列)

丁正祥　王克成(1998.03辞职)　朱　阳　朱　俊　刘　健　刘学成

庄绳武(1998.03辞职) 李玉坤 李志生 严世进 肖志高
吴　峰(1999.11辞职) 沈峻峰(2000.01补选) 陈德萍(女) 郑振明
冒志明 姚寓韶 章开峰 葛存斋 程鸿兰(女) 缪长青 薛炜清

7.如皋市第十四届人大常委会

(2004年1月9日市十四届人大一次会议通过)

主　任 石　耀 (2003.01—2007.12)
副主任 刘培银 (2003.01—2007.12)
徐天明 (2003.01—2007.12)
秦玉林 (2003.01—2007.09)
周金仁 (2003.01—2007.12)
程德兴 (2003.01—2007.12)
邵晓泉 (2003.01—2007.12)
吴晓培 (2006.02—2007.12)
委　员 (按姓名笔画排列)
王　诚 王　辉(女) 朱　阳 朱　俊 朱晓明 刘建明 杜道平
杨海山 李玉坤 李淑云(女) 吴　鹏(2004.12辞职) 张秀良 陈爱玉(女)
陈璋炎 陈德萍(女) 郑振明 姜健荣(2004.12辞职) 姚寓韶
钱志刚(2004.05辞职) 唐文贵 章开峰 缪永涛

8.如皋市第十五届人大常委会

(2007年12月31日市十五届人大一次会议通过)

主　任 石　耀 (2007.12—2012.03)
副主任 刘培银 (2007.12—2010.07)
谢新民 (2011.01—2012.03)
吴晓培 (2007.12—2012.03)
周金仁 (2007.12—2012.03)
程德兴 (2007.12—2010.08)
邵晓泉 (2007.12—2012.03)
张秀良 (2007.12—2012.03)
佘鸣皋 (2007.12—2012.03)
委　员 (按姓名笔画排列)
万国全 马　斌 王　辉(女) 王桂兰(女) 朱　俊 朱晓明 刘金泉
刘建明 杜道平 杨　龙 苏　燕(女) (2010.03辞职) 李淑云(女)
严世斌 严金华 何兴如 沈寿友 沈良高(2008.09辞职) 陈爱玉(女)
陈德萍(女) 林　凯 季　森 郑振明(2010.03辞职) 赵建明
姚寓韶(2010.03辞职) 徐　斌 黄兆林 缪永涛 王晓明(2010.01补选)
华国瑞(2010.01补选) 许映如(2011.01补选)

9.如皋市第十六届人大常委会

(2012年3月24日市十六届人大一次会议通过)

主　任 谢新民 (2012.03—)

副主任 张元健 (2012.03—)
邵晓泉 (2012.03—)
阮汝国 (2012.03—2013.03)
张 勇 (2012.03—)
刘聪泉 (2014.01—2016.01)

委 员 (按姓名笔画排列)

万国全 马 斌 王 辉(女) 王桂兰(女) 王晓明 丛立新 朱 俊
朱华杰 朱晓明 华国瑞 刘建明 孙 骥 孙世军 杨 龙
杨国斌 李淑云(女) 严世斌 张建军 陈德萍(女)(2013.12辞职)
林 凯 季 森(2016.05辞职) 周荣明 胡欣荣 赵建明 冒 燕(女)
费秀平 黄兆林 景雪玲(女)(2014.01补选) 喻耀辉 缪永涛
戴 峰(2015.04辞职)

第二章 县(市)人大常委会党组

概 述

为加强中国共产党对人大工作的领导,不断完善人民代表大会制度,1982年,中共如皋县委决定成立中共如皋县人大常委会党组(简称常委会党组)。常委会党组成员由中共如皋县委决定,一般情况是由中共党员的主任、副主任、办公室主任组成。常委会党组在中共如皋县委的领导下开展工作。按照中国共产党章程规定:“党组发挥领导核心作用。党组的任务主要是负责贯彻执行党的路线、方针、政策;讨论和决定本单位的重大问题;做好干部管理工作;团结非党干部和群众,完成党和国家交给的任务;指导机关和直属单位党组织的工作。”

历届人大常委会党组成员

1.如皋县第八届人大常委会党组成员

党组书记 谢翼飞 (1982.10—1984.03)
党组副书记 孙德明 (1982.10—1984.03)
马宏谟 (1982.10—1983.05)
党组成员 谢开生 (1982.10—1983.02)
陈文翰 (1982.10—1984.03)
王金镛 (1982.10—1984.03)
杨银聪 (1983.05—1984.03)

2.如皋县第九届人大常委会党组成员

党组书记 孙忠权 (1984.08—1985.08)

	孙德明	(1985.08—1987.05)
党组成员	许吉甫	(1984.08—1987.05)
	孙忠权	(1985.08—1987.05)
	孙德明	(1984.08—1985.04)
	陈文翰	(1984.08—1987.05)

3.如皋县第十届人大常委会党组成员

党组书记	孙德明	(1987.05—1990.03)
党组成员	陈殿文	(1987.05—1990.03)
	王宝鹤	(1987.05—1990.03)
	张鹏志	(1987.05—1990.03)

4.如皋县第十一届人大常委会党组成员

党组书记	刘桂江	(1990.03—1993.02)
党组成员	戴崇颐	(1990.03—1993.02)
	杜祝三	(1990.03—1993.02)
	李昌焕	(1990.03—1993.02)

5.如皋市第十二届人大常委会党组成员

党组书记	冯邦才	(1993.03—1996.06)
党组成员	戴崇颐	(1993.03—1996.03)
	郭载荣	(1993.03—1998.01)
	汤建华	(1993.03—1998.01)
	汪如一	(1993.03—1998.01)
	李昌焕	(1993.03—1998.01)

6.如皋市第十三届人大常委会党组成员

党组书记	石秀峰	(1996.06—2003.01)
党组副书记	郭载荣	(1998.01—2003.01)
	浦文海	(2001.01—2003.01)
党组成员	汤建华	(1998.01—2003.01)
	殷春和	(1998.01—2001.01)
	谭志旺	(1998.01—2003.01)
	汪如一	(1998.01—2001.01)
	秦玉林	(1998.01—2003.01)
	刘培银	(2001.01—2003.01)
	周金仁	(2001.01—2003.01)
	朱　俊	(1998.01—2003.01）

7.如皋市第十四届人大常委会党组成员

党组书记	石　耀	(2003.01—2007.12)
党组副书记	刘培银	(2003.01—2007.12)
党组成员	徐天明	(2003.01—2007.12)

	秦玉林	(2003.01—2007.09)
	周金仁	(2003.01—2007.12)
	程德兴	(2003.01—2007.12)
	吴晓培	(2006.02—2007.12)
	朱　俊	(2003.01—2007.12)

8.如皋市第十五届人大常委会党组成员

党组书记	石　耀	(2007.12—2012.03)
党组副书记	刘培银	(2007.12—2010.07)
	谢新民	(2011.01—2012.03)
	吴晓培	(2011.01—2012.03)
党组成员	周金仁	(2007.12—2012.03)
	程德兴	(2007.12—2010.08)
	张秀良	(2007.12—2012.03)
	佘鸣皋	(2007.12—2012.03)
	朱　俊	(2007.12—2012.03)
	华国瑞	(2010.01—2012.03)

9.如皋市第十六届人大常委会党组成员

党组书记	石　耀	(2012.03—2014.03)
	谢新民	(2014.05—　　)
党组副书记	谢新民	(2012.03—2014.05)
	吴晓培	(2012.03—2013.09)
	张元健	(2014.05—　　)
党组成员	周金仁	(2012.03—2013.04)
	张秀良	(2012.03—2013.04)
	佘鸣皋	(2012.03—2013.11)
	张元健	(2013.04—2014.05)
	张　勇	(2013.04—　　)
	蒋明华	(2013.04—2014.03)
	刘聪泉	(2014.03—2016.05)
	朱　俊	(2012.03—　　)
	华国瑞	(2012.03—　　)

第三章 人大常委会工作机构

第一节 机构设置及演变

1981年6月25日,如皋县人大常委会设立办公室,为正科级建制。

根据《中华人民共和国地方各级人民代表大会和地方各级人民政府组织法》的规定,1982年12月7日,如皋县第八届人大常委会第十次会议决定设立政治法律、财政经济、市政建设、科学文卫四个小组。1984年7月19日,如皋县第九届人大常委会第三次会议决定设立政治法律、财政经济、市政建设、科教文卫4个专门工作组。1985年3月9日,如皋县第九届人大常委会第七次会议决定,将上述4个工作组改名为法制、财政经济、城乡建设、教科文卫4个局级建制工作委员会。

1990年3月13日,设立农村工作委员会,为正科级建制。1993年1月13日,市十一届人大常委会第十九次会议决定暂停设立农村工作委员会。

1990年7月5日,设立内务工作委员会,为正科级建制。1993年7月27日,市十二届人大常委会第三次会议决定将内务工作委员会改名为人事代表工作委员会至今。

1995年1月19日,设立如皋市人大常委会民族宗教侨务台务工作委员会(简称民宗侨台工作委员会),和教科文卫工作委员会两块牌子,一套班子。2006年1月10日,民宗侨台工作委员会单独设立,正科级建制,与教科文卫工委合署办公。

1997年9月25日,市十二届人大常委会第三十二次会议决定将法制工作委员会更名为内务司法工作委员会,城乡建设工作委员会更名为城建环保工作委员会。

2004年2月,恢复设立农业和农村工作委员会,正科级建制,与城建环保工作委员会合署办公。2007年1月单列。

2005年12月27日,设立信访督办室,正科级建制,与办公室合署办公。

2007年12月6日,设立人大常委会研究室,正科级建制,与办公室合署办公。

至2016年,如皋市人大常委会的工作机构有3室7委。分别是:办公室、研究室、信访督办室、财政经济工作委员会、内务司法工作委员会、人事代表工作委员会、教科文卫工作委员会、民宗侨台工作委员会、城建环保工作委员会、农业和农村工作委员会。

第二节 工作机构职责

根据法律规定和工作实践,如皋市人大常委会各工作机构的职责如下:

一、办公室工作职责

1.承担市人民代表大会、常委会会议、主任会议和常委会党组会议的会务服务、重要材料起草和综合性文字工作;

2.负责市人大常委会领导参加各项活动的组织安排,协调做好常委会组成人员的视察和执法检查的有关工作;

3.根据主任会议的决定和安排,联络、协调各办事机构的工作;

4.负责市人大常委会机关的文电、档案、机要、文印、保密、通讯工作；
5.负责机关组织人事、干部管理、培训工作；
6.负责机关财务经费管理、车辆管理、接待等行政后勤事务和安全保卫工作；
7.负责机关离退休老干部服务工作；
8.承办市人大常委会、主任会议和市人大领导交办的其他工作。

二、研究室工作职责

1.承担人大理论研究重要材料的起草工作；
2.围绕市人大常委会的中心工作及重大问题开展调查研究，总结人大工作经验；
3.负责市人大常委会的宣传工作；
4. 收集整理和交流人大工作信息；
5. 负责《如皋人大》网站，负责机关网络建设和办公自动化工作；
6. 为常委会备案审查规范性文件做好服务工作；
7. 负责联系市人大工作理论研究会的工作；
8. 承办市人大常委会、主任会议和市人大领导交办的其他工作。

三、信访督办室工作职责

1.负责受理人民群众的来信来访，重点督办涉法诉讼事项；
2. 承办上一级人大常委会和市人大常委会领导交办转办的信访事项；
3. 向市“一府两院”及有关部门和各镇交办、转办有关信访事项；
4. 综合研究信访情况，及时向市人大常委会领导提供信息；
5. 为信访人提供有关法律、政策咨询，做好法治宣传等工作；
6. 承办市人大常委会、主任会议和市人大领导交办的其他工作。

四、财政经济工作委员会工作职责

1.检查了解有关工业经济、财税、社保、金融、对外开放及贸易方面的法律、法规和市人大及其常委会有关决议、决定的执行情况；

2. 对国民经济和社会发展的五年计划、年度计划和财政预算的编制和执行情况进行调研初审，为市人大常委会的初审和人代会的审查批准计划和预算提供依据；

3. 对市级财政决算和“同级审”的情况进行调研，为人大常委会批准市级财政决算和审计报告提供依据；

4. 承办市人大常委会、主任会议和市人大领导交办的其他工作。

五、内务司法工作委员会工作职责

1.检查了解市政府有关执法部门、市法院、市检察院贯彻执行有关法律、法规以及市人大及其常委会决议、决定的情况；

2. 为常委会审议有关工作和讨论决定重大事项，进行调查研究，做好服务工作；
3. 配合上级人大常委会进行立法调研活动；
4. 会同人事代表工作委员会对“一府两院”及人大机关拟任命人员进行任前法律知识考试；
5. 与研究室共同参与对规范性文件备案审查；
6. 促进依法治市、法治建设、综合治理、法治宣传等方面的工作；
7. 承办市人大常委会、主任会议和市人大领导交办的其他工作。

六、人事代表工作委员会工作职责

1.负责办理人代会、常委会会议、主任会议上与选举、任免、代表评议、代表议案和建议、批评、意见有关的具体业务工作，初步审查与上述内容有关的议案；

2. 为本级人大代表闭会期间开展活动提供服务，为上级人大常委会组织在我市的上级人大代表活动提供服务；

3. 检查督促有关部门认真处理代表提出的议案和建议、批评、意见；

4. 负责由本级人大选举的南通市人大代表和本市市、镇两级人大代表换届选举和补选、罢免的具体业务工作；

5. 为市人大常委会指导镇人大工作提供服务，协同做好镇人大工作考核，负责代表培训工作；

6. 承办市人大常委会、主任会议和市人大领导交办的其他工作。

七、教科文卫工作委员会工作职责

1.检查了解教育、科技、文化、广电、新闻出版、卫生、体育、人口计生、档案、地方志等相关法律、法规的贯彻执行情况，为市人大常委会审议做好准备；

2.督促落实市人大及其常委会相关决议、决定、审议意见；

3.对有关工作进行专题调研，提出建议；

4.承办市人大常委会、主任会议和市人大常委会领导交办的其他工作。

八、民宗侨台工作委员会工作职责

1.检查了解有关民宗侨台、外事等方面法律、法规和市人大及其常委会有关决议、决定的执行情况，为常委会实施法律监督提供情况和建议；

2.为市人大常委会审议和决定民宗侨台、外事等方面的有关议题和事项做好准备和服务工作；

3.承办市人大常委会、主任会议和市人大领导交办的其他工作。

九、城建环保工作委员会工作职责

1.检查了解有关城乡建设与管理、环境保护、交通、旅游、国土、人防等方面的法律、法规和市人大及其常委会有关决议、决定的执行情况；

2.为常委会审议有关的工作和讨论决定重大事项，进行调查研究，提出有关报告或建议，并做好会前准备工作；

3.督促有关代表建议、批评、意见的办理和落实；

4.配合上级人大环境资源城乡建设委员会来如皋市开展相关方面工作的检查、视察、调查；

5.承办市人大常委会、主任会议和市人大领导交办的其他工作。

十、农业和农村工作委员会工作职责

1.检查了解有关农业、农村、农民等方面的法律、法规和市人大及其常委会有关决议、决定的执行情况，为常委会实施监督提供必要的情况和意见；

2.为市人大常委会审议农业、农村方面的有关议案和事项做好准备工作；

3.对农村经济和农业生产中的重大问题，组织专题调查，为领导决策提供依据；

4.承办市人大常委会、主任会议和市人大领导交办的其他工作。

第三节　工作机构人员名录

（以任职时间为序）

办 公 室

主　任：王金镛　（1981.07—1984.04）
吴希林　（1990.07—1993.01）
黄裕龙　（1993.01—1996.12）
朱　俊　（1996.12—2010.01）
华国瑞　（2010.01—　　　）

副主任：王乃俊　(1984.03—1990.07)
吴希林　(1984.03—1990.07)
黄裕龙　(1987.05—1993.01)
苏绍华　(1989.12—1990.03)
谢同义　(1990.07—1997.09)
张元健　(1995.09—1996.04)
程鸿兰(女)(1996.12—2001.10)
季　淼　(1997.09—1998.11)
林　凯　(2001.10—2012.03)
季　淼　(2006.01—2007.12)
景雪玲(女)(2012.03—　)

研究室

主　任：林　凯　(2007.12—　)
副主任：陈敏敏　(2016.04—　)

信访督办室

主　任：季　淼　(2006.01—2007.12)
严金华　(2007.12—2012.03)
周荣明　(2012.03—　)
副主任：胡欣荣　(2011.01—2013.12)
吉小燕(女)(2015.01—　)

财政经济工作委员会

主　任：周骏鸣　(1986.11—1990.07)
姚乃申　(1990.07—1993.03)
吴宝华　(1993.03—1996.12)
葛存斋　(1996.12—2001.09)
杜道平　(2001.09— 2012.01)
王晓明　(2012.03—　)
副主任：姚乃申　(1986.07—1990.07)
吴宝华　(1993.01—1993.03)
朱晓明　(1997.09—2002.11)
徐　斌　(2007.01—2011.12)
钱建宏(女)(2014.01—　)

内务司法工作委员会(原名:法制工作委员会)

主　任：陈禹峰　(1987.05—1989.12)
梅光宇　(1990.07—1993.03)
孙家庆　(1993.03—1993.04)
章开峰　(1997.09—2007.12)
季　淼　(2007.12—2016.04)

副主任：梅光宇 （1986.09—1990.07）
孙家庆 （1993.01—1993.03）
钱广胜 （1993.07—1997.09）
石昭华 （1997.09—2006.11）
何兴如 （2005.01—2011.12）
胡欣荣 （2013.12— ）

人事代表工作委员会(原名:内务工作委员会)

主 任：王乃俊 （1990.07—1995.09）
缪长青 （1997.07—2001.09）
杨海山 （2001.09—2007.12）
刘金泉 （2007.12—2012.03）
缪永涛 （2012.03— ）
副主任：朱 俊 （1992.05—1997.09）
房兴柏 （1997.09—2003.04）
朱晓明 （2002.11—2006.01）
冒 燕(女)（2012.03— ）

教科文卫工作委员会

主 任：薛炜清 （1988.11—1995.09）
刘学成 （1997.09—2004.02）
陈璋炎 （2004.02—2007.12）
沈寿友 （2007.12—2012.02）
喻耀辉 （2012.03— ）
副主任：徐远实 （1986.07—1989.12）
刘学成 （1990.11—1997.09）
张有仁 （1997.09—2002.09）
陈璋炎 （2002.11—2004.02）
沙 坤 （2005.01—2009.01）
朱晓明 （2006.01—2011.12）
朱华杰 （2010.01— ）

民宗侨台工作委员会

主 任：陈璋炎 （2004.02—2006.01）
朱晓明 （2006.01— ）
副主任：刘学成 （1990.11—1997.09）
张有仁 （1997.09—2002.09）
陈璋炎 （2002.11—2004.02）
沙 坤 （2007.12—2009.01）
朱华杰 （2010.01— ）

城建环保工作委员会(原名:城乡建设工作委员会)

主　任:汪　旭　(1989.06—1993.03)
江国太　(1993.03—1997.09)
李志生　(1997.09—2001.09)
戴武林　(2001.09—2004.02)
唐文贵　(2004.02—2007.12)
黄兆林　(2007.12—　)
副主任:汪　旭　(1986.07—1989.06)
江国太　(1993.01—1993.03)
李志生　(1995.09—1997.09)
马能泉　(1997.09—2001.10)
季　淼　(2001.12—2006.01)
唐文贵　(2002.11—2004.02)
朱兴雨　(2014.01—　)

农业和农村工作委员会(原名:农村工作委员会)

主　任:苏绍华　(1990.03—1993.01)
唐文贵　(2004.02—2007.01)
黄兆林　(2007.01—2007.12)
杨　龙　(2007.12—2010.01)
许映如　(2010.01—2012.03)
费秀平　(2012.03—　)
副主任:孙世军　(2007.01—　)

专职委员

朱　俊　(2010.01—　)
王晓明　(2010.01—2012.03)
杨国斌　(2015.12—　)

第四节　代表资格审查委员会

依据1954年“全国人民代表大会组织法”和“地方组织法”的规定,全国人大设立代表资格审查委员会,在每届全国人大一次会议举行的时候审查代表资格,对补选代表的资格同样进行审查;地方各级人大举行会议的时候,可以设立代表资格审查委员会,在主席团领导下进行工作。1982年通过的“全国人民代表大会组织法”将全国人大的代表资格审查委员会改变为常委会的代表资格审查委员会后,1986年修改“地方组织法”时,也将县级以上的地方各级人大代表资格审查委员会改为常委会的代表资格审查委员会。1982年4月26日,县八届人民代表大会第二次会议设立代表资格审查委员会。1984年3月16日,参照全国人大的办法,县九届人大常委会设立代表资格审查委员会。此后历届县(市)人大常委会都专门设立代表资格审查委员会。人大常委会代表资格审查委员会的主任委员、副主任委员和委员的人选,由常委会主任会议在常委会组成人员中提名,常委会会议通过。代表资格审查委员会的职责,一是审查新选出的下一届县(市)人大代表和补选的本届人大代表的资格是否有效并向本级人大常委会提出报告。二是对代表资格终止的情况向本级人大常委会提出报告。人大代表资格审查工作是一项法律性、政策性、敏感性、程序性、时间性很强的工作,必须严格按照有关法定程序进行。代表资格审查委员会按照民主集中制原则,以会议形式集体行使职权。代表资格审查委员会会议由主任委员召集并主持,也可由主任委员委托的副主任委员召集和主持会议。会议须由委员会全体组成人员的过半数出席,始得举行。委员会提请人大常委会审议的报告,应经全体组成人员的过半数通过。会议通过决定,采用无记名投票、举手表决或其他方式,由会议主持人提出、会议决定。会议通过的有关代表资格情况的报告及公告稿,经主任委员或委托的副主任委员签批后报人大常委会。提请常委会审议的关于代表资格的报告,由代表资格审查委员会主任委员或委托的副主任委员向人大常委会全体会议作出。常委会会议根据审议通过的关于代表资格的报告发布公告。常委会代表工作部门为代表资格审查委员会依法履行职责特别是开好会议提供服务、保障。

八届人民代表大会第二次会议代表资格审查委员会名录

(1982年4月26日如皋县第八届人民代表大会第二次会议预备会议通过)

主 任 委 员:孙德明

副主任委员:陈文翰　黄国珍(女)　杨银聪　王金镛

委　　员:(按姓氏笔画排列)

王光国　任吉兰(女)　张富友　余克文　赵爱芳(女)　高云鹏　谢　明　薛　明

1983年3月17日如皋县第八届人民代表大会第三次会议预备会议变更名单:

主 任 委 员:孙德明

副主任委员:陈文翰　杨银聪

委　　员:(按姓氏笔画排列)

任吉兰(女)　谢 明　薛 明

九届人大常委会代表资格审查委员会名录

(1984年3月16日如皋县第九届人大常委会第一次会议通过)

主任委员:孙德明

委　　员:任吉兰(女)　吴良柱　薛凤城　蒋元生　沙正和　陆正友

十届人大常委会代表资格审查委员会名录

(1987年5月29日如皋县第十届人大常委会第二次会议通过)

主 任 委 员:张鹏志

副主任委员:王志和

委　　员:(按姓氏笔画为序)

任吉兰(女)　徐建平　薛凤城

十一届人大常委会代表资格审查委员会名录

(1990年5月6日如皋县第十一届人大常委会第二次会议通过)

主 任 委 员:戴崇颐

委　员:(按姓氏笔画为序)

王乃俊　汪　旭　奚定九　郭珍余(女)　裴友珍(女)　薛凤城

十二届人大常委会代表资格审查委员会名录

(1993年3月25日如皋市第十二届人大常委会第一次会议通过)

主任委员：戴崇颐

委　员：(按姓氏笔画为序)

王乃俊　刘　建　陈德萍(女)　郭珍余(女)

十三届人大常委会代表资格审查委员会名录

(1998年3月5日如皋市第十三届人大常委会第一次会议通过)

主任委员：殷春和

委　　员：(按姓氏笔画为序)

朱　阳　刘　健　陈德萍(女)　缪长青

十四届人大常委会代表资格审查委员会名录

(2003年2月28日如皋市第十四届人大常委会第一次会议通过)

主任委员：刘培银

委　　员：(按姓氏笔画为序)

朱　阳　朱晓明　刘建明　杨海山　陈德萍(女)　钱志刚

十五届人大常委会代表资格审查委员会名录

(2008年1月22日如皋市第十五届人大常委会第一次会议通过)

主任委员：吴晓培

委　　员：(按姓氏笔画为序)

刘金泉　刘建明　严世斌　何兴如　赵建明　沈良高

十六届人大常委会代表资格审查委员会名录

(2012年4月10日如皋市第十六届人大常委会第一次会议通过)

主任委员：张元健

委　　员：(按姓氏笔画为序)

朱　俊　刘建明　严世斌　张建军　季　淼　赵建明　冒　燕(女)　缪永涛

第四章　人民代表大会专门委员会

概　述

十二届全国人大常委会把加强县乡人大工作和建设作为推动人大制度和人大工作与时俱进、完善发展的重要内容，从2013年到2014年组织开展了专题调研。在此基础上，经过广泛征求意见和反复修改完善,形成《中共全国人大常委会党组关于加强县乡人大工作和建设的若干意见》。2015年6月,中共中央转发《中共全国人大常委会党组关于加强县乡人大工作和建设的若干意见》(中发〔2015〕18号)。随后,江苏省委于2015年9月11日出台《中共江苏省委关于加强全省县乡人大工作和建设的实施意见》(苏发〔2015〕26号),南通市委下发《中共南通市委关于加强基层人大工作和建设的实施意见》(通委发〔2015〕15号)。根据上级精神,为加强和改进党对全市人大工作的领导,充分发挥国家权力机关和人大代表的作用,2015年12月17日如皋市委出台《中共如皋市委关于加强人大工作和建设的实施意见》(皋委发〔2015〕63号),规定"按照修改后的地方组织法,优化市人大常委会组成人员结构,推进年轻化、专业化,逐步将专职组成人员比例提高到60%以上,特别要增加法律、经济、社会管理等方面的专业人员。市人大设立法制、财政经济等专门委员会。"2016年1月9日如皋市第十六届人民代表大会第五次会议主席团第一次会议通过《关于设立法制和财政经济委员会的决定(草案)》。

第一节 如皋市第十六届人民代表大会法制委员会组成人员名录

主 任 委 员:张元健
副主任委员:季 淼
委 员:胡欣荣 张建军 朱玉敏

第二节 如皋市第十六届人民代表大会财政经济委员会组成人员名录

主 任 委 员:张 勇
副主任委员:王晓明
委 员:朱晓明 孙 骥 黄海松

第五篇

县（市）人大常委会会议

概　述

如皋县(市)人民代表大会常务委员会由如皋县(市)人大常委会主任、副主任及委员组成。常务委员会通过召开会议,按民主集中制原则,集体行使法律赋予的监督、决定重大事项、人事任免等各项职权。常务委员会会议由主任或受主任委托的副主任召集,并由主任或副主任主持。常务委员会会议每两个月至少举行一次,必须有过半数的组成人员出席。每次会议召开时,县(市)人民政府、人民法院、人民检察院(以下简称“一府两院”)负责人,常务委员会各工作机构负责人及与会议议题相关的县(市)部门负责人列席会议。从1990年开始,邀请各乡(镇)人大主席及2013年后设街道的人大工委主任列席会议。2010年以后,邀请公民旁听,直接听取各界意见,接受人民监督。自1981年4月至2016年7月,共举行常委会会议283次,共听取和审议“一府两院”专项工作情况的报告439个,就重大事项作出决议、决定75个,作出重要人事任免853人次。

第一章　八届人大常委会会议

第一节　八届人大常委会各次会议

八届人大常委会第一次会议于1981年4月29日在如城召开。县人大常委会主任谢翼飞,副主任孙德明、谢开生、马宏谟、陈文翰、杨炜昌以及16名县人大常委会委员出席会议。会议主要议程:1.县人大常委会主任谢翼飞作讲话;2.审议通过县人民政府工作机构设置事项。

八届人大常委会第二次会议于1981年6月29日至30日在如城召开。县人大常委会主任谢翼飞,副主任孙德明、陈文翰、谢开生、马宏谟、杨炜昌以及15名县人大常委会委员出席会议。县人民政府副县长许吉甫,县人民法院、人民检察院负责人及有关人员列席会议。会议主要议程:审议通过“一府两院”提请的人事任免事项。

八届人大常委会第三次会议于1981年8月30日至31日在如城召开。县人大常委会副主任谢开生、孙德明、马宏谟、陈文翰、杨炜昌以及15名县人大常委会委员出席会议。县人民政府副县长明道奎,县人民法院、人民检察院负责人及有关人员列席会议。会议主要议程:1.审议通过《1981年如皋县人大常委会工作要点》;2.审议通过《如皋县城区总体规划》;3.听取基建局局长曹国斌受市人民政府委托所作的关于城镇公房管理意见情况的报告;4.审议通过有关人事任免事项。

八届人大常委会第四次会议于1982年1月3日在如城召开。县人大常委会主任谢翼飞,副主任谢开生、马宏谟、杨炜昌以及13名县人大常委会委员出席会议。县人民政府副县长季秀英,县人民法院、人民检察院负责人及有关人员列席会议。会议主要议程:1.听取全国人大代表陆正友传达全国人大五届四次会议精神;2.听取和审议杨炜昌所作的关于组织第一次视察的报告;3.听取和审议县人大常委会办公室主任王金镛所作的关于办理提案情况的报告;4.审议通过县人民法院提请的人事任免事项。

八届人大常委会第五次会议于1982年4月5日至6日在如城召开。县人大常委会主任谢翼飞,副主任马宏谟、陈文翰、杨炜昌以及12名县人大常委会委员出席会议。县人民政府县长陆明钰,副县长明道奎、季秀英,县人民法院、人民检察院负责人及有关人员列席会议。会议主要议程:1.听取和审议季秀英所作的关于打击经济领域违法犯罪活动情况的报告;2.听取和审议明道奎所作的关于如皋县1981年地方机动财力安排情况的报告;3.听取和审议马宏谟所作的关于巩固"文明礼貌月"活动成果,把"五讲四美"(五讲即讲文明、讲礼貌、讲卫生、讲秩序、讲道德,四美即心灵美、语言美、行为美、环境美)活动深入持久开展下去的报告;4.听取和审议陈文翰所作的关于人口普查情况和下一步打算的报告;5.审议通过"一府两院"提请的人事任免事项。

八届人大常委会第六次会议于1982年4月25日在如城召开。县人大常委会主任谢翼飞,副主任孙德明、马宏谟、陈文翰、杨炜昌以及15名县人大常委会委员出席会议。县人民法院、人民检察院负责人列席会议。会议主要议程:1.审议通过县人大常委会工作报告;2.审议通过八届人大常委会第二次会议主席团、秘书长等名单,通过大会日程安排等事项。

八届人大常委会第七次会议于1982年5月18日在如城召开。县人大常委会副主任孙德明、马宏谟、杨炜昌以及12名县人大常委会委员出席会议。县人民法院、人民检察院负责人及有关人员列席会议。会议主要议程:1.学习《全国人大常委会关于公布宪法修改草案交付全民讨论的决议》;2.审议通过《如皋县人大常委会关于动员全民学习讨论宪法修改草案的决议》。

八届人大常委会第八次会议于1982年7月22日至23日在如城召开。县人大常委会主任谢翼飞,副主任孙德明、马宏谟、杨炜昌以及15名县人大常委会委员出席会议。县人民政府县长陆明钰,副县长严绍恭,县人民法院、人民检察院负责人及有关人员列席会议。会议主要议程:1.听取和审议陆明钰所作的关于上半年农副工业生产情况的报告;2.听取和审议县劳动局局长薛平受县人民政府委托所作的关于劳动就业工作情况的报告;3.听取和审议县教育局局长阎廉受县人民政府委托所作的关于全县当前教育工作情况的报告;4.听取和审议县人大常委会办公室主任王金镛所作的关于学习讨论《中华人民共和国宪法修改草案》的报告;5.审议通过"一府两院"提请的人事任免事项。

八届人大常委会第九次会议于1982年9月19日至21日在如城召开。县人大常委会主任谢翼飞,副主任马宏谟、陈文翰以及15名县人大常委会委员出席会议。县人民政府副县长明道奎、冯邦才、季秀英,县人民法院、人民检察院负责人及有关人员列席会议。会议主要议程:1.听取中国共产党第十二次全国代表大会代表谢翼飞传达党的十二大会议精神;2.听取马宏谟传达江苏省人大常委会召开的全省市、县(区)人大常委会负责人座谈会会议精神;3.听取和审议明道奎所作的关于工业品下乡情况的报告;4.听取和审议冯邦才所作的关于全县工业生产及企业整顿情况的报告;5.听取和审议季秀英所作的关于开展打击经济领域严重犯罪活动斗争情况的报告,关于处理"改造三类社"(三类社即政治情况复杂、组织不纯、生产落后的农业合作社)运动中房产问题的情况报告,关于开展爱国卫生运动情况的报告和关于计划生育工作情况的报告;6.听取和审议庞坚所作的关于《民事诉讼法(试行)》主要精神和实施准备工作情况的报告、关于审理民事案件收取诉讼费用的暂行规定的报告;7.审议通过县人民法院提请的人事任免事项;8.通过县人大常委会和政协如皋县委员会共同组织的教育工作和劳动就业的视察计划。

八届人大常委会第十次会议于1982年12月6日至7日在如城召开。县人大常委会副主任马宏谟、陈文翰、杨炜昌以及12名县人大常委会委员出席会议。县人民政府副县长冯邦才、季秀英,县人民法院院长庞坚,县人民检察院检察长高云鹏及有关人员列席会议。会议主要议程:1.学习《中华人民共和国宪法》;2.听取和审议季秀英所作的关于办理县人民代表提案情况的报告;3.听取和审议庞坚所作的如皋县人民法院工作报告;4.听取和审议高云鹏所作的如皋县人民检察院工作报告;5.分别听取审议并通过《如皋县白蒲镇总体规划》《如皋县石庄镇总体规划》《如皋县丁堰镇总体规划》;6.听取杨炜昌所作的关于组织代表视察情况的报告;7.听取县人大常委会办公室主任王金镛所作的关于拓宽如城东门,连接新东路情况的报告;8.通过《如皋县人大常委会关于召开县八届人民代表大会第三次会议的决定》;9.通过县人大常委会及其办公室关于联系人民代表、联系代表和选民、办公会议等工作制度;10.通过县人大常委会委员分组和各组职责范围;11.审议通过"一府两院"提请的人事任免事项。

八届人大常委会第十一次会议于1983年1月29日在如城召开。县人大常委会副主任马宏谟、陈文翰以及17名县人大常委会委员出席会议。县人民政府副县长严绍恭列席会议。会议主要议程:1.审议通过县人大常委会工作报告;2.审议通过县八届人大三次会议主席团、秘书长、代表资格审查委员会、提案审查委员会、预算审查委员会的建议名单;3.审议《选举南通市第八届人民代表大会代表、增选县人大常委会副主任、补选县人民检察院检察长的办法》;4.审议通过有关人事任免事项。

八届人大常委会第十二次会议于1983年3月13日在如城召开。县人大常委会主任谢翼飞,副主任孙德明、陈文翰、马宏谟以及15名县人大常委会委员出席会议。会议主要议程:1.听取马宏谟所作的关于县八届人大三次会议准备情况的报告;2.审议通过代表资格审查报告、代表提案截止日期、大会主要议程和时间安排等事项;3.研究确定选举南通市人民代表大会代表分为预选和正式选举两次选举的方法。

八届人大常委会第十三次会议于1983年5月21日至23日在如城召开。县人大常委会主任谢翼飞,副主任孙德明、陈文翰、王金镛、杨银聪、杨炜昌以及13名县人大常委会委员出席会议。县人民政府副县长季秀英,南通市人大常委会委员、县政协副主席潘信征,县人民法院、人民检察院负责人及有关人员列席会议。会议主要议程:1.听取省人民代表顾敦沂传达江苏省六届人大一次会议精神;2.听取王金镛传达南通市八届人大一次会议精神;3.听取和审议县体制改革领导组办公室主任郭载荣所作的关于县农村人民公社分设试点工作情况的报告,通过《如皋县第八届人民代表大会常务委员会关于如皋县农村人民公社有准备、有步骤地实行政社分设的决议》;4.听取和审议县农委副主任王甫仁受县人民政府委托所作的关于农村实行包干分配责任制情况的报告;5.听取和审议"全民文明礼貌月"活动领导组副组长马宏谟所作的关于开展"全民文明礼貌月"活动情况的报告;6.听取和审议县计划生育办公室主任马玉芬所作的关于"计划生育宣传月"活动情况的报告;7.听取和审议县科委主任环斌受县人民政府委托所作的关于科技工作情况的报告;8.听取和审议县人大常委会委员贲正祥所作的关于认真学习宪法,保证宪法实施的书面发言;9.审议通过"一府两院"提请的人事任免事项。

八届人大常委会第十四次会议于1983年8月25日至27日在如城召开。县人大常委会主任谢翼飞,副主任杨银聪、王金镛、杨炜昌以及11名县人大常委会委员出席会议。县人民政府副县长沈霞、季秀英,县人民法院、人民检察院负责人及有关人员列席会议。会议主要议程:1.学习全国人大六届一次会议精神;2.听取和审议沈霞所作的关于灾后恢复生产和安排灾民生活情况的报告;3.听取和审议季秀英所作的关于宣传贯彻执行《中华人民共和国食品卫生法》情况的报告;4.听取和审议沈霞所作的关于开展物价大检查情况的报告;5.听取王金镛所作的关于视察丁堰供销社、如城镇饮服行业推行经营承包责任制情况的报告;6.听取县落实"文化大革命"查抄财物政策办公室黄克武所作的关于处理"文化大革命"中查抄财物遗留问题情况的报告;7.审议通过"一府两院"提请的人事任免事项。

八届人大常委会第十五次会议于1983年10月27日至29日在如城召开。县人大常委会副主任孙德明、陈文翰、杨银聪以及11名县人大常委会委员出席会议。县人民政府副县长季秀英,县人民法院、人民检察院负责人及有关人员列席会议。会议主要议程:1.听取和审议县公安局副局长吴金璋受县人民政府委托所作的关于贯彻全国人大常委会两项决定,严厉打击刑事犯罪活动情况的报告;2.听取和审议季秀英所作的关于代表提案办理情况的报告;3.听取和审议县教育局局长阎廉受县人民政府委托所作的关于加强和改革全县教育工作情况的报告;4.听取和审议县基建局副局长李继良受县人民政府委托所作的关于四个县属镇执行城镇建设总体规划情况的报告;5.审议通过"一府两院"提请的人事任免事项。

八届人大常委会第十六次会议于1983年12月19日在如城召开。县人大常委会副主任陈文翰、王金镛、杨银聪、杨炜昌以及13名县人大常委会委员出席会议。县人民法院、人民检察院负责人及有关人员列席会议。会议主要议程:1.听取王金镛传达中共南通市委召开的县、乡(镇)两级换届选举工作会议精神;2.审议通过关于县、乡(镇)两级换届选举工作的决定;3.审议通过县选举委员会组成人员及选举工作办公室正、副主任和各乡(镇)选举委员会组成人员的任命;4.审议确定1984年2月15日为全县选举日。

八届人大常委会第十七次会议于1984年1月15日在如城召开。县人大常委会副主任陈文翰、王金镛、杨银聪、杨炜昌以及15名县人大常委会委员出席会议。县人民政府副县长季秀英列席会议。会议主要议程:1.审议通过县人民政府提请的人事任免事项;2.讨论县人大常委会工作报告。

八届人大常委会第十八次会议于1984年3月5日在如城召开。县人大常委会副主任孙德明、陈文翰、王金镛、杨银聪、杨炜昌以及17名县人大常委会委员出席会议。会议主要议程:1.听取杨银聪传达南通市人大常委会2月25日召开的各县人大常委会负责人会议精神;2.听取和审议县选举委员会选举工作办公室主任徐太山所作的关于如皋县县、乡(镇)两级人民代表换届选举工作情况的报告;3.听取和审议县八届人大常委会代表资格审查委员会关于如皋县第九届人民代表大会代表资格审查情况的说明,通过关于如皋县第九届人民代表大会代表资格的审查报告;4.通过《关于如皋县第九届人民代表大会第一次会议召开日期的决定》,通过如皋县第九届人民代表大会第一次会议主席团、秘书长建议名单,通过如皋县第九届人民代表大会第一次会议议案审查委员会和县第九届人民代表大会预算审查委员会建议名单;5.通过人大常委会工作报告;6.补选南通市第八届人民代表大会代表;7.孙德明讲话。

第二节　八届人大常委会重要人事任免(表)

1981年6月—1984年1月如皋县第八届人大常委会重要人事任免一览表

表5-1-1

时　间	常委会会次	姓　名	任　免　职　务
1981.06.30	八届人大常委会第二次会议	沙　田	任县人民政府顾问
1981.06.30	八届人大常委会第二次会议	冯国良	任县人民政府顾问
1981.06.30	八届人大常委会第二次会议	姜　平	任县人民政府顾问
1981.06.30	八届人大常委会第二次会议	孙祥恩	任县人民政府顾问
1981.06.30	八届人大常委会第二次会议	王金镛	任县人大常委会办公室主任
1981.06.30	八届人大常委会第二次会议	徐太山	任县人民政府办公室主任
1981.06.30	八届人大常委会第二次会议	陈殿文	任县农业委员会主任
1981.06.30	八届人大常委会第二次会议	葛志锦	任县计划委员会主任
1981.06.30	八届人大常委会第二次会议	环　斌	任县科学技术委员会主任
1981.06.30	八届人大常委会第二次会议	孔祥麟	任县体育运动委员会主任
1981.06.30	八届人大常委会第二次会议	何剑芒	任县人民政府财贸办公室主任
1981.06.30	八届人大常委会第二次会议	冯国杰	任县交通局局长
1981.06.30	八届人大常委会第二次会议	阎　廉	任县教育局局长
1981.06.30	八届人大常委会第二次会议	阎仁广	兼任县卫生局局长
1981.06.30	八届人大常委会第二次会议	王志和	兼任县老干部局局长
1981.06.30	八届人大常委会第二次会议	黄芝泉	任县公安局局长
1981.06.30	八届人大常委会第二次会议	张启芳	任县民政局局长
1981.06.30	八届人大常委会第二次会议	章振源	任中国建设银行江苏省如皋县支行行长
1981.06.30	八届人大常委会第二次会议	康　伯	兼任县统计局局长
1981.06.30	八届人大常委会第二次会议	曹国斌	任县基本建设局局长

续表5-1-1

时　间	常委会会次	姓　名	任　免　职　务
1981.06.30	八届人大常委会第二次会议	范广东	任县物资局局长
1981.06.30	八届人大常委会第二次会议	薛　平	任县劳动局局长
1981.06.30	八届人大常委会第二次会议	夏志贤	任县多种经营管理局局长
1981.06.30	八届人大常委会第二次会议	戴广仁	任县水利局局长
1981.06.30	八届人大常委会第二次会议	周　涛	任县农业机械管理局局长
1981.06.30	八届人大常委会第二次会议	黄　鹏	任县工商行政管理局局长
1981.06.30	八届人大常委会第二次会议	杨　玲	任县财政局局长
1981.06.30	八届人大常委会第二次会议	孙　明	任县供销合作社主任
1981.06.30	八届人大常委会第二次会议	夏　斌	任县粮食局局长
1981.06.30	八届人大常委会第二次会议	沈忠明	任县人民检察院副检察长
1981.06.30	八届人大常委会第二次会议	高夕元	任县人民检察院副检察长
1981.06.30	八届人大常委会第二次会议	周月祥	任县人民法院副院长
1981.06.30	八届人大常委会第二次会议	吴朝庆	任县人民法院副院长
1981.06.30	八届人大常委会第二次会议	陈禹峰	任县人民法院副院长
1981.08.30	八届人大常委会第三次会议	陈　培	任县环保局局长
1981.08.30	八届人大常委会第三次会议	冯俊义	任县文化局局长
1982.04.05	八届人大常委会第五次会议	周宝生	任县农业委员会主任
1982.04.05	八届人大常委会第五次会议	陈殿文	任县经济委员会主任，免去县农业委员会主任职务
1982.04.05	八届人大常委会第五次会议	陈驾龙	兼任县老干部局局长
1982.04.05	八届人大常委会第五次会议	王志和	免去兼任的县老干部局局长职务
1982.04.05	八届人大常委会第五次会议	夏　斌	免去县粮食局局长职务
1982.04.05	八届人大常委会第五次会议	柯俊杰	任县人民法院副院长
1982.07.23	八届人大常委会第八次会议	鞠久康	任县卫生局局长
1982.07.23	八届人大常委会第八次会议	陆　飞	兼任县人民政府侨务办公室主任
1982.07.23	八届人大常委会第八次会议	阎仁广	免去兼任县卫生局局长职务
1982.07.23	八届人大常委会第八次会议	许松乔	任县人民检察院副检察长、检察委员会委员
1982.12.07	八届人大常委会第十次会议	朱洪达	兼任县城镇工作办公室主任
1983.01.29	八届人大常委会第十一次会议	朱裕民	任县农业局局长
1983.01.29	八届人大常委会第十一次会议	马玉芬	任县计划生育办公室主任
1983.01.29	八届人大常委会第十一次会议	何剑芒	免去县财贸办公室主任职务
1983.05.23	八届人大常委会第十三次会议	丁正如	任县人事局局长
1983.05.23	八届人大常委会第十三次会议	谢仁余	任县民政局局长
1983.08.27	八届人大常委会第十四次会议	曹林书	任县计划委员会主任
1983.08.27	八届人大常委会第十四次会议	陈德华	任县供销合作社主任
1983.10.29	八届人大常委会第十五次会议	薛　斌	任县财政局局长
1983.10.29	八届人大常委会第十五次会议	张　义	任县统计局局长
1983.10.29	八届人大常委会第十五次会议	康　伯	免去兼任的统计局局长职务
1983.10.29	八届人大常委会第十五次会议	杨　玲	免去财政局局长职务
1983.10.29	八届人大常委会第十五次会议	徐　朋	任县人民法院副院长、审判委员会委员
1983.10.29	八届人大常委会第十五次会议	刘桂江	任县人民检察院副检察长、检察委员会委员
1984.01.15	八届人大常委会第十七次会议	徐太山	任县人民政府办公室主任
1984.01.15	八届人大常委会第十七次会议	曹林书	任县计划委员会主任
1984.01.15	八届人大常委会第十七次会议	陈殿文	任县经济委员会主任
1984.01.15	八届人大常委会第十七次会议	环　斌	任县科学技术委员会主任

续表5-1-1

时　间	常委会会次	姓　名	任　免　职　务
1984.01.15	八届人大常委会第十七次会议	张　义	任县统计局局长
1984.01.15	八届人大常委会第十七次会议	潘余庆	任县物资局局长
1984.01.15	八届人大常委会第十七次会议	马湘平	任县公安局局长
1984.01.15	八届人大常委会第十七次会议	王朋年	任县劳动局局长
1984.01.15	八届人大常委会第十七次会议	丁正如	任县人事局局长
1984.01.15	八届人大常委会第十七次会议	王志和	兼任老干部局局长
1984.01.15	八届人大常委会第十七次会议	谢仁余	任县民政局局长
1984.01.15	八届人大常委会第十七次会议	朱裕民	任县农业局局长
1984.01.15	八届人大常委会第十七次会议	夏志贤	任县多种经营管理局局长
1984.01.15	八届人大常委会第十七次会议	戴广仁	任县水利局局长
1984.01.15	八届人大常委会第十七次会议	冯国杰	任县交通局局长
1984.01.15	八届人大常委会第十七次会议	薛　斌	任县财政局局长
1984.01.15	八届人大常委会第十七次会议	刘永桃	任县工商行政管理局局长
1984.01.15	八届人大常委会第十七次会议	阎　廉	任县教育局局长
1984.01.15	八届人大常委会第十七次会议	薛炜清	任县卫生局局长
1984.01.15	八届人大常委会第十七次会议	马玉芬	任县计划生育委员会主任
1984.01.15	八届人大常委会第十七次会议	黄芝泉	免去县公安局局长职务
1984.01.15	八届人大常委会第十七次会议	薛　平	免去县劳动局局长职务
1984.01.15	八届人大常委会第十七次会议	陈驾龙	免去兼任的县老干部局局长职务
1984.01.15	八届人大常委会第十七次会议	黄　鹏	免去县工商管理局局长职务
1984.01.15	八届人大常委会第十七次会议	曹国斌	免去县基建局局长职务
1984.01.15	八届人大常委会第十七次会议	鞠九康	免去县卫生局局长职务
1984.01.15	八届人大常委会第十七次会议	陈　培	免去县环境保护局局长职务
1984.01.15	八届人大常委会第十七次会议	孔祥麟	免去县体育运动委员会主任职务
1984.01.15	八届人大常委会第十七次会议	范广东	免去县物资局局长职务
1984.01.15	八届人大常委会第十七次会议	周　涛	免去县农机局局长职务
1984.01.15	八届人大常委会第十七次会议	冯俊义	免去县文化局局长职务

第二章　九届人大常委会会议

第一节　九届人大常委会各次会议

九届人大常委会第一次会议于1984年3月16日在如城召开。县人大常委会主任孙忠权，副主任许吉甫、孙德明、陈文翰、杨炜昌以及18名县人大常委会委员出席会议。县人民政府副县长冯邦才，县人民法院院长陈禹峰，县人民检察院检察长刘桂江及有关人员列席会议。王金镛、杨银聪、马宏谟等人大常委会老领导应邀列席会议。主要议程：1.孙忠权讲话；2.通过设立如皋县第九届人民代表大会常务委员会代表资格审查委员会，通过主任委员和委员名单；3.根据许吉甫的提议，审议通过县人大常委会办公室两位副主任的任命;4.审议通过“一府两院”提请的人事任免事项;5.王金镛、马宏谟两位老领导应邀就县人大常委会及其办公室日常工作及有关问题讲话。

九届人大常委会第二次会议于1984年5月18日至19日在如城召开。县人大常委会主任孙忠权,副主任许吉甫、孙德明、陈文翰、杨炜昌以及16名县人大常委会委员出席会议。县人民政府副县长明道奎,县人民法院、人民检察院负责人列席会议。马宏谟、王金镛等人大常委会老领导应邀列席会议。会议主要议程:1.学习中共中央〔1981〕16号《关于批转彭真同志在全国各省、自治区、直辖市人大常委会负责同志两次座谈会讲话纪要的通知》、中共江苏省委〔1982〕66号《关于批转全省各市、县(区)人大常委会工作座谈会纪要和印发许家屯同志讲话的通知》以及中共中央〔1984〕8号《关于印发彭真同志两个讲话的通知》;2.听取和审议明道奎所作的关于学习贯彻中央一号文件,大力发展“两户一体”(即自营专业户、重点户和自愿互利的基础上组织起来的经济联合体)情况的报告;3.听取在如部分省六届人大代表和部分县人大代表、政协委员联合视察“两户一体”、乡镇企业及农村职业教育情况的报告;4.听取县选举办公室副主任徐永荣所作的关于召开乡、镇级人民代表大会情况的报告;5.通过县人大常委会及办公室关于常委会议、主任办公会议、视察工作、代表小组等制度;6.审议通过“两院”提请的人事任免事项。

九届人大常委会第三次会议于1984年7月17日至19日在如城召开。县人大常委会主任孙忠权,副主任许吉甫、孙德明、陈文翰、杨炜昌以及15名县人大常委会委员出席会议。县人民政府副县长明道奎、季秀英,县人民法院、检察院负责人列席会议。马宏谟、王金镛、杨银聪等人大常委会老领导应邀列席会议。会议主要议程:1.学习时任国务院总理在全国人大六届二次会议上的《政府工作报告》和顾秀莲省长在省人大六届二次会议上的《政府工作报告》;2.听取明道奎所作的关于全县上半年农工副生产情况的报告;3.审议通过《如皋县农业区划》;4.听取和审议县财政局局长薛斌受县人民政府委托所作的关于我县地方机动财力安排情况的报告;5.听取和审议县计划委员会主任曹林书受县人民政府委托所作的关于全县饲料工业发展情况的报告;6.听取和审议县教育局局长阎廉受县人民政府委托所作的关于职业教育和农民业余教育情况的报告;7.听取和审议县城乡建设环境保护局副局长朱骏武受县人民政府委托所作的关于全县执行《中华人民共和国环境保护法》情况的报告;8.听取和审议县卫生局副局长吴永成受县人民政府委托所作的关于贯彻执行《中华人民共和国食品卫生法》和开展爱国卫生运动情况的报告;9.审议通过“一府两院”提请的人事任免事项;10.审议通过设立政治法律、财政经济、市政建设、教科文卫四个县人大常委会专门工作组。

九届人大常委会第四次会议于1984年9月25日至26日在如城召开。县人大常委会主任孙忠权,副主任许吉甫、陈文翰、杨炜昌以及13名县人大常委会委员出席会议。县人民政府副县长袁泉,县政协副主席王学源,县人民法院、人民检察院负责人及有关人员列席会议。马宏谟、王金镛、杨银聪等人大常委会老领导应邀列席会议。会议主要议程:1.学习全国人大常委会副委员长王任重《在四川省六届人大常委会第六次会议上的讲话》;2.听取和审议县财贸领导组副组长王宝鹤受县人民政府委托所作的关于财贸系统经济体制改革情况的报告;3.听取和审议县经委主任陈殿文受县人民政府委托所作的关于经委系统经济体制改革情况的报告;4.听取和审议县建筑工程总公司负责人曹国斌受县人民政府委托所作的关于全县建筑行业经济体制改革情况的报告;5.听取袁泉所作的关于县九届人大一次会议议案、意见办理情况的报告;4.听取和审议县人大常委会市政建设工作组关于如城市场建设的调查报告,通过相应决议;5.审议通过“一府两院”提请的人事任免事项。

九届人大常委会第五次会议于1984年11月26日至27日在如城召开。县人大常委会主任孙忠权,副主任孙德明、陈文翰以及14名县人大常委会委员出席会议。县人民政府副县长明道奎,县人民法院院长陈禹峰,县人民检察院检察长刘桂江及有关人员列席会议。马宏谟、王金镛等人大常委会老领导应邀列席会议。会议主要议程:1.学习《中国共产党第十二届中央委员会第三次全体会议公报》和《中共中央关于经济体制改革的决定》;2.听取和审议常委会委员、人大常委会办公室副主任王乃俊所作的《关于联合视察五乡产业结构情况》的汇报;3.听取和审议县交通局局长冯国杰受县人民政府委托所作的《关于我县乡镇交通建设情况》的汇报;4.听取和审议县工商行政管理局副局长尤义受县人民政府委托所作的关于加强市场工作搞活城乡经济情况的汇报;5.审议通过“一府两院”提请的人事任免事项;6.批准县人民法院提出的关于撤销黄岩、朱玉生职务的报告。

九届人大常委会第六次会议于1985年1月21日至22日在如城召开。县人大常委会主任孙忠权,副主任许吉甫、孙德明、陈文翰、杨炜昌以及13名县人大常委会委员出席会议。县人民政府副县长袁泉,县政协副主席王学源,南通市人大常委会委员、县政协副主席潘信征,县人民法院院长陈禹峰,县人民检察院检察长刘桂江及有关人员列席会议。马宏谟、王金镛、杨银聪等人大常委会老领导应邀列席会议。会议主要议程:1.学习中共中央〔1985〕1号文件精神;2.听取和审议县经济委员会主任陈殿文受县人民政府委托所作的关于县经委系统企业内部经济体制改革试点工作情况的报告;3.听取和审议县多种经营管理局局长夏志贤受县人民政府委托所作的关于1984年全县多种经营生产情况的报告;4.听取和审议县卫生局局长薛炜清受县人民政府委托所作的关于1984年全县医疗卫生工作情况的报告;5.听取和审议县体育运动委员会副主任吴迪泰受县人民政府委托所作的关于全县体育工作情况的报告;6.听取和审议杨炜昌所作的关于视察《中华人民共和国水污染防治法》贯彻落实情况的报告;7.孙忠权传达省人大常委会召开的各市、县(区)人大工作经验交流会精神;8.审议通过县人民检察院提请的人事任命事项。

九届人大常委会第七次会议于1985年3月8日至9日在如城召开。县人大常委会主任孙忠权,副主任许吉甫、孙德明、陈文翰、杨炜昌以及12名县人大常委会委员出席会议。县人民政府副县长季秀英,县政协副主席王学源,南通市人大常委会委员、县政协副主席潘信征,县人民法院、人民检察院负责同志列席会议。王金镛、杨银聪等人大常委会老领导应邀列席会议。会议主要议程:1.通过如皋县第九届人民代表大会第二次会议召开时间和主要议程;2.听取和审议县公安局局长马湘平受县人民政府委托所作的关于全面落实综合治理措施,争取社会治安根本好转情况的报告,通过《关于全面落实综合治理措施,争取社会治安根本好转的决议》;3.听取和审议县民政局副局长孙秀海受县人民政府委托所作的关于1984年全县民政工作情况的报告;4.听取和审议县多管局局长夏志贤受县人民政府委托所作的关于1984年绿化工作情况的报告;5.审议通过县人大常委会四个工作组改为四个工作委员会的决定;6.讨论通过《关于接受吴良柱辞去如皋县第九届人大常委会委员职务请求的决定》;7.审议通过“一府两院”提请的人事任免事项。

九届人大常委会第八次会议于1985年4月8日在如城召开。县人大常委会主任孙忠权,副主任许吉甫、孙德明、陈文翰、杨炜昌以及14名县人大常委会委员出席会议。王金镛、杨银聪等人大常委会老领导应邀列席会议。会议主要议程:1.审议通过如皋县第九届人民代表大会第二次会议推迟到四月二十六日召开,时间四天;2.讨论通过县九届人大二次会议主席团和秘书长建议名单;3.县九届人大常委会代表资格审查委员会主任孙德明向会议汇报代表变动情况和代表资格审查情况;4.讨论《关于委托县人大常委会财经委员会负责审核财政预决算报告的决定》;5.讨论修改县人大常委会工作报告。

九届人大常委会第九次会议于1985年4月25日在如城召开。县人大常委会主任孙忠权,副主任许吉甫、孙德明、杨炜昌以及14名县人大常委会委员出席会议。县委书记谢翼飞,人大常委会老领导马宏谟、王金镛、杨银聪等应邀列席会议。会议主要议程:1.学习时任国务院总理在第六届全国人民代表大会第三次会议上的《政府工作报告》;2.谢翼飞通报县人大常委会和县人民政府负责人变动方案;3.通过补选县人大常委会和县人民政府部分领导候选人建议名单。

九届人大常委会第十次会议于1985年6月24日至25日在如城召开。县人大常委会主任孙德明,副主任许吉甫、杨炜昌以及14名县人大常委会委员出席会议。县人民政府副县长明道奎、袁泉,南通市人大常委会委员、县政协副主席潘信征,县人民法院院长陈禹峰,县人民检察院检察长刘桂江及有关人员列席会议。孙忠权、陈文翰、马宏谟、王金镛等常委会老领导应邀列席会议。会议主要议程:1.听取和审议县司法局副局长朱世太受县人民政府委托所作的关于法制宣传工作情况的报告,通过《关于进一步加强法制宣传、普及法律常识的决议》;2.听取和审议县财政局副局长葛存斋受县人民政府委托所作的关于机动财力安排情况的报告;3.听取和审议杨炜昌所作的关于和县政协联合视察安全生产、劳动保护工作情况的报告;4.讨论县人大常委会四个工作委员会的任务,听取四个工作委员会人员变动情况和聘请三个专业科技人员的说明;5.审议通过县人民法院提请的人事任免事项。

九届人大常委会第十一次会议于1985年8月8日至9日在如城召开。县人大常委会副主任许吉甫、杨炜昌以及16名县人大常委会委员出席会议。县人民政府副县长冯邦才,南通市人大常委会委员、县政协副主席潘信征,县人民法院、人民检察院负责人及有关人员列席会议。孙忠权、陈文翰、马宏谟、王金镛、杨银聪等常委会老领导应邀列席会议。会议主要议程:1.审议通过《关于潘宝才同志为如皋县人民政府代理县长的决定》;2.听取和审议县物价委员会副主任茅友龙受县人民政府委托所作的关于价格改革及市场物价情况的报告;3.听取和审议县财贸领导组副组长王宝鹤受县人民政府委托所作的关于改革粮食和畜禽统派购制度情况的报告;4.听取和审议县税务局副局长吉昌余受县人民政府委托所作的关于上半年税务工作情况的报告;4.审议通过"一府两院"提请的人事任免事项。

九届人大常委会第十二次会议于1985年10月15日至17日在如城召开。县人大常委会主任孙德明、副主任杨炜昌以及13名县人大常委会委员出席会议。县人民政府副县长袁泉,南通市人大常委会委员、县政协副主席潘信征,县人民法院、人民检察院负责人及有关人员列席会议。孙忠权、马宏谟、王金镛、杨银聪等人大常委会老领导应邀列席会议。会议主要议程:1.听取和审议袁泉所作的关于全县一至九月份工业生产情况的报告;2.听取和审议县农业局局长季念慈受县人民政府委托所作的关于农业生产情况及秋播打算的报告;3.听取和审议县教育局副局长沙冰受县人民政府委托所作的关于贯彻《中共中央关于教育体制改革的决定》情况的报告;4.听取和审议县财贸领导组关于贯彻县人大常委会《关于如城市场建设调查报告的决议》情况的报告;5.听取县人大常委会城乡建设工作委员会关于疏通如城内环城路情况的调查报告;6.听取县人大常委会教科文卫工作委员会关于发挥乡级农技员作用的调查报告。

九届人大常委会第十三次会议于1985年12月16日至18日在如城召开。县人大常委会主任孙德明,副主任许吉甫、杨炜昌以及17名县人大常委会委员出席会议。县委书记谢翼飞,县人民政府副县长周宝生,县人民法院、人民检察院负责人及有关人员列席会议。陈文翰、马宏谟、王金镛等人大常委会老领导应邀列席会议。会议主要议程:1.听取谢翼飞所作的关于当前形势和任务的报告;2.听取《中华人民共和国婚姻法》专题辅导报告;3.听取和审议县人民法院关于经济犯罪审判工作的报告;4.听取和审议县人民检察院关于加强对经济犯罪的检察保证经济体制改革顺利进行的报告;5.听取和审议县公安局关于全面落实综合治理措施的报告;6.听取和审议县统计局关于贯彻执行《中华人民共和国统计法》情况的报告;7.听取和审议县城乡建设委员会关于贯彻执行《江苏省城市建设用地管理和房屋拆迁安置试行办法》情况的报告,并通过《关于继续认真贯彻执行〈江苏省城市建设用地管理和房屋拆迁安置试行办法〉的决议》;8.听取和审议周宝生所作的关于县九届人大二次会议代表议案和意见办理情况的报告;9.听取县人大常委会办公室关于视察优抚、"双扶"工作以及如城环卫工作调查情况的报告;10.审议通过《如皋县第八届人民代表大会常务委员会关于如皋县农村人民公社有准备、有步骤地实行政社分设的决议》。

九届人大常委会第十四次会议于1986年2月27日至3月1日在如城召开。县人大常委会主任孙德明,副主任许吉甫、杨炜昌以及15名县人大常委会委员出席会议。县人民政府副县长冯邦才、袁泉,南通市人大常委会委员、县政协副主席潘信征,县人民法院、人民检察院负责人及有关人员列席会议。孙忠权、陈文翰、马宏谟、王金镛等人大常委会老领导应邀列席会议。会议主要议程:1.听取和审议冯邦才所作的关于1985年全县外事工作情况的报告;2.听取和审议县司法局副局长吴元学所作的关于1986年开展普及法律常识教育工作意见的报告,通过《如皋县人民代表大会常务委员会关于普及法律常识教育的决议》;3.听取和审议县财贸领导组办公室副主任黄克武所作的关于蔬菜生产销售情况的报告;4.听取和审议县交通局副局长吴锦璋所作的关于交通安全管理工作情况的报告;5.听取和审议县多种经营管理局副局长钱德辉所作的关于绿化工作情况的报告;6.讨论通过县人大常委会1985年工作报告和1986年工作要点;7.听取孙德明所作的关于补选九届人民代表大会代表有关问题的说明,通过《关于补选县人民代表大会代表具体办法的决定》,并确定补选日;7.通过县人民政府提请的人事任免事项。

九届人大常委会第十五次会议于1986年4月3日在如城召开。县人大常委会主任孙德明,副主任许吉甫、杨炜昌以及13名县人大常委会委员出席会议。县人民政府副县长明道奎、周宝生,县人民法院、人民检察院负责人及有关人员列席会议。孙忠权、陈文翰、马宏谟、王金镛、杨银聪等人大常委会老领导应邀列席会议。会议主要议程:1.审议通过《关于召开如皋县第九届人民代表大会第三次会议的决定》,提出了会议建议议程,讨论会前组织人民代表大会代表实地视察和提出代表议案、意见的注意事项;2. 听取和审议杨炜昌所作的关于提请批准县政府打通海阳北路与拓宽新生路实施方案报告的说明;3.听取和审议县财政局局长葛存斋所作的关于1986年全县财政预算草案的报告;4.听取和审议县计划委员会主任曹林书所作的关于如皋县国民经济和社会发展第七个五年计划(草案)的报告。

九届人大常委会第十六次会议于1986年5月4日在如城召开。县人大常委会主任孙德明,副主任许吉甫、杨炜昌以及16名县人大常委会委员出席会议。县委书记谢翼飞,县人大常委会老领导孙忠权、马宏谟、王金镛、杨银聪及有关人员列席会议。会议主要议程:1.听取县九届人大常委会代表资格审查委员会主任孙德明所作的关于代表情况和补选代表资格审查情况的报告,通过关于代表情况和补选的代表资格的审查报告;2.通过县九届人大三次会议主席团、秘书长名单草案和主席团常务主席、副秘书长名单(草案);3.通过县九届人大三次会议议案审查委员会主任委员、副主任委员、委员名单(草案);4.通过县九届人大三次会议各代表团、各代表队召集人名单和大会日程安排(草案)等;5.谢翼飞通报县政府人事变动情况,代表县委提出人事安排建议。

九届人大常委会第十七次会议于1986年7月9日至10日在如城召开。县人大常委会主任孙德明,副主任许吉甫、杨炜昌以及15名县人大常委会委员出席会议。县人民政府县长潘宝才,南通市八届人大常委会委员、县政协副主席潘信征,县人民法院、人民检察院负责人及有关人员列席会议。孙忠权、王金镛、杨银聪等人大常委会老领导应邀列席会议。会议主要议程:1.学习《中华人民共和国民法通则》;2.听取和审议县民政局副局长孙秀海所作的关于扶贫工作情况的报告;3.听取和审议县财政局局长葛存斋所作的关于地方机动财力安排方案的报告;4.听取和审议县人民法院副院长周月祥所作的关于民事审判工作情况的报告;5.听取和审议杨炜昌所作的关于视察各镇创"三优"竞赛活动情况的报告;6.审议通过人事任免事项;7.孙德明讲话。

九届人大常委会第十八次会议于1986年9月10日在如城召开。县人大常委会主任孙德明,副主任许吉甫、杨炜昌以及16名县人大常委会委员出席会议。县人民政府县长潘宝才,副县长袁泉,县人民法院、人民检察院负责人列席会议。会议主要议程:1.传达学习南通市委书记朱剑,南通市人大常委会副主任姜祝三,南通市人民政府市长张佑才在全市人大工作会议上的讲话;2.审议通过《如皋县人民代表大会常务委员会工作暂行办法》;3.听取和审议审计局副局长许建亚所作的关于审计工作情况的报告,通过《关于加强审计监督工作的决议》;4. 听取和审议县工商行政管理局副局长刘元真所作的关于贯彻执行《中华人民共和国经济合同法》情况的报告;5.听取和审议县卫生局副局长吴永成所作的关于贯彻实施《中华人民共和国药品管理法》情况的报告;6.听取和审议县人民检察院检察长刘桂江所作的关于控告申诉检察工作情况的报告;7.审议通过人事任免事项。

九届人大常委会第十九次会议于1986年11月20日至21日在如城召开。县人大常委会主任孙德明,副主任许吉甫、杨炜昌以及15名县人大常委会委员出席会议。县委书记程亚民,县人民政府副县长冯邦才,县人民法院、人民检察院负责人及有关人员列席会议。王金镛等人大常委会老领导应邀列席会议。会议主要议程:1.学习《中共中央关于社会主义精神文明建设指导方针的决议》和中共中央〔1986〕18号文件;2.听取和审议计划委员会副主任何昌荣所作的关于全县横向经济联合情况的报告;3.听取和审议冯邦才所作的关于县九届人大三次会议代表议案、意见办理情况的报告;4.听取和审议县水利局局长邱维海所作的关于全县水利工作情况的报告;5.听取和审议县物资局局长潘余庆所作的关于组织物资供应,努力为生产、生活服务情况的报告;6.听取县人大常委会委员、办公室副主任王乃俊所作的关于视察城镇管理工作情况的报告;7.审议通过有关人事任免事项;8.县委书记程亚民讲话。

九届人大常委会第二十次会议于1986年12月10日在如城召开。县人大常委会主任孙德明,副主任许吉甫、杨炜昌以及15名县人大常委会委员出席会议。县人民法院、人民检察院负责人列席会议。会议主要议程:1.审议通过《关于如皋县县、乡两级人大代表换届选举时间的决定》;2.决定建立如皋县选举委员会及各乡(镇)选举委员会,任命县及各乡(镇)选举委员会的主任、副主任和委员;3.审议通过县人民检察院提请的人事任免事项。

九届人大常委会第二十一次会议于1987年1月8日至9日在如城召开。县人大常委会主任孙德明,副主任许吉甫、杨炜昌以及13名县人大常委会委员出席会议。县人民政府副县长周宝生,南通市人大常委会委员、县政协副主席潘信征,县人民法院、人民检察院负责人及有关人员列席会议。孙忠权、马宏谟等人大常委会老领导应邀列席会议。会议主要议程:1.学习《中华人民共和国土地管理法》;2.听取和审议周宝生所作的关于全县农村土地管理工作情况的报告;3.听取和审议县老龄问题工作委员会副主任何宝传所作的关于全县老龄工作情况的报告;4.听取和审议县公安局局长汪如一所作的关于开展"两打一治"情况的报告;5.听取许吉甫所作的关于组织省、市、县人大代表统一视察情况的报告;6.听取和审议县人民法院副院长周月祥所作的关于贯彻执行《中华人民共和国继承法》情况的报告;7.审议通过县人民政府提请的人事任免事项。

九届人大常委会第二十二次会议于1987年2月23日在如城召开。县人大常委会主任孙德明,副主任许吉甫、杨炜昌以及13名县人大常委会委员出席会议。县人民法院、人民检察院负责人列席会议。孙忠权、马宏谟、王金镛、杨银聪等人大常委会老领导应邀列席会议。会议主要议程:1.学习《全国人大常委会关于加强法制教育维护安定团结的决定》以及时任国务院总理在首都春节团拜会上的重要讲话;2. 听取和审议县选举委员会副主任许吉甫所作的关于县、乡(镇)两级人大代表换届选举工作情况的报告;3.决定县十届人大一次会议日期,通过大会议程;4.审议通过县九届人大常委会工作报告;5.审议通过县人大常委会1987年工作要点。

九届人大常委会第二十三次会议于1987年3月19日在如城召开。县人大常委会主任孙德明,副主任许吉甫、杨炜昌以及14名县人大常委会委员出席会议。孙忠权、马宏谟、王金镛、杨银聪等人大常委会老领导应邀列席会议。会议主要议程:1.听取县九届人大常委会代表资格审查委员会关于如皋县第十届人民代表大会代表资格审查情况的报告,通过关于如皋县第十届人民代表大会代表资格的审查报告;2.通过如皋县第十届人民代表大会第一次会议主席团、秘书长建议名单(草案),副秘书长建议名单(草案),议案审查委员会主任委员、副主任委员、委员和预算审查委员会主任委员、副主任委员、委员建议名单(草案);3.通过各代表团召集人建议名单(草案);4.通过县十届一次人代会日程安排(草案)。

第二节 九届人大常委会重要人事任免(表)

1984年3月—1987年1月如皋县第九届人大常委会重要人事任免一览表

表5-2-1

时　间	常委会会次	姓　名	任　免　职　务
1984.03.16	九届人大常委会第一次会议	徐太山	任县人民政府办公室主任
1984.03.16	九届人大常委会第一次会议	曹林书	任县计划委员会主任
1984.03.16	九届人大常委会第一次会议	陈殿文	任县经济委员会主任
1984.03.16	九届人大常委会第一次会议	环　斌	任县科学技术委员会主任

续表5-2-1

时　间	常委会会次	姓　名	任　免　职　务
1984.03.16	九届人大常委会第一次会议	潘余庆	任县物资局局长
1984.03.16	九届人大常委会第一次会议	马湘平	任县公安局局长
1984.03.16	九届人大常委会第一次会议	王朋年	任县劳动局局长
1984.03.16	九届人大常委会第一次会议	丁正如	任县人事局局长
1984.03.16	九届人大常委会第一次会议	王志和	兼任县老干部局局长
1984.03.16	九届人大常委会第一次会议	谢仁余	任县民政局局长
1984.03.16	九届人大常委会第一次会议	朱裕民	任县农业局局长
1984.03.16	九届人大常委会第一次会议	夏志贤	任县多种经营管理局局长
1984.03.16	九届人大常委会第一次会议	戴广仁	任县水利局局长
1984.03.16	九届人大常委会第一次会议	冯国杰	任县交通局局长
1984.03.16	九届人大常委会第一次会议	薛　斌	任县财政局局长
1984.03.16	九届人大常委会第一次会议	刘永桃	任县工商行政管理局局长
1984.03.16	九届人大常委会第一次会议	阎　廉	任县教育局局长
1984.03.16	九届人大常委会第一次会议	薛炜清	任县卫生局局长
1984.03.16	九届人大常委会第一次会议	马玉芬	任县计划生育委员会主任
1984.03.16	九届人大常委会第一次会议	周月祥	任县人民法院副院长、审判委员会委员
1984.03.16	九届人大常委会第一次会议	许松乔	任县人民检察院副检察长、检察委员会委员
1984.03.16	九届人大常委会第一次会议	夏策云	任县人民检察院副检察长、检察委员会委员
1984.07.19	九届人大常委会第三次会议	缪长青	任县劳动局局长
1984.07.19	九届人大常委会第三次会议	王朋年	免去县劳动局局长职务
1984.09.26	九届人大常委会第四次会议	徐　朋	免去县人民政府副县长职务
1984.11.27	九届人大常委会第五次会议	朱洪达	兼任县乡镇工业局局长
1984.11.27	九届人大常委会第五次会议	康　伯	任县物价委员会主任
1984.11.27	九届人大常委会第五次会议	黄道和	任县人民法院副院长、审判委员会委员、审判员
1985.03.09	九届人大常委会第七次会议	冯育才	任县人民法院副院长，免去如皋县人民法院民事审判庭庭长职务
1985.03.09	九届人大常委会第七次会议	张　义	免去如皋县统计局局长职务职务
1985.03.09	九届人大常委会第七次会议	薛　斌	免去如皋县财政局局长职务职务
1985.08.09	九届人大常委会第十一次会议	潘宝才	任县人民政府代理县长
1985.08.09	九届人大常委会第十一次会议	于永芳	任县经济委员会主任
1985.08.09	九届人大常委会第十一次会议	刘学成	任县体育运动委员会主任
1985.08.09	九届人大常委会第十一次会议	葛存斋	任县财政局局长
1985.08.09	九届人大常委会第十一次会议	季念慈	任县农业局局长
1985.08.09	九届人大常委会第十一次会议	邱维海	任县水利局局长
1985.08.09	九届人大常委会第十一次会议	贲祥明	任县粮食局局长
1985.08.09	九届人大常委会第十一次会议	王学桂	任县乡镇企业管理局局长
1985.08.09	九届人大常委会第十一次会议	陈殿文	免去县经济委员会主任职务
1985.08.09	九届人大常委会第十一次会议	朱裕民	免去县农业局局长职务
1985.08.09	九届人大常委会第十一次会议	冯国杰	免去县交通局局长职务
1985.08.09	九届人大常委会第十一次会议	戴广仁	免去县水利局局长职务
1985.08.09	九届人大常委会第十一次会议	朱洪达	免去兼任的县乡镇企业管理局局长职务
1986.03.01	九届人大常委会第十四次会议	俞云猛	任县城乡建设委员会主任
1986.03.01	九届人大常委会第十四次会议	黄东升	任县商业局局长
1986.03.01	九届人大常委会第十四次会议	张耀国	任县多种经营管理局局长

续表5-2-1

时　间	常委会会次	姓　名	任　免　职　务
1986.07.10	九届人大常委会第十七次会议	金　华	任县环境保护局局长
1986.07.10	九届人大常委会第十七次会议	马玉芬	免去县计划生育委员会主任职务
1986.07.10	九届人大常委会第十七次会议	贾永柏	任县人民检察院副检察长、检察委员会委员
1986.09.10	九届人大常委会第十八次会议	汪如一	任县公安局局长
1986.09.10	九届人大常委会第十八次会议	马湘平	免去县公安局局长职务
1986.11.21	九届人大常委会第十九次会议	范广有	任县人民检察院代理检察长
1986.11.21	九届人大常委会第十九次会议	刘桂江	免去县人民检察院检察长职务
1986.11.21	九届人大常委会第十九次会议	吉文刚	任县人民法院副院长、审判委员会委员
1986.11.21	九届人大常委会第十九次会议	周骏鸣	任县人大常委会财经委主任
1987.01.08	九届人大常委会第二十一次会议	李昌荣	任县市计划生育委员会主任

第三章　十届人大常委会会议

第一节　十届人大常委会各次会议

十届人大常委会第一次会议于1987年3月29日至30日在如城召开。县人大常委会主任孙德明，副主任陈殿文、王宝鹤、张鹏志、杨炜昌以及13名县人大常委会委员出席会议。许吉甫、孙忠权、马宏谟、王金镛、杨银聪等人大常委会老领导应邀列席会议。会议主要议程：1. 学习《中华人民共和国宪法》和《中华人民共和国地方各级人民代表大会和地方各级人民政府组织法》有关章节、六届全国人大常委会第十九次会议通过的《关于加强法制教育维护安定团结的决定》(以下简称《决定》)、中共中央关于学习《决定》的通知、中共中央〔1984〕8号文件、中共中央〔1984〕9号文件、〔1986〕18号文件和1986年南通市人大工作会议等文件；2.修订《如皋县人民代表大会常务委员会工作暂行办法》；3.通过如皋县人大常委会1987年工作要点；4. 孙德明讲话。

十届人大常委会第二次会议于1987年5月28日至29日在如城召开。县人大常委会主任孙德明，副主任陈殿文、王宝鹤、张鹏志、杨炜昌以及13名县人大常委会委员出席会议。县委书记程亚民，县人民政府县长潘宝才，副县长汤建华，县人民法院、人民检察院负责人及有关人员列席会议。许吉甫、孙忠权、马宏谟、王金镛、杨银聪等人大常委会老领导应邀列席会议。会议主要议程：1.审议通过“一府两院”提请的人事任免事项；2.听取和审议县财政局局长葛存斋受县人民政府委托所作的关于贯彻执行《中华人民共和国会计法》情况的报告；3.听取和审议汤建华所作的关于乡镇企业管理情况的报告；4.学习《全国法纪检察工作会议纪要》，听取和审议县人民检察院副检察长贾永柏所作的关于法纪检察工作情况的报告；5.听取王宝鹤所作的关于视察全县工商企业“双增双节”运动情况的报告；6.通过县十届人大常委会代表资格审查委员会名单；7.通过人大常委会委员分工。

十届人大常委会第三次会议于1987年8月5日至7日在如城召开。县人大常委会主任孙德明，副主任陈殿文、王宝鹤、张鹏志、杨炜昌以及13名县人大常委会委员出席会议。县人民政府县长潘宝才，副县长周宝生、郭载荣，县人民法院、人民检察院负责人及有关人员列席会议。许吉甫、孙忠权、马宏谟、王金镛、杨银聪等人大常委会老领导应邀列席会议。会议主要议程：1.听取和审议潘宝才所作的关于上半年工农业生产情况的报告;2.听取和审议周宝生所作的关于贯彻执行《中华人民共和国土地管理法》情况的报告;3.听取和审议县司法局副局长吴元学受县人民政府委托所作的关于学习宣传《全国人大常委会关于加强法制教育维护安定团结的决定》情况的报告;4.听取和审议县计划生育委员会主任李昌荣受县人民政府委托所作的关于计划生育工作情况的报告,通过《关于加强计划生育工作严格控制人口增长的决议》;5.听取县人大常委会相关工作委员会关于农业生产、土地管理、计划生育等方面调查情况的报告;6.通过《如皋县人民代表大会常务委员会人事任免办法》;7.通过县人民检察院提请的人事任免事项;8.孙德明讲话。

十届人大常委会第四次会议于1987年10月12日至14日在如城召开。县人大常委会主任孙德明,副主任陈殿文、王宝鹤、张鹏志、杨炜昌以及13名县人大常委会委员出席会议。县人民政府副县长周宝生、张振刚,县政协副主席潘信征,县人民法院、人民检察院负责人及有关人员列席会议。孙忠权、马宏谟、王金镛、杨银聪等人大常委会老领导应邀列席会议。会议主要议程:1. 听取和审议张振刚所作的关于推行厂长(经理)负责制情况的报告;2.听取和审议县教育局副局长沙冰受县人民政府委托所作的关于普及九年制义务教育规划情况的报告;3.听取和审议县劳动局副局长王汉文受县人民政府委托所作的关于安全生产工作情况的报告;4.听取和审议县政府办公室副主任倪志高受县人民政府委托所作的关于老龄工作情况的报告,通过《关于维护老年人合法权益的决议》;5.听取和审议县人民法院副院长周月祥所作的关于执行工作情况的报告;6.听取和审议张鹏志所作的关于县十届人大一次会议期间代表提出的建议、批评和意见办理情况的报告;7.通过《关于召开如皋县第十届人民代表大会第二次会议的决定》《关于补选如皋县十届人民代表大会代表问题的决定》;8.孙德明讲话。

十届人大常委会第五次会议于1987年11月17日在如城召开。县人大常委会主任孙德明,副主任陈殿文、王宝鹤、张鹏志以及16名县人大常委会委员出席会议。会议主要议程:1.学习党的十三大文件;2.通过代表资格审查报告和县十届人大二次会议召开日期的决定。

十届人大常委会第六次会议于1987年11月26日在如城召开。县人大常委会主任孙德明,副主任陈殿文、王宝鹤、张鹏志、杨炜昌以及12名县人大常委会委员出席会议。县委副书记石秀峰、汤志深列席会议。会议主要议程:1. 通过县十届人大二次会议议程(草案),主席团、秘书长名单(草案),常务主席名单(草案),副秘书长名单(草案)、会议日程(草案)等;2.汤志深通报县委会同各人民团体关于如皋县出席南通市第九届人民代表大会代表候选人的提名情况。

十届人大常委会第七次会议于1988年1月22日至23日在如城召开。县人大常委会主任孙德明,副主任陈殿文、王宝鹤、张鹏志、杨炜昌以及15名县人大常委会委员出席会议。县人民政府副县长张振刚,县政协副主席潘信征,县人民法院、人民检察院负责人及有关人员列席会议。会议主要议程:1.通过《关于县十届人大代表持证视察的暂行办法》和《关于县人民代表大会代表小组活动日制度》;2.通过县人大常委会工作报告(草案)和一九八八年工作要点;3.听取和审议张振刚所作的关于县政府系统开展执法大检查工作情况的报告;4.听取和审议县工商行政管理局局长刘永桃受县人民政府委托所作的关于整顿市场秩序、加强市场管理情况的报告;5.分别听取县人大常委会法制工作委员会、财经工作委员会对执法大检查、市场秩序两个方面工作情况的调查报告;6.审议通过县政府提请的人事任免事项。

十届人大常委会第八次会议于1988年2月29日在如城召开。县人大常委会主任孙德明,副主任王宝鹤、张鹏志、杨炜昌以及13名县人大常委会委员出席会议。县人民政府副县长郭载荣,县人民法院、人民检察院负责人及有关人员列席会议。会议主要议程:1.审议并通过关于召开如皋县第十届人民代表大会第三次会议的决定;2.审议通过县人民检察院提请的人事任命事项;3.孙德明传达南通市九届人大一次会议精神。

十届人大常委会第九次会议于1988年3月23日在如城召开。县人大常委会主任孙德明,副主任陈殿文、王宝鹤、张鹏志、杨炜昌以及15名县人大常委会委员出席会议。县人民政府副县长汤建华,县人民法院、人民检察院负责人及有关人员列席会议。会议主要议程:1.审议通过如皋县第十届人民代表大会第三次会议主席团和秘书长名单(草案),通过如皋县第十届人民代表大会国民经济、社会发展计划和财政预算审查委员会名单(草案)、通过如皋县第十届人民代表大会第三次会议议案审查委员会名单(草案),通过如皋县第十届人民代表大会第三次会议议程(草案),通过代表资格审查委员会的报告;2.审议通过县十届人大三次会议主席团常务主席名单(草案)、副秘书长名单(草案)、会议日程(草案)、列席会议人员名单(草案)等;3.审议通过县人民法院和县人民检察院提请的人事任免事项。

十届人大常委会第十次会议于1988年5月30日至31日在如城召开。县人大常委会主任孙德明,副主任陈殿文、王宝鹤、张鹏志、杨炜昌以及13名县人大常委会委员出席会议。县人民政府副县长周宝生,县人民法院、人民检察院负责人及有关人员列席会议。南通市人大常委会委员王连生,孙忠权、王金镛、杨银聪等人大常委会老领导应邀列席会议。会议主要议程:1.学习李鹏在七届全国人大一次会议上所作的《政府工作报告》;2.听取和审议县标准计量局局长吴信礼受县人民政府委托所作的关于贯彻执行《计量法》情况的报告;3.听取和审议县人民政府关于《如城老城区临街改造暂行办法》的报告,通过《如城老城区临街改造暂行办法》;4.听取和审议县财政局局长葛存斋所作的关于批准追加支出预算的报告,通过《关于同意县人民政府追加支出预算的决议》;5.听取王宝鹤所作的关于视察有关企业发展外向型经济和深化改革情况的报告和关于赴浙江省温州、椒江等地参观学习情况的报告;6.审议通过县人民法院提请的人事任免事项。

十届人大常委会第十一次会议于1988年7月11日至13日在如城召开。县人大常委会主任孙德明,副主任陈殿文、王宝鹤、张鹏志、杨炜昌以及13名县人大常委会委员出席会议。县委代理书记、县人民政府县长潘宝才,副县长周宝生、汤建华,县政协副主席潘信征,县人民法院、人民检察院负责人,南通市人大常委会委员王连生及有关人员列席会议。会议主要议程:1.审议通过"一府两院"提请的人事任免事项;2.听取和审议县公安局局长汪如一受县人民政府委托所作的关于社会治安工作情况的报告;3.听取和审议县粮食局局长贲祥民受县人民政府委托所作的关于粮食工作情况的报告;4.听取和审议县卫生局局长薛炜清受县人民政府委托所作的关于卫生工作情况的报告;5.听取和审议县人民检察院检察长范广有所作的关于审判监督工作情况的报告。

十届人大常委会第十二次会议于1988年9月24日至26日在如城召开。县人大常委会主任孙德明,副主任陈殿文、王宝鹤、杨炜昌以及14名县人大常委会委员出席会议。县委代理书记、县人民政府县长潘宝才,县委副书记石秀峰,副县长周宝生,县人民法院、人民检察院负责人,南通市人大常委会委员王连生及有关人员列席会议。会议主要议程:1.听取县经委主任于永芳等六位政府组成部门负责人的述职报告并进行评议;2.听取和审议县城乡建设委员会主任俞云猛所作的关于如城总体规划调整意见的报告,通过《关于如城总体规划调整意见的决议》;3.听取和审议县政府办公室副主任薛良汉受县人民政府委托所作的关于县十届人大三次会议期间代表所提建议、批评、意见办理情况的报告;4.听取和审议县水利局局长邱维海受县人民政府委托所作的关于全县农田水利建设情况的报告;5.审议通过有关人事任免事项。

十届人大常委会第十三次会议于1988年11月21日至24日在如城召开。县人大常委会主任孙德明,副主任陈殿文、王宝鹤、张鹏志、杨炜昌以及16名县人大常委会委员出席会议。县人民政府县长潘宝才,副县长刘桂江、郭载荣、袁泉,县委常委、组织部部长魏国平,县政协副主席贲正祥,县人民法院、人民检察院负责人及有关人员列席会议。会议主要议程:1.学习讨论党的十三届三中全会精神;2.听取县计划委员会等十一个政府组成部门负责人的述职报告并进行评议;3.听取和审议县外经委副主任邹康受县人民政府委托所作的关于全县对外经贸工作情况的报告;4.听取和审议县公安局副局长刘登山受县人民政府委托所作的关于贯彻执行《中华人民共和国消防条例》的情况报告;5.听取和审议县人民法院副院长周月祥所作的关于经济审判工作情况的报告;6.听取和审议王宝鹤所作的关于视察部分工厂企业安全生产情况的报告;7.审议通过有关人事任免事项。

十届人大常委会第十四次会议于1989年1月19日至21日在如城召开。县人大常委会主任孙德明,副主任陈殿文、王宝鹤、张鹏志、杨炜昌以及13名县人大常委会委员出席会议。县委书记、县人民政府县长潘宝才,副县长刘桂江,县人民法院、人民检察院负责人及有关人员列席会议。会议主要议程:1.听取县科委主任环斌等九位政府组成部门负责人的述职报告并进行评议;2.听取和审议刘桂江所作的关于治理经济环境、整顿经济秩序工作情况的报告;3.听取和审议县司法局副局长吴元学受县人民政府委托所作的关于在全县普及法律常识工作情况的报告;4.听取和审议县土地管理局局长柯俊杰受县人民政府委托所作的关于贯彻执行《土地管理法》情况的报告;5.通过《关于补选县十届人民代表大会代表的决定》《关于召开如皋县第十届人民代表大会第四次会议的决定》;6.通过县人民政府和县人民法院提请的人事任免事项;7.通过县人大常委会1989年工作要点。

十届人大常委会第十五次会议于1989年3月17日在如城召开。县人大常委会主任孙德明,副主任王宝鹤、张鹏志、杨炜昌以及16名县人大常委会委员出席会议。县委书记、县长潘宝才,县人民法院、人民检察院负责人列席会议。会议主要议程:1.审议通过《关于召开如皋县第十届人民代表大会第四次会议时间的决定》;2.审议通过代表资格审查委员会关于县十届人大代表变化情况和补选代表资格的审查报告;3.审议通过如皋县第十届人民代表大会第四次会议主席团、秘书长名单(草案),议案审查委员会名单(草案),如皋县第十届人民代表大会第四次会议议程(草案)等;4.审议通过《关于进一步开展全民义务植树运动,加速城乡绿化的决议》;5.审议并决定向县十届人大四次会议提出《关于保护如海河(如皋段)水质的议案》。

十届人大常委会第十六次会议于1989年6月12日至14日在如城召开。县人大常委会主任孙德明,副主任陈殿文、王宝鹤、张鹏志、杨炜昌以及14名县人大常委会委员出席会议。县人民政府副县长汤建华,县人民法院、人民检察院负责人列席会议。会议主要议程:1.听取县人民法院副院长周月祥、黄道和、冯育才、吉文刚,县人民检察院副检察长许松乔、贾永柏等人的述职报告并进行评议;2.听取和审议县公安局副局长赵振中受县人民政府委托所作的关于执行《治安管理处罚条例》情况的报告;3.听取和审议县审计局局长许建亚受县人民政府委托所作的关于审计工作情况的报告;4.听取县人大常委会法制和财经工作委员会关于治安管理和审计工作的调查报告;5.审议通过有关人事任免事项;6.孙德明讲话。

十届人大常委会第十七次会议于1989年8月25日至26日在如城召开。县人大常委会主任孙德明,副主任陈殿文、王宝鹤、张鹏志、杨炜昌以及14名县人大常委会委员出席会议。县人民政府县长石秀峰,县政协副主席贲正祥,县人民法院、人民检察院负责人列席会议。会议主要议程:1.听取和审议县交通局局长张金福受县人民政府委托所作的关于农村公路和桥梁建设情况的报告;2.听取和审议县教育局副局长李峰受县人民政府委托所作的关于贯彻《中华人民共和国义务教育法》,控制中、小学流生情况的报告;3.听取和审议县人民检察院检察长范广有所作的关于开展举报工作情况的报告;4.通过有关人事任免事项;5.石秀峰讲话;6.孙德明讲话。

十届人大常委会第十八次会议于1989年10月24日至26日在如城召开。县人大常委会主任孙德明,副主任陈殿文、王宝鹤、张鹏志、杨炜昌以及16名县人大常委会委员出席会议。县人民政府副县长刘桂江,县政协主席明道奎,县人民法院、人民检察院负责人列席会议。会议主要议程:1.学习江泽民总书记在国庆四十周年纪念大会上的讲话;2.听取和审议刘桂江所作的关于廉政建设情况的报告,通过《关于加强廉政建设的决议》;3.听取和审议县财政局局长葛存斋受县人民政府委托所作的关于预算外资金管理情况的报告,通过《关于加强预算外资金管理的决议》;4.听取和审议县人民政府办公室主任薛良汉受县人民政府委托所作的关于县十届人大四次会议代表建议、批评、意见办理情况的报告;5.听取杨炜昌所作的关于视察女职工劳动保护工作情况的报告;6.通过《关于县、乡(镇)两级人民代表大会代表换届选举的决定》;7.审议通过有关人事任免事项。

十届人大常委会第十九次会议于1989年11月6日在如城召开。县人大常委会主任孙德明,副主任陈殿文、王宝鹤、杨炜昌以及15名县人大常委会委员出席会议。县政协副主席贲正祥列席会议。会议主要议程:1.听取陈殿文传达中共南通市委召开的换届选举工作会议精神;2.通过县、乡(镇)两级选举委员会组成人员名单;3.作出《关于如皋县第十一届人民代表大会代表名额的决定》。

十届人大常委会第二十次会议于1989年12月25日至26日在如城召开。县人大常委会主任孙德明,副主任陈殿文、王宝鹤、张鹏志、杨炜昌以及15名县人大常委会委员出席会议。县人民政府县长石秀峰,县人民法院、人民检察院负责人列席会议。会议主要议程:1.听取和审议县监察局局长赵成章受县人民政府委托所作的关于信访、举报及查处情况的报告;2.审议县人大常委会工作报告(讨论稿);3.听取杨炜昌所作的关于视察个人收入调节税征收和工厂企业减免税金使用情况的报告;4.审议并通过《关于接受陈禹峰辞去县人大常委会委员职务请求的决定》;5.补选南通市第九届人民代表大会代表;6.通过有关人事任免事项;7.石秀峰作表态发言。

十届人大常委会第二十一次会议于1990年2月26日在如城召开。县人大常委会主任孙德明,副主任陈殿文、王宝鹤、张鹏志、杨炜昌以及16名县人大常委会委员出席会议。县人民政府副县长周宝生,县政协副主席潘信征,县人民法院、人民检察院负责人列席会议。会议主要议程:1.听取县人大常委会办公室副主任、县选举办公室副主任王乃俊所作的关于换届选举工作情况的报告;2.通过县十届人大常委会代表资格审查报告和《关于召开如皋县第十一届人民代表大会第一次会议的决定》;3.审议通过向县十一届人民代表大会第一次会议提出的《关于加强全民国防教育的议案》;4.通过县人大常委会工作报告;5.通过有关人事任免事项。

十届人大常委会第二十二次会议于1990年3月14日在如城召开。县人大常委会主任孙德明,副主任陈殿文、王宝鹤、张鹏志、杨炜昌以及16名县人大常委会委员出席会议。县委书记潘宝才,县人民政府县长石秀峰,副县长刘桂江,县委常委、组织部部长殷春和,县政协副主席潘信征,县人民法院院长马道来列席会议。会议主要议程:1.听取和审议刘桂江所作的关于办理县人大常委会廉政建设审议意见的报告;2.讨论通过召开县十一届人大一次会议的有关问题及有关名单(草案);3.潘宝才、石秀峰、刘桂江、殷春和分别讲话;4.审议通过有关人事任免事项。

第二节　十届人大常委会重要人事任免(表)

1987年5月—1990年3月如皋县第十届人大常委会重要人事任免一览表

表5-3-1

时间	常委会会次	姓名	任免职务
1987.05.28	十届人大常委会第二次会议	徐太山	任县政府办公室主任
1987.05.28	十届人大常委会第二次会议	曹林书	任县计划委员会主任
1987.05.28	十届人大常委会第二次会议	于永芳	任县经济委员会主任
1987.05.28	十届人大常委会第二次会议	环　斌	任县科学技术委员会主任
1987.05.28	十届人大常委会第二次会议	丁正如	任县人事局局长
1987.05.28	十届人大常委会第二次会议	缪长青	任县劳动局局长
1987.05.28	十届人大常委会第二次会议	潘余庆	任县物资局局长
1987.05.28	十届人大常委会第二次会议	黄　松	任县统计局局长
1987.05.28	十届人大常委会第二次会议	俞云猛	任县城乡建设委员会主任
1987.05.28	十届人大常委会第二次会议	金　华	任县环境保护局局长
1987.05.28	十届人大常委会第二次会议	康　伯	任县物价委员会主任
1987.05.28	十届人大常委会第二次会议	汪如一	任县公安局局长
1987.05.28	十届人大常委会第二次会议	朱世泰	任县司法局局长

续表5-3-1

时　间	常委会会次	姓　名	任免职务
1987.05.28	十届人大常委会第二次会议	陈昭宽	任县民政局局长
1987.05.28	十届人大常委会第二次会议	季念慈	任县农业局局长
1987.05.28	十届人大常委会第二次会议	张耀国	任县多种经营管理局局长
1987.05.28	十届人大常委会第二次会议	邱维海	任县水利局局长
1987.05.28	十届人大常委会第二次会议	王学桂	任县乡镇企业管理局局长
1987.05.28	十届人大常委会第二次会议	葛存斋	任县财政局局长
1987.05.28	十届人大常委会第二次会议	吉昌余	任县税务局局长
1987.05.28	十届人大常委会第二次会议	许建亚	任县审计局局长
1987.05.28	十届人大常委会第二次会议	黄东升	任县商业局局长
1987.05.28	十届人大常委会第二次会议	贲祥明	任县粮食局局长
1987.05.28	十届人大常委会第二次会议	刘永桃	任县工商行政管理局局长
1987.05.28	十届人大常委会第二次会议	阎　廉	任县教育局局长
1987.05.28	十届人大常委会第二次会议	薛炜清	任县卫生局局长
1987.05.28	十届人大常委会第二次会议	蔡国柱	兼任县广播电视局局长
1987.05.28	十届人大常委会第二次会议	李昌荣	任县计划生育委员会主任
1987.05.28	十届人大常委会第二次会议	刘学成	任县体育运动委员会主任
1987.05.28	十届人大常委会第二次会议	陈禹峰	任县人大常委会法制工委主任
1988.01.23	十届人大常委会第七次会议	赵成章	任县监察局局长
1988.07.13	十届人大常委会第十一次会议	刘桂江	任县人民政府副县长
1988.07.13	十届人大常委会第十一次会议	宗学广	任县文化局局长
1988.07.13	十届人大常委会第十一次会议	张振刚	免去县人民政府副县长职务
1988.09.26	十届人大常委会第十二次会议	薛良汉	任县人民政府办公室主任
1988.09.26	十届人大常委会第十二次会议	徐太山	免去县人民政府办公室主任职务
1988.11.24	十届人大常委会第十三次会议	浦文海	任县民政局局长
1988.11.24	十届人大常委会第十三次会议	夏铭骝	任县体育运动委员会主任
1988.11.24	十届人大常委会第十三次会议	薛炜清	免去县卫生局局长职务
1988.11.24	十届人大常委会第十三次会议	陈昭宽	免去县民政局局长职务
1988.11.24	十届人大常委会第十三次会议	刘学成	免去县体育运动委员会主任职务
1988.11.24	十届人大常委会第十三次会议	薛炜清	任县人大常委会教科文卫工委主任
1989.01.21	十届人大常委会第十四次会议	张金福	任县交通局局长
1989.06.14	十届人大常委会第十六次会议	石昭义	任县卫生局局长
1989.06.14	十届人大常委会第十六次会议	汪　旭	任县人大常委会城建工委主任
1989.08.26	十届人大常委会第十七次会议	陆耀良	任县人民政府副县长
1989.10.26	十届人大常委会第十八次会议	康　伯	任县物价局局长
1989.12.26	十届人大常委会第二十次会议	陈禹峰	任县司法局局长
1989.12.26	十届人大常委会第二十次会议	杨松泉	任县广播电视局局长
1989.12.26	十届人大常委会第二十次会议	朱世泰	免去县司法局局长职务
1989.12.26	十届人大常委会第二十次会议	蔡国柱	免去兼任的县广播电视局局长职务

时 间	常 委 会 会 次	姓 名	任 免 职 务
1989.12.26	十届人大常委会第二十次会议	陈禹峰	免去县人大常委会法工委主任职务
1990.02.26	十届人大常委会第二十一次会议	柯俊杰	任县土地管理局局长
1990.03.14	十届人大常委会第二十二次会议	苏绍华	任县人大常委会农村工委主任

第四章　十一届人大常委会会议

第一节　十一届人大常委会各次会议

十一届人大常委会第一次会议于1990年3月26日在如城召开。县人大常委会主任刘桂江,副主任戴崇颐、杨炜昌、杜祝三、李昌焕以及24名县人大常委会委员出席会议。县委书记潘宝才,县人民政府县长石秀峰,县人民法院院长陈步高,县人民检察院检察长范广有及有关人员列席会议。孙德明、陈殿文、王宝鹤、张鹏志等人大常委会老领导应邀列席会议。会议主要议程:1.通过如皋县人大常委会1990年工作要点;2.县十届人大常委会主任孙德明介绍县十届人大常委会工作情况;3.刘桂江讲话;4.石秀峰讲话;5.潘宝才讲话。

十一届人大常委会第二次会议于1990年5月4日至6日在如城召开。县人大常委会主任刘桂江,副主任戴崇颐、杨炜昌、杜祝三、李昌焕以及23名县人大常委会委员出席会议。县委书记潘宝才,县人民政府县长石秀峰,副县长石耀,县政协副主席黄金红,县人民法院院长陈步高,县人民检察院检察长范广有及有关人员列席会议。会议主要议程:1.听取和审议县计划生育委员会主任李昌荣受县人民政府委托所作的关于计划生育工作情况的报告;2.听取和审议县环保局局长金华受县人民政府委托所作的关于贯彻执行《中华人民共和国水污染防治法》情况的报告;3.选举产生如皋县第十一届人大常委会代表资格审查委员会,并讨论分工;4.通过《如皋县人民代表大会常务委员会议事规则》;5.通过"一府两院"提请的人事任免事项;6.刘桂江讲话;7.潘宝才讲话。

十一届人大常委会第三次会议于1990年7月16日至18日在如城召开。县人大常委会主任刘桂江,副主任戴崇颐、杨炜昌、杜祝三、李昌焕以及23名县人大常委会委员出席会议。县人民政府副县长周宝生、汤建华,县人民法院院长陈步高,县人民检察院检察长范广有及有关人员列席会议。会议主要议程:1.听取和审议县农业局局长季念慈受县人民政府委托所作的关于上半年农业生产情况的报告;2.听取和审议县科委主任马能全受县人民政府委托所作的关于科技兴县工作情况的报告;3.听取和审议县财政局局长葛存斋受县人民政府委托所作的关于预算外资金管理情况的报告;4.听取和审议县人民法院副院长吉文刚所作的关于执行工作情况的报告;5.通过《如皋县人大常委会人事任免办法》;6.通过《关于接受周骏鸣同志辞职请求的决定》;7.通过有关人事任免事项;8.刘桂江讲话。

十一届人大常委会第四次会议于1990年10月4日至6日在如城召开。县人大常委会主任刘桂江,副主任戴崇颐、杨炜昌以及23名县人大常委会委员出席会议。县人民政府副县长石耀,县人民法院院长陈步高,县人民检察院检察长范广有及有关人员列席会议。会议主要议程:1.听取和审议县公安局局长马湘平受县人民政府委托所作的关于开展"严打"斗争情况的报告;2.听取和审议县财政局局长葛存斋受县人民政府委托所作的关于1990年上半年财政预算执行情况的报告;3.听取和审议县人民政府办公室主任薛汉良受县人民政府委托所作的关于县十一届人大一次会议代表建议、批评、意见办理情况的报告;4.审议通过《如皋县人大常委会关于办理县人大代表的建议、批评和意见的办法》;5.听取李昌焕所作的关于视察农业生产情况的报告;6.学习《中华人民共和国行政诉讼法》和《中华人民共和国国旗法》;7.石耀讲话;8.刘桂江讲话。

十一届人大常委会第五次会议于1990年11月26日至28日在如城召开。县人大常委会主任刘桂江,副主任戴崇颐、杨炜昌、杜祝三、李昌焕以及22名县人大常委会委员出席会议。县人民政府副县长郭载荣、汤建华,县人民法院院长陈步高,县人民检察院检察长范广有及有关人员列席会议。会议主要议程:1.听取和审议县环保局局长金华受县人民政府委托所作的贯彻县十届人大四次会议《关于保护如海河(如皋段)水质的决议》情况的报告;2.听取和审议县城乡建设委员会主任俞云猛受县人民政府委托所作的关于全县学习贯彻《中华人民共和国城市规划法》情况的报告;3.听取和审议县人民检察院副检察长夏泽云所作的关于开展经济检察工作情况的报告;4.听取县人民政府办公室主任薛良汉等4位政府组成部门负责人的述职报告并进行审议;5.县人民政府副县长汤建华代表县人民政府讲话;6.通过相关人事任免事项;7.学习《江苏省计划生育条例》;8.县人大常委会主任刘桂江讲话。

十一届人大常委会第六次会议于1991年1月23日至26日在如城召开。县人大常委会主任刘桂江,副主任戴崇颐、杨炜昌、杜祝三、李昌焕以及23名县人大常委会委员出席会议。县人民政府县长石秀峰,副县长徐建平,县人民法院院长陈步高,县人民检察院检察长范广有及有关人员列席会议。会议主要议程:1.学习中共十三届七中全会公报;2.听取和审议县外经委主任邹康受县人民政府委托所作的关于1990年发展外向型经济情况的报告;3.听取和审议县人民政府副县长徐建平所作的关于县人大常委会会议审议意见和视察中所提建议意见办理情况的报告;4.听取和审议县人大常委会副主任李昌焕所作的关于视察"科技兴工"情况的报告;5.审议通过"两院"提请的人事任免事项;6.审议通过如皋县人民代表大会常务委员会工作报告(讨论稿)和如皋县人大常委会1991年工作要点;7.审议通过《如皋县人大常委会主任会议制度》《如皋县人民代表大会关于议案若干问题的规定》《〈如皋县人大常委会议事规则〉有关条款的修正案》;8.审议通过《如皋县人大常委会关于召开如皋县第十一届人民代表大会第二次会议的决定》和县人大常委会代表资格审查委员会《关于补选县十一届人大代表资格的审查报告》;9.选举刘桂江为出席南通市第九届人民代表大会的代表。

十一届人大常委会第七次会议于1991年2月20日在如城召开。县人大常委会主任刘桂江,副主任戴崇颐、杨炜昌、杜祝三、李昌焕以及18名县人大常委会委员出席会议。县委常委、组织部部长殷春和列席会议。会议主要议程:补选一名出席南通市第九届人民代表大会的代表。

十一届人大常委会第八次会议于1991年3月8日在如城召开。县人大常委会副主任戴崇颐、杨炜昌、杜祝三、李昌焕以及17名县人大常委会委员出席会议。县人民政府县长石秀峰,县人民法院院长陈步高,县人民检察院检察长范广有及有关人员列席会议。会议主要议程:1.审议通过县十一届人民代表大会第二次会议主席团、秘书长建议名单(草案),议案审查委员会建议名单(草案),大会日程安排(草案);2.提出大会副秘书长建议名单(草案),大会主席团常务主席以及执行主席分组轮值建议名单(草案),大会列席人员建议名单(草案),各代表团、队召集人建议名单(草案),大会秘书处各组负责人建议名单(草案)。

十一届人大常委会第九次会议于1991年5月22日至25日在如城召开。县人大常委会主任刘桂江,副主任戴崇颐、杜祝三以及19名县人大常委会委员出席会议。县委书记柯文,县人民政府县长石秀峰,县委副书记王耀光,县人民政府副县长汤建华,县政协副主席袁泉,县人民法院院长陈步高,县人民检察院检察长范广有及有关人员列席会议。会议主要议程:1.学习《中华人民共和国国旗法》和《中华人民共和国国徽法》;2. 宣读《南通市人大常委会关于撤县建市更改人大常委会名称的函》;3.听取和审议县人民政府关于贯彻执行《经济合同法》情况的报告;4.听取和审议县人民政府关于贯彻实施《中华人民共和国药品管理法》情况的报告;5.听取和审议县计划委员会主任曹林书所作的关于县人民代表对"八五"计划所提建议落实情况的报告,通过《如皋县人民代表大会常务委员会关于批准如皋县国民经济和社会发展第八个五年计划的决议》;6.审议通过《县人大常委会监督法院、检察院工作的试行办法(草案)》;7.审议通过县人民法院提请的人事任免事项;8.听取县计委主任曹林书、外经委主任邹康、人事局局长丁正如、劳动局局长缪长青、监察局局长赵成章、交通局局长张金福、水利局局长邱维海、商业局局长黄东升、粮食局局长贲祥明9人的述职报告并进行评议;9.听取石秀峰关于撤县设市情况的报告,审议通过《如皋县人民代表大会常务委员会关于撤县设市后国家机关有关工作人员职务称谓变更的决定》。

十一届人大常委会第十次会议于1991年8月2日至5日在如城召开。市人大常委会主任刘桂江,副主任戴崇颐、杨炜昌、杜祝三、李昌焕以及21名市人大常委会委员出席会议。市委书记柯文,市人民政府市长石秀峰,市委副书记王耀光,市政协副主席袁泉,市人民法院院长陈步高,市人民检察院检察长范广有及有关人员列席会议。会议主要议程:1.学习《中华人民共和国防汛条例》《江苏省人民政府关于殡葬管理的实施办法》;2.听取和审议市计划委员会主任曹林书受市人民政府委托所作的关于全市上半年国民经济计划执行情况的报告;3.听取和审议市财政局局长葛存斋受市人民政府委托所作的关于1991年上半年财政预算执行情况的报告;4.听取和审议市农业局局长季念慈受市人民政府委托所作的关于上半年全市农业生产情况的报告;5.听取和审议市民政局副局长陈德海受市人民政府委托所作的关于推行火葬工作情况的报告;6.听取和审议市司法局副局长李热受市人民政府委托所作的关于在全市公民中开展法制宣传教育的第二个五年规划的情况报告,通过《如皋市人大常委会关于在全市公民中深入开展法制宣传教育的决议》;7.听取和审议李昌焕所作的关于视察全市土地管理工作情况的报告;8.听取市城建委主任俞云猛、统计局局长黄松、环保局局长金华、工商行政管理局局长刘永桃、公安局局长马湘平、司法局局长陈禹峰、多管局局长钱德辉、农业局局长季念慈8名政府组成部门负责人的述职报告并进行评议;9.通过市人民检察院提请的人事任免事项;10.刘桂江讲话。

十一届人大常委会第十一次会议于1991年9月24日至27日在如城召开。市人大常委会主任刘桂江,副主任戴崇颐、杨炜昌、杜祝三、李昌焕以及22名市人大常委会委员出席会议。市人民政府市长石秀峰,市委副书记王耀光,市人民政府副市长石耀、于永芳,市人民法院院长陈步高,市人民检察院检察长范广有及有关人员列席会议。会议主要议程:1.学习《江苏省〈实施义务教育法〉办法》;2.听取和审议于永芳所作的关于全市工业生产情况的报告;3.听取和审议市教育局局长王克成受市人民政府委托所作的关于实施义务教育工作情况的报告;4.听取和审议市政府办公室主任薛良汉所作的关于办理市十一届人大二次会议代表建议、批评和意见情况的报告;5.听取和审议市人民检察院检察长范广有所作的关于法纪检察工作情况的报告;6.听取市科委主任马能全、物资局局长胡明元、物价局局长魏忠国、乡镇企业管理局局长秦玉林、财政局局长葛存斋、税务局局长李智华、审计局局长姜逸程、教育局局长王克成、卫生局局长许秀银9名政府组成部门负责人的述职报告并进行评议;7.审议通过市人民政府和市人民法院提请的人事任免事项;8.石秀峰讲话;9.刘桂江讲话。

十一届人大常委会第十二次会议于1991年11月27日至30日在如城召开。市人大常委会主任刘桂江,副主任戴崇颐、杨炜昌、杜祝三、李昌焕以及21名市人大常委会委员出席会议。市委书记柯文,市人民政府市长石秀峰,市委副书记王耀光、管贵方,市人民政府副市长石耀、于永芳,市政协副主席袁泉,市人民法院院长陈步高,市人民检察院检察长范广有及有关人员列席会议。会议主要议程:1.学习《预算管理条例》;2.听取和审议市人民政府对十一届人大常委会第十次会议关于农业生产和殡葬改革审议意见办理情况的报告;3.听取和审议市税务局局长李智华受市人民政府委托所作的关于个体税收工作情况的报告;4.听取和审议市标准计量局局长吴信礼受市人民政府委托所作的关于实施《中华人民共和国标准化法》情况的报告;5.听取和审议市绿化委员会副主任钱德辉受市人民政府委托所作的关于贯彻执行县十届人大四次会议《关于进一步开展全民义务植树活动、加速城乡绿化决议》情况的报告;6.听取和审议市财政局局长葛存斋所作的关于调整1991年财政预算的报告,通过《如皋市第十一届人民代表大会常务委员会关于批准1991年财政预算调整的决定》;7.听取和审议市人民法院关于行政审判工作情况的报告;8.听取市经委主任王学桂等10名政府组成部门负责人的述职报告并进行评议;9.柯文讲话;10.

石秀峰讲话。

十一届人大常委会第十三次会议于1992年1月17日至18日在如城召开。市人大常委会主任刘桂江，副主任戴崇颐、杨炜昌、杜祝三、李昌焕以及23名市人大常委会委员出席会议。市人民政府副市长石耀、于永芳，市人民法院院长陈步高，市人民检察院检察长范广有及有关人员列席会议。会议主要议程：1.听取和审议于永芳所作的关于落实市人大常委会工业生产情况审议意见的报告；2.听取和审议市教育局局长王克成受市人民政府委托所作的关于落实市人大常委会实施义务教育审议意见的报告；3.听取和审议市检察院检察长范广有所作的关于落实市人大常委会法纪检察工作审议意见的报告；4.审议通过市人大常委会1992年工作要点和市人大常委会1991年工作报告(草案)；5.通过《关于召开如皋市第十一届人民代表大会第三次会议的决定》；6.通过《关于补选杨任远同志为出席南通市第九届人民代表大会代表的公告》；7.刘桂江讲话。

十一届人大常委会第十四次会议于1992年3月3日至4日在如城召开。市人大常委会主任刘桂江，副主任戴崇颐、杨炜昌、杜祝三、李昌焕以及24名市人大常委会委员出席会议。市人民政府市长石秀峰，副市长徐建平，市政协副主席袁泉，市人民法院院长陈步高，市人民检察院检察长范广有及有关人员列席会议。会议主要议程：1.听取和审议市乡镇企业管理局局长秦玉林受市人民政府委托所作的关于乡镇工业管理工作情况的报告；2.听取和审议市司法局局长陈禹峰受市人民政府委托所作的关于公证律师工作的情况报告；3.审议通过市十一届人大三次会议主席团和秘书长建议名单(草案)，大会议案审查委员会建议名单(草案)；4.审议通过市十一届人大三次会议日程(草案)，大会主席团常务主席建议名单(草案)，大会副秘书长建议名单(草案)，大会列席人员建议名单(草案)；5.审议通过各代表团、队召集人建议名单(草案)，大会秘书处各组负责人建议名单(草案)；6.审议通过市人民政府提请的人事任免事项。7.石秀峰讲话；8.刘桂江讲话。

十一届人大常委会第十五次会议于1992年5月25日至27日在如城召开。市人大常委会主任刘桂江，副主任戴崇颐、杨炜昌、杜祝三、李昌焕以及17名市人大常委会委员出席会议。市人民政府副市长石耀、于永芳，市人民法院院长陈步高，市人民检察院检察长范广有及有关人员列席会议。会议主要议程：1.学习《中华人民共和国全国人民代表大会和地方各级人民代表大会代表法》；2.听取和审议市人大常委会城乡建设工作委员会主任汪旭所作的关于黑色路面工程议案的调查报告；通过《如皋市人大常委会关于实施黑色路面工程议案的决议》；3.听取和审议市人大常委会财经工作委员会主任姚乃申所作的关于视察《中华人民共和国企业法》贯彻执行情况的报告；4.听取和审议市人大常委会农村工作委员会主任苏绍华所作的关于视察《中华人民共和国水法》实施情况的报告；5.听取和审议市经济委员会主任王学桂所作的关于贯彻《中华人民共和国全民所有制工业企业法》情况的报告；6.听取和审议市司法局副局长吴元学受市人民政府委托所作的关于"二·五"普法准备情况和1992年法制宣传工作安排的报告；7.通过《如皋市人大常委会关于决定如皋市市徽、市树、市花的议案的决议》；8.审议通过市人大常委会主任会议、市人民政府、市人民法院提请的人事任免事项。

十一届人大常委会第十六次会议于1992年7月23日至24日在如城召开。市人大常委会主任刘桂江，副主任戴崇颐、杨炜昌、杜祝三、李昌焕以及22名市人大常委会委员出席会议。市委书记柯文，市人民政府市长石秀峰，副市长汤建华，市政协副主席袁泉，市人民法院院长陈步高，市人民检察院检察长范广有及有关人员列席会议。会议主要议程：1.学习全国人大常委会副委员长彭冲在人大制度研究和宣传工作座谈会上的讲话；2.听取和审议市建筑工程管理局局长徐天明受市人民政府委托所作的关于全市建筑业工作情况的报告；3.听取和审议市财政局局长葛存斋受市人民政府委托所作的关于1991年财政预算执行结果变更的报告和关于1992年上半年财政预算执行情况的报告；4.听取和审议市人民检察院副检察长夏泽云所作的关于税务检察工作情况的报告；5.审议通过市人民法院和市人民检察院提请的人事任免事项。

十一届人大常委会第十七次会议于1992年9月24日至25日在如城召开。市人大常委会主任刘桂江，副主任戴崇颐、杨炜昌、杜祝三、李昌焕以及21名市人大常委会委员出席会议。市人民政府市长石秀峰，副市长王道波，市政协副主席马云鹏，市人民检察院检察长范广有及有关人员列席会议。会议主要议程：1. 学习《中华人民共和国全国人民代表大会和地方各级人民代表大会选举法》；2.听取和审议市财贸办公室主任徐邦友受市人民政府委托所作的关于国合商业工作情况的报告；3.听取和审议市人民政府办公室主任薛良汉受市人民政府委托所作的关于办理市十一届人大三次会议代表建议、批评、意见情况的报告；4.听取和审议市绿化委员会副主任王连生受市人民政府委托所作的关于组织评选市树、市花情况的报告，通过《如皋市人民代表大会常务委员会关于如皋市市树、市花的决定》；5.听取和审议市人民法院关于经济审判工作情况的报告；6.审议通过《关于如皋市第十二届人民代表大会代表名额的决定》《关于如皋市市、乡(镇)两级人民代表大会换届选举问题的决定》；7.审议通过关于各乡(镇)选举委员会组成人员的任命；8.审议通过市人民政府提请的人事任免事项。

十一届人大常委会第十八次会议于1992年11月27日至28日在如城召开。市人大常委会主任刘桂江，副主任戴崇颐、杨炜昌、杜祝三、李昌焕以及18名市人大常委会委员出席会议。市人民政府副市长石耀、汤建华，市政协副主席袁泉，市人民法院、人民检察院负责人及有关人员列席会议。会议主要议程：1. 学习全国人大常委会副委员长彭冲9月14日在上海召开的华东七省市人大常委会主任座谈会上的讲话；2.听取和审议市财贸办公室副主任贲义满受市人民政府委托所作的关于贯彻执行《中华人民共和国烟草专卖法》情况的报告；3.听取和审议市城乡建设委员会主任俞云猛受市人民政府委托所作的关于实施《城市规划法》情况的报告；4.听取和审议市人民政府办公室副主任张秀良受市人民政府委托所作的关于农业社会服务体系建设和发展壮大集体经济情况的报告；5.审议通过关于《204国道、宁通公路修建后，建立我市公路交通新网络》和《采取多种形式治理内外城河》两件议案处理意见的报告；6.听取戴崇颐所作的关于调整部分乡(镇)选举委员会组成人员的报告；7.刘桂江讲话。

十一届人大常委会第十九次会议于1993年1月12日在如城召开。市人大常委会主任刘桂江，副主任戴崇颐、杨炜昌、杜祝三、李昌焕以及23名市人大常委会委员出席会议。市委书记柯文，市委副书记石秀峰、王耀光，市人大常委会党组书记冯邦才，市政协主席明道奎，市人民政府副市长石耀，市委常委、组织部长殷春和，市人民法院、人民检察院负责人及有关人员列席会议。会议主要议程：1.审议通过《关于召开如皋市第十二届人民代表大会第一次会议的决定》，通过人大常委会工作报告；2.听取市徽征集评选委员会办公室主任吴希林所作的关于市徽征集评选工作情况的报告，通过《关于提请市十二届人民代表大会第一会议审议通过如皋市市徽图案(草案)的决定》；3.通过《关于接受石秀峰同志“关于辞去如皋市人民政府市长的报告”的决定》；4.通过《关于王耀光同志代理如皋市人民政府市长职务的决定》；5.审议通过市人民政府提请的人事任免事项。

十一届人大常委会第二十次会议于1993年2月13日在如城召开。市人大常委会主任刘桂江，副主任戴崇颐、杨炜昌、杜祝三、李昌焕以及22名市人大常委会委员出席会议。市人大常委会党组书记冯邦才，市人民政府副市长王道波，市人民法院、人民检察院负责人及有关人员列席会议。会议主要议程：1.听取和审议市选举委员会办公室副主任王乃俊所作的关于市、乡(镇)两级人大代表换届选举工作情况的汇报；2.听取关于代表资格审查情况的说明，审议通过《关于如皋市第十二届人民代表大会代表资格的审查报告》；3.通过第十二届人民代表大会第一次会议主席团秘书长建议名单(草案)，主席团常务主席建议名单(草案)，国民经济社会发展计划审查委员会、预算审查委员会、议案审查委员会建议名单(草案)、副秘书长建议名单(草案)，各代表团召集人建议名单(草案)，列席人员建议名单(草案)，秘书处各组负责人名单(草案)，关于议案截止时间的决定(草案)，大会日程(草案)等；4.听取市科委关于编制如皋市八五科技兴市规划的说明，审议通过《如皋市人民代表大会常务委员会关于原则同意〈如皋市“八五”科技发展规划〉和〈如皋市科技兴市“八五”规划〉的决定》；5.听取市财政局局长葛存斋受市人民政府委托所作的关于调整1992年财政支出预算的报告，审议通过《如皋市人民代表大会常务委员会关于同意调整1992年市财政支出预算的决议》。

第二节 十一届人大常委会重要人事任免(表)

1990年5月—1993年1月如皋县(市)第十一届人大常委会重要人事任免一览表

表5-4-1

时间	常委会会次	姓名	任免职务
1990.05.06	十一届人大常委会第二次会议	薛良汉	任县人民政府办公室主任
1990.05.06	十一届人大常委会第二次会议	曹林书	任县计划委员会主任
1990.05.06	十一届人大常委会第二次会议	王学桂	任县经济委员会主任
1990.05.06	十一届人大常委会第二次会议	邹　康	任县对外经济贸易委员会主任
1990.05.06	十一届人大常委会第二次会议	马能全	任县科学技术委员会主任
1990.05.06	十一届人大常委会第二次会议	赵成章	任县监察局局长
1990.05.06	十一届人大常委会第二次会议	丁正如	任县人事局局长
1990.05.06	十一届人大常委会第二次会议	缪长青	任县劳动局局长
1990.05.06	十一届人大常委会第二次会议	胡明元	任县物资局局长
1990.05.06	十一届人大常委会第二次会议	黄　松	任县统计局局长
1990.05.06	十一届人大常委会第二次会议	俞云猛	任县城乡建设委员会主任
1990.05.06	十一届人大常委会第二次会议	金　华	任县环境保护局局长
1990.05.06	十一届人大常委会第二次会议	魏忠国	任县物价局局长
1990.05.06	十一届人大常委会第二次会议	马湘平	任县公安局局长
1990.05.06	十一届人大常委会第二次会议	陈禹峰	任县司法局局长
1990.05.06	十一届人大常委会第二次会议	浦文海	任县民政局局长
1990.05.06	十一届人大常委会第二次会议	季念慈	任县农业局局长
1990.05.06	十一届人大常委会第二次会议	钱德辉	任县多种经营管理局局长
1990.05.06	十一届人大常委会第二次会议	邱维海	任县水利局局长
1990.05.06	十一届人大常委会第二次会议	柯俊杰	任县土地管理局局长
1990.05.06	十一届人大常委会第二次会议	张金福	任县交通局局长
1990.05.06	十一届人大常委会第二次会议	秦玉林	任县乡镇企业管理局局长
1990.05.06	十一届人大常委会第二次会议	葛存斋	任县财政局局长
1990.05.06	十一届人大常委会第二次会议	李智华	任县税务局局长
1990.05.06	十一届人大常委会第二次会议	姜逸程	任县审计局局长
1990.05.06	十一届人大常委会第二次会议	黄东升	任县商业局局长
1990.05.06	十一届人大常委会第二次会议	贲祥明	任县粮食局局长
1990.05.06	十一届人大常委会第二次会议	刘永桃	任县工商行政管理局局长
1990.05.06	十一届人大常委会第二次会议	王克成	任县教育局局长
1990.05.06	十一届人大常委会第二次会议	许秀银	任县卫生局局长
1990.05.06	十一届人大常委会第二次会议	宗学广	任县文化局局长
1990.05.06	十一届人大常委会第二次会议	杨松泉	任县广播电视局局长
1990.05.06	十一届人大常委会第二次会议	章树山	任县计划生育委员会主任
1990.05.06	十一届人大常委会第二次会议	夏铭镏	任县体育运动委员会主任
1990.07.18	十一届人大常委会第三次会议	吴希林	任县人大常委会办公室主任
1990.07.18	十一届人大常委会第三次会议	王乃俊	任县人大常委会内务工委主任
1990.07.18	十一届人大常委会第三次会议	姚乃申	任县人大常委会财经工委主任
1990.07.18	十一届人大常委会第三次会议	梅光宇	任县人大常委会法制工委主任
1990.07.18	十一届人大常委会第三次会议	周骏鸣	辞去县人大常委会财经工委主任职务

续表5-4-1

时间	常委会会次	姓名	任免职务
1991.09.27	十一届人大常委会第十一次会议	王道波	任市人民政府科技副市长
1991.09.27	十一届人大常委会第十一次会议	马能全	任市公安局局长
1991.09.27	十一届人大常委会第十一次会议	陆耀良	免去市人民政府科技副市长职务
1991.09.27	十一届人大常委会第十一次会议	马能全	免去市科学技术委员会主任职务
1991.09.27	十一届人大常委会第十一次会议	马湘平	免去市公安局局长职务
1992.03.04	十一届人大常委会第十四次会议	徐邦友	任市财贸办公室主任
1992.03.04	十一届人大常委会第十四次会议	徐天明	任市建筑工程管理局局长
1992.03.04	十一届人大常委会第十四次会议	万元坤	任市经济体制改革委员会主任
1992.05.27	十一届人大常委会第十五次会议	顾春林	任市工商行政管理局局长
1992.05.27	十一届人大常委会第十五次会议	刘永桃	免去市工商行政管理局局长职务
1992.09.25	十一届人大常委会第十七次会议	许映光	任市民政局局长
1992.09.25	十一届人大常委会第十七次会议	浦文海	免去市民政局局长职务
1993.01.13	十一届人大常委会第十九次会议	王耀光	任市人民政府副市长、代理市长
1993.01.13	十一届人大常委会第十九次会议	石秀峰	辞去市人民政府市长职务
1993.01.13	十一届人大常委会第十九次会议	黄裕龙	任市人大常委会办公室主任
1993.01.13	十一届人大常委会第十九次会议	吴希林	免去市人大常委会办公室主任职务
1993.01.13	十一届人大常委会第十九次会议	苏绍华	免去市人大常委会农村工委主任职务

第五章 十二届人大常委会会议

第一节 十二届人大常委会各次会议

十二届人大常委会第一次会议于1993年3月23日至25日在如城召开。市人大常委会主任冯邦才，副主任戴崇颐、郭载荣、汤建华、汪如一以及22名市人大常委会委员出席会议。市委书记柯文，市人民政府市长王耀光，市委副书记刘桂江、管贵方，市委常委、市委组织部部长殷春和，市人民政府副市长于永芳，市政协副主席王连生，市人民法院院长陈步高，市人民检察院检察长范广有及有关人员列席会议。会议主要议程：1.学习江泽民、彭真关于坚持和完善人民代表大会制度的论述和讲话；2.听取和审议于永芳所作的关于如皋经济技术开发区和如皋港经济技术开发区筹建工作情况的报告；3.听取和审议交通局局长张金福受市人民政府委托所作的关于黑色路面工程实施情况的报告；4.审议通过市人大常委会1993年工作要点；5.审议通过市第十二届人大常委会代表资格审查委员会组成人员名单；6.审议通过市人民政府提请的人事任免事项；7.冯邦才向被任命人员颁发任命书并讲话。

十二届人大常委会第二次会议于1993年5月25日至27日在如城召开。市人大常委会主任冯邦才，副主任戴崇颐、郭载荣、汤建华、汪如一以及19名市人大常委会委员出席会议。市人民政府副市长石耀、王道波，市人民法院院长陈步高，市人民检察院检察长范广有及有关人员列席会议。会议主要议程：1.听取和审议市外经委主任汤德霖受市人民政府委托所作的关于“三资”企业投资管理工作情况的报告；2.听取和审议市文化局局长张权受市人民政府委托所作的关于贯彻执行《中华人民共和国文物保护法》情况的报告；3.听取和审议市人民法院副院长黄道和所作的关于刑事审判工作情况的报告；4.审议通过《如皋市人大常委会联系市人民代表大会代表的办法》;5.审议通过市人民法院和市人民检察院提请的人事任免事项;6.冯邦才向被任命人员颁发任命书并讲话。

十二届人大常委会第三次会议于1993年7月26日至27日在如城召开。市人大常委会主任冯邦才,副主任戴崇颐、汤建华以及22名市人大常委会委员出席会议。市委书记柯文,市人民政府市长王耀光,副市长石耀,市人民法院院长陈步高,市人民检察院检察长范广有及有关人员列席会议。会议主要议程:1.听取和审议市财政局局长于义林受市人民政府委托所作的关于1993年上半年财政预算执行情况的报告;2.听取和审议石耀所作的关于贯彻落实国务院《全民所有制工业企业转换经营机制条例》为主线简政放权搞好服务的报告;3.听取和审议市人民检察院检察长范广有所作的关于经济检察工作情况的报告;4.审议通过《如皋市人大常委会组成人员守则》《如皋市人民代表大会常务委员会关于内务工作委员会更名的决定》;5.审议通过市人大常委会主任会议、市人民政府提请的人事任命事项;6.冯邦才向被任命人员颁发任命书。

十二届人大常委会第四次会议于1993年9月23日至25日在如城召开。市人大常委会主任冯邦才,副主任戴崇颐、汪如一以及21名市人大常委会委员出席会议。市委书记柯文,市人民政府市长王耀光,副市长石耀、陈照煌、于永芳、徐建平、徐邦友、徐天明,市政协副主席袁泉,市人民法院院长陈步高,市人民检察院检察长范广有及有关人员列席会议。会议主要议程:1.听取和审议市科委主任戴其南受市人民政府委托所作的关于依靠科技进步振兴农村经济的报告;2.听取和审议石耀所作的关于市十二届人大一次会议代表建议批评意见办理情况的报告;3.听取和审议市人大常委会财经工委主任吴宝华所作的关于视察金融系统贯彻落实中央宏观调控措施情况的报告;4.审议通过市人民政府提请的人事任免事项;5.冯邦才讲话。

十二届人大常委会第五次会议于1993年11月23日至24日在如城召开。市人大常委会主任冯邦才,副主任戴崇颐、汤建华、汪如一以及21名市人大常委会委员出席会议。市委书记柯文,市人民政府副市长石耀,市人民法院院长陈步高,市人民检察院检察长范广有及有关人员列席会议。会议主要议程:1.听取和审议市石耀所作的关于反腐倡廉工作情况的报告;2.听取和审议市司法局副局长吴元学受市人民政府委托所作的关于"二五"普法规划实施情况的报告;3.审议通过《如皋市人大常委会、市人民政府、市人民法院、市人民检察院工作联系制度》;4.审议通过市人民法院和市人民检察院提请的人事任免事项;5.冯邦才向被任命人员颁发任命书。

十二届人大常委会第六次会议于1994年1月17日至19日在如城召开。市人大常委会主任冯邦才,副主任戴崇颐、汤建华、汪如一以及21名市人大常委会委员出席会议。市人民政府副市长陈照煌、于永芳,市人民法院院长陈步高,市人民检察院检察长范广有及有关人员列席会议。会议主要议程:1.听取和审议于永芳所作的关于1993年度全市工业经济发展情况的报告;2.听取和审议市财政局局长于义林受市人民政府委托所作的关于调整1993年财政收支预算的报告,通过《关于批准1993年财政预算调整的决定》;3.听取和审议市卫生局局长许秀银所作的关于编制《如皋市实现2000年人人享有卫生保健概略规划》的说明,通过《关于原则同意〈如皋市实现2000年人人享有卫生保健概略规划〉的决定》;4.审议通过《关于〈建议进一步加强管理,统一规划,加快建设如皋商品大市场的议案〉的处理意见》;5.审议通过人大常委会1994年工作要点;6.审议通过《关于召开如皋市第十二届人民代表大会第二次会议的决定》;7.冯邦才讲话。

十二届人大常委会第七次会议于1994年3月29日至30日在如城召开。市人大常委会主任冯邦才,副主任戴崇颐、郭载荣、汤建华、奚定九以及20名市人大常委会委员出席会议。市人民政府副市长徐天明,市人民法院院长陈步高,市人民检察院检察长范广有及有关人员列席会议。会议主要议程:1.听取和审议徐天明所作的关于贯彻实施《中华人民共和国农业法》《中华人民共和国农业技术推广法》情况的报告;2.审议通过《如皋市人民代表大会常务委员会关于加强对法律法规实施情况检查监督的若干规定》;3.审议通过市人民政府提请的人事任免事项;4.冯邦才讲话。

十二届人大常委会第八次会议于1994年5月30日至6月1日在如城召开。市人大常委会主任冯邦才，副主任戴崇颐、郭载荣、汤建华、汪如一、奚定九以及20名市人大常委会委员出席会议。市人民法院院长陈步高，市人民检察院检察长范广有列席会议。会议主要议程：1.听取和审议市人民政府关于企业产权制度改革情况的报告；2.听取和审议市公安局局长马能全受市人民政府委托所作的关于全市社会治安工作情况的报告；3.听取和审议市城乡建设委员会主任俞云猛受市人民政府委托所作的如皋市城市总体规划修编情况的报告，通过《如皋市人民代表大会常务委员会关于原则同意〈如皋市城市总体规划〉的决议》；4.审议通过《如皋市人民代表大会常务委员会关于组织人大代表评议公检法机关工作的决定》；5.审议通过《如皋市人民代表大会常务委员会关于接受李慧宏、吴旭辞去如皋市人大常委会委员职务的请求的决定》；6.审议通过市人民法院提请的人事任免事项；7.冯邦才向被任命人员颁发任命书并讲话。

十二届人大常委会第九次会议于1994年7月28日至29日在如城召开。市人大常委会主任冯邦才，副主任戴崇颐、郭载荣、汤建华、奚定九以及18名市人大常委会委员出席会议。市人民法院院长陈步高，市人民检察院检察长范广有及有关人员列席会议。会议主要议程：1.听取和审议市财政局局长于义林受市人民政府委托所作的关于如皋市1994年上半年财政预算执行情况的报告；2.听取和审议奚定九所作的关于视察农业"两法"贯彻实施情况和农业商品小区建设情况的报告；3.学习南通市委书记陈根兴在南通市人大工作会议上的讲话精神。

十二届人大常委会第十次会议于1994年9月27日至29日在如城召开。市人大常委会主任冯邦才，副主任戴崇颐、汤建华、汪如一、奚定九以及20名市人大常委会委员出席会议。市委书记柯文，市人民政府市长王耀光，市委常委、组织部部长殷春和，市人民政府副市长徐天明，市人民法院院长陈步高，市人民检察院检察长范广有及有关人员列席会议。会议主要议程：1.听取和审议市标准计量局局长陈建中受市人民政府委托所作的关于贯彻实施《中华人民共和国产品质量法》情况的报告；2.听取和审议徐天明所作的关于江苏省如皋经济开发区和如皋港经济技术开发区建设工作情况的报告；3.听取汪如一所作的关于视察江苏省如皋经济开发区和如皋港经济技术开发区建设情况的报告，通过《如皋市人民代表大会常务委员会关于加快江苏省如皋经济开发区和如皋港经济技术开发区建设的决定》；4.听取和审议市人民检察院副检察长夏泽云所作的关于惩治贪污贿赂犯罪情况的报告；5.听取和审议市政府办公室主任彭广荣受市人民政府委托所作的关于办理市十二届人大二次会议代表建议批评意见情况的报告；6.审议通过市人民法院和市人民检察院提请的人事任免事项； 7.冯邦才向被任命人员颁发任命书；8.柯文讲话。

十二届人大常委会第十一次会议于1994年11月28日至30日在如城召开。市人大常委会主任冯邦才，副主任戴崇颐、郭载荣、汤建华、汪如一、奚定九以及19名市人大常委会委员出席会议。市人民政府副市长陈照煌，市人民法院院长陈步高，市人民检察院检察长范广有及有关人员列席会议。会议主要议程：1.听取和审议市教育局局长钱祖尧受市人民政府委托所作的关于实施义务教育工作情况的报告；2.听取和审议市人民法院副院长葛坤明所作的关于民事审判工作情况的报告；3.听取汤建华所作的关于视察工业重点项目建设情况的报告；4.听取和审议陈步高所作的关于人民代表评议法院机关工作整改情况的报告；5.听取和审议范广有所作的以评议整改为动力全面推进检察工作的报告；6.听取和审议市公安局政委常连生所作的关于人大代表对公安机关评议意见整改情况的报告；7.听取汪如一所作的关于组织人大代表评议公检法机关工作情况的报告；8.审议通过《如皋市人大常委会关于表彰公检法机关先进集体和优秀干警的决定》；9.审议通过市人民法院提请的人事任免事项。

十二届人大常委会第十二次会议于1995年1月18日至19日在如城召开。市人大常委会主任冯邦才，副主任戴崇颐、郭载荣、汤建华、汪如一、奚定九以及19名市人大常委会委员出席会议。市人民政府副市长石耀，市人民法院院长陈步高，市人民检察院检察长范广有列席会议。会议主要议程：1. 听取和审议市人民政府关于1995年主要经济指标的安排；2.审议通过如皋市人大常委会1994年人大常委会工作报告和1995年工作要点；3.审议通过《关于召开市十二届人民代表大会第三次会议的决定》；4.通过代表资格审查委员会关于代表变动情况和补选代表资格审查的报告,通过第十二届人民代表大会第三次会议主席团、秘书长建议名单(草案),主席团常务主席建议名单(草案),国民经济社会发展计划审查委员会、预算审查委员会、议案审查委员会建议名单(草案)、副秘书长建议名单(草案),各代表团、队召集人建议名单(草案),列席人员建议名单(草案),秘书处各组负责人名单(草案),关于议案截止时间的决定(草案),大会日程(草案)等;5.审议通过《关于设立如皋市人大常委会民族宗教侨务台务工作委员会的决定》;6.冯邦才讲话。

十二届人大常委会第十三次会议于1995年3月28日至29日在如城召开。市人大常委会主任冯邦才,副主任戴崇颐、郭载荣、汤建华、汪如一、奚定九以及17名市人大常委会委员出席会议。市人民政府副市长陈照煌、徐天明,市人民法院院长陈步高,市人民检察院检察长范广有及有关人员列席会议。会议主要议程:1.学习全国人大常委会关于修改《中华人民共和国全国人民代表大会和地方各级人民代表大会选举法》《中华人民共和国地方各级人民代表大会和地方各级人民政府组织法》的两个决定;2.听取和审议徐天明所作的关于多种经营发展情况的报告;3.听取和审议市人民检察院副检察长陈国俊所作的关于法纪检察工作情况的报告;4.审议通过市人民政府提请的人事任免事项;5.冯邦才讲话。

十二届人大常委会第十四次会议于1995年5月29日至31日在如城召开。市人大常委会主任冯邦才,副主任戴崇颐、郭载荣、汤建华、汪如一、奚定九以及17名市人大常委会委员出席会议。市人民政府副市长石耀、徐建平,市长助理章树山,市人民法院院长陈步高,市人民检察院检察长范广有及有关人员列席会议。会议主要议程:1.听取和审议石耀所作的关于贯彻执行《中华人民共和国环境保护法》情况的报告;2.听取和审议市教育局局长钱祖尧受市人民政府委托所作的关于学习、宣传、贯彻、落实《中华人民共和国教师法》情况的报告;3.听取和审议市财政局局长于义林受市人民政府委托所作的关于提请批准1994年财政决算的报告,通过《关于批准如皋市1994年财政决算的决议》;4.听取和审议章树山所作的关于加快城市建设打通海阳北路实施方案的报告;5.审议通过《关于补选两名市十二届人大代表的资格审查报告》;6.审议通过市人民政府提请的人事任免事项。

十二届人大常委会第十五次会议于1995年7月26日至28日在如城召开。市人大常委会主任冯邦才,副主任戴崇颐、郭载荣、汤建华、汪如一、奚定九以及20名市人大常委会委员出席会议。市人民政府副市长石耀、于永芳、秦玉林,市人民法院院长陈步高,市人民检察院检察长范广有及有关人员列席会议。会议主要议程:1.听取和审议于永芳所作的关于上半年市属工业运行情况的报告;2.听取和审议秦玉林所作的关于上半年全市乡镇工业经济运行情况的报告;3.听取和审议汤建华所作的关于上半年工业经济运行情况的视察报告;4.听取和审议市公安局局长马能全受市人民政府委托所作的关于全市"严打"情况的报告;5.审议通过《如皋市人民代表大会常务委员会关于组织人大代表评议城乡建设、土地管理、工商行政管理、邮电等部门工作的决定》;6.审议通过市人民政府提请的人事任免事项。

十二届人大常委会第十六次会议于1995年9月27日至29日在如城召开。市人大常委会主任冯邦才,副主任戴崇颐、郭载荣、汤建华以及18名市人大常委会委员出席会议。市人民政府市长王耀光,副市长石耀,市人民法院院长陈步高,市人民检察院检察长范广有及有关人员列席会议。会议主要议程:1.听取和审议市财政局局长陈照东受市人民政府委托所作的关于1995年上半年财政预算执行情况的报告;2.听取和审议市政府办公室主任彭广荣受市人民政府委托所作的关于市十二届人大三次会议代表建议批评意见办理情况的报告;3.听取和审议石耀所作的关于依法治村、依法治厂试点工作情况的报告;4.听取和审议奚定九所作的关于组织人大代表评议城乡建设、土地管理、工商行政管理、邮电等四部门工作情况的报告;5.审议通过《如皋市人民代表大会常务委员会关于如皋市乡镇人民代表大会换届选举问题的决定》;6.听取汪如一所作的关于市十二届人大三次会议两件议案办理情况的报告;7.审议通过"一府两院"提请的人事任免事项;8.冯邦才讲话。

十二届人大常委会第十七次会议于1995年11月23日至25日在如城召开。市人大常委会主任冯邦才,副主任戴崇颐、郭载荣、汤建华、汪如一、奚定九以及18名市人大常委会委员出席会议。市人民政府副市长徐天明，市人民法院院长陈步高，市人民检察院检察长范广有列席会议。会议主要议程：1.听取和审议市交通局局长赵剑平受市人民政府委托所作的关于黑色路面工程实施及资金筹集使用情况的报告；2.听取和审议市人民法院副院长吉文刚所作的关于经济审判工作情况的报告；3.听取和审议汤建华所作的关于视察全市市场建设情况的报告；4.审议通过《关于如皋市各乡（镇）新的一届人民代表大会代表名额的决定》；5.审议通过《关于表彰城建、工商、土管、邮电四部门先进集体和优秀工作者的决定》；6.听取市文化局局张权等五位政府组成部门负责人的述职报告；7.审议通过市人民检察院提请的人事任免事项。

十二届人大常委会第十八次会议于1996年1月16日至18日在如城召开。市人大常委会主任冯邦才，副主任戴崇颐、郭载荣、汤建华、汪如一、奚定九以及19名市人大常委会委员出席会议。市人民政府市长王光耀，副市长徐天明，市人民法院院长陈步高，市人民检察院检察长范广有及有关人员列席会议。会议主要议程：1. 听取和审议市环保局局长金华受市人民政府委托所作的关于编制《如皋市城市环境综合整治规划》的说明，通过《如皋市人民代表大会常务委员会关于〈如皋市城市环境综合整治规划〉的决议》；2.审议通过市人大常委会1995年工作报告和1996年工作要点；3.审议通过市人民政府提请的人事任免事项。

十二届人大常委会第十九次会议于1996年1月25日在如城召开。市人大常委会主任冯邦才，副主任戴崇颐、郭载荣、汤建华、汪如一、奚定九以及19名市人大常委会委员出席会议。市人民政府副市长徐天明，市人民法院院长陈步高，市人民检察院检察长范广有及有关人员列席会议。会议主要议程：1.审议通过《如皋市人大常委会关于接受王耀光同志辞去如皋市人民政府市长职务请求的决定》；2.审议通过《如皋市人大常委会关于刘井石同志代理如皋市人民政府市长职务的决定》；3.冯邦才颁发任命书。

十二届人大常委会第二十次会议于1996年2月12日在如城召开。市人大常委会主任冯邦才，副主任戴崇颐、郭载荣、汤建华、汪如一、奚定九以及19名市人大常委会委员出席会议。市人民政府代市长刘井石，市人民法院院长陈步高，市人民检察院检察长范广有及有关人员列席会议。会议主要议程：1.听取和审议市财政局局长陈照东受市人民政府委托所作的关于提请批准调整1995年财政预算的报告；2.审议通过《如皋市人大常委会关于接受陈步高同志辞去如皋市人民法院院长职务请求的决定》；3.审议通过《如皋市人大常委会关于接受范广有同志辞去如皋市人民检察院检察长职务请求的决定》；4.审议通过《如皋市人大常委会关于常连生同志代理如皋市人民法院院长职务的决定》；5.审议通过《如皋市人大常委会关于卢旭光同志代理如皋市人民检察院检察长职务的决定》；5.审议通过市人民政府提请的人事任免事项；6.审议通过关于代表变动和补选代表资格审查情况的报告；7.冯邦才颁发任命书。

十二届人大常委会第二十一次会议于1996年4月25日至26日在如城召开。市人大常委会主任石秀峰，副主任郭载荣、汤建华、谭志旺、汪如一、徐邦友、奚定九以及17名市人大常委会委员出席会议。市人民政府副市长石耀及有关人员列席会议。会议主要议程：1.听取和审议市财政局局长陈照东受市人民政府委托所作的关于如皋市1995年财政决算情况的报告，通过《关于批准如皋市1995年市本级财政决算的决议》；2.听取和审议市审计局局长葛存斋受市人民政府委托所作的关于如皋市1995年预算执行情况和其他财政收支的审计工作报告；3.听取和审议市司法局局长陈禹峰受市人民政府委托所作的关于在全市公民中开展法制宣传教育的第三个五年规划的报告，通过《如皋市人大常委会关于在全市公民中深入开展"三五"普法教育的决议》；4.审议通过《如皋市人大常委会关于接受张元健同志辞职的决定》；5.审议通过"一府两院"提请的人事任免事项；6.石秀峰讲话。

十二届人大常委会第二十二次会议于1996年6月10日至12日在如城召开。市人大常委会主任石秀峰，副主任郭载荣、汤建华、谭志旺、汪如一、徐邦友、奚定九以及20名市人大常委会委员出席会议。市人民政府副市长石耀、于永芳，市人民法院院长常连生，市人民检察院检察长卢旭光及有关人员列席会议。会议主要议程：1.听取和审议市人民政府关于制定"九五"科技发展规划（草案）的说明，通过《如皋市人民代表大会常务委员会关于原则同意〈如皋市"九五"科技发展规划〉的决定》；2.听取和审议市土管局局长吕剑鸣受市人民政府委托所作的关于编制《如皋市基本农田保护区规划》的说明，通过《如皋市人民代表大会常务委员会关于原则同意〈如皋市基本农田保护区规划〉的决定》；3.听取和审议市人民检察院关于刑事检察工作的报告；4.审议通过《如皋市人民代表大会常务委员会关于组织人大代表评议教育行政管理部门工作的决定》；5.听取汤建华所作的关于乡镇人大换届选举工作情况的报告；6.审议通过“一府两院”提请的人事任免事项；7.石秀峰讲话。

十二届人大常委会第二十三次会议于1996年8月20日至22日在如城召开。市人大常委会主任石秀峰，副主任郭载荣、汤建华、谭志旺、徐邦友、奚定九以及19名市人大常委会委员出席会议。市人民政府市长刘井石，副市长石耀，市人民法院院长常连生，市人民检察院检察长卢旭光及有关人员列席会议。会议主要议程：1.听取和审议市计委副主任徐连生受市人民政府委托所作的关于1996年上半年国民经济计划执行情况的报告；2.听取和审议市财政局局长陈照东受市人民政府委托所作的关于1996年上半年财政预算执行情况的报告；3.听取和审议市卫生局局长许秀银受市人民政府委托所作的关于全市初级卫生保健工作情况的报告；4.听取和审议市公安局局长马能全受市人民政府委托所作的关于公安交通执法情况的报告；5.听取奚定九所作的关于视察全市农业结构调整情况的报告；6.听取汤建华所作的关于组织人大代表评议教育行政管理部门工作情况的报告；7.审议通过“一府两院”提请的人事任免事项；8.石秀峰讲话。

十二届人大常委会第二十四次会议于1996年10月29日至31日在如城召开。市人大常委会主任石秀峰，副主任郭载荣、汤建华、汪如一、徐邦友、奚定九以及20名人大常委会委员出席会议。市人民政府副市长石耀、刁玉章，市人民法院院长常连生，市人民检察院检察长卢旭光及有关人员列席会议。会议主要议程：1.听取和审议市计划委员会主任薛良汉受市人民政府委托所作的关于结合工业统计口径变化对1996年有关计划作适当调整的报告，通过《如皋市人民代表大会常务委员会关于批准对全市1996年有关计划作适当调整的决定》；2.听取和审议市计划生育委员会主任沈寿友受市人民政府委托所作的关于全市计划生育工作情况的报告；3.听取和审议市文化局局长张权受市人民政府委托所作的关于促进全市文化市场健康有序发展的报告；4.听取和审议市人民政府办公室副主任申必林受市人民政府委托所作的关于办理市十二届人大四次会议代表建议批评意见情况的报告；5.审议通过《如皋市人民代表大会常务委员会人事任免办法》；6.审议通过“一府两院”提请的人事任免事项；7.石秀峰讲话。

十二届人大常委会第二十五次会议于1996年11月18日在如城召开。市人大常委会主任石秀峰，副主任郭载荣、汤建华、谭志旺、徐邦友、奚定九以及20名市人大常委会委员出席会议。市人民政府市长刘井石，副市长石耀、刁玉章，市人民法院院长常连生，市人民检察院检察长卢旭光及有关人员列席会议。会议主要议程：1.听取和审议刘井石所作的关于市级机关党政机构改革方案的说明；2.石秀峰讲话。

十二届人大常委会第二十六次会议于1996年12月2日至3日在如城召开。市人大常委会主任石秀峰，副主任郭载荣、汤建华、谭志旺、汪如一、徐邦友、奚定九以及20名市人大常委会委员出席会议。市人民政府市长刘井石，市人民法院院长常连生，市人民检察院检察长卢旭光及有关人员列席会议。会议主要议程：1.审议通过“一府两院”提请的人事任免事项；2.审议通过《如皋市人民代表大会常务委员会关于召开如皋市第十二届人民代表大会第五次会议的决定》；3.审议通过《如皋市人大常委会关于接受黄裕龙同志辞职的决定》；4.汤建华传达南通市乡镇人大会议精神；5.石秀峰、刘井石分别讲话。

十二届人大常委会第二十七次会议于1996年12月24日至25日在如城召开。市人大常委会主任石秀峰，副主任郭载荣、汤建华、谭志旺、徐邦友、奚定九以及17名市人大常委会委员出席会议。市人民政府副市长石耀、章树山，市人民法院院长常连生，市人民检察院检察长卢旭光及有关人员列席会议。会议主要议程：1.听取和审议市财经贸易委员会主任张大延受市人民政府委托所作的关于税收征管工作情况的报告；2.听取和审议市建设委员会主任戴武林受市人民政府委托所作的关于贯彻执行市十届人大四次会议《保护如海河(如皋段)水质的决议》情况的报告；3.听取和审议市人民法院副院长张永松所作的关于执行工作情况的报告；4.听取和审议市人民法院院长常连生所作的关于组织由人大常委会任命的审判人员述职工作的报告;5.听取和审议市人民检察院检察长卢旭光所作的关于组织由人大常委会任命的检察员述职工作的报告;6.审议通过市人大常委会1996年工作报告和1997年工作要点。

十二届人大常委会第二十八次会议于1997年1月14日在如城召开。市人大常委会主任石秀峰,副主任郭载荣、汤建华、谭志旺、汪如一、徐邦友、奚定九以及19名市人大常委会委员出席会议。市人民政府副市长石耀、章树山,市人民法院院长常连生,市人民检察院检察长卢旭光及有关人员列席会议。会议主要议程:1.听取和审议汤建华所作的关于如皋市第十二届人民代表大会第五次会议有关建议事项的说明;2.听取和审议市财政局局长陈照东受市政府委托所作的关于1996年财政预算执行情况和1997年财政预算(草案)的报告;3.审议通过第十二届人民代表大会第五次会议议程(草案),主席团、秘书长建议名单(草案),主席团常务主席建议名单(草案),国民经济社会发展计划审查委员会、预算审查委员会、议案审查委员会建议名单(草案),副秘书长建议名单(草案),各代表团、队召集人建议名单(草案),列席人员建议名单(草案),秘书处各组负责人名单(草案),关于议案截止时间的决定(草案),大会日程(草案)等。

十二届人大常委会第二十九次会议于1997年3月25日至26日在如城召开。市人大常委会主任石秀峰,副主任郭载荣、汤建华、谭志旺、汪如一、徐邦友、奚定九以及15名市人大常委会委员出席会议。市人民政府副市长石耀,市人民法院院长常连生,市人民检察院检察长卢旭光及有关人员列席会议。会议主要议程:1.听取和审议市计划与经济委员会主任程德兴受市人民政府委托所作的关于贯彻实施《中华人民共和国公司法》推进现代企业制度进程的报告;2.听取和审议市公安局局长马能全受市人民政府委托所作的关于贯彻实施《中华人民共和国治安管理处罚条例》情况的报告;3.听取市人大常委会财经工委关于全市贯彻实施《中华人民共和国公司法》情况的调查报告;4.石秀峰讲话。

十二届人大常委会第三十次会议于1997年5月28日至29日在如城召开。市人大常委会主任石秀峰,副主任郭载荣、汤建华、谭志旺、汪如一、徐邦友、奚定九以及19名市人大常委会委员出席会议。市人民政府副市长石耀,市人民法院院长常连生,市人民检察院检察长卢旭光及有关人员列席会议。会议主要议程:1.听取和审议市审计局局长陆汉成受市人民政府委托所作的关于如皋市1996年财政预算执行情况和其他财政收支的审计工作报告;2.听取和审议市财政局局长陈照东受市人民政府委托所作的关于如皋市1996年财政决算情况的报告,通过《关于批准如皋市本级1996年财政决算的决定》;3.听取和审议市人大常委会关于视察全市社会主义精神文明建设情况的报告;4.审议通过《如皋市人大常委会会议列席人员守则》;5.审议通过《如皋市人大常委会关于评选优秀代表建议、批评、意见和优秀承办单位的试行办法》;6.审议通过市人民法院和市人民检察院提请的人事任免事项;7.石秀峰讲话。

十二届人大常委会第三十一次会议于1997年7月29日至30日在如城召开。市人大常委会主任石秀峰,副主任郭载荣、汤建华、谭志旺、汪如一、徐邦友、奚定九以及18名市人大常委会委员出席会议。市人民政府市长刘井石,副市长朱春、章树山,市人民法院院长常连生,市人民检察院检察长卢旭光及有关人员列席会议。会议主要议程:1.听取和审议市计划与经济委员会主任程德兴受市人民政府委托所作的关于1997年上半年国民经济主要计划执行情况的报告;2.听取和审议市财政局局长陈照东受市人民政府委托所作的关于1997年上半年财政预算执行情况的报告;3.听取和审议章树山所作的关于加强城市管理、创建卫生城市情况的报告;4.听取和审议市卫生局局长许秀银受市人民政府委托所作的关于贯彻实施《中华人民共和国食品卫生法》情况的报告;5.听取和审议卢旭光所作的关于开展反贪污贿赂工作情况的报告;6.审议通过市人民政府提请的人事任免事项;7.朱春和卢旭光分别作表态发言。

十二届人大常委会第三十二次会议于1997年9月24日至25日在如城召开。市人大常委会主任石秀峰,副主任郭载荣、汤建华、谭志旺、汪如一、徐邦友、奚定九以及17名市人大常委会委员出席会议。市人民政府市长刘井石,副市长石耀、徐天明,市人民法院院长常连生,市人民检察院检察长卢旭光及有关人员列席会议。会议主要议程:1.听取和审议市教育局局长钱祖尧受市人民政府委托所作的关于贯彻实施《中华人民共和国职业教育法》情况的报告;2.听取和审议市政府办公室主任彭广荣受市人民政府委托所作的关于市十二届人大五次会议代表建议批评意见办理情况的报告;3.听取奚定九所作的关于视察乡镇企业产权制度改革以来运行情况的报告;4.审议通过《关于如皋市人民代表大会换届选举问题的决定》;5.审议通过《关于如皋市人大常委会机构设置和更改部分机构名称的决定》;6.审议通过人事任免事项;7.石耀作表态发言。

十二届人大常委会第三十三次会议于1997年11月25日至26日在如城召开。市人大常委会主任石秀峰,副主任郭载荣、汤建华、谭志旺、汪如一、徐邦友、奚定九以及17名市人大常委会委员出席会议。市人民政府市长刘井石,副市长石耀,市人民法院院长常连生,市人民检察院检察长卢旭光及有关人员列席会议。会议主要议程:1.听取和审议市技术监督局局长陈建中受市人民政府委托所作的关于贯彻实施《中华人民共和国产品质量法》情况的报告;2.听取和审议市农村经济工作委员会副主任钱德辉所作的关于1997年控减农民负担工作情况的报告;3.听取和审议石耀所作的关于1997年1—10月份财政预算执行情况的报告和关于提请审查批准调整1997年财政预算的报告,通过《如皋市人大常委会关于批准调整如皋市1997年财政预算的决定》;4.听取和审议市人民法院副院长葛坤明所作的关于刑事审判方式改革情况的报告;5.审议通过《如皋市人大常委会关于接受朱春、单晓鸣二同志辞职的决定》;6.审议通过市人民政府提请的人事任免事项;7.审议通过《如皋市人民代表大会常务委员会关于召开如皋市第十三届人民代表大会第一次会议的决定》;8.石耀、常连生分别作表态发言;9.石秀峰讲话。

十二届人大常委会第三十四次会议于1997年12月26在如城召开。市人大常委会主任石秀峰,副主任郭载荣、汤建华、谭志旺、汪如一、徐邦友、奚定九以及17名市人大常委会委员出席会议。市人民法院院长常连生,市人民检察院检察长卢旭光列席会议。会议主要议程:1.听取市选举委员会关于市十三届人大代表选举工作情况的报告,审议通过市人大常委会代表资格审查委员会关于市十三届人民代表大会代表资格的审查报告,审议通过市十二届人大常委会代表资格审查委员会组成人员调整方案;2.审议通过市十三届人民代表大会第一次会议主席团和秘书长名单(草案),主席团常务主席名单(草案),主席团执行主席轮值名单(草案),国民经济、社会发展计划审查委员会名单(草案),预算审查委员会名单(草案),副秘书长名单(草案),各代表团、队召集人名单(草案),会议日程(草案),列席人员名单(草案),大会秘书处各组负责人名单(草案)等。

第二节　十二届人大常委会重要人事任免(表)

1993年3月—1992年11月如皋市第十二届人大常委会重要人事任免一览表

表5-5-1

时　间	常　委　会　会　次	姓　名	任　免　职　务
1993.03.25	十二届人大常委会第一次会议	彭广荣	任市人民政府办公室主任
1993.03.25	十二届人大常委会第一次会议	薛良汉	任市计划委员会主任
1993.03.25	十二届人大常委会第一次会议	周子泉	任市经济委员会主任
1993.03.25	十二届人大常委会第一次会议	张大延	任市财贸办公室主任
1993.03.25	十二届人大常委会第一次会议	邹　康	任市对外经济贸易委员会主任
1993.03.25	十二届人大常委会第一次会议	俞云猛	任市城乡建设委员会主任
1993.03.25	十二届人大常委会第一次会议	万元坤	任市经济体制改革委员会主任
1993.03.25	十二届人大常委会第一次会议	戴其南	任市科学技术委员会主任
1993.03.25	十二届人大常委会第一次会议	杨海林	任市监察局局长
1993.03.25	十二届人大常委会第一次会议	倪志高	任市人事局局长
1993.03.25	十二届人大常委会第一次会议	马能全	任市公安局局长
1993.03.25	十二届人大常委会第一次会议	陈禹峰	任市司法局局长
1993.03.25	十二届人大常委会第一次会议	许映光	任市民政局局长

续表5-5-1

时　间	常　委　会　会　次	姓　名	任　免　职　务
1993.03.25	十二届人大常委会第一次会议	季念慈	任市农业局局长
1993.03.25	十二届人大常委会第一次会议	钱德辉	任市多种经营管理局局长
1993.03.25	十二届人大常委会第一次会议	陈鑫泉	任市水利局局长
1993.03.25	十二届人大常委会第一次会议	吕剑鸣	任市土地管理局局长
1993.03.25	十二届人大常委会第一次会议	秦玉林	任市乡镇企业管理局局长
1993.03.25	十二届人大常委会第一次会议	张金福	任市交通局局长
1993.03.25	十二届人大常委会第一次会议	黄东升	任市商业局局长
1993.03.25	十二届人大常委会第一次会议	顾春林	任市工商行政管理局局长
1993.03.25	十二届人大常委会第一次会议	贲祥民	任市粮食局局长
1993.03.25	十二届人大常委会第一次会议	于义林	任市财政局局长
1993.03.25	十二届人大常委会第一次会议	李智华	任市税务局局长
1993.03.25	十二届人大常委会第一次会议	葛存斋	任市审计局局长
1993.03.25	十二届人大常委会第一次会议	魏忠国	任市物价局局长
1993.03.25	十二届人大常委会第一次会议	胡明元	任市物资局局长
1993.03.25	十二届人大常委会第一次会议	金　华	任市环境保护局局长
1993.03.25	十二届人大常委会第一次会议	崔金余	任市建筑工程管理局局长
1993.03.25	十二届人大常委会第一次会议	缪长青	任市劳动局局长
1993.03.25	十二届人大常委会第一次会议	黄　松	任市统计局局长
1993.03.25	十二届人大常委会第一次会议	王克成	任市教育局局长
1993.03.25	十二届人大常委会第一次会议	许秀银	任市卫生局局长
1993.03.25	十二届人大常委会第一次会议	张　权	任市文化局局长
1993.03.25	十二届人大常委会第一次会议	杨松泉	任市广播电视局局长
1993.03.25	十二届人大常委会第一次会议	章树山	任市计划生育委员会主任
1993.03.25	十二届人大常委会第一次会议	邱明鉴	任市体育运动委员会主任
1993.03.25	十二届人大常委会第一次会议	孙家庆	任市人大常委会法制工委主任
1993.03.25	十二届人大常委会第一次会议	吴宝华	任市人大常委会财经工委主任
1993.03.25	十二届人大常委会第一次会议	江国太	任市人大常委会城建工委主任
1993.03.25	十二届人大常委会第一次会议	梅光宇	免去市人大常委会法制工委主任职务
1993.03.25	十二届人大常委会第一次会议	姚乃申	免去市人大常委会财经工委主任职务
1993.03.25	十二届人大常委会第一次会议	汪　旭	免去市人大常委会城建工委主任职务
1993.05.27	十二届人大常委会第二次会议	葛坤明	任市法院副院长、审判委员会委员、审判员
1993.05.27	十二届人大常委会第二次会议	卢旭光	任市人民检察院检察长、检察委员会委员、检察员
1993.05.27	十二届人大常委会第二次会议	许松乔	免去市人民检察院副检察长、检察委员会委员、检察员职务
1993.07.27	十二届人大常委会第三次会议	陈照煌	任市人民政府副市长
1993.07.27	十二届人大常委会第三次会议	姚福泉	任市政府侨务办公室主任
1993.09.25	十二届人大常委会第四次会议	李明成	任市人民政府科技副市长
1993.09.25	十二届人大常委会第四次会议	钱祖尧	任市教育局局长
1993.09.25	十二届人大常委会第四次会议	王克成	免去市教育局局长职务
1994.01.19	十二届人大常委会第六次会议	陈国俊	任市人民检察院副检察长
1994.03.30	十二届人大常委会第七次会议	赵剑平	任市交通局局长
1994.03.30	十二届人大常委会第七次会议	张金福	免去市交通局局长职务

续表5-5-1

时　间	常 委 会 会 次	姓　名	任　免　职　务
1994.09.29	十二届人大常委会第十次会议	秦玉林	任市人民政府副市长,免去市乡镇企业管理局局长职务
1994.09.29	十二届人大常委会第十次会议	程德兴	任市乡镇企业管理局局长
1994.09.29	十二届人大常委会第十次会议	于义林	兼任市地方税务局局长
1994.09.29	十二届人大常委会第十次会议	章树山	免去市计划生育委员会主任职务
1994.09.29	十二届人大常委会第十次会议	张永松	任市人民法院副院长、审判委员会委员、审判员
1995.01.19	十二届人大常委会第十二次会议	薛炜清	兼任市人大常委会民宗侨台工委主任
1995.03.29	十二届人大常委会第十三次会议	沈寿友	任市计划生育委员会主任
1995.03.29	十二届人大常委会第十三次会议	俞云猛	免去市城乡建设委员会主任职务
1995.05.31	十二届人大常委会第十四次会议	章树山	任市城乡建设委员会主任
1995.07.28	十二届人大常委会第十五次会议	陈照东	任市财政局局长
1995.07.28	十二届人大常委会第十五次会议	于义林	免去市财政局局长职务
1995.07.28	十二届人大常委会第十五次会议	常连生	任市人民法院副院长、审判委员会委员、审判员
1995.09.29	十二届人大常委会第十六次会议	黄东升	免去市商业局局长职务
1995.09.29	十二届人大常委会第十六次会议	贾永柏	免去市人民检察院副检察长职务
1995.09.29	十二届人大常委会第十六次会议	王乃俊	免去市人大常委会人事代表工委主任职务
1995.09.29	十二届人大常委会第十六次会议	薛炜清	免去市人大常委会教科文卫工委主任和兼任的市人大常委会民宗侨台工委主任职务
1995.09.29	十二届人大常委会第十六次会议	冯育才	免去市人民法院副院长职务
1996.01.25	十二届人大常委会第十九次会议	刘井石	任市人民政府副市长、代理市长
1996.01.25	十二届人大常委会第十九次会议	朱　春	任市人民政府副市长
1996.01.25	十二届人大常委会第十九次会议	王耀光	辞去市人民政府市长职务
1996.01.25	十二届人大常委会第十九次会议	陈照煌	免去市人民政府副市长职务
1996.01.25	十二届人大常委会第十九次会议	杨海林	免去市监察局局长职务
1996.01.25	十二届人大常委会第十九次会议	余鸣皋	任市监察局局长
1996.02.12	十二届人大常委会第二十次会议	刁玉章	任市人民政府科技副市长
1996.02.12	十二届人大常委会第二十次会议	李明成	免去市人民政府科技副市长职务
1996.02.12	十二届人大常委会第二十次会议	陈步高	辞去市人民法院院长职务
1996.02.12	十二届人大常委会第二十次会议	范广有	辞去市人民检察院检察长职务
1996.02.12	十二届人大常委会第二十次会议	常连生	代理市人民法院院长职务
1996.02.12	十二届人大常委会第二十次会议	卢旭光	代理市人民检察院检察长职务
1996.06.12	十二届人大常委会第二十二次会议	李昌荣	任市建筑工程管理局局长
1996.06.12	十二届人大常委会第二十二次会议	崔金余	免去市建筑工程管理局局长职务
1996.08.22	十二届人大常委会第二十三次会议	戴武林	任市城乡建设委员会主任
1996.08.22	十二届人大常委会第二十三次会议	章树山	免去市城乡建设委员会主任职务
1996.08.22	十二届人大常委会第二十三次会议	胡明元	免去市物资局局长职务
1996.10.31	十二届人大常委会第二十四次会议	陈　灿	任市农业局局长
1996.10.31	十二届人大常委会第二十四次会议	陈璋炎	任市民政局局长
1996.10.31	十二届人大常委会第二十四次会议	季念慈	免去市农业局局长职务
1996.10.31	十二届人大常委会第二十四次会议	许映光	免去市民政局局长职务
1996.12.03	十二届人大常委会第二十六次会议	程德兴	任市计划与经济委员会主任
1996.12.03	十二届人大常委会第二十六次会议	周子泉	任市科学技术委员会主任

续表5-5-1

时 间	常 委 会 会 次	姓 名	任 免 职 务
1996.12.03	十二届人大常委会第二十六次会议	戴武林	任市建设委员会主任
1996.12.03	十二届人大常委会第二十六次会议	张大延	任市财经贸易委员会主任
1996.12.03	十二届人大常委会第二十六次会议	蒋明华	任市司法局局长
1996.12.03	十二届人大常委会第二十六次会议	张秀良	任市人事局局长
1996.12.03	十二届人大常委会第二十六次会议	申必林	任市劳动局局长
1996.12.03	十二届人大常委会第二十六次会议	黄贵祥	任市交通局局长
1996.12.03	十二届人大常委会第二十六次会议	黄裕龙	任市国土规划管理局局长
1996.12.03	十二届人大常委会第二十六次会议	高申贵	任市乡镇企业管理局局长
1996.12.03	十二届人大常委会第二十六次会议	孙永明	任市文化局局长
1996.12.03	十二届人大常委会第二十六次会议	张 权	任市广播电视局局长
1996.12.03	十二届人大常委会第二十六次会议	陆汉成	任市审计局局长
1996.12.03	十二届人大常委会第二十六次会议	陶增俊	任市物价局局长
1996.12.03	十二届人大常委会第二十六次会议	张新才	任市地方税务局局长
1996.12.03	十二届人大常委会第二十六次会议	李 耘	任市环境保护局局长
1996.12.03	十二届人大常委会第二十六次会议	邹 康	任市对外经济贸易局局长
1996.12.03	十二届人大常委会第二十六次会议	陈建中	任市技术监督局局长
1996.12.03	十二届人大常委会第二十六次会议	程德兴	免去市乡镇企业管理局局长职务
1996.12.03	十二届人大常委会第二十六次会议	周子泉	免去市经济委员会主任职务
1996.12.03	十二届人大常委会第二十六次会议	戴武林	免去市城乡建设委员会主任职务
1996.12.03	十二届人大常委会第二十六次会议	张大延	免去市财贸办公室主任职务
1996.12.03	十二届人大常委会第二十六次会议	张 权	免去市文化局局长职务
1996.12.03	十二届人大常委会第二十六次会议	邹 康	免去市对外经济贸易委员会主任职务
1996.12.03	十二届人大常委会第二十六次会议	倪志高	免去市人事局局长职务
1996.12.03	十二届人大常委会第二十六次会议	戴其南	免去市科学技术委员会主任职务
1996.12.03	十二届人大常委会第二十六次会议	魏忠国	免去市物价局局长职务
1996.12.03	十二届人大常委会第二十六次会议	赵剑平	免去市交通局局长职务
1996.12.03	十二届人大常委会第二十六次会议	金 华	免去市环保局局长职务
1996.12.03	十二届人大常委会第二十六次会议	于义林	免去市地方税务局局长职务
1996.12.03	十二届人大常委会第二十六次会议	薛良汉	免去市计划委员会主任职务
1996.12.03	十二届人大常委会第二十六次会议	万元坤	免去市经济体制改革委员会主任职务
1996.12.03	十二届人大常委会第二十六次会议	杨松泉	免去市广播电视局局长职务
1996.12.03	十二届人大常委会第二十六次会议	缪长青	免去市劳动局局长职务
1996.12.03	十二届人大常委会第二十六次会议	吕剑鸣	免去市土地管理局局长职务
1996.12.03	十二届人大常委会第二十六次会议	钱德辉	免去市多种经营管理局局长职务
1996.12.03	十二届人大常委会第二十六次会议	姚福泉	免去市侨务办公室主任职务
1996.12.03	十二届人大常委会第二十六次会议	陈禹峰	免去市司法局局长职务
1996.12.03	十二届人大常委会第二十六次会议	葛存斋	免去市审计局局长职务
1996.12.03	十二届人大常委会第二十六次会议	朱 俊	任市人大常委会办公室主任
1996.12.03	十二届人大常委会第二十六次会议	葛存斋	任市人大常委会财经工委主任
1996.12.03	十二届人大常委会第二十六次会议	黄裕龙	免去市人大常委会办公室主任职务
1996.12.03	十二届人大常委会第二十六次会议	吴宝华	免去市人大常委会财经工委主任职务
1996.12.03	十二届人大常委会第二十六次会议	黄道和	免去市人民法院副院长职务
1997.7.30	十二届人大常委会第三十一次会议	单晓鸣	任市人民政府副市长
1997.7.30	十二届人大常委会第三十一次会议	缪长青	任市人大常委会人事代表工委主任

续表5-5-1

时　间	常　委　会　会　次	姓　名	任　免　职　务
1997.9.25	十二届人大常委会第三十二次会议	张武林	任市公安局局长
1997.9.25	十二届人大常委会第三十二次会议	马能全	免去市公安局局长职务
1997.9.25	十二届人大常委会第三十二次会议	章开峰	任市人大内务司法工委主任
1997.9.25	十二届人大常委会第三十二次会议	刘学成	任市人大教科文卫工委主任
1997.9.25	十二届人大常委会第三十二次会议	李志生	任市人大城建环保工委主任
1997.9.25	十二届人大常委会第三十二次会议	江国太	免去市人大城建工委主任职务
1997.11.26	十二届人大常委会第三十三次会议	陈惠娟	任市人民政府副市长
1997.11.26	十二届人大常委会第三十三次会议	朱　春	辞去市人民政府副市长职务
1997.11.26	十二届人大常委会第三十三次会议	单晓鸣	辞去市人民政府副市长职务

第六章　十三届人大常委会会议

第一节　十三届人大常委会各次会议

十三届人大常委会第一次会议于1998年3月3日至5日在如城召开。市人大常委会主任石秀峰，副主任郭载荣、汤建华、殷春和、谭志旺、汪如一、奚定九、秦玉林以及18名市人大常委会委员出席会议。市人民政府市长刘井石，副市长陈照东，市人民法院院长蒋明华，市人民检察院检察长卢旭光列席会议。会议主要议程：1.石秀峰就人大性质、地位、人大及其常委会职权等作辅导报告；2.审议通过市人大常委会1998年工作要点；3.审议通过市十三届人大常委会代表资格审查委员会组成人员名单；4.审议通过市人民政府和市人民检察院提请的人事任免事项；5.审议通过《如皋市人大常委会关于接受王克成、庄绳武二同志辞职的决定》。

十三届人大常委会第二次会议于1998年5月19日至20日在如城召开。市人大常委会主任石秀峰，副主任郭载荣、汤建华、殷春和、谭志旺、汪如一、奚定九、秦玉林以及20名市人大常委会委员出席会议。市人民政府市长刘井石，副市长陈照东，市人民法院院长蒋明华，市人民检察院检察长卢旭光及有关人员列席会议。会议主要议程：1.听取和审议市审计局局长陆汉成受市人民政府委托所作的关于如皋市1997年财政预算执行情况和其他财政收支的审计工作报告，通过《关于批准如皋市本级1997年财政预算的决议》；2.听取和审议市财政局副局长徐斌受市人民政府委托所作的关于如皋市1997年财政决算情况的报告；3.听取和审议卢旭光所作的关于控申举报工作情况的报告；4.审议通过《如皋市人大常委会关于乡镇组织人大代表开展评议活动的实施意见》；5.审议通过市人民检察院提请的人事任免事项。

十三届人大常委会第三次会议于1998年7月28日至29日在如城召开。市人大常委会主任石秀峰，副主任郭载荣、汤建华、殷春和、谭志旺、汪如一、奚定九、秦玉林以及19名市人大常委会委员出席会议。市人民政府市长刘井石，副市长章树山，市人民法院院长蒋明华，市人民检察院检察长卢旭光及有关人员列席会议。会议主要议程：1.听取和审议章树山所作的关于上半年国民经济、社会发展计划执行情况的报告；2.听取和审议市财政局副局长徐斌受市人民政府委托所作的关于1998年上半年财政预算执行情况的报告；3.听取和审议秦玉林所作的关于视察全市个体私营经济发展情况的报告；4.审议通过

“一府两院”提请的人事任免事项；5.章树山作表态发言；6.石秀峰讲话。

十三届人大常委会第四次会议于1998年9月22日至23日在如城召开。市人大常委会主任石秀峰，副主任郭载荣、汤建华、殷春和、谭志旺、汪如一、奚定九、秦玉林以及17名市人大常委会委员出席会议。市人民政府市长刘井石，副市长章树山、姜剑国，市人民法院院长蒋明华，市人民检察院检察长卢旭光列席会议。会议主要议程：1.听取和审议姜剑国所作的关于《中华人民共和国促进科技成果转化法》实施情况的报告；2.听取和审议章树山所作的关于全市依法治市工作情况的报告；3.审议通过《关于如皋市乡镇人民代表大会换届选举问题的决定》《关于推行部门执法责任制的决定》；4.审议通过市人民政府提请的人事任免事项；5.章树山作表态发言；6.石秀峰讲话。

十三届人大常委会第五次会议于1998年11月17日至18日在如城召开。市人大常委会主任石秀峰，副主任郭载荣、汤建华、殷春和、谭志旺、汪如一、奚定九以及18名市人大常委会委员出席会议。市委常委、组织部部长浦文海，市人民政府副市长徐天明，市人民法院院长蒋明华，市人民检察院检察长卢旭光及有关人员列席会议。会议主要议程：1.听取和审议徐天明所作的关于全市基本农田保护工作情况的报告；2.听取和审议市财政局局长陆汉成所作的关于提请审查批准调整如皋市1998年财政预算的报告，作出《关于批准调整如皋市1998年财政预算的决定》；3.听取和审议市人民政府办公室副主任钱长稳所作的关于办理市十三届人大一次会议代表建议批评意见情况的报告；4.听取和审议如皋市人民法院副院长葛坤明所作的关于贯彻执行修订后《刑法》情况的报告；5.听取和审议奚定九所作的关于视察全市乡镇奔小康情况的报告；6.听取和审议市人大常委会人事代表工委关于乡镇组织人大代表开展评议活动情况的报告；7.审议通过《关于各乡镇新的一届人民代表大会代表名额的决定》《关于召开如皋市第十三届人民代表大会第二次会议的决定》；8.任命各乡镇选举委员会组成人员；9.审议通过有关人事任免事项；10.徐天明作表态发言；11.石秀峰讲话。

十三届人大常委会第六次会议于1998年12月25日在如城召开。市人大常委会主任石秀峰，副主任郭载荣、汤建华、殷春和、谭志旺、汪如一、奚定九、秦玉林以及18名市人大常委会委员出席会议。市人民政府市长刘井石，市人民法院院长蒋明华，市人民检察院检察长卢旭光列席会议。会议主要议程：1.审议通过市人民政府提请的人事任免事项；2.刘井石讲话；3.石秀峰讲话。

十三届人大常委会第七次会议于1999年1月19日至20日在如城召开。市人大常委会主任石秀峰，副主任郭载荣、汤建华、殷春和、谭志旺、汪如一、奚定九、秦玉林以及17名市人大常委会委员出席会议。市人民政府副市长刘培银、陈照东，市人民法院院长蒋明华，市人民检察院检察长卢旭光列席会议。会议主要议程：1.听取和审议刘培银所作的关于广播电视工作情况的报告；2.听取和审议陈照东所作的关于贯彻实施《中华人民共和国会计法》情况的报告；3.审议通过如皋市人民代表大会常务委员会工作报告和1999年工作要点；4.审议通过关于市十三届人大代表变化和补选代表资格的审查报告；5.审议通过市十三届人大二次会议各代表团、队召集人名单（草案），主席团及秘书长名单（草案），国民经济和社会发展计划审查委员会名单（草案），预算审查委员会名单（草案），主席团常务主席名单（草案），主席团执行主席轮值名单（草案），副秘书长名单（草案）；6.石秀峰讲话。

十三届人大常委会第八次会议于1999年3月23日至24日在如城召开。市人大常委会主任石秀峰，副主任郭载荣、汤建华、殷春和、谭志旺、汪如一、奚定九、秦玉林以及18名市人大常委会委员出席会议。市人民政府副市长陈照东，市人民法院院长蒋明华，市人民检察院检察长卢旭光及有关人员列席会议。会议主要议程：1.听取和审议市工商局局长骆春林受市人民政府委托所作的关于贯彻执行《中华人民共和国消费者权益保护法》情况的报告；2.听取和审议市人大常委会选举办公室主任殷春和所作的关于全市乡镇人大换届选举情况的报告；3.听取和审议市人民法院副院长张永松所作的关于执行工作情况的报告；4.审议通过《如皋市人民代表大会常务委员会关于“一府两院”组成人员述职评议办法》；5.陈照东作表态发言；6.石秀峰讲话。

十三届人大常委会第九次会议于1999年5月25日至26日在如城召开。市人大常委会主任石秀峰，副主任郭载荣、汤建华、殷春和、谭志旺、汪如一、奚定九、秦玉林以及19名市人大常委会委员出席会议。市人民政府副市长蓝绍敏，市人民法院院长蒋明华，市人民检察院检察长卢旭光及有关人员列席会议。会议主要议程：1.听取和审议市审计局副局长陈万圣受市人民政府委托所作的关于如皋市1998年财政预算执行情况和其它财政收支的审计工作报告；2.听取和审议市财政局局长陆汉成受市人民政府委托所作的关于如皋市1998年财政决算情况的报告，通过《关于批准如皋市本级1998年财政决算的决议》；3.听取和审议秦玉林所作的关于视察部分企业产品结构调整情况的报告；4.听取市国土规划管理局局长黄裕龙等三位政府组成部门负责人的述职报告并评议；5.审议通过市人民法院和市人民检察院提请的人事任免事项；6.蓝绍敏作表态发言；7.石秀峰讲话。

十三届人大常委会第十次会议于1999年7月29日至30日在如城召开。市人大常委会主任石秀峰，副主任郭载荣、汤建华、殷春和、谭志旺、汪如一、奚定九、秦玉林以及19名市人大常委会委员出席会议。市人民政府副市长蓝绍敏、陈照东，市人民法院院长蒋明华，市人民检察院检察长卢旭光及有关人员列席会议。会议主要议程：1.听取和审议蓝绍敏所作的关于1999年上半年国民经济和社会发展计划执行情况的报告；2.听取和审议市财政局副局长徐斌受市人民政府委托所作的关于1999年上半年财政预算执行情况的报告；3.听取和审议市教育局局长殷高华受市人民政府委托所作的关于学校布局调整情况的报告；4.听取市外经委主任邹康等3名政府组成部门负责人的述职报告并评议；5.审议通过市人民政府提请的人事任免事项；6.石秀峰讲话。

十三届人大常委会第十一次会议于1999年9月27日至28日在如城召开。市人大常委会主任石秀峰，副主任郭载荣、汤建华、殷春和、谭志旺、汪如一、奚定九、秦玉林以及17名市人大常委会委员出席会议。市人民政府副市长陈照东，市人民法院院长蒋明华，市人民检察院检察长卢旭光列席会议。会议主要议程：1.听取和审议陈照东所作的关于财政管理工作改革情况的报告；2.听取和审议市人民检察院副检察长陈国俊所作的关于开展反贪污贿赂工作情况的报告；3.听取和审议奚定九所作的关于视察全市农业生产结构调整情况的报告；4.石秀峰讲话。

十三届人大常委会第十二次会议于1999年11月29日至30日在如城召开。市人大常委会主任石秀峰，副主任郭载荣、汤建华、殷春和、谭志旺、汪如一以及17名市人大常委会委员出席会议。市人民政府副市长刘培银、陈照东，市人民法院院长蒋明华，市人民检察院检察长卢旭光列席会议。会议主要议程：1.听取和审议蒋明华所作的关于推行执法责任制情况的报告；2.听取和审议市卢旭光所作的关于推行执法责任制情况的报告；3.听取和审议市财政局局长陆汉成所作的关于提请审查批准1999年财政预算调整草案的报告，通过《关于批准调整如皋市1999年财政预算的决定》；4.听取和审议市人民政府办公室副主任钱长稳所作的关于办理市十三届人大二次会议代表建议批评意见情况的汇报；5.审议通过“一府两院”提请的人事任免事项；6.听取市水利局局长孙吕林等3名政府组成部门负责人的述职报告并评议；7.审议通过《如皋市人大常委会关于召开如皋市第十三届人民代表大会第三次会议的决定》；8.审议通过《如皋市人大常委会关于接受吴峰辞职的决定》。

十三届人大常委会第十三次会议于1999年12月16日在如城召开。市人大常委会主任石秀峰，副主任郭载荣、汤建华、殷春和、谭志旺、汪如一、奚定九、秦玉林以及16名市人大常委会委员出席会议。市委书记、市人民政府市长刘井石，市委副书记蓝绍敏，市人民法院院长蒋明华，市人民检察院检察长卢旭光列席会议。会议主要议程：1.通过《如皋市人大常委会关于接受刘井石同志辞去如皋市人民政府市长职务请求的决定》《如皋市人大常委会关于蓝绍敏同志代理如皋市人民政府市长职务的决定》；2.听取和审议市公安局局长陈志平受市人民政府委托所作的关于全市社会治安工作情况报告；3.通过市十三届人大常委会1999年工作报告（草案），通过代表资格审查报告和关于召开如皋市第十三届人大三次会议有关事项的说明；4.蓝绍敏作表态发言；5.石秀峰讲话。

十三届人大常委会第十四次会议于2000年1月4日在如城召开。市人大常委会主任石秀峰，副主任郭载荣、汤建华、殷春和、谭志旺、汪如一、奚定九、秦玉林以及16名市人大常委会委员出席会议。会议主要议程:补选蓝绍敏为南通市第十一届人民代表大会代表。

十三届人大常委会第十五次会议于2000年3月2日在如城召开。市人大常委会主任石秀峰,副主任郭载荣、汤建华、殷春和、谭志旺、汪如一、奚定九、秦玉林以及17名市人大常委会委员出席会议。市人民政府市长蓝绍敏,副市长陈惠娟、徐天明,市人民法院院长蒋明华,市人民检察院检察长卢旭光及有关人员列席会议。会议主要议程:1.学习中共十五届四中全会精神;2.听取和审议徐天明所作的关于全市骨干河道河床保护情况的报告;3.审议通过如皋市人大常委会2000年工作要点;4.审议通过修订后《如皋市人民代表大会常务委员会人事任免办法》;5.审议市人民政府提请的人事任免事项。

十三届人大常委会第十六次会议于2000年4月26日在如城召开。市人大常委会主任石秀峰,副主任郭载荣、汤建华、殷春和、谭志旺、汪如一、奚定九、秦玉林以及14名市人大常委会委员出席会议。会议主要议程:批准对原市米面厂厂长、市十三届人大代表张余昌实施限制人身自由措施,并决定根据《中华人民共和国全国人民代表大会和地方各级人民代表大会代表法》相关规定,暂停执行其代表职务。

十三届人大常委会第十七次会议于2000年5月18日至19日在如城召开。市人大常委会主任石秀峰,副主任郭载荣、汤建华、殷春和、谭志旺、汪如一、奚定九、秦玉林以及18名市人大常委会委员出席会议。市人民法院院长蒋明华,市人民检察院检察长卢旭光及有关人员列席会议。会议主要议程:1.听取和审议市审计局局长陈万圣受市人民政府委托所作的关于如皋市1999年度财政预算执行和其他财政收支情况的审计工作报告;2.听取和审议市财政局局长陆汉成受市人民政府委托所作的关于如皋市1999年财政决算情况的报告,通过《关于批准如皋市本级1999年财政决算的决议》;3.听取市粮食局局长葛振中和市建筑工程管理局局长李昌荣的述职报告并进行评议;4.审议通过市人民检察院提请的人事任免事项;5.石秀峰讲话。

十三届人大常委会第十八次会议于2000年7月25日至26日在如城召开。市人大常委会主任石秀峰,副主任郭载荣、汤建华、殷春和、谭志旺、汪如一、奚定九、秦玉林以及18名市人大常委会委员出席会议。市人民政府副市长陈惠娟,市人民法院院长蒋明华,市人民检察院检察长卢旭光及有关人员列席会议。会议主要议程:1.听取和审议市计划与经济委员会主任佘鸣皋受市人民政府委托所作的关于2000年上半年国民经济和社会发展计划执行情况的报告;2.听取和审议市财政局局长陆汉成受市人民政府委托所作的关于2000年上半年财政预算执行情况的报告;3.听取和审议市计划与经济委员会主任佘鸣皋受市人民政府委托所作的关于挂钩帮扶困难企业情况的报告;4.听取市科学技术委员会主任周子泉等3名政府组成部门负责人的述职报告并进行评议;5.通过《关于全市各镇人民代表大会选举问题的决定》《关于全市乡镇行政区划调整后各镇人民代表大会代表名额的决定》;6.通过《关于接受姜剑国同志辞去如皋市人民政府副市长职务请求的决定》《关于接受卢旭光同志辞去如皋市人民检察院检察长职务请求的决定》《关于吴晓培代理如皋市人民检察院检察长职务的决定》;7.陈惠娟作表态发言;8.石秀峰讲话。

十三届人大常委会第十九次会议于2000年9月29日至30日在如城召开。市人大常委会主任石秀峰,副主任郭载荣、汤建华、殷春和、谭志旺、汪如一、奚定九、秦玉林以及18名市人大常委会委员出席会议。市人民政府市长蓝绍敏,副市长程德兴,市人民法院、人民检察院负责人及有关人员列席会议。会议主要议程:1.听取和审议程德兴所作的关于调整如皋市国民经济和社会发展"九五"计划的报告,通过《关于批准调整如皋市国民经济和社会发展"九五"计划的决议》;2.听取和审议市公安局关于开展经济案件侦查工作情况的报告;3.听取和审议市人民法院关于民事审判工作情况的报告;4.听取和审议市人民检察院关于渎职侵权检察工作情况的报告;5.听取和审议市人大常委会财经工作委员会主任葛存斋所作的关于全市工业企业改革情况的视察报告;6.审议通过市人民政府和市人民法院提请的人事任免事项。

十三届人大常委会第二十次会议于2000年11月28日至29日在如城召开。市人大常委会主任石秀峰,副主任郭载荣、汤建华、殷春和、谭志旺、汪如一、奚定九、秦玉林以及19名市人大常委会委员出席会议。市人民政府副市长陈惠娟、刘培银，市人民法院院长蒋明华及有关人员列席会议。会议主要议程：1.听取和审议市人民政府关于办理市十三届人大三次会议代表建议、批评和意见情况的报告；2.听取和审议市教育局局长殷高华受市人民政府委托所作的关于加强中小学教师队伍建设的报告；3.听取和审议市人大常委会视察组关于《依法治市三年规划》实施情况的报告；4.听取和审议市人大常委会选举办公室主任殷春和所作的关于全市乡镇行政区划调整后镇人大选举工作情况的报告；5.听取市广播电视局局长张权和市计划生育委员会主任沈寿友的述职报告并进行评议；6.刘培银作表态发言；7.石秀峰讲话。

十三届人大常委会第二十一次会议于2001年1月2日在如城召开。市人大常委会主任石秀峰，副主任郭载荣、汤建华、殷春和、谭志旺、汪如一、奚定九、秦玉林以及19名市人大常委会委员出席会议。市委书记、市人民政府市长蓝绍敏，市人民政府副市长陈惠娟，市人民法院、人民检察院负责人列席会议。会议主要议程：1.审议通过《关于接受蓝绍敏同志辞去如皋市人民政府市长职务请求的决定》；2.审议通过《关于陈惠娟同志代理如皋市人民政府市长职务的决定》；3.审议通过其他人事任免事项；4.审议通过《如皋市人民代表大会常务委员会关于召开如皋市第十三届人民代表大会第四次会议的决定》；5.石秀峰讲话。

十三届人大常委会第二十二次会议于2001年1月9日在如城召开。市人大常委会主任石秀峰，副主任郭载荣、汤建华、殷春和、谭志旺、汪如一、奚定九、秦玉林以及17名人大常委会委员出席会议。市人民政府副市长陈照东，市人民法院、人民检察院负责人列席会议。会议主要议程：1.听取和审议陈照东所作的关于办理市十三届人大三次会议代表建议、批评、意见情况的报告；2.审议通过殷春和所作的关于代表变化情况和补选代表资格的审查报告；3.通过市十三届人民代表大会第四次会议议程(草案)，主席团、秘书长名单(草案)，国民经济、社会发展计划审查委员会名单(草案)，预算审查委员会名单(草案)，主席团常务主席名单(草案)，主席团执行主席轮值名单(草案)，副秘书长名单(草案)，各代表团、审议组召集人建议名单(草案)等；4.陈照东作表态发言；5.石秀峰讲话。

十三届人大常委会第二十三次会议于2001年2月27日至28日在如城召开。市人大常委会主任石秀峰，副主任浦文海、郭载荣、汤建华、谭志旺、刘培银、秦玉林、周金仁、邵晓泉以及19名市人大常委会委员出席会议。市人民政府市长陈惠娟，副市长李中林、程德兴，市人大常委会督导员殷春和、汪如一，市人民法院、人民检察院负责人及有关人员列席会议。会议主要议程：1.听取和审议市人民政府关于2000年度打击制售假冒伪劣商品违法犯罪行为情况的汇报；2.审议通过“一府两院”提请的有关人事任免事项；3.审议通过如皋市人大常委会2001年工作要点；4.石秀峰向被任命人员颁发任命书并讲话。

十三届人大常委会第二十四次会议于2001年4月26日至27日在如城召开。市人大常委会主任石秀峰，副主任郭载荣、汤建华、谭志旺、刘培银、秦玉林以及18名市人大常委会委员出席会议。市人民政府副市长陈照东，市人大常委会督导员殷春和、汪如一，市人民法院、人民检察院负责人及有关人员列席会议。会议主要议程：1.听取和审议陈照东所作的关于依法行政落实执法责任制工作情况的报告；2.听取和审议市计经委主任佘鸣皋受市人民政府委托所作的关于2000年经贸洽淡会项目落实情况的报告；3.审议通过《如皋市人大常委会关于加强市人大代表工作的决定》；4.石秀峰讲话。

十三届人大常委会第二十五次会议于2001年5月30日至31日在如城召开。市人大常委会主任石秀峰，副主任浦文海、郭载荣、汤建华、谭志旺、刘培银、秦玉林、周金仁以及19名市人大常委会委员出席会议。市人民政府副市长陈照东，市人大常委会督导员殷春和、汪如一，市人民法院院长蒋明华，市人民检察院检察长吴晓培及有关人员列席会议。会议主要议程：1.听取和审议市审计局局长陈万圣受市人民政府委托所作的关于如皋市2000年度财政预算执行和其他财政收支情况的审计工作报告；2.听取和审议市财政局局长陆汉成受市人民政府委托所作的关于如皋市2000年财政决算情况的报告，通过《如皋市人民代表大会常务委员会关于批准如皋市本级2000年财政决算的决议》；3.听取和审议市公安局局长葛夕芳受市人民政府委托所作的关于贯彻实施《中华人民共和国人民警察法》情况的报告；4.听取和审议蒋明华所作的关于贯彻执行《中华人民共和国法官法》情况的报告；5.听取和审议吴晓培所作的关于贯彻执行《中华人民共和国检察官法》情况的报告；5.听取市人民法院副院长葛坤明和市人民检察院副检察长吴树元的述职报告并进行评议；6.审议通过“一府两院”提请的人事任免事项；7.石秀峰讲话。

十三届人大常委会第二十六次会议于2001年7月26日在如城召开。市人大常委会主任石秀峰，副主任浦文海、郭载荣、汤建华、谭志旺、刘培银、秦玉林、周金仁以及19名市人大常委会委员出席会议。市人民政府副市长陈照东，市人大常委会督导员殷春和、汪如一，市人民法院院长蒋明华，市人民检察院检察长吴晓培及有关人员列席会议。会议主要议程：1.听取和审议市计划与经济委员会主任佘鸣皋受市人民政府委托所作的关于2001年上半年国民经济和社会发展计划执行情况的报告；2.听取和审议市财政局局长陆汉成受市人民政府委托所作的关于2001年上半年财政预算执行情况的报告；3.听取和审议市人大常委会财经工作委员会主任葛存斋所作的关于全市工业园区建设情况的视察报告；4.石秀峰讲话。

十三届人大常委会第二十七次会议于2001年9月9日在如城召开。市人大常委会主任石秀峰，副主任浦文海、郭载荣、汤建华、谭志旺、刘培银、秦玉林、周金仁、邵晓泉以及19名市人大常委会委员出席会议。市人民政府市长陈惠娟，市人大常委会督导员汪如一，市人民法院院长蒋明华，市人民检察院检察长吴晓培列席会议。会议主要议程：1.审议通过市人民政府和市人民检察院提请的人事任免事项；2.石秀峰讲话。

十三届人大常委会第二十八次会议于2001年10月17日至18日在如城召开。市人大常委会主任石秀峰，副主任浦文海、郭载荣、汤建华、谭志旺、刘培银、秦玉林、周金仁、邵晓泉以及19名市人大常委会委员出席会议。市人民政府副市长陈照东、沈品辉，市人大常委会督导员殷春和、汪如一，市人民法院院长蒋明华，市人民检察院检察长吴晓培列席会议。会议主要议程：1.听取和审议陈照东所作的关于办理市十三届人大四次会议代表建议批评意见情况的报告；2.听取和审议市司法局局长蒋本立所作的关于制定《在全市公民中继续开展法制宣传教育的第四个五年规划》的说明，通过《如皋市人民代表大会常务委员会关于进一步开展法制宣传教育的决议》；3.审议通过《如皋市人民代表大会常务委员会关于部分镇人大选举问题的决定》；4.审议通过《如皋市人民代表大会常务委员会关于部分乡镇行政区划调整后各镇人民代表大会代表名额的决定》；5.审议通过相关人事任免事项；6.沈品辉作表态发言；7.石秀峰讲话。

十三届人大常委会第二十九次会议于2001年12月26日至27日在如城召开。市人大常委会主任石秀峰，副主任浦文海、郭载荣、汤建华、谭志旺、刘培银、秦玉林、周金仁、邵晓泉以及18名市人大常委会委员出席会议。市人民政府副市长李中林，市人大常委会督导员殷春和，市人民法院、人民检察院负责人及有关人员列席会议。会议主要议程：1.听取和审议李中林所作的关于《中华人民共和国消防法》贯彻实施情况的报告；2.听取和审议市广播电视局局长张权受市人民政府委托所作的关于全市广播电视工作情况的报告；3.听取和审议市人大常委会城建环保工委主任戴武林所作的关于视察全市骨干河道河床保护情况的报告；4.听取和审议市人大常委会城建环保工委主任戴武林所作的关于视察如城内外城河综合整治情况的报告；5.听取市教育局局长殷高华、市卫生局局长许建军的述职报告并进行评议；6.审议通过《如皋市人民代表大会常务委员会关于召开如皋市第十三届人民代表大会第五次会议的决定》；7.审议通过主任会议和“两院”提请的人事任免事项；8.李中林作表态发言；9.石秀峰讲话。

十三届人大常委会第三十次会议于2002年1月12日在如城召开。市人大常委会主任石秀峰，副主任浦文海、郭载荣、汤建华、谭志旺、刘培银、秦玉林、周金仁、邵晓泉以及15名市人大常委会委员出席会议。市人民政府副市长沈品辉，市人民法院院长蒋明华，市人民检察院检察长吴晓培列席会议。会议主要议程：1.听取和审议沈品辉所作的关于全市建筑业改革和发展情况的报告；2.审议通过市十三届人大常委会2001年工作报告(草案)；3.审议通过市十三届人民代表大会第五次会议议程(草案)，主席团、秘书长名单(草案)，国民经济、社会发展计划审查委员会(草案)，预算审查委员会名单(草案)，主席团常务主席名单(草案),主席团执行主席轮值名单(草案),副秘书长名单(草案),会议日程(草案),各代表团、队召集人建议名单(草案),大会秘书处各组负责人名单(草案);4.沈品辉表态发言。

十三届人大常委会第三十一次会议于2002年3月12日在如城召开。市人大常委会主任石秀峰,副主任浦文海、郭载荣、汤建华、谭志旺、刘培银、秦玉林、周金仁、邵晓泉以及18名市人大常委会委员出席会议。市人民政府市长陈惠娟,副市长张元健,市人大常委会督导员殷春和,市人民法院院长蒋明华,市人民检察院检察长吴晓培列席会议。会议主要议程:1.审议通过市人大常委会2002年工作要点;2.听取和审议浦文海所作的关于全市人大选举工作情况的报告;3.审议通过"一府两院"提请的人事任免事项;4.张元健作表态发言;5.石秀峰讲话。

十三届人大常委会第三十二次会议于2002年5月29日至30日在如城召开。市人大常委会主任石秀峰,副主任浦文海、郭载荣、汤建华、谭志旺、刘培银、秦玉林、邵晓泉以及19名市人大常委会委员出席会议。市人民政府副市长陈照东、张元健,市人民法院院长蒋明华列席会议。会议主要议程:1.听取和审议市财政局局长陆汉成受市人民政府委托所作的关于提请审查批准如皋市2002年财政预算调整草案的报告,通过《如皋市人民代表大会常务委员会关于批准调整如皋市2002年财政预算的决定》;2.听取和审议市财政局局长陆汉成受市人民政府委托所作的关于如皋市2001年财政决算情况的报告,通过《如皋市人民代表大会常务委员会关于批准如皋市本级2001年财政决算的决议》;3.听取和审议市审计局局长陈万圣受市人民政府委托所作的关于2001年度如皋市财政预算执行和其他财政收支情况的审计工作报告;4.听取和审议市教育局局长殷高华受市人民政府委托所作的关于贯彻执行《中华人民共和国教育法》情况的报告;5.审议通过市人民政府提请的人事任免事项;6.张元健作表态发言;7.石秀峰讲话。

十三届人大常委会第三十三次会议于2002年7月29日至31日在如城召开。市人大常委会主任石秀峰,副主任浦文海、郭载荣、汤建华、谭志旺、刘培银、秦玉林、周金仁、邵晓泉以及19名市人大常委会委员出席会议。市人民政府副市长陈照东,市人民检察院检察长吴晓培及有关人员列席会议。会议主要议程:1.听取和审议市人大常委会城建环保工委主任戴武林所作的关于视察全市建筑业发展情况的报告;2.听取和审议市发展计划与经济贸易委员会主任佘鸣皋受市人民政府委托所作的关于2002年上半年国民经济、社会发展计划执行情况的报告;3.听取和审议市财政局局长陆汉成受市人民政府委托所作的关于2002年上半年财政预算执行情况的报告;4.审议通过《如皋市人民代表大会常务委员会关于讨论、决定重大事项的规定》;5.审议通过《如皋市人民代表大会常务委员会预算审查监督规定》;6.审议通过市人民法院提请的人事任免事项;7.陈照东作表态发言;8.石秀峰讲话。

十三届人大常委会第三十四次会议于2002年8月16日在如城召开。市人大常委会主任石秀峰,副主任浦文海、郭载荣、汤建华、谭志旺、刘培银、秦玉林、邵晓泉以及15名市人大常委会委员出席会议。会议主要议程:审议通过如皋市第十四届人民代表大会代表名额具体分配方案。

十三届人大常委会第三十五次会议于2002年9月26日至27日在如城召开。市人大常委会主任石秀峰,副主任浦文海、郭载荣、汤建华、谭志旺、刘培银、周金仁、邵晓泉以及17名市人大常委会委员出席会议。市人民政府副市长陈照东、徐天明,市人民法院院长蒋明华,市人民检察院检察长吴晓培列席会议。会议主要议程:1.听取和审议陈照东所作的关于办理市十三届人大五次会议代表建议批评意见情况的报告;2.听取和审议徐天明所作的关于贯彻实施《中华人民共和国农业法》情况的报告;3.听取和审议市人大常委会城建环保工委关于市人民政府贯彻执行《中华人民共和国农业法》情况的报告和办理市十三届人大第五次会议第6号、第86号议案情况的报告;4.审议通过《如皋市人民代表大会换届选举问题的决定》;5.审议通过市人民检察院提请的人事任免事项;6.徐天明作表态发言;7.石秀峰讲话。

十三届人大常委会第三十六次会议于2002年11月12日至13日在如城召开。市人大常委会主任石秀峰,副主任浦文海、郭载荣、汤建华、谭志旺、刘培银、周金仁、邵晓泉以及15名市人大常委会委员出席会议。市人民政府副市长李中林,市人民法院院长蒋明华,市人民检察院检察长吴晓培列席会议。会议主要议程:1.听取和审议市人大常委会视察组关于视察全市农村改水情况的报告;2.听取和审议李中林所作的关于全市项目投入、招商引资及“两节一会”项目落实情况的报告；3.审议通过人事任免事项；4.审议决定暂停汤明忠市人大代表职务；5.通过《关于召开如皋市第十四届人民代表大会第一次会议的决定》；6.李中林作表态发言；7.石秀峰讲话。

十三届人大常委会第三十七次会议于2002年11月26在如城召开。市人大常委会主任石秀峰，副主任浦文海、汤建华、谭志旺、刘培银、秦玉林、周金仁、邵晓泉以及18名市人大常委会委员出席会议。市人民政府副市长陈照东，市委常委、组织部部长潘建华，市人民法院、人民检察院负责人及有关人员列席会议。会议主要议程：1.通过《关于接受蒋明华同志辞去如皋市人民法院院长职务请求的决定》《关于祝建华同志代理如皋市人民法院院长职务的决定》；2.审议通过其他人事任免事项。

十三届人大常委会第三十八次会议于2002年12月26日至27日在如城召开。市人大常委会主任石秀峰，副主任浦文海、汤建华、谭志旺、刘培银、秦玉林、周金仁、邵晓泉以及16名市人大常委会委员出席会议。市人民政府市长陈惠娟，副市长沈品辉，市人民法院代院长祝建华，市人民检察院检察长吴晓培列席会议。会议主要议程：1.通过《如皋市人民代表大会常务委员会关于接受陈惠娟同志辞去如皋市人民政府市长职务的决定》《如皋市人民代表大会常务委员会关于周铁根同志代理如皋市人民政府市长职务的决定》；2.通过《关于加强环境综合整治、推进创建生态市工作的决定》；3.通过市十四届人大一次会议有关事项的报告；4.通过市十三届人大常委会工作报告(草案)；5.通过提请南通市人大实施个案监督事项。

第二节 十三届人大常委会重要人事任免(表)

1998年3月—2002年12月如皋市第十三届人大常委会重要人事任免一览表

表5-6-1

时间	常委会会次	姓名	任免职务
1998.03.05	十三届人大常委会第一次会议	聂东林	任市人民政府科技副市长
1998.03.05	十三届人大常委会第一次会议	彭广荣	任市政府办公室主任
1998.03.05	十三届人大常委会第一次会议	程德兴	任市计划与经济委员会主任
1998.03.05	十三届人大常委会第一次会议	佘鸣皋	任市财经贸易委员会主任
1998.03.05	十三届人大常委会第一次会议	邹　康	任市对外经济贸易委员会主任
1998.03.05	十三届人大常委会第一次会议	周子泉	任市科学技术委员会主任
1998.03.05	十三届人大常委会第一次会议	戴武林	任市建设委员会主任
1998.03.05	十三届人大常委会第一次会议	张武林	任市公安局局长
1998.03.05	十三届人大常委会第一次会议	庄绳武	任市监察局局长
1998.03.05	十三届人大常委会第一次会议	陈璋炎	任市民政局局长
1998.03.05	十三届人大常委会第一次会议	蒋本立	任市司法局局长
1998.03.05	十三届人大常委会第一次会议	陈照东	兼任市财政局局长
1998.03.05	十三届人大常委会第一次会议	王克成	兼任市人事局局长
1998.03.05	十三届人大常委会第一次会议	黄贵祥	任市交通局局长
1998.03.05	十三届人大常委会第一次会议	陈　灿	任市农业局局长
1998.03.05	十三届人大常委会第一次会议	孙吕林	任市水利局局长
1998.03.05	十三届人大常委会第一次会议	黄裕龙	任市国土规划管理局局长
1998.03.05	十三届人大常委会第一次会议	高申贵	任市乡镇企业管理局局长
1998.03.05	十三届人大常委会第一次会议	殷高华	任市教育局局长
1998.03.05	十三届人大常委会第一次会议	孙永明	任市文化局局长
1998.03.05	十三届人大常委会第一次会议	张　权	任市广播电视局局长
1998.03.05	十三届人大常委会第一次会议	许建军	任市卫生局局长

续表5-5-1

时　间	常 委 会 会 次	姓　名	任　免　职　务
1998.03.05	十三届人大常委会第一次会议	邱明鉴	任市体育运动委员会主任
1998.03.05	十三届人大常委会第一次会议	沈寿友	任市计划生育委员会主任
1998.03.05	十三届人大常委会第一次会议	陆汉成	任市审计局局长
1998.03.05	十三届人大常委会第一次会议	黄　松	任市统计局局长
1998.03.05	十三届人大常委会第一次会议	陶增俊	任市物价局局长
1998.03.05	十三届人大常委会第一次会议	张新才	任市地税局局长
1998.03.05	十三届人大常委会第一次会议	李　耘	任市环保局局长
1998.03.05	十三届人大常委会第一次会议	葛振中	任市粮食局局长
1998.03.05	十三届人大常委会第一次会议	李昌荣	任市建筑工程管理局局长
1998.03.05	十三届人大常委会第一次会议	陈建中	任市技术监督局局长
1998.03.05	十三届人大常委会第一次会议	夏泽云	免去市人民检察院副检察长职务
1998.07.29	十三届人大常委会第三次会议	华国瑞	任市劳动局局长
1998.07.29	十三届人大常委会第三次会议	骆春林	任市工商行政管理局局长
1998.09.23	十三届人大常委会第四次会议	陆汉成	任市财政局局长
1998.09.23	十三届人大常委会第四次会议	陈照东	免去兼任的市财政局局长职务
1998.09.23	十三届人大常委会第四次会议	陆汉成	免去市审计局局长职务
1998.12.25	十三届人大常委会第六次会议	蓝绍敏	任市人民政府副市长
1998.12.25	十三届人大常委会第六次会议	陈志平	任市公安局局长
1998.12.25	十三届人大常委会第六次会议	章树山	免去市人民政府副市长职务
1998.12.25	十三届人大常委会第六次会议	张武林	免去市公安局局长职务
1999.07.30	十三届人大常委会第十次会议	朱霁云	任市人事局局长
1999.07.30	十三届人大常委会第十次会议	王克成	免去市人事局局长职务
1999.11.30	十三届人大常委会第十二次会议	陈万圣	任市审计局局长
1999.12.16	十三届人大常委会第十三次会议	刘井石	辞去市人民政府市长职务
1999.12.16	十三届人大常委会第十三次会议	蓝绍敏	代理市人民政府市长职务
1999.12.16	十三届人大常委会第十三次会议	程德兴	任市人民政府副市长
2000.03.02	十三届人大常委会第十五次会议	佘鸣皋	任市计划与经济委员会主任
2000.03.02	十三届人大常委会第十五次会议	程德兴	免去市计划与经济委员会主任职务
2000.03.02	十三届人大常委会第十五次会议	佘鸣皋	免去市财经贸易委员会主任职务
2000.07.26	十三届人大常委会第十八次会议	姜剑国	辞去市人民政府副市长职务
2000.07.26	十三届人大常委会第十八次会议	卢旭光	辞去市人民检察院检察长职务
2000.07.26	十三届人大常委会第十八次会议	吴晓培	代理市人民检察院检察长职务
2000.09.30	十三届人大常委会第十九次会议	张义林	任市国土规划管理局局长
2000.09.30	十三届人大常委会第十九次会议	陈汝春	任市体育运动委员会主任
2000.09.30	十三届人大常委会第十九次会议	张维明	任市统计局局长
2000.09.30	十三届人大常委会第十九次会议	周久林	任市建筑工程管理局局长
2000.09.30	十三届人大常委会第十九次会议	黄裕龙	免去市国土规划管理局局长职务
2000.09.30	十三届人大常委会第十九次会议	邱明鉴	免去市体育运动委员会主任职务
2000.09.30	十三届人大常委会第十九次会议	黄　松	免去市统计局局长职务
2000.09.30	十三届人大常委会第十九次会议	李昌荣	免去市建筑工程局局长职务
2001.01.02	十三届人大常委会第二十一次会议	蓝绍敏	辞去市人民政府市长职务
2001.01.02	十三届人大常委会第二十一次会议	陈惠娟	代理市人民政府市长职务
2001.01.02	十三届人大常委会第二十一次会议	李中林	任市人民政府副市长
2001.01.02	十三届人大常委会第二十一次会议	沈品辉	任市人民政府副市长
2001.02.28	十三届人大常委会第二十三次会议	沈永祥	任市监察局局长

续表5-6-1

时　间	常 委 会 会 次	姓　名	任　免　职　务
2001.02.28	十三届人大常委会第二十三次会议	葛夕芳	任市公安局局长
2001.02.28	十三届人大常委会第二十三次会议	李　宁	任市人民检察院副检察长、检察委员会委员、检察员
2001.02.28	十三届人大常委会第二十三次会议	庄绳武	免去市监察局局长职务
2001.02.28	十三届人大常委会第二十三次会议	陈志平	免去市公安局局长职务
2001.05.31	十三届人大常委会第二十五次会议	孙吕林	免去市水利局局长职务
2001.05.31	十三届人大常委会第二十五次会议	孙吕林	任市水务局局长
2001.09.09	十三届人大常委会第二十七次会议	佘鸣皋	任市发展计划与经济贸易委员会主任
2001.09.09	十三届人大常委会第二十七次会议	周子泉	任市科学技术局局长
2001.09.09	十三届人大常委会第二十七次会议	华国瑞	任市劳动和社会保障局局长
2001.09.09	十三届人大常委会第二十七次会议	张义林	任市国土资源局局长
2001.09.09	十三届人大常委会第二十七次会议	黄　毅	任市建设局局长
2001.09.09	十三届人大常委会第二十七次会议	许映如	任市农林局局长
2001.09.09	十三届人大常委会第二十七次会议	邹　康	任市物价局局长
2001.09.09	十三届人大常委会第二十七次会议	杜道平	任市人大常委会财政经济工作委员会主任
2001.09.09	十三届人大常委会第二十七次会议	戴武林	任市人大常委会城建环保工作委员会主任
2001.09.09	十三届人大常委会第二十七次会议	杨海山	任市人大常委会人事代表工作委员会主任
2001.09.09	十三届人大常委会第二十七次会议	陶增俊	免去市物价局局长职务
2001.09.09	十三届人大常委会第二十七次会议	葛存斋	免去市人大常委会财政经济工作委员会主任职务
2001.09.09	十三届人大常委会第二十七次会议	李志生	免去市人大常委会城建环保工作委员会主任职务
2001.09.09	十三届人大常委会第二十七次会议	缪长青	免去市人大常委会人事代表工作委员会主任职务
2001.10.18	十三届人大常委会第二十八次会议	徐维静	任市人民法院副院长
2001.10.18	十三届人大常委会第二十八次会议	黄文斌	任市人民检察院副检察长
2001.10.18	十三届人大常委会第二十八次会议	吉文刚	免去市人民法院副院长职务
2001.10.18	十三届人大常委会第二十八次会议	杨文留	免去市人民检察院副检察长职务
2001.10.18	十三届人大常委会第二十八次会议	吴树元	免去市人民检察院副检察长职务
2002.03.12	十三届人大常委会第三十一次会议	高申贵	任市对外贸易经济合作局局长
2002.03.12	十三届人大常委会第三十一次会议	张建华	任市人民法院副院长、审判委员会委员、审判员
2002.03.12	十三届人大常委会第三十一次会议	姜宏春	任市人民法院副院长、审判委员会委员、审判员
2002.05.29	十三届人大常委会第三十二次会议	徐　峰	任市人民政府科技副市长
2002.09.27	十三届人大常委会第三十五次会议	葛坤明	免去市人民法院副院长职务
2002.09.27	十三届人大常委会第三十五次会议	李　宁	免去市人民检察院副检察长、检察委员会委员、检察员职务
2002.11.26	十三届人大常委会第三十七次会议	蒋明华	辞去市人民法院院长职务
2002.11.26	十三届人大常委会第三十七次会议	祝建华	代理市人民法院院长职务
2002.11.26	十三届人大常委会第三十七次会议	黄　成	任市人民政府副市长
2002.11.26	十三届人大常委会第三十七次会议	陈冬梅	任市人民政府副市长
2002.11.26	十三届人大常委会第三十七次会议	陈璋炎	免去市民政局局长职务
2002.11.26	十三届人大常委会第三十七次会议	沈　建	任市民政局局长
2002.12.26	十三届人大常委会第三十八次会议	陈万圣	免去市审计局局长职务
2002.12.26	十三届人大常委会第三十八次会议	彭深海	任市审计局局长

时间	常委会会次	姓名	任免职务
2002.12.26	十三届人大常委会第三十八次会议	周铁根	任市人民政府副市长
2002.12.28	十三届人大常委会第三十八次会议	陈惠娟	辞去市人民政府市长职务
2002.12.28	十三届人大常委会第三十八次会议	周铁根	代理市人民政府市长职务

第七章 十四届人大常委会会议

第一节 十四届人大常委会各次会议

十四届人大常委会第一次会议于2003年2月27日至28日在如城召开。市人大常委会主任石耀，副主任刘培银、徐天明、秦玉林、周金仁、邵晓泉以及22名市人大常委会委员出席会议。市人民政府市长周铁根，市人大常委会督导员石秀峰、郭载荣、汤建华、谭志旺，市人民法院院长祝建华，市人民检察院检察长吴晓培及有关人员列席会议。会议主要议程：1.审议通过如皋市人民代表大会常务委员会2003年工作要点；2.审议通过如皋市第十四届人大常委会代表资格审查委员会组成人员名单；3.审议通过如皋市第十四届人大常委会委员分工名单；4.审议通过市人民政府提请的人事任免事项；5.石耀讲话。

十四届人大常委会第二次会议于2003年4月28日至29日在如城召开。市人大常委会主任石耀，副主任刘培银、徐天明、秦玉林、程德兴以及21名市人大常委会委员出席会议。市人民政府副市长陈照东、沈品辉，市人大常委会督导员郭载荣、汤建华、谭志旺，市人民法院院长祝建华，市人民检察院检察长吴晓培列席会议。会议主要议程：1.听取和审议陈照东所作的关于全市防治“非典”工作情况的通报；2.听取环保知识讲座；3.听取和审议沈品辉所作的关于《如皋市生态示范区建设总体规划》编制情况的报告，通过《关于批准〈如皋市生态示范区建设总体规划〉的决议》；4.审议通过有关人事任免事项；5.石耀讲话。

十四届人大常委会第三次会议于2003年5月28日至29日在如城召开。市人大常委会主任石耀，副主任刘培银、徐天明、秦玉林、周金仁、程德兴、邵晓泉以及21名市人大常委会委员出席会议。市人民政府副市长陈照东，市人大常委会督导员石秀峰、汤建华、谭志旺，市人民法院院长祝建华，市人民检察院检察长吴晓培及有关人员列席会议。会议主要议程：1.听取和审议市财政局局长陈万圣受市人民政府委托所作的关于如皋市2002年财政决算情况的报告；2.听取和审议市审计局局长彭深海受市人民政府委托所作的关于如皋市2002年度财政预算执行和其他财政收支情况的审计工作报告，通过《如皋市人民代表大会常务委员会关于批准如皋市本级2002年财政决算的决议》；3.听取和审议市卫生局局长许建军受市人民政府委托所作的关于贯彻实施《中华人民共和国食品卫生法》情况的报告；4.审议通过有关人事任免事项；5.石耀讲话。

十四届人大常委会第四次会议于2003年7月29日至8月4日在如城召开。市人大常委会主任石耀，副主任刘培银、徐天明、秦玉林、周金仁、邵晓泉以及21名市人大常委会委员出席会议。市人大常委会督导员石秀峰、汤建华、谭志旺，市人民政府副市长沈品辉，市人民法院院长祝建华，市人民检察院检察长吴晓培及有关人员列席会议。会议主要议程：1.听取和审议沈品辉所作的关于制定《如皋市沿江开发总体规划》的说明，通过《如皋市人大常委会关于批准〈如皋市沿江开发总体规划〉的决议》；2.听取和审议市发展计划与经济贸易委员会主任佘鸣皋受市人民政府委托所作的关于2003年上半年国民经济和社会发展计划执行情况的报告;3.听取和审议市财政局局长陈万圣受市人民政府委托所作的关于2003年上半年财政预算执行情况的报告;4.审议通过《如皋市人大常委会关于视察我市2002年"两节一会"项目落实和2003年上半年项目投入情况的报告》;5.审议通过《如皋市人大常委会关于组织市人大代表评议"一府两院"及有关部门工作的办法》;6.石耀讲话。

十四届人大常委会第五次会议于2003年9月26日至27日在如城召开。市人大常委会主任石耀,副主任刘培银、徐天明、秦玉林、周金仁、程德兴、邵晓泉以及17名市人大常委会委员出席会议。市人大常委会督导员石秀峰、郭载荣、谭志旺,市人民政府副市长李中林、沈品辉,市人民法院院长祝建华,市人民检察院检察长吴晓培列席会议。会议主要议程:1.听取和审议李中林所作的关于全市依法治市和"四五"普法工作情况的报告;2.听取和审议沈品辉所作的关于文明城市创建工作情况的报告和贯彻执行《中华人民共和国城市规划法》情况的报告;3.审议通过"两院"提请的人事任免事项;4.沈品辉作表态发言;5.石耀讲话。

十四届人大常委会第六次会议于2003年11月30日至12月1日在如城召开。市人大常委会主任石耀,副主任刘培银、徐天明、秦玉林、周金仁、程德兴、邵晓泉以及19名人大常委会委员出席会议。市人大常委会督导员石秀峰、谭志旺,市人民政府副市长陈照东、沈品辉,市人民法院院长祝建华,市人民检察院检察长吴晓培及有关人员列席会议。会议主要议程:1.听取和审议沈品辉所作的关于《城市规划法》贯彻执行情况的报告;2.听取和审议陈照东所作的关于办理市十四届人大一次会议代表批评、建议和意见情况的报告;3.听取市人大常委会视察组关于视察全市农业六大主导产业推进情况的报告;4.审议通过《如皋市人民代表大会常务委员会关于授予地方荣誉称号的办法》;5.审议通过《关于召开如皋市第十四届人民代表大会第二次会议的决定》;6.审议通过"两院"提请的人事任免事项;7.陈照东作表态发言;8.石耀讲话。

十四届人大常委会第七次会议于2003年12月25日至26日在如城召开。市人大常委会主任石耀,副主任刘培银、徐天明、秦玉林、周金仁、程德兴以及19名市人大常委会委员出席会议。市人民政府副市长黄成,市人大常委会督导员石秀峰、郭载荣、谭志旺,市人民法院院长祝建华,市人民检察院检察长吴晓培及有关人员列席会议。会议主要议程:1.听取和审议黄成所作的关于2003年安全生产工作情况的报告;2.听取市人大常委会人事代表工委关于市十四届人民代表大会第二次会议有关建议名单的说明;3.审议通过《如皋市第十四届人大常委会代表资格审查委员会关于代表变化情况的报告》;4.审议通过市人大常委会2003年工作报告(草案);5.审议通过关于召开如皋市第十四届人民代表大会第二次会议的有关事项;6.石耀讲话。

十四届人大常委会第八次会议于2004年2月17日至18日在如城召开。市人大常委会主任石耀,副主任刘培银、徐天明、秦玉林、周金仁、程德兴、邵晓泉以及21名市人大常委会委员出席会议。市人民政府副市长李中林,市人大常委会督导员石秀峰、郭载荣、谭志旺,市人民法院院长祝建华,市人民检察院检察长吴晓培及有关人员列席会议。会议主要议程: 1.审议通过如皋市人大常委会2004年工作要点;2.审议通过市人民法院提请的有关人事任免事项。

十四届人大常委会第九次会议于2004年3月1日在如城召开。市人大常委会主任石耀,副主任刘培银、徐天明、秦玉林、周金仁、程德兴、邵晓泉以及20名市人大常委会委员出席会议。市人民政府市长周铁根,市人大常委会督导员石秀峰、郭载荣、谭志旺,市人民法院院长祝建华,市人民检察院检察长吴晓培列席会议。会议主要议程:审议通过市人民政府提请的人事任免事项。

十四届人大常委会第十次会议于2004年3月30日至31日在如城召开。市人大常委会主任石耀,副主任徐天明、秦玉林、周金仁、程德兴、邵晓泉以及20名市人大常委会委员出席会议。市人民政府副市长张元健,市人大常委会督导员石秀峰、郭载荣、谭志旺,市人民法院院长祝建华,市人民检察院检察长吴晓培列席会议。会议主要议程:1.听取和审议张元健所作的关于贯彻执行《职业教育法》情况的报告;2.听取和审议吴晓培所作的关于如皋市人民检察院刑事检察工作情况的报告;3.审议通过"两院"提请的人事任免事项;4.听取市劳动和社会保障局局长华国瑞等3名政府组成部门负责人的述职报告并进行评议;5.石耀讲话。

十四届人大常委会第十一次会议于2004年4月16日在如城召开。市人大常委会主任石耀,副主任刘培银、徐天明、周金仁、程德兴、邵晓泉以及20名市人大常委会委员出席会议。市人大常委会督导员石秀峰、郭载荣、谭志旺,市人民法院院长祝建华,市人民检察院检察长吴晓培列席会议。会议主要议程:审议通过《如皋市人民代表大会常务委员会关于同意对张栋之、陈兴林采取限制人身自由措施的批复》。

十四届人大常委会第十二次会议于2004年5月13日至14日在如城召开。市人大常委会主任石耀,副主任刘培银、徐天明、周金仁、程德兴以及19名市人大常委会委员出席会议。市人民政府市长周铁根,副市长潘建华、葛夕芳,市人大常委会督导员石秀峰、郭载荣、谭志旺,市人民法院、人民检察院负责人列席会议。会议主要议程:1.听取和审议潘建华所作的关于推行行政执法责任制情况的报告;2.听取和审议葛夕芳所作的关于创建中国优秀旅游城市工作情况的报告,通过《如皋市人大常委会关于加快发展全市旅游业的决议》;3.审议通过市人民政府提请的人事任免事项。

十四届人大常委会第十三次会议于2004年5月20日至21日在如城召开。市人大常委会主任石耀,副主任刘培银、徐天明、秦玉林、周金仁、程德兴、邵晓泉以及20名市人大常委会委员出席会议。市人民政府副市长潘建华,市人大常委会督导员石秀峰、郭载荣、谭志旺,市人民法院院长祝建华,市人民检察院检察长吴晓培及有关人员列席会议。会议主要议程:1.听取和审议市审计局局长彭深海受市人民政府委托所作的关于如皋市2003年度财政预算执行和其他财政收支情况的审计工作报告;2.听取和审议市财政局局长陈万圣受市人民政府委托所作的关于如皋市2003年财政决算情况的报告,通过《如皋市人民代表大会常务委员会关于批准如皋市级2003年财政决算的决议》;3.审议通过《如皋市人大常委会关于接受钱志刚同志辞职的决定》;4.审议通过"一府两院"提请的人事任免事项。

十四届人大常委会第十四次会议于2004年7月26日至27日在如城召开。市人大常委会主任石耀,副主任刘培银、徐天明、秦玉林、周金仁、程德兴、邵晓泉以及18名市人大常委会委员出席会议。市人民政府副市长潘建华、黄成、葛夕芳,市人大常委会督导员石秀峰、谭志旺,市人民法院、人民检察院负责人及有关人员列席会议。会议主要议程:1.听取和审议市人大常委会视察组关于视察全市部分重大基础设施建设情况的报告;2.听取和审议市物价局局长邹康受市人民政府委托所作的关于如城地区"十五"后两年自来水价格调整方案的报告;3.听取和审议市发展计划与经济贸易委员会主任余鸣皋受市人民政府委托所作的关于2004年上半年国民经济和社会发展计划执行情况的报告;4.听取和审议市财政局局长陈万圣受市人民政府委托所作的关于2004年上半年财政预算执行情况的报告。

十四届人大常委会第十五次会议于2004年9月27日至28日在如城召开。市人大常委会主任石耀,副主任刘培银、徐天明、秦玉林、周金仁、程德兴、邵晓泉以及20名市人大常委会委员出席会议。市人民政府副市长潘建华、陈冬梅,市人大常委会督导员石秀峰、谭志旺,市人民法院、人民检察院负责人及有关人员列席会议。会议主要议程:1.听取和审议市人民法院关于民事审判工作的情况报告;2.审议通过"两院"提请的人事任免事项。3.听取市水务局局长孙吕林、市人民法院副院长徐维静、市人民检察院副检察长黄文斌的述职报告。

十四届人大常委会第十六次会议于2004年11月29日至30日在如城召开。市人大常委会主任石耀,副主任徐天明、秦玉林、周金仁、程德兴、邵晓泉以及20名市人大常委会委员出席会议。市人民政府副市长潘建华,市人大常委会督导员石秀峰,市人民法院、人民检察院负责人列席会议。会议主要议程:1.学习《中共江苏省委关于加强和改进人大工作的意见》;2.听取和审议市人大常委会视察组关于全市近三年来全民创业、民营经济发展情况的报告;3.听取和审议潘建华所作的关于办理市十四届人大二次会议代表议案建议情况的报告;4.审议通过《关于召开如皋市第十四届人民代表大会第三次会议的决定》;5.审议通过《关于同意如城镇20个社区居委会提前进行换届选举的决定》。

十四届人大常委会第十七次会议于2004年12月30日至31日在如城召开。市人大常委会主任石耀,副主任刘培银、徐天明、秦玉林、周金仁、程德兴、邵晓泉以及19名市人大常委会委员出席会议。市人民政府副市长潘建华,市人大常委会督导员石秀峰,市人民法院、人民检察院负责人列席会议。会议主要议程:1.听取刘培银所作的关于如皋市第十四届人民代表大会代表变更情况的报告;2.听取市人大常委会人事代表工委主任杨海山所作的关于市十四届人民代表大会第三次会议有关建议名单的说明;3.审议通过市人大常委会2004年工作报告(草案);4.补选出席南通市第十二届人民代表大会代表;5.审议通过《如皋市人大常委会补选出席南通市第十二届人民代表大会代表办法》;6.审议通过《如皋市人大常委会关于罢免李明生南通市第十二届人民代表大会代表职务的决定》;7.审议通过《如皋市人大常委会关于接受吴鹏、姜健荣两位同志辞职的决定》。

十四届人大常委会第十八次会议于2005年1月20日在如城召开。市人大常委会主任石耀,副主任刘培银、徐天明、秦玉林、周金仁、程德兴、邵晓泉以及20名市人大常委会委员出席会议。市人民政府副市长潘建华、李中林,市人民法院院长祝建华,市人民检察院检察长吴晓培列席会议。会议主要议程:1.听取潘建华所作的关于如皋市部分镇行政区划调整情况的报告;2.听取刘培银所作的关于如皋市部分镇行政区划调整后有关选举问题的说明,通过《如皋市人民代表大会常务委员会关于部分镇人大选举的决定》;3.审议通过《如皋市人民代表大会常务委员会关于任命部分镇选举委员会组成人员的决定》;4.审议通过《如皋市人民代表大会常务委员会关于部分镇行政区划调整后人民代表大会代表名额的决定》。

十四届人大常委会第十九次会议于2005年2月25日在如城召开。市人大常委会主任石耀,副主任刘培银、徐天明、秦玉林、周金仁、程德兴、邵晓泉以及16名市人大常委会委员出席会议。市人大常委会督导员石秀峰、郭载荣列席会议。会议主要议程:1.审议通过如皋市人大常委会2005年工作要点;2.石耀讲话。

十四届人大常委会第二十次会议于2005年3月31日至4月1日在如城召开。市人大常委会主任石耀,副主任刘培银、徐天明、秦玉林、周金仁、程德兴以及20名市人大常委会委员出席会议。市人民政府副市长李中林、张元健,市人民法院院长祝建华,市人民检察院检察长吴晓培列席会议。会议主要议程:1.听取《江苏省农村初级卫生保健条例》的知识讲座;2.听取和审议张元健所作的关于贯彻执行《江苏省农村初级卫生保健条例》情况的报告;3.听取和审议李中林所作的关于提请审议《如皋市创建国家环保模范城市规划》的报告,通过《关于批准〈如皋市创建国家环境保护模范城市规划〉的决议》;4.听取刘培银所作的关于如城、搬经、江安三个镇行政区划调整后人大选举工作情况的报告;5.听取祝建华所作的关于执行工作情况的报告;6.石耀讲话。

十四届人大常委会第二十一次会议于2005年5月30日至31日在如城召开。市人大常委会主任石耀,副主任刘培银、徐天明、秦玉林、周金仁、程德兴、邵晓泉以及20名人大常委会委员出席会议。市人民政府副市长陈冬梅,市人民法院院长祝建华,市人民检察院检察长吴晓培列席会议。会议主要议程:1.审议通过如皋市人大常委会视察组关于视察全市农业综合开发情况的报告;2.听取关于修改《讨论、决定重大事项的规定》的说明;3.听取市监察局等5名政府组成部门主要负责人的述职报告。

十四届人大常委会第二十二次会议于2005年7月27日至28日在如城召开。市人大常委会主任石耀,副主任刘培银、徐天明、秦玉林、周金仁、程德兴、邵晓泉以及20名市人大常委会委员出席会议。市人民政府副市长潘建华,市人民法院院长祝建华,市人民检察院检察长吴晓培及有关人员列席会议。会议主要议程:1.听取和审议市发展和改革委员会主任佘鸣皋受市人民政府委托所作的关于2005年上半年国民经济、社会发展计划执行情况的报告;2. 听取和审议市财政局局长陈万圣受市人民政府委托所作的关于如皋市2004年财政决算情况的报告和关于如皋市2005年上半年财政预算执行情况的报告;3.听取和审议市审计局局长孙定一受市人民政府委托所作的关于2004年度财政预算执行和其他财政收支情况的审计工作报告;4.通过《如皋市人民代表大会常务委员会关于批准如皋市本级2004年财政决算的决议》;5.听取和审议潘建华所作的关于局部调整沿江开发总体规划的报告,通过《如皋市人民代表大会常务委员会关于批准市人民政府局部调整沿江开发总体规划的决议》;6.审议通过《如皋市人大常委会关于同意市人民检察院对姚俊义采取限制人身自由措施的批复》;7.审议通过"一府两院"提请的有关人事任免事项。

十四届人大常委会第二十三次会议于2005年9月26日至28日在如城召开。市人大常委会主任石耀,副主任刘培银、徐天明、秦玉林、程德兴、邵晓泉以及16名市人大常委会委员出席会议。市人民政府市长周铁根,副市长潘建华、李中林、张元健,市人民法院院长祝建华,市人民检察院检察长吴晓培列席会议。会议主要议程:1.听取和审议潘建华所作的关于全市贯彻实施《中华人民共和国行政许可法》情况的报告;2.听取和审议市人大常委会视察组关于视察全市工业重点项目推进和服务情况的报告;3.听取潘建华、李中林、张元健、祝建华和吴晓培的述职报告;4.审议通过有关人事任免事项。

十四届人大常委会第二十四次会议于2005年11月24日至25日在如城召开。市人大常委会主任石耀,副主任刘培银、徐天明、秦玉林、周金仁、程德兴、邵晓泉以及18名市人大常委会委员出席会议。市人民政府副市长潘建华,市人民法院院长祝建华,市人民检察院检察长吴晓培列席会议。会议主要议程:1.听取和审议潘建华所作的关于办理市十四届人民代表大会第三次会议代表建议、批评和意见情况的报告;2.审议通过《关于召开如皋市第十四届人民代表大会第四次会议的决定》。

十四届人大常委会第二十五次会议于2005年12月26日至27日在如城召开。市人大常委会主任石耀,副主任刘培银、徐天明、秦玉林、周金仁、程德兴、邵晓泉以及20名市人大常委会委员出席会议。市人民政府副市长潘建华,市人民法院院长祝建华,市人民检察院检察长吴晓培列席会议。会议主要议程:1.审议通过市人大常委会工作报告(草案);2.审议通过有关人事任免事项; 3.听取和审议潘建华所作的关于落实市人大常委会重大议题审议意见情况的报告。

十四届人大常委会第二十六次会议于2006年1月19日至20日在如城召开。市人大常委会主任石耀,副主任刘培银、徐天明、秦玉林、周金仁、程德兴、邵晓泉以及20名市人大常委会委员出席会议。市人民政府副市长潘建华,市人民法院、人民检察院负责人列席会议。会议主要议程:1.审议通过《市人大常委会关于代表变动情况和补选代表资格审查的报告》;2.听取和审议市人大常委会人事代表工委关于市十四届人民代表大会第四次会议有关建议名单的说明;3.听取和审议市人大常委会办公室关于"授予地方荣誉称号"工作的有关说明,表决通过授予"如皋市人民奖章"事项,通过《如皋市人大常委会关于授予王云娟等10人"如皋市人民奖章"的决定》;4.审议通过有关人事任免事项;5.石耀讲话。

十四届人大常委会第二十七次会议于2006年3月14日在如城召开。市人大常委会主任石耀,副主任刘培银、徐天明、秦玉林、周金仁、程德兴、邵晓泉、吴晓培以及20名市人大常委会委员出席会议。市人民政府副市长潘建华,市人民法院、人民检察院负责人列席会议。会议主要议程:1.审议通过如皋市人大常委会2006年工作要点;2.审议通过《如皋市人大常委会关于司法机关部分案件报送备案的暂行规定》;3.石耀讲话。

十四届人大常委会第二十八次会议于2006年5月18日在如城召开。市人大常委会主任石耀,副主任徐天明、秦玉林、周金仁、程德兴、吴晓培以及15名市人大常委会委员出席会议。市人民政府副市长潘建华列席会议。会议主要议程:听取市人民政府关于如皋沿江优质粮食生产基地项目贷款本息列入2006—2013年财政预算的报告,审议通过《如皋市人大常委会关于如皋沿江优质粮食生产基地项目贷款本息列入市2006—2013年财政预算的决议》。

十四届人大常委会第二十九次会议于2006年5月29日在如城召开。市人大常委会主任石耀,副主任刘培银、徐天明、秦玉林、周金仁、程德兴、邵晓泉、吴晓培以及17名市人大常委会委员出席会议。市人民政府副市长陈冬梅,市人民法院、人民检察院负责人列席会议。会议主要议程:1.听取和审议市人大常委会视察组关于全市河道整治情况的报告;2.听取和审议陈冬梅所作的关于贯彻执行《中华人民共和国殡葬管理条例》情况的报告;3.听取田桦等8名政府组成部门负责人的述职报告。

十四届人大常委会第三十次会议于2006年6月17日在如城召开。市人大常委会主任石耀,副主任刘培银、徐天明、秦玉林、周金仁、程德兴、邵晓泉、吴晓培以及20名市人大常委会委员出席会议。市委书记陈惠娟,市委副书记姜永华,副市长潘建华,市委常委单定方,市人民法院、人民检察院负责人列席会议。会议主要议程:1.审议通过《如皋市人民代表大会常务委员会关于接受周铁根同志辞去如皋市人民政府市长职务的决定》;2.审议通过《如皋市人民代表大会常务委员会关于接受李中林同志辞去如皋市人民政府副市长职务的决定》;3.审议通过《如皋市人民代表大会常务委员会关于任命姜永华、单定方同志为如皋市人民政府副市长职务的决定》;4.审议通过《如皋市人民代表大会常务委员会关于姜永华同志代理如皋市人民政府市长职务的决定》。

十四届人大常委会第三十一次会议于2006年8月2日至3日在如城召开。市人大常委会主任石耀,副主任刘培银、徐天明、秦玉林、周金仁、程德兴、邵晓泉、吴晓培以及19名市人大常委会委员出席会议。代市长姜永华,副市长潘建华,市人民法院、人民检察院负责人及有关人员列席会议。会议主要议程:1. 听取和审议市发展和改革委员会主任佘鸣皋受市人民政府委托所作的关于2006年上半年国民经济和社会发展计划执行情况的报告;2.听取和审议市财政局局长陈万圣受市人民政府委托所作的关于如皋市2005年财政决算情况的报告和关于2006年上半年财政预算执行情况的报告;3.听取和审议市审计局局长孙定一受市人民政府委托所作的关于2005年度财政执行情况和其他财政收支情况的审计工作报告;4.审议通过《如皋市人民代表大会常务委员会关于批准如皋市本级2005年财政决算的决议》;5.听取和审议市人民政府关于提请市人大常委会批准白雪线工程回购款列入市级财政预算的报告,通过《如皋市人民代表大会常务委员会关于批准丁平线如皋段(白雪线)工程回购款列入市财政预算的决议》;6.石耀讲话。

十四届人大常委会第三十二次会议于2006年9月4日至5日在如城召开。市人大常委会主任石耀,副主任刘培银、徐天明、秦玉林、周金仁、程德兴、邵晓泉、吴晓培以及21名市人大常委会委员出席会议。市人民政府副市长单定方,市人民法院院长祝建华,市人民检察院检察长唐旭东列席会议。会议主要议程:1. 听取市人民政府关于《如皋市城市总体规划修编(2005一2020)》情况的报告,审议通过《如皋市人大常委会关于原则同意〈如皋市城市总体规划修编(2005-2020)〉的决议》;2.听取和审议市人民政府关于全市公民法制宣传教育第四个五年规划实施情况及第五个五年规划主要内容的报告,审议通过《如皋市人大常委会关于在全市公民中实施法制宣传教育第五个五年规划的决议》。

十四届人大常委会第三十三次会议于2006年9月26日至27日在如城召开。市人大常委会主任石耀,副主任刘培银、徐天明、秦玉林、程德兴、邵晓泉、吴晓培以及19名市人大常委会委员出席会议。市人民政府副市长潘建华、黄成、陈冬梅、葛夕芳、丁兴华,市人民法院、人民检察院负责人列席会议。会议主要议程:1.听取和审议潘建华所作的关于全市贯彻实施《中华人民共和国行政处罚法》情况的报告;2.听取黄成、陈冬梅、葛夕芳、丁兴华的述职报告;3.听取市人民政府关于提请市人大常委批准将中山东路项目贷款还款资金列入市级财政预算的报告,审议通过《如皋市人大常委会关于批准将中山东路项目贷款还款资金列入市级财政预算的决议》;4.审议通过市人民检察院提请的有关人事任免事项。

十四届人大常委会第三十四次会议于2006年11月23日至24日在如城召开。市人大常委会主任石耀,副主任刘培银、徐天明、秦玉林、邵晓泉、吴晓培以及19名市人大常委会委员出席会议。市人民政府代市长姜永华,副市长潘建华、黄成,市人民法院、人民检察院负责人列席会议。会议主要议程:1.听取和审议市人大常委会视察组关于视察全市沿江开发情况的报告;2.听取和审议潘建华所作的关于落实市十四届人民代表大会第四次会议代表建议批评意见情况的报告;3.审议通过《关于召开市十四届人民代表大会第五次会议的决定》;4.审议通过市人民政府提请的有关人事任免事项。

十四届人大常委会第三十五次会议于2007年1月9日至10日在如城召开。市人大常委会主任石耀,副主任刘培银、徐天明、秦玉林、周金仁、邵晓泉、吴晓培以及21名市人大常委会委员出席会议。市人民政府代市长姜永华,副市长潘建华,市人民法院、人民检察院负责人列席会议。会议主要议程:1.听取和审议市人大常委会工作报告(草案);2.审议通过市人大常委会关于代表变动情况和补选代表资格审查的报告 (草案);3.听取市人大常委会人事代表工委主任杨海山所作的关于市十四届人民代表大会第五次会议有关事项的说明;4.审议通过有关人事任免事项。

十四届人大常委会第三十六次会议于2007年2月6日在如城召开。市人大常委会主任石耀,副主任徐天明、秦玉林、周金仁、程德兴、邵晓泉、吴晓培以及17名市人大常委会委员出席会议。市人民政府副市长黄成,市人民法院、人民检察院负责人列席会议。会议主要议程:1.听取和审议黄成所作的关于如皋沿江优质粮生产基地二期项目贷款本息列入2007—2014年财政预算的报告,通过《如皋市人大常委会关于如皋沿江优质粮生产基地二期项目贷款本息列入2007—2014年财政预算的决议》;2.审议通过《如皋市人大常委会关于同意市人民检察院对陈星际采取限制人身自由措施并暂停执行代表职务的决定》。

十四届人大常委会第三十七次会议于2007年3月6日至7日在如城召开。市人大常委会主任石耀,副主任刘培银、徐天明、秦玉林、周金仁、程德兴、邵晓泉、吴晓培以及19名市人大常委会委员出席会议。市人民政府副市长潘建华,市人民法院院长祝建华,市人民检察院检察长唐旭东列席会议。会议主要议程:1.审议通过如皋市人大常委会2007年工作要点;2.审议通过市人民法院提请的人事任免事项;3.石耀讲话。

十四届人大常委会第三十八次会议于2007年4月29日在如城召开。市人大常委会主任石耀,副主任刘培银、徐天明、秦玉林、周金仁、程德兴、邵晓泉、吴晓培以及19名市人大常委会委员出席会议。市人民政府市长姜永华,市人民法院院长祝建华,市人民检察院检察长唐旭东列席会议。会议主要议程:审议通过市人民政府提请的人事任免事项。

十四届人大常委会第三十九次会议于2007年5月23日至24日在如城召开。市人大常委会主任石耀,副主任刘培银、徐天明、秦玉林、周金仁、程德兴、邵晓泉、吴晓培以及19名市人大常委会委员出席会议。市人民政府副市长张元健、陈冬梅,市人民法院、人民检察院负责人列席会议。会议主要议程:1.听取和审议陈冬梅所作的关于高效农业规模化工程推进情况的报告;2.听取和审议张元健所作的关于教育事业发展情况的报告;3.听取和审议市人大常委会执法检查组关于《中华人民共和国行政复议法》贯彻实施情况的报告;4.审议通过市人民法院提请的人事任免事项。

十四届人大常委会第四十次会议于2007年6月26日在如城召开。市人大常委会主任石耀,副主任刘培银、徐天明、秦玉林、周金仁、程德兴、邵晓泉、吴晓培以及18名市人大常委会委员出席会议。市人民政府市长姜永华,副市长单定方,市人民法院、人民检察院负责人列席会议。会议主要议程:1.听取和审议单定方所作的关于调整如城城区自来水到户水价情况的报告,通过《如皋市人大常委会关于批准如城城区自来水到户水价调整方案的决定》;2.审议通过《如皋市人大常委会关于听取和审议专项工作报告的暂行规定》《如皋市人大常委会关于监督计划和预算执行的暂行规定》《如皋市人大常委会关于加强对法律法规实施情况检查监督的暂行规定》《如皋市人大常委会人事任免实施办法》;3.审议通过市人民政府和人民法院提请的人事任免事项。

十四届人大常委会第四十一次会议于2007年8月6日至7日在如城召开。市人大常委会主任石耀,副主任刘培银、徐天明、秦玉林、周金仁、程德兴、吴晓培以及21名市人大常委会委员出席会议。市人民政府副市长沈品辉、张元健,市人民法院院长祝建华,市人民检察院检察长唐旭东及有关人员列席会议。会议主要议程:1.听取和审议市审计局局长孙定一受市人民政府委托所作的关于如皋市2006年度财政预算执行和其他财政收支情况的审计工作报告;2.听取和审议市财政局局长陈万圣受市人民政府委托所作的关于如皋市2006年财政决算情况的报告和关于2007年上半年财政预算执行情况的报告;3.听取和审议市发展和改革委员会主任佘鸣皋受市人民政府委托所作的关于2007年上半年国民经济和社会发展计划执行情况的报告;4.听取和审议市人大常委会执法检查组关于《中华人民共和国执业医师法》实施情况的报告;5.听取和审议沈品辉所作的关于《如皋市生态市建设规划》编审情况及主要内容的报告,通过《如皋市人大常委会关于批准〈如皋市生态市建设规划〉的决议》。6.审议通过“一府两院”提请的人事任免事项;7.石耀讲话。

十四届人大常委会第四十二次会议于2007年9月7日在如城召开。市人大常委会主任石耀,副主任刘培银、徐天明、秦玉林、周金仁、程德兴、邵晓泉、吴晓培以及19名市人大常委会委员出席会议。市人民政府副市长陈冬梅,市人民法院、人民检察院负责人列席会议。会议主要议程:1.听取和审议吴晓培所作的关于市、镇两级人民代表大会换届选举有关问题的说明,通过《如皋市人大常委会关于如皋市市、镇两级人民代表大会换届选举问题的决定》;2.审议通过《如皋市人大常委会关于各镇选举委员会和开发区选举工作领导小组组成人员任命名单》;3.审议通过《如皋市人大常委会关于如皋市第十五届人民代表大会代表名额分配方案》;4.审议通过《如皋市人大常委会关于新一届镇人民代表大会代表名额的决定》;5.市人大常委会主任石耀讲话。

十四届人大常委会第四十三次会议于2007年9月29日在如城召开。市人大常委会主任石耀,副主任刘培银、秦玉林、周金仁、程德兴、邵晓泉、吴晓培以及16名市人大常委会委员出席会议。市人民政府副市长沈品辉,市人民法院、人民检察院负责人列席会议。会议主要议程:1.听取和审议沈品辉所作的关于水环境保护情况的报告;2.听取和审议沈品辉所作的关于“法治江苏合格县(市)”创建工作情况的报告;3.审议通过《如皋市人大常委会关于接受秦玉林同志辞去如皋市人大常委会副主任职务的决定》。

十四届人大常委会第四十四次会议于2007年11月26日至27日在如城召开。市人大常委会主任石耀,副主任刘培银、徐天明、周金仁、程德兴、邵晓泉、吴晓培以及20名市人大常委会委员出席会议。市人民政府副市长沈品辉,市人民法院、人民检察院负责人列席会议。会议主要议程:1.听取和审议沈品辉所作的关于办理市十四届人大五次会议代表建议意见情况的报告;2.听取和审议如皋市人大常委会执法检查组关于检查《中华人民共和国安全生产法》实施情况的报告;3.听取和审议沈品辉所作的关于全市重大工业项目实施情况的汇报;4.审议通过《关于召开如皋市第十五届人民代表大会第一次会议的决定》;5.审议通过市人民政府提请的人事任免事项;6.审议通过《如皋市人大常委会关于接受丁兴华同志辞去如皋市人民政府副市长职务的决定》《如皋市人大常委会关于接受祝建华同志辞去如皋市人民法院院长职务的决定》《如皋市人大常委会关于吴存银同志代理如皋市人民法院院长职务的决定》。

十四届人大常委会第四十五次会议于2007年12月15日在如城召开。市人大常委会主任石耀,副主任刘培银、徐天明、周金仁、程德兴、邵晓泉、吴晓培以及15名市人大常委会委员出席会议。市人民政府副市长单定方,市人民法院、人民检察院负责人列席会议。会议主要议程:1.听取和审议市人大代表资格审查委员会主任刘培银所作的关于如皋市第十五届人民代表大会代表资格的审查报告;2.听取和审议市人大常委会办公室关于如皋市第十四届人大常委会工作报告(草案)的说明;3.听取吴晓培所作的关于全市市、镇两级人大换届选举工作情况的报告;4.听取市人民政府关于提请市人大常委会批准白雪线农村骨干公路工程项目农发行贷款本息列入市财政预算情况的汇报,审议通过《如皋市人大常委会关于批准白雪线农村骨干公路工程项目农发行贷款本息列入市财政预算的决议》;5.石耀讲话。

十四届人大常委会第四十六次会议于2007年12月19日在如城召开。市人大常委会主任石耀,副主任刘培银、徐天明、周金仁、邵晓泉、吴晓培以及17名市人大常委会委员出席会议。市人民政府副市长沈品辉,市人民法院、人民检察院负责人列席会议。会议主要议程:1.通过石耀提请的人事任免事项;2.石耀讲话。

第二节　十四届人大常委会重要人事任免(表)

2003年2月—2007年12月如皋市第十四届人大常委会重要人事任免一览表

表5-7-1

时　间	常　委　会　会　次	姓　名	任　免　职　务
2003.02.28	十四届人大常委会第一次会议	田　桦	任市政府办公室主任
2003.02.28	十四届人大常委会第一次会议	佘鸣皋	任市发展计划与经济贸易委员会主任
2003.02.28	十四届人大常委会第一次会议	殷高华	任市教育局局长
2003.02.28	十四届人大常委会第一次会议	周子泉	任市科技局局长
2003.02.28	十四届人大常委会第一次会议	葛夕芳	任市公安局局长
2003.02.28	十四届人大常委会第一次会议	沈永祥	任市监察局局长
2003.02.28	十四届人大常委会第一次会议	沈　建	任市民政局局长
2003.02.28	十四届人大常委会第一次会议	王　斌	任市司法局局长
2003.02.28	十四届人大常委会第一次会议	陈万圣	任市财政局局长
2003.02.28	十四届人大常委会第一次会议	朱霁云	任市人事局局长
2003.02.28	十四届人大常委会第一次会议	华国瑞	任市劳动和社会保障局局长
2003.02.28	十四届人大常委会第一次会议	张义林	任市国土资源局局长
2003.02.28	十四届人大常委会第一次会议	黄　毅	任市建设局局长
2003.02.28	十四届人大常委会第一次会议	田祥云	任市交通局局长
2003.02.28	十四届人大常委会第一次会议	孙吕林	任市水务局局长
2003.02.28	十四届人大常委会第一次会议	许映如	任市农林局局长
2003.02.28	十四届人大常委会第一次会议	高申贵	任市对外贸易经济合作局局长
2003.02.28	十四届人大常委会第一次会议	孙永明	任市文化局局长
2003.02.28	十四届人大常委会第一次会议	许建军	任市卫生局局长
2003.02.28	十四届人大常委会第一次会议	沈寿友	任市计划生育委员会主任
2003.02.28	十四届人大常委会第一次会议	彭深海	任市审计局局长
2003.02.28	十四届人大常委会第一次会议	夏正国	任市统计局局长
2003.02.28	十四届人大常委会第一次会议	李　耘	任市环保局局长
2003.02.28	十四届人大常委会第一次会议	邹　康	任市物价局局长
2003.02.28	十四届人大常委会第一次会议	葛振中	任市粮食局局长
2003.02.28	十四届人大常委会第一次会议	冒家琪	任市民族宗教事务局局长
2003.09.27	十四届人大常委会第五次会议	钱志强	任市人民检察院副检察长、检察委员会委员
2003.11.31	十四届人大常委会第六次会议	娄宏春	免去市人民法院副院长、审判委员会委员、审判员职务
2004.02.18	十四届人大常委会第八次会议	陈璋炎	任市人大常委会教科文卫工作委员会(民宗侨台工作委员会)主任
2004.02.18	十四届人大常委会第八次会议	唐文贵	任市人大常委会城建环保工作委员会(农业和农村工作委员会)主任
2004.02.18	十四届人大常委会第八次会议	狄邦建	任市人民法院副院长
2004.02.18	十四届人大常委会第八次会议	陈　祥	任市人民法院副院长
2004.02.18	十四届人大常委会第八次会议	刘学成	免去市人大常委会教科文卫工作委员会主任职务
2004.02.18	十四届人大常委会第八次会议	戴武林	免去市人大常委会城建环保工作委员会主任职务
2004.03.01	十四届人大常委会第九次会议	潘建华	任市人民政府副市长
2004.03.01	十四届人大常委会第九次会议	葛夕芳	任市人民政府副市长
2004.03.01	十四届人大常委会第九次会议	陈照东	免去市人民政府副市长职务

续表5-7-1

时间	常委会会次	姓名	任免职务
2004.03.01	十四届人大常委会第九次会议	沈品辉	免去市人民政府副市长职务
2004.05.13	十四届人大常委会第十二次会议	丁兴华	任市人民政府副市长
2004.05.21	十四届人大常委会第十三次会议	钱志刚	任市文化局局长
2004.05.21	十四届人大常委会第十三次会议	孙永明	免去市文化局局长职务
2004.09.28	十四届人大常委会第十五次会议	汪如益	任市人民检察院副检察长
2004.09.28	十四届人大常委会第十五次会议	薛明亮	任市人民检察院副检察长
2004.09.28	十四届人大常委会第十五次会议	陈国俊	免去市人民检察院副检察长职务
2005.01.20	十四届人大常委会第十八次会议	佘鸣皋	任市发展和改革委员会主任
2005.01.20	十四届人大常委会第十八次会议	周太荣	任市人事局局长
2005.01.20	十四届人大常委会第十八次会议	孙定一	任市审计局局长
2005.01.20	十四届人大常委会第十八次会议	何秀琪	任市安全生产监督管理局局长
2005.01.20	十四届人大常委会第十八次会议	朱贵宏	任市建设局局长
2005.01.20	十四届人大常委会第十八次会议	沈寿友	任市人口与计划生育委员会主任
2005.01.20	十四届人大常委会第十八次会议	佘鸣皋	免去市发展计划与经济贸易委员会主任职务
2005.01.20	十四届人大常委会第十八次会议	朱霁云	免去市人事局局长职务
2005.01.20	十四届人大常委会第十八次会议	彭深海	免去市审计局局长职务
2005.01.20	十四届人大常委会第十八次会议	葛振中	免去市粮食局局长职务
2005.01.20	十四届人大常委会第十八次会议	沈寿友	免去市计划生育委员会主任职务
2005.01.20	十四届人大常委会第十八次会议	黄　毅	免去市建设局局长职务
2005.07.28	十四届人大常委会第二十二次会议	许建军	免去市卫生局局长职务
2006.01.20	十四届人大常委会第二十六次会议	季　淼	任市人大常委会办公室副主任、信访督办室主任
2006.01.20	十四届人大常委会第二十六次会议	朱晓明	任市人大常委会教科文卫工委副主任、民宗侨台工委主任
2006.01.20	十四届人大常委会第二十六次会议	陈照平	任市科技局局长
2006.01.20	十四届人大常委会第二十六次会议	周海刚	任市人民法院副院长、审判委员会委员
2006.01.20	十四届人大常委会第二十六次会议	强汉林	任市民政局局长
2006.01.20	十四届人大常委会第二十六次会议	李向东	任市卫生局局长
2006.01.20	十四届人大常委会第二十六次会议	陈璋炎	免去兼任的市人大常委会民宗侨台工作委员会主任职务
2006.01.20	十四届人大常委会第二十六次会议	周子泉	免去市科技局局长职务
2006.01.20	十四届人大常委会第二十六次会议	沈　建	免去市民政局局长职务
2006.06.17	十四届人大常委会第三十次会议	周铁根	辞去市人民政府市长职务
2006.06.17	十四届人大常委会第三十次会议	李中林	辞去市人民政府副市长职务
2006.06.17	十四届人大常委会第三十次会议	姜永华	任市人民政府副市长
2006.06.17	十四届人大常委会第三十次会议	单定方	任市人民政府副市长
2006.06.17	十四届人大常委会第三十次会议	姜永华	代理市人民政府市长职务
2006.11.24	十四届人大常委会第三十四次会议	杜松华	任市公安局局长
2006.11.24	十四届人大常委会第三十四次会议	葛夕芳	免去市人民政府副市长职务
2006.11.24	十四届人大常委会第三十四次会议	葛夕芳	免去市公安局局长职务
2006.11.24	十四届人大常委会第三十四次会议	王　斌	撤销市司法局局长职务
2007.01.10	十四届人大常委会第三十五次会议	黄兆林	任市人大常委会农业和农村工委主任
2007.01.10	十四届人大常委会第三十五次会议	张　勇	任市监察局局长
2007.01.10	十四届人大常委会第三十五次会议	王舜慧	任市司法局局长
2007.01.10	十四届人大常委会第三十五次会议	魏国林	任市物价局局长
2007.01.10	十四届人大常委会第三十五次会议	顾建华	任市民族宗教事务局局长
2007.01.10	十四届人大常委会第三十五次会议	唐文贵	免去市人大常委会农业和农村工委主任职务

续表5-7-1

时　间	常　委　会　会　次	姓　名	任　免　职　务
2007.01.10	十四届人大常委会第三十五次会议	沈永祥	免去市监察局局长职务
2007.01.10	十四届人大常委会第三十五次会议	邹　康	免去市物价局局长职务
2007.01.10	十四届人大常委会第三十五次会议	冒家琪	免去市民族宗教事务局局长职务
2007.04.29	十四届人大常委会第三十八次会议	沈品辉	任市人民政府副市长
2007.04.29	十四届人大常委会第三十八次会议	潘建华	免去市人民政府副市长职务
2007.06.26	十四届人大常委会第四十次会议	孙　杰	任市人民政府副市长(挂职)
2007.08.07	十四届人大常委会第四十一次会议	费秀平	任市安全生产监督管理局局长
2007.08.07	十四届人大常委会第四十一次会议	秦锦国	任市水务局局长
2007.08.07	十四届人大常委会第四十一次会议	何秀琪	免去市安全生产监督管理局局长职务
2007.08.07	十四届人大常委会第四十一次会议	孙吕林	免去市水务局局长职务
2007.08.07	十四届人大常委会第四十一次会议	张建华	免去市人民法院副院长职务
2007.09.29	十四届人大常委会第四十三次会议	秦玉林	辞去市人大常委会副主任职务
2007.11.27	十四届人大常委会第四十四次会议	丁兴华	辞去市人民政府副市长职务
2007.11.27	十四届人大常委会第四十四次会议	祝建华	辞去市人民法院院长职务
2007.11.27	十四届人大常委会第四十四次会议	张　军	任市人民政府副市长
2007.11.27	十四届人大常委会第四十四次会议	吴存银	任市人民法院副院长、审判委员会委员
2007.11.27	十四届人大常委会第四十四次会议	吴存银	代理市人民法院院长职务
2007.12.19	十四届人大常委会第四十六次会议	杨　龙	任市人大常委会农业和农村工委主任
2007.12.19	十四届人大常委会第四十六次会议	严金华	任市人大常委会信访督办室主任
2007.12.19	十四届人大常委会第四十六次会议	季　淼	任市人大常委会内务司法工委主任
2007.12.19	十四届人大常委会第四十六次会议	刘金泉	任市人大常委会人事代表工委主任
2007.12.19	十四届人大常委会第四十六次会议	沈寿友	任市人大常委会教科文卫工委主任
2007.12.19	十四届人大常委会第四十六次会议	黄兆林	任市人大常委会城建环保工委主任
2007.12.19	十四届人大常委会第四十六次会议	林　凯	任市人大常委会研究室主任
2007.12.19	十四届人大常委会第四十六次会议	季　淼	免去市人大常委会信访督办室主任、办公室副主任职务
2007.12.19	十四届人大常委会第四十六次会议	黄兆林	免去市人大常委会农业和农村工委主任职务
2007.12.19	十四届人大常委会第四十六次会议	章开峰	免去市人大常委会内务司法工委主任职务
2007.12.19	十四届人大常委会第四十六次会议	杨海山	免去市人大常委会人事代表工委主任职务
2007.12.19	十四届人大常委会第四十六次会议	陈璋炎	免去市人大常委会教科文卫工委主任职务
2007.12.19	十四届人大常委会第四十六次会议	唐文贵	免去市人大常委会城建环保工委主任职务

第八章　十五届人大常委会会议

第一节　十五届人大常委会各次会议

十五届人大常委会第一次会议于2008年1月21日至22日在如城召开。市人大常委会主任石耀，副主任刘培银、吴晓培、周金仁、程德兴、邵晓泉、张秀良、佘鸣皋以及26名市人大常委会委员出席会议。

市人民政府市长姜永华，副市长沈品辉，市人大常委会督导员徐天明，市人民法院院长吴存银，市人民检察院检察长唐旭东列席会议。会议主要议程：1.审议通过市人大常委会2008年工作要点；2.审议通过“一府两院”提请的人事任免事项；3.审议通过《如皋市第十五届人大常委会代表资格审查委员会组成人员名单》。

十五届人大常委会第二次会议于2008年3月27日至28日在如城召开。市人大常委会主任石耀，副主任刘培银、吴晓培、程德兴、邵晓泉、张秀良、佘鸣皋以及25名市人大常委会委员出席会议。市人民政府副市长沈品辉、杜永红，市人民法院院长吴存银，市人民检察院检察长唐旭东列席会议。会议主要议程：1.全国人大代表阎建国传达十一届全国人大一次会议精神；2.听取市人大常委会办公室关于修改《如皋市人大常委会议事规则（草案）》的说明，通过《如皋市人民代表大会常务委员会议事规则》；3.听取市人大常委会人事代表工委关于《如皋市人大常委会代表工作暂行规定（草案）》的说明，通过《如皋市人民代表大会常务委员会代表工作暂行规定》；4.听取和审议杜永红所作的关于农药、化肥等农资市场管理专项工作报告；5.听取和审议市人大常委会执法检查组关于《农村五保供养工作条例》执行情况的报告；6.审议通过市人民政府和市人民法院提请人事任免事项；7.杜永红作表态发言。

十五届人大常委会第三次会议于2008年5月8日在如城召开。市人大常委会主任石耀，副主任刘培银、吴晓培、周金仁、程德兴、张秀良以及23名市人大常委会委员出席会议。市人民政府副市长沈品辉，市人民法院院长吴存银，市人民检察院检察长唐旭东列席会议。会议主要议程：审议通过《如皋市人大常委会关于接受单定方辞去如皋市第十五届人民代表大会代表职务的请求的决定》《如皋市人大常委会关于接受黄宏飞辞去如皋市第十五届人民代表大会代表职务的请求的决定》。

十五届人大常委会第四次会议于2008年5月29日至30日在如城召开。市人大常委会主任石耀，副主任刘培银、吴晓培、周金仁、程德兴、邵晓泉、张秀良以及23名市人大常委会委员出席会议。市人民政府副市长张军、孙杰，市人大常委会督导员徐天明，市人民法院、人民检察院负责人列席会议。会议主要议程：1.听取《促进科技成果转化法》的辅导讲座；2.听取和审议市人大常委会执法检查组关于《中华人民共和国促进科技成果转化法》执行情况的报告；3.听取和审议张军所作的关于全市“五五”普法工作开展情况的报告；4.孙杰作表态发言。

十五届人大常委会第五次会议于2008年6月25日在如城召开。市人大常委会主任石耀，副主任刘培银、吴晓培、周金仁、程德兴、邵晓泉、张秀良、佘鸣皋以及26名市人大常委会委员出席会议。市人民政府市长姜永华，市人大常委会督导员徐天明，市人民法院、人民检察院负责人列席会议。会议主要议程：1.审议通过市人民政府提请的人事任免事项；2.审议通过《如皋市人大常委会关于接受沈品辉辞去如皋市第十五届人民代表大会代表职务的请求的决定》《如皋市人大常委会关于同意接受沈品辉辞去南通市第十三届人民代表大会代表职务的请求的决定》。

十五届人大常委会第六次会议于2008年7月14日在如城召开。市人大常委会主任石耀，副主任刘培银、吴晓培、周金仁、程德兴、邵晓泉、佘鸣皋以及25名市人大常委会委员出席会议。市人民政府副市长陈万圣，市人大常委会督导员徐天明，市人民法院、人民检察院负责人列席会议。会议主要议程：1.听取和审议陈万圣所作的关于丁平线改造工程建设的有关说明、关于提请市人大常委会批准丁平线中段改造工程建设资金列入市级财政预算的报告和关于提请市人大常委会批准南通市西北引江区域供水如皋城乡供水工程贷款本息列入市财政预算的报告，通过《如皋市人大常委会关于批准丁平线中段改造工程建设资金列入市级财政预算的决议》《如皋市人大常委会关于批准南通市西北引江区域供水如皋城乡供水工程贷款本息列入市级财政预算的决议》；2.陈万圣作表态发言。

十五届人大常委会第七次会议于2008年8月7日至8日在如城召开。市人大常委会主任石耀，副主任刘培银、吴晓培、周金仁、邵晓泉、张秀良、佘鸣皋以及26名市人大常委会委员出席会议。市人民政府副市长黄成、杜永红，市人大常委会督导员徐天明，市人民法院、人民检察院负责人及有关人员列席会议。会议主要议程：1.听取和审议市审计局局长孙定一受市人民政府委托所作的关于2007年度财政预算执行情况和其他财政收支情况的审计工作报告;2.听取和审议市财政局局长张勇受市人民政府委托所作的关于2007年财政决算情况的报告;3.听取市财政局局长张勇受市人民政府委托所作的关于2008年上半年财政预算执行情况的报告;4.听取市发展和改革委员会主任杨飞受市人民政府委托所作的关于2008年上半年国民经济和社会发展计划执行情况的报告;5.审议通过《如皋市人民代表大会常务委员会关于批准如皋市2007年市级财政决算的决议》;6.黄成作表态发言。

十五届人大常委会第八次会议于2008年9月25日至26日在如城召开。市人大常委会主任石耀,副主任刘培银、吴晓培、周金仁、程德兴、邵晓泉、张秀良、佘鸣皋以及25名市人大常委会委员出席会议。市人民政府副市长黄成、陈冬梅、张军,市人大常委会督导员徐天明,市人民法院院长吴存银,市人民检察院检察长唐旭东列席会议。会议主要议程:1.听取《中华人民共和国节约能源法》讲座;2.听取和审议陈冬梅所作的关于全市公共文化服务网络建设的专项工作报告;3.听取和审议张军所作的关于全市推进新型工业化进程情况的报告;4.听取和审议黄成所作的关于提请市人大常委会批准农村公路有关连接线工程农发行贷款本息列入市财政预算的报告,通过《如皋市人大常委会关于批准市人民政府提请的有关项目贷款本息列入市财政预算的决议》;5.审议通过《如皋市人大常委会关于接受沈良高同志辞去如皋市第十五届人大常委会委员职务的决定》;6.审议通过市人民政府提请的人事任免事项;7.张军作表态发言。

十五届人大常委会第九次会议于2008年11月26日至27日在如城召开。市人大常委会主任石耀,副主任刘培银、吴晓培、周金仁、程德兴、邵晓泉、张秀良、佘鸣皋以及25名市人大常委会委员出席会议。市人民政府副市长陈冬梅、杜永红,市人民法院院长吴存银,市人民检察院检察长唐旭东列席会议。会议主要议程:1.听取和审议陈冬梅所作的关于办理市十五届人民代表大会第一次会议议案和代表建议、批评、意见情况的报告;2.听取和审议陈冬梅所作的关于为民办实事项目完成情况的报告;3.听取和审议唐旭东所作的关于侦查监督检察工作的专项报告;4.听取和审议市人大常委会人事代表工委主任刘金泉所作的关于重新确定长江镇人民代表大会代表名额及选举有关问题的决定(草案)的有关说明,通过《如皋市人大常委会关于重新确定长江镇人民代表大会代表名额及选举有关问题的决定》;5.审议通过《如皋市人大常委会关于召开如皋市第十五届人民代表大会第二次会议的决定》;6.审议通过"两院"提请的人事任免事项;7.杜永红作表态发言;8.石耀讲话。

十五届人大常委会第十次会议于2008年12月25日至26日在如城召开。市人大常委会主任石耀,副主任刘培银、吴晓培、周金仁、程德兴、邵晓泉、张秀良、佘鸣皋以及25名市人大常委会委员出席会议。市人民政府副市长陈冬梅、杜永红,市人大常委会督导员徐天明,市人民法院院长吴存银,市人民检察院检察长唐旭东列席会议。会议主要议程:1.听取市人大常委会办公室关于《如皋市人大常委会2008年工作报告(草案)》的说明;2.听取市人大常委会办公室关于市第十五届人民代表大会第二次会议有关事项的说明;3.审议通过市人民政府提请的人事任免事项;4.审议通过《如皋市人大常委会关于撤销沈品辉如皋市人民政府副市长职务的决定》《如皋市人大常委会关于撤销单定方如皋市人民政府副市长职务的决定》;5.听取关于补选南通市第十三届人民代表大会代表有关事项的说明;6.听取和审议市人民政府关于如皋市区域供水价格实施方案的报告;7.听取和审议市人民政府关于加强物业管理工作情况的报告;8.黄成作表态发言。

十五届人大常委会第十一次会议于2009年1月6日在如城召开。市人大常委会主任石耀,副主任刘培银、吴晓培、周金仁、程德兴、邵晓泉、张秀良、佘鸣皋以及22名市人大常委会委员出席会议。市人民政府副市长黄成,市人民法院院长吴存银,市人民检察院检察长唐旭东列席会议。会议主要议程:1.审议通过代表变动情况和补选代表资格审查的报告(草案);2.听取吴晓培所作的如皋市第十五届人民代表大会代表资格审查委员会关于代表变动情况和补选代表资格审查的报告。

十五届人大常委会第十二次会议于2009年1月22日在如城召开。市人大常委会主任石耀,副主任刘培银、吴晓培、周金仁、程德兴、邵晓泉、张秀良、佘鸣皋以及26名市人大常委会委员出席会议。市人民政府市长姜永华,市人民法院、人民检察院检负责人列席会议。会议主要议程:1.审议通过相关人事任免事项;2.石耀为被任命人员颁发任命书。

十五届人大常委会第十三次会议于2009年3月3日至4日在如城召开。市人大常委会主任石耀,副主任刘培银、吴晓培、周金仁、程德兴、邵晓泉、张秀良、佘鸣皋以及25名市人大常委会委员出席会议。市人民政府副市长吴道健,市人民法院院长吴存银,市人民检察院检察长唐旭东列席会议。会议主要议程:1.审议通过市人大常委会2009年度工作要点(草案);2.审议通过《如皋市人大常委会关于规范性文件备案审查的暂行规定》;3.审议通过人事任免事项;4.石耀为被任命人员颁发任命书。

十五届人大常委会第十四次会议于2009年5月26日在如城召开。市人大常委会主任石耀,副主任刘培银、吴晓培、周金仁、程德兴、邵晓泉、张秀良、佘鸣皋以及25名市人大常委会委员出席会议。市人民政府副市长黄成、马建明、陈冬梅,市人民法院院长吴存银,市人民检察院检察长唐旭东列席会议。会议主要议程:1. 听取和审议黄成所作的关于《如皋市国民经济和社会发展第十一个五年规划纲要》实施中期评估报告;2.听取和审议黄成所作的关于提请2009年如皋市地方债券转贷资金收支安排及市本级预算调研方案(草案)的议案,通过《如皋市人大常委会关于批准2009年如皋市地方债券转贷资金收支安排及市本级预算调整方案的决议》;3.听取和审议马建明所作的关于全市宗教管理工作的专项工作报告;4.听取和审议吴存银所作的如皋市人民法院行政审判工作报告;5.黄成、陈冬梅、吴存银分别作表态发言。

十五届人大常委会第十五次会议于2009年8月3日在如城召开。市人大常委会主任石耀,副主任刘培银、吴晓培、周金仁、程德兴、邵晓泉、张秀良、佘鸣皋以及22名市人大常委会委员出席会议。市人民政府副市长黄成,市人大常委会督导员徐天明,市人民法院院长吴存银,市人民检察院检察长唐旭东及有关人员列席会议。会议主要议程:1.听取和审议市发展和改革委员会主任杨飞受市人民政府委托所作的关于2009年上半年国民经济和社会发展计划执行情况的报告;2.听取和审议市财政局局长张勇受市人民政府委托所作的关于2008年财政决算情况的报告和关于2009年上半年财政预算执行情况的报告,通过《如皋市人民代表大会常务委员会关于批准如皋市2008年市级财政决算的决议》;3.听取和审议市审计局局长孙定一受市人民政府委托所作的关于2008年度财政预算执行情况和其他财政收支情况的审计工作报告;4.黄成作表态发言;5.石耀讲话。

十五届人大常委会第十六次会议于2009年9月24日在如城召开。市人大常委会主任石耀,副主任刘培银、吴晓培、周金仁、程德兴、邵晓泉、张秀良、佘鸣皋以及21名市人大常委会委员出席会议。市人民政府副市长黄成、杜永红、杜松华,市人大常委会督导员徐天明,市人民法院院长吴存银,市人民检察院检察长唐旭东列席会议。会议主要议程:1.听取和审议杜永红所作的关于全市人口计生工作的专项工作报告;2.听取和审议杜永红所作的关于全市农民专业合作社的专项工作报告;3.听取和审议市人大常委会执法检查组关于《中华人民共和国道路交通安全法》执行情况的报告;4.审议通过市人民法院提请的人事任免事项;5.审议通过《如皋市第十五届人大常委会第十六次会议关于确认对蒋兴龙采取法律规定的限制人身自由措施和暂停执行市人大代表职务的决定》;6.黄成作表态发言;7.石耀为被任命人员颁发任命书并讲话。

十五届人大常委会第十七次会议于2009年11月26日在如城召开。市人大常委会主任石耀,副主任刘培银、吴晓培、周金仁、程德兴、张秀良、佘鸣皋以及20名市人大常委会委员出席会议。市人民政府副市长马建明,市人大常委会督导员徐天明,市人民法院、人民检察院负责人列席会议。会议主要议程:1.听取和审议马建明所作的关于办理市十五届人民代表大会第二次会议代表建议、批评、意见情况和市人民政府为民办实事完成情况的报告;2.听取和审议马建明所作的关于全市建筑业发展情况的专项工作报告;3.听取和审议市人大常委会执法检查组关于《中华人民共和国中小企业促进法》执行情况的报告;4.审议通过市人民政府的市人民法院提请的人事任免事项;5.审议通过《如皋市人大常委会关于召开如皋市第十五届人民代表大会第三次会议的决定》;6.马建明作表态发言;7.石耀讲话。

十五届人大常委会第十八次会议于2010年1月6日在如城召开。市人大常委会主任石耀，副主任刘培银、周金仁、程德兴、邵晓泉、张秀良、佘鸣皋以及20名市人大常委会委员出席会议。市人民政府副市长马建明、陈冬梅，市人大常委会督导员徐天明，市人民法院、人民检察院负责人列席会议。会议主要议程：1.审议通过市人大常委会2009年工作报告（草案）；2.审议通过如皋市第十五届人民代表大会第三次会议的有关事项；3.审议通过市人民政府提请的人事任免事项；4.审议通过《如皋市人大常委会关于接受吴燕青同志辞去如皋市第十五届人民代表大会代表职务的请求的决定》《如皋市人大常委会关于接受孙杰同志辞去市人民政府副市长职务的申请的决定》；5.石耀讲话。

十五届人大常委会第十九次会议于2010年1月18日在如城召开。市人大常委会主任石耀，副主任刘培银、周金仁、程德兴、邵晓泉、张秀良、佘鸣皋以及20名市人大常委会委员出席会议。市人民政府市长姜永华，副市长黄成，市人大常委会督导员徐天明，市人民法院、人民检察院负责人列席会议。会议主要议程：1.听取和审议市人民政府关于提请如皋市人大常委会批准如皋市交通投资发展有限公司公司债券偿债方案的议案，通过《如皋市人大常委会关于批准如皋市交通投资发展有限公司公司债券偿债方案的决议》；2.听取和审议市人民政府关于提请人大常委会批准授权如皋市交通投资发展有限公司代建长江镇“万顷良田建设”工程、如皋港港池基础设施建设工程和南通市西北片区域供水如皋市城乡支管网工程项目的议案，通过《如皋市人大常委会关于批准市政府授权如皋市交通投资发展有限公司代建长江镇“万顷良田建设”工程、如皋港港池基础设施建设工程和南通市西北片区域供水如皋市城乡支管网工程项目的决议》。

十五届人大常委会第二十次会议于2010年3月1日在如城召开。市人大常委会主任石耀，副主任刘培银、周金仁、程德兴、邵晓泉、张秀良、佘鸣皋以及20名市人大常委会委员出席会议。市人民政府副市长黄成，市人民法院、人民检察院负责人列席会议。会议主要议程：1.审议通过市人大常委会2010年度工作要点(草案)；2.审议通过市人民政府提请的人事任免事项；3.审议通过《如皋市人大常委会关于接受苏燕、姚寓韶、郑振明同志辞去市人大常委会委员职务的申请的决定》；4.石耀讲话。

十五届人大常委会第二十一次会议于2010年3月23日在如城召开。市人大常委会主任石耀，副主任刘培银、吴晓培、周金仁、程德兴、邵晓泉、张秀良以及20名市人大常委会委员出席会议。市人民法院、人民检察院负责人列席会议。会议主要议程：1.审议通过市人民政府提请的人事任免事项；2.石耀为被任命人员颁发任命书并讲话。

十五届人大常委会第二十二次会议于2010年5月7日在如城召开。市人大常委会主任石耀，副主任刘培银、吴晓培、周金仁、程德兴、邵晓泉、张秀良、佘鸣皋以及18名市人大常委会委员出席会议。市人民法院、人民检察院负责人列席会议。会议主要议程：1.听取和审议市人民政府关于提请市人大常委会批准长江镇（如皋港区）永平花苑农民安置房工程项目贷款本息列入市财政预算的报告和关于提请批准长江镇“万顷良田建设工程”五零、镇龙、永建项目区拆迁复垦一期工程项目贷款本息列入市财政预算的报告，通过《如皋市人大常委会关于批准将长江镇（如皋港区）永平花苑农民安置房工程项目贷款还贷资金列入市财政预算的决议》《如皋市人大常委会关于批准将长江镇“万顷良田建设工程”五零、镇龙、永建项目区拆迁复垦一期工程项目贷款还贷资金列入市财政预算的决议》；2.审议通过《关于确认对张松益采取法律规定的限制人身自由措施和暂停执行市人大代表职务的决定》；3.审议通过《关于许可对宋健采取法律规定的限制人身自由措施和暂停执行市人大代表职务的决定》。

十五届人大常委会第二十三次会议于2010年5月26日在如城召开。市人大常委会主任石耀，副主任刘培银、吴晓培、周金仁、程德兴、邵晓泉、张秀良、佘鸣皋以及18名市人大常委会委员出席会议。市人民政府副市长司祝建，市人民法院、人民检察院负责人列席会议。会议主要议程：1.审议通过市人民政府提请的人事任免事项；2.听取和审议司祝建所作的关于餐饮消费环节卫生监督管理工作的专项工作报告；3.听取和审议唐旭东所作的关于反渎职侵权工作的专项工作报告；4.听取和审议市人大常委会执法检查组关于《中华人民共和国气象法》和《江苏省气象灾害防御条例》实施情况的报告；5.石耀讲话。

十五届人大常委会第二十四次会议于2010年7月27日至28日在如城召开。市人大常委会主任石耀,副主任刘培银、吴晓培、周金仁、程德兴、邵晓泉、张秀良、佘鸣皋以及20名市人大常委会委员出席会议。市人民政府副市长黄成,市人民法院、人民检察院负责人及有关人员列席会议。会议主要议程:1.听取和审议市发展和改革委员会主任杨飞受市人民政府委托所作的关于2010年上半年国民经济和社会发展计划执行情况的报告;2.听取和审议市财政局局长张勇受市人民政府委托所作的关于2009年财政决算情况的报告,通过《如皋市人大常委会关于批准如皋市2009年市本级财政决算的决议》;3.听取和审议市审计局局长冒海清受市人民政府委托所作的关于如皋市2009年度财政预算执行和其他财政收支情况的审计工作报告;4.听取和审议市财政局局长张勇受市人民政府委托所作的关于2010年上半年财政预算执行情况的报告;5.听取和审议市人民政府关于农业园区建设工作的专项报告;6.审议通过"一府两院"提请的人事任免事项;7.黄成作表态发言;8.石耀为被任命人员颁发任命书并讲话。

十五届人大常委会第二十五次会议于2010年9月26日至27日在如城召开。市人大常委会主任石耀,副主任刘培银、吴晓培、周金仁、程德兴、邵晓泉、张秀良、佘鸣皋以及20名市人大常委会委员出席会议。市人民政府副市长马建明,市人民法院、人民检察院负责人列席会议。会议主要议程:1.听取和审议马建明所作的关于政府投资工程招投标工作的报告;2.听取和审议市人大常委会执法检查组关于《中华人民共和国职业病防治法》实施情况的报告;3.听取和审议市人大常委会执法检查组关于《中华人民共和国残疾人保障法》执行情况的报告;4.审议通过《如皋市人民代表大会常务委员会会议公民旁听办法》;5.听取和审议市人民政府关于提请市人大常委会审议2010年如皋市地方债券转贷资金收支安排及市本级预算调整方案(草案)的议案,通过《如皋市人大常委会关于批准2010年如皋市地方债券转贷资金收支安排及市本级预算调整方案的决议》;6.审议通过《如皋市第十五届人大常委会关于确认对吴文山采取法律规定的限制人身自由措施和暂停执行市人大代表职务的决定》;7.马建明作表态发言;8.石耀讲话。

十五届人大常委会第二十六次会议于2010年11月25日至26日在如城召开。市人大常委会主任石耀,副主任刘培银、吴晓培、周金仁、程德兴、邵晓泉、张秀良、佘鸣皋以及20名市人大常委会委员出席会议。市人民政府副市长司祝建,市人民法院、人民检察院负责人列席会议,邀请10名公民旁听会议。会议主要议程:1.听取和审议司祝建所作的关于"建设更高水平小康社会为实现基本现代化奠定坚实基础"议案办理落实情况的报告;2.听取和审议司祝建所作的关于办理十五届人大三次会议代表建议意见工作情况的报告;3.听取和审议司祝建所作的关于2010年政府为民办实事项目实施情况的报告;4. 听取和审议司祝建所作的关于全市工业经济转型升级调结构情况的报告;5.审议通过《如皋市人大常委会关于召开如皋市第十五届人民代表大会第四次会议的决定》;6.审议通过市人民检察院提请的人事任免事项;7.石耀讲话。

十五届人大常委会第二十七次会议于2010年12月27日在如城召开。市人大常委会主任石耀,副主任刘培银、吴晓培、周金仁、程德兴、邵晓泉、张秀良、佘鸣皋以及21名市人大常委会委员出席会议。市人民政府副市长陈万圣,市人民法院、人民检察院负责人列席会议。会议主要议程:1.听取如皋市第十五届人大常委会代表资格审查委员会关于代表变动情况和补选代表资格审查的报告;2.审议通过如皋市第十五届人民代表大会第四次会议的有关事项;3.审议通过市人大常委会2010年工作报告(草案);4.审议通过《如皋市人大常委会于接受刘培银、程德兴同志辞去如皋市人大常委会副主任职务的决定》;5.对市人民政府关于加强物业管理专项工作进行满意度测评。

十五届人大常委会第二十八次会议于2011年1月7日在如城召开。市人大常委会主任石耀,副主任吴晓培、周金仁、邵晓泉、张秀良以及21名市人大常委会委员出席会议。市人民政府副市长陈万圣,市人民法院、人民检察院负责人列席会议。会议主要议程:1.补选南通市人民代表大会代表;2.审议通过"一府两院"提请的人事任免事项。

十五届人大常委会第二十九次会议于2011年2月17日在如城召开。市人大常委会主任石耀,副主任谢新民、吴晓培、周金仁、邵晓泉、张秀良、佘鸣皋以及21名市人大常委会委员出席会议。市人民政府副市长陈万圣，市人民法院、人民检察院负责人列席会议。会议主要议程：1.审议通过如皋市人大常委会2011年工作要点；2.审议通过《如皋市人大常委会关于组织市人大代表调研评议“一府两院”及其有关部门专项工作的办法》；3.审议通过《如皋市人大常委会关于接受张军同志辞去市人民政府副市长职务申请的决定》；4.石耀讲话。

十五届人大常委会第三十次会议于2011年3月29日在如城召开。市人大常委会主任石耀，副主任谢新民、吴晓培、周金仁、邵晓泉、张秀良、佘鸣皋以及23名市人大常委会委员出席会议。市人民法院、人民检察院负责人列席会议，邀请10名公民旁听会议。会议主要议程：1.全国人大代表阎建国传达十一届全国人大四次会议精神；2.听取和审议市人大常委会执法检查组关于《中华人民共和国农产品质量安全法》实施情况的报告；3.审议通过市人民法院提请的人事任免事项；4.审议通过《关于确认许可对缪建明采取法律规定的限制人身自由措施和暂停执行市人大代表职务的决定》；5.审议通过《关于许可对肖卫红采取法律规定的限制人身自由措施和暂停执行市人大代表职务的决定》；6.石耀讲话。

十五届人大常委会第三十一次会议于2011年6月2日至3日在如城召开。市人大常委会主任石耀，副主任吴晓培、周金仁、邵晓泉、张秀良、佘鸣皋以及22名市人大常委会委员出席会议。市人民政府副市长杜永红，市人民法院、人民检察院负责人列席会议。会议主要议程：1.听取《中华人民共和国老年人权益保障法》辅导报告；2.听取和审议杜永红所作的关于全市防汛抗旱情况的专项工作报告和关于全市体育事业发展情况的专项工作报告；3.听取和审议市人大常委会执法检查组关于《中华人民共和国老年人权益保障法》执行情况的报告；4.杜永红作表态发言。

十五届人大常委会第三十二次会议于2011年6月25日在如城召开。市人大常委会主任石耀，副主任谢新民、吴晓培、周金仁、邵晓泉、张秀良、佘鸣皋以及23名市人大常委会委员出席会议。市人民政府市长姜永华，市人民法院、人民检察院负责人列席会议。会议主要议程：1.审议通过市人民政府提请的人事任免事项；2.审议通过《如皋市人大常委会关于接受黄成同志辞去市人民政府副市长职务申请的决定》《如皋市人大常委会关于接受赵男男同志辞去市人民政府副市长职务申请的决定》；3.石耀为被任命人员颁发任命书并讲话。

十五届人大常委会第三十三次会议于2011年8月4日至5日在如城召开。市人大常委会主任石耀，副主任谢新民、吴晓培、周金仁、邵晓泉、张秀良、佘鸣皋以及21名市人大常委会委员出席会议。市人民政府副市长司祝建，市人民法院、人民检察院负责人及有关人员列席会议。会议主要议程：1.听取和审议市发展和改革委员会主任杨飞受市人民政府委托所作的关于2011年上半年国民经济和社会发展计划执行情况的报告；2.听取和审议市财政局局长张勇受市人民政府委托所作的关于如皋市2010年财政决算情况的报告和2011年上半年财政预算执行情况的报告，通过《如皋市人大常委会关于批准如皋市2010年市本级财政决算的决议》；3.听取和审议市审计局局长冒海清受市人民政府委托所作的关于2010年度财政预算执行和其他财政收支情况的审计工作报告；4.听取和审议市人民政府关于如皋市全民法制宣传教育第五个五年规划实施情况报告及制定第六个五年普法规划的说明，通过《如皋市人民代表大会常务委员会关于进一步加强法制宣传教育的决议》；5.听取和审议市人民政府关于首期市政债券使用管理情况的报告；6.司祝建作表态发言；7.石耀讲话。

十五届人大常委会第三十四次会议于2011年9月14日在如城召开。市人大常委会主任石耀，副主任谢新民、吴晓培、邵晓泉、张秀良、佘鸣皋以及22名市人大常委会委员出席会议。市人民政府副市长司祝建，如皋经济开发区党工委副书记、管委会主任马金华列席会议。会议主要议程：听取和审议市人民政府关于提请市人大常委会批准如皋经济开发区公共租赁房一期工程项目贷款本息列入市财政预算的报告，通过《市人大常委会关于批准将如皋经济开发区公共租赁房一期工程项目贷款本息列入市财政预算的决议》。

十五届人大常委会第三十五次会议于2011年9月22日至23日在如城召开。市人大常委会主任石耀,副主任谢新民、吴晓培、周金仁、邵晓泉、张秀良、佘鸣皋以及20名市人大常委会委员出席会议。市人民政府副市长吴道健、陈万圣,市人民法院、人民检察院负责人列席会议。会议主要议程:1.听取和审议陈万圣所作的关于全市市政工程建设与管理专项工作报告;2.听取和审议陈万圣所作的关于全市开放型经济发展情况的专项工作报告;3.听取和审议市人民法院副院长狄邦建所作的关于执行工作情况的专项工作报告;4.审议通过市人民政府和市人民法院提请的人事任免事项;5.吴道健作表态发言。

十五届人大常委会第三十六次会议于2011年11月3日至4日在如城召开。市人大常委会主任石耀,副主任谢新民、吴晓培、周金仁、邵晓泉、张秀良、佘鸣皋以及22名市人大常委会委员出席会议。市人民政府副市长吴道健、缪爱诚,市人民法院、人民检察院负责人列席会议。会议主要议程:1.听取和审议谢新民所作的关于市、镇人民代表大会换届选举有关问题的说明,通过《关于如皋市市镇人民代表大会换届选举问题的决定》《如皋市市镇人民代表大会换届选举工作计划》《如皋市选举委员会组成人员任命名单》《各镇选举委员会组成人员任命名单》《如皋市第十六届人民代表大会代表名额分配方案》《关于新一届镇人民代表大会代表名额的决定》;2.听取和审议市人民政府关于提请如皋市与美国塔拉哈西市缔结友好城市关系的议案,通过《如皋市人大常委会关于批准如皋市与美国塔拉哈西市缔结友好城市关系的决定》;3.审议通过"两院"提请的人事任免事项;4.石耀为被任命人员颁发任命书并讲话。

十五届人大常委会第三十七次会议于2011年12月12日至13日在如城召开。市人大常委会主任石耀,副主任谢新民、吴晓培、周金仁、邵晓泉、张秀良、佘鸣皋以及23名市人大常委会委员出席会议。市人民政府市长姜永华,副市长司祝建,市人民法院、人民检察院负责人列席会议,邀请10名公民旁听会议。会议主要议程:1.听取和审议司祝建所作的关于十五届人大四次会议代表建议意见办理工作情况的报告;2.听取和审议司祝建所作的2011年为民办实事项目实施情况汇报;3.听取和审议市人民政府关于提请市人大常委会审议2011年如皋市地方债券转贷资金收支安排及市本级预算调整方案(草案)的议案,通过《如皋市人大常委会关于批准2011年如皋市地方债券转贷资金收支安排及市本级预算调整方案的决议》;4.听取市人大常委会人事代表工委关于如皋市各镇选举新一届镇人大代表选区划分和代表名额分配方案(草案)的说明;5.审议通过市人民政府提请的人事任免事项;6.审议通过《如皋市人大常委会关于接受杜松华同志辞去市人民政府副市长职务申请的决定》;7.石耀为被任命人员颁发任命书并讲话。

十五届人大常委会第三十八次会议于2011年12月21日在如城召开。市人大常委会主任石耀,副主任谢新民、吴晓培、周金仁、邵晓泉、张秀良、佘鸣皋以及22名市人大常委会委员出席会议。市人民法院、人民检察院负责人列席会议。会议主要议程:听取和审议石耀所作的关于提请补选南通市第十三届人民代表大会代表有关事项的说明。

十五届人大常委会第三十九次会议于2012年1月20日在如城召开。市人大常委会主任石耀,副主任谢新民、吴晓培、周金仁、邵晓泉、张秀良、佘鸣皋以及21名市人大常委会委员出席会议。市人大常委会督导员蒋明华,市人民法院、人民检察院负责人列席会议。会议主要议程:1.审议通过市人民政府提请的人事任免事项;2.审议通过《如皋市人大常委会关于接受唐旭东同志辞去如皋市人民检察院检察长职务申请的决定》《如皋市人大常委会关于何强同志代理如皋市人民检察院检察长职务的决定》;3.石耀为被任命人员颁发任命书并讲话。

十五届人大常委会第四十次会议于2012年3月8日至9日在如城召开。市人大常委会主任石耀,副主任谢新民、吴晓培、周金仁、邵晓泉、张秀良、佘鸣皋以及23名市人大常委会委员出席会议。市人民政府副市长吴道健、李斌,市人大常委会督导员蒋明华,市人民法院、人民检察院负责人列席会议。会议主要议程:1.听取市选举委员会办公室主任谢新民所作的关于全市市、镇两级人大代表换届选举工作情况的报告;2.听取代表资格审查委员会主任吴晓培所作的关于如皋市第十六届人民代表大会代表资格的审查报告;3.听取市人大常委会办公室主任华国瑞所作的关于《如皋市第十五届人大常委会工作报告》《如皋市人大常委会2012年工作要点》和如皋市第十六届人民代表大会第一次会议有关事项的说明;

4.审议通过《如皋市人大常委会关于召开如皋市第十六届人民代表大会第一次会议的决定》《如皋市第十六届人民代表大会第一次会议议程》等;5.审议通过人事任免事项;6.石耀为被任命人员颁发任命书并讲话。

第二节 十五届人大常委会重要人事任免(表)

2008年1月—2012年3月如皋市第十五届人大常委会重要人事任免一览表

表5-8-1

时间	常委会会次	姓名	任免职务
2008.01.22	十五届人大常委会第一次会议	胡拥军	任市政府办公室主任
2008.01.22	十五届人大常委会第一次会议	杨　飞	任市发展计划与经济贸易委员会主任
2008.01.22	十五届人大常委会第一次会议	金海清	任市教育局局长
2008.01.22	十五届人大常委会第一次会议	陈照平	任市科技局局长
2008.01.22	十五届人大常委会第一次会议	杜松华	任市公安局局长
2008.01.22	十五届人大常委会第一次会议	张　勇	任市监察局局长
2008.01.22	十五届人大常委会第一次会议	强汉林	任市民政局局长
2008.01.22	十五届人大常委会第一次会议	王舜慧	任市司法局局长
2008.01.22	十五届人大常委会第一次会议	陈万圣	任市财政局局长
2008.01.22	十五届人大常委会第一次会议	周太荣	任市人事局局长
2008.01.22	十五届人大常委会第一次会议	华国瑞	任市劳动和社会保障局局长
2008.01.22	十五届人大常委会第一次会议	朱贵宏	任市建设局局长
2008.01.22	十五届人大常委会第一次会议	田祥云	任市交通局局长
2008.01.22	十五届人大常委会第一次会议	秦锦国	任市水务局局长
2008.01.22	十五届人大常委会第一次会议	许映如	任市农林局局长
2008.01.22	十五届人大常委会第一次会议	高申贵	任市对外贸易经济合作局局长
2008.01.22	十五届人大常委会第一次会议	钱志刚	任市文化局局长
2008.01.22	十五届人大常委会第一次会议	李向东	任市卫生局局长
2008.01.22	十五届人大常委会第一次会议	张仕荣	任市计划生育委员会主任
2008.01.22	十五届人大常委会第一次会议	孙定一	任市审计局局长
2008.01.22	十五届人大常委会第一次会议	夏正国	任市统计局局长
2008.01.22	十五届人大常委会第一次会议	宋　健	任市环保局局长
2008.01.22	十五届人大常委会第一次会议	魏国林	任市物价局局长
2008.01.22	十五届人大常委会第一次会议	费秀平	任安全生产监督管理局局长
2008.01.22	十五届人大常委会第一次会议	顾建华	任市民族宗教事务局局长
2008.01.22	十五届人大常委会第一次会议	郝　玮	任市人民法院副院长
2008.01.22	十五届人大常委会第一次会议	朱明岩	任市人民法院副院长
2008.01.22	十五届人大常委会第一次会议	夏琪斌	任市人民检察院副检察长
2008.01.22	十五届人大常委会第一次会议	张永松	免去市人民法院副院长职务
2008.01.22	十五届人大常委会第一次会议	薛明亮	免去市人民检察院副检察长职务
2008.03.28	十五届人大常委会第二次会议	孙　杰	任市人民政府副市长
2008.06.25	十五届人大常委会第五次会议	陈万圣	任市人民政府副市长
2008.09.26	十五届人大常委会第八次会议	沈良高	任市监察局局长
2008.09.26	十五届人大常委会第八次会议	张　勇	任市财政局局长
2008.09.26	十五届人大常委会第八次会议	陈万圣	免去市财政局局长职务
2008.09.26	十五届人大常委会第八次会议	陈照平	免去市科技局局长职务
2008.09.26	十五届人大常委会第八次会议	张　勇	免去市监察局局长职务
2008.12.26	十五届人大常委会第十次会议	马建明	任市人民政府副市长

续表5-8-1

时　间	常委会会次	姓　名	任免职务
2008.12.26	十五届人大常委会第十次会议	吴道健	任市人民政府副市长
2008.12.26	十五届人大常委会第十次会议	沈品辉	撤销市人民政府副市长职务
2008.12.26	十五届人大常委会第十次会议	单定方	撤销市人民政府副市长职务
2009.01.22	十五届人大常委会第十二次会议	赵男男	任市人民政府副市长
2009.01.22	十五届人大常委会第十二次会议	杜松华	任市人民政府副市长
2009.01.22	十五届人大常委会第十二次会议	钱志刚	任市政府办公室主任
2009.01.22	十五届人大常委会第十二次会议	张亚鸾	任市科技局局长
2009.01.22	十五届人大常委会第十二次会议	姚呈明	任市文化局局长
2009.01.22	十五届人大常委会第十二次会议	吴剑平	任市人民法院副院长
2009.01.22	十五届人大常委会第十二次会议	胡拥军	免去市政府办公室主任职务
2009.01.22	十五届人大常委会第十二次会议	钱志刚	免去市文化局局长职务
2009.11.27	十五届人大常委会第十七次会议	顾建华	免去市民族宗教事务局局长职务
2010.01.07	十五届人大常委会第十八次会议	朱　俊	免去市人大常委会办公室主任职务
2010.01.07	十五届人大常委会第十八次会议	杨　龙	免去市人大常委会农业和农村工委主任职务
2010.01.07	十五届人大常委会第十八次会议	华国瑞	免去市劳动和社会保障局局长职务
2010.01.07	十五届人大常委会第十八次会议	许映如	免去市农林局局长职务
2010.01.07	十五届人大常委会第十八次会议	周太荣	免去市人事局局长职务
2010.01.07	十五届人大常委会第十八次会议	朱贵宏	免去市建设局局长职务
2010.01.07	十五届人大常委会第十八次会议	田祥云	免去市交通局局长职务
2010.01.07	十五届人大常委会第十八次会议	高申贵	免去市对外贸易经济合作局局长职务
2010.01.07	十五届人大常委会第十八次会议	姚呈明	免去市文化局局长职务
2010.01.07	十五届人大常委会第十八次会议	孙　杰	辞去市人民政府副市长职务
2010.01.07	十五届人大常委会第十八次会议	华国瑞	任市人大常委会办公室主任
2010.01.07	十五届人大常委会第十八次会议	许映如	任市人大常委会农业和农村工委主任
2010.01.07	十五届人大常委会第十八次会议	周太荣	任市人力资源和社会保障局局长
2010.01.07	十五届人大常委会第十八次会议	朱贵宏	任市住房和城乡建设局局长
2010.01.07	十五届人大常委会第十八次会议	王云娟	任市城市管理局局长
2010.01.07	十五届人大常委会第十八次会议	田祥云	任市交通运输局局长
2010.01.07	十五届人大常委会第十八次会议	夏文彬	任市农业委员会主任
2010.01.07	十五届人大常委会第十八次会议	高申贵	任市商务局局长
2010.01.07	十五届人大常委会第十八次会议	姚呈明	任市文化广电新闻出版局局长
2010.01.07	十五届人大常委会第十八次会议	刘金城	任市口岸和港务管理局局长
2010.01.07	十五届人大常委会第十八次会议	张秀祥	任市食品药品监督管理局局长
2010.01.07	十五届人大常委会第十八次会议	钱广胜	任市信访局局长
2010.01.07	十五届人大常委会第十八次会议	蔡可如	任市体育局局长
2010.01.07	十五届人大常委会第十八次会议	朱国镔	任市旅游局局长
2010.01.07	十五届人大常委会第十八次会议	倪建宏	任市人民检察院副检察长
2010.03.01	十五届人大常委会第二十次会议	邢新华	任市司法局局长
2010.03.01	十五届人大常委会第二十次会议	王舜慧	免去市司法局局长职务
2010.03.23	十五届人大常委会第二十一次会议	司祝建	任市人民政府副市长
2010.03.23	十五届人大常委会第二十一次会议	陈冬梅	辞去市人民政府副市长职务
2010.05.27	十五届人大常委会第二十三次会议	李　斌	任市人民政府副市长(挂职)
2010.07.28	十五届人大常委会第二十四次会议	谢跃进	任市环境保护局局长
2010.07.28	十五届人大常委会第二十四次会议	丁建兰	任市物价局局长
2010.07.28	十五届人大常委会第二十四次会议	冒海清	任市审计局局长
2010.07.28	十五届人大常委会第二十四次会议	魏国林	免去市物价局局长职务

续表5-8-1

时间	常委会会次	姓名	任免职务
2010.07.28	十五届人大常委会第二十四次会议	孙定一	免去市审计局局长职务
2010.07.28	十五届人大常委会第二十四次会议	宋　健	免去市环境保护局局长职务
2010.11.26	十五届人大常委会第二十六次会议	马建明	辞去市人民政府副市长职务
2010.12.27	十五届人大常委会第二十七次会议	刘培银	辞去市人大常委会副主任职务
2010.12.27	十五届人大常委会第二十七次会议	程德兴	辞去市人大常委会副主任职务
2011.01.07	十五届人大常委会第二十八次会议	谢万健	任市民政局局长
2011.01.07	十五届人大常委会第二十八次会议	张文斌	任市统计局局长
2011.01.07	十五届人大常委会第二十八次会议	强汉林	免去市民政局局长职务
2011.01.07	十五届人大常委会第二十八次会议	夏正国	免去市统计局局长职务
2011.02.17	十五届人大常委会第二十九次会议	张　军	辞去市人民政府副市长职务
2011.06.25	十五届人大常委会第三十二次会议	黄　成	辞去市人民政府副市长职务
2011.06.25	十五届人大常委会第三十二次会议	赵男男	辞去市人民政府副市长职务
2011.06.25	十五届人大常委会第三十二次会议	缪小华	任市人民政府副市长
2011.06.25	十五届人大常委会第三十二次会议	缪爱诚	任市人民政府副市长
2011.09.23	十五届人大常委会第三十五次会议	吴连江	任市人民政府副市长
2011.12.13	十五届人大常委会第三十七次会议	杜松华	辞去市人民政府副市长职务
2011.12.13	十五届人大常委会第三十七次会议	杜松华	免去市公安局局长职务
2011.12.13	十五届人大常委会第三十七次会议	成　明	任市人民政府副市长、市公安局局长
2012.01.20	十五届人大常委会第三十九次会议	陆雪松	任市人民政府副市长
2012.01.20	十五届人大常委会第三十九次会议	茅红宇	任市人民政府副市长
2012.01.20	十五届人大常委会第三十九次会议	何　强	任市人民检察院副检察长、检察委员会委员、检察员
2012.01.20	十五届人大常委会第三十九次会议	张　健	任市交通运输局局长
2012.01.20	十五届人大常委会第三十九次会议	纪成如	任市商务局局长
2012.01.20	十五届人大常委会第三十九次会议	马玉明	任市港口管理局局长
2012.01.20	十五届人大常委会第三十九次会议	朱留宽	任市安全生产监督管理局局长
2012.01.20	十五届人大常委会第三十九次会议	唐旭东	辞去市人民检察院检察长职务
2012.01.20	十五届人大常委会第三十九次会议	何　强	代理市人民检察院检察长
2012.01.20	十五届人大常委会第三十九次会议	田祥云	免去市交通运输局局长职务
2012.01.20	十五届人大常委会第三十九次会议	高申贵	免去市商务局局长职务
2012.01.20	十五届人大常委会第三十九次会议	费秀平	免去市安全生产监督管理局局长职务
2012.01.20	十五届人大常委会第三十九次会议	刘金城	免去市口岸和港务管理局局长职务
2012.03.09	十五届人大常委会第四十次会议	周荣明	任市人大常委会信访督办室主任
2012.03.09	十五届人大常委会第四十次会议	王晓明	任市人大常委会财政经济工作委员会主任
2012.03.09	十五届人大常委会第四十次会议	喻耀辉	任市人大常委会教科文卫工作委员会主任
2012.03.09	十五届人大常委会第四十次会议	缪永涛	任市人大常委会人事代表工作委员会主任
2012.03.09	十五届人大常委会第四十次会议	费秀平	任市人大常委会农业和农村工作委员会主任
2012.03.09	十五届人大常委会第四十次会议	严金华	免去市人大常委会信访督办室主任职务
2012.03.09	十五届人大常委会第四十次会议	杜道平	免去市人大常委会财政经济工作委员会主任职务
2012.03.09	十五届人大常委会第四十次会议	刘金泉	免去市人大常委会人事代表工作委员会主任职务
2012.03.09	十五届人大常委会第四十次会议	沈寿友	免去市人大常委会教科文卫工作委员会主任职务
2012.03.09	十五届人大常委会第四十次会议	许映如	免去市人大常委会农业和农村工作委员会主任职务

第九章 十六届人大常委会会议

第一节 十六届人大常委会各次会议

十六届人大常委会第一次会议于2012年4月10日至12日在如城召开。市人大常委会主任谢新民，副主任张元健、邵晓泉、阮汝国、张勇以及30名市人大常委会委员出席会议。市人民政府市长姜永华，市人大常委会党组书记石耀，市人民政府副市长吴道健，市人大常委会党组副书记吴晓培，党组成员周金仁，党组成员、督导员张秀良，党组成员、督导员佘鸣皋，督导员蒋明华，市人民法院、人民检察院负责人及其他有关人员列席会议。会议主要议程：1.审议通过《如皋市人民政府关于任命市第十六届人民政府工作部门主要负责人的议案》；2.审议通过市人民法院提请的人事免职事项；3.被提请任命人员供职发言；4.审议通过《如皋市第十六届人大常委会代表资格审查委员会组成人员名单》；5.谢新民讲话。

十六届人大常委会第二次会议于2012年4月27日在如城召开。市人大常委会主任谢新民，副主任张元健、邵晓泉、阮汝国、张勇以及30名市人大常委会委员出席会议。市人大常委会党组书记石耀，党组副书记吴晓培，党组成员周金仁，党组成员、督导员张秀良，党组成员、督导员佘鸣皋，督导员蒋明华，市人民政府党组成员万维庆，市人民法院、人民检察院负责人及其他有关人员列席会议。会议主要议程：1.审议通过《如皋市人大常委会关于接受印国祥辞去南通市第十三届人民代表大会代表职务请求的决定》；2.审议通过《如皋市人大常委会关于确定如皋市人民法院人民陪审员名额的决定》。

十六届人大常委会第三次会议于2012年6月12日在如城召开。市人大常委会主任谢新民，副主任张元健、邵晓泉、阮汝国、张勇以及25名市人大常委会委员出席会议。市人大常委会党组书记石耀，党组副书记吴晓培，党组成员、督导员张秀良，党组成员、督导员佘鸣皋，督导员蒋明华，市人民政府副市长吴道健，市人民法院、人民检察院负责人及有关人员列席会议。会议主要议程：1.审议通过《如皋市人大常委会关于接受程翔辞去南通市第十四届人民代表大会代表职务请求的决定》。2.补选姜永华、黄爱军为南通市第十四届人民代表大会代表。

十六届人大常委会第四次会议于2012年6月14日至15日在如城召开。市人大常委会主任谢新民，副主任张元健、邵晓泉、张勇以及26名市人大常委会委员出席会议。市人大常委会党组书记石耀，党组副书记吴晓培，党组成员、督导员张秀良，督导员蒋明华，市人民政府副市长吴道健，市人民政府副市长、公安局局长成明，市人民法院、市人民检察院负责人及有关人员列席会议。会议主要议程：1.听取和审议成明所作的关于全市外事工作情况的报告；2.听取和审议成明所作的关于全市大调解工作的专项报告；3.听取和审议市人大常委会执法检查组关于《中华人民共和国渔业法》贯彻实施情况的报告；4.听取和审议成明所作的关于《如皋市生态文明建设规划》编审过程及主要内容的说明，通过《市人大常委会关于批准〈江苏省如皋市生态文明建设规划〉(2011-2030)的决议》；5.审议通过市人民检察院提请的人事任免事项；6.谢新民讲话。

十六届人大常委会第五次会议于2012年8月7日至8日在如城召开。市人大常委会主任谢新民，副主任张元健、邵晓泉、阮汝国、张勇以及24名市人大常委会委员出席会议。市人大常委会党组书记石耀，党组副书记吴晓培，党组成员周金仁，党组成员、督导员张秀良，党组成员、督导员佘鸣皋，督导员蒋明华，市人民政府副市长吴道健，市人民法院、人民检察院负责人及有关人员列席会议，邀请10名公民旁听会议。会议主要议程:1.听取和审议市发展和改革委员会主任杨飞受市人民政府委托所作的关于2012年上半年国民经济和社会发展计划执行情况的报告;2.听取和审议市财政局局长王贵成受市人民政府委托所作的关于2011年财政决算和2012年上半年财政预算执行情况的报告;3.听取和审议市审计局局长冒海清受市人民政府委托所作的关于2011年度财政预算执行和其他财政收支情况的审计工作报告;4.听取关于《如皋市人大常委会优秀代表建议、批评和意见的评选及表彰办法》(草案)的说明,通过《如皋市人大常委会优秀代表建议、批评和意见的评选及表彰办法》;5.审议通过《如皋市人大常委会关于接受丁维民、张学贵辞去如皋市第十六届人民代表大会代表职务请求的决定》;6.吴道健作表态发言。

十六届人大常委会第六次会议于2012年9月26日至27日在如城召开。市人大常委会主任谢新民,副主任张元健、邵晓泉、阮汝国、张勇以及27名市人大常委会委员出席会议。市人大常委会党组书记石耀、党组副书记吴晓培,党组成员周金仁,党组成员、督导员佘鸣皋,督导员蒋明华,市人民政府副市长陈万圣、缪爱诚、陆雪松,市人民法院、人民检察院负责人及有关人员列席会议,邀请10名公民旁听会议。会议主要议程:1. 听取和审议缪爱诚所作的关于教育优质均衡改革发展的专项工作报告;2.听取和审议陆雪松所作的关于供电工作的专项工作报告和关于节能减排的专项工作报告;3.听取和审议市人民检察院检察长何强所作的关于民事检察的专项工作报告;4.审议通过市人民法院提请的人民陪审员任命事项;5.听取和审议陈万圣所作的关于提请市人大常委会批准将连申线如皋段航道整治工程银团贷款本息列入市财政预算的报告,通过《如皋市人大常委会关于批准将连申线如皋段航道整治工程银团贷款本息列入市财政预算的决议》;6.审议通过《如皋市人大常委会关于接受李斌辞去市人民政府副市长职务申请的决定》;7.缪爱诚、陆雪松分别作表态发言;8.谢新民讲话。

十六届人大常委会第七次会议于2012年10月22日在如城召开。市人大常委会主任谢新民,副主任邵晓泉、阮汝国、张勇以及30名市人大常委会委员出席会议。市人大常委会党组书记石耀,党组副书记吴晓培,党组成员周金仁,党组成员、督导员张秀良,督导员蒋明华,市人民政府副市长吴道健,市人民法院、人民检察院负责人及有关人员列席会议。会议主要议程:1.审议通过市人民政府提请的人事任免事项;2.谢新民为被任命人员颁发任命书。

十六届人大常委会第八次会议于2012年11月29日至30日在如城召开。市人大常委会主任谢新民,副主任邵晓泉、阮汝国、张勇以及22名市人大常委会委员出席会议。市人大常委会党组书记石耀,党组副书记吴晓培,党组成员周金仁,党组成员、督导员张秀良,督导员蒋明华,市人民政府副市长吴道健、缪爱诚,市人民法院、市人民检察院负责人及有关人员列席会议,邀请10名公民旁听会议。会议主要议程:1.听取和审议吴道健所作的关于为民办实事的专项工作报告、关于办理市十六届人民代表大会第一次会议代表建议、批评、意见情况的报告、关于村级经济发展的专项工作报告;2.听取和审议吴道健所作的关于提请市人大常委会批准回购如皋市港区新农村基础设施开发公司有关代建项目并将回购款列入市财政预算的报告,通过《市人大常委会关于批准回购如皋市港区新农村基础设施开发有限公司有关代建项目并将回购款列入市财政预算的决议》;3.听取和审议市人大常委会办公室主任华国瑞所作的关于《如皋市人大常委会专题询问暂行办法(草案)》的说明,通过《如皋市人大常委会专题询问暂行办法》;4.审议通过《如皋市人大常委会关于召开如皋市第十六届人民代表大会第二次会议的决定》;5.审议通过市人民政府提请的人事任免事项;6.被提请任命人员作供职发言;7.缪爱诚作表态发言;8.谢新民为被任命人员颁发任命书并讲话。

十六届人大常委会第九次会议于2012年12月31日在如城召开。市人大常委会主任谢新民,副主任邵晓泉、阮汝国、张勇以及26名市人大常委会委员出席会议。市人大常委会党组书记石耀,党组副书记吴晓培,党组成员周金仁,党组成员、督导员张秀良,党组成员、督导员佘鸣皋,督导员蒋明华,市人民政府副市长陆雪松,市人民法院、人民检察院负责人及有关人员列席会议。会议主要议程:1.听取和审议陆雪松所作的关于全市新兴产业发展情况的专项工作报告;2.听取和审议市人大常委会内务司法工委关于国务院《信访条例》执法检查情况的报告;3.听取和审议关于《如皋市人大常委会2012年工作报告(草案)》和关于市第十六届人大二次会议有关事项的说明;4.听取《关于表彰市十六届人大一次会议优秀代表建议的决定(草案)》的说明,通过《如皋市人大常委会关于表彰市十六届人大一次会议优秀代表建议的决定》;5.审议通过市人民法院提请的人事任免事项;6.被提请任命人员作供职发言;7.陆雪松作表态发言;8.谢新民讲话。

十六届人大常委会第十次会议于2013年1月5日在如城召开。市人大常委会主任谢新民,副主任张元健、邵晓泉、阮汝国、张勇以及30名市人大常委会委员出席会议。市人大常委会党组书记石耀,党组副书记吴晓培,党组成员周金仁,党组成员、督导员张秀良,党组成员、督导员余鸣皋,督导员蒋明华,市人民法院、人民检察院负责人列席会议。会议主要议程:1.审议通过市人民政府提请的人事任免事项;2.被提请任命人员作供职发言;3.审议通过《如皋市人大常委会关于接受姜永华辞去如皋市人民政府市长职务申请的决定》《如皋市人大常委会关于陈晓东同志代理如皋市人民政府市长职务的决定》。

十六届人大常委会第十一次会议于2013年2月27日在如城召开。市人大常委会主任谢新民,副主任张元健、邵晓泉、张勇以及26名市人大常委会委员出席会议。市人大常委会党组书记石耀,党组副书记吴晓培,党组成员、督导员张秀良,党组成员、督导员余鸣皋,督导员蒋明华,市人民政府副市长陆雪松,市人民法院、人民检察院负责人及有关人员列席会议。会议主要议程:1.听取和审议市人大常委会办公室主任华国瑞所作的关于《如皋市人大常委会2013年度工作要点(草案)》的说明,通过《如皋市人大常委会2013年度工作要点》;2.审议通过市人民检察院提请的人事任免事项;3.被提请任命人员作供职发言;4.谢新民为被任命人员颁发任命书并讲话。

十六届人大常委会第十二次会议于2013年3月14日在如城召开。市人大常委会主任谢新民,副主任张元健、邵晓泉、张勇以及27名市人大常委会委员出席会议。市人大常委会党组书记石耀,党组副书记吴晓培,党组成员、督导员余鸣皋,市人民政府副市长吴道健,市人民法院、市人民检察院负责人及有关人员列席会议。会议主要议程:1.听取和审议市人大常委会人事代表工委主任缪永涛所作的关于《如皋市人大常委会关于进一步加强市人大代表与人民群众密切联系的意见(草案)》的说明,通过《如皋市人大常委会关于进一步加强市人大代表与人民群众密切联系的意见(草案)》;2.审议通过市人民法院提请的人事任免事项;3.被提请任命人员作供职发言;4.审议通过《如皋市人大常委会关于接受阮汝国辞去南通市第十四届人民代表大会代表职务请求的决定》《如皋市人大常委会关于接受阮汝国辞去如皋市第十六届人民代表大会代表职务请求的决定》;5.谢新民为被任命人员颁发任命书。

十六届人大常委会第十三次会议于2013年4月8日在如城召开。市人大常委会主任谢新民,副主任张元健、邵晓泉、张勇以及26名市人大常委会委员出席会议。市人大常委会党组书记石耀,党组副书记吴晓培,党组成员、督导员张秀良,党组成员、督导员余鸣皋,督导员蒋明华,市人民政府副市长吴道健、谢刚,市人民法院、人民检察院负责人及有关人员列席会议。会议主要议程:1.听取和审议决定区划调整后新建镇人大选举有关事项,通过《如皋市人大常委会关于全市新建镇人民代表大会选举问题的决定(草案)》《如皋市人大常委会关于全市新建镇人民代表大会代表名额的决定(草案)》和《如皋市人大常委会新建镇选举委员会组成人员任命名单(草案)》;2.审议通过有关人事任免事项;3.被提请任命人员作供职发言;4.谢新民为被任命人员颁发任命书。

十六届人大常委会第十四次会议于2013年4月26日在如城召开。市人大常委会主任谢新民,副主任张元健、邵晓泉、张勇以及26名市人大常委会委员出席会议。市人大常委会党组书记石耀,党组副书记吴晓培,党组成员、督导员余鸣皋,督导员蒋明华,市人民政府副市长杜永红、陆雪松,市人民法院、人民检察院负责人及有关人员列席会议。会议主要议程:1.听取和审议杜永红所作的关于全市村庄环境整治情况的报告;2.听取和审议市人大常委会执法检查组关于《中华人民共和国安全生产法》实施情况的报告;3.审议通过市人民检察院提请的人事任免事项;4.审议通过《如皋市人大常委会关于接受黄建龙辞去南通市第十四届人民代表大会代表职务请求的决定》《如皋市人大常委会关于接受黄建龙辞去如皋市第十六届人民代表大会代表职务请求的决定》。

十六届人大常委会第十五次会议于2013年5月24日在如城召开。市人大常委会主任谢新民,副主任张元健、张勇以及29名市人大常委会委员出席会议。市人大常委会党组书记石耀,党组副书记吴晓培,党组成员、督导员佘鸣皋,党组成员、督导员蒋明华,市人民政府副市长吴道健、谢刚,市人民法院院长吴存银,市人民检察院负责人及有关人员列席会议。会议主要议程:1.听取和审议吴存银所作的关于民事审判工作情况的报告;2.审议通过"一府两院"提请的人事任免事项;3.被提请任命人员作供职发言;4.吴存银作表态发言;5.谢新民为被任命人员颁发任命书。

十六届人大常委会第十六次会议于2013年7月2日在如城召开。市人大常委会主任谢新民,副主任张元健、邵晓泉、张勇以及29名市人大常委会委员出席会议。市人大常委会党组书记石耀,党组副书记吴晓培,党组成员、督导员佘鸣皋,党组成员、督导员蒋明华,如皋经济开发区党工委书记马金华,市人民政府副市长杜永红,市人民法院、人民检察院负责人及有关人员列席会议。会议主要议程:听取和审议如皋市人民政府《关于提请市人大常委会批准签订开发区发债项目回购协议并将回购款列入市财政预算的议案》,通过《如皋市人大常委会关于批准签订开发区发债项目回购协议并将项目回购款列入市财政预算的决议》。

十六届人大常委会第十七次会议于2013年7月30至31日在如城召开。市人大常委会主任谢新民,副主任张元健、邵晓泉、张勇以及24名市人大常委会委员出席会议。市人大常委会党组书记石耀,党组副书记吴晓培,党组成员、督导员佘鸣皋,党组成员、督导员蒋明华,市人民政府副市长吴道健,市人民法院、人民检察院负责人及有关人员列席会议。会议主要议程:1.听取和审议市发展和改革委员会主任杨飞受市人民政府委托所作的关于2013年上半年国民经济和社会发展计划执行情况的报告;2.听取和审议市财政局局长王贵成受市人民政府委托所作的关于2012年度财政决算情况的报告和2013年上半年财政预算执行情况的报告;3.听取和审议市审计局局长冒海清受市人民政府委托所作的关于2012年度财政预算执行和其他财政收支情况的审计工作报告;4.审议通过《如皋市人大常委会关于批准如皋市2012年市本级财政决算的决议》;5. 听取市人大常委会人事代表工委关于《如皋市人民代表大会常务委员会街道工作委员会工作暂行办法(草案)》的说明,审议通过《如皋市人民代表大会常务委员会街道工作委员会工作暂行办法》6.吴道健作表态发言;7.谢新民讲话。

十六届人大常委会第十八次会议于2013年9月24至25日在如城召开。市人大常委会主任谢新民,副主任张元健、邵晓泉、张勇以及24名市人大常委会委员出席会议。市人大常委会党组书记石耀,党组成员、督导员佘鸣皋,市人民政府副市长杜永红、陈万圣、缪爱诚、陆雪松,市人民法院、人民检察院负责人及有关人员列席会议。会议主要议程:1.听取和审议杜永红所作的关于全市社会养老服务体系建设情况的报告;2.听取和审议缪爱诚所作的关于全市医院改革与医疗市场管理情况的报告;3.听取和审议陆雪松所作的关于全市工业重大项目推进情况的报告;4. 听取和审议陈万圣所作的关于"十一五"以来全市交通建设与管理情况的报告、提请市人大常委会批准如皋沿江开发投资有限公司发行企业债券及相关事项的议案和提请人大常委会批准以投资建设与转让收购模式建设丁磨线改造工程和丁磨线西延工程项目并将相应回购资金列入市财政预算的议案;5.审议通过《如皋市人大常委会关于批准丁磨线改造工程和丁磨线西延工程有关事项的决议》;6.专题询问市人民政府交通建设与管理工作;7.陈万圣、陆雪松分别作表态发言;8.谢新民讲话。

十六届人大常委会第十九次会议于2013年11月27至28日在如城召开。市人大常委会主任谢新民,副主任张元健、邵晓泉、张勇以及25名市人大常委会委员出席会议。市人大常委会党组书记石耀,党组成员、督导员蒋明华,市人民政府副市长吴道健、杜永红,市人民政府党组成员万维庆,市人民法院、人民检察院负责人及有关人员列席会议,邀请10名公民应旁听会议。会议主要议程:1.听取和审议吴道健所作的关于办理十六届人大二次会议人大代表建议意见工作情况的报告、2013年政府为民办实事项目实施情况汇报和关于全市"六五"普法工作情况的报告;2.听取和审议市人大常委会财经工委关于《如皋市人大常委会关于街道办事处财政预算审查监督暂行办法(草案)》的说明,通过《如皋市人大常委会关于街道办事处财政预算审查监督暂行办法》;3.审议通过《如皋市人大常委会关于召开如皋市第十六届人民代表大会第三次会议的决定》;4.杜永红作表态发言;5.谢新民讲话。

十六届人大常委会第二十次会议于2013年12月26至27日在如城召开。市人大常委会主任谢新民,副主任张元健、邵晓泉、张勇以及27名市人大常委会委员出席会议。市人大常委会党组书记石耀,党组成员、督导员蒋明华,市人民政府副市长陈万圣,市人民法院、人民检察院负责人及有关人员列席会议。会议主要议程:1.听取和审议陈万圣所作的关于提请审议《如皋市城市总体规划(2012—2030)》的议案;2.听取和审议人大常委会办公室主任华国瑞所作的关于《市人大常委会2013年工作报告(草案)》和市第十六届人大三次会议有关事项的说明;3.听取和审议市人大常委会人事代表工委主任缪永涛所作的《关于表彰市十六届人大二次会议优秀代表建议的决定》的说明;4.听取和审议陈万圣所作的关于提请批准我市与日本瑞穗市缔结友城关系的议案;5.审议通过"两院"提请的人事任免事项;6.被提请任命人员作供职发言;7.通过《如皋市人大常委会关于原则同意<如皋市城市总体规划(2012—2030)>的决议》《如皋市人大常委会2013年工作报告》《如皋市十六届人民代表大会第三次会议有关事项》和《关于表彰市十六届人大二次会议优秀代表建议的决定》8.通过《如皋市人大常委会关于接受陈德萍同志辞去如皋市第十六届人民代表大会常务委员会委员职务请求的决定》;9.听取和审议谢新民所作的关于提请补选南通市第十四届人大代表有关事项的说明;10.陈万圣作表态发言;11.谢新民讲话。

十六届人大常委会第二十一次会议于2014年1月7日在如城召开。市人大常委会主任谢新民,副主任张元健、邵晓泉、张勇以及29名市人大常委会委员出席会议。市人大常委会党组书记石耀,党组成员、督导员蒋明华,市人民政府副市长陆雪松,市人民法院院长吴存银,市人民检察院检察长何强及有关人员列席会议。会议主要议程:1.审议通市人民政府提请的人事任免事项;2.被提请任命人员作供职发言;3.谢新民为被任命的人员颁发任命书并讲话。

十六届人大常委会第二十二次会议于2014年2月18日在如城召开。市人大常委会主任谢新民,副主任张元健、邵晓泉、刘聪泉、张勇以及27名市人大常委会委员出席会议。市人大常委会党组书记石耀,党组成员、督导员蒋明华,市人民政府副市长缪爱诚,市人民法院、人民检察院负责人及有关人员列席会议。会议主要议程:1.审议并通过《如皋市人大常委会2013年度工作要点(草案)》;2.谢新民讲话。

十六届人大常委会第二十三次会议于2014年3月27日在如城召开。市人大常委会主任谢新民,副主任张元健、刘聪泉、张勇以及25名市人大常委会委员出席会议。市人民政府副市长谢刚,市人民法院院长吴存银,市人民检察院检察长何强,市人大常委会老领导石耀、蒋明华及其他有关人员列席会议。会议主要议程:1.听取和审议谢刚所作的关于全市现代服务业发展情况的报告;2.审议通过《关于重新确定如皋市人民法院人民陪审员名额的决定》;3.审议通过市人民法院提请的人事任免事项;4.被提请任命人员作供职发言;5.谢刚作表态发言;6.谢新民为被任命人员颁发任命书。

十六届人大常委会第二十四次会议于2014年5月26日至27日在如城召开。市人大常委会主任谢新民,副主任张元健、刘聪泉、张勇以及26名市人大常委会委员出席会议。市人民政府市长陈晓东,副市长吴道健、杜永红、缪爱诚,市人民法院、人民检察院负责人列席会议。会议主要议程:1.审议通过市人民政府提请的人事任免事项;2.审议通过市人民法院提请的人事任免事项;3.被提请任命人员作供职发言;4.听取和审议吴道健所作的关于提请市人大常委会批准将春晖花苑与平江苑安置小区回购款纳入市财政预算的议案;5. 听取和审议市人民检察院检察长何强所作的关于贯彻执行《中华人民共和国刑事诉讼法》情况的报告;6.听取和审议市人大常委会农业和农村工委主任费秀平所作的关于《中华人民共和国兵役法》贯彻实施情况的报告;7.听取和审议市人大常委会教科文卫工委主任喻耀辉所作的关于《中华人民共和国职业教育法》贯彻实施情况的报告;8.审议通过《如皋市人大常委会关于接受卞均锋辞去如皋市第十六届人民代表大会代表职务请求的决定》《如皋市人大常委会关于接受陈怀进辞去如皋市第十六届人民代表大会代表职务请求的决定》;9.审议通过《如皋市人大常委会关于批准将春晖花苑与平江花苑安置小区项目回购款列入市财政预算的决议》；10.杜永红、何强分别作表态发言；11.谢新民为被任命人员颁发任命书。

十六届人大常委会第二十五次会议于2014年7月30日在如城召开。市人大常委会主任谢新民，副主任张元健、邵晓泉、刘聪泉、张勇以及26名市人大常委会委员出席会议。市人民政府副市长吴道健、茅红宇，市人民法院、人民检察院负责人及有关人员列席会议。会议主要议程：1.听取和审议市发改委主任杨飞受市人民政府委托所作的关于2014年上半年国民经济和社会发展计划执行情况的报告；2.听取和审议市财政局局长王贵成受市人民政府委托所作的关于2013年财政决算情况的报告和2014年上半年财政预算执行情况的报告；3.听取和审议市审计局局长冒海清受市人民政府委托所作的关于2013年度财政预算执行和其他财政收支情况的审计工作报告；4.听取和审议市人大常委会人事代表工委主任缪永涛所作的关于《如皋市人大常委会组成人员联系市人民代表大会代表暂行办法》的说明；5.审议通过《如皋市人大常委会关于批准如皋市2013年市本级财政决算的决议》《如皋市人大常委会关于人大常委会组成人员联系市人民代表大会代表的暂行办法》；6.吴道健作表态发言；7.谢新民讲话。

十六届人大常委会第二十六次会议于2014年8月28日在如城召开。市人大常委会主任谢新民，副主任张元健、邵晓泉、刘聪泉、张勇以及26名人大常委会委员出席会议。市委常委、市人民政府副市长吴道健、茅红宇，市人民法院、人民检察院负责人列席会议。会议主要议程：1.听取和审议市发展和改革委员会主任杨飞受市人民政府委托所作的关于如皋市"十二五"规划《纲要》中期评估报告；2.听取和审议吴道健所作的关于提请市人大常委会批准调整"十二五"规划部分指标的议案及相关说明；3.听取和审议市人大常委会办公室主任华国瑞所作的关于修订《讨论、决定重大事项的规定（草案）》的说明；4.听取和审议市人大常委会人事代表工委主任缪永涛所作的《关于"一府两院"相关人员报告工作的暂行办法（草案）》的说明和关于《如皋市人民代表大会代表建议、批评和意见处理办法（草案）》的说明；5.通过《如皋市人大常委会关于批准如皋市"十二五"规划部分指标调整方案的决议》《如皋市人民代表大会常务委员会讨论、决定重大事项的规定》《如皋市人民代表大会代表建议、批评和意见处理办法》；6.谢新民讲话。

十六届人大常委会第二十七次会议于2014年9月23日在如城召开。市人大常委会主任谢新民，副主任张元健、邵晓泉、刘聪泉、张勇以及28名市人大常委会委员出席会议。市人民政府市长陈晓东，副市长杜永红，市人民法院、人民检察院负责人列席会议。会议主要议程：1.听取和审议市人民政府提请的人事任免事项；2.听取和审议杜永红所作的关于全市林业发展情况的报告和关于提请如皋市经济贸易开发总公司发行企业债券及相关事项的议案；3.听取和审议市人民法院院长吴存银所作的关于法院执行工作情况的报告；4.审议通过《如皋市人大常委会关于批准如皋市经济贸易开发总公司发行企业债券及其有关事项的决议》。

十六届人大常委会第二十八次会议于2014年11月27日至28日在如城召开。市人大常委会主任谢新民，副主任张元健、邵晓泉、刘聪泉、张勇以及26名市人大常委会委员出席会议。市人民政府市长陈晓东，副市长陈万圣、杜永红，市人民政府党组成员万维庆，市人民法院、人民检察院负责人列席会议，10名公民受邀旁听会议。会议主要议程：1.听取和审议杜永红所作的关于全市税收征管工作报告、关于办理代表建议意见工作和为民办实事工作的专项报告；2.听取和审议"两院"提请的人事任免事项；3.被提请任命人员作供职发言；4.审议通过《如皋市人大常委会关于批准2014年市本级公共财政收支预算调整方案的决议》《如皋市人大常委会关于召开如皋市第十六届人民代表大会第四次会议的决定》；5.杜永红作表态发言；6.谢新民为被任命人员颁发任命书并讲话。

十六届人大常委会第二十九次会议于2014年12月19日在如城召开。市人大常委会主任谢新民，副主任张元健、邵晓泉、刘聪泉、张勇以及26名市人大常委会委员出席会议。市人民政府副市长吴道健，市人民法院、人民检察院负责人及有关人员列席会议。会议主要议程：1.听取和审议吴道健所作的关于如皋市人民政府职能转变和机构改革方案的报告和关于实施区域供水同网同价的报告；2.审议通过《如皋市人大常委会关于批准实施区域供水同网同价方案的决议》。

十六届人大常委会第三十次会议于2014年12月23日在如城召开。市人大常委会主任谢新民，副主任张元健、邵晓泉、刘聪泉、张勇以及25名市人大常委会委员出席会议。市人民政府副市长吴道健，市人民法院、人民检察院负责人及有关人员列席会议。会议主要议程：1.听取和审议市人民政府提请的人事任免事项；2.听取发改委主任杨飞等11名政府组成部门负责人的履职情况报告，并进行测评；3.听取和审议市人大常委会办公室主任华国瑞所作的关于《市人大常委会2014年工作报告(草案)》和市第十六届人大四次会议有关事项的说明；4.听取和审议市人大常委会人事代表工委主任缪永涛所作的《关于表彰市十六届人大三次会议优秀代表建议的决定》的说明；5.听取和审议谢新民所作的关于补选南通市第十四届人大代表有关事项的说明；6.听取和审议邵晓泉所作的如皋市人大常委会代表资格审查委员会关于代表变动情况和补选代表资格审查的报告；7.听取和审议吴道健所作的关于提请市人大常委会批准有关融资项目的议案；8.通过《关于表彰市十六届人大三次会议优秀代表建议的决定》《市人大常委会关于批准市人民政府有关项目贷款的本息列入市财政预算的决议》；9.被提请任命人员作供职发言；10. 谢新民为被任命人员颁发任命书并讲话。

十六届人大常委会第三十一次会议于2015年1月26日在如城召开。市人大常委会主任谢新民，副主任张元健、邵晓泉、刘聪泉、张勇以及28名市人大常委会委员出席会议。市人民政府市长陈晓东，市人民法院、人民检察院负责人列席会议。会议主要议程：1.听取和审议市人大常委会主任会议、市人民政府和市人民法院提请的人事任免事项；2.审议并原则通过了《如皋市人大常委会2015年工作要点(草案)》；3.被提请任命人员作供职发言；4.谢新民为被任命人员颁发任命书。

十六届人大常委会第三十二次会议于2015年4月8日在如城召开。市人大常委会主任谢新民，副主任张元健、邵晓泉、刘聪泉、张勇以及27名市人大常委会委员出席会议。市人民政府副市长吴道健、杜永红，市人民法院院长吴存银，市人民检察院检察长何强列席会议。会议主要议程：1.听取和审议吴道健所作的关于提请市人大常委会批准有关融资项目的议案；2.听取和审议市人大常委会农业和农村工委主任费秀平所作的关于检查《中华人民共和国老年人权益保障法》贯彻实施情况的报告；3.审议通过市人大常委会主任会议和“两院”提请的人事任免事项；4.审议通过《如皋市人大常委会关于批准226省道如皋段改扩建工程贷款本息列入市财政预算的决议》和《如皋市人大常委会关于批准将长江镇向浙江海亮融资租赁公司融资的本息列入市财政预算的决议》；5.被提请任命人员作供职发言；6.谢新民为新任命人员颁发任命书。

十六届人大常委会第三十三次会议于2015年5月27日至28日在如城召开。市人大常委会主任谢新民，副主任张元健、邵晓泉、刘聪泉、张勇以及27名市人大常委会委员出席会议。市人民政府副市长吴道健、缪爱诚，市人民法院院长吴存银，市人民检察院检察长何强列席会议。会议主要议程：1.听取和审议吴道健所作的关于全市金融工作的报告；2.听取和审议吴存银所作的关于贯彻实施修改后《中华人民共和国刑事诉讼法》情况的报告；3.听取和审议缪爱诚所作的关于落实市人大常委会对全市教育优质均衡改革发展审议意见情况的报告；4.听取和审议吴存银所作的关于落实市人大常委会对执行工作审议意见情况的报告；5.审议通过市人民法院提请的人事任免事项；6.审议通过《如皋市人大常委会关于接受秦智坤辞去市人民政府副市长职务申请的决定》；7.被提请任命人员作供职发言；8.谢新民为被任命人员颁发任命书并讲话。

十六届人大常委会第三十四次会议于2015年8月6日至7日在如城召开。市人大常委会主任谢新民，副主任张元健、邵晓泉、刘聪泉、张勇以及27名市人大常委会委员出席会议。市人民政府副市长吴道健，市人民法院院长吴存银，人民检察院检察长何强列席会议。会议主要议程：1.听取和审议吴道健所作的关于全市国土资源管理工作情况的报告；2.听取和审议市发展和改革委员会主任杨飞受市人民政府委托所作的关于2015年上半年国民经济和社会发展计划执行情况的报告；3.听取和审议市财政局局长王贵成受市政府委托所作的关于2014年财政决算情况的报告和2015年上半年财政预算执行情况的报告，以及市政府关于2015年市级预算调整方案（草案）的报告；4.听取和审议市审计局局长冒海清受市政府委托作关于2014年度财政预算执行和其他财政收支情况的审计工作报告；5.审议通过《如皋市人大常委会关于批准2014年市级财政决算的决议》和《如皋市人大常委会关于批准2015年市级预算调整方案的决议》；6.吴道健作表态发言；7.谢新民讲话。

十六届人大常委会第三十五次会议于2015年9月29日在如城召开。市人大常委会主任谢新民，副主任张元健、邵晓泉、刘聪泉、张勇以及25名市人大常委会委员出席会议。市人民政府副市长吴道健、杜永红、陈万圣、姜业奎，市政府党组成员万维庆，市人民法院、人民检察院负责人列席会议。会议主要议程：1.听取和审议吴道健所作的关于如皋市相对集中行政许可权改革试点方案的说明；2.审议通过市人民政府和市人民法院提请的人事任免事项；3.听取和审议市人大常委会城建环保工委主任黄兆林所作的关于《中华人民共和国城乡规划法》贯彻实施情况的报告；4.听取和审议杜永红所作的关于新型农业经营主体发展专项工作报告和关于落实市人大常委会对全市村庄环境整治工作审议意见情况的报告；5.听取部分南通市人大代表报告履职情况；6.陈万圣、姜业奎分别作表态发言；7.被提请任命人员作供职发言；8.谢新民为被任命人员颁发任命书并讲话。

十六届人大常委会第三十六次会议于2015年11月27日在如城召开。市人大常委会主任谢新民，副主任张元健、邵晓泉、刘聪泉、张勇以及25名市人大常委会委员出席会议。市人民政府副市长吴道健、杜永红，市人民法院、人民检察院负责人列席会议。会议主要议程：1.听取和审议杜永红所作的关于社会保险工作和关于落实市人大常委会对生态文明建设工作审议意见情况的报告；2.听取和审议吴道健所作的关于办理代表建议和为民办实事工作情况的报告；3.听取和审议市政府关于提请审议如皋历史文化名城和白蒲镇历史文化名镇保护规划（2013—2030）的议案；4.听取和审议吴道健所作的关于2015年市本级预算调整方案（草案）的报告，并提请融资事项；5.审议通过《如皋市人大常委会关于批准〈如皋历史文化名城保护规划〉的决议》《如皋市人大常委会关于批准2015年市本级预算调整方案的决议》《如皋市人大常委会关于批准将2015年“一带一路”（江苏南通）建设集合债券还款本息列入市财政预算的决议》；6.吴道健表态发言；7.谢新民讲话。

十六届人大常委会第三十七次会议于2015年12月25日在如城召开。市人大常委会主任谢新民，副主任张元健、邵晓泉、刘聪泉、张勇以及27名市人大常委会委员出席会议。市人民政府副市长陈万圣、缪爱诚，市人民法院、人民检察院负责人列席会议。会议主要议程：1. 听取“一府两院”相关人员报告工作；2. 听取关于如皋市第十六届人民代表大会常务委员会代表资格审查委员会关于代表变动情况的审查报告；3.审议通过市人大常委会2015年工作报告和市第十六届人民代表大会第五次会议的有关事项；4.审议通过《关于表彰市十六届人大四次会议优秀代表建议的决定》；5.听取和审议市政府关于2011-2013年度同级审发现重点问题整改工作情况的报告。

十六届人大常委会第三十八次会议于2016年2月2日在如城召开。市人大常委会主任谢新民，副主任张元健、邵晓泉、张勇以及26名人大常委会委员出席会议。市长陈晓东，市人大常委会党组成员刘聪泉，市人民政府党组成员万维庆，市人民法院、人民检察院负责人列席会议。1.审议通过有关人事任免事项；2.听取和审议市人大常委会办公室主任华国瑞所作的关于《如皋市人大常委会2016年工作要点(草案)》的说明，通过《如皋市人大常委会2016年工作要点》；3.被提请任命人员作供职发言；4.谢新民为被任命人员颁发任命书并讲话。

十六届人大常委会第三十九次会议于2016年4月6日在如城召开。市人大常委会主任谢新民，副主任张元健、邵晓泉、张勇以及26名人大常委会委员出席会议。市人民政府副市长杜永红，市人大常委会党组成员刘聪泉，市人民法院、人民检察院负责人列席会议。会议主要议程：1.听取和审议市人大常委会农业和农村工委主任费秀平所作的关于检查《中华人民共和国残疾人保障法》贯彻实施情况的报告；2.听取和审议杜永红所作的关于提请市人大常委会批准有关融资项目的议案；3.审议通过有关人事任免事项；4.审议通过《如皋市人大常委会关于批准将226省道如皋段改扩建工程政府购买服务资金列入市财政预算的决议》;5.被提请任命人员作供职发言;6.谢新民为被任命人员颁发任命书。

十六届人大常委会第四十次会议于2016年5月27日在如城召开。市人大常委会主任谢新民,副主任张元健、邵晓泉、张勇以及27名人大常委会委员出席会议。市人民政府副市长吴道健、陈万圣、缪爱诚,市人大常委会党组成员刘聪泉,市人民法院、人民检察院负责人列席会议。会议主要议程:1.听取和审议吴道健所作的关于提请市人大常委会批准有关融资项目的议案;2.听取和审议陈万圣所作的关于全市建筑业发展情况的专项报告;3.听取和审议市人大常委会教科文卫工委主任喻耀辉所作的关于检查《中华人民共和国档案法》贯彻实施情况的报告;4. 听取市文广新局和体育局关于落实市人大评议意见情况的报告;5.听取市人大常委会财经工委主任王晓明所作的关于《如皋市人大常委会预算审查咨询专家库管理暂行办法(草案)》的说明,审议通过《如皋市人大常委会预算审查咨询专家库管理暂行办法》;5.审议通过有关人事任免事项。

十六届人大常委会第四十一次会议于2016年7月6日在如城召开。市人大常委会主任谢新民,副主任张元健、邵晓泉、张勇以及28名人大常委会委员出席会议。市委书记、市长陈晓东,市委副书记何益军,市人民法院、人民检察院负责人列席会议。会议主要议程:1.审议通过市人民政府提请的人事任命免事项;2.被提请任命人员作供职发言;3.审议通过《如皋市人大常委会关于接受陈晓东辞去如皋市人民政府市长职务申请的决定》《如皋市人大常委会关于接受陆雪松辞去如皋市人民政府副市长职务申请的决定》;4.审议通过《如皋市人大常委会关于何益军代理如皋市人民政府市长职务的决定》;5.谢新民为被任命人员颁发任命书。

十六届人大常委会第四十二次会议于2016年7月15日在如城召开。市人大常委会主任谢新民,副主任张元健、邵晓泉、张勇以及28名人大常委会委员出席会议。代市长何益军,副市长杜永红,市人民法院、人民检察院负责人列席会议。会议主要议程:1.审议通过“一府两院”提请的人事任免事项;2.被提请任命人员作供职发言;3.审议通过《如皋市人大常委会关于接受成明同志辞去如皋市人民政府副市长职务申请的决定》《如皋市人大常委会关于接受吴存银辞去如皋市人民法院院长职务申请的决定》《如皋市人大常委会关于接受何强辞去如皋市人民检察院检察长职务申请的决定》;4.审议通过《如皋市人大常委会关于章智敏代理如皋市人民法院院长职务的决定》《如皋市人大常委会关于孙亚代理如皋市人民检察院检察长职务的决定》;5.听取和审议市人民政府副市长杜永红所作的关于自来水价格调整及改革的报告,通过《如皋市人大常委会关于批准自来水价格调整及改革方案的决定》;6.谢新民为被任命人员颁发任命书。

第二节　十六届人大常委会重要人事任免(表)

2012年4月—2016年7月如皋市第十六届人大常委会重要人事任免一览表

表5-9-1

时　间	常委会会次	姓名	任免职务
2012.04.11	十六届人大常委会第一次会议	钱志刚	任市政府办公室主任
2012.04.11	十六届人大常委会第一次会议	钱广胜	任市信访局局长
2012.04.11	十六届人大常委会第一次会议	杨　飞	任市发展和改革委员会主任
2012.04.11	十六届人大常委会第一次会议	金海清	任市教育局局长
2012.04.11	十六届人大常委会第一次会议	张亚鸾	任市科学技术局局长
2012.04.11	十六届人大常委会第一次会议	成　明	任市公安局局长
2012.04.11	十六届人大常委会第一次会议	沈良高	任市监察局局长
2012.04.11	十六届人大常委会第一次会议	谢万健	任市民政局局长
2012.04.11	十六届人大常委会第一次会议	狄邦建	任市司法局局长

续表5-9-1

时　间	常 委 会 会 次	姓　名	任　免　职　务
2012.04.11	十六届人大常委会第一次会议	王贵成	任市财政局局长
2012.04.11	十六届人大常委会第一次会议	周太荣	任市人力资源和社会保障局局长
2012.04.11	十六届人大常委会第一次会议	朱贵宏	任市住房和城乡建设局局长
2012.04.11	十六届人大常委会第一次会议	何福平	任市城市管理局局长
2012.04.11	十六届人大常委会第一次会议	张　健	任市交通运输局局长
2012.04.11	十六届人大常委会第一次会议	秦锦国	任市水务局局长
2012.04.11	十六届人大常委会第一次会议	夏文彬	任市农业委员会主任
2012.04.11	十六届人大常委会第一次会议	纪成如	任市商务局局长
2012.04.11	十六届人大常委会第一次会议	姚呈明	任市文化广电新闻出版局局长
2012.04.11	十六届人大常委会第一次会议	李向东	任市卫生局局长
2012.04.11	十六届人大常委会第一次会议	张仕荣	任市人口和计划生育委员会主任
2012.04.11	十六届人大常委会第一次会议	冒海清	任市审计局局长
2012.04.11	十六届人大常委会第一次会议	谢跃进	任市环境保护局局长
2012.04.11	十六届人大常委会第一次会议	朱留宽	任市安全生产监督管理局局长
2012.04.11	十六届人大常委会第一次会议	张文斌	任市统计局局长
2012.04.11	十六届人大常委会第一次会议	丁建兰	任市物价局局长
2012.04.11	十六届人大常委会第一次会议	马玉明	任市港口管理局局长
2012.04.11	十六届人大常委会第一次会议	张秀祥	任市食品药品监督管理局局长
2012.04.11	十六届人大常委会第一次会议	蔡可如	任市体育局局长
2012.04.11	十六届人大常委会第一次会议	朱国镔	任市旅游局局长
2012.04.11	十六届人大常委会第一次会议	狄邦建	免去市人民法院审判员、审判委员会委员、副院长职务
2012.10.22	十六届人大常委会第七次会议	孙宏放	任市人民政府副市长
2012.10.22	十六届人大常委会第七次会议	李　斌	辞去市人民政府副市长职务
2012.11.30	十六届人大常委会第八次会议	谢　刚	任市人民政府副市长
2012.11.30	十六届人大常委会第八次会议	黄文斌	免去市人民检察院副检察长、检察委员会委员、检察员职务
2013.01.05	十六届人大常委会第十次会议	姜永华	辞去市人民政府市长职务
2013.01.05	十六届人大常委会第十次会议	陈晓东	任市人民政府副市长
2013.01.05	十六届人大常委会第十次会议	陈晓东	代理市人民政府市长职务
2013.02.27	十六届人大常委会第十一次会议	王　珺	任市人民检察院副检察长
2013.02.27	十六届人大常委会第十一次会议	冒朋举	任市人民检察院副检察长
2013.04.08	十六届人大常委会第十三次会议	孙　骥	任市人大常委会如城街道工作委员会主任
2013.04.08	十六届人大常委会第十三次会议	黄亚周	任市人大常委会城北街道工作委员会主任
2013.04.08	十六届人大常委会第十三次会议	沈　兵	任市人大常委会城南街道工作委员会主任
2013.04.08	十六届人大常委会第十三次会议	王舜慧	任市食品和药品监督管理局局长
2013.04.08	十六届人大常委会第十三次会议	张秀祥	免去市食品和药品监督管理局局长职务
2013.04.26	十六届人大常委会第十四次会议	汪如益	免去市人民检察院副检察长职务
2013.05.24	十六届人大常委会第十五次会议	张　俊	任市教育局局长
2013.05.24	十六届人大常委会第十五次会议	陈仁高	任市体育局局长
2013.05.24	十六届人大常委会第十五次会议	金海清	免去市教育局局长职务
2013.05.24	十六届人大常委会第十五次会议	蔡可如	免去市体育局局长职务
2013.05.24	十六届人大常委会第十五次会议	钱志强	免去市人民检察院副检察长、检察委员会委员职务

续表5-9-1

时　间	常　委　会　会　次	姓　名	任　免　职　务
2014.01.07	十六届人大常委会第二十一次会议	冒　平	任市人民政府办公室主任
2014.01.07	十六届人大常委会第二十一次会议	杨大勇	任市信访局局长
2014.01.07	十六届人大常委会第二十一次会议	卢志敏	任市商务局局长
2014.01.07	十六届人大常委会第二十一次会议	郭夕俊	任市人口和计划生育委员会主任
2014.01.07	十六届人大常委会第二十一次会议	郭朝晖	任市人民法院副院长
2014.01.07	十六届人大常委会第二十一次会议	钱志刚	免去市人民政府办公室主任职务
2014.01.07	十六届人大常委会第二十一次会议	钱广胜	免去市信访局局长职务
2014.01.07	十六届人大常委会第二十一次会议	纪成如	免去市商务局局长职务
2014.01.07	十六届人大常委会第二十一次会议	张仕荣	免去市人口和计划生育委员会主任职务
2014.05.27	十六届人大常委会第二十四次会议	秦智坤	任市人民政府副市长
2014.09.23	十六届人大常委会第二十七次会议	张　辉	任市人民政府副市长
2014.09.23	十六届人大常委会第二十七次会议	孙宏放	辞去市人民政府副市长职务
2014.11.28	十六届人大常委会第二十八次会议	谢　刚	辞去市人民政府副市长职务
2014.12.23	十六届人大常委会第三十次会议	姜业奎	任市人民政府副市长
2015.01.26	十六届人大常委会第三十一次会议	朱贵宏	免去市住房和城乡建设局局长职务
2015.01.26	十六届人大常委会第三十一次会议	秦锦国	免去市水务局局长职务
2015.01.26	十六届人大常委会第三十一次会议	李向东	免去市卫生局局长职务
2015.01.26	十六届人大常委会第三十一次会议	郭夕俊	免去市人口和计划生育委员会主任职务
2015.01.26	十六届人大常委会第三十一次会议	王舜慧	免去市食品和药品监督管理局局长职务
2015.01.26	十六届人大常委会第三十一次会议	周太荣	免去市人力资源和社会保障局局长职务
2015.01.26	十六届人大常委会第三十一次会议	夏文彬	免去市农业委员会主任职务
2015.01.26	十六届人大常委会第三十一次会议	苏　强	任市住房和城乡建设局局长
2015.01.26	十六届人大常委会第三十一次会议	朱贵宏	任市规划局局长
2015.01.26	十六届人大常委会第三十一次会议	徐　海	任市水务局局长
2015.01.26	十六届人大常委会第三十一次会议	王舜慧	任市农业委员会主任
2015.01.26	十六届人大常委会第三十一次会议	陆爱斌	任市民族宗教事务局局长
2015.01.26	十六届人大常委会第三十一次会议	李向东	任市卫生和计划生育委员会主任
2015.01.26	十六届人大常委会第三十一次会议	吴　鹏	任市市场监督管理局局长
2015.01.26	十六届人大常委会第三十一次会议	纪成如	任市人力资源和社会保障局局长
2015.01.26	十六届人大常委会第三十一次会议	黄卫东	任市人民法院审判员、审判委员会委员、副院长
2015.01.26	十六届人大常委会第三十一次会议	顾雪红	任市人民法院副院长
2015.04.08	十六届人大常委会第三十二次会议	沈　兵	免去市人大常委会城南街道工作委员会主任职务
2015.04.08	十六届人大常委会第三十二次会议	纪卫国	任市人大常委会城南街道工作委员会主任
2015.05.28	十六届人大常委会第三十三次会议	秦智坤	辞去市人民政府副市长职务
2015.09.29	十六届人大常委会第三十五次会议	范晓强	任市行政审批局局长
2015.09.29	十六届人大常委会第三十五次会议	王贵成	免去市财政局局长职务
2016.02.02	十六届人大常委会第三十八次会议	冒海清	任市财政局局长
2016.02.02	十六届人大常委会第三十八次会议	郭夕俊	任市卫生和计划生育委员会主任
2016.02.02	十六届人大常委会第三十八次会议	张文斌	任市审计局局长
2016.02.02	十六届人大常委会第三十八次会议	陈晓仲	任市环境保护局局长
2016.02.02	十六届人大常委会第三十八次会议	宗爱君	任市统计局局长
2016.02.02	十六届人大常委会第三十八次会议	沙海军	任市人大常委会如城街道工作委员会主任

续表5-9-1

时　间	常 委 会 会 次	姓　名	任　　免　　职　　务
2016.02.02	十六届人大常委会第三十八次会议	冒海清	免去市审计局局长职务
2016.02.02	十六届人大常委会第三十八次会议	张文斌	免去市统计局局长职务
2016.02.02	十六届人大常委会第三十八次会议	谢跃进	免去市环境保护局局长职务
2016.02.02	十六届人大常委会第三十八次会议	李向东	免去市卫生和计划生育委员会主任职务
2016.02.02	十六届人大常委会第三十八次会议	孙　骥	免去市人大常委会如城街道工作委员会主任职务
2016.02.02	十六届人大常委会第三十八次会议	朱明岩	免去市人民法院副院长职务
2016.04.06	十六届人大常委会第三十九次会议	高　丽	任市人民检察院副检察长
2016.04.06	十六届人大常委会第三十九次会议	倪建宏	免去市人民检察院副检察长职务
2016.04.06	十六届人大常委会第三十九次会议	姜业奎	辞去市人民政府副市长职务
2016.05.27	十六届人大常委会第四十次会议	季　淼	免去市人大常委会内务司法工委主任职务
2016.07.06	十六届人大常委会第四十一次会议	陈晓东	辞去市人民政府市长职务
2016.07.06	十六届人大常委会第四十一次会议	何益军	任市人民政府副市长,代理市人民政府市长职务
2016.07.06	十六届人大常委会第四十一次会议	陆雪松	辞去市人民政府副市长职务
2016.07.15	十六届人大常委会第四十二次会议	成　明	辞去市人民政府副市长职务,免去市公安局局长职务
2016.07.15	十六届人大常委会第四十二次会议	陈晓彬	任市人民政府副市长、公安局局长
2016.07.15	十六届人大常委会第四十二次会议	高　峰	任市人民政府副市长
2016.07.15	十六届人大常委会第四十二次会议	吴存银	辞去市人民法院院长职务
2016.07.15	十六届人大常委会第四十二次会议	何　强	辞去市人民检察院检察长职务
2016.07.15	十六届人大常委会第四十二次会议	章智敏	任市人民法院副院长、审判委员会委员、审判员,代理市人民法院院长职务
2016.07.15	十六届人大常委会第四十二次会议	孙　亚	任市人民检察院副检察长、检察委员会委员、检察员,代理市人民检察院检察长职务

第六篇

人大常委会重要活动

和特色工作

概　述

1981年4月25日至29日，如皋县第八届人民代表大会第一次会议召开，大会选举产生如皋县人民代表大会常务委员会。人民代表大会制度的恢复和县人大常务委员会的建立，使县级人大工作进入了一个新的发展阶段。在县(市)委的领导下，历届县(市)人大及其常委会认真贯彻执行党的"依法治国，建设社会主义法治国家"方针，不负人民重托，代表人民意志，履行宪法和法律赋予的职责。特别是随着全县(市)经济建设和改革开放的深入推进，县(市)人大常委会依法行使重大事项决定权，努力推动经济社会又好又快发展；切实发挥监督职能，不断增强监督实效；致力维护和改善民生，维护好、发展好、实现好人民群众的根本利益；依法任免国家工作人员，稳步推进地方政权建设；强化代表工作，充分发挥代表主体作用；加强常委会及其机关自身建设，努力改进和创新人大工作，为推进全县(市)民主和法制建设，维护安定团结，推动经济社会发展做出积极贡献。

第一章　第八届人大常委会重要活动和特色工作

第一节　第八届人大常委会重要活动

组织社、镇选举　1980年10月下旬，根据省、地选举委员会关于"社、镇选举工作暂时由县人大常委会负责"的意见，县人大常委会分期分批组织全县49个人民公社和4个县属镇的选举工作。选举全过程严格按照《中华人民共和国地方各级人民代表大会和地方各级人民政府组织法》和《中华人民共和国全国人民代表大会和地方各级人民代表大会选举法》的规定进行，至1981年12月底，顺利完成全县所有社、镇选举任务。

考察学习　1982年2月22日至25日，县人大常委会办公室和政协秘书处的工作人员前往启东、海门两县参观学习，听取两县人大、政协工作的经验介绍，交流机关工作情况。

召开提案办理工作经验交流会　县八届人大一次会议期间，共收到代表提案1321件，经分类、合并整理出850件。八届人大一次会议结束后，县人大常委会分别召开4次有关单位负责人和提案办理人员的经验交流会，推动提案办理工作。于1982年3月底前全部办理完毕。

开展宪法修改草案宣讲系列活动　1982年5月至8月，根据全国人大常委会的部署，县人大常委会及时作出《动员全民学习讨论宪法修改草案的决议》，并在全县广泛开展宪法修改草案宣讲、学习活动，培训近万名宣讲骨干。通过召开报告会、座谈会、讨论会，利用宣传专栏、专题广播、影前宣传等多种形式，征集修改建议意见91条，汇总整理为24条，及时上报省人大常委会办公厅。

交流代表小组活动情况　1982年9月，县人大常委会召开代表联系组组长和代表小组组长会议，交流代表小组活动情况。白蒲镇、柴湾公社、东陈公社和经委系统等4个代表小组分别介绍开展代表小组活动的经验。

作出实行政社分设的决议 1983年4月中旬,县农村人民公社政社分设试点工作开始试行。5月23日,县第八届人大常委会第十三次会议作出《关于县农村人民公社有准备、有步骤地实行政社分设的决议》。

组织开展代表小组活动 1983年11月,县人大常委会召开代表联系组组长和代表小组组长会议,总结交流代表小组活动情况和如何当好人民代表的经验,听取工作建议和意见。各代表组分别组织活动。

组织县、乡(镇)两级人民代表大会换届选举 1983年12月至1984年2月,如皋县县、乡(镇)两级人民代表大会换届选举,公布选民943390人,参加选民905120人,选举产生如皋县第九届人民代表大会代表500名(代表名额501名)、乡(镇)人民代表大会代表4290名。

第二节 第八届人大常委会特色工作

与政协联合组织视察活动 组织视察调研是人大常委会行使监督权的重要形式之一。县八届人大常委会成立后,首次组织代表开展视察活动,努力扩大视察影响,提升视察效果。

1981年11月6日至11日,县人大常委会和县政协组织部分人大常委会委员和部分政协常委、委员,共计19人,混合编为两个视察组,分别视察如城、石庄、白蒲、丁堰4个镇。视察的主题是城镇建设、环境卫生、蔬菜生产供应、市场管理等。委员们认为县人民政府和4个镇人民政府坚持贯彻执行中共十一届三中全会以后的路线、方针、政策,做了大量的工作,取得可喜的成绩。同时认为,经过"文化大革命",国民经济遭受严重破坏,存在很多问题,还有大量的工作需要去做。视察后,县人大常委会向县政府和有关部门提出意见和建议。

这次视察,是恢复县人民代表大会制度后,八届人大常委会首次组织代表开展的一次视察,是人大常委会行使监督权,促进政府工作的一种积极尝试。主要特点有:第一,方式灵活、组织严密。在组织方式上采取县人大和县政协联合视察的形式,这一方式在以后被广泛运用。在具体安排上,视察前,组织视察人员学习有关方面的政策、规定,讨论研究视察的办法、内容、要求;视察中,通过听取当地政府、部门负责人的汇报,实地察看,召开小型座谈会听取群众意见等方式了解情况;视察结束后,集思广益进行讨论,认真梳理意见建议,及时报送视察报告。第二,领导高度重视。县委书记刁守坦亲自了解视察工作情况,并指示"一定要把视察工作搞好,对政府某些方面的工作有一个推动";县长陆明钰多次询问视察情况;副县长冯邦才陪同视察并认真听取建议意见。县人大常委会领导全程参加了活动。第三,视察成果有效转化。县人大常委会和县政协在城镇建设、环境卫生、蔬菜生产供应、市场管理、污染治理等方面提出的很多建议意见,得到县委、县政府的重视和采纳,推动相关工作水平的提升,为以后更有效地开展视察工作积累经验。

此后,八届人大常委会与县政协联合于1982年9月下旬至11月下旬,视察教育工作、建立劳动服务社和农村推广沼气工作。1983年6月16日至22日,视察丁堰区供销社、如城镇饮食服务行业推进经营承包责任制的情况。1983年9月,对如城镇执行城镇建设总体规划的情况开展视察。

与县政协联合开展的有关视察活动,有效地扩大视察的影响,提升工作监督和民主监督的实际效果。视察劳动服务社后提出的"建立劳动服务社的十条建议"被南通地委办公室在《内部参考》上转发,1982年11月,地区行署还在如皋召开劳动就业现场会。

第二章 第九届人大常委会重要活动和特色工作

第一节 第九届人大常委会重要活动

视察农村工作 1984年5月7日至12日,县人大常委会和县政协联合组织部分在如的省人大代表、部分县人大代表和县政协委员,视察全县农村贯彻中共中央〔1984〕1号和4号文件,发展“两户一体”(专业户、重点户、小型经济联合体)、乡镇企业以及农村中等职业教育的情况,总结工作经验,指出存在问题,推动有关工作进一步开展。

调研如城市场建设情况 1984年7月22日至23日,县人大常委会市政建设和教科文卫工作组牵头,组织县财办、工商局、城建环保局、财政局和如城镇、如城工商所、蔬菜公司等单位负责人,对如城的市场建设情况进行调研。县第九届人大常委会第四次会议听取市政建设和教科文卫工作组关于如城市场建设的调研报告,并就切实解决如城市场建设中存在的农贸市场分布不尽合理、规模偏小、设施简陋,不适应商品经济发展形势等问题作出决议。要求县政府对调查报告认真研究,结合实际情况,逐步组织实施。

联合视察产业结构情况 1984年10月16日至19日,县人大常委会和县政协组织16位人大代表、政协委员,分5个组,对长江、东陈、磨头、夏堡、高井等5乡产业结构情况进行视察。通过视察,实地了解了5个乡产业结构的现状、初步调整的打算及做法,指出了应当注意和需要解决的问题。

视察水污染防治法贯彻实施情况 1984年12月24日至29日,县人大常委会组织在如皋的省、南通市人大代表6人,县人大代表7人,有关部委、办、局负责人,共计22人,编成4个组,分别视察肉联厂、食品罐头厂、内衣厂、染织厂、纸厂、轻工机械厂等19个有废水污染的工厂(其中省属企业1个,县办企业15个,乡镇企业3个)。通过视察,初步了解了全县水污染的现状、治理情况和《中华人民共和国水污染防治法》贯彻实施的情况,对深入宣传贯彻《中华人民共和国水污染防治法》起到良好的促进作用。

作出《如皋县人大常委会关于进一步加强法制宣传,普及法律常识的决议》 1985年3月5日,县委批转县委宣传部、县委政法委员会、县司法局《关于在五年内向全县公民普及法律常识的报告》。为推动普及法律常识工作有序开展,县人大常委会将该项工作摆上重要议事日程,并在县第九届人大常委会第十次会议上,听取和审议县司法局副局长朱世泰受县政府委托所作的《关于法制宣传工作情况的报告》。会议同意了该报告,并作出了《如皋县人大常委会关于进一步加强法制宣传普及法律常识的决议》。该决议要求县人民政府和司法行政部门在过去法制宣传的基础上,按照上级的要求,从1985年起,用五年左右的时间,有计划地、系统地向全体公民基本普及《中华人民共和国宪法》《中华人民共和国刑法》《中华人民共和国刑事诉讼法》《中华人民共和国民事诉讼法(试行)》《中华人民共和国婚姻法》《中华人民共和国继承法》《中华人民共和国经济合同法》《中华人民共和国兵役法》《中华人民共和国森林法》《中华人民共和国治安管理处罚条例》等与群众生活密切相关的法律常识,推动法制宣传教育工作制度化、系统化、经常化。

组织“安全生产、劳动保护”专题视察 为了检查全县企业贯彻执行中共中央、国务院关于安全生产、劳动保护方面的决定和法规情况,推动做好安全生产、劳动保护工作,县人大常委会和县政协联合组织部分县人大代表、政协委员,同时邀请在如皋的部分省、南通市人大代表和政协委员于1985年5月

28日至6月3日,视察如皋县高压电器厂、动力机厂、糖厂、丁堰纺织厂等16个县属及部分乡镇、村办企业,实地了解以上企业贯彻执行“安全生产、劳动保护”方面的决定和法规情况。

召开如皋县暨如城各界人民隆重纪念抗日战争、世界反法西斯战争胜利四十周年大会 1985年9月3日,县人大常委会、县政协联合召开如皋县暨如城各界人民隆重纪念抗日战争、世界反法西斯战争胜利四十周年大会。县委、县人大常委会、县人民政府、县政协的领导,县总工会、如城镇的民主人士代表,县级机关干部,在城的省、南通市、县人大代表、政协委员,以及部分工人、农民、知识分子、武警官兵等出席纪念大会。

视察优抚、“双扶”工作 1985年11月26日至29日,为全面了解全县农村在实行生产责任制后,优抚支持、“五保”政策落实和扶贫、扶优工作情况,县人大常委会对优抚、“双扶”工作进行了视察。通过视察提出建议意见,推动有关部门进一步贯彻执行《中华人民共和国宪法》《中华人民共和国兵役法》的有关条款和优抚、“双扶”“五保”等政策,调动广大优抚、扶贫对象建设“两个文明”的积极性。

作出《如皋县人民代表大会常务委员会关于开展普及法律常识教育的决议》 1985年11月,中共中央、国务院转发了中宣部、司法部《关于向全体公民基本普及法律常识的五年规划》。同年12月,全国人大常委会作出了《关于在公民中基本普及法律常识的决定》。如皋县第九届人大常委会第十四次会议听取并审议了县司法局副局长吴元学受县政府委托所作的《关于一九八六年开展普及法律常识教育工作意见的汇报》,认为如皋县普及法律常识工作准备就绪,应在全县范围内全面开展这项工作。会议认为,在全民中普及法律常识,是全国人民政治生活的一件大事,做好这项工作,对于加强社会主义法制,保障国家长治久安,促进社会主义精神文明和物质文明建设具有重大意义。会议作出《如皋县人民代表大会常务委员会关于开展普及法律常识教育的决议》。

组织统一视察 1986年12月上、中旬,根据苏人办发〔1986〕22号文件的通知精神,县人大常委会组织在如皋的省、南通市人大代表和部分县人大代表进行了统一视察。在城的各级代表,由县人大常委会直接组织,分成4个小组,用6天时间进行视察;在乡(镇)的代表,委托各乡(镇)人民政府组织,时间安排3天。这次视察以普法教育情况和环境污染治理情况为主要内容,各视察组结合当地实际情况,视察了经济体制改革,水利、交通工程建设,乡镇工业和农村专业户的发展,纯农户脱贫致富的典型以及计划生育等方面的工作。

组织县、乡(镇)两级人民代表大会换届选举 1986年12月10日至1987年2月18日,如皋县县、乡(镇)两级人民代表大会换届选举,公布选民1027531人,参加选举的选民986455人,选举产生如皋县十届人大代表429名,乡(镇)人民代表大会代表3182名。

第二节　第九届人大常委会特色工作

总结实践经验,建立和完善工作制度 加强县级人大常委会的制度建设,逐步实现人大常委会工作的规范化、制度化,是恢复县级人大常委会后第八届、第九届人大常委会迫切需要解决的课题。为此,九届人大常委会成立之初,就着手建立常委会及办公室的相关工作制度。1984年5月19日,县九届人大常委会第二次会议通过《如皋县人民代表大会常务委员会及办公室的几项制度》,内容包括常委会会议制度、主任办公会议制度、视察工作制度、代表小组活动制度、常委会委员联系代表和选民的制度以及常委会办公室工作人员岗位责任制等六项制度。以上制度对常委会及办公室如何开展人大工作提出具体要求,推动常委会工作制度化、正常化。1986年5月,在县九届人大三次会议的工作报告中,常委会提出加强县人大常委会的制度建设。为此,县人大常委会在总结前两年实践《如皋县人民代表大会常务委员会及办公室的几项制度》的基础上,根据《中华人民共和国宪法》《中华人民共和国地方各级人民代表大会和地方各级人民政府组织法》的有关规定,参照省、市人大常委会工作条例以及兄弟县人大常委会的做法,结合如皋实际,起草了《如皋县人民代表大会常务委员会工作暂行办法(草案)》(以下简称暂行办法)。该暂行办法(草案)经两次主任会议研究,并广泛征求社会各界意见,认真修改后,提交县第九届人大常委会第十八次会议审议通过。《暂行办法》较为全面地就人大常委会会议、常务委员会主任会议、常务委员会办公室、各工作委员会的工作和任务,县人大代表的选举和会议的召集,视察和调查研究等方面的工作规范作出规定,使国家相关法律中关于地方人大常委会的任务、职权和结构设置等重大问题的规定进一步具体化,为逐步实现人大工作的制度化、程序化创造了条件。该办法共十一条,自1986年9月10日起实施。

同时,为加强县级人大常委会与县人民政府、县人民法院、县人民检察院(以下简称"一府两院")的工作联系,保证更好地履行宪法和法律赋予的职责,县人大常委会领导同"一府两院"的负责人于1986年9月17日,举行联席会议,共同研究制定《县人大常委会、人民政府、人民法院、人民检察院的工作联席制度》。工作联席制度就联席会议的时间规定、工作协调与互通,程序要求等方面明确了具体要求,为人大常委会和"一府两院"各自按照法律赋予的职权协调一致地开展工作打下良好基础。

九届人大常委会先后制订《如皋县人民代表大会常务委员会及办公室的几项制度》《如皋县人民代表大会常务委员会工作暂行办法》,县人大常委会、人民政府、人民法院、人民检察院负责人联席会议又通过了《如皋县人大常委会、人民政府、人民法院、人民检察院的工作联席制度》。这几项制度都是在县级人大常委会建立初期,积极探索和实践总结的基础上形成的,为常委会更好地依照法律的规定开展人大工作,逐步实现人大工作的程序化、制度化奠定坚实基础。

第三章　第十届人大常委会重要活动和特色工作

第一节　第十届人大常委会重要活动

视察"双增双节"活动情况　1987年5月,县人大常委会组织部分县十届人大常委会委员和县人大代表,分5个组,用6天时间,视察了县经委、计委、财贸系统的17家县属企业和18家乡镇企业"双增双节"(增产节约、增收节支)活动情况,推动全县"双增双节"运动走向深入。

改进人事任免工作　1987年8月7日,县第十届人大常委会第三次会议通过了《如皋县人民代表大会常务委员会人事任免办法》。该办法规定,从本次会议开始,对县人民政府、县人民法院、县人民检察院提请任命的国家工作人员,一般采用无记名投票方式表决;提请免去国家工作人员职务的,一般采用举手的方式进行表决。任命国家工作人员由举手表决改为无记名投票表决,虽是简单的程序变动,却有利于发扬民主,充分行使常委会职权。

听取代表建议办理情况汇报　1987年9月2日,县人大常委会第十次主任会议听取人大常委会"一办四委"(办公室、法制工作委员会、财政经济工作委员会、城乡建设工作委员会、教科文卫工作委员会)负责人关于代表建议办理情况的汇报,检查办理进度和质量。要求各承办单位要保证质量,一抓到底。责成"一办四委"继续督促催办。

组织集体视察活动　1987年12月中旬,县人大常委会主任孙德明,副主任陈殿文、王宝鹤、张鹏志,分别带领部分委员,分5个小组,对袁桥、高井、白蒲3个乡(镇)的企业和桃园、胜利两乡的蚕桑生产情况进行集体视察。视察结束后,召开情况通报会,进行交流汇报。县人民政府副县长张振刚,县政府办公室和有关部门的负责人到会听取意见、建议。

出台《如皋县人大常委会关于县第十届人大代表持证视察的暂行办法》 1988年1月23日,县第十届人大常委会第七次会议通过《如皋县人大常委会关于县第十届人大代表持证视察的暂行办法》(皋人发〔1988〕4号文件)(以下简称《暂行办法》)。该《暂行办法》就代表持证视察的内容和范围、方式方法以及持证视察中提出问题的处理等方面进行规范。为保证《暂行办法》得到有效贯彻落实,县人民政府专题下发《关于认真接待县人大代表持证视察工作的通知》,对各乡镇人民政府、县政府各部门、各单位接待县人大代表持证视察提出具体要求。

制定《如皋县人大常委会关于县人大代表小组活动日的制度》 为保证县人大代表小组正常开展活动,促使代表加强同本选区人民群众联系,更好地履行代表职责、发挥代表作用,县人大常委会决定在每季度第三个月的中旬,安排1天时间开展县人大代表小组活动,并制定《如皋县人大常委会关于县人大代表小组活动日的制度》,于1988年1月23日县第十届人大常委会第七次会议通过了该制度。

视察发展外向型经济和深化企业内部改革的情况 1988年5月19日至21日,县人大常委会组织视察了有关企业发展外向型经济和深化企业内部改革的情况。县人大常委会主任孙德明,副主任陈殿文、王宝鹤、张鹏志、杨炜昌及部分委员参加了视察。此次视察分3个组,分别视察县印刷厂、高压电器厂、纺织厂、毛巾厂、丝毯总厂、丝织厂、无线电四厂、磷肥厂、酱醋厂等9个单位。视察结束后,召开情况通报会,县人民政府副县长郭载荣,县政府办公室及有关部门的负责人到会听取3个组的视察情况汇报。

作出《关于〈如城老城区临街改造暂行办法〉的决议》 县人大常委会十分关注和支持如城老城区临街的改造和城区的发展,1988年5月30日,县第十届人大常委会第十次会议听取并审议了关于《如城老城区临街改造暂行办法》,一致通过《关于〈如城老城区临街改造暂行办法〉的决议》。

南通市县(区)人大工作交流会在如皋举行 1988年8月,南通市县(区)人大工作交流会在如皋举行。南通市人大常委会主任朱剑,副主任徐志球、陆中凯、徐虎、杨振东、谢翼飞,南通市人大常委会原副主任徐超、黄文标,南通市人大常委会办公室和各工作委员会负责人,南通市六县两区人大常委会及办公室和有关工作委员会的负责人出席会议。参加会议的县(区)人大常委会分别在会上介绍各自人大工作情况。如皋县人大常委会在会上介绍组织政府组成人员述职的体会和设立乡镇人民代表大会主席团的做法。省人大常委会副主任邢白到会讲话。

作出关于如城总体规划调整意见的决议 随着全县经济社会的发展,原有的如城总体规划与形势发展不相适应,迫切需要调整完善。对此,县人大常委会高度关注。1988年9月27日,在第十届人大常委会第十二次会议上,听取和审议县政府《关于如城总体规划调整意见的报告》,对如城的布局、道路建设、内外城河的治理、古建筑的保护和修复等问题,提出具体意见建议,并作出《关于如城总体规划调整意见的决议》。

联合视察如城地区的市场物价管理工作 1988年10月,县人大常委会与县政协联合视察如城地区的市场物价管理工作。视察结束后,要求县政府及行政主管部门进一步宣传国务院关于稳定物价的政策,加强物价管理,严肃查处违价销售事件,为保障消费、服务民生、促进稳定多做贡献。

视察农业生产情况 1989年5月2日至6日,县人大常委会组织部分委员视察南凌、马塘、奚斜、车马湖、吴窑、场南、胜利、常青、袁桥等9个乡的农业生产情况。这次视察分3个组进行。视察前召开预备会,县农业局和县供销社的负责人分别汇报农业生产情况和农用物资的调运供应情况。视察后,召开情况通报会,肯定成绩,指出问题,提出意见、建议,较好地促进农业生产工作。

召开述职评议会议 1989年5月18日至19日,县人大常委会召开评议述职会议。县人大常委会全体组成人员,各乡(镇)长、各巡视组组长出席会议,听取并评议县人民政府副县长刘桂江、周宝生、郭载荣、汤建华、袁泉,县人民法院院长马道来,县人民检察院检察长范广有的述职报告。

工作交流 1989年1月10日至11日,海门县人大常委会副主任史秉谭一行6人到如皋考察学习如皋县人大常委会组织评议政府组成人员述职工作的经验。

全国人大代表视察 1989年9月6日至7日,南通市人大常委会主任、全国人大代表南通组负责人朱剑带领驻南通的全国人大代表到如皋视察"扫黄"工作。县人大常委会主任孙德明,县委副书记管贵方,县人民政府副县长郭载荣等陪同视察并汇报如皋的"扫黄"工作情况。

视察个人收入调节税和减免税金的使用情况 1989年10月31日至11月4日,县人大常委会组织部分委员,分别视察如城、新民、林梓、丁西、下原、长江、葛市、桃园、常青、袁桥等10个乡镇部分企业,县属罐头厂、酒厂、结网一厂、纸箱厂的个人收入调节税和减免税金的使用情况,推动有关方面对中央治理整顿方针的进一步贯彻落实。

组织县、乡(镇)两级人民代表大会换届选举 1989年下半年至1990年2月,如皋县县、乡(镇)两级人民代表大会换届选举。公布选民1104177人,参加选民1102623人。选举产生如皋县十一届人大代表440名,乡(镇)人民代表大会代表3172名。

第二节 第十届人大常委会特色工作

首推述职评议,强化干部公仆意识 县十届人大常委会为加强对县人大常委会任命的"一府两院"干部的监督,经中共如皋县委批准,常委会采取一次动员、分批进行的办法,在第十二、十三、十四、十六次常委会会议上,分4批听取34名政府组成人员和"两院"的副职领导人员的述职。1989年5月19日,县人大常委会又专门召开会议,听取县人民政府副县长和法院院长、检察院检察长的述职。同时,委托县人民法院、人民检察院建立评议小组,分别评议审判员、检察员以上共60名干部的述职报告。被评人员按照常委会的要求,围绕自己本届任职以来的法治观念、民主作风、公仆思想、岗位目标、廉政情况、工作实绩撰写述职报告。述职前,常委会组成人员分别到述职者所在单位,调查了解各方面情况。评议时,常委会组成人员本着实事求是的态度,知无不言、言无不尽,既实事求是、恰如其分地肯定成绩,也一针见血地指出其存在的问题,提出中肯的建议意见。

加强对县人大常委会任命的"一府两院"干部的监督,有利于进一步完善人民代表大会制度,推动地方国家权力机关工作的规范化。常委会听取和审议政府组成人员的述职报告,把干部任免同监督、支持结合起来,使人大常委会的人事任免工作在改革、探索中前进。有利于民主政治制度的建立。常委会会议听取和评议"一府两院"干部的述职报告,促进"一府两院"干部进一步树立法制观念、民主观念以及对人民负责并向人大常委会报告工作的观念。有利于"一府两院"干部勤政廉政、脚踏实地、改进作风。经过评议述职,人大任命的人员在受到教育的同时,转变作风,改进工作,推进勤政廉政建设。该做法在南通市县(区)人大工作交流会作经验交流,并在全省产生一定的影响,外地县(市、区)人大常委会纷纷到如皋人大考察学习。

第四章 第十一届人大常委会重要活动和特色工作

第一节 第十一届人大常委会重要活动

制定如皋县人民代表大会常务委员会议事规则 为进一步规范人大常委会会议的各项活动,从程序上和方法上作出具体规定,使会议的各项活动制度化、规范化、程序化,1990年5月6日,县第十一届人大常委会根据往届人大常委会的实践经验,参考外地人大常委会的做法,起草《如皋县人民代表大会常务委员会议事规则》(草案),经广泛征求意见后,提请第十一届人大常委会第二次会议审议通过。议事规则共四十二条,一、二条总则部分是议事规则制定的法律依据和常务委员会议事遵循的组织原则;第一章,规定举行常务委员会会议的时间、主持和出席人数及有关事项;第二章,议案的提出;第三章,审议和表决;第四章,述职和评议;第五章,质询和调查委员会,规定质询和组织特定问题调查委员会的程序。

修订人事任免办法 根据中央文件和省、南通市人大常委会人事任免的有关规定,县第十一届人大常委会对第十届人大常委会制定的人事任免办法作适当的修改和补充。在原人事任免办法的基础上适当修改6条,新增加了3条,总共21条。1990年7月18日,县第十一届人大常委会第三次会议审议通过该办法。人事任免办法的修订使人大常委会人事任免工作进一步规范化、程序化。

视察食品卫生法贯彻执行情况 1990年8月2日,县十一届人大常委会组织部分委员和代表,对《中华人民共和国食品卫生法》贯彻执行情况进行了为期5天的视察。视察组实地察看如城、东陈、丁西、磨头等乡(镇)82个单位和个体户的冷饮、熟食生产及经营卫生情况。视察结束后,召开情况通报会,对今后进一步贯彻《中华人民共和国食品卫生法》、加强食品卫生管理提出具体要求。县工商行政管理局认真落实视察意见,分别于8月和9月,对各农贸市场生熟食品卫生进行两次大检查,严肃查处有关违法行为。

视察农业生产情况 1990年8月25日至29日,县人大常委会组织部分组成人员和县人大代表共23人,视察了黄市、场南、戴庄、南凌、九华、长江等乡镇的农业生产情况。8月29日,集中汇总视察情况。县委副书记陈斌、县政府副县长周宝生和有关部门的负责人出席会议。根据视察中发现的问题,就加强棉花和粮食作物中后期管理等,向县政府及有关部门提出具体意见。

视察"科技兴工"情况 1990年12月17日至18日,县人大常委会组织部分委员和县政府、经委、科委的有关人员,视察南通锻压机床厂、丁堰纺机配件厂、县橡胶厂、如城钢球厂等14家企业的"科技兴工"情况。针对视察中发现的一些企业面临的困难和急需解决的问题,提出加强组织领导、重点扶持拥有高新技术产品的企业、抓好科技队伍建设等方面的意见和建议。

召开如皋县人大常委会成立十周年纪念大会 1991年4月26日,召开如皋县人大常委会成立十周年纪念大会。县委、县人大常委会、县政府、县政协的领导,十一届人大常委会在城的委员,往届人大常委会正副主任、在城委员,往届政协主席出席会议,县级机关干部、职工以及如城各界人士代表参加了会议。县人大常委会副主任杨炜昌主持会议。纪念大会的主要议程:1.县人大常委会主任刘桂江作工作报告;2.县长石秀峰,县人民法院院长陈步高,县人民检察院检察长范广有分别作表态发言;3.县政协主席明道奎致贺词;4.七届全国人大代表李玉坤传达七届全国人大四次会议精神;5.南通市人大常委会副主任杨振东作讲话;6.县委书记柯文讲话。

召开如皋人大工作研讨会 1991年4月27日,召开如皋人大工作研讨会。县人大常委会组成人员、人大机关全体人员、往届人大常委会的正副主任以及"一府两院"办公室负责人出席会议。县人大常委会主任刘桂江,副主任戴崇颐,离休老同志王金镛以及县人大"一办六委"有关人员共9人作交流发言。

出台《如皋县人民代表大会常务委员会监督县人民法院、县人民检察院工作的试行办法》 为保证县人民代表大会常务委员会依法监督县人民法院、县人民检察院的工作,保障和促进国家司法权的正确、有效行使,根据宪法、法律的有关规定,县人大常委会法制工作委员会起草《如皋县人民代表大会常务委员会监督县人民法院、县人民检察院工作的试行办法》(草案),经广泛征求意见后,提交县第十一届人大常委会第九次会议审议通过。该试行办法共二十四条,分别就制定试行办法的重要意义、适用范围、法制工作委员会的工作等方面作出具体规定。

视察土地管理工作 1991年5月中旬,根据省人大常委会的通知精神,市人大常委会组织在如皋的省、市、县三级人大代表,分5个组用4天时间,视察11个乡镇的土地管理工作。针对视察中发现的问题,提出进一步加强全市土地管理工作的具体意见和建议。

作出《如皋县人大常委会关于撤县设市后国家机关有关工作人员职务称谓变更的决定》 1991年2月6日，国务院批准同意撤销如皋县，设立如皋市(县级)。根据江苏省人民政府苏政发〔1991〕38号文件精神和南通市人大常委会通人函〔1991〕1号关于撤县设市更改人大常委会名称的函，1991年5月22日至25日，如皋县第十一届人大常委会第九次会议召开，会上，宣读南通市人大常委会关于同意将“如皋县人大常委会”更名为“如皋市人大常委会”的复函。5月25日上午，县长石秀峰就撤县设市情况向人大常委会作汇报，同时提请县人大常委会变更县政府组成人员的职务称谓。经过认真审议，会议一致通过《如皋县人大常委会关于撤县设市后国家机关有关工作人员职务称谓变更的决定》。

检查指导抗灾救灾工作 1991年5月18日至7月15日，如皋连续降雨44天，特大暴雨袭击全市，部分村、组还遭受台风、龙卷风灾害。市人大常委会把抗灾救灾、组织生产自救当作压倒一切的中心任务，在市委的统一领导下，常委会领导和驻会的委员，先后20多次深入到30多个乡镇，冒雨踏田，走家串户，察看灾情，慰问抗灾干群，检查指导抗灾救灾工作。

开展灾后防病工作 1991年雨涝灾害后，市人大常委会组织部分组成人员到市人民医院、皮肤病防治所，如城、白蒲、石庄、搬经、磨头、丁西、戴庄等乡镇卫生院，部分村卫生室和12家食品经营单位，检查贯彻执行《中华人民共和国传染病防治法》和《中华人民共和国食品卫生法》的情况，推动全市灾后防病工作。

开展“为搞活如皋市企业献计献策”活动 1991年7月13日，市人大常委会邀请在如城的各级人大代表中的部分厂长、经理座谈，讨论如何贯彻落实省委、省政府《关于进一步搞活大中型企业的若干政策措施的通知》，为搞活企业献计献策。

作出《关于在全市公民中深入开展法制宣传教育的决议》 根据中共中央、国务院〔1990〕20号文件和第七届全国人大常委会第十八次会议《关于深入开展法制宣传教育的决议》要求，从1991年起，在全体公民中实施法制宣传教育的第二个五年规划。这是全国法制建设史上的一件大事。为推动第二个五年规划的实施，进一步提高干部群众的法制观念，保障宪法和法律的实施，坚持依法办事，促进各项事业的依法管理，为如皋市的政治、经济和社会的长期稳定发展创造良好的法制环境，第十一届人大常委会第十次会议作出《关于在全市公民中深入开展法制宣传教育的决议》。

作出《如皋市人大常委会关于实施黑色路面工程议案的决议》 市十一届人民代表大会第三次会议期间，城东地区李中林等11位人大代表联名提出“关于在全市各乡镇主要干道铺设黑色路面的议案”。会后，市人大常委会城乡建设工作委员会根据主任会议的意见，对该议案进行专题调研。通过召开座谈会，组织参观学习，走访东陈、雪岸、搬经等部分乡镇人大代表，了解情况，听取意见，对全市公路现状、铺设黑色路面的资金需求以及实施时间等问题进行认真分析，并向常委会第十五次会议作专题汇报。会议指出，实施黑色路面工程，符合全市人民的意愿，有利于加快全市的经济建设和对外开放，有利于改善人民群众的生产、生活条件，市人大常委会据此作出《如皋市人大常委会关于实施黑色路面工程议案的决议》。

开展评选市树、市花活动 1992年5月，市人大常委会的4位专职委员提出《关于决定如皋市徽、市树、市花的议案》。市十一届人大常委会第十五次会议就评选市树、市花作出决议。市政府成立评选市树、市花领导组，由市长石秀峰任组长、副市长周宝生任副组长，市绿化委员会办公室负责评选的具体工作。经过一个多月的紧张工作，截至1992年8月31日，共收回市树、市花选票4037张，占发出总票数的81.47%。评选市树、市花工作得到各级党委和政府以及全市广大干部群众的支持。市十一届人大常委会第十七次会议听取市人民政府关于组织评选“市树”“市花”情况的报告，经过审议，决定“银杏为如皋市市树”“月季为如皋市市花”，并组织市徽征集委员会，广泛征集市徽图案。市十一届人大常委会第十九次会议听取和审议如皋市市徽征集评选委员会办公室主任吴希林所作的《关于如皋市市徽征集评选工作情况的报告》，同意如皋市市徽图案(草案)外形近似如皋地图为菱形，底色为天蓝色，上有古城墙曲线，中有以如皋市市花月季花金黄色的花蕾、花枝、花叶组成的美术变形体“皋”字。会议决定将上述市徽图案(草案)提请如皋市第十二届人民代表大会第一次会议审议通过。市第十二届人民代表大会第一次会议审议通过该决议。

视察企业法、水法贯彻执行情况 1992年5月11日至13日,市人大常委会组织在如皋的部分省、南通市以及如皋市人大常委会组成人员,对贯彻执行《中华人民共和国全民所有制工业企业法》(简称《企业法》)情况进行视察。视察组在听取市政府关于全市贯彻执行《企业法》情况汇报的基础上,分别到罐头厂、无线电厂、动力机厂、丝织厂等工厂进行视察。同时,根据省人大常委会苏人发〔1992〕5号通知精神,组织在如皋的省、南通市和如皋市人大代表视察全市《中华人民共和国水法》和《江苏省水利工程管理条例》贯彻实施情况。

召开人大宣传工作会议 1992年12月10日,市人大常委会召开"如皋市人大宣传工作会议"。市人大常委会主任刘桂江,副主任戴崇颐、杨炜昌、李昌焕出席会议并分别讲话。

第二节 第十一届人大常委会特色工作

改进和完善干部述职评议制度 十一届人大常委会在上届人大常委会"干部述职评议"特色工作的基础上,对该做法进一步完善,把依法任免和依法监督有机地结合起来。1991年的述职评议工作在市委的重视和支持下进一步改进:把好述职材料关。述职人员完成述职初稿后,首先向本单位干部职工述职。在接受本单位干部群众的评议后,送交分管副市长阅签。然后提交主任会议初评。经过这样的过程,述职报告稿的质量大为提高。做好评议前的调研工作。为了客观公正、全面地评价每一位述职人员,在评议前,派员到有关单位参加述职评议会议,通过召开座谈会、个别走访、约请有关人员到人大机关了解情况等方式,广泛听取意见。写好评议意见。评议结束后,经人大常委会内务司法工作委员会整理的评议意见,由主任会议审定后,报市委常委,抄送分管副市长。抓好干部述职评议的信息反馈。在述职评议两个月之后,派员到有关单位走访,征求述职人员对述职评议工作的意见,检查了解评议意见的落实情况。该制度进一步增强了述职人员的法纪观念、公仆思想、民主作风和廉政意识,推进"一府两院"的自身建设和工作。

市人大常委会指导乡镇人大主席团开展"七所八站"评议 常委会始终把群众关心的热点、难点问题作为监督的重点,为切实解决基层站所的行风、作风问题,在借鉴外地人大工作经验和做法的基础上,十一届人大常委会指导乡镇人大主席团组织人大代表开展评议市直驻乡(镇)的基层单位、乡(镇)直属各部门(简称"七所八站")工作。为开展好这项工作,1991年10月,在郭园乡进行试点。在初步取得经验的基础上,1992年4月中旬至5月中旬,又进一步扩大试点,在如皋市的9个区各选择1个乡(镇)开展评议活动。

评议内容包括五个方面:贯彻执行党的路线、方针、政策和国家的法律、法令情况;配合党的中心工作情况;行业道德、服务水平情况;廉政建设情况;本职工作任务完成情况等。主要做法是:评议前,人大代表广泛走访选民,了解情况,征求意见;评议时,首先由有关被评单位向代表报告工作,然后,代表根据平时工作中和联系选民了解到的情况,背靠背分组评议,并填写评议票;最后,举行大会,由代表组长汇总各自评议分数,并当场公布得分情况。评议会后,乡(镇)人大主席团将评议意见整理分类,明确承办单位,属于被评单位和本乡(镇)办理的,由乡(镇)人大主席团召开交办会交办;需由市直主管部门办理的,转请市人大常委会交办。被评单位根据代表提出的建议、批评、意见,结合自查自纠的情况充实整改报告,报人大主席团认可后进行落实。对整改措施不力、工作目标不明确的个别单位,要求退回重新修订。一段时期后,乡(镇)人大主席团组织部分代表深入到一些群众意见较大的单位开展跟踪视察,检查整改情况。

这次评议工作始终突出一个重点,即评议内容的五个方面以能否积极配合党的中心工作,自觉服从和服务于经济建设这个中心作为评议的重点;坚持两条原则,即:坚持紧紧依靠党的领导,依靠人民群众、人民代表的原则；坚持实事求是、注重实效的原则。整个评议工作在党委的领导下进行，充分发动代表广泛联系选民群众，征求对被评单位意见。对代表提出的意见建议，经主席团会议整理分类后，由被评单位逐一制定整改措施，一些被评单位难以解决的问题，由市人大常委会交办落实；实行三个公开，即：指导思想公开；评议内容、方法、步骤公开；评议意见公开。评议结束后，及时通报评议情况，公布评议结果，督促处理有关问题。

这次评议活动，加深代表对基层站所的了解，改进被评单位工作作风，提高办事效率，达到预期效果，取得以下成效：加强人民群众对被评单位的监督，提高被评单位干部职工的服务意识，强化了他们对党负责和对人民负责的理念；增强代表的光荣感和责任感，调动人大代表当家作主的积极性；初步理顺基层条块关系，在一定程度上解决条块分割中"管得着的看不见，看得见的管不着"的矛盾和问题；深化乡镇人大工作，推动农村基层政权建设。

第五章　第十二届人大常委会重要活动和特色工作

第一节　第十二届人大常委会重要活动

组织县、乡（镇）两级人民代表大会换届选举　1992年10月至1993年1月，如皋市县、乡（镇）两级人民代表大会换届选举。公布选民1131394人，参加选民1118999人，选举产生如皋市十二届人大代表450名、53个乡（镇）人民代表大会代表3199名。

调研全市经济发展重大课题　市十二届人大一次会议后，市人大常委会把推进改革、加快经济发展作为工作的出发点和落脚点，坚持"抓大事、议大事"，积极发挥常委会职能，促进全市经济的持续、快速、健康发展。1993年，常委会抓住事关经济发展全局的重大问题，组织驻会委员和机关工作人员开展大量深入、细致的调查研究。围绕如何发挥如皋的资源优势，提出以茧丝绸一条龙为突破口，尽快形成"茧、丝、绸——贸、工、农"一体化的经济发展格局，使丝绸工业成为如皋经济的一大支柱产业。围绕建立社会主义市场经济体制，如何发展和培育市场，以场兴市，以市兴场，调查下原乡宠物市场、吴窑乡山羊市场，提出培育市场的建议意见。围绕《全民所有制工业企业转换经营机制条例》规定给企业的自主权的落实问题，调查市政府的有关委、局，部分乡镇，市属工厂企业共12个单位，了解政府转变职能的情况，推进政府转变职能带动企业转换经营机制。

作出原则同意《如皋市"八五"科技发展规划》和《如皋市科技兴市"八五"规划》的决定　根据省委、省政府提出的"科技兴省"和南通市委、市政府提出的"外向开拓、科技兴市"两翼齐飞发展战略，以及如皋县委六届三次全委会作出的"依靠科技进步振兴如皋经济的决定"，县科委、县计委会同有关部门，在广泛调查研究的基础上，结合如皋经济、社会、科技发展现状，于1990年9月完成如皋县"八五"科技兴县和"八五"科技发展规划的编制工作"。1993年2月，市十一届人大常委会第二十次会议听取和审议市科学技术委员会副主任戴其南受市人民政府委托所作的关于制订《如皋市"八五"科技发展规划》和《如皋市科技兴市"八五"规划》的说明，会议决定原则同意这两个规划。

审议重大事项，推动开发区建设　如皋经济技术开发区和如皋港经济技术开发区是全市经济跃上新台阶的重要增长点。加快开发区建设对推动全市经济的发展有着极其重要的作用。换届后第十二届人大常委会第一次会议就听取市政府关于两个开发区筹建工作的汇报，并提出加强领导，精心规划，落实优惠政策,创造良好软环境等一系列意见和建议。

督促减轻农民负担 为推动减轻农民负担工作落到实处,市人大常委会专题听取市政府关于贯彻落实中共中央办公厅、国务院办公厅紧急通知精神和减轻农民负担情况的汇报,并向市政府提出认真落实通知精神的建议和要求,同时给市、乡(镇)人大代表印发各级取消涉农负担项目对照表、农民负担调查表,以便代表深入群众实地了解农民负担情况。针对有些乡镇提前征收全年上缴款这一问题,常委会提出农民上缴"夏四秋六"的建议,被市政府采纳。

制定《如皋市人大常委会联系市人民代表大会代表的办法》 为密切市人大常委会同市人大代表的联系,更好地发挥代表的作用,市人大常委会结合人大工作实际,制订《如皋市人大常委会联系市人民代表大会代表的办法(草案)》(以下简称《办法》),1993年5月27日,市十二届人大常委会第二次会议审议通过该《办法(草案)》。《办法》对市人大常委会联系市人大代表作出8项规定,阐述联系代表的重要性和要求,对组织代表参与视察,开展调查研究,邀请列席人大常委会会议,指导代表小组活动,组织评议"一府两院"工作,建立代表联系点,接待代表来信来访,向人大代表通报情况,召开代表工作会议,组织学习法律和政策等方面的内容作出具体规定。

组织专题视察,解决城区"脏、乱、差"现象 1993年5月至6月,市人大常委会针对如城的一些小街小巷脏、乱、差的问题,组织专题视察,对如何解决存在问题提出具体建议和意见。在市政府的部署下,城建部门仅用1个多月时间,投资20多万元,新拱、疏通下水道9处,总长1520米;铺设巷路14条,共5376平方米;修建公厕3座,增设垃圾箱共4处,使如城的小街小巷"脏、乱、差"整治初见成效。

视察食品卫生法贯彻执行情况 1993年7月,在《中华人民共和国食品卫生法》颁布施行十周年之际,市人大常委会组织部分组成人员和在如皋的部分省、市人大代表共30多人,分成3个组,就全市贯彻执行《中华人民共和国食品卫生法》的情况进行了视察。视察组实地查看了如城和石庄镇的部分农贸市场、饭店、冷饮摊点,熟食、副食品的生产经营单位和个体户,推动《中华人民共和国食品卫生法》在全市的有效贯彻实施。

开展"我为如皋经济献一计"活动 1993年8月上、中旬,常委会组织全市市、乡(镇)两级人大代表开展"我为如皋经济献一计"活动。据初步统计,市人大代表参加献计活动的有300多人,献计献策309条;乡镇人大代表参加献计活动的1363人,献计献策1469条。在本次活动中,广大代表以主人翁的精神,通过走访选民、深入调查研究,针对全市和所在乡镇经济建设中需要解决的问题,本着"实事求是、讲究实效"的原则,积极出主意,想办法。

视察金融工作,推动工业生产 1993年8月,为推动全市金融系统认真贯彻落实中共中央6号文件精神,服从宏观调控,积极搞活微观,保证经济持续、健康发展,市人大常委会组织视察市4家专业银行和8家工业企业。年底,常委会组织部分组成人员分成4个组,对全市1993年工业生产情况进行全面的视察调研,分别从不同侧面解剖全市工业经济运行情况,提出新一年加快工业生产发展的建议意见。

召开如皋人大宣传工作会议 1993年10月9日,市人大常委会主任冯邦才主持召开"如皋市人大宣传工作会议"。市委副书记刘桂江到会并讲话。市人大常委会巡视员李昌焕,市委办公室、研究室,市委宣传部,市人民法院办公室,市人民检察院办公室,市广播电视局、市文化局,市报社、电视台、电台、新闻报道站,南通日报社驻如皋记者站,人大机关各委办等部门(单位)负责人参加会议。

推动全市"二五"普法工作 1994年1月,为推动全市"二五"普法规划顺利实施,市人大常委会积极参加对上一年度"二五"普法情况的检查验收和1994年"二五"普法计划的起草工作。全年共与有关部门联合举办"二五"普法培训班5期。

南通市人大工作研究会年会暨理事会在如皋举行 1994年3月25日至26日,南通市人大工作研究会年会暨理事会在如皋市政府招待所会议厅召开。会议专题研讨在社会主义市场经济体制转换过程中如何发挥地方人大的作用问题。南通市人大工作研究会会长朱剑在会上总结南通市人大工作研究会成立一年的工作,部署今后的工作。会议期间,朱剑等领导参观如皋钢球厂、矿机厂、花木城和绿园。

开展“中华环保世纪行在如皋”活动 1994年4月下旬至6月下旬，为迎接南通市人大常委会对《中华人民共和国环境保护法》的执法检查，市人大常委会组织有关部门在全市范围内开展“中华环保世纪行在如皋”活动。常委会负责人发表广播、电视讲话，报纸、电台、电视台进行宣传报道。常委会将“世纪行活动”与环保执法检查结合起来，在全面宣传发动的基础上，重点检查市化肥厂等13个单位的环保工作。以“环境与发展”为主题，宣传环保法律法规，表扬防污、治污先进典型，有选择性地开展批评报道。

对城市规划法进行执法检查 1994年5月，根据省人大常委会办公厅和南通人大常委会办公室《对〈城市规划法〉进行执法检查的通知》要求，市人大常委会组织执法检查组，由常委会分管副主任任组长，重点检查如城、新民、邓园、城西、丁堰等乡(镇)。针对检查中发现的问题，提出具体整改要求。市政府对此高度重视，调整和充实城市规划管理领导班子，明确一名市长助理专抓城市规划管理工作。将如城的小区规划公布，组建、培训城管执法队伍，强化整治主要街道两边的违章违法建筑，加强对小摊贩、店外店、流动货车的管理，城市秩序有所改观。

专题听取改革试点工作 1994年6月至7月，全市在江防乡进行国有土地使用权拍卖出让试点。市人大常委会主任会议专题听取市土管局关于改革试点工作情况的汇报，肯定“江防经验”，并就如何迅速向面上推广，加快全市土地市场建设步伐提出了“积极、稳妥、慎重、合法”的意见。

视察农业工作 1994年7月上、中旬，市人大常委会对全市贯彻执行《中华人民共和国农业法》《中华人民共和国农业技术推广法》情况和农业商品小区建设情况进行视察。在听取市政府有关部门的专题汇报后，分4个小组重点视察长江、常青、城西、车马湖等9个乡镇。视察中，发现1993年晚稻种子质量差、出苗率低这一问题，常委会专门布置有关工作委员会进行调查，并根据调查情况，要求市政府认真总结经验教训，加强对种子工作的领导，强化良种体系建设，改变从外地大调大运种子的状况。

调查企业运行情况 1994年下半年，市人大常委会组织调研组深入基层，分别对部分国有、集体、民营企业的运行情况和经济效益进行调查。先后组织视察全市15家企业和17个工业重点项目的建设情况，视察数占市政府确定的28个重点项目的半数以上。市政府及工业主管部门的负责人听取视察情况的通报，并针对指出的问题，提出工作整改意见。

围绕市委重大决策开展监督 1995年3月底和4月中旬，省委、南通市委分别在张家港市和海门市召开以经济建设为中心，两个文明一起抓的经验交流现场会。会后，如皋市委、市政府作出“以加大招商引资力度，加快开发区建设步伐和加快环境建设，改善投资环境为突破口，团结拼搏，真抓实干，实现如皋面貌三年大变样”的重大决策。城市建设上，以打通海阳北路为突破口，实现“一年大变样，三年换新装”。主任会议经过两次讨论研究，决定将“打通海阳北路，加快如城改造步伐”列为常委会议题。常委会第十四次会议听取并审议市政府的报告，要求市政府统筹安排、精心组织，搞好拆迁安置、确保工程质量。

集中开展环境保护执法检查 1995年5月下旬，市人大常委会组织部分市人大代表，在全市范围内，分三个阶段集中开展环境保护执法检查，初步掌握全市环境现状，明确环保重点，针对存在问题分析原因，研究对策。

参观学习 1995年上半年，市人大常委会组织部分组成人员参观张家港经济社会发展状况，对照张家港人敢于争先的精神，开展“认真学习张家港，人大工作创一流”的讨论，努力寻求促进经济发展和加快民主法制建设的结合点。

组织乡镇换届选举工作 1995年11月，市人大常委会召开全市乡(镇)人大换届选举工作会议，全面动员部署换届选举工作。在本次乡(镇)人大换届选举中，共有115万人参加选民登记，建立1136个选区、12888个选民小组，提名、推荐代表侯选人17105人，反复协商产生正式代表候选人4261人，经过差额选举，有2991人当选新一届乡镇人大代表，圆满完成各乡(镇)人大代表的换届选举任务。

推进“二五”普法教育 1995年是“二五”普法的最后一年，常委会把法制宣传教育列入重要议事日程，听取和审议市政府关于“二五”普法规划实施情况的汇报。常委会分管领导还就《中华人民共和国水法》《中华人民共和国科技进步法》《中华人民共和国产品质量法》等法律法规的颁布实施发表广播电视讲话，宣传法律规定，号召全市人民认真学习，切实贯彻执行。

举办首期乡镇人大主席培训班 1996年乡镇人大换届，根据修改后的《中华人民共和国地方各级人民代表大会和地方各级人民政府组织法》规定，如皋市共选举产生乡镇人大主席50名，副主席65名。常委会举办首期乡镇人大主席培训班，组织学习有关法律法规，辅导人大工作的理论和业务知识，邀请对乡镇人大工作有研究的人员，联系实际谈体会、谈认识、谈做法、谈效果。通过培训，大家提高认识，找准位置，掌握基本工作方法，增强做好乡镇人大工作的信心和责任感。

作出“三五”普法教育的决议 为推进依法治市工作开展，1996年4月26日，市十二届人大常委会第二十一次会议经过审议，作出《关于在全市公民中深入开展“三五”普法教育的决议》，号召全市把开展法制宣传教育与加强社会主义精神文明建设、社会治安综合治理、经济建设相结合，制定切实计划，采取有力措施，扎扎实实地抓出成效，为推进全市的民主法制建设而努力奋斗。

调查困难企业经济运行情况，开展帮扶活动 1996年4月，市人大常委会组织有关部门对全市15家困难企业的经济运行情况进行调查，研究探讨困扰企业的矛盾症结以及解决问题的办法措施。常委会领导立足于解决企业的实际困难，与政府及有关部门一起现场办公，协调资金。为追回市部分企业的应收款，四处奔波，多方联络，挽回损失100多万元。

成立“如皋市人大工作研究会” 1996年5月，成立“如皋市人大工作研究会”，并围绕经济建设和理论研究积极开展工作。

调查农村经济运行情况 1996年6月上旬，根据市委的统一部署，市人大常委会成立4个调查组，参与全市统一组织的农村经济运行情况的调查。用6天时间，深入到城东、丁堰、薛窑、江安等4个片的10个乡镇、20个村、18个乡镇企业、40多个农户，通过听汇报、召开座谈会、个别走访、查核统计报表等多种方法进行调查，形成4份调查报告，为正确分析农村经济形势、加快两个根本转变提供决策依据。

组织评议教育行政管理部门工作 1996年6月至7月，市人大常委会组织人大代表对教育行政管理部门的工作进行评议。市、乡(镇)两级人大代表以主人翁姿态，深入基层，联系选民，听取和征集广大人民群众对教育行政管理部门的意见和要求。据统计，共收集对教育部门工作的表扬、意见、建议792条。各级教育行政管理部门诚恳接受评议，自查自纠，认真办理评议意见，常委会交办的140条意见全部分解落实到办理单位，8月初全部办结，并逐件答复代表。

视察工业经济 工业经济是全市经济发展的主体，也是人大常委会检查视察的重点。1995年7月，常委会组成人员分3个组，深入5个乡镇，视察部分乡镇工业和9家市属企业的经济运行情况。常委会会议上，组成人员针对检查中发现的薄弱环节，提出“加强企业管理，提高经济治理，深化企业改革，依靠科技兴厂”的审议意见。

开展“塑公仆形象，为党旗争辉”的主题活动 1996年7月下旬，常委会机关组织开展了“塑公仆形象，为党旗争辉”的主题活动，着重围绕“十个一”(学习邓小平建设有中国特色社会主义理论和江泽民同志关于“要讲政治”等重要讲话，写一篇心得；为如皋经济建设、深化改革献一计；为党风建设进一言；为基层办一件实事；为重点项目拆借一笔市外资金；联系一个代表，写一篇专访；走访一个老干部；办一件人民信访；为支部上一次党课；写一篇调查报告或视察、执法检查报告)开展，每个人根据各自情况选择几项实施。据统计，机关大多数人员完成4个以上的项目。有18人撰写学习体会；9条献计被有关部门采纳或部分采纳；提出建议38条；为基层办实事30多件；引进市外资金550万元；撰写各类调查、视察、执法检查报告30多篇，其中4篇(3人)在南通人大获得奖励。市人大常委会办公室被南通人大评为宣传报道先进集体。

推进乡镇人大工作 1996年，市人大常委会党组针对全市乡镇人大工作中存在的一些亟待解决的问题，经过认真研究，向市委提出《关于进一步加强乡镇人大工作的意见》。市委对此十分重视，以皋委发〔1996〕31号文件转发各乡镇党委贯彻执行。9月底，常委会检查各乡镇贯彻落实的情况。

视察全市精神文明建设 为进一步贯彻落实中共十四届六中全会精神和江苏省委、南通市委以及如皋市委关于大力加强和促进全市社会主义精神文明建设的要求，市人大常委会于1997年5月15日和16日两天分3组对如城镇、丁堰镇、葛市乡等11个乡镇及市公安局、市民政局的精神文明建设情况进行视察。在充分肯定全市精神文明建设取得成绩的同时，客观指出了存在问题，并从持之以恒抓成效，从上抓起、从严抓起、从我做起，注重推广先进典型等方面提出意见建议。

制定常委会会议列席人员守则 为了解决列席常委会会议人员出席率低、列席对象替会、提前离会等现象，严明“一府两院”人员列席人大常委会会议的纪律，市十二届人大常委会制定《如皋市人大常委会会议列席人员守则》(以下简称《守则》)，于1997年5月29日市十二届人大常委会第三十次会议通过。《守则》规定了人大常委会会议必须列席的对象，并从保证按时列席，会前准备，认真听取审议，会后贯彻落实会议决议、决定和审议意见等方面作出具体规定，对提高常委会会议质量起到重要的保证作用。

制定评选优秀代表建议、批评、意见和优秀承办单位的试行办法 为进一步提高人大代表建议、批评、意见的质量，更好地开展办理工作，1997年5月29日，召开市十二届人大常委会第三十次会议，通过《如皋市人大常委会评选优秀代表建议、批评、意见和优秀承办单位的试行办法》。该试行办法从评选条件、评选办法和表彰形式等3个方面对如何评选优秀代表建议、批评、意见和优秀承办单位作出具体规定。

调研企业产权制度改革后的经济运行情况 市人大常委会紧紧围绕经济体制和经济增长方式的转变，针对全市工业企业实施产权制度改革后的运行情况进行视察调研。1997年9月，常委会组织视察10个乡镇18家乡镇企业产权制度改革以来的经营情况，对产权制度改革的初步成效作了如实评价，提出深化和完善企业改制工作的建议。

推动严打斗争深入开展 市人大常委会强化对司法部门工作的监督，推动严打斗争深入开展。市十二届人大常委会第三十一会议听取和审议市人民检察院关于严厉打击经济犯罪、惩治腐败情况的报告。市人大常委会第三十三次会议，听取和审议市人民法院贯彻《中华人民共和国刑事诉讼法》，改革刑事审判方式情况的报告。

第二节 第十二届人大常委会特色工作

推动乡镇人大开展工作，实现“班子、位子、牌子、房子、票子”五到位 乡镇人民代表大会是中国最基层的地方国家权力机关。夯实这一基础，对于完善基层政权建设，坚持和巩固人民代表大会制度，具有十分重要的意义。1993年乡镇人大换届以后，常委会召开了专职常务主席座谈会，加深对乡镇人大地位和作用的认识，明确开展人大工作的方法，提出工作的基本路径。针对如皋市乡镇人大主席团常务主席绝大多数由党委书记兼任的现状以及如何正确处理好党委工作与人大工作的关系，切实解决兼职常务主席工作中迫切需要解决的问题，常委会注重培养典型，及时推广东陈、吴窑、大明等地的典型经验，为乡镇兼职常务主席开展工作探索出路子。1994年，为提高乡镇人代会的会议质量，常委会就完善和规范乡镇人代会的法定程序，提出指导性的意见。1996年乡镇人大换届时，根据修改后的《中华人民共和国地方各级人民代表大会和地方各级人民政府组织法》规定，如皋市共选举产生乡镇人大主席50名，副主席65名。常委会及时举办乡镇人大主席培训班。与此同时，常委会党组还针对全市乡镇人大基础工作中存在的一些亟待解决的问题，主要包括乡镇人大班子、办公场所、经费等方面的问题，向市委报送《关于进一步加强乡镇人大工作的意见》。市委十分重视常委会的意见，以皋委发〔1996〕31号文件转发各乡镇党委贯彻执行。1996年和1997年，常委会两次检查各乡镇人大工作情况，并将检查情况向市委作出报告，推动全市乡镇人大各项基础工作走上规范化轨道，“班子、位子、牌子、房子、票子”逐步到位。

拓宽监督渠道，首次组织人大代表评议公检法机关工作 公检法机关在维护社会稳定、打击违法犯罪、促进社会公平正义中起着举足轻重的作用。为切实加强公检法机关工作，十二届人大常委会结合工作实际，精心组织在如皋的各级人大代表评议公检法机关工作。经过准备、评议、整改、总结4个阶段，历时半年多，取得较好的效果。其主要特点：

各级领导重视。整个评议活动始终置于各级党委的领导之下，市委常委会专门研究评议工作，批转了人大常委会党组的请示。为使评议工作顺利开展，市十二届人大常委会第八次会议作出了《关于组织人大代表评议公检法机关工作的决定》，制订实施方案，建立由市委分管副书记和市人大常委会正副主任组成的评议工作领导组，人大常委会主任会议先后8次专题研究有关评议活动中的问题。常委会负责人亲自深入基层，动员和部署评议工作。市委和市人大常委会的负责人根据评议中反映的突出问题，带领被评部门负责人现场办公，边评边改，推动有关突出问题的解决。各乡镇人大主席团根据评议领导组的统一部署，为市、乡（镇）人大代表开展评议活动做了大量的组织工作。各级领导的高度重视，保证整个评议活动健康、有序进行。

指导思想明确。评议初期，针对存在的一些顾虑和模糊认识，常委会加强了宣传发动工作。宣传人大的性质、地位和作用，明确人大及其常委会与公检法机关之间的监督和被监督的关系；宣传人大代表参政议政的权利和职责，明确开展评议活动的法律依据；宣传公检法机关在整个国家机器中所处的特定地位和重要作用，明确评议的指导思想和根本目的。这些宣传举措，较好地统一各方面的思想认识，调动各种积极因素，为评议工作奠定良好的思想基础。

代表广泛参与。整个评议期间，共有各级人大代表3400多人参加评议活动，全市共开展代表小组活动710次。代表们以主人翁姿态，广泛联系选民，了解情况，收集意见。据不完全统计，全市代表走访或联系选民达8.3万多人次。在以代表小组为单位进行初评时，共提出评议意见1170条。在这个基础上，常委会于7月22日召开全市评议大会。

整改积极认真。公检法机关接受评议态度端正，查纠迅速，整改积极认真。他们分别建立接受评议领导组和办事机构，制定接受评议、开展自查自纠工作计划，并根据计划逐步实施。公检法机关分别向全市人大代表发出征求意见的信函，广泛听取社会各界及人民群众对本部门工作的意见。此外，他们各自还采取其他多种形式进行自查自纠。评议大会以后，经过分类整理，有421条评议意见转交公检法三家办理。公检法机关按照要求做到“三个到位”，即认识到位、责任到位、整改到位。对评议意见事事有交待，件件有着落。共办结评议意见419条，占交办数的99.5%。代表对办理情况反馈信息134条，其中表示满意和基本满意的132条，占反馈数的98.5%。

首次组织的人大代表评议公检法机关工作，影响大、效果好。有力地促进了公检法机关的工作。市人民法院清理了88%的积存案件，新案的执结率也有大幅度提高；市公安局对多收费、违纪办案等问题进行严肃查处，通过执法检查，依法重新查办111人；市人民检察院将无法律规定而收取的“保证金”“考察费”“申诉费”等全部清退，并制定和重申各项办案纪律和规定。

密切公检法机关与人民群众的联系，加深人民群众对公检法机关工作的支持和理解，大大融合了警民关系、干群关系。

评议活动开辟人大代表发挥作用的新途径，拓宽人大代表在闭会期间履行代表职责的渠道，调动人大代表参政议政的积极性。

肯定公检法机关的成绩、弘扬先进。根据人大代表的评议意见，由公检法机关酝酿推荐，十二届人大常委会第十一次会议作出《关于表彰公检法机关先进集体和优秀干警的决定》。12月9日，市委、市人大常委会召开大会，对1个先进集体和10名优秀干警进行了表彰。

第六章　第十三届人大常委会重要活动和特色工作

第一节　第十三届人大常委会重要活动

组织如皋市人民代表大会换届选举　1997年9月至12月，如皋市人民代表大会换届选举，公布选民1154386人，参加选民1152818人，选举产生如皋市第十三届人民代表大会代表461名（缺额1名），市党政联合提名的候选人全部当选。当选代表中，工农代表186名，占44.7%；干部代表120名，占28.8%；知识分子代表77名，占18.5%；其他方面的代表33名，占8%。

制定乡镇组织人大代表开展评议活动的实施意见　为充分发挥人大代表的作用，加强各级人大代表特别是乡镇人大代表对市直机关驻乡镇单位和乡镇职能部门的监督，促进其依法办事，勤政廉政，改进作风，推进全市基层民主法治建设。市十三届人大常委会在总结往届人大常委会组织评议乡镇"七所八站"的经验基础上，制定《如皋市人大常委会关于组织人大代表开展评议活动的实施意见》，进一步规范和指导乡镇人大组织代表开展评议活动。该意见于十三届人大常委会第二次会议审议通过。

推行部门执法责任制　为贯彻中共十五大提出的依法治国方略，建设社会主义法治国家，落实市委《关于推进依法治市工作的决定》和市十三届人大一次会议《关于推进依法治市工作的决议》，1998年3月，常委会领导带领市依法治市领导小组办公室及有关部门的负责人，赴省内建湖县、常熟市等地学习和参观。在此基础上，十三届人大常委会第四次会议作出《关于推行部门执法责任制的决定》。

围绕经济建设，开展视察调研　市人大常委会紧紧抓住改革和发展中的重大问题，进行视察、调研，推进相关工作开展。1998年6月中旬，常委会组成人员在听取市政府关于当前全市个体私营经济运行情况汇报的基础上，分3个组，对下原、胜利、常青、戴庄、马塘、白蒲、石庄、磨头、雪岸9个乡镇进行专题视察。视察后，客观总结9个乡镇发展个体私营经济的经验做法和取得的成绩，并就存在的一些薄弱环节和问题，提出针对性的意见建议。1998年11月上旬，市人大常委会部分组成人员和部分市人大代表分9个组，对南凌、建设、林梓、龙舌、吴窑、葛市、高明、大明、何庄9个乡镇以及所辖的27个村，进行乡镇奔小康情况专题视察，加快全市小康建设的步伐。

组织对基层所站进行工作评议　1998年8月，市人大常委会组织市、乡镇两级人大代表对各乡镇基层所站有选择、有重点地进行评议。全市被评单位298个，共收到评议意见2512条，有效地推动基层所站依法行政和廉政建设。很多单位在接受评议以后，从狠抓内部管理入手，主动改进服务态度，以实际行动接受代表的评议和监督，受到当地群众的好评。

检查消费者权益保护法的执行情况　1999年3月，结合开展消费者权益保护日活动，市人大常委会组织部分委员对全市贯彻《中华人民共和国消费者权益保护法》的执行情况进行检查。常委会第八次会议听取市政府关于保护消费者合法权益工作的专题汇报，就如何加大对侵犯消费者合法权益的打击力度提出意见。会后，市政府及有关职能部门加强对《中华人民共和国消费者权益保护法》的宣传，充实执法力量，对事关人民群众生命财产安全的重点行业，加大查处力度，有效保护消费者的合法权益。

全面推行执法责任制　为把十三届人大一次会议《关于推进依法治市工作的决议》和人大常委会《关于推行部门执法责任制的决定》落到实处，常委会在总结试点单位推行执法责任制经验的基础上，参与组织和督促全市行政部门和司法机关建立健全执法责任制，并对各单位执法责任制的落实情况进行督查。十三届人大常委会第十二次会议对市人民法院和市人民检察院推行执法责任制情况进行审议,在肯定成绩的同时,要求两院及有关执法部门进一步抓好落实,抓好宣传,抓好干警素质的提高,转变机关作风,树立良好形象,做到司法公正。

对热点问题实施过程督查 市十三届人民代表大会第二次会议作出《关于加强骨干河道河床保护的决议》,为推动这项决议落实,市人大常委会开展专项监督。1999年6月23日,市人大常委会主任会议后,与会人员乘船冒雨视察如皋港、如海河有关河段的河床保护情况,形成主任会议意见,要求市政府进一步重视河床保护工作。10月中旬,市人大常委会又会同有关部门对38个乡镇河床保护工作进行了督查。

开展环保执法检查 1999年上半年,市人大常委会进行了两次环保执法检查。常委会领导带队到治理污染进展缓慢的企业了解情况,提出限期整改的目标要求和具体措施,先后对20多家污染严重的企业进行督查,督促全市23家省控企业重点污染源按期完成达标排放任务。

视察全市农业生产结构调整情况 1999年9月13日至18日,市人大常委会对全市农业生产结构调整情况进行视察。常委会听取市政府的专题汇报,深入9个乡镇进行调研,并分组赴淮安、射阳、大丰、启东等结构调整成绩显著的县市参观考察。

组织"一府两院"组成人员述职评议 为强化人大监督职能,进一步规范述职评议办法,改进机关人员作风,推进"一府两院"工作,市十三届人大常委会第八次会议通过《关于"一府两院"组成人员述职评议办法》。1999年,共有11名"一府两院"组成人员在人大常委会会议上进行述职,接受评议和测评。常委会同时委托市人民法院和市人民检察院分别对24名法官、检察官进行述职评议。

继续组织开展基层所站的评议活动 市人大常委会继续组织市、乡镇两级人大代表对乡镇基层所站进行评议,不断探索新的经验,推动该项工作取得新的成绩。1999年,马塘乡把评议所站工作与促进全年工作目标的实现结合起来,市、乡镇两级人大代表结合评议活动,对年初人代会确定的为人民群众所办的6件实事进行了全程监督,促进乡镇基础设施建设。建设乡在评议基层所站工作的基础上,对正副乡长的工作进行评议,产生较大影响,受到干部群众的好评,同时也推动政府工作的开展。

积极参加"如皋今后怎么办"大讨论活动 1999年,市委组织"如皋今后怎么办"大讨论活动,市人大常委会提交9篇研讨文章,就如何加强民主法治建设、推进依法治市进程、加快工业产品结构和农村产业化结构调整、提高市民整体素质、搞好区域规划等事关如皋未来走向的重大问题发表见解,提出建议。

修订《如皋市人民代表大会常务委员会人事任免办法》 2000年3月2日,如皋市第十三届人大常委会第十五次会议修订《如皋市人民代表大会常务委员会人事任免办法》。该办法于1990年7月18日经如皋县第十一届人大常委会第三次会议通过,1996年10月31日如皋市第十二届人大常委会第二十四次会议进行修订,本次修定为第三次修订。

组织新建镇换届选举 2000年8月至10月,全市新建镇人民代表大会进行换届选举。行政区划调整后的20个镇,公布选民1310300人,参加选民1030613人,选举产生新一届乡(镇)人民代表大会代表。

全面推进依法治市 市十三届人大一次会议作出推进依法治市的决议,据此,市政府制订推进依法治市的《三年规划》。2000年10月,市人大常委会组织部分组成人员对人代会决议的落实情况和依法治市的《三年规划》实施情况进行视察。常委会对依法治市工作的基本做法及主要成绩给予充分肯定,同时也指出在推进依法治市进程中存在的问题和薄弱环节,对今后进一步推进依法治市工作提出具体意见和要求。

深入开展党员干部"三讲"教育活动 2000年,常委会领导参加以"讲学习、讲政治、讲正气"为主要内容的党性党风教育活动。活动中,常委会领导认真学习马列主义、毛泽东思想、邓小平理论、"三个代表"重要思想,提高贯彻党的基本路线、履行法定职权、践行"三个代表"的自觉性和坚定性。通过开展批评和自我批评,常委会领导认真剖析产生问题的思想根源,明确今后的努力方向,达到"思想上明显提高，政治上明显进步，作风上明显转变，纪律上明显增强”的要求，进一步增强常委会领导班子的凝聚力和战斗力。

联合视察看守所 2001年2月22日，市人大常委会和政协联合视察市公安局看守所。市人大常委会主任石秀峰，副主任浦文海、郭载荣、刘培银、秦玉林、周金仁、邵晓泉，督导员殷春和、汪如一，市政协主席刘桂江，副主席于永芳、王连生、陆小兵，督导员徐建平，政协原主席魏国平以及市人大常委会有关委办和市政协有关委办的负责人参加视察。

围绕“追赶、跨越”目标，开展监督 2001年是实施“十五”规划的第一年。市人大常委会围绕市委提出的“追赶式奋进，跨越式发展”的目标，突出经济建设中心，依法开展监督。2001年4月，常委会组织检查2000年经贸洽谈会项目落实情况、2000年度市本级财政决算和同级审情况、“九五”交通基础设施建设和“十五”交通发展规划情况、私营企业职工劳动合同订立和社会保险费征缴情况。

召开“纪念如皋市人大常委会设立二十周年大会” 2001年4月，市人大常委会在如皋市广电中心召开“纪念如皋市人大常委会设立二十周年大会”。市十三届人大常委会组成人员、“一府两院”组成人员、在如城的历届市（县）人大常委会组成人员、各乡镇人大主席、市人大常委会机关全体人员参加。

作出《关于加强市人大代表工作的决定》 2001年4月，市人大常委会第二十四次会议作出《关于加强市人大代表工作的决定》，同时建立市人大常委会主任、副主任轮流接待市人大代表制度，国家机关向人大代表通报工作和重大事项制度，人大代表就重大问题约见国家机关及所属部门和单位负责人制度，以及代表持证视察制度。

组织乡镇人大选举 2001年9月下旬至2002年1月22日，如皋市皋南、磨头、长江等3个镇因行政区划调整进行重新选举，黄市、夏堡撤乡建镇进行换届选举，其余18个镇因人事变化，分别进行补选。皋南等5个镇共有选民215811人，参加选民140297人，选举产生新一届乡（镇）人民代表大会代表。

推进“四五”普法教育 2001年10月18日，市十三届人大常委会第二十八次会议通过《关于进一步开展法制宣传教育的决议》，明确“四五”普法的指导思想、目标任务、工作要求、方法步骤以及保障措施，动员全市广大干群通过深入开展法制宣传教育，进一步提高法律素质和依法管理水平，努力实现由提高全民法律意识向提高全民法律素质转变；做到有法必依、执法必严、违法必究，促进经济建设和各项社会事业顺利发展。市人大常委会主任会议专题听取市依法治市领导小组办公室的汇报，初步检查“四五”普法的进展情况。

视察内外城河整治工作 整治内外城河，提高居民环境质量是如皋人民多年的夙愿，也是市政府2001年的工作重点。市人大常委会对此十分关注。11月中旬，常委会组织部分组成人员对内外城河整治情况进行视察，听取内外城河整治总体规划的介绍和市政府的工作汇报，并实地察看在建工程。

开展“三个代表”重要思想学习教育活动 2001年，市人大常委会党组及人大机关党支部认真组织开展“三个代表”重要思想学习教育活动。常委会党组始终坚持学习教育活动的原则，结合“三讲”教育“回头看”，落实“三讲”整改措施，巩固“三讲”成果，达到学习教育活动预期成效。

制订《如皋市人大常委会讨论决定重大事项的规定》 2001年，人大常委会的办事机构在充分调查的基础上，起草《如皋市人大常委会讨论决定重大事项的规定》（初稿）（以下简称《规定》），主任会议进行初审。市人大常委会的办事机构根据主任会议初审的意见进行修改，将修改后的《规定》向有关方面征求意见，再次对初稿进行修改和完善，并提交主任会议进一步进行审议。主任会议审议通过后，向市委请示。市委批复同意提交市人大常委会会议审议。市十三届人大常委会第三十三次会议通过《如皋市人大常委会讨论决定重大事项的规定》。该规定明确市人大常委会行使重大事项决定权的范围、内容和程序，使人大常委会讨论、决定重大事项，依法履行职责的行为制度化、规范化。

省人大代表如皋小组在如皋开展活动 2002年2月，省人大代表如皋小组在如皋皮防所开展代表活动。市人大常委会主任石秀峰，副主任浦文海、郭载荣、汤建华、周金仁、邵晓泉等参加活动。活动中，市皮防所所长介绍近两年的工作情况及取得的科研成果，省人大代表讨论拟向省人代会提出的如泰河疏浚等4个议案和建议。

召开如皋市人大宣传工作会议 2002年3月,市人大召开如皋市人大宣传工作会议。各镇人大主席、人大秘书,市人民政府办公室、市人民法院办公室、市人民检察院办公室及市人大常委会各工作机构的负责人参加会议。市人大常委会主任石秀峰,副主任浦文海、郭载荣,宣传部副部长缪永涛等出席会议。会议对进一步搞好人大宣传工作进行部署,并交流加强人大宣传工作的经验。

组织参加南通市人大培训会议 2002年4月,市人大组织镇人大主席、人大秘书参加南通市人大培训会议。培训会上,如皋市如城镇、石庄镇分别作经验介绍。

开展"代表法"颁布十周年的纪念、学习和宣传活动 2002年4月,市人大常委会开展《中华人民共和国全国人民代表大会和地方各级人民代表大会代表法》颁布十周年的纪念、学习和宣传活动,认真总结本届人大代表工作经验,宣传代表典型事迹。年内,组织开展代表向选民述职的试点工作,教育代表主动接受选民的评议、监督。此外,常委会组织各级代表开展活动,通过组织学习、视察调查、列席会议等途径,进一步拓宽代表知情参政、履行职责的渠道。代表们主动参与全市经济建设,为迎接"一会两节"(首届如皋中国长寿文化节、第二届中国如皋盆景艺术节、第三届经贸洽谈会)的召开,代表们积极参与招商引资工作,有134名人大代表引进项目131个。

召开如皋市人大工作研究会常务理事会年会 2002年5月,召开如皋市人大工作研究会常务理事会年会。大会传达南通市人大工作研究会常务理事会的会议精神,市人大常委会主任石秀峰作题为《努力开创我市人大工作理论研究的新局面》的讲话。

代表持证视察 2002年6月,张杰、肖志高两名市人大代表持证视察国家有关个人所得税征收法律、法规的执行情况和如皋近两年个人所得税征收情况。这在如皋市以及南通市代表活动中尚属首次,产生较大反响。

组织选举人员培训 为依法组织好人大换届选举工作,2002年10月15日,如皋市选举办公室组织各镇人大主席、人大秘书,选举工作骨干,有关部门和单位的工作人员等就县乡两级人大换届选举工作流程、注意事项以及换届工作纪律等内容进行业务辅导培训。培训结束后,对选举工作人员进行书面考试。此次培训,进一步提高选举工作人员的业务水平,增强他们依法做好选举工作的责任心。

组织如皋市人民代表大会换届选举 2002年10月13日至12月24日,如皋市人民代表大会进行换届选举,公布选民1178876人,参加选民1177996人,共选举产生十四届人大代表413名(缺额4人,其中党政联合提名缺额1名,白蒲、下原、郭园三个镇各缺额1名)。当选代表中,工人、农民代表238名,占57.62%;高中及中专文化程度120名,占29.06%;大专以上学历222名,占53.64%;妇女代表117名,占28.33%;非党代表128人,占30.99%。

第二节 第十三届人大常委会特色工作

乡镇换届选举经验在南通市推广 2001年下半年,市人大常委会先后组织皋南、长江等5个镇进行镇人大换届选举,并组织18个镇进行人大代表的补选。市人大常委会办公室及相关委室按照时间从紧、要求从严、程序从简的要求,周密计划,精心组织。这次选民登记方法总的原则是,选民登记与登记核对选民相结合,选民登记为主体,登记核对选民为基础。在皋南等5个镇,全面推行以设立选民登记站、选民主动到站登记为主的方法。5个镇共有选民215811人,选民到登记站登记的总人数为140297人,占选民的65%。这种改革,方便选民就近登记,确保不错、不漏、不重,增强选民的法律观念和履行义务的责任。为此,南通市人大常委会在如皋市皋南镇长港村召开选民登记现场会。会上皋南镇、市选举办公室分别作选民登记改革的情况介绍。省人大肯定如皋市的做法,并在全省进行推广。

变"登记选民"为选民主动到登记站登记,量化、细化代表候选人的提名、协商、确定过程等,探索出组织乡镇人大换届选举的新路子,受到省和南通市人大领导的肯定。11月5日,南通市人大在如皋市召开乡镇人大换届选举选民登记观摩会,《中国人大》2002年第1期,以“变‘选民登记’为‘登记选民’”为题,对如皋市换届选举的成功经验和做法进行报道。

出台对“一府两院”相关人员的评议办法,形成正常工作制度 人大及其常委会对“一府两院”工作的监督,不仅体现在人民代表大会期间听取和审议工作报告,提出议案或者批评、建议等环节,同时体现在闭会期间每年几次代表视察、执法检查和听取工作汇报,也体现在闭会期间人大常委会组织“一府两院”相关人员开展的述职评议活动之中。十三届人大常委会在总结以往组织“一府两院”人员开展述职、评议活动的基础上,学习借鉴外地经验,规范对“一府两院”相关人员评议的办法,出台《如皋市人民代表大会常务委员会关于“一府两院”组成人员述职评议办法》(以下简称《办法》)。该《办法》于1999年3月24日经市十三届人大常委会第八次会议通过。《办法》规定被评对象由市人大常委会授权主任会议确定,并提前一个月通知被评议人做好准备。参评人员不仅有人大常委会组成人员,还包括部分市人大代表,尤其是被评单位系统的代表;同时,邀请相关部门,如组织、人事、纪检、监察等部门的人员参加。在结果运用方面,第一次述职测评后,测评凡得信任票未过常委会组成人员半数的,6个月后重新述职并进行评议;第二次述职测评后,信任票仍不超过半数的,由市人大常委会党组将有关情况向市委报告,提出调整岗位的建议。

《办法》出台后,市十三届人大常委会对人大任命的“一府两院”组成人员分期分批开展述职评议并进行测评。截至2002年年底,共有112名人大常委会任命的“一府两院”人员进行述职,其中,在常委会会议上述职的38人,在“两院”述职的74人,达到预期效果。在操作过程中,做到述职与评议相结合,述“绩”和述“廉”相结合,向常委会述职与向本单位干部职工述职相结合,调查了解与民主测评相结合,比较客观全面真实地了解情况,实事求是地肯定述职对象取得的成绩,指出存在问题,提出整改要求,增强被评对象的责任感和使命感,促进勤政廉政建设,使人事任免权在更大范围内得到延伸。

开展述职评议活动,把监督权与重大事项的决定权、任免权结合起来,把对事的监督与对人的监督结合起来,把人大常委会的监督与人大代表的监督、人民群众的监督结合起来,把人大会议上的监督与闭会后的经常性监督结合起来,对于提高“一府两院”组成人员的法律意识和公仆意识,增强他们为人民掌好权、用好权的自觉性和责任感具有十分重要的意义。

第七章 第十四届人大常委会重要活动和特色工作

第一节 第十四届人大常委会重要活动

推动“四五”普法和依法治市的深入开展 2003年是实施“四五”普法规划的第三年,市人大常委会加强对“四五”普法和依法治市情况的检查。上半年,常委会牵头组织相关部门,深入到6个镇、10个部门以及2所学校进行检查。在肯定依法治市和普法工作取得成绩的同时,客观指出少数干部和执法人员法制观念淡薄,行政执法不严,存在着以言代法、有法不依等现象。为此,常委会邀请有关部门负责人进行座谈,并在市十四届人大常委会第五次会议上对“四五”普法和依法治市工作进行专项审议。指出要以增强各级领导干部和行政执法人员法制意识为重点,推动“四五”普法工作深入开展,健全和完善依法治市目标责任制,进一步落实执法责任,实行政务公开、执法公示,自觉接受社会监督,不断促进“四五”普法和依法治市向纵深发展。

积极参与抗击"非典"　2003年抗击"非典"期间，市人大常委会根据市委统一部署，积极参与抗击"非典"工作，一方面检查了解抗击"非典"情况，另一方面大张旗鼓地宣传《中华人民共和国传染病防治法》《中华人民共和国食品卫生法》等法律法规。4月底召开的市十四届人大常委会第二次会议对《中华人民共和国食品卫生法》的贯彻执行情况进行审议。会前，常委会领导带领有关部门负责同志深入到乡镇、村以及部分企事业单位进行专项检查，会议期间听取市政府的专题汇报，播放有关专题录像片，进行认真讨论。会后要求市政府切实抓好《中华人民共和国传染病防治法》《中华人民共和国食品卫生法》等法律法规的贯彻执行，加大对违法案件的查处力度，确保人民群众的身体健康和生命安全。

开展执法检查　2003年，市人大常委会先后对《中华人民共和国中外合资经营企业法》《中华人民共和国中外合作经营企业法》《中华人民共和国外资企业法》《中华人民共和国妇女权益保护法》《中华人民共和国归侨侨眷权益保护法》《中华人民共和国水法》《中华人民共和国城市规划法》《中华人民共和国工会法》等多部法律法规的贯彻实施情况进行执法检查。同时，与南通市人大常委会联动，对《中华人民共和国土地管理法》《中华人民共和国环境保护法》《中华人民共和国农业技术推广法》等法律法规的执行情况进行检查。在《中华人民共和国土地管理法》的执法检查中，常委会指出，既要合理利用土地资源，为招商引资、项目投入提供有力保证，又要高度重视失地农民的合法权益，提出"以土地换社保"等意见。在《中华人民共和国环境保护法》的执法检查中，发现3家企业污染严重，整治不力，立即责成职能部门对这3家企业依法查封。4月份，人大常委会主任会议在认真组织调查研究的基础上，听取和审议市政府贯彻《中华人民共和国人口与计划生育法》的情况报告。针对计生工作中领导重视程度有所淡化、流动人口计生管理薄弱、计生经费缺口较大、社会抚养费征收率不高等存在问题，主任会议提出，要进一步宣传《中华人民共和国人口与计划生育法》，强化对计划生育工作的领导，加大对计划生育经费投入。

专题视察"两节一会"项目落实情况和上半年项目投入情况　2003年上半年，市人大常委会组织全体组成人员和部分市人大代表对2002年如皋市"两节一会"项目落实情况和2003年上半年项目投入情况进行专题视察。根据视察的情况，常委会指出：要凝心聚力，高点定位，持之以恒抓好大招商、大投入；要潜心研究，积极探索，推进全市大园区的"共建共享"；要总结提高，不断创新，务求招商引资取得实效；要提高效能、优质服务，切实转变工作作风。这些意见在市政府下半年的工作中得到较好落实，暗访中发现的问题，有关部门以积极的姿态加以整改，促进全市经济环境的进一步好转。

省、南通市人大代表视察如皋工业经济运行情况　2003年7月，沈良兵、张英田、佘鸣皋等驻如皋的16位省、南通市人大代表对如皋工业经济运行情况进行视察，市人大常委会主任石耀、副主任刘培银陪同视察。

开展评议活动　2003年8月，市人大常委会制定《关于组织市人大代表评议"一府两院"及有关部门工作的办法》。根据多数代表的意见，常委会确定被评议单位，组织市人大代表，同时邀请在如皋的其他各级人大代表对市人民法院、市交通局近两年来的工作进行评议。各级人大代表以主人翁的姿态参加评议活动，深入基层，联系选民，倾听群众意见，在充分肯定两个被评议单位工作成绩的基础上，提出各种建议、意见646条(次)。市人民法院和市交通局以接受评议为契机，主动迎评，积极整改，推进工作，达到"以评议促整改、以整改促发展"的目的。市委、市政府对评议活动十分重视，在动员大会和评议大会上，市委、市政府主要领导和市委分管领导都发表讲话，对全市各部门主动接受评议，自觉接受监督，推进社会主义民主政治建设提出明确要求。

专题视察市农业六大主导产业推进情况　2003年下半年，市人大常委会对全市农业六大主导产业(花木盆景、外向果蔬、优质油米、如皋黄鸡、优质生猪、栽桑养蚕)的推进情况进行视察，第六次常委会会议进行专题审议。通过审议，常委会提出，要进一步统一思想，提高认识，加大六大主导产业的推进力度；要进一步突出重点，放大优势，形成区域规模特色；要依靠科技进步，加强品牌建设，增强农产品的市场竞争力；要加大投入，优化服务，为六大主导产业的推进营造良好环境。市政府据此调整六大主导产业的排序，突出花木盆景、外向果蔬的重要地位，并采取有力措施强势推进，促进如皋农业的可持续发展。

审查、批准重大规划 2003年，市人大常委会审查、批准《如皋市生态示范区建设总体规划》和《如皋市沿江开发总体规划》两部重大规划。为提高审议质量，常委会组织组成人员外出考察学习，邀请专家作辅导讲座，请职能部门专业人员通报专家评审意见。由于准备充分、认识到位，审议中，组成人员结合如皋实际对这两部规划提出许多建设性的意见。

审议通过“授予地方荣誉称号的办法” 2003年12月1日，市十四届人大常委会第六次会议通过《如皋市人民代表大会常务委员会关于授予地方荣誉称号的办法》，动员广大人民群众以更加饱满的热情投入全市的“三个文明”建设，激励市外、境外、海外有识之士在如皋投资兴业，或捐助各类社会事业。该办法从2004年1月1日起开始施行。

召开全市人大工作研究会暨镇人大工作研讨会 2003年12月，市人大常委会召开全市人大工作研究会暨镇人大工作研讨会，将各乡镇人大主席团报告形成汇编，用于相互借鉴、相互交流，推动全市人大工作的全面开展。

组织开展代表“四带”活动 2003年，市人大常委会组织代表认真开展代表“四带”(带头创业、带头招商引资、带头致富、带领人民群众致富)活动，发挥代表在经济建设中的作用。年内，全市共有155名代表参加招商引资活动，引进项目182个，其中合同引资数额达153432万元，到账资金为56904万元。

作出《关于加快发展我市旅游业的决议》 为加快发展如皋市旅游业，积极创建“中国优秀旅游城市”，市十四届人大常委会第十二次会议对如皋旅游业发展情况进行审议，作出《关于加快发展我市旅游业的决议》，号召全市广大干部群众积极行动起来，以饱满的热情、必胜的信心，把如皋建设成历史与现代有机结合、自然与文化相得益彰、经济与环境协调发展的优秀旅游城市。

视察重大基础工程 2004年6月至7月，市人大常委会对如港公路、沿江公路如皋段、江曲线北延、如皋大剧院、如皋港导流堤和如城镇滨河路等6大基础设施工程的进展情况进行视察。通过视察，常委会对市政府采取有力措施推进重点工程建设给予充分肯定。针对视察中发现的问题，常委会要求，要进一步坚持科学发展观，遵循客观规律，在保证质量的前提下加快工程建设速度。对工程中出现的问题要认真查找原因，落实整改措施，对已开工的工程要突出重点，集中人力、物力，打好总体战。市政府认真落实常委会意见，努力推进重点工程建设。

开展执法检查活动 2004年7月中下旬，常委会对全市贯彻执行《中华人民共和国残疾人保障法》情况进行了检查，第48次主任会议专题听取执法检查情况汇报。主任会议对强化《中华人民共和国残疾人保障法》的宣传、拓展残疾人就业门路、发展残疾人教育事业、提升残疾人基本素质、做好残疾人康复工作、完善保障体系等方面提出具体意见。根据年度工作要点的安排，常委会组织部分组成人员对贯彻执行《中华人民共和国动物防疫法》的情况进行执法检查。在肯定成绩的同时，要求全市上下进一步提高对贯彻实施《中华人民共和国动物防疫法》重要性的认识，理顺体制，界定职能，加强监管；进一步加强协作，整体联动，加大执法力度，并切实解决经费投入问题。市政府据此将动物防疫的有关经费列入财政预算，并且落实目标责任考核的具体办法，为更加有效贯彻执行《中华人民共和国动物防疫法》创造了条件。此外，市人大常委会还对《中华人民共和国台湾同胞投资保护法》《中华人民共和国政府采购法》《中华人民共和国烟草专卖法》以及《中华人民共和国治安管理处罚条例》《江苏省宗教事务条例》等法律、法规的执行情况进行检查。

召开纪念人民代表大会制度建立50周年暨全市人大工作会议 2004年9月18日，市委召开了纪念人民代表大会制度建立50周年暨全市人大工作会议。市委书记陈惠娟发表了讲话，就新时期如何加强和改善党对人大工作的领导、进一步坚持和完善人民代表大会制度提出新的要求。

开展评议活动 2004年9月，市人大常委会组织市人大代表，同时邀请在如皋的其他各级人大代表对市工商局、农林局近两年来的工作进行评议。全市代表共走访选民5000余人次，向两个被评单位提出建议、批评、意见共1116条次。两个被评部门以接受评议为契机,转变作风,深入基层,改善服务。人大代表对这两个评议部门的满意和基本满意率都超过95%。评议大会后,市工商局、市农林局迅速制订整改方案,并向代表及时反馈整改情况,取得预期效果。

视察全民创业和民营经济发展情况 2004年年初,市十四届人民代表大会第二次会议根据市委的号召,作出《关于进一步掀起全民创业热潮,努力实现富民强市目标的决议》。全市上下积极响应,民营经济如火如荼,迅猛发展,取得历史性的突破。为推进这一工作,11月上中旬,市人大常委会对近3年来全民创业和民营经济的发展情况进行视察。常委会组成人员分成5个组,深入到23个镇、2个开发区,走访了75个村和307户个体工商户、78家私营企业,进行实地调查和考察。

依法开展人事任免和任期监督工作 2004年,市人大常委会共任命"一府两院"组成人员28人,免职21人。在人事任免工作中,按照任免办法,对提请任职人员依法进行任职前调查、法律知识考试和供职发言,并努力扩大听取意见的层面和渠道。在审议时,充分听取组成人员的意见,不断提高人事任免工作的质量。常委会加强对"一府两院"组成人员任命后的监督,通过述职、评议、测评等方法,对其在任期内依法履职情况、执行人大及其常委会决议、决定情况,个人廉洁自律情况进行经常性监督,拉长监督链。2004年共有6名组成人员在常委会会议上进行述职,接受评议和测评,另外常委会还委托市人民法院对17名审判员进行述职评议。

组织开展代表"四带"活动 2004年,市人大常委会组织代表积极开展代表"四带"(带头创业、带头招商引资、带头致富、带领人民群众致富)活动,发挥代表在经济建设中的作用。年内,各级代表参加招商引资活动、全民创业活动,引进项目172个,引进市外资金6.2亿元,境外资金3270万美元。

组织新建镇选举 2005年1月20日至3月11日,如皋市如城、搬经、江安3个镇因行政区划调整进行重新选举,总人口为433537人,参加选民315948人,选出镇人大代表327人。其中江安镇有三个选区缺额3人,如城镇教育与发改委有两个选区进行二次选举。

召开代表活动推进会和代表述职观摩会 2005年4月和7月,市人大常委会分别在磨头镇和柴湾镇召开"代表联系选民活动推进会"和"人大代表述职观摩会",促进全市各级人大代表作用的充分发挥。

围绕发展大局组织视察 2005年上半年,市人大常委会组织视察农业综合开发情况,实地视察9个镇的14个项目或项目区。常委会会议进行专题审议。常委会组成人员对进一步加强农业综合开发提出具体意见。市政府围绕审议意见,坚持以项目为抓手,努力提高建设标准,加快项目区的开发进度,并在项目招投标、项目管护等方面制定具体措施,落实责任主体,明确管理要求,在努力提高综合效益上狠下功夫。下半年,常委会对全市工业重点项目推进和服务情况进行视察。通过实地视察、外出参观、问卷调查、明查暗访等方法,获取大量第一手资料,形成内容客观、评价公正的视察报告。市委主要领导作出重要批示。市政府根据常委会视察报告的要求和市委领导的批示精神,紧扣全年目标任务,集中力量推进工业重点项目建设,取得显著成绩,投资环境和机关服务水平得到进一步改善。

开展对重大规划制定、变更和执行情况的审查监督 市人大常委会在对全市创建国家环境保护模范城市工作展开先期调研的基础上,对《如皋市创建国家环境保护模范城市规划》进行认真审议。常委会从全面落实科学发展观和构建和谐社会的高度,客观分析创建环保模范市工作现状和主要存在问题,结合实际提出积极的建议,作出《关于批准〈如皋市创建国家环境保护模范城市规划〉的决议》。为策应沿江开发快速发展的形势,主任会议在认真听取市政府关于局部调整沿江开发总体规划汇报后,组织力量对沿江开发总体规划的实施情况和调整方案进行认真细致的调查分析,第二十二次常委会会议进行审议,作出《关于批准市人民政府局部调整沿江开发总体规划的决议》,同意市政府对沿江开发总体规划进行局部调整,设立船舶制造产业园区和精细化工园区,使沿江开发产业布局更趋合理,为加快沿江开发速度、提高开发开放水平创造有利条件。此外,常委会还对城市总体规划修编、村镇规划编制情况分别进行调研和审查。

开展执法检查 2005年，市人大常委会对《中华人民共和国行政许可法》《中华人民共和国消防法》《中华人民共和国道路交通安全法》《中华人民共和国农业机械化促进法》《互联网上网服务营业场所管理条例》等多部法律法规的贯彻实施情况进行执法检查。通过听汇报、召开座谈会、实地察看、走访有关部门和单位，查阅相关资料和台账等方式，调查了解有关法律法规的执行情况。

组织评议部门工作 2005年8月至9月，市人大常委会组织人大代表对市公安局、建设局的工作进行评议。以市级代表为主体的535名各级代表，走访选民5000多人次，提出评议建议意见826条。两个被评部门主动接受评议，认真梳理代表建议意见，边评边改，解决一批群众反映的热点、难点问题。

组织述职评议 2005年9月，市人大常委会依法对3名副市长、5名政府组成部门的主要负责人和法院院长、检察院检察长进行述职评议。述职评议得到“一府两院”的大力支持和积极响应。市政府主要领导及时作出具体安排，述职人员主动到人大常委会汇报工作，交流思想，形成人大常委会与“一府两院”工作上的良性互动。

在全省人大代表工作座谈上交流“代表活动” 2005年11月，在全省人大代表工作座谈会上，如皋市以“积极搭建履职平台，充分发挥代表作用”为题作交流发言。

专题调查重要民生事件 2005年初冬，如城地区自来水水质出现异常，水体不清，伴有异味，市民反映强烈。为此，市人大常委会开展专题调查，对造成自来水水源性污染的原因进行分析，对提高自来水水质提出指导性意见。为贯彻落实常委会意见，市政府召开紧急会议，并组织现场办公，启动防治水源污染的紧急预案，努力把影响降至最低程度，同时要求各有关部门及相关地区要加大执法力度和监控力度，切实履行职责，确保广大市民用上清洁、卫生、安全的自来水。

开展人大工作先进镇评比活动 2005年年初，市人大常委会制订《关于开展争创人大工作先进镇活动的意见(试行)》。争创活动被市委列入全市年度综合考核评比表彰内容之一。通过争创人大工作先进镇活动，进一步加强对镇人大工作的指导，激发基层人大争先创优的意识，提高镇人大工作整体水平，有力推动全市三个文明建设。东陈、石庄、磨头、江安、柴湾、如城6个镇被评为首批人大工作先进镇，受到市委表彰。

检查历史文化名城名镇保护工作 2006年3月，市人大常委会组织部分组成人员和有关方面的专家，对历史文化名城名镇保护工作进行检查。检查结束后，常委会向市政府提出落实“保护为主，抢救第一”的方针，进一步明确保护工作的目标和措施；处理好物质文化遗产与非物质文化遗产保护之间的关系；围绕申报“江苏省历史文化名城”积极做好基础性工作；处理好保护与开发的关系；切实加强组织领导等5个方面的意见，有效推进历史文化名城的申报工作。

视察河道整治工作情况 2006年4月至5月，市人大常委会组织视察河道整治工作情况。第二十九次常委会会议进行专题审议。常委会组成人员对进一步加强河道整治提出具体意见。市政府及有关部门认真落实审议意见，组织编制了新一轮河道整治规划及2007年实施计划，提出底清、面洁、线畅、坡绿、岸净等综合整治的要求，同时加大市级财政投入力度，提高镇村级河道整治工程补助标准，河道整治工作取得了明显成效。

南通市人大常委会在如皋召开现场会 2006年5月，南通市人大常委会在如皋召开现场会，现场观摩如城、丁堰两镇的“人大代表活动之家”。会上，两镇介绍各代表小组坚持正常活动制度，组织代表进行专题学习、视察调研、接待和走访选民的具体做法。

视察沿江开发 2006年下半年，市人大常委会对沿江开发情况进行视察。视察后，向市政府提出以下具体要求：进一步抓好有效投入，提升沿江产业层次，增强企业核心竞争力；进一步创新体制机制，加快沿江开发步伐；进一步强化规划引导意识，重视沿江岸线、土地资源的集约高效利用；充分发挥沿江资源优势，加快沿江与腹地的联动开发；更加关注沿江环境保护问题，坚持科学开发、和谐开发等。

作出实施“五五”普法和《如皋市城市总体规划(修编)2005—2020》的决议 2006年9月，市人大常委会第32次会议听取和审议“四五”普法情况及“五五”普法规划，根据党中央和全国人大的总体要求，结合如皋实际，作出了关于实施“五五”普法的决议。常委会会议要求市政府牢固树立社会主义法治理念，增强普法教育的针对性和实效性，建立行之有效的工作机制，保证“五五”普法规划的贯彻落实，提高全社会法制化管理水平。如皋市城市总体规划修编工作2005年已启动。第33次常委会会议经过认真审议，对规划文本提出修改意见。同时，对严肃规划的法定地位、严格实施规划确定的内容、严密规划变更的程序提出意见。会议作出原则同意总体规划修编的决议。市政府根据常委会审议意见和决议要求，对规划文本作进一步修改后上报省人民政府。

组织述职评议　2006年9月，市人大常委会依法对4名副市长、5名政府组成部门的主要负责人和3名法院、检察院负责人进行述职评议。评议前，对述职人员的基本情况进行调查；评议时，肯定成绩，指出问题，并以票决方式进行测评。

调查研究水环境保护情况　2006年10月，市人大常委会领导带队对如城地区和其它部分乡（镇）、村的水环境保护情况进行调查研究。通过调研，了解全市水环境的现状、存在问题及产生原因。调研后，就净化内外城河水质、综合整治污染、保护水源水质等方面提出建议意见。

组织评议部门工作　2006年，在广泛征求意见的基础上，组织市人大代表，同时邀请在如皋的上级人大代表对地税局、质量技术监督局的工作进行评议。全市有600多名各级人大代表参加评议，共向两个部门提出批评、建议、意见667条（次）。两个被评部门以接受评议为契机，深入基层联系群众，转变作风服务群众，促进勤政廉政建设。人大代表对这两个评议部门的满意率和基本满意率都超过95%，评议活动取得良好效果。

南通人大调研如皋代表工作　2006年10月，南通市人大常委会领导到石庄、磨头两镇调研，对如皋市人大代表开展经常性活动、建立代表履职记载卡制度的做法予以充分肯定。

设立信访督办室，开展信访督办工作　2006年，经市委批准，市人大常委会设立信访督办室，配备专职干部，建立工作制度，使市人大常委会的信访工作逐步走上规范化轨道。全年接待人大代表和人民群众的来访172人次，来信378件。按照“分别受理，综合分析，统一交办，定期反馈，严格督查”的原则，分别进行转办、交办或牵头会办，并加强督促检查。对合情合理合法的信访事项，督促有关部门认真解决；对不符合政策的，耐心做好说服工作；对属于人大职责范围的，认真研究办理。

继续开展“争创人大工作先进镇”活动　2006年，如城、丁堰、石庄、下原、搬经等5个镇在争创人大工作先进镇活动中积极主动，创先争优，成绩突出，被评为人大工作先进镇，受到市委表彰。

开通《如皋人大》网站　2007年3月31日，基于省人大服务器建立的“如皋人大”网站在市人大常委会主任石耀点击下正式开通，网站域名www.rgrd.gov.cn，与如皋政府网站链接。

开展执法检查　2007年4月至5月，市人大常委会对全市贯彻执行《中华人民共国行政复议法》的情况进行检查，并在第三十九次常委会会议上进行审议，要求市政府加强行政复议法律法规的宣传，不断完善内部监督制约机制，提高各级领导干部和行政执法人员的依法行政水平。市政府在全体组成人员会议上就落实市人大常委会审议意见进行部署，邀请专家作《中华人民共和国行政复议法》专题讲座，加大错案责任追究的力度，努力减少和避免违法及不适当行政行为的发生。8月，市人大常委会对全市贯彻执行《中华人民共国执业医师法》的情况进行检查，检查情况在第四十一次常委会会议上进行审议，要求市政府进一步加强宣传教育工作，营造全社会学法、知法、守法，尊重医师劳动的良好氛围；进一步加强医师队伍建设，强化服务理念、提升服务水平；进一步强化行政执法工作，加大执法力度，净化医疗市场。10月下旬至11月下旬，市人大常委会对全市贯彻执行《中华人民共和国安全生产法》的情况进行检查，并在第四十四次常委会会议上进行审议。常委会针对全市在贯彻《中华人民国安全生产法》中存在的问题，特别是建筑施工、道路交通、液化气灌装点及加油站等方面存在的安全生产隐患，要求市政府及相关部门加强安全生产宣传培训，加大监管力度，努力消除各类事故隐患，不断提高安全生产水平，保障人民群众生命财产安全，促进全市经济社会健康发展。

视察教育事业发展情况　2007年上半年，市人大常委会组织视察教育事业发展情况。针对教育事业中存在的问题，要求市政府及有关部门进一步加强对教育工作的领导，完善教育经费保障机制，切实保障和促进教育公平，加强教师队伍建设和管理，继续深化教育教学改革。

视察调研全市科技创新工作 2007年7月3日至4日，市人大常委会主任石耀率领驻如皋的省人大代表专题视察调研全市科技创新工作。调研组观看科技创新专题片和图片展，实地视察神马科技、思源电器、上海轮胎、英田集团、通用钢球、九鼎集团、熔盛重工、江中集团等企业。

视察法治创建工作 2007年下半年，市人大常委会组织视察法治创建工作。通过听汇报、问卷调查、查阅台账资料和组织实地视察，要求市政府进一步统一思想认识，增强创建的紧迫性；加强监督检查，增强创建的责任性；突出工作重点，增强创建的实效性；加大保障力度，增强创建的可操作性。市政府及有关部门认真落实审议意见，进一步加大法治创建宣传的力度，牢固树立法治理念，强化行政执法制度建设，规范行政行为，加大创建推进与保障力度，增强创建的实效性。

继续开展"争创人大工作先进镇"活动 2007年，白蒲、石庄、常青、如城、吴窑等5个镇在争创人大工作先进镇活动中加强领导，扎实举措，成绩显著，被评为人大工作先进镇，受到市委表彰。

组织换届选举 2007年12月1日，市、镇两级人大代表换届选举开始投票。本次选举，全市共设立177个市代表选区、726个镇代表选区，登记选民88万人，投票历时5天，选举出如皋市人大代表417人、各镇人大代表1673人。

第二节 第十四届人大常委会特色工作

首次开展"如皋市人民奖章"授予活动 "如皋市人民奖章"是如皋市地方荣誉称号。经如皋市人大常委会审议通过，2004年1月1日起施行《关于授予地方荣誉称号的办法》。该办法规定：授予荣誉称号，一般每两年举行一次，每次授予对象不超过10个。授予对象为：模范遵守国家法律法规，为本市三个文明建设做出重大贡献，在社会上产生重大影响并深受广大人民群众赞誉的先进个人，包括特邀、特聘等不在本市但为本市建设事业做出特殊贡献者。

2004年至2006年1月，在中共如皋市委的领导下，全市上下紧紧围绕经济社会全面跨越发展的总体目标，坚持以邓小平理论、"三个代表"重要思想和科学发展观为指导，抢抓机遇，奋力拼搏，经济社会发展取得长足进步，三个文明建设取得显著成绩。为表彰在如皋经济建设和社会发展中做出重大贡献的先进模范人物，弘扬积极向上、争先创优的良好风气，促进全市经济社会全面跨越发展，市人大常委会根据《中华人民共和国地方各级人民代表大会和地方各级人民政府组织法》和《如皋市人大常委会关于授予地方荣誉称号的办法》的规定，首次在全市开展授予地方荣誉称号活动。活动历时两个多月，经社会各界提名推荐、全市人大代表测评和市十四届人大常委会第二十六次会议认真审议，决定授予王华、王云娟、左伯华、张正联、张英田、沈良兵、姚泽民、施祥贵、秦旺平、顾清波10人"如皋市人民奖章"。该活动的开展，调动了各方面投身三个文明建设的积极性、主动性和创造性，在全社会营造争先创优的良好风气。县级人大常委会开展荣誉称号授予活动，在地方人大工作中尚属首次，南通市人大工作理论研究会对如皋市的这一做法给予高度评价。

建立代表活动点，创新代表活动方式 市十四届人大常委会坚持把代表工作作为基础性工作来抓，在创新代表活动方式上进行新的探索。此前，代表活动一直没有固定的地点，在一定程度上影响代表活动的质量。为此，常委会在2005年年初就制订推进全市各镇人大代表活动点建设的工作计划，并在如城镇进行试点。6月下旬召开人大代表活动点建设观摩会，对活动点的建设作出了具体部署。观摩会之后，各镇根据便于代表联系选民、便于选民监督代表、便于代表集中活动的原则，创造条件设立代表活动点，使代表活动不断趋于正常化和规范化。全市各镇普遍建立人大代表活动点，使基层人大开展活动和代表联系选民有了相对固定的场所。代表活动点成为代表与选民的联系点和履行职责的议事点。如城镇人大每半年组织代表听取政府汇报工作一次；丁堰、皋南等镇对正副镇长的工作进行评议，促进政府依法行政和工作创新；江安镇组织选民评议市、镇代表，促进代表依法履行职务；石庄、九华等镇组织各级代表开展“四带”活动，不少代表成为招商引资、勤劳创业、群众致富的带头人；磨头、雪岸、白蒲等镇发动代表联系选民，为发展经济建言献策。全市基层人大工作呈现出生动活泼的喜人局面。《中国人大》专题报道如皋市人大代表活动点的建设情况。

创新评议机制，增强监督实效 市十四届人大常委会始终把加强评议作为加强监督工作的切入点，连续4年组织人大代表先后对市人民法院，市交通局、农林局、工商局、公安局、建设局、地税局、质监局等单位和部门的工作进行了评议。通过开展评议，增强国家机关及其工作人员的法制观念、人大意识和依法行政、公正司法的自觉性，促进市直部门和垂直管理部门工作作风的转变、服务效能的提升和勤政廉政建设。主要做法是：

坚持依靠党委领导的原则。在连续4年组织人大代表评议“一府两院”及有关部门工作的活动中，市人大常委会始终坚持和依靠市委的领导和支持，制定的评议计划和实施方案，市人大常委会党组都及时报请市委审核批准，在得到同意后加以执行。在每年的评议动员会和评议大会上，都邀请市委书记或副书记到会讲话，评议工作中的重大事项及时向市委进行汇报。由于坚持党委的领导，使得一年一度的专项评议工作成为市委工作的一个有机组成部分，形成整体联动、上下呼应、齐抓共管的良好氛围，确保评议活动的整体效果。

坚持充分发挥人大代表的主体作用。1.由代表确定评议对象。即由各代表团、队推荐和提名，再经主任会议研究将代表提名较多的1~3个单位列为受评对象。采取这种方式确定的评议对象，一般都与经济社会发展关联度较高，人民群众对他们的工作关注度也较高，较好地体现了民主民意，比较科学合理。2.进一步扩大评议主体。评议主体扩大到全体市人大代表、驻本市的上级人大代表和镇人大代表。在评议过程中，代表们通过走访、调研、视察、召开座谈会等形式主动联系选民，充分听取各方面的意见。评议主体的扩大，使评议结果更能反映广大人民群众的心声，尤其是各级人大代表一同参加评议，可以使不同层面的群众意见得到充分反映。3.让代表登台点评。评议的目的就是要让受评者切实听到人民群众的呼声，并以此为依据，进一步改进工作，达到依法行政、公正司法、执法为民的目的。以往，代表们的评议意见都是经过层层汇总和“加工”后由领导人在评议大会上讲评，这往往使评议意见“走调”。而本届的做法是，让敢讲话、能讲话的人大代表到评议大会上主席台上作点评发言。全市20个镇分为东、南、西、北、中五个片，各片在汇合好全片的代表评议意见后，以民主推荐的形式，推荐一名市人大代表在市评议大会上登台发言。

坚持跟踪督查，促进整改。开展评议只是手段，抓好督查，以此推动被评部门工作有新的进展、新的提高才是目的。在每年的评议大会结束后，市人大常委会都对整改情况进行跟踪督查，督促被评部门抓好整改。一方面，全面掌握整改工作进展情况，认真听取被评部门整改工作情况的报告，指导被评部门切实做好对评议意见答复情况的反馈工作；另一方面，对敷衍塞责、整改不力，代表不满意的，要求被评部门进行重新整改，以确保评议工作的实效。此外，还通过本市“两台一网站”将代表的综合评议意见公之于众，让全社会共同监督受评单位的整改工作。

2004年接受评议的市人民法院，针对代表提出的提高执行效率的评议意见，研究制定出快速出警制、举报有奖制、群众监督制、人员选择制以及定期曝光制等“五项制度”。这“五项制度”的实施，有效地提高了案件的执行率和执结率，得到最高人民法院的肯定。2005年接受评议的市公安局，针对代表提出的进一步加大治安管理力度的评议意见，该局组成零点查管专业队伍，开展专项整治，从而有效地维护社会安定，赢得人大代表的赞誉。2006年接受评议的市地税局和技术监督局，也能以积极的姿态和扎实的措施认真落实代表们的评议意见。市地税局从“三个强化”入手做好整改工作，即：强化整改责任，把整改任务落实到分管领导及具体人员；强化整改措施，对能改的“立即改”，对一时难改的“立项改”，对需要多个部门协调改的“共同改”，对有具体署名或针对具体单位和人员的建议意见“专项改”；强化长效管理，对代表提出的评议意见举一反三、深度剖析，对带有普遍性、苗头性、倾向性的问题，认真研究对策，从完善制度入手，谋求长效管理。同样，市质监局从“上、下、内、外”四个方面下功夫，努力落实整改。“上”抓组织领导，迅速部署整改活动；“下”抓立项整改，认真解决突出问题；“内”抓队伍建设，扎实推进素质强队；“外”抓形象提升，全面彰显评议实效。

推进基层民主建设，打造基层人大“五典型” 第十四届人大常委会紧紧围绕全面建设小康社会的目标，不断创新人大工作思路，精心指导，积极推动基层民主建设。在推进基层民主建设过程中，市人大常委会领导根据市委统一分工，带队深入到联系镇，进行调查研究和具体指导，积极摸索经验，及时总结，切实帮助基层解决实际问题和困难，培育出基层人大工作的“五典型”，并以点带面，发挥“典型镇”示范作用，全市基层人大工作展现出新的活力。

首次组织选民评议代表的镇——搬经镇。搬经镇于2001年1月开始组织选民（村民）开展评议镇人大代表（村干部）的活动。评议过程主要包括3个阶段、8个主要环节：第一阶段为准备阶段，含三个环节（镇人大提前一个月书面通知受评代表撰写述职报告——镇人大评议指导组对述职报告进行审核——评议指导组深入选区召开选民座谈会和个别访谈，广泛征求选民意见）；第二阶段为大会评议阶段，含3个环节（镇评议指导组委托村支部召集选区选民代表召开评议大会——受评代表向选民当面述职——参评者对述职代表填表测评）；第三阶段为反馈整改阶段，含两个环节（评议大会结束后的一周内评议指导组向述职代表反馈选民意见——评议指导组跟踪督查受评对象整改情况）。该镇的做法被2003年11月8日《中国社会报》二版头条新闻报道。

首次告别代表活动无定所的镇——如城镇。自2003年4月开始，如城镇结合自身实际，在全镇范围率先建立起6个“代表活动之家”。至此，全镇158名市、镇两级人大代表首次告别了闭会期间无固定场所开展活动的历史。如城镇建立“代表活动之家”的主要做法有三点：一是因地制宜设点。镇人大根据便于代表联系选民、便于选民监督代表、便于代表开展活动的原则，设立了6个代表活动点。二是规范布置标准。“代表活动之家”的地点选定后，镇人大组织人员实地勘测规划，组织实施，落实了必备的硬、软件设施。每个点都有一个能容纳各自代表人数的活动室，备全了桌椅，活动室墙面上有全镇统一设计的版面内容，并有明确的台帐内容。三是大力发挥阵地作用。如城镇在6个“代表活动之家”建成后，组织代表集中学习培训、安排代表接待选民来访、组织代表开展评议，各类活动在“代表活动之家”纷纷开展起来。在如城镇的示范和带动下，全市20个镇借鉴如城镇的做法，共建立起“代表活动之家”95个。《中国人大》《人民与权力》等媒体先后报道如皋市“代表活动之家”的建设情况。

首次集中约见政府官员的镇——吴窑镇。2003年8月14日上午，在吴窑镇政府三楼会议室内，一场严肃而又庄重的人大代表集中约见政府成员活动正在进行。与会人员坐成两排，一排是政府组成人员，一排是市、镇人大代表，正好坐了个面对面。随着主持人宣布约见活动开始，坐在代表席上的市、镇人大代表分别提出问题，政府组成人员一一作答，他们面对着面，一问一答，大家都心平气和、畅所欲言。这一活动不仅让人大代表对政府工作有了进一步的了解和理解，同时也有效地推动政府加大了解决群众关心的热点、难点和重点问题的力度。这次活动在如皋历史上属首例，《南通人大》杂志以《面对面的交流 心碰心的沟通》为题报道此次活动。

首次设立人代会旁听席的镇——石庄镇。2007年年底召开的石庄镇十五届人大一次会议，不仅程序规范、操作合法，而且大胆创新，开出新意，开出理想的效果。镇人代会上首次设立旁听席。在石庄镇十五届人大一次会议的会场中，旁听席的牌子格外引人注目，5名旁听人员正在聚精会神地旁听《政府工作报告》。增设旁听席，是石庄镇人大的一次大胆尝试。镇人大从全镇工人、农民、个体工商户、教师、医务人员等5个界别中分别挑选1人作为大会的旁听人员，并编成一个旁听小组，列席会议。此举拉近普通百姓与镇人大、镇政府的距离，受到群众的广泛好评。石庄镇改进人代会会议的新举措在全市产生较大的影响。《人民与权力》杂志及时推广了石庄镇人代会的创新举措。

首次挂出“民意收集箱”的镇——雪岸镇。为方便群众向人大反映问题，畅通村情民意的上达渠道，2007年5月，雪岸镇人大按选区分为4个片，每个片都设立了“民意收集箱”。此举倍受基层群众欢迎。

该镇设立“民意收集箱”的主要做法有三点:一是选择好设置点。该镇人大按照便于管理、便于选民投信的原则,将“民意收集箱”设在交通方便、人口密度大的地方。二是及时发布公告。为了让“民意收集箱”发挥实效,镇人大在深入宣传的基础上,以人大主席团的名义发出公告,让选民懂得如何使用这一特殊的信箱表达社情民意。三是安排专人管理。镇人大在设立4个“民意收集箱”的同时,规定信箱由所在选区的人大代表轮流负责,并要求每周开启一次,负责人要及时将选民建议和意见进行归纳整理,然后报送本级人大主席或副主席,镇人大再视情况转交有关部门办理。

第八章 第十五届人大常委会重要活动和特色工作

第一节 第十五届人大常委会重要活动

组织节前价格检查 2008年1月30日,市人大常委会联合市政协,在市物价局的配合下,前往市石油公司液化气站、市长途汽车站、西皋市场和大润发商场,对粮油、肉食品、液化气等关系民生的重要商品进行价格检查,稳定节日市场。

“四办”联合召开建议提案交办会 2008年3月1日,市委办公室、市人大常委会办公室、市政府办公室、市政协办公室联合召开2008年建议提案交办会,交办市“两会”期间人大代表、政协委员提出的358件建议、316件提案。

制定《如皋市人大常委会代表工作暂行规定》 2008年年初,为了规范代表工作程序,提高代表工作水平,为代表执行职务、发挥作用做好服务保障工作,根据市人大常委会主任会议研究的意见,市人大常委会有关办事机构草拟《如皋市人大常委会代表工作暂行规定(草案)》(以下简称《规定》),提请市十五届人大常委会第二次会议审议通过。《规定》就制定依据、规范对象、制定原则、形式结构、若干具体问题都作出具体规定,为开展代表工作提供重要保障。

调研农药化肥市场管理情况 市人大常委会在了解到如皋农药化肥市场存在经营秩序不够规范、价格不够稳定、质量参差不齐、市场监管力度不大等问题之后,随即成立调研组,在人大常委会副主任邵晓泉的带领下,于2008年1月下旬至2月下旬,对全市农药化肥市场管理情况进行调研,并提出整合资源,建立综合执法协调机制;规范秩序,严格执行农药经营资格年审制度;加强供货渠道管理,把好源头关,严防坑农害农事件发生;增强技术力量,发挥农技推广体系职能作用等意见。

修订《如皋市人民代表大会常务委员会议事规则》 《如皋市人民代表大会常务委员会议事规则》(简称《议事规则》),于1990年5月6日如皋县第十一届人大常委会第二次会议通过,1991年1月26日如皋县第十一届人大常委会第六次会议修订。随着时间的推移,特别是对照2007年1月1日实施的《中华人民共和国各级人民代表大会常务委员会监督法》(简称《监督法》),《议事规则》的一些规定已不相适应。市十五届人大常委会产生以后,着手对《议事规则》进行修改,在结构上,由原来的5个方面42条调整为7个方面32条;在内容上,突出程序性,对常委会议事程序作了比较详细的规定,突出规范性,对一些用语进行修改,如“在如皋的全国、省、市人民代表大会代表”,统称为“上级人大代表”,同时还突出法定性和实效性。该《议事规则》于2008年3月28日如皋市第十五届人大常委会第二次会议通过。

组织代表培训 2008年4月,市人大常委会举办培训班,邀请上级人大领导和专家围绕依法履职对全市人大干部及常委会组成人员进行培训,努力提高受训人员参与管理国家、社会事务的意识和能力。常委会委托各镇人大对驻镇的市人大代表开展集中培训，重点学习《中华人民共和国宪法》《中华人民共和国全国人民代表大会和地方各级人民代表大会代表法》《监督法》和人大工作业务知识，常委会代表工作机构专门编发代表培训资料，印发各镇人大供代表学习。

专题调研“平安如皋”创建 2008年5月，市人大常委会组织部分组成人员对全市“大防控”(覆盖城乡、打防一体、动静结合，立体化、现代化，社会治安防控体系)体系建设情况进行专题调研。主任会议听取专题汇报，针对在“认识、推进、保障、管理”等方面存在的问题，要求进一步完善规划、明确责任，推动“大防控”体系建设可持续发展；进一步创新机制，加大投入，为“大防控”体系建设提供有力的物质保障；进一步规范运作，整合资源，不断提升“大防控”体系建设的效能。市政府认真落实相关意见，“平安如皋”建设水平有新提升。

推进“五五”普法宣传教育 2008年是“五五”普法的关键之年。第十五届人大常委会第四次会议听取和审议了市政府关于“五五”普法推进情况的专项工作报告。会议充分肯定普法工作取得的成效，并针对存在问题，要求市政府紧紧围绕全市改革发展稳定大局，全面落实“五五”普法工作规划，认真总结经验，查找不足，采取更切实有效的措施，突出重点内容、重点对象抓好普法教育，确保如期完成“五五”普法任务。

专题视察公共文化服务网络建设情况 为加快全市公共文化服务网络建设，常委会组织专题视察。第十五届人大常委会第八次会议听取并审议市政府关于全市公共文化服务网络建设的专项工作报告。市政府认真落实常委会审议意见。全市332个村和社区，以村级服务中心为依托全面建立文化活动室和农家书屋，加大对公共文化服务网络建设的投入，积极做好市图书馆、博物馆新馆建设的选址、立项、报批等相关工作，扎实推进全市公共文化服务网络建设。

全力推进新型工业化 为增强工业经济的发展后劲，第十五届人大常委会第八次会议听取和审议了全市推进新型工业化情况的专项工作报告，要求市政府进一步创新体制机制，加大政策激励，优化产业结构，加快产业集聚，转变发展方式，提升核心竞争力，实现可持续发展。市政府及相关部门迅速制订落实审议意见的方案，对全市推进新型工业化工作进行全面梳理，进一步完善工业集中区规划，优化新型工业化目标考核办法，召开专题推进会，推动企业技术改造，全市高新技术企业达141家，实现产值141.6亿元。

视察生态文明建设 2008年12月11日，市人大常委会主任石耀率人大视察组，视察市十四届人大五次会议《关于落实环保优先，加快建设国家级生态市的决议》和常委会关于生态市规划决议的落实情况，实地查勘如泰运河如城段水质、中国肠衣城、顾庄生态园、磨头镇农民集中居住小区、如皋港污水处理厂等11个生态市建设亮点工程，听取生态市建设进展情况汇报。

开展执法检查 2008年，市人大常委会先后开展对《农村五保供养条例》《中华人民共和国促进科技成果转化法》的执法检查。为提高执法检查效果，常委会将调查、检查与会议审议结合起来，将学习、宣传法律法规内容与检查法律法规执行情况结合起来，将跟踪监督与问责问效结合起来，使执法检查的力度与效果达到有机统一。

开展人大信访督办工作 市人大常委会高度重视人大信访工作。2008年以来共受理群众来信265件，来访114人次，受理省和南通市人大信访交办件27件。常委会领导参加市委组织的大接访活动27次，接待群众210多人次，批转重要信访件52件。主任会议每季度听取信访办理情况汇报，常委会相关办事机构主动加强同有关部门和各镇的工作联系，对一些久拖不决的重点信访案件采取重点跟踪督办的方法，督促有关部门和镇依法、依规、依政策限时办结。

继续开展争创人大工作先进镇活动 2008年，东陈、石庄、高明、桃园、如城5个镇在争创人大工作先进镇活动中组织有力，措施得当，成效显著，被评为人大工作先进镇，受到市委表彰。

推进全面小康社会建设 根据市委的决策，市十五届人大二次会议作出《关于确保2009年总体建成全面小康社会的决议》(以下简称《决议》)。第一季度向全体代表提出投身全面小康社会建设的具体要求。在三季度人大主席例会上,各镇交流组织人大代表参与和推进小康建设的成效。结合检查上半年国民经济运行情况和"十一五"规划的执行情况,重点对小康社会建设中存在的薄弱环节和突出问题进行督查,提出了注重宣传引导、加大推进力度、落实工作责任、加强监测考评等建议和意见。11月初,常委会全体组成人员和部分代表对《决议》落实情况开展专题视察,进行认真审议。针对少数项目完成难度较大或达标程度不高这一问题,要求市政府千方百计加大组织力度,提高经济增长的质量、效益和水平,努力扩大总量,提高均量,不断增强综合实力;认真落实各项惠民政策,让广大人民群众充分享受改革开放的成果,建设一个"不含水份、人民群众得实惠、老百姓认可的"全面小康社会。2008年年底,常委会还下发《关于充分发挥代表作用,确保全市总体建成全面小康社会的意见》,要求各镇人大聚焦全面小康社会建设,组织人大代表积极投身建成全面小康社会活动之中。

专题调研"十一五"规划实施情况和市政府开展中期评估工作情况 2009年3月中下旬,在市人大常委会副主任佘鸣皋的带领下,市人大常委会调研组对"十一五"规划实施情况和市政府开展中期评估工作情况进行调研。调研组围绕新型工业化、开放型经济、城乡统筹、财税金融、现代服务业、现代农业、科技创新、民主法治建设等8个方面的情况,进行先期调研,形成一批质量较高的调研报告,为市委制订"十二五规划建议"提供依据,丰富市政府编制"十二五"规划的内容,同时为人代会批准"十二五"规划创造条件。

启动规范性文件的备案审查工作 对规范性文件进行备案审查,是人大常委会加强监督的一个重要手段。2009年3月,市十五届人大常委会第十三次会议审议通过《关于规范性文件备案审查的暂行规定》,正式启动规范性文件的备案审查工作。这一规定的实施,加强市人大常委会与"一府两院"的沟通联系,提高常委会对抽象行政行为的监督水平。

开展深入学习实践科学发展观活动 2009年3月至8月,根据市委部署,市人大党组和人大机关开展进一步深入学习实践科学发展观活动。根据自我剖析和征求意见,常委会党组有针对性地制订《市人大常委会党组和机关学习实践科学发展观整改落实方案》,提出5个方面26条整改措施,每一项整改措施明确分管领导、责任部门和责任人。

强化对司法公正的监督 2009年,根据市人大常委会工作要点安排,在人大常委会副主任张秀良的带领下,对市人民法院行政审判工作进行专项调研。第十五届人大常委会第十四次会议听取和审议市人民法院关于行政审判工作的专项报告。同年,常委会对人民检察院的控告申诉检察工作进行专项调研。根据常委会的调研意见,检察院在充分发挥"窗口接待"、"举报查处"和"法律监督"职能,着力提升服务大局能力等方面进一步加强控告申诉检察工作。

开展执法检查 2009年9月下旬至10月底,市十五届人大常委会组织开展《中华人民共和国中小企业促进法》和《江苏省中小企业促进条例》的执法检查。常委会第十七次会议听取和审议执法检查报告,要求市政府充分认识中小企业在全市经济社会发展尤其是在"保增长、扩内需、调结构"中的重要作用,把破解中小企业融资难题、加大服务扶持力度、改善和优化环境等作为重点,大力推动全市中小企业结构调整和优化升级,提高企业抵御风险的能力。市政府认真落实常委会审议意见,多次组织银企对接,增加对担保机构资金支持,在全市范围内开展优化服务专题活动,进一步完善促进中小企业发展的扶持政策,逐步建立起促进中小企业发展的长效机制。

召开"市镇人大代表向选民述职现场推进会" 2009年10月,市人大常委会在孔庙社区召开"市镇人大代表向选民述职现场推进会",对全市代表述职工作进行统一部署。会后,各镇积极组织实施,参加述职的代表达代表总数的三分之一。

推进为民办实事项目进程 在市十五届人大二次会议上,市政府作出兴办11件实事的承诺。常委会加大检查监督力度,大力推进为民办实事项目进程。为优化人民群众的居住环境,常委会督查组加强对如城地区老小区改造工程的督查,提出加快老小区改造步伐,增加老小区改造范围的意见。市政府将改造的老小区由年初的10个增加到30个,实现了主城区的全覆盖。老小区改造任务基本完成后,得到群众的拥护。为推动平安建设，创造良好的社会治安环境，市政府把技防建设为主的防控体系建设列入为民办实事工程。公安、广电等部门克服规划设计、工程建设、资金保障等困难，其他部门密切配合，常委会及其工作机构跟踪督查，保证技防建设工程的顺利进行。法律援助工作是保护社会弱势群体的民心工程，也是政府为民兴办实事项目之一，但2007年如皋市法律援助中心在南通地区尚属不达标单位。常委会在督办过程中发现这一问题，建议市政府采取措施，迅速改变这一局面。市政府及司法行政部门难中求进，高点定位，将目标锁定在“南通夺第一、全省争一流、国家创品牌”上，采取一系列扎实有效的措施，使全市法律援助工作实现了跨越式发展。

认真开展信访督办工作 2009年，市十五届人大常委会坚持把办理群众来信来访作为人大监督内容，切实加强领导，及时交办督办。全年共受理群众来信203件(次)，承办上级人大交办的信访件15件(次)，接待群众来访847人次，群众来信来访件件有交办，事事有回音。参与协调或督促有关部门研究处理了一些疑难信访问题，有效化解矛盾纠纷，维护群众的合法权益，促进社会的和谐稳定。

继续开展争创人大工作先进镇活动 2009年，如城、石庄、白蒲、常青、磨头等5个镇在争创人大工作先进镇活动中组织有力，措施得当，成效显著，被评为人大工作先进镇，受到市委表彰。

全市人大工作会议召开 2010年1月12日下午，全市人大工作会议在如皋大剧院召开。在城的市四套班子领导，各镇(区)、市级机关各部门主要负责人及全体市人大代表参加会议。会议由市委副书记杨曹明主持。南通市副市长、如皋市委书记陈惠娟回顾和总结30年来市人大工作走过的历程和取得的经验，就加强和改善党对人大工作的领导作重要讲话。市人大常委会主任石耀对全市人大及其常委会依法履行监督职能，监督、支持“一府两院”依法行政和公正司法进行回顾和总结，对进一步开展人大工作提出新的思路和举措。市委副书记、市长姜永华就自觉接受人大监督，始终坚持执政为民，切实推进依法行政，大力支持人大工作，对政府及各部门提出明确要求。市人民法院和市人民检察院作书面发言。会议印发《中共如皋市委关于进一步加强和改进人大工作的意见》(以下简称《意见》)。杨曹明就深入贯彻落实本次会议精神和市委《意见》，努力做好新形势下的人大工作提出要求。

专题视察更高水平小康社会建设 市十五届人大三次会议作出了“建设更高水平小康社会，为实现基本现代化奠定坚实基础”的决议。常委会组成人员和部分代表对决议实施情况进行专题视察。常委会领导和工作机构认真开展督查，提出具体建议意见。市政府认真落实建议意见，加大组织力度，努力提高经济运行的质量、效益和水平；认真落实各项惠民政策，努力提高人民群众的幸福感和满意度。

举办全市人大主席培训班 2010年4月26日至30日，举办全市人大主席培训班。培训对象为各镇(区)专职人大主席、副主席、人大秘书；培训内容有《中华人民共和国全国人民代表大会和地方各级人民代表大会代表法》、人大业务工作、转型升级调结构等方面的知识。

调研幼儿教育工作 幼儿教育是全市教育均衡发展的一个薄弱环节，人民群众反映比较强烈。2010年4月，市十五届人大常委会对全市幼儿教育工作开展调研。常委会主任会议听取调研汇报并进行讨论，针对全市幼儿教育发展的现状，提出“进一步加强领导，努力形成齐抓共管的格局；完善保障机制，促进幼教健康快速发展；强化政府办园责任，着力抓好规范建设”等三个方面的建议。市政府认真研究并制订出台《关于进一步加快幼儿教育发展的意见》，促进全市幼儿教育规范、均衡、优质发展。

调研物业管理工作 市十五届人大常委会第十次会议听取市政府关于加强物业管理工作的报告，要求市政府在加快城市改造步伐的同时，以“六城同创”(省级文明城市、中国优秀旅游城市、国家历史文化名城、国家园林城市、国家卫生城市、国家环保模范城等“六城同创”)为总抓手，着力推进小区物业管理规范化建设，全面提升全市物业管理整体水平。2010年，常委会领导带领部分组成人员、人大代表深入街道、社区，走访小区居民，先后6次召开座谈会听取意见，年底前对市政府贯彻落实物业管理审议意见情况进行视察，第二十七次常委会进行满意度测评。通过跟踪督查，全市物业管理工作机制初步建立，物业管理的基础条件明显改善。

视察“法治如皋”和“长安如皋”建设 为了促进“法治如皋”和“长安如皋”建设，市十五届人大常委会把依法行政和公正司法列为监督重点。先后对法治如皋建设、依法治市工作，基层消防中队、法庭、司法所(矛盾调处中心)建设进行视察和调研。此外，常委会对“五五”普法决议落实情况组织开展专题调研，主任会议对调研情况进行讨论，并从进一步加强领导、提供保障、强化考核、注重创新等方面向市政府提出具体要求。

调研社会管理创新工程　2010年下半年，市十五届人大常委会对全市外来人口服务和管理工作进行专题调研，从制定政策、理顺机制、创新方法、落实责任等方面提出建议意见。如皋港区针对外来人口大量涌入和农民搬迁带来的社会管理问题，积极探索新型社区管理模式，落实长效服务管理举措，促进社会和谐稳定。

开展专项执法检查　2010年，市十五届人大常委会组织三个执法检查组对《中华人民共和国气象法》《中华人民共和国职业病防治法》《中华人民共和国残疾人保障法》实施情况开展专项执法检查。常委会分别听取和审议执法检查组对三部法律执行情况的报告。此外，常委会还配合上级人大对《中华人民共和国妇女权益保障法》《中国人民共和国归侨侨眷权益保护法》《中国人民共和国水污染防治法》《中国人民共和国红十字法》等法律的执行情况进行检查。

考察学习　2010年11月11日至12日，市人大常委会部分领导和各委室负责人赴江阴、张家港两市学习考察，感受两地经济发展新成就，学习两地人大工作新经验。

省人大代表南通市北三县(市)代表组、南通市人大代表如皋团市直代表组视察如皋　2010年12月5日，省人大代表南通市北三县(市)代表组、南通市人大代表如皋团市直代表组到本市视察。市领导姜永华、石耀、黄成、吴晓培、邵晓泉陪同视察。在如皋的全国人大代表阎建国应邀参加活动。

认真开展信访督办工作　2010年，市十五届人大常委会进一步健全和完善人大信访督办工作责任制，对所有信访事项，统一登记受理，及时转办督办，听取反馈信息。常委会领导积极参加书记大接访活动，批示转办人大代表的信访件和群众反映比较强烈的重点信访事项，相关工委跟进督办，要求承办部门书面汇报办理结果。一年来，共接待来访代表和群众769人次，处理代表和群众来信252件(次)，交办转办督办上级人大及常委会领导批转的来信143件(次)，督促解决一批事关民生和涉法涉诉方面的问题，依法维护群众的合法权益，促进社会和谐稳定。

加强对各镇人大工作的指导　2010年，市十五届人大常委会切实加强对各镇人大工作的指导。每季分别召开人大主席例会，加强工作交流，互相学习借鉴。举办各镇人大主席培训班，分期分批组织外出参观学习。继续开展争创人大工作先进镇活动，全市各镇人大工作取得新的进展，丁堰、江安、高明、下原、如城5个镇被评为市人大工作先进镇，受到市委表彰。

制定调研评议专项工作办法　为进一步推进市专项工作调研评议的规范化、程序化，市十五届人大常委会在总结往届人大开展评议工作经验的基础上，制定符合如皋人大工作实际的专项工作调研评议办法。2011年2月17日，市十五届人大常委会第二十九次会议审议并原则通过《如皋市人大常委会关于组织市人大代表调研评议“一府两院”及其有关部门专项工作的办法》。

南通市人大工作座谈会在如皋召开　2011年3月8日，南通市人大工作座谈会在如皋召开。南通市人大常委会领导宋飞、徐永兵、吴晓春、陆玉明、王向红，南通市副市长、如皋市委书记陈惠娟，如皋市人大常委会主任石耀、副主任周金仁出席会议。南通市人大常委会各委室主任，各县市(区)人大常委会主任或主持全面工作的副主任、办公室主任参加会议。

全国人大代表南通组来如皋视察　2011年4月2日，南通市人大常委会副主任徐永兵率领全国人大代表南通组到如皋视察。南通市副市长、如皋市市委书记陈惠娟，市委副书记、市长姜永华，市人大常委会主任石耀、副主任吴晓培陪同视察。

纪念地方人大设立常委会30周年大会　2011年4月28日上午，纪念地方人大设立常委会30周年大会在行政中心报告厅召开。全体市委常委，市人大常委会、市政府全体领导，市政协主要领导，市人民法院院长，市人民检察院检察长，各镇(区、园)党委书记、人大主席(专职副主席)、人大秘书，市级机关各部门(含垂直管理部门)主要负责人,市人大常委会全体委员,市人大机关全体人员,担任过市人大常委会领导的老干部和人大机关离退休老同志,法院审判委员会组成人员、检察院检察委员会组成人员,在城的部分上级人大代表和市人大代表参加会议。会议由市委副书记、市长姜永华主持。南通市副市长、如皋市委书记陈惠娟回顾和总结30年来如皋人大常委会走过的历程和取得的经验,就坚持和完善人民代表大会制度,进一步做好新时期人大工作作讲话。市人大常委会主任石耀对市人大及其常委会依法履行监督职能,督促、支持“一府两院”依法行政和公正司法进行回顾和总结,就进一步依法履行职责,努力开创人大工作新局面提出新的思路和举措。市政府和市人民法院、市人民检察院以书面形式进行交流。

举办全市新任镇人大干部培训班 2011年5月11日上午,全市新任镇人大干部培训班在市委党校正式开班。来自全市各镇(区、园)的20多名镇人大主席、专职副主席、人大秘书参加此次培训。市人大常委会主任石耀、副主任吴晓培出席开班典礼。此次培训班主要围绕《中华人民共和国全国人民代表大会和地方各级人民代表大会选举法》《中华人民共和国全国人民代表大会和地方各级人民代表大会代表法》《中华人民共和国地方各级人民代表大会和地方各级人民政府组织法》等与镇人大工作密切相关的法律法规,镇人大工作规律和方式方法等进行学习培训,同时就充分发挥人大作用,加强和改进监督工作等相关知识开展专题讲座。为期6天的培训采取辅导报告、座谈交流、参观考察、讨论消化相结合的方式进行,内容丰富,针对性强。

调研评议市政工程建设和管理情况 2011年5月至9月,市人大常委会组织全体市人大代表对市政工程建设和管理情况开展调研评议。先后组织常委会组成人员和部分代表在主功能区进行调研视察,委托各镇人大组织市、镇两级代表在各镇调研视察。常委会第三十五次会议进行评议,从市政工程的规划、建设、管理、养护等方面提出明确要求。

调研市法院执行工作 2011年8月下旬,市人大常委会组织调研组对法院的执行工作开展调研。常委会第三十五次会议听取并审议《市人民法院关于执行工作情况的报告》,针对执结率特别是实际执结率偏低,执行工作效率不高,执行联动机制不够完善,执行队伍素质有待进一步提升等问题和不足,提出构筑社会化执行大格局、提高执行工作的质效、提升执行队伍的整体素质和增强执行工作保障力度等审议意见。

召开如皋市市镇人大换届选举工作会议 2011年12月3日,召开市镇人大换届选举工作会议。市委市镇人大换届选举领导小组全体组成人员,市人大常委会全体领导,市选举委员会全体组成人员,各镇(区、园)相关负责人、市人大常委会各委室负责人、市选举委员会办公室全体人员参加会议。会议旨在贯彻落实中央和省、南通市委的部署,统一思想,明确任务,落实责任,确保全市市镇人大换届选举工作圆满完成。市人大常委会主任石耀对市镇人大换届选举工作进行了全面部署。南通市副市长、如皋市委书记、市镇人大换届选举领导小组组长陈惠娟在会上讲话。

作出开展“六五”普法工作决议 2011年是“六五”普法工作的启动年,市人大常委会第三十三次会议对全市法制宣传教育工作进行审议,作出《关于进一步加强法制宣传教育的决议》,要求在“六五”普法期间,紧紧围绕全市改革发展稳定大局,按照全面推进法治如皋建设的新要求,突出重点内容、重点对象,创新方式,增强效果,进一步提高公民尤其是各级干部、企事业单位负责人和青少年的法律意识,提高全社会依法办事水平。

开展执法检查 常委会组织执法检查组,先后检查了《中华人民共和国农产品质量安全法》《中华人民共和国老年人权益保障法》两部法律的贯彻执行情况。市十五届人大常委会第三十次会议和第三十一次会议分别听取和审议市政府关于《中华人民共和国农产品质量安全法》《中华人民共和国老年人权益保障法》贯彻执行情况的报告。

指导各镇人大工作 2011年,市人大常委会注重对各镇人大工作的指导。每季按片召开人大主席例会,加强工作交流和指导。指导各镇人大依法召开人代会。探索市镇人大整体联动的新机制,邀请镇人大专职主席或副主席列席人大常委会会议。举办全市各镇人大主席培训班,总结交流基层经验,研究探讨新情况和新问题。继续开展争创人大工作先进镇活动,全市各镇人大工作取得新的进展,如城、林梓、搬经、石庄、吴窑5个镇被评为市人大工作先进镇。

召开第十五届人大代表工作会议 2012年1月14日,市人大常委会召开第十五届人大代表工作会议,全面贯彻落实市第十一次党代会第二次会议精神,进一步发挥人民代表大会制度作用,凝聚全市上下的智慧力量,为决战决胜更高水平小康社会、全面加快基本现代化建设进程提供坚强有力的政治保证。市人大常委会主任石耀,副主任谢新民、吴晓培、周金仁、邵晓泉、张秀良、佘鸣皋出席会议。市委副书记、市长姜永华代表市政府向人大代表汇报2011年经济社会发展情况及2012年工作打算。市人大常委会主任石耀作关于市人大常委会工作情况的汇报。南通市副市长、如皋市委书记陈惠娟在会上作讲话。

组织全市市镇人大换届选举 2012年2月6日至27日,市人大常委会组织全市市镇人大换届选举。全市登记的1220685名选民中,有1123583名参加市、镇两级人大代表选举,参选率达到92.05%。在规定时间内,全市172个市代表选区共依法选出市十六届人大代表416名(1名未选出),722个镇代表选区共依法选出新一届镇人大代表1728名(3名未选出)。

第二节　第十五届人大常委会特色工作

认真贯彻实施"监督法",提升监督工作水平 《中华人民共和国各级人民代表大会常务委员会监督法》(以下简称《监督法》)经十届全国人大常委会第23次会议审议通过,从2007年1月1日起正式施行。《监督法》的颁布实施,标志着人大监督工作进入了一个新的历史时期,同时对地方人大监督工作提出了更新、更高的要求。市十四届、十五届人大常委会以贯彻实施《监督法》为契机,进一步加强和改进地方人大监督工作,努力提高监督工作水平,提升监督实效。

为认真贯彻实施《监督法》,2007年,市十四届人大常委会结合如皋实际,相继制订《关于听取和审议专项工作报告的暂行规定》《关于加强对法律法规实施情况检查监督的暂行规定》和《关于监督计划和预算执行的暂行规定》等系列规定;修改完善《人事任免办法》,强调坚持党的领导的原则,重申人事任免的法定程序,新增接受国家机关工作人员辞职、撤销国家机关工作人员职务、支持"两院"人事改革以及对所任命的国家机关工作人员进行监督等内容。系列制度的出台,为贯彻实施《监督法》奠定了基础,提供了保证。

市十五届人大常委会在十四届人大常委会工作的基础上,以贯彻落实《监督法》为抓手,切实履行职责。认真听取和审议专项工作报告。听取和审议"一府两院"专项工作报告是监督工作的重要形式。十五届以来,常委会先后听取和审议市政府关于农药化肥市场管理、"五五普法"推进情况、推进新型工业化、公共文化服务网络建设、加强物业管理、为民办实事完成情况、农民专业合作社建设、开放型经济发展、农业园区建设等专项工作报告,听取和审议市人民法院民商事审判、行政审判、基层法庭建设、执行工作和市人民检察院侦查监督、控告申诉检察、监所检察等方面情况的报告。强化对计划和预算执行情况的监督。常委会按照《监督法》和如皋市《关于监督计划和预算执行的暂行规定》的要求,既注重程序性监督,更重视实质性监督,定期调研财税情况,提出强化财税收入征管、严肃预算执行等方面的建议,计划和预算执行情况的监督取得了实实在在的效果。常委会每年对市政府提请人民代表大会审查批准的国民经济和社会发展计划,围绕提高经济运行质量和效益、推动经济社会协调发展进行审议,为批准计划提供依据。注重对任命干部履职情况监督。常委会根据《监督法》的要求,在审议专项工作时,把有关主管领导干部的工作业绩和存在问题列于其中,专项工作满意度的测评结果体现对任命干部履职情况的评价。注重从源头上把好关口,常委会依据法律规定,集中任命市政府组成部门负责人,通过拟任命人员进行法律知识考试、作供职发言、表决通过后颁发任命书,从组织上保障各项工作的顺利开展。综合运用其他监督方式进行有效监督。常委会强化对河道整治决议、建设生态市决议实施情况的监督，加强对创建全国文明城市、环保模范城市工作的督查，先后开展对《中华人民共和国基本农田保护法》《中华人民共和国土地管理法》《中华人民共和国环境保护法》《中华人民共和国老年人权益保障法》《中华人民共和国农产品质量安全法》等法律法规执行情况的检查。常委会把促进全面小康社会建设作为工作重点，组织全体组成人员和部分人大代表对市十五届人大二次会议作出的《关于确保2009年总体建成全面小康社会的决议》落实情况开展专题视察，针对小康社会建设中存在的薄弱环节和突出问题，提出加大推进力度、落实工作责任、突出农民增收、关注群众满意度等建议意见。认真听取关于"十一五"规划实施情况中期评估报告，结合审议"十二五"规划编制工作，围绕新型工业化、开放型经济、城乡统筹、财税金融、现代服务业、现代农业、科技创新、民主法治建设等8个方面的专题，进行先期调研，形成一批质量较高的调研报告，不仅为市委制订"十二五规划建议"提供依据，丰富市政府编制"十二五"规划的内容，同时为人代会批准"十二五"规划创造条件。按照《监督法》的规定，为加强对规范性文件的备案审查，2009年常委会制定《关于规范性文件备案审查的暂行规定》，提高对抽象行政行为的监督水平。此外，常委会认真督办代表建议、批评、意见和开展信访督办工作。代表建议批评意见件件有答复，多数事项得到较好落实，代表满意和基本满意率保持在98%以上，代表建议办成率逐年提高。认真处理群众来信来访，协调解决一批信访突出问题，依法维护群众的合法权益。

率先推行选民登记信息化管理 2012年，如皋市市、镇两级人大换届选举，市人大常委会在认真总结2007年人大换届选举工作经验的基础上，结合实际，全面推行选民登记信息化管理，取得理想效果。所谓选民登记信息化管理，就是在以公安人口管理信息资料作为选民登记核对的主要参照信息的同时，积极拓展辅助参照信息来源，充分发挥统计、社保、住建、城管及社区和有关企事业单位电子信息的辅助核对作用，提高选民登记的覆盖率、登记资料的准确率和核对工作效率。主要做法：

调查研究，制定选民登记信息化管理方案 2011年7月，市人大常委会选举工作筹备组认真开展调查研究，通过对2007年换届选举试行的选民登记信息化管理方法进行认真总结分析，认为在当时情况下推广选民登记信息化管理的条件基本具备。2007年换届选举中已经积累选民登记信息化管理的不少经验；各村居大都选配具有一定电脑操作技能的大学生村官；各村居都配有用于远程教育的电脑、打印机等电子设备；全市电信宽带互联网用户已从2007年年底的不足4万户迅速增加到2011年年底的14.2万户，加之铁通、移动、3D手机互联网用户不断增加，全市网民数量已近选民总数的三分之二，为全面推行选民登记信息化管理提供了良好基础。在此基础上，市人大常委会于2011年9月制订《如皋市市镇人大换届选举信息化管理方案》，明确了运用信息化手段登记核对选民的指导思想、工作任务和时间部署，同时对相关职能部门如何配合和协助全市各级选举机构搞好选民登记信息化管理作了具体安排并提出相关要求。

加强培训，大力推广选民登记信息化技术 2011年10月，市人大常委会向各镇(区、园)选举委员会(选举工作领导小组)印发了《选民登记信息化管理方案》《选民登记信息化管理操作流程光碟》和《选民登记信息化管理操作手册》。市人大常委会人事代表工委3次召开专题会议，现场培训并演示选民登记信息化管理操作流程，让市、镇两级选举工作骨干熟练掌握选民登记信息化管理操作技能。为保证选民登记电子信息化技术的深入推广，市人大常委会为各镇选举委员会办公室购置电脑等电子设备，对各镇配备选举办工作人员提出具体要求，一批熟悉电脑操作技能和具备一定选举经验的人员被充实到各镇选举办公室。各镇选举委员会在宣传发动阶段普遍以会代训或开展专题培训，强化对各选区选举工作人员的业务技能培训。各选区普遍将熟悉电脑操作技术的大学生村官配备到选区工作小组，重点负责选民登记核对等电子信息录入、修正工作，保证选民登记信息化技术的全面推广。

协调各方，充分发挥相关部门的信息资源优势 公安人口信息作为选民登记的主要核对基础，虽然具有人口全覆盖、人头信息(姓名、年龄、户籍等)准的优势，但也有难以全面提供最新联系电话和新变更住址等情况，而机关其他一些部门虽然难以提供全覆盖的人头信息，但因其业务特点，却常常掌握有

部分人群的最新联系要素。如住建部门等负责搬迁的机构,因需与搬迁户联系补偿安置,而掌握有他们最新的联系电话与安置地点信息;社保部门常年向社保对象提供各种福利服务,也有社保对象的最新联系电话和住址;城管部门通过物业公司,可以收集到各小区业主的最新联系信息;社区在文明创建中需要发动全体住户参与创建活动,也常常会取得一些最新信息。还有,机关企事业单位的工资数据库等,不仅准确,而且也可以直接转化利用。这些辅助信息与作为主要核对基础的公安人口信息具有很强的互补性。根据上述特点,市人大常委会选举工作筹备组专门召集全市公安、统计、住建、城管(物业)、社保等部门分管领导召开协调会,明确各部门在换届选举工作中应担负的职责。上述部门在选民登记核对阶段共同协作,积极向市镇两级选举工作机构提供重要信息资源。通过各方配合,有效化解人户分离难题,提高了选民登记的准确率。

督查指导,推动选民登记信息化全覆盖　选民登记阶段,市人大常委会分片领导亲自带领各委、室的人员组成五个联络组,深入一线督查指导,帮助基层解决选民登记核对过程中推广信息化技术遇到的相关难题。市选举委员会办公室及时对通过网上传送的选民登记电子底册进行检查分析,有针对性地提出指导性建议。通过督查指导,克服少数选区依赖于传统模式登记选民的想法,促进电子信息技术在选民登记核对中的全面应用。各镇(区、园)选举工作机构都能按照市选举委员会办公室的统一部署,自觉以公安系统提供的人口管理数据库为基础,通过技术转换形成选民登记电子核对底册,经上门核对和通过相关部门提供的选民信息资料进行网上核对后,再将需要补充和修正的信息输入电脑,并将其数据应用于选民登记。该方法的应用有效地解决了选民情况复杂、流动人口变数较大、如何查找特殊群体和个别对象的资料、选民登记核对准确底数从何而来等一系列难题,节省了时间、人力和成本,提高了工作效率。

如皋市人大常委会率先推行选民登记信息化管理,取得良好效果。选民登记基本资料通过计算机系统从公安人口资料转换过来,具体操作只需一两人,不仅降低选举工作成本,同时选民登记的准确率和工作效率也得到显著提高。这一做法在2011年10月10日全省市县乡三级人大换届选举工作会议上作经验介绍。

四套班子办公室联合交办代表建议和委员提案,推动人大代表建议和政协委员提案落到实处　为推动人大代表建议和政协委员提案办理落到实处,市委办公室、市人大常委会办公室、市政府办公室、市政协办公室召开联席会议,在总结历届人大代表建议、政协提案办理工作经验的基础上,共同决定将2007年"两会"期间的建议、提案由市四套班子办公室共同召开交办会,联合交办。该做法得到市委、市政府的大力支持。

2007年3月7日,如皋市委办公室、市人大常委会办公室、市政府办公室、市政协办公室联合召开2007年人大代表建议、政协委员提案交办会。市委、人大、政府、政协四套班子的分管领导都出席交办会并在会上讲话,会议点名通知有承办任务的部门和单位的"一把手"参加会议。根据市四套班子办公室的集体意见,会上将2007年如皋市"两会"期间的237件议案建议和275件政协委员提案分类别编印成册,在大会上向承办的部门和单位一一交办。

由市四套班子办公室联合召开交办会议,在大会上集体交办,是当年建议、提案交办工作的一个显著特点,体现市四套班子对办理人大代表建议和政协委员提案的高度重视,旨在进一步增强各承办部门和单位的责任心,提升执行力,推动建议和提案的有效落实。

同时,为了有效增强承办单位的建议、提案办成率,市委还将办理2007年度的人大代表建议和政协委员提案工作正式纳入全市中心工作的综合考核范畴,实行办理工作实绩与岗位津贴、岗位责任制奖惩挂钩。市委办公室和市政府办公室据此联合出台《关于进一步加大人大代表建议、政协委员提案办理考核力度的意见》(以下简称《意见》),市考评考核小组进一步明确考核重点,突出答复率、见面率、满意率、落实率的提高,加大对主办单位办结落实率的考核。《意见》规定对出现办理态度和办理结果都不满意的情况的,在年终责任制考核中对办理单位予以扣分。

如皋市委将办理工作纳入中心工作考核范畴,从根本上确立人大代表建议和政协委员提案的重要政治位置,充分体现地方党委尊重民意、发扬民主、关心民生、维护民权的正确执政理念,有效推动人大代表建议和政协委员提案的办理,收到良好效果。"一府两院"及相关承办部门根据交办会上的要求,进一步创新思路,多措并举抓好建议、提案的办理工作。同时,人大政协组织跟踪督查,有针对性地制订督查、视察的活动计划与方案,力推建议和提案的最终落实。2007年7月,市人大常委会和市政协对建议、提案答复情况进行一次较为全面的督查和调研,对未全面答复的部门、单位,帮助查找原因,并提出建议与意见。11月,市人大常委会组织开展"大督查、大交流、大总结"活动,全面掌握办理工作的具体情况,认真帮助承办部门和单位总结经验、查找不足,提出推进办理工作的可行性建议与意见。

如皋四套班子办公室联合交办代表建议和委员提案的做法收到良好的社会效果,有效调动各承办部门的工作积极性,使建议、提案最终落到实处,真正做到让人大代表"表"得有效,政协委员"提"得有用。

试行公民旁听人大常务委员会会议 为进一步加强社会主义民主政治制度建设,密切人大常委会与人民群众的联系,便于公民了解人大常委会履行职责的情况,拓宽公民有序参与管理国家事务的渠道,市第十五届人大常委会第二十五次会议通过《如皋市人民代表大会常务委员会会议公民旁听试行办法》。该试行办法规定,只要年满18周岁、享有政治权利和完全民事能力、持有如皋市居民身份证或有效居住证件,在如皋市居住一年以上的中国公民,均可申请旁听市人大常委会全体会议。公民旁听须报名申请,报名时可持居民身份证或有效证件到市人大常委会办公室申报,也可以在所在地的镇人大申报或者网上申报。

为执行好公民旁听试行办法,市人大常委会主任会议根据常委会会议议题的需要,决定首次邀请符合条件的10位公民旁听市十五届人大常委会第二十六次会议。11月3日,市人大常委会办公室召开专题会议,就首次组织公民旁听即将召开的市十五届人大常委会第二十六次会议进行部署。

11月25日,市人大常委会召开第二十六次会议,受邀的10名公民旁听了常委会会议。参加会议的朱应忠在会议上提出解决退休老教师体检难的建议;费民柱把在小区管理过程中遇到的难题反映给人大常委会;花金泉在参加会议之前,深入开展调研,把涉及小区管理、交通秩序、野生动物保护等基层群众关心的热点、难点问题向人大常委会作了详细反映。公民旁听常委会会议,在会议上虽无审议权和表决权,但可以在人大常委会会议行使公民的话语权。公民可以在审议议题的范围内,书面提出意见和建议。在常委会会议期间,专门组织召开旁听公民座谈会,听取意见和建议,对旁听公民提出的意见和建议,由主任会议决定交市人大常委会有关工作机构或"一府两院"有关部门研究处理。

市人大常委会在南通地区率先推行公民旁听人大会议制度,为社情民意搭上"直通车",让人大及其常委会掌握基层一线的真实情况,同时公民在第一时间获取政府重点工作情况信息,扩大人民群众的知情权,拓宽人民群众参政议政的渠道。如皋率先邀请公民旁听常委会会议,成为如皋市人大常委会会议的一个亮点。

第九章　第十六届人大常委会重要活动和特色工作

第一节　第十六届人大常委会重要活动

专题视察更高水平小康社会建设　为贯彻落实《关于建设更高水平小康社会、为实现基本现代化奠定坚实基础的决议》要求，市人大常委会连续3年开展专项督查和视察。2011年12月，常委会组织组成人员对全市建设更高水平小康社会工作进行专题视察。在全面视察摸底、充分掌握实情的基础上，常委会对全市推进更高水平小康社会建设的举措和成效给予充分肯定，要求市政府及相关部门凝心聚力、攻坚克难，以科学发展观为指导，建设实实在在、不含水份的小康社会，不断提高人民群众的满意度，为实现基本现代化奠定基础。

召开市人大代表和政协委员建议提案交办会　2012年4月27日，全市召开人大代表和政协委员建议提案交办会。市委常委、常务副市长吴道健，市人大常委会副主任张元健，市政协副主席刘聪泉出席会议。建议提案涉及的各部、委、办、局代表参加会议，会议还邀请10名人大代表和10名政协委员参加。

作出批准《江苏省如皋市生态文明建设规划》(2011—2030)的决议　为进一步巩固和提升全市生态建设成果，深入推进生态文明城市建设，促进经济社会可持续发展，市人民政府2011年启动生态文明城市建设工程，并将其作为"十二五"期间环境保护工作的重要抓手，着手编制《如皋市生态文明建设规划》。2012年6月15日，市第十六届人大常委会第四次会议听取市人民政府关于《江苏省如皋市生态文明建设规划》(2011—2030)(以下简称《规划》)的编制情况说明，并对《规划》内容进行审议。会议批准这个《规划》。

推进为民办实事项目　市十六届人大一次会议确定2012年十件市政府为民办实事项目。人大常委会加强对办实事项目推进情况的监督，组织全体组成人员和市、镇人大代表，开展视察调研、明查暗访、接待选民、专题审议等一系列活动，参与和支持政府为民办实事工程。各工作机构分专题进行督查，及时掌握进展情况。2012年11月，常委会听取和审议市政府为民办实事专项工作报告，要求市政府和各责任部门认真抓好十件实事落实情况的检查、巩固和提高，把好事办好、实事做实。对没有验收和完成的项目，要明确责任，限期完成，使人民群众得到实实在在的好处。

开展执法检查　2012年4月中下旬至5月上旬，人大常委会对《中华人民共和国渔业法》贯彻实施情况进行执法检查，提出制订渔业发展规划、调整水产养殖结构、优化渔业产业布局、加强渔业科技创新、保护渔民切身利益等建议。市政府及有关部门以落实人大常委会审议意见为契机，采取措施发展全市渔业生产。为进一步规范信访秩序，畅通信访渠道，维护社会稳定，促进社会和谐，2012年12月，人大常委会对国务院《信访条例》贯彻实施情况进行执法检查，提出坚持以人为本、严格源头管理、完善信访机制、规范行政行为、加强队伍建设等建议意见。此外，常委会还积极配合省和南通市人大组织开展的执法检查，促进相关法律法规的贯彻实施。

调研外事工作　2012年5月，市人大常委会组织调研组对市外事工作进行调研。市十六届人大常委会第四次会议听取和审议市政府关于全市外事工作的专项报告，要求市政府进一步重视宣传教育、加强外事管理、提升服务能力、深化对外交往、加强队伍建设，切实提高外事工作水平。

设立人大机关党总支 为进一步推进基层党组织建设和基层民主政治建设，完善基层党组织选举制度，保障党员主体地位和民主权利的落实，根据市级机关工委要求，经人大常委会党组研究，决定在人大常委会机关设立党总支并实行公推直选。经过组织筹备、公开推荐、确定候选人等程序，于2012年5月21日，召开党员大会进行直接选举。大会严格按照直选的要求，选举产生新一届总支部委员会和第一支部委员会。6月6日，第二支部召开党员大会，直接选举产生了第二支部委员会。

举办全市人大干部培训班 2012年5月24日，全市人大干部培训班正式开班。市十六届人大常委会全体组成人员，各镇人大主席、副主席、人大秘书，市人大机关全体人员参加此次培训。市人大常委会主任谢新民主持开班仪式，市人大常委会党组书记石耀作开班动员讲话。市人大常委会领导张元健、邵晓泉、阮汝国、吴晓培、张秀良、蒋明华出席开班仪式，市领导万维庆应邀出席。

调研评议教育和供电工作 2012年6月21日，市人大常委会召开全市人大代表调研评议教育和供电工作动员会，并于7月3日和7月25日，分别组织部分市人大代表对全市教育和供电工作进行视察。市十六届人大常委会第六次会议听取和审议这两个部门的专项报告，并把代表测评、群众问卷调查与常委会会议满意度票决有机结合起来，实现人大工作与“一府两院”工作的良性互动。

认真开展代表活动 2012年市镇人大换届后，指导各镇重新划分代表活动小组，落实代表活动阵地，共建立“人大代表之家”94个。各镇利用“人大代表之家”等平台，组织开展新一届人大代表学习培训、接待选民等活动，使代表尽快进入角色，充分发挥作用。市人大常委会领导及委员通过市人大常委会和人大主席例会等途径与144名市人大代表进行直接联系。组织代表开展视察、调研等活动，分批邀请代表列席常委会会议、旁听法院庭审，参加全市重点工作督查。

调研村级经济发展 为促进村级经济健康发展，2012年10月中下旬，市人大常委会对全市村级经济发展情况进行调研，听取和审议市政府关于村级经济发展工作的专项报告，要求市政府及职能部门认真落实发展村级经济的政策措施，加强典型培育，注重分类指导，拓宽发展途径，完善考评机制，加强基层组织建设，提高村干部待遇，严格防控新债，逐步化解旧债，促进村级经济健康发展。

全省人大研究室主任座谈会在如皋召开 2012年11月14日下午至16日上午，全省人大研究室主任座谈会在如皋召开。省人大常委会副秘书长、研究室主任唐健，如皋市委、市人大常委会领导姜永华、谢新民、石耀、张元健、吴晓培出席会议。会议期间，与会人员参观考察城市规划馆、江苏美树城、熔盛重工、红十四军纪念馆、水绘园风景区。

制定《如皋市人大常委会专题询问暂行办法》 为进一步加强市人大常委会监督工作，保障市人大常委会组成人员依法行使询问权，促进“一府两院”依法行政、公正司法，2012年11月30日，市十六届人大常委会第八次会议审议通过《如皋市人大常委会专题询问暂行办法》，对开展专题询问的主体和对象、议题的确定、主要程序及审议意见的落实等作出具体规定。

专题视察区域供水工程 2012年12月，市人大常委会对区域供水工程建设和运行管理情况进行专题视察，针对区域供水水源地存在污染隐患、少数镇水厂制售不合格自来水等现象，要求市政府和相关部门进一步健全城乡一体化的供水管理体制，加强监测，确保水源地和沿线管网安全，提高供水能力，确保供水质量。这些要求，得到市政府和相关部门的重视，并落实到位。

开展重点工作督查 2012年12月20日，市人大常委会组织开展建设更高水平小康社会建设专题视察暨大沿江片重点工作督查活动。常委会领导谢新民、石耀、张元健、邵晓泉、阮汝国、张勇、吴晓培、周金仁、张秀良、佘鸣皋、蒋明华参加视察。视察组一行实地察看龙游湖商务区、江苏天南电力器材有限公司、白蒲镇朱家桥村村庄环境整治现场、禾盛现代农业园区、南通锻压设备股份有限公司技改项目等20多处经济发展亮点工程。

组织新建镇人大选举 2013年3月，如皋市部分镇进行了区划调整。根据法律的规定，新建的东陈、白蒲、长江、石庄、江安、搬经等6个镇需要进行镇人大代表选举，召开新一届人民代表大会，选举产生人大和政府领导班子。常委会制订《做好我市行政区划调整后新建镇人大选举工作的实施意见》，作出了《关于全市新建镇人民代表大会选举问题的决定》和《关于如皋市新建镇人民代表大会代表名额的决定》。在选举过程中，常委会领导和各工作机构的负责人深入各镇进行现场指导，狠抓选举风纪，严格规范程序，保证选举工作顺利进行。6个新建镇依法选出696名镇级人大代表。6月上旬，新建镇顺利召开人代会，选举产生新一届人大和政府班子，新建镇人大选举工作取得圆满成功。

开展执法检查 根据2013工作要点安排，2月下旬至3月中旬，市人大常委会组成执法检查组对《中华人民共和国安全生产法》执行情况进行检查。在听取市政府专题汇报的基础上，开展调研和检查，重点分析船舶修造、化工、建筑三大行业的安全生产状况，形成执法检查报告提交第十四次常委会审议。会议对全市在执行《中华人民共和国安全生产法》过程中所做的工作给予肯定，提出各级领导要高度重视安全生产工作，切实保障广大群众的生命和财产安全，加强排查，发现问题立即整改，消除安全隐患和安全生产死角。市政府成立整改工作领导小组，针对审议意见所提问题，认真排查，剖析原因，落实责任，强化措施，扎实抓好整改工作。

专题视察村庄环境整治 2013年3月，市人大常委会调研组围绕全市村庄环境整治情况开展调研，通过听取和审议工作报告、组织调研等形式，切实加大对村庄环境整治的监督力度。在充分肯定村庄环境整治取得阶段性成效的同时，指出了不平衡性比较明显、有些重点污染源治理不力、长效管护机制有待完善等问题，围绕强化宣传引导、注重规划引领、化解资金瓶颈、加强污染整治、健全推进机制等方面提出建议意见。市政府认真分析对照，制订《关于落实市人大村庄环境整治审议意见的工作方案》，坚持管治并举、严格督查考核，全面提升村庄环境整治工作成效。

调研“法检”两院相关工作 2013年4月下旬，市人大常委会组织调研组对市人民法院民事审判工作进行专题调研，常委会第十五次会议听取审议关于民事审判工作的专项报告，强调要坚持服务大局与履职尽责并重、实体公正与程序公正并举，着力解决“执行难”问题，确保民事审判职权得到正确行使。主任会议对市人民检察院预防职务犯罪工作进行审议，要求市人民检察院充分发挥预防职务犯罪在推进反腐倡廉创新社会管理中的积极作用，坚持标本兼治、综合治理、惩防并举、注重预防，遏制和减少职务犯罪。

专题视察全市土地执法监察工作 2013年5月，市人大常委会视察全市土地执法监察工作，听取全市土地执法监察工作报告，并进行审议。针对少数单位违法用地、涉地信访事件不断增加等问题，要求市政府充分发挥土地执法共同责任机制的作用，坚决遏止违法用地现象，全力化解用地矛盾，营造良好发展环境。

跟踪监督城市建设 2013年5月，市人大常委会组织调研组调研城市建设重大项目，主任会议听取专题汇报，在充分肯定城市建设取得重大成绩的基础上，针对规划设计、征地搬迁、手续报批、资金保障、质量监管等环节存在的问题，以《主任会议纪要》的形式，要求政府和职能部门，科学运作、加强管理、加快进度、确保质量，推动城建重大项目规范运作。对《如皋市城市总体规划》进行审议，要求充分发挥总体规划在经济社会发展中的龙头作用，强化规划执行的严肃性；加强总体规划的扎口管理，严格详规的审查批准；狠抓规划实施，加快城镇化建设，促进城乡一体化，提升城市品味，建设美好新如皋。

组织评议民政和卫生工作 2013年6月至8月，市人大常委会组织全市人大代表对民政和卫生工作进行评议，发放问卷调查表和测评表1200多份，收集批评和建议意见180多条。市政府及民政、卫生部门高度重视代表的意见和建议，积极回应代表和群众呼声，认真制订整改方案、落实整改措施，及时向代表反馈整改情况，得到了代表的肯定。

专题调研全市工业重大项目推进情况 2013年8月上旬至9月上旬，市人大常委会调研组对“十二五”开局后5000万元以上工业重大项目推进情况进行专题调研，市十六届人大常委会第八次会议听取和审议市政府关于工业重大项目推进情况的报告，提出科学招商选资、强化要素保障、增强服务意识、优化发展环境、加快项目建设和运行等建议。市政府及相关职能部门认真落实审议意见，把项目建设作为第一抓手，把推进工业重大项目作为增强发展后劲、实现持续发展的重中之重，强化组织领导，完善工作机制，加大推进力度。

推进“人大代表之家”建设 2013年，市人大常委会对全市“人大代表之家”建设提出“重规范、全覆盖、求实效”的新要求。常委会相关工作机构通过加强指导和现场推进，全市68个“人大代表之家”基本达标。

督查为民办实事项目 十六届人大二次会议上，市政府承诺为民兴办十件实事。人代会后，市人大常委会组织力量，采取多种形式对政府为民办实事情况进行督查，促进实事工程顺利实施。常委会第十九次会议听取和审议市政府为民办实事情况汇报，针对项目进展不够均衡等问题，要求市政府及相关部门加强沟通协调，强化项目质量管理，努力把实事办好、好事办实。市政府及相关部门高度重视，精心组织，大力推进，10件惠民实事项目全部完成。

出台《关于街道办事处财政预算监督试行办法》 2013年，为顺应构筑民主理财、阳光理财的公共财政改革要求，根据预算审查相关法律法规规定，市人大常委会探索出台《关于街道办事处财政预算监督试行办法》，将街道财政预算监督纳入规范化、法制化轨道，有效防范财政预算监督“盲区”，实现本级财政预算监督范围的全覆盖，进一步规范街道办事处的财政预算行为，促进和保障街道经济和社会事业协调发展。

指导镇（区、街道）人大建设 行政区划调整后，市人大常委会及时制订《如皋市人大常委会街道工作委员会工作暂行办法》，促进街道人大工委规范化建设。开展争创人大工作先进镇（区）活动，如皋工业园区（如城街道）、白蒲镇、搬经镇、长江镇（如皋港区）、丁堰镇被评为人大工作先进镇（区）。

推动“六五”普法进程 市政府高度重视“六五”普法工作，将普法工作纳入全市经济社会发展“十二五”规划统筹推进。2014年1月，市人大常委会第十九次会议听取和审议市政府关于“六五”普法的专项工作报告，要求围绕目标，深入开展普法宣传；加强领导，建立健全工作机制；积极创新，增强普法成效；结合实际，提高普法针对性，全面完成“六五”普法任务。

调研公共法律服务全覆盖体系建设情况 2014年2月，市人大常委会组织调研组对全市公共法律服务全覆盖体系建设情况进行调研。《关于全市公共法律服务全覆盖工作体系建设情况的调研报告》，得到市政府的重视，市长陈晓东批示：“人大调研报告情况汇总全面，分析见解深刻，建议意见很好，请法制办、司法局认真研阅，吸收意见并落实到政府相关工作中。”

全国人大代表南通、连云港组来如皋调研 2014年2月19日，全国人大代表、南通市委副书记、市长张国华，连云港市人大常委会副主任于丽华，带领全国人大代表南通、连云港组到如皋，就中心镇建设推动新型城镇化发展情况开展专题调研，实地视察搬经镇凤凰广场、南通海泰科特精密材料有限公司等处。

大力推进现代服务业发展 2014年2月下旬至3月，市人大常委会对“十二五”以来现代服务业发展情况进行了专题调研，听取并审议了市政府关于现代服务业发展情况的报告，提出了突出规划引领、加大项目投入、强化集聚区建设、完善协调推进机制等建议。市政府通过优化专业招商队伍、完善重大项目推进机制等措施，持续掀起招商热潮，全市现代服务业呈现出总体平稳、结构不断优化的发展态势。

开展党的群众路线教育实践活动 2014年3月6日，市人大常委会党组举行党的群众路线教育实践活动动员会。年内，围绕为民务实清廉主题，共召开21次座谈会，发放书面征求意见表650份，回收征求意见表605份，收集到意见建议95条。常委会党组认真召开专题民主生活会和专题组织生活会，严肃查摆“四风”方面存在的不足，制订整改方案和整改工作计划，修改《如皋市人大常委会讨论、决定重大事项的规定》，制订《关于人大常委会任命的“一府两院”相关人员向常委会报告工作的暂行办法》，修订《关于办理人大代表建议、批评和意见办法》，出台《人大常委会组成人员联系人大代表暂行办法》，完善“三公”经费预算管理和公开制度，教育实践活动有力推动常委会自身建设。

积极推进体育事业 2014年3月，市人大常委会就全市体育事业发展情况开展专题调研。通过召开座谈会、问卷调查、上门走访等形式,听取市民代表、人大代表、社区和部门负责人的意见和建议。从构建体育文化、发展群众体育、加强竞技体育、完善体育设施、优化体育产业、强化体育管理等6个方面提出具体建议。

调研主功能区"三资"使用和管理情况 2014年4月,市人大常委会组成调研组,对四大主体功能区政府性资产、资源、资金的使用和管理情况进行了调研。进一步研究探索加强和规范"三资"管理有效途径,努力提升资金资源使用效益,实现资产保值增值,增强政府宏观调控能力。市委、市政府主要领导对调研结果高度重视,召开会议专题研究,要求狠抓落实,促进经济社会的健康发展。

推动教育事业协调发展 2014年4月,市人大常委会组织执法检查组对全市《中华人民共和国职业教育法》贯彻执行情况开展执法检查。市十六届人大常委会第二十四次会议听取和审议执法检查报告,要求市政府及职能部门进一步优化职教发展社会环境、提高职教经费使用效益、加强职教师资队伍建设、构筑"大职教"发展格局。对全市义务教育优质均衡发展情况进行调研,要求市政府及职能部门,注重统筹推进、加强队伍建设、深化管理改革、推进素质教育,努力办好让人民群众满意的教育。

专题调研房地产业发展 2014年4月至5月,常委会对如皋"十一五"以来的房地产发展情况进行专题调研。主任会议对调研情况进行讨论,提出加强规划扎口管理、合理调控开发规模、着力提升楼盘品质、逐步消化房产存量等建议。市主要领导和分管领导对调研报告作批示,要求相关部门认真研究,调整工作思路,完善配套措施。

开展执法检查 2014年5月,市十六届人大常委会第二十四次会议听取和审议市人民检察院贯彻执行修改后的《中华人民共和国刑事诉讼法》情况报告、市人大常委会执法检查组关于检查《中华人民共和国兵役法》和《中华人民共和国职业教育法》贯彻实施情况的报告,要求市人民检察院进一步加强学习和宣传,更新执法理念,规范执法行为,不断提高执法监督水平和检察干警素质;要求市政府及相关部门强化认识、多措并举、拓宽渠道,更好地推动《中华人民共和国兵役法》《中华人民共和国职业教育法》的实施。9月,常委会第二十七次会议听取和审议市人民法院关于执行工作情况的报告,要求市人民法院坚持"执行没有到位,法院工作就未完结"的理念,依法突出执行工作强制性,全力推进执行工作信息化,大力加强执行工作规范化,积极破解执行难题,开创执行工作新局面。

组织代表活动 2014年7月,市十六届人大常委会第二十五次会议审议通过《如皋市人大常委会关于人大常委会组成人员联系市人民代表大会代表的暂行办法》,对组成人员联系代表的方式、内容和要求予以细化和明确,进一步完善了人大常委会联系人大代表制度。要求加强代表培训,邀请代表列席常委会会议,参加执法检查、视察、调研等活动,为代表小组开展经常性的学习培训提供必要服务。要求"一府两院"主动联系代表,汇报工作,通报情况。要求市人民法院和检察院,开通短信平台,加强与代表的互动。

推进"人大代表之家"建设 2014年8月14日,市人大常委会组织召开全市"人大代表之家"建设推进会议,对全面提升"人大代表之家"建设进行再部署、再推进,提出"重规范、全覆盖、求实效"的要求,不断完善和提升代表活动阵地建设。各镇、各街道充分发挥阵地作用,经常性组织召开代表座谈会,听取意见,了解诉求,帮助解决问题。全市各镇"人大代表之家"建设进一步加强,逐步显现出各自特色。

对"十二五"规划实施情况开展监督 2014年是完成"十二五"规划的关键之年。市十六届人大常委会第二十六次会议听取并审议了市政府关于《如皋市"十二五"规划〈纲要〉中期评估报告》,根据实际,批准了全市"十二五"规划部分指标调整方案,要求市政府立足全市经济社会发展的现实基础和潜在条件,切实加大执行力度,持续扩大有效投入,不断加快转型升级,切实推进统筹发展,确保完成"十二五"规划目标任务。

召开全市经济社会发展情况报告会 2014年8月20日下午,市人大常委会召开全市经济社会发展情况汇报会,邀请市政府主要领导向人大代表介绍全市经济社会发展情况。市人大常委会全体组成人员、各镇人大主席、街道人大工委主任、部分市人大代表参加会议。市长陈晓东报告全市经济社会发展情况，并就代表们关心的“加快政府职能转变、深化政府机构改革、‘十三五’规划编制”等问题作专题报告。

修改《如皋市人大常委会关于讨论、决定重大事项的规定》 2014年8月，市人大常委会对讨论决定重大事项规定进行修订，对重大事项的范围、程序作出具体规定，进一步完善政府重大决策出台前向人大报告制度。新修订的“规定”具有界定清晰、程序规范、职责明确的鲜明特点，更加充分地体现党委决策、人大决定的程序，坚持党的领导、人民当家作主、依法治国的有机统一，有利于更好地把市委的重大决策部署通过人大的法定程序变为全市人民的共同意志。

组织评议国税和地税工作 2014年9月，市人大常委会组织全体市人大代表和部分镇人大代表对国税、地税工作进行评议。常委会听取和审议全市税收征管工作报告，提出加强税收征管的建议意见。市国税和地税两部门针对代表提出的评议意见，制订整改方案，落实整改措施，及时向代表反馈整改情况，进一步强化税收依法征管，促进税务部门依法行政工作。

召开如皋选举产生的南通市人大代表述职报告会 2014年9月29日，如皋市人大常委会召开部分如皋市选出的南通市人大代表履职情况报告会。市人大常委会全体组成人员，部分南通市人大代表，如皋市人大代表各小组组长，各镇人大主席、街道人大工委主任、人大秘书，市人大机关各委室人员参加会议。7位南通市人大代表作履职情况报告。市人大常委会主任谢新民在会议结束前讲话。

专题调研全市行政执法责任制落实情况 2014年10月，常委会组织调研组对全市行政执法责任制落实情况开展专题调研。主任会议听取调研情况汇报，提出不断完善行政执法责任制、切实规范行政执法行为、不断强化行政执法监督，努力提高行政执法水平等要求，促进行政执法责任制落到实处。

全市人大工作会议召开 2014年11月22日，全市人大工作会议召开。市委副书记司祝建主持会议，市委书记姜永华作讲话，市长陈晓东就市政府自觉接受人大监督、支持人大做好工作等方面在会上发言。市人大常委会主任谢新民就贯彻落实姜永华讲话和《进一步加强和改进人大工作的意见》在会上发言；市人民法院院长吴存银、市人民检察院检察长何强也分别在会上发言。

认真开展信访督办工作 2014年，市人大常委会及信访督办室将信访督办工作作为践行党的群众路线、密切联系群众的重要抓手，推动突出信访问题的解决。在处理人民来信来访时，常委会领导坚持事前批示、过程督办和注重结果三个环节一个不漏。相关委室负责人在具体接访过程中，坚持下沉抓工作，变坐等来访为主动下访、经常走访，变转办交办为重点检查、现场督办，变职能部门单独办理为联合督办、形成合力，做到工作在一线落实，问题在一线解决。全年共处理来信来访110件次，一些情况属实、诉求基本合理的来信来访问题得到了妥善解决。

开展重点工作督查、调研 市人大常委会坚持把促进发展作为人大工作的首要任务，把握新常态的内涵与要求，推动深化改革，加快转型升级。听取和审议2015年上半年国民经济和社会发展计划执行情况报告，强调要主动把握和积极适应经济发展新常态，着力深化各项改革，扎实推进方式转变，增强信心、求真务实，圆满完成全年和“十二五”各项目标任务。听取和审议全市金融工作专项报告，要求金融机构主动适应经济发展新常态，准确把握中央经济政策导向，加快金融产品创新，主动对接全市经济发展战略，以优化信贷结构促进经济结构调整和产业转型升级。调研“十三五”规划编制情况，从目标原则、政策导向、战略重点、保障机制等方面提出修改完善意见。

调研城乡公交运行情况 公共道路交通一直是社会广泛关心的热点问题，也是人大代表高度关注的重点问题。2015年1月下旬，市人大常委会组织调研组对全市城乡公共交通运行和管理情况进行调研。调研中，调研组在听取专题汇报基础上，通过暗访公交线路、召开座谈会、走访代表和乘客、赴先进县市学习考察等方式了解情况，提出加强公交优先宣传、完善运营网络、优化投入结构、重视设施建设、提升服务水平等建议意见。根据主任会议意见，市政府加大公交出行宣传力度，强化基础设施建设，新建了51座公交站亭，升级更新公交出行信息，开通和调整9条公交线路，公交出行的群众满意度有所提高。

开展“老年人权益保障法”执法检查　2015年2月下旬，常委会对《中华人民共和国老年人权益保障法》贯彻执行情况进行执法检查，要求市政府和职能部门增强发展老龄事业的紧迫感和责任感，切实加强老年人维权工作，建立稳定的经费保障机制，扩大老年人援助对象范围，提高老年人补助标准，创新养老服务方式，全面加快养老服务由补缺型向普惠型转变。市政府及相关职能部门切实加大《中华人民共和国老年人权益保障法》的执法力度，加快建设以居家养老为基础、社区服务为依托、机构养老为支撑、信息服务为辅助的社会养老服务体系，有力促进《中华人民共和国老年人权益保障法》在全市的贯彻实施。

扎实开展“三严三实”专题教育活动　2015年6月，按照市委统一部署，市人大常委会认真开展“三严三实”(严以修身、严以用权、严以律己，谋事要实、创业要实、做人要实)专题教育活动。常委会领导带头领学，深入基层走访调研，认真撰写民情日记、心得体会和调研文章。机关党员干部主动自学，积极参加交流研讨。常委会及机关组织观看专题教育片，召开专题学习研讨活动6次。认真召开专题民主生活会和专题组织生活会，严肃查摆“不严不实”问题，及时制订整改方案和整改工作计划，形成切合实际的整改措施，确保整改取得实效。

开展化工污染整治情况调研　2015年6月，市人大常委会对全市化工生产企业污染整治情况开展调研和督查。常委会针对发现的问题，提出加强组织领导，提升整治合力；加大推进力度，提高整治实效；完善政策配套，增强整治动力；加快转型升级，减少污染源头等建议意见。这些建议意见，有力促进市政府进一步优化工作部署，落实整治举措，确保治污工作取得实效。

组织开展工作评议　2015年8月26日，市人大常委会召开评议市文广新局、体育局工作动员会，对组织市人大代表评议市文广新局、体育局工作进行部署。评议期间，采取大视察、召开座谈会、个别征询意见和问卷调查等方式，对市文广新局和体育局2012年以来工作进行多方面、多层次的调查了解。此次工作评议把代表测评和群众问卷调查与评议大会点评结合起来，把组织评议与跟踪监督、促进整改结合起来，既推动政府和部门工作，又做到代表满意、群众满意，实现人大工作与“一府两院”工作的良性互动。

对“城乡规划法”贯彻实施情况开展执法检查　2015年8月，市人大常委会对《中华人民共和国城乡规划法》贯彻实施情况开展执法检查，听取和审议执法检查报告。组成人员认为，通过学习宣传和贯彻执行《中华人民共和国城乡规划法》，如皋城乡规划体系不断健全，规划编制和实施管理水平不断提升，中心城区规划建设管理成效明显，城乡发展新格局初步呈现，促进了城乡统筹和经济社会全面协调发展。在客观指出存在问题的同时，要求市各级政府和职能部门，充分发挥规划引领作用，努力提高规划编制水平，不断增强城乡规划管理效能，切实增强规划的权威性和严肃性。在审议《如皋历史文化名城保护规划》和《如皋市白蒲镇历史文化名镇保护规划》中，从优化空间布局、加大保护力度、强化制度支撑等方面提出具体要求，作出批准规划的决议。

跟踪监督同级财政审计发现的突出问题　市人大常委会对十六届始同级财政审计发现的突出问题，如搬迁安置、政府资产资源管理、政府投资项目管理、流转进保资金征缴等存在问题的整改落实情况，加强跟踪监督，开展专题视察。常委会第三十七次会议听取市政府关于2011—2013年度同级审发现重点问题整改情况的专项汇报，并进行满意度测评，在充分肯定成绩的基础上，要求市政府对整改未到位的问题落实整改责任，狠抓督查推进，坚持依法行政，切实维护财经秩序。

调研社会保险工作　市人大常委会把监督社会保险工作列入重点，推动政府进一步明确责任，解决工作中的薄弱环节，切实维护人民群众的合法权益。在先期认真开展调研的基础上，2015年9月，市人大常委会听取和审议市政府关于全市社会保险工作的专项报告，要求市政府及相关部门进一步增强社会保险工作的使命感和责任感，切实加强领导，创新社会保险举措，加大社保基金的监管力度，完善风险防范机制，稳步提高参保人员的社会保险待遇，让全社会共享经济社会发展成果，提高人民群众的满意率。

召开如皋选举产生的南通市人大代表述职报告会 2015年9月29日,9名由如皋市选举产生的南通市人大代表向如皋市人大常委会述职并接受评议。常委会组成人员分组审议代表们的履职报告,形成综合性的评议意见。

视察全市技防监控系统建设工作 2015年10月30日,市人大常委会主任谢新民带领部分市人大代表,视察市技防监控系统建设工作。市领导张元健、邵晓泉、刘聪泉、成明参加活动。视察组实地视察了袁桥交巡警中队、锦绣派出所等处,现场观看技防工作建设成果及有关功能的演示。视察组在充分肯定近年来全市技防建设取得成绩的同时,要求市政府及相关职能部门进一步树立大监控网络战略意识,重视视频监控的建设;不遗余力加强技防监控系统建设工作,逐步增加社会面监控点,扩大覆盖面;重视人才队伍建设,不断优化系统实战应用平台建设,做好各项技术水平的更新升级;进一步强化管理,建立好日常工作管理机制,增强应急处置能力,确保在第一时间内可以处理好各种突发状况,为建设更加和谐平安的如皋做出更大的贡献。

南通市人大工作座谈会在如皋举行 2015年12月8日,南通市人大工作座谈会在如皋举行。与会人员参观市文化广场、如城东大街、龙游湖商务区等经济社会发展亮点,对如皋经济社会发展成就表示肯定。座谈会上,各县(市、区)人大常委会就贯彻落实中央18号文件和省委26号文件精神,加强县乡人大工作和建设情况进行了交流。

召开镇、街道人大工作会议 2015年12月18日,市人大常委会召开镇、街道人大工作会议。各镇(街道)人大主席和街道人大工委主任交流2015年人大工作情况。会上,市人大常委会主任谢新民传达中央转发《中共全国人大常委会党组关于加强县乡人大工作和建设的若干意见》(中发〔2015〕18号)和省委《关于加强全省县乡人大工作和建设的实施意见》(苏发〔2015〕26号)文件精神。

组织述职评议 2015年12月25日,市十六届人大常委会第三十七次会议召开,16名市政府组成部门负责人从依法行政、履行职责、廉洁从政等方面汇报任职后的工作情况。常委会对述职人员逐一进行评议。

开展人大工作先进镇(区、街道)评比活动 市人大常委会继续开展争创人大工作先进镇(区)活动,长江镇、如城街道、搬经镇、东陈镇、丁堰镇被评为市人大工作先进镇(街道)。

首次举行新任命人员向宪法宣誓仪式 2016年2月2日,市人大常委会首次举行新任命人员向宪法宣誓仪式。在市第十六届人大常委会第三十八次会议上,获得任命的冒海清、郭夕俊、张文斌等8名人员向宪法宣誓。

启动《如皋市人大志》编纂工作 2016年3月11日,市人大常委会召开主任会议,各委室秘书列席会议。会上,市人大常委会主任谢新民对编纂《如皋市人大志》工作进行部署,成立编纂领导小组,明确职责分工及相关要求。会后,各责任主体根据分工要求迅速展开编纂工作。

召开"万名代表小康行"主题实践活动如皋市动员会 2016年4月6日,"万名代表小康行"主题实践活动如皋市动员会召开。市人大常委会领导谢新民、张元健、邵晓泉、张勇、刘聪泉出席会议。会议传达学习南通市"万名代表小康行"暨发挥代表作用会议精神,对组织全市各级人大代表迅速投身"万名代表小康行"主题实践活动进行动员和部署。

开展"档案法"执法检查 2016年4月,市人大常委会组织执法检查组,对全市贯彻执行《中华人民共和国档案法》情况进行执法检查,进一步推动《中华人民共和国档案法》在全市的贯彻实施,促进档案工作健康发展。

举行"两学一做"专题党课暨学习教育工作座谈会 2016年5月11日,市人大常委会机关"两学一做"专题党课暨学习教育工作座谈会举行。市人大常委会主任谢新民,副主任张元健、邵晓泉、张勇出席会议。

调研市建筑业发展情况 2016年3月至5月,市人大常委会调研组对全市建筑业发展情况进行调研,听取了市政府关于"十二五"以来建筑业发展情况的汇报,了解全市建筑业发展情况以及面临的困难和问题，为常委会第四十次会议听取专项工作报告提供重要参考。

调研反贪污贿赂和反渎职侵权工作　2016年6月，市人大常委会组织调研组对市人民检察院反贪污贿赂和反渎职侵权工作进行调研，通过听取检察院工作报告、召开座谈会、实地走访等形式，深入了解全市反贪污贿赂和反渎职侵权工作开展情况，为常委会第四十三次会议听取和审议专项工作报告提供重要参考。

召开"万名代表小康行"如皋市推进会　2016年7月7日，市人大常委会召开"万名代表小康行"推进会，对主题实践活动进行再动员，推动"万名代表小康行"主题实践活动向纵深发展。

第二节　第十六届人大常委会特色工作

首次开展专题询问　市十六届人大常委会第八次审议通过《如皋市人大常委会专题询问暂行办法》，对开展专题询问的主体和对象、议题的确定、主要程序及审议意见的落实等方面作具体规定。

2013年9月24日至25日，市十六届人大常委会召开第十八次会议，结合听取和审议市政府关于"十一五"以后全市交通建设与管理专项工作报告，对市政府交通建设与管理工作首次开展专题询问。会上，各位委员、代表围绕环境卫生、市容市貌、文明城市创建等生态文明建设中存在的困难和问题进行了有针对性的专题询问。政府相关部门负责人作了认真、坦诚、详尽的回答。针对部分委员提出的水环境保护长效机制建立问题，市水务局负责人表示，在已经建立健全组织机构，落实专业管护人员的基础上，将进一步深化水环境治理的宣传教育，继续加大河道污染源头治理力度。关于镇级污水处理厂运行的问题，市住建局负责人表示，将加大资金筹集力度，把镇级污水处理厂的运行维护费用纳入镇(区、街道)的年度财政预算，强化刚性执行力度；全力推动镇级污水处理厂和所属镇排污企业的有效对接；同时构建科学运管机制，强化责任追究。

会后，市政府以此次人大开展生态文明专题询问为契机，进一步强化监督考核机制，加大整治环境突出问题力度，不断优化生态空间布局，改善城乡人居环境，努力实现经济效益和生态效益协调统一，实现人与自然和谐发展，全市生态文明建设取得了新的成就。

市人大常委会组织对部门工作进行专题询问在如皋市尚属首次。专题询问采取面对面、一问一答的形式，常委会组成人员围绕生态文明建设方面的热点难点问题进行专题询问，责任部门负责人一一作答，不回避，不推诿，坦诚回答，特别是对其中的难点问题，深入查摆原因，探讨解决之策，达到预期成效。

此后，为充分发挥专题询问在人大监督工作中的独特作用，2014年9月至11月，常委会对全市生态文明建设情况进行调研，第十六届人大常委会第三十次会议听取并审议市政府《关于我市生态文明建设情况的专项工作报告》。在充分肯定成绩的基础上，人大常委会提出了加大组织力度、提高全民参与意识、坚持城乡统筹等建议意见，并再次开展专题询问。常委会组成人员围绕资源节约、生态环境保护、环境综合整治等问题向市政府及相关部门提出询问，市政府分管副市长及市环保、住建等部门负责人在回答询问时，提出切实可行的对策措施，问答积极主动、良性互动，产生良好影响。

完善跟踪监督机制，落实审议意见抓实效　2014年，在党的群众路线教育实践活动征求意见环节，有人大代表提出市人大常委会在跟踪督查审议意见落实过程上存在重形式、轻实效的问题。为此，常委会于2015年出台创新举措，把常委会关于"一府两院"专项工作审议意见的整改落实情况由向常委会书面报告改为满意度测评。一方面，促使"一府两院"把工作重心由撰写专项工作报告转移到对审议意见的办理上；另一方面，让人大常委会组成人员有机会、有路径、有抓手评价"一府两院"审议意见办理工作，提高跟踪监督的实效。

2015年5月，市十六届人大常委会第三十三会议首次对市政府和市人民法院办理教育优质均衡发展、案件执行工作的审议意见情况听取汇报，并进行测评。从审议意见的办理情况来看，市政府、市人民法院对审议意见办理工作高度重视，措施有力，成效明显。在组织领导上，有主要领导批示，有分管领导亲力亲为；在工作推进上，有专题会议研究，有相关部门、院科室的具体推进；在责任落实上，有主要承办部门的牵头组织，有相关责任部门密切配合。从办理结果看，一些审议意见能够得到比较好的落实，所提出的具体要求基本得到解决。市政府还将一些暂时难以解决的问题提上工作议事日程和工作规划，逐步加以解决。从这次会议测评结果来看，组成人员对市政府和市人民法院办理审议意见工作总体是满意的，常委会要求相关部门加强对审议意见办理工作的组织领导，采取有力措施加以推进，努力提高审议意见办理的落实率和满意率。

此后，市人大常委会第三十五、三十六、三十七、四十次会议还分别对村庄环境整治、生态文明建设、同级审重点问题整改、文广新局和体育局落实人大评议意见、审议意见情况进行再审议，市政府相关部门负责同志分别到常委会会议上报告整改落实情况，常委会会议直接听取和审议审议意见落实情况报告，并进行满意度表决。

对重点工作的审议意见进行再审议，凸显了以下3个方面的工作成效：突出对重点、难点、热点问题的回应。常委会列入再审议的议题一般都是市委、市政府的重点工作或社会关注度高、与人民群众密切相关的民生问题，常委会加强对这些方面议题落实情况的检查，通过再审议，持续跟踪监督，努力让工作见到成效，让群众看到变化；提高常委会会议的审议质量。一方面，常委会要求“一府两院”认真研究处理人大常委会的审议意见书，同时人大常委会对提出的审议意见要求把握得更准、分析得更透，提出的建议更有针对性和可操作性，使“一府两院”能更好地落实审议意见，为监督审议意见书落实情况提供充分的依据，从而不断提高常委会审议质量；增强监督效果。常委会注重对审议意见落实情况的跟踪监督，把此项工作作为一项常规性工作，常态化地开展，进一步延伸监督链条，形成一套较为完整的审议意见书办理监督程序，增强监督的刚性。

加强对任职人员任后监督，依法行使人事任免权 根据中共十八大报告提出的“支持人大及其常委会充分发挥国家权力机关作用，加强对‘一府两院’的监督”，“加强对领导干部特别是主要领导干部行使权力的监督”等要求，市人大常委会认真贯彻落实，切实加强对人大任命人员的监督，特别是任职后的监督，把人事监督贯彻于常委会任免工作全过程，制订《关于人大常委会任命的“一府两院”相关人员向常委会报告工作的暂行办法》。该暂行办法规定，人大每届任期内，由人大常委会任命的政府组成人员和“两院”工作人员，按一定比例向人大常委会报告履职情况，并接受评议。

2014年11月，市十六届人大常委会第30次会议首次听取11名市政府组成部门负责人的述职报告，重点听取他们在执行法律、履行职责和廉政建设等方面的情况报告，并组织测评。2015年12月，常委会在总结首次组织相关人员报告履职工作的基础上，进一步提高到会报告人员的比例，改进了履职报告的方式和内容，组织述职评议工作。16名政府组成部门负责人从依法行政、履行职责、廉洁从政等方面汇报任职以后的工作情况，同时采取到会报告与书面报告相结合的方式，听取其他“一府两院”相关人员的书面履职报告，进行测评。

“一府两院”相关人员向常委会报告工作，是近年来人大常委会贯彻中共十八大、十八届三中、四中全会精神，推进人大工作与时俱进的积极尝试。2015年12月，中共如皋市委根据中共中央、江苏省委和南通市委的文件精神，制订出台《关于加强人大工作和建设的实施意见》。该意见明确规定，通过完善和规范履职报告、述职评议等方式，加强对人大选举和任命人员的监督。把开展述职评议这一做法正式写进市委文件，使其上升为制度安排。“一府两院”相关人员向常委会报告工作这一做法加强了干部任职后的监督，加大监督力度，在避免重任轻免、重任轻管等方面作出积极探索。

“六个一”代表活动成如皋人大工作新亮点 为贯彻落实中共十八大提出的“完善代表联系群众制度”精神，2013年3月，市人大常委会出台《关于市人大代表密切联系人民群众的意见》（以下简称“意见”）。意见重点提出，在全体人大代表中广泛开展密切联系人民群众“六个一”系列实践活动。所谓“六个一”，即全体人大代表，每人届内要重点联系一个村或社区；每人每年至少要参加一次接待选民日活动;每人每年至少要参加一次集中走访调研活动;每人每年至少要结对帮扶一个困难户;每人每年至少要提出一件事关群众利益的建议;每人任期内至少要向选民报告一次履职情况。

文件下发后,市人大常委会不断加强载体建设,加强督查推动和服务保障,广大代表主动响应,积极开展密切联系群众活动,取得阶段性的成效。活动开展情况如下:

“四加强”夯实活动基础 加强学习培训,不断增强人大代表投身“六个一”系列实践活动的自觉性。2013年起,针对换届后的新代表占多数、履职知识和实践经验不足的现状,常委会主动为新一届人大代表的培训学习提供服务。通过举办培训班、定期发放代表履职报刊、杂志以及学习资料等形式和方法,不断提高代表的履职能力和水平。全体代表普遍认识到开展“六个一”系列实践活动的重要性,增强投身“六个一”系列实践活动的责任感和自觉性。

加强“一个载体、两项制度”建设,为代表参加“六个一”系列实践活动搭建平台。常委会针对全市行政区划调整范围广、镇代表变动大以及新形势下的代表工作面临的新情况等,对全市“人大代表之家”的布点和“家”中布置进行了适当调整和更新。通过加强指导和现场推进,全市“人大代表之家”建设达到了“重规范、全覆盖、求实效”的要求。在开展代表接待选民日活动方面,通过制度形式要求人大代表每月10日轮流到“家”中接待来访选民,并要求接访代表要认真处理和解决好接待中群众反映的意见和问题,确保选民提出的问题能够条条有着落、件件有回音。

加强联络服务,为代表参加“六个一”系列实践活动提供保障。常委会始终注重做好代表履职活动的各项后勤保障工作。注重代表联络工作,邀请人大代表列席常委会会议和镇人大主席例会以及常委会组织的各项调研、视察、执法检查等活动。通过这些活动,常委会组成人员与人大代表做到“零距离”接触、经常性联系,及时倾听代表们从群众那里了解到的百姓心声,为常委会集中行使权力提供民意基础;注重为代表闭会期间活动提供过程服务。闭会期间,常委会主动为代表参加有关会议、旁听法院庭审、调研评议专项工作、视察重点工作、集中调查走访选民等各类活动提供组织、联络、协调、记录、宣传等全方位的后勤服务,切实保证代表联系群众、监督“一府两院”工作的顺利开展;注重代表建议办理。常委会把办理好代表建议作为推进代表“六个一”系列实践活动的重要抓手,对大会期间的建议,坚持市四套班子办公室联合召开交办会集中交办。同时选择部分事关全市发展大局、人民群众广泛关注的热点建议列为重点建议,由市人大常委会领导领衔督办,相关工作机构具体跟踪督办。

加强指导督查,确保代表参加“六个一”系列实践活动依法规范。常委会及各工作机构注重加强业务指导和现场督查推进。先后向全体市人大代表和各镇(街道)人大(工委)印发了皋人发〔2013〕11号《如皋市人大常委会关于市人大代表密切联系人民群众的意见》、皋人办发〔2013〕30号《关于组织市人大代表向选民述职的通知》、皋人办发〔2013〕31号《关于以镇(街道)为单位组织开展市人大代表履职知识培训的通知》等指导性文件,及时对代表开展接待选民日活动、代表向选民述职活动等进行业务指导,保证各项活动依法规范。每年按季度召开主席例会,交流推进活动情况,宣传推介先进典型,对活动的开展和代表建议办理情况进行督查督办同时注重考核评比。人大代表参加系列实践活动的情况必须录入《代表履职登记卡》,由所在镇人大主席、街道人大工委主任审核确认后存档,作为换届时确定连任代表的主要依据。每年底,常委会对各镇(街道)“六个一”活动开展情况进行汇总,结果作为人大工作先进镇(街道)评比的依据。

“四机制”保障活动推进 为确保“六个一”活动的全面推进,常委会明确4项制度。领导机制,“六个一”系列实践活动在市人大常委会的统一领导下,由各镇人大、街道人大工委具体组织实施。各镇人大、街道人大工委具体负责制定活动实施计划,做好组织和协调服务工作。市人大常委会要求各镇人大、街道人大工委要主动争取镇党委、街道党工委对这项工作的重视和支持,每年按计划组织开展好每一项专题活动。协调机制,常委会要求各镇、街道在组织开展活动中,要科学谋划,统筹安排,把开展“六个一”活动与全省开展的“三解三促”(了解民情民意、破解发展难题、化解社会矛盾,促进干群关系融洽、促进基层发展稳定、促进机关作风转变)活动和本市各项中心工作有机结合起来,加强与各方协调，统筹安排，确保各项活动与地方党委的中心工作同向合拍，确保“六个一”活动的开展能更好地推动中心工作的开展。交流机制，市人大常委会要求各镇人大、各街道人大工委利用报纸、电台、电视台、人大网站等宣传媒介，大力宣传本辖区内“六个一”系列实践活动情况，宣传人大代表联系人民群众的典型事迹，营造人大代表履行职责的良好氛围。要及时发现、总结、推广活动中的好经验、好做法，及时发现和推广涌现出来的先进典型，发挥好示范带动作用，以点带面、推动全局。长效机制，常委会要求各镇人大、街道人大工委要根据实际，在调查研究和总结经验的基础上，在法律和政策规定的范围内，积极探索行之有效的措施，制定符合本辖区实际的代表联系人民群众的好办法，保证人大代表联系人民群众常态化，保证国家权力机关和人大代表及时知晓人民群众的心声，及时掌握人民群众关心的热点、难点问题，及时反映人民群众的希望和要求，及时向人民群众反馈承办单位的办理意见。

活动效果初现 “六个一”系列实践活动的全面开展，强化人大代表的责任意识，在全市各级人大代表中，问需于民、问计于民的代表越来越多。每月10日，全市68个“人大代表之家”都有人大代表轮流接待来访选民，收集选民意见，帮助选民解决生产、生活中的难题。市人大代表、常委会党组书记石耀带头深入自己的选区——丁堰镇鞠庄社区“人大代表之家”参加接待选民日活动，认真听取并协调解决来访选民提出的有关农村道路建设方面的问题2件。南通市人大代表、如皋市人大常委会委员王桂兰主动牵头并组织市博爱医院医务人员深入自己的选区——白蒲镇杨家园村开展送健康活动，为选区106名妇女免费健康体检。江安镇有100多名市、县、镇三级人大代表通过开展接待选民日活动，共参与化解本镇招商引资、项目开发、新农村建设中的各类社会矛盾160余件。丁堰镇各级人大代表在接待来访困难选民后，主动上门向102个困难家庭献爱心，捐助帮扶资金过万元，提供复合肥、尿素、叶面肥等农资3000多公斤，赠送各类慰问品价值5000多元，解决了不少困难选民的子女入学、低保等日常生活问题，促进社会和谐。

代表威信和群体形象明显提升 通过组织人大代表参加“六个一”系列实践活动，将人大代表与人民群众的心紧紧地连在一起。全市1531名市、镇两级人大代表全分别与1671个贫困家庭挂钩帮扶，每位市代表都主动挂钩联系自己选区内的一个自然村(居)，并经常深入基层调查研究和献计献策。人大代表与人民群众密切联系，代表在人民群众心目中的形象越来越好。遇到问题向人大代表反映、解决问题请人大代表监督成为基层工作的常态。

“六个一”活动开展后，代表们认真履职、主动作为，赢得人民群众和“一府两院”及其部门的充分信任和积极支持，成为推动经济社会发展、维护人民群众利益、促进社会和谐的积极践行者。代表联系选民“六个一”活动，成为如皋市代表工作的新亮点，《人民代表报》、省《人民与权力》《南通人大》等相继进行报导。

第七篇

乡（镇）人大

第一章 乡(镇)人民代表大会沿革

第一节 乡(镇)人大发展概况

乡(镇)人民代表大会作为中华人民共和国人民代表大会制度的重要组成部分,其建设和发展经历了一个曲折漫长的过程。

1949年9月,《中国人民政治协商会议共同纲领》颁布,规定国家的政权制度是人民代表大会制度,在普选的地方人民代表大会召开以前,由地方各界人民代表会议代行人民代表大会的职权。1950年12月30日,中华人民共和国政务院发布《乡(行政村)人民代表会议组织通则》,规定乡人民代表会议一般代行乡人民代表大会职权。1953年1月13日,中央人民政府委员会第二十次会议通过了《关于召开全国人民代表大会及地方各级人民代表大会的决议》,决定召开由人民普选产生的乡、县、省(市)各级人民代表大会,在此基础上召开全国人民代表大会。同年2月,中央人民政府委员会又通过了《全国人民代表大会及地方各级人民代表大会选举法》。1954年1月,全国基层选举工作顺利结束,地方各级人民代表大会相继召开。1954年9月15日至28日,第一届全国人大一次会议在北京举行,通过了《中华人民共和国宪法》(以下简称宪法)和《中华人民共和国地方各级人民代表大会和地方各级人民委员会组织法》(以下简称地方组织法)。宪法和地方组织法规定,乡(镇)人民代表大会是乡(镇)一级国家权力机关,由它产生的乡(镇)一级人民委员会即乡(镇)人民政府,是乡(镇)人大的执行机关,是乡(镇)国家行政机关。至此,乡(镇)人大制度正式确立。

从1955年至1957年,乡(镇)人大在成立之初的3年时间里,依据宪法和地方组织法的有关规定,积极主动地开展人大工作,较好地履行了地方组织法所赋予的各项职权,对巩固新生的人民民主政权、促进社会主义革命和社会主义建设起到重要的基础性作用。1958年全国农村开展人民公社化运动,乡(镇)实行"政社合一"的政权体制,乡(镇)人大变成公社社员代表大会,乡(镇)人民委员会被管委会代替。"文化大革命"时期,人民管委会又被"党政合一"的"革命委员会"所取代。1975年1月,四届全国人大一次会议通过修改后的《中华人民共和国宪法》。按照宪法规定,农村人民公社、镇设立人民代表大会,由人民代表大会选举产生的"革命委员会"是它的常设机关,同时又是人民政府。这种规定混淆了行政机关与权力机关的区别,妨碍了人民群众行使管理社会公共事务的权力。这一阶段是乡(镇)人大制度建设中的非正常时期。

1978年12月中共十一届三中全会召开,提出发展社会主义民主、健全社会主义法制的方针和必须使民主制度化、法律化的任务。1982年12月五届全国人大五次会议制定通过新宪法,并修改地方组织法。依照1982年宪法和地方组织法的有关规定,乡、民族乡、镇设立人民代表大会,为我国乡级国家权力机关,并和政府分开。1982年宪法还规定乡(镇)人大的职权,每届任期由过去的两年改为三年。1983年在进行试点的基础上全面推开了对人民公社政社合一体制的改革,将人民公社改为乡、民族乡,将人民管委会改为乡、民族乡人民政府,实行政社分开,重新恢复和设立乡(镇)人大。从此,乡(镇)人大制度建设步入新的历史时期。

根据1982年宪法和地方组织法规定,地方各级人民代表大会会议每年至少举行一次,但乡(镇)人大不设常设机构和办事机构,乡(镇)人大主席团只是会议期间的临时机构,乡(镇)人大会议的召开和乡

(镇)人大代表的选举由乡(镇)人民政府召集和领导。随着农村经济体制改革的逐步深入和农村民主政治的不断推进,日益暴露出体制缺陷和弊端,乡(镇)人大的法定职权难以充分行使,其应有的作用也难以充分发挥。针对这种情况,1986年12月2日,六届全国人大常委会第十八次会议通过了修改地方组织法的决定。修改后的地方组织法第十四条规定,乡(镇)人大举行会议的时候,选举主席团,由主席团主持会议,并负责召集下一次本级人大会议。第十八条规定,乡(镇)人大代表向本级人大提出的对各方面工作的建议、批评和意见,由本级人大主席团交有关机关和组织研究处理并负责答复。上述规定扩大了乡(镇)人大主席团的职能范围,即由原来只临时承担主持会议的职责扩大到闭会后的一些职责。这次修改的地方组织法虽然没有从法律上明确乡(镇)人大的常设机关及其职权范围,但是它从体制上理顺了权力机关与行政机关之间的关系,从此改变由权力机关的执行机关来主持权力机关会议的做法。从1987年开始,不少省级人大常委会根据修改后的地方组织法第六十条授权规定,先后制定有关乡(镇)人大制度建设的地方性法规。1995年2月,八届全国人大常委会第十二次会议通过关于修改地方组织法的决定。修改后的地方组织法充分肯定了各地设立乡(镇)人大主席团常务主席的做法,并把它固定下来。修改后的地方组织法第六条规定,乡、民族乡、镇人民代表大会每届任期三年。第九条规定,乡、民族乡、镇的人民代表大会行使下列职权:(一)在本行政区域内,保证宪法、法律、行政法规和上级人民代表大会及其常务委员会决议的遵守和执行;(二)在职权范围内通过和发布决议;(三)根据国家计划,决定本行政区域内的经济、文化事业和公共事业的建设计划;(四)审查和批准本行政区域内的财政预算和预算执行情况的报告;(五)决定本行政区域内的民政工作的实施计划;(六)选举本级人民代表大会主席、副主席;(七)选举乡长、副乡长,镇长、副镇长;(八)听取和审查乡、民族乡、镇的人民政府工作报告;(九)撤销乡、民族乡、镇的人民政府不适当的决定和命令;(十)保护社会主义的全民所有财产和劳动群众集体所有财产,保护公民私人所有的合法财产,维护社会秩序,保障公民的人身权利、民主权利和其他权利;(十一)保护各种经济组织的合法权益;(十二)保障少数民族的权利;(十三)保障宪法和法律赋予妇女的男女平等、同工同酬和婚姻自由等各项权利。少数民族聚居的乡、民族乡、镇的人民代表大会在行使职权的时候,应当采取适合民族特点的具体措施。第十四条规定,乡(镇)人大设主席,并可以设副主席1人至2人,主席和副主席由本级人大从代表中选出,任期同本级人大每届任期相同。乡(镇)人大主席、副主席在本级人大闭会期间负责联系本级人大代表,组织代表开展活动,并反映代表和群众对本级人民政府工作的建议、批评和意见。上述这些规定,使乡(镇)人大制度建设进一步得到加强和完善。此后,全国不少省级人大常委会陆续出台和修订有关乡(镇)人大制度建设的地方性法规,各地普遍建立健全乡(镇)人大工作机构,配备乡(镇)人大干部(包括专兼职常务主席和工作人员)。

2004年10月27日十届全国人大常委会第十二次会议通过关于修改地方组织法的决定。修改后的地方组织法第六条规定:“地方各级人民代表大会每届任期五年。”这一规定结束长期以来乡(镇)人大任期与县级以上地方各级人大任期不统一的历史。地方组织法不断修改完善为乡(镇)人大制度建设提供了更为广阔的实践空间。

根据2015年中共中央转发的《中共全国人大常委会党组关于加强县乡人大工作和建设的若干意见》精神,乡(镇)人民代表大会一般一年举行两次,有效地弥补乡(镇)人大没有常设机关的制度性不足,使乡(镇)人大的法定职权能够得到充分行使。

第二节　乡(镇)人大建设概况

新中国建立后,如皋对乡、镇区划和设置进行过多次调整。1949年10月,如皋县初辖13个区,196个乡(镇)。后经多次撤并及边界调整,乡(镇)的区域不断扩大,数量逐步减少。1957年10月10日,全县实行大乡制,由109个乡(镇)合并为48个大乡和3个县直属镇,均选举产生乡(镇)人民委员会。1958年9月人民公社化运动中,实行“政社合一”体制,全县共建33个人民公社,年底合并为12个人民公社。1959

年3月,按一乡一社的原则,调整为47个公社。1961年恢复区建制,设9个区、48个人民公社、3个县属镇。3个镇人民委员会设镇长,48个管委会设主任(1962年12月改称社长),管委会始与乡人民委员会并存,后逐步形成"政社合一"的体制。1983年进行体制改革,改设9区、49乡、4镇。1987年1月撤区,全县辖9镇、44乡。1989年恢复区建制,1990年全县辖4个县属镇,9个区辖10镇、43乡。1995年3月张黄港乡并入石庄镇,丁西乡并入丁堰镇,白蒲镇与蒲西乡合并为白蒲镇。2000年撤区,全市(1991年6月如皋撤县建市)由53个乡(镇)合并为26个乡(镇)。2001年9—10月,全市合并为23个镇。2005年1月合并为20个镇,1个经济开发区。2008年12月合并为20个镇。2013年1月合并为3个街道,11个镇。

如皋县(市)乡(镇)人大制度始建于1953年。各乡(镇)通过普选,选举产生乡(镇)人民代表大会代表。在此基础上,各乡(镇)召开第一届人民代表大会,选举产生乡(镇)人民委员会,体现人民群众当家作主的权利。乡(镇)人民代表大会代表的选举,历届均采用直接选举方式。至1966年"文化大革命"开始,全县共进行6次换届选举。"文化大革命"期间,乡(镇)人大制度中断,中共十一届三中全会后逐步恢复。1981年以来,乡(镇)依法实行人大代表直选和每年召开代表大会审议决定乡(镇)重大事项的制度。1983年12月至1984年2月,如皋县选举产生乡(镇)人民代表大会代表4290名。此后历次换届乡(镇)人民代表大会代表数如下:1987年2月3182名,1990年2月3199名,1993年1月3199名,1996年1月2991名,1999年1月2976名(缺额24人),2007年12月1659名 ,2012年2月1130名。其中因区划调整,2000年8月至10月,2001年9月至2002年1月22日,2005年1月至3月,2013年3月,如皋市四次在新建镇区域内选举乡(镇)人民代表大会代表。

1954年至1981年,乡(镇)人民代表大会每届任期2年;1982年宪法改为每届任期3年;2004宪法改为每届任期5年。根据地方组织法规定,除1954年地方组织法第十条规定乡、民族乡、镇的人民代表大会会议每3个月举行一次外,一般每年至少召开一次,对此,1995年地方组织法第十一条作明确规定。代表大会主要听取和审议乡(镇)人民政府工作报告,选举正、副乡(镇)长。

在县(市)、乡(镇)党委的领导和县(市)人大常委会的指导下,各乡(镇)人大从基层实际出发,紧紧依靠人大代表和人民群众,严格依照法律规定办事,开好每次人民代表大会(简称人代会),办理代表议案和建议,监督政府和国家机关工作人员,在推进地方经济建设与社会事业发展中发挥积极作用。各乡(镇)普遍建立代表活动之家,开展代表接待选民、代表向选民述职等活动,取得较好效果。

第二章 乡(镇)人民代表大会主席团

自1954年乡(镇)设立人民代表大会起,按照《地方组织法》的规定,乡(镇)召开人民代表大会会议时,依法选举产生主席团,主持会议的召开。至1984年乡(镇)第一届人民代表大会,乡(镇)人民代表大会主席团是会议的主持机构。它的主要职责是:主持乡(镇)人民代表大会会议;决定会议列席人员名单 ;提出会议的议程草案;组织各代表小组审议列入会议议程的议案;提出乡长、副乡长,镇长、副镇长候选人和确定正式候选人名单;决定对代表小组和代表在会议期间提出的议案、罢免案、质询案的审议程序;将人大代表向本级人民代表大会提出的各方面工作的建议、批评和意见,负责交给有关机关和组织处理。

1986年12月,六届全国人大常委会对《地方组织法》有关条款作出修改,其中第十四条规定:"乡、民族乡、镇的人民代表大会举行会议的时候,选举主席团,由主席团主持会议,并负责召集下一次的本级人民代表大会会议。”把原规定乡(人民公社)镇人民代表大会由乡(镇)人民政府(人民管委会)召集改为由乡(镇)人大主席团召集。第六条规定:“省、自治区、直辖市的人民代表大会根据本行政区域的具体情况和实际需要,在和国家宪法、法律、政策、法令、政令不抵触的前提下,可以制订和颁布地方性法规,并报全国人民代表大会常务委员会和国务院备案。”1991年3月《江苏省乡镇人民代表大会主席团工作暂行条例》颁布实施,它规定了乡、镇人民代表大会主席团在筹备、召集和主持本级人民代表大会会议时负责的工作和闭会期间的主要职责,并且规定了常务主席的主要职责。如皋县丁堰乡早在1988年就对人民代表大会主席团在闭会期间设立常务主席的工作进行探索,在同年4月30日乡七届人大二次会议上,选举时任丁堰乡党委书记张秀良为人大主席团常务主席,当时此项工作走在全国前列。1990年2月,白蒲镇经县委同意,镇人民代表大会主席团在闭会期间设立常务主席1名。从1993年换届开始,如皋市各乡(镇)普遍设立人大主席团常务主席。1996年起,各乡(镇)依法选举人民代表大会主席、副主席,全面主持人大工作,乡(镇)人大工作机制进一步完善。

随着乡(镇)人大工作的不断发展,全国人大对《地方组织法》经过几次修改。2015年8月29日第十二届全国人大常委会对《地方组织法》进行第五次修改。新修改的《地方组织法》第十五条第一款规定:“乡、民族乡、镇的人民代表大会主席、副主席为主席团的成员。”第二款规定:“主席团在本级人民代表大会闭会期间,每年选择若干关系本地区群众切身利益和社会普遍关注的问题,有计划地安排代表听取和讨论本级人民政府的专项工作报告,对法律、法规实施情况进行检查,开展视察、调研等活动;听取和反映代表和群众对本级人民政府工作的建议、批评和意见。主席团在闭会期间的工作,向本级人民代表大会报告。”第十八条规定:“地方各级人民代表大会举行会议的时候,主席团、常务委员会、各专门委员会、本级人民政府,可以向本级人民代表大会提出属于本级人民代表大会职权范围内的议案,由主席团决定提交人民代表大会会议审议,或者并交有关的专门委员会审议、提出报告,再由主席团审议决定提交大会表决。”第十九条第二款规定:“乡、民族乡、镇的人民代表大会代表向本级人民代表大会提出的对各方面工作的建议、批评和意见,由本级人民代表大会主席团交有关机关和组织研究处理并负责答复。”

第三章 各乡(镇)人民代表大会

第一节 城北街道人民代表大会

一、概 述

城北街道位于如皋市最北端,面积150.41平方公里,人口16.75万人,由柴湾镇、袁桥镇合并而成。1981年恢复人民代表大会制度后,柴湾乡(柴湾公社)于1981年5月召开五届人大一次会议,2000年2月,柴湾乡召开最后一届人大会议即十一届人大二次会议。戴庄乡(戴庄公社)于1981年8月召开五届人大一次会议,2000年2月,戴庄乡召开最后一届人大会议即十一届人大二次会议。2000年4月,柴湾乡、戴庄乡合并为柴湾镇,并于同年10月召开柴湾镇首届人大会议即一届人大一次会议。1992年9月,如皋经济开发区成立。1993年12月,经江苏省人民政府批准,如皋经济开发区进入省级开发区行列,更名为江苏如皋经济开发区。2008年12月,江苏如皋经济开发区与柴湾镇整合(区镇合一),称江苏如皋经济开发区(柴湾镇)。2013年1月,经国务院批准,江苏如皋经济开发区升级为国家级经济技术开发区,定名为如皋经济技术开发区。2013年1月,柴湾镇召开最后一届人大会议即三届人大二次会议。袁桥乡(袁桥公社)于1981年10月召开五届人大一次会议,1990年1月,袁桥乡撤乡建镇,并于同年3月召开袁桥镇首届人大会议即十届人大一次会议。何庄乡(何庄公社)于1981年3月召开五届人大一次会议,1999年1月,何庄乡召开最后一届人大会议即十一届人大一次会议。2000年4月,何庄乡和袁桥镇合并为新的袁桥镇,并于同年10月召开合并后的首届人大会议即十四届人大一次会议。2012年3月,袁桥镇召开最后一届人大会议即十六届人大一次会议。2013年3月,撤销袁桥镇、柴湾镇,以原袁桥镇、柴湾镇所辖区域和原如城镇所辖的新生、新王庄、太平、鹿门、邓元、城北、东风、庆余、普济9个居委会以及邵庄、陆桥、阚庄等3个村委会区域,设立城北街道办事处,如皋经济技术开发区与城北街道办事处实行"以区带街、区街合一"的管理体制,人大常设机构变更为如皋市人大常委会城北街道工作委员会。

二、相关乡(镇)人民代表大会会议

1981年—2013年城北街道相关乡(镇)人民代表大会会议概况一览表

表7-3-1

镇区名称	会议名称	会议时间	主要议程
戴庄公社	五届人大一次会议	1981年8月	听取和审议政府工作报告、财政预决算报告、提案审查报告并作出相应决议;选举刘志高为公社委员会主任,刘焕林、朱从海、李德山为副主任,胡松森、左大圣、范钦太、陈惠兰、陈春义、张大圣、洪德厚、胡富龙、贾永圣、秦龙美、曹庆林为委员
戴庄乡	五届人大三次会议	1983年9月	听取和审议政府工作报告、财政预决算报告、议案审查报告并作出相应决议;选举刘炜金为乡长,王泉龙、李德山、胡松森为副乡长
	六届人大一次会议	1984年4月	听取和审议政府工作报告、财政预决算报告、大会主席团工作报告并作出相应决议;选举朱从海为乡长,胡松森、王泉龙为副乡长
	六届人大二次会议	1985年1月	听取和审议政府工作报告、议案审查报告并作出相应决议
	六届人大三次会议	1985年7月	听取和审议政府工作报告、议案审查报告并作出相应决议
	六届人大四次会议	1986年9月	听取和审议政府工作报告、财政预决算报告、议案审查报告并作出相应决议
	七届人大一次会议	1987年3月	听取和审议政府工作报告、财政预决算报告、议案审查报告并作出相应决议;选举朱从海为乡长,张维明、王泉龙为副乡长
	七届人大二次会议	1988年5月	听取和审议政府工作报告、财政预决算报告、议案审查报告并作出相应决议
	七届人大三次会议	1989年4月	听取和审议政府工作报告、财政预决算报告、议案审查报告并作出相应决议
	八届人大一次会议	1990年3月	听取和审议政府工作报告、财政预决算报告、议案审查报告并作出相应决议;选举余荣富为乡长,王泉龙、陈松稳为副乡长
	八届人大二次会议	1991年3月	听取和审议政府工作报告、财政预决算报告、议案审查报告并作出相应决议
	八届人大三次会议	1992年3月	听取和审议政府工作报告、财政预决算报告、大会主席团工作报告、提案审查报告并作出相应决议;通过《关于强化农业服务,实行统一供种》和《加强农村基层卫生网络建设,做好医院危房改造》的决议

续表7-3-1

镇区名称	会议名称	会议时间	主要议程
	八届人大四次会议	1992年7月	选举钱祖荣为科技副乡长
戴庄乡	九届人大一次会议	1993年3月	听取和审议政府工作报告、财政预决算报告、大会主席团工作报告、提案审查报告并作出相应决议;选举余荣富为乡长,王泉龙、陈松稳为副乡长,钱祖荣为科技副乡长
	九届人大二次会议	1994年2月	听取和审议政府工作报告、财政预决算报告、大会主席团工作报告、提案审查报告并作出相应决议;补选刘焕林为乡长,夏侯泉为副乡长
	九届人大三次会议	1995年2月	听取和审议政府工作报告、财政预决算报告、大会主席团工作报告、提案审查报告并作出相应决议
	十届人大一次会议	1996年3月	听取和审议政府工作报告、财政预决算报告、大会主席团工作报告、提案审查报告并作出相应决议;选举章金彩为人大主席,顾良才为副主席,刘炜余为乡长,夏侯泉、许映兰、吉平、王兆友为副乡长
	十届人大二次会议	1997年3月	听取和审议政府工作报告、财政预决算报告、大会主席团工作报告、议案审查报告并作出相应决议;选举缪小华为人大主席,张鹤友为副乡长
	十届人大三次会议	1998年2月	听取和审议政府工作报告、财政预决算报告、大会主席团工作报告、议案审查报告并作出相应决议
	十一届人大一次会议	1999年1月	听取和审议政府工作报告、财政预决算报告、大会主席团工作报告、议案审查报告并作出相应决议;选举朱从海为人大主席,陈松稳为乡长,刘炜海、张鹤友、陈忠全为副乡长
	十一届人大二次会议	2000年2月	听取和审议政府工作报告、财政预决算报告、大会主席团工作报告、议案审查报告并作出相应决议;通过《乡村道路桥梁建设》的议案
柴湾公社	五届人大一次会议	1981年5月	听取和审议政府工作报告、财政预决算报告、议案审查报告并作出相应决议;选举朱永来为管委会主任,王兆楠、梅仁生、王兆良、冯玉泽为副主任,王准兰、李云、王从稳、王怀义、纪汉文、刘德美、袁松林、张远鹤、秦德兰、章朝发为委员
柴湾乡	五届人大三次会议	1983年9月	听取和审议政府工作报告、财政预决算报告、议案审查报告并作出相应决议;选举王兆良为乡长,冯玉泽、冒留岳为副乡长
	六届人大一次会议	1984年4月	听取和审议政府工作报告、财政预决算报告、议案审查报告并作出相应决议;选举王兆良为乡长,冯玉泽、冒留岳、顾春泉为副乡长
	六届人大二次会议	1985年1月	听取和审议政府工作报告、财政预决算报告、议案审查报告并作出相应决议;补选许映和为副乡长
	六届人大三次会议	1985年8月	听取和审议政府工作报告、财政预决算报告、议案审查报告并作出相应决议
	六届人大四次会议	1986年6月	听取和审议第七个五年计划草案的报告、财政预决算报告、议案审查报告并作出相应决议
	七届人大一次会议	1987年2月	听取和审议政府工作报告、财政预决算报告、议案审查报告并作出相应决议;选举王兆良为乡长,冯玉泽、顾春泉为副乡长
	七届人大二次会议	1988年4月	听取和审议政府工作报告、财政预决算报告、议案审查报告并作出相应决议
	七届人大三次会议	1989年5月	听取和审议政府工作报告、财政预决算报告、议案审查报告并作出相应决议;通过人民代表大会主席团负责日常工作的常务主席的工作职责

续表7-3-1

镇区名称	会议名称	会议时间	主 要 议 程
	八届人大一次会议	1990年3月	听取和审议政府工作报告、财政预决算报告、议案审查报告并作出相应决议;通过选举办法,选举史传如为乡长,冯玉泽、顾春泉、为副乡长
柴湾乡	八届人大二次会议	1991年3月	听取和审议政府工作报告、财政预决算报告、议案审查报告并作出相应决议
	八届人大三次会议	1992年3月	听取和审议政府工作报告、财政预决算报告、议案审查报告并作出相应决议
	九届人大一次会议	1993年3月	听取和审议政府工作报告、财政预决算报告、议案审查报告并作出相应决议;选举费秀平为乡长,王国富、许映和为副乡长
	九届人大二次会议	1994年3月	听取和审议政府工作报告、财政预决算报告、议案审查报告并作出相应决议
	九届人大三次会议	1995年2月	听取和审议政府工作报告、财政预决算报告、大会主席团工作报告、议案审查报告并作出相应决议
	十届人大一次会议	1996年3月	听取和审议政府工作报告、财政预决算报告、大会主席团工作报告、议案审查报告并作出相应决议;选举王兆良为人大主席,陈玉发为人大副主席,张建明为乡长,王国富、杭世银、李爱民为副乡长
	十届人大二次会议	1997年2月	听取和审议政府工作报告、财政预决算报告、大会主席团工作报告并作出相应决议;选举杨飞为乡长
	十届人大三次会议	1998年2月	听取和审议政府工作报告、财政预决算报告、大会主席团工作报告、议案审查报告并作出相应决议;补选朱秀林为副乡长
	十一届人大一次会议	1999年1月	听取和审议政府工作报告、财政预决算报告、大会主席团工作报告、议案审查报告并作出相应决议;选举王兆良为人大主席,王国富为副主席,丁兴华为乡长,杭世银、朱秀林、吴金华为副乡长,张寿山为科技副乡长
	十一届人大二次会议	2000年2月	听取和审议政府工作报告、财政预决算报告、大会主席团工作报告、议案审查报告并作出相应决议
柴湾镇	一届人大一次会议	2000年10月	听取和审议行政工作组工作报告、人大筹备组工作报告及代表意见审查报告;选举王泉龙为人大主席,孙新建、沈恒聪为人大副主席,选举丁兴华为镇长,杭世银、朱秀林、陈忠全、刘炜海、吴金华为副镇长
	一届人大二次会议	2001年3月	听取和审议政府工作报告、财政预决算报告、大会主席团工作报告、议案审查报告并作出相应决议;补选吴永宏为镇长
	一届人大三次会议	2002年1月	听取和审议政府工作报告、财政预决算报告、大会主席团工作报告、议案审查报告并作出相应决议;补选夏春兰为人大副主席
	一届人大四次会议	2003年2月	听取和审议政府工作报告、财政预决算报告、大会主席团工作报告、议案审查报告并作出相应决议;选举钱广胜为镇长
	一届人大五次会议	2003年9月	补选蒋莹芳为副镇长,对水利站、派出所、广电站、农机站进行述职评议
	一届人大六次会议	2004年2月	听取和审议政府工作报告、财政预决算报告、大会主席团工作报告、议案审查报告并作出相应决议;通过《加快农村公路建设,打造农村新环境》和《关于加强公民道德建设》的议案,补选沈进元为人大副主席,洪林为副镇长

续表7-3-1

镇区名称	会议名称	会议时间	主 要 议 程
	一届人大七次会议	2005年1月	听取和审议政府工作报告、财政预决算报告、大会主席团工作报告、议案审查报告并作出相应决议;通过《关于加强农村建设管理,巩固建设成果》的决议
柴湾镇	一届人大八次会议	2006年2月	听取和审议政府工作报告、财政预决算报告、大会主席团工作报告、议案审查报告并作出相应决议;补选陈松稳为人大主席,杭世银、沈寿岩、刘炜海为副主席
	一届人大九次会议	2007年1月	听取和审议政府工作报告、财政预决算报告、大会主席团工作报告、议案审查报告并作出相应决议;补选谢海兵为镇长,李军、曹海斌为副镇长
	二届人大一次会议	2008年1月	听取和审议政府工作报告、财政预决算报告、大会主席团工作报告、议案审查报告并作出相应决议;选举张亚鸾为人大主席,杭世银为副主席,谢海兵为镇长,沈恒聪、李军、曹海斌、陆爱斌为副镇长
	二届人大二次会议	2009年1月	听取和审议政府工作报告、财政预决算报告、大会主席团工作报告、议案审查报告并作出相应决议;补选马金华为人大主席
	二届人大三次会议	2010年1月	听取和审议政府工作报告、财政预决算报告、大会主席团工作报告、议案审查报告并作出相应决议;补选顾卫国为人大主席,王玉华为人大副主席,刘亚东为镇长
	二届人大四次会议	2011年1月	听取和审议政府工作报告、财政预决算报告、大会主席团工作报告、议案审查报告并作出相应决议;补选刘亚东为人大主席,王帮华为人大副主席,唐亮为镇长,周宝贵为副镇长
	三届人大一次会议	2012年1月	听取和审议政府工作报告、财政预决算报告、大会主席团工作报告、议案审查报告并作出相应决议;选举黄亚周为人大主席,陆建高、王帮华、王玉华为人大副主席,王建云为镇长,范小红、王小燕、曹海斌、周宝贵、赵巍为副镇长
	三届人大二次会议	2013年1月	听取和审议政府工作报告、财政预决算报告、大会主席团工作报告并作出相应决议
何庄公社	五届人大一次会议	1981年3月	听取和审议政府工作报告、财政预决算报告、提案审查报告并作出相应决议;选举曹壁荣为管委会主任,丁忠美、余荣富、刘培根为副主任
何庄乡	五届人大二次会议	1983年8月	听取和审议政府工作报告、财政预决算报告、议案审查报告并作出相应决议;选举余荣富为乡长,梅仁生为副乡长
	六届人大一次会议	1984年2月	听取和审议政府工作报告、财政预决算报告、议案审查报告并作出相应决议;选举余荣富为乡长,梅仁生、刘培根为副乡长
	六届人大二次会议	1984年2月	听取和审议政府工作报告、财政预决算报告、议案审查报告并作出相应决议
	六届人大三次会议	1985年7月	听取和审议政府工作报告、财政预决算报告、议案审查报告并作出相应决议
	六届人大四次会议	1986年7月	听取和审议政府工作报告、财政预决算报告、议案审查报告并作出相应决议;补选周元庚为副乡长

续表7-3-1

镇区名称	会议名称	会议时间	主 要 议 程
	七届人大一次会议	1987年3月	听取和审议政府工作报告、财政预决算报告、议案审查报告并作出相应决议;选举余荣富为乡长、周元庚、梅仁生为副乡长
何庄乡	七届人大二次会议	1988年4月	听取和审议政府工作报告、财政预决算报告、议案审查报告并作出相应决议
	七届人大三次会议	1989年5月	听取和审议政府工作报告、财政预决算报告、议案审查报告并作出相应决议
	八届人大一次会议	1990年3月	听取和审议政府工作报告、财政预决算报告、议案审查报告并作出相应决议;选举朱从海为乡长,田大道为副乡长
	八届人大二次会议	1991年3月	听取和审议政府工作报告、财政预决算报告、议案审查报告并作出相应决议
	八届人大三次会议	1992年3月	听取和审议政府工作报告、财政预决算报告、大会主席团工作报告、议案审查报告并作出相应决议
	八届人大四次会议	1992年7月	听取和审议政府工作报告并作出决议;选举王文生为科技副乡长
	九届人大一次会议	1993年3月	听取和审议政府工作报告、财政预决算报告、大会主席团工作报告、议案审查报告并作出相应决议;选举朱从海为乡长,杭俊为副乡长
	九届人大二次会议	1994年2月	听取和审议政府工作报告、财政预决算报告、大会主席团工作报告并作出相应决议;选举杨元高为副乡长
	十届人大一次会议	1996年1月	听取和审议政府工作报告、财政预决算报告、大会主席团工作报告、议案审查报告并作出相应决议。选举顾怀旺为人大主席,谢同如、殷小红为副主席,朱从海为乡长,杨元高、吉祖玉、单可如为副乡长
	十届人大二次会议	1997年2月	听取和审议政府工作报告、财政预决算报告、大会主席团工作报告并作出相应决议;补选马金华为副乡长
	十届人大三次会议	1997年12月	补选殷小红为副乡长
	十届人大四次会议	1998年2月	听取和审议政府工作报告、财政预决算报告、大会主席团工作报告并作出相应决议
	十一届人大一次会议	1999年1月	听取和审议政府工作报告、财政预决算报告、大会主席团工作报告并作出相应决议;选举顾怀旺为人大主席,何加宽为人大副主席,马金华为乡长,张瑞忠、殷小红、顾本良为副乡长
袁桥公社	五届人大一次会议	1981年10月	听取和审议政府工作报告、财政预决算报告和提案审查报告;选举周元庚为管委会主任,何维山、邓传璧、周久贵、焦银官为副主任
袁桥乡	五届人大二次会议	1983年9月	听取和审议政府工作报告、财政预决算报告、议案审查报告并作出相应决议;补选周元庚为乡长,刘焕林、章长明为副乡长
	六届人大一次会议	1984年4月	听取和审议政府工作报告、财政预决算报告、议案审查报告并作出相应决议;选举焦银官为乡长,刘焕林、章长明、季宝林为副乡长

续表7-3-1

镇区名称	会议名称	会议时间	主 要 议 程
	六届人大二次会议	1985年7月	听取和审议政府工作报告、财政预决算报告、议案审查报告并作出相应决议
袁桥乡	六届人大三次会议	1986年7月	听取和审议政府工作报告、财政预决算报告、议案审查报告并作出相应决议;补选刘焕林为乡长
	九届人大一次会议	1987年3月	听取和审议政府工作报告、财政预决算报告、议案审查报告并作出相应决议;选举刘焕林为乡长,章长明、季宝林、周久桂为副乡长
	九届人大二次会议	1988年5月	听取和审议政府工作报告、财政预决算报告、议案审查报告并作出相应决议
	九届人大三次会议	1989年5月	听取和审议政府工作报告、财政预决算报告、议案审查报告并作出相应决议
袁桥镇	十届人大一次会议	1990年3月	听取和审议政府工作报告、财政预决算报告、议案审查报告并作出相应决议;选举刘焕林为镇长,章长明、吉祖玉为副镇长
	十届人大二次会议	1991年3月	听取和审议政府工作报告、财政预决算报告、议案审查报告并作出相应决议;补选洪久贵为副镇长
	十届人大三次会议	1992年3月	听取和审议政府工作报告、财政预决算报告、大会主席团工作报告、议案审查报告并作出相应决议
	十一届人大一次会议	1993年3月	听取和审议政府工作报告、财政预决算报告、大会主席团工作报告并作出相应决议;选举刘焕林为镇长,吉祖玉、洪久贵、谭大圣、沈志然为副镇长
	十一届人大二次会议	1994年2月	听取和审议政府工作报告、财政预决算报告、大会主席团工作报告并作出相应决议;通过《关于统筹资金进行红旗河捞浅和修复环乡公路的报告》,补选刘炜余为镇长,吴健为副镇长
	十一届人大三次会议	1995年2月	听取和审议政府工作报告、财政预决算报告、大会主席团工作报告并作出相应决议;通过《关于两金一费提留与使用情况及红旗河二期工程筹款的议案报告》,补选樊政为科技副镇长
	十二届人大一次会议	1996年3月	听取和审议政府工作报告、财政预决算报告、大会主席团工作报告、议案审查报告并作出相应决议;选举余荣富为主席,何维山为副主席,王泉龙为镇长,谭大圣、吴健、张瑞忠为副镇长
	十二届人大二次会议	1997年2月	听取和审议政府工作报告、财政预决算报告、大会主席团工作报告并作出相应决议;补选章金彩为人大主席
	十二届人大三次会议	1998年2月	听取和审议政府工作报告、财政预决算报告、大会主席团工作报告、议案审查报告并作出相应决议
	十三届人大一次会议	1999年1月	听取和审议政府工作报告、财政预决算报告、大会主席团工作报告、议案审查报告并作出相应决议;选举孙新建为人大主席,何维山为人大副主席,陈新生为镇长,吴建、周开明、王兆友为副镇长,吴家新为科技副镇长
	十四届人大一次会议	2000年10月	听取和审议政府工作报告、财政预决算报告、大会主席团工作报告、议案审查报告并作出相应决议;选举顾怀旺为人大主席,何加宽为人大副主席,陈新生为镇长,张瑞忠、王兆友、殷小红、谢翠和、刘建和为副镇长

续表7-3-1

镇区名称	会议名称	会议时间	主 要 议 程
	十四届人大二次会议	2001年3月	听取和审议政府工作报告、财政预决算报告、大会主席团工作报告、议案审查报告并作出相应决议
袁桥镇	十四届人大三次会议	2001年12月	听取和审议政府工作报告、财政预决算报告、大会主席团工作报告、议案审查报告并作出相应决议;补选吉平、张宏开为人大副主席,谢万健为镇长
	十四届人大四次会议	2003年1月	听取和审议政府工作报告、财政预决算报告、大会主席团工作报告、议案审查报告并作出相应决议;补选秦林为人大主席
	十四届人大五次会议	2004年3月	听取和审议政府工作报告、财政预决算报告、大会主席团工作报告、议案审查报告并作出相应决议
	十四届人大六次会议	2005年1月	听取和审议政府工作报告、财政预决算报告、大会主席团工作报告、议案审查报告并作出相应决议;补选夏侯全为人大主席,王舜慧为镇长
	十四届人大七次会议	2006年2月	听取和审议政府工作报告、财政预决算报告、大会主席团工作报告、议案审查报告并作出相应决议;补选单可如、明圣平为人大副主席,杨雪松为副镇长
	十五届人大一次会议	2007年12月	听取和审议政府工作报告、财政预决算报告、大会主席团工作报告、议案审查报告并作出相应决议;选举谢万健为人大主席,单可如为人大副主席,陈小燕为镇长,王兆友、谢小丽、杨雪松为副镇长
	十五届人大二次会议	2009年1月	听取和审议政府工作报告、财政预决算报告、大会主席团工作报告、议案审查报告并作出相应决议
	十五届人大三次会议	2010年1月	听取和审议政府工作报告、财政预决算报告、大会主席团工作报告、议案审查报告并作出相应决议;补选陈小燕为人大主席,佘德才为人大副主席
	十五届人大四次会议	2011年1月	听取和审议政府工作报告、财政预决算报告、大会主席团工作报告、议案审查报告并作出相应决议;补选许薇为镇长
	十六届人大一次会议	2012年3月	听取和审议政府工作报告、财政预决算报告、大会主席团工作报告、议案审查报告并作出相应决议;选举刘加峰为人大主席,杨雪松为人大副主席,薛煜为镇长,丁建龙、王荷春、李元庆、苏爱国为副镇长

三、相关乡(镇)人大主席团常务主席,人民代表大会主席、副主席,街道人大工委主任、副主任名录

柴湾乡

(2000年4月撤销,与戴庄乡合并为柴湾镇)

主　　席　王兆良　(1996.03—2000.03)

副 主 席　陈玉发　(1996.03—1999.01)

王国富　(1999.01—2000.03)

戴庄乡

(2000年4月撤销,与柴湾乡合并为柴湾镇)

主　席	章金彩	(1996.03—1996.10)
	缪小华	(1997.03—1998.12)
	朱从海	(1999.01—2000.03)
副主席	顾良才	(1996.03—1998.12)

柴湾镇

(2000年4月柴湾乡、戴庄乡合并为柴湾镇,2013年3月撤销)

主　席	王泉龙	(2000.04—2000.10任人大筹备组组长)
		(2000.04—2006.02)
	陈松稳	(2006.02—2007.12)
	张亚鸾(女)	(2008.01—2008.12)
	马金华	(2009.01—2009.12)
	顾卫国	(2010.01—2010.12)
	刘亚东	(2011.01—2011.12)
	黄亚周	(2012.01—2013.03)
副主席	孙新建	(2000.04—2000.10人大筹备组成员)
		(2000.04—2004.12)
	沈恒聪	(2000.04—2000.10人大筹备组成员)
		(2000.10—2004.12)
	夏春兰(女)	(2002.01—2004.12)
	沈进元	(2004.02—2006.02)
	沈寿岩	(2006.02—2007.12)
	刘炜海	(2006.02—2007.12)
	杭世银	(2006.02—2009.12)
	王玉华	(2010.01—2013.03)
	王帮华	(2011.01—2013.03)
	陆建高	(2012.01—2013.03)

袁桥镇

(2013年3月撤销)

主　席	余荣富	(1996.03—1996.10)
	章金彩	(1997.02—1998.12)
	孙新建	(1999.01—2000.04)
	顾怀旺	(2000.04—2000.10任人大筹备组组长)
		(2000.04—2002.12)
	秦　林	(2003.01—2004.12)
	夏侯全	(2005.01—2007.11)
	谢万健	(2007.12—2009.12)
	陈小燕	(2010.01—2011.12)

	刘加峰	(2012.01—2013.03)
副主席	何维山	(1996.03—1999.04)
	何加宽	(2000.04—2000.10人大筹备组成员)
		(2000.10—2003.02)
	张宏开	(2001.10—2004.01)
	吉　平	(2001.10—2006.01)
	明圣平	(2006.02—2007.11)
	单可如	(2006.02—2009.12)
	佘德才	(2010.01—2011.12)
	杨雪松	(2012.03—2013.03)

何庄乡

(2000年4月撤销,并入袁桥镇)

主　席	顾怀旺	(1996.03—1999.03)
副主席	谢同如	(1996.01—1998.03)
	殷小红(女)	(1996.03—1997.10)
	何加宽	(1999.01—2000.04)

城北街道

(2013年3月成立)

主　任	黄亚周	(2013.03—　　)
副主席	陆建高	(2013.03—　　)
	杨雪松	(2013.03—2014.12)
	王帮华	(2013.03—2014.12)

第二节　长江镇人民代表大会

一、概　述

长江镇位于如皋市的最南端,由原来5个乡(镇)和如皋港经济技术开发区(含市属良种场、蚕种场、中心沙养殖场、棉花原种场、江滩资源开发经营部)合并而成,面积204平方公里,人口20万人。自1954年,乡、民族乡、镇人民代表大会制度建立始,长江镇历经长江乡人民委员会(乡人民政府)、长江人民公社革命委员会、长江人民管委会、长江乡人民政府、长江镇人民政府等。"文化大革命"期间,人民代表大会制度中断执行,直到1981年恢复,召开第六届人民代表大会,撤革委会改设管委会。1983年,经六届人大二次会议撤社建乡,成立长江乡人民政府,建立长江人民公社经济联合委员会。1986年1月,撤销长江人民公社经济联合委员会。1986年5月,撤乡建镇,同年7月召开七届人大四次会议。2000年4月,江防乡并入长江镇,同年10月召开十三届人大一次会议。2001年10月,长青沙乡并入长江镇,次年1月召开十四届人大一次会议。2007年12月如皋港经济技术开发区并入长江镇,同月召开十五届人大一次会议。2011年8月,长江镇被列为江苏省首批"强镇扩权"行政管理体制改革试点镇。2013年3月,郭园镇(2000年2月撤乡建镇,同年4月车马湖乡撤乡并入)并入长江镇,同年6月召开十七届人大一次会议。至2016年,长江镇为第十七届人民代表大会。

二、相关乡(镇)人民代表大会会议

1981年—2016年长江镇相关乡(镇)人民代表大会会议概况一览表

表7-3-2

镇区名称	会议名称	会议时间	主 要 议 程
车马湖公社	五届人大一次会议	1981年1月	听取和审议车马湖人民公社革命委员会工作报告并作出相应决议;政社分设,成立车马湖人民公社管理委员会;授印,揭牌;选举宋刚为管委会主任,朱宝华、吴其标、陆耀章为副主任
车马湖乡	五届人大二次会议	1983年9月	听取和审议车马湖人民公社管理委员会工作报告并作出相应决议;撤社建乡,成立车马湖乡人民政府;补选张有亮为乡长,郭松泉、吴其标、张国钧为副乡长;成立车马湖人民公社经济联合委员会,宣布张有亮兼经联委主任,吴其标兼经联委副主任
	六届人大一次会议	1984年3月	听取和审议车马湖乡人民政府工作报告并作出相应决议;审查和批准车马湖乡财政预决算草案的报告;选举姜海峰为乡长,郭松泉、吴其标、张国钧为副乡长
	六届人大二次会议	1985年2月	听取和审议车马湖乡人民政府工作报告并作出相应决议;审查和批准车马湖乡财政预决算草案的报告;补选张国钧为乡长
	六届人大三次会议	1986年12月	听取和审议车马湖乡人民政府工作报告并作出相应决议;审查和批准车马湖乡财政预决算草案的报告;听取和审议车马湖乡国民经济和社会发展第七个五年计划草案报告并作出相应决议;公布撤销车马湖人民公社经济联合委员会
	七届人大一次会议	1987年3月	听取和审议车马湖乡人民政府工作报告并作出相应决议;审查和批准车马湖乡财政预决算草案的报告;选举田祥云为乡长,邹连华、吴其标为副乡长
	七届人大二次会议	1988年4月	听取和审议车马湖乡人民政府工作报告并作出相应决议;审查和批准车马湖乡财政预决算草案的报告
	七届人大三次会议	1989年5月	听取和审议车马湖乡人民政府工作报告并作出相应决议;审查和批准车马湖乡财政预决算草案的报告
	八届人大一次会议	1990年3月	听取和审议车马湖乡人民政府工作报告并作出相应决议;审查和批准车马湖乡财政预决算草案的报告;选举田祥云为乡长,吴其标、邹连华为副乡长
	八届人大二次会议	1991年3月	听取和审议车马湖乡人民政府工作报告并作出相应决议;审查和批准车马湖乡财政预决算草案的报告;补选葛志泉为乡长
	八届人大三次会议	1992年3月	听取和审议车马湖乡人民政府工作报告并作出相应决议;审查和批准车马湖乡财政预决算草案的报告;审议"砍伐鬼头杨、榷树等杂树,建设经济林"的建议报告并通过相关决议
	九届人大一次会议	1993年3月	听取和审议车马湖乡人民政府工作报告并作出相应决议;审查和批准车马湖乡财政预决算草案的报告;推选顾遵才为人代会主席团常务主席,选举朱桂林为乡长,吴其标、吴松兵为副乡长,顾长余为科技副乡长

续表7-3-2

镇区名称	会议名称	会议时间	主 要 议 程
	九届人大二次会议	1994年3月	听取和审议车马湖乡人民政府工作报告并作出相应决议;听取和审议车马湖乡人大主席团工作报告并作出相应决议;审查和批准车马湖乡财政预决算草案的报告
车马湖乡	九届人大三次会议	1995年2月	听取和审议车马湖乡人民政府工作报告并作出相应决议;听取和审议车马湖乡人大主席团工作报告并作出相应决议;审查和批准车马湖乡财政预决算草案的报告;补选邵元江为科技副乡长
	十届人大一次会议	1996年3月	听取和审议车马湖乡人民政府工作报告并作出相应决议;听取和审议车马湖乡人大主席团工作报告并作出相应决议;审查和批准车马湖乡财政预决算草案的报告;通过车马湖乡乡规民约;选举顾遵才为人大主席,吴其标为副主席,丛左明为乡长,沙云良、吴中信、蔡可如为副乡长
	十届人大二次会议	1997年2月	听取和审议车马湖乡人民政府工作报告并作出相应决议;听取和审议车马湖乡人大主席团工作报告并作出相应决议;审查和批准车马湖乡财政预决算草案的报告
	十届人大三次会议	1998年2月	听取和审议车马湖乡人民政府工作报告并作出相应决议;听取和审议车马湖乡人大主席团工作报告并作出相应决议;审查和批准车马湖乡财政预决算草案的报告;选举丛左明为人大主席,邹贤良为乡长
	十一届人大一次会议	1999年1月	听取和审议车马湖乡人民政府工作报告并作出相应决议;听取和审议车马湖乡人大主席团工作报告并作出相应决议;审查和批准车马湖乡财政预决算草案的报告;选举张有亮为人大主席,杨忠领为人大副主席,邹贤良为乡长,沙云良、许忠、张岳秀、陈国建为副乡长
	十一届人大二次会议	2000年2月	听取和审议车马湖乡人民政府工作报告并作出相应决议;听取和审议车马湖乡人大主席团工作报告并作出相应决议;审查和批准车马湖乡财政预决算草案的报告;听取和评议正、副乡长的述职报告
郭园公社	五届人大一次会议	1981年9月	听取和审议郭园人民公社革命委员会工作报告并作出相应决议;政社分设,成立郭园人民公社管理委员会;授印,揭牌;选举朱朝俊为管委会主任,朱进才、薛文彬、孙有智、葛志泉、李百槐为副主任
	五届人大二次会议	1983年1月	听取和审议郭园人民公社管理委员会工作报告并作出相应决议;撤社建乡,成立郭园乡人民政府;补选朱朝俊为乡长,薛文彬、朱宗林为副乡长;成立郭园人民公社经济联合委员会,宣布葛志泉为经联委主任,郭夕俊为副主任
郭园乡	六届人大一次会议	1984年4月	听取和审议郭园乡人民政府工作报告并作出相应决议;审查和批准郭园乡财政预决算草案的报告;选举仇明德为乡长,薛文彬、朱宗林为副乡长
	六届人大二次会议	1985年8月	听取和审议郭园乡人民政府工作报告并作出相应决议;审查和批准郭园乡财政预决算草案的报告;补选杜桂珍为副乡长
	六届人大三次会议	1986年1月	听取和审议郭园乡人民政府工作报告并作出相应决议;审查和批准郭园乡财政预决算草案的报告;公布撤销郭园人民公社经济联合委员会
	七届人大一次会议	1987年3月	听取和审议郭园乡人民政府工作报告并作出相应决议;审查和批准郭园乡财政预决算草案的报告;选举仇明德为乡长,薛文彬、杜桂珍、高以仁为副乡长

续表7-3-2

镇区名称	会议名称	会议时间	主 要 议 程
	七届人大二次会议	1988年4月	听取和审议郭园乡人民政府工作报告并作出相应决议;审查和批准郭园乡财政预决算草案的报告
郭园乡	七届人大三次会议	1988年12月	听取和审议郭园乡人民政府工作报告并作出相应决议;审查和批准郭园乡财政预决算草案的报告;补选王振为乡长
	七届人大四次会议	1989年6月	听取和审议郭园乡人民政府工作报告并作出相应决议;审查和批准郭园乡财政预决算草案的报告;补选蔡文荣为副乡长
	八届人大一次会议	1990年3月	听取和审议郭园乡人民政府工作报告并作出相应决议;审查和批准郭园乡财政预决算草案的报告;选举葛志泉为乡长,高以仁、朱有华、蔡文荣为副乡长
	八届人大二次会议	1991年3月	听取和审议郭园乡人民政府工作报告并作出相应决议;审查和批准郭园乡财政预决算草案的报告;补选高以仁为乡长
	八届人大三次会议	1991年11月	听取和审议郭园乡人民政府工作报告并作出相应决议;审查和批准郭园乡财政预决算草案的报告;补选黄广耀为科技副乡长
	八届人大四次会议	1992年3月	听取和审议郭园乡人民政府工作报告并作出相应决议;听取和审议郭园乡人大主席团工作报告并作出相应决议;审查和批准郭园乡财政预决算草案的报告;审议郭园乡乡规民约(草案)报告并通过相关决议
	九届人大一次会议	1993年3月	听取和审议郭园乡人民政府工作报告并作出相应决议;听取和审议郭园乡人大主席团工作报告并作出相应决议;审查和批准郭园乡财政预决算草案的报告;审议郭园乡(镇)区规划报告并作出相应决议;推选田祥云为人大主席团常务主席,选举开封为乡长,阮汝国、邹连华为副乡长,尹克信为科技副乡长
	九届人大二次会议	1994年2月	听取和审议郭园乡人民政府工作报告并作出相应决议;听取和审议郭园乡人大主席团工作报告并作出相应决议;审查和批准郭园乡财政预决算草案的报告;补选金剑良为乡长,任宝轩为副乡长
	九届人大三次会议	1995年2月	听取和审议郭园乡人民政府工作报告并作出相应决议;听取和审议郭园乡人大主席团工作报告并作出相应决议;审查和批准郭园乡财政预决算草案的报告;通过郭园乡(镇)区规划的说明
	十届人大一次会议	1996年3月	听取和审议郭园乡人民政府工作报告并作出相应决议;听取和审议郭园乡人大主席团工作报告并作出相应决议;审查和批准郭园乡财政预决算草案的报告;选举王振为人大主席,郭松泉为副主席,王有进为乡长,卢国杰、任宝轩、许金华为副乡长
	十届人大二次会议	1997年3月	听取和审议郭园乡人民政府工作报告并作出相应决议;听取和审议郭园乡人大主席团工作报告并作出相应决议;审查和批准郭园乡财政预决算草案的报告;补选姜健为副乡长
	十届人大三次会议	1997年12月	听取和评议正、副乡长的述职报告;补选郭宝玲为副乡长
	十届人大四次会议	1998年2月	听取和审议郭园乡人民政府工作报告并作出相应决议;听取和审议郭园乡人大主席团工作报告并作出相应决议;审查和批准郭园乡财政预决算草案的报告

续表7-3-2

镇区名称	会议名称	会议时间	主要议程
郭园乡	十一届人大一次会议	1999年1月	听取和审议郭园乡人民政府工作报告并作出相应决议;听取和审议郭园乡人大主席团工作报告并作出相应决议;审查和批准郭园乡财政预决算草案的报告;选举江锦华为人大主席,郭载坚为副主席,王有进为乡长,李世杰、熊祥余、薛美银为副乡长,薛道华为科技副乡长
	十一届人大二次会议	2000年2月	听取和审议郭园乡人民政府工作报告并作出相应决议;听取和审议郭园乡人大主席团工作报告并作出相应决议;审查和批准郭园乡财政预决算草案的报告;批准王有进辞去乡长职务的报告;补选江锦华为人大主席,郭载坚为副主席,王俊国为镇长,李世杰、熊祥余、薛美银为副镇长
郭园镇	一届人大一次会议	2000年10月	听取和审议郭园镇人民政府工作报告并作出相应决议;听取和审议郭园镇人大主席团工作报告并作出相应决议;审查和批准郭园镇财政预决算草案的报告;选举邹贤良为人大主席,魏维农、张岳秀为副主席,鲍学文为镇长,李世杰、熊祥余、薛美银、龚海兵、沙云良为副镇长
	一届人大二次会议	2001年2月	听取和审议郭园镇人民政府工作报告并作出相应决议;听取和审议郭园镇人大主席团工作报告并作出相应决议;审查和批准郭园镇财政预决算草案的报告
	一届人大三次会议	2002年1月	听取和审议郭园镇人民政府工作报告并作出相应决议;听取和审议郭园镇人大主席团工作报告并作出相应决议;审查和批准郭园镇财政预决算草案的报告;补选沈宝泉为人大副主席
	一届人大四次会议	2003年2月	听取和审议郭园镇人民政府工作报告并作出相应决议;听取和审议郭园镇人大主席团工作报告并作出相应决议;审查和批准郭园镇财政预决算草案的报告
	一届人大五次会议	2004年2月	听取和审议郭园镇人民政府工作报告并作出相应决议;听取和审议郭园镇人大主席团工作报告并作出相应决议;审查和批准郭园镇财政预决算草案的报告
	一届人大六次会议	2004年6月	罢免鲍学文镇人大代表资格
	一届人大七次会议	2005年2月	听取和审议郭园镇人民政府工作报告并作出相应决议;听取和审议郭园镇人大主席团工作报告并作出相应决议;审查和批准郭园镇财政预决算草案的报告;对代表进行培训;补选夏茂宏为镇长,袁亮为副镇长
	一届人大八次会议	2006年2月	听取和审议郭园镇人民政府工作报告并作出相应决议;听取和审议郭园镇人大主席团工作报告并作出相应决议;审查和批准郭园镇财政预决算草案的报告;补选王海珊为人大副主席,陈大平、李建军、薛建兵为副镇长
	一届人大九次会议	2007年2月	听取和审议郭园镇人民政府工作报告并作出相应决议;听取和审议郭园镇人大主席团工作报告并作出相应决议;审查和批准郭园镇财政预决算草案的报告;补选陈宜、陆荫为副镇长

续表7-3-2

镇区名称	会议名称	会议时间	主要议程
郭园镇	二届人大一次会议	2007年12月	听取和审议郭园镇人民政府工作报告并作出相应决议;听取和审议郭园镇人大主席团工作报告并作出相应决议;审查和批准郭园镇财政预决算草案的报告;选举张建军为人大主席,魏维农为副主席,张建平为镇长,陈大平、熊祥余、陈宜、夏勇为副镇长
	二届人大二次会议	2009年1月	听取和审议郭园镇人民政府工作报告并作出相应决议;听取和审议郭园镇人大主席团工作报告并作出相应决议;审查和批准郭园镇财政预决算草案的报告;补选熊祥余为人大副主席,魏维农、吴冰冰、黄成为副镇长
	二届人大三次会议	2010年1月	听取和审议郭园镇人民政府工作报告并作出相应决议;听取和审议郭园镇人大主席团工作报告并作出相应决议;审查和批准郭园镇财政预决算草案的报告;补选郝晓东为人大主席
	二届人大四次会议	2011年1月	听取和审议郭园镇人民政府工作报告并作出相应决议;听取和审议郭园镇人大主席团工作报告并作出相应决议;审查和批准郭园镇财政预决算草案的报告;补选陈红军、秦天、许忠为副镇长
	三届人大一次会议	2012年3月	听取和审议郭园镇人民政府工作报告并作出相应决议;听取和审议郭园镇人大主席团工作报告并作出相应决议;审查和批准郭园镇财政预决算草案的报告;选举郝晓东为人大主席,魏维农为人大副主席,薛建兵为镇长,陈红军、周峰、吴荣、纪坤岗为副镇长
长青沙公社	二届人大一次会议	1981年12月	听取和审议长青沙人民公社革命委员会工作报告并作出相应决议;政社分设,成立长青沙人民公社管理委员会;授印,揭牌;选举孙永义为管委会主任,张台义为管委会副主任,徐远宏、严锦坤、吴育张、吉祖尧、蔡成兰、杨云良、丁梅芳为委员
	二届人大二次会议	1983年9月	听取和审议长青沙人民公社管理委员会工作报告并作出相应决议;审查和批准长青沙人民公社财政预决算草案的报告;撤社建乡,成立长青沙乡人民政府;授印,揭牌;选举孙永义为乡长,张台义、严锦坤为副乡长;通过长青沙乡人民政府工作试行条例;成立长青沙人民公社经济联合委员会,通过长青沙人民公社经济联合委员会工作试行条例,宣布唐介文为经联委主任,杨云良为副主任
长青沙乡	三届人大一次会议	1984年4月	听取和审议长青沙乡人民政府工作报告并作出相应决议;选举孙永义为乡长,严锦坤、张台义为副乡长
	三届人大二次会议	1985年1月	听取和审议长青沙乡1985—1987年全乡统筹经费问题的报告并作出相应决议;补选戴子乾为副乡长
	三届人大三次会议	1985年8月	听取和审议长青沙乡人民政府工作报告并作出相应决议;审查和批准长青沙乡财政预决算草案的报告
	三届人大四次会议	1986年7月	听取和审议长青沙乡人民政府工作报告并作出相应决议;听取长青沙乡国民经济和社会发展第七个五年计划报告并作出相应决议;审查和批准长青沙乡财政预决算草案的报告;公布撤销长青沙人民公社经济联合委员会

续表7-3-2

镇区名称	会议名称	会议时间	主 要 议 程
长青沙乡	四届人大一次会议	1987年3月	听取和审议长青沙乡人民政府工作报告并作出相应决议;审查和批准长青沙乡财政预决算草案的报告;制定和通过长青沙乡精神文明建设公约;选举戴子乾为乡长,严锦坤为副乡长
	四届人大二次会议	1988年5月	听取和审议长青沙乡人民政府工作报告并作出相应决议;审查和批准长青沙乡财政预决算草案的报告
	四届人大三次会议	1989年5月	听取和审议长青沙乡人民政府工作报告并作出相应决议;审查和批准长青沙乡财政预决算草案的报告;通过长青沙乡乡村建设规划修改报告的决议
	五届人大一次会议	1990年3月	听取和审议长青沙乡人民政府工作报告并作出相应决议;审查和批准长青沙乡财政预决算草案的报告;宣读长青沙乡乡规民约(草案),提请审议并向社会征求意见;选举居黄平为乡长,严锦坤为副乡长
	五届人大二次会议	1991年3月	听取和审议长青沙乡人民政府工作报告并作出相应决议;审查和批准长青沙乡财政预决算草案的报告;通过长青沙乡1991年—1995年国民经济和社会发展计划;通过乡规民约修改案
	五届人大三次会议	1992年3月	听取和审议长青沙乡人民政府工作报告并作出相应决议;审查和批准长青沙乡财政预决算草案的报告;听取人大代表议案报告
	五届人大四次会议	1992年7月	听取和审议长青沙乡人民政府工作报告并作出相应决议;审查和批准财政预决算草案的报告;通过"关于改善长青沙乡交通条件,集资乡、村道路建设费议案"的决议;选举申仁高为科技副乡长
	六届人大一次会议	1993年3月	听取和审议长青沙乡人民政府工作报告并作出相应决议;审查和批准长青沙乡财政预决算草案的报告;推选居黄平为人大主席团常务主席,选举严锦坤为乡长,庄国华、朱醒亚为副乡长,申仁高为科技副乡长
	六届人大二次会议	1994年3月	听取和审议长青沙乡人民政府工作报告并作出相应决议;听取和审议长青沙乡人大主席团工作报告并作出相应决议;审查和批准长青沙乡财政预决算草案的报告;通过"长青沙乡关于进一步改善交通条件集资兴修乡级道路"的议案,形成"长青沙乡关于续订和完善农业承包合同"的决议
	六届人大三次会议	1995年2月	听取和审议长青沙乡人民政府工作报告并作出相应决议;听取和审议长青沙乡人大主席团工作报告并作出相应决议;审查和批准长青沙乡财政预决算草案的报告
	六届人大四次会议	1995年8月	人大代表评议城建、土管等四个部门;补选张勇为副乡长
	七届人大一次会议	1996年3月	听取和审议长青沙乡人民政府工作报告并作出相应决议;听取和审议长青沙乡人大主席团工作报告并作出相应决议;审查和批准长青沙乡财政预决算草案的报告;选举严锦坤为人大主席,朱艳华为副主席,张勇为乡长,朱醒亚、李明华、王志成为副乡长

续表7-3-2

镇区名称	会议名称	会议时间	主要议程
长青沙乡	七届人大二次会议	1997年3月	听取和审议长青沙乡人民政府工作报告并作出相应决议；听取和审议长青沙乡人大主席团工作报告并作出相应决议；审查和批准长青沙乡财政预决算草案的报告
	七届人大三次会议	1998年3月	听取和审议长青沙乡人民政府工作报告并作出相应决议；听取和审议长青沙乡人大主席团工作报告并作出相应决议；审查和批准长青沙乡财政预决算草案的报告
	八届人大一次会议	1999年1月	听取和审议长青沙乡人民政府工作报告并作出相应决议；听取和审议长青沙乡人大主席团工作报告并作出相应决议；审查和批准长青沙乡财政预决算草案的报告；选举张勇为人大主席，林凤平为乡长，王志成、朱醒亚、倪桂华、朱爱琴为副乡长
	八届人大二次会议	2000年2月	听取和审议长青沙乡人民政府工作报告并作出相应决议；听取和审议长青沙乡人大主席团工作报告并作出相应决议；审查和批准长青沙乡财政预决算草案的报告；补选丁正洪为人大副主席
	八届人大三次会议	2001年2月	听取和审议长青沙乡人民政府工作报告并作出相应决议；听取和审议长青沙乡人大主席团工作报告并作出相应决议；审查和批准长青沙乡财政预决算草案的报告
江防公社	六届社大一次会议	1981年3月	听取和审议江防人民公社革命委员会工作报告并作出相应决议；政社分设，成立江防人民公社管理委员会；授印，揭牌；审查和批准江防人民公社财政预决算草案的报告；听取六届社大一次会议代表议案报告；选举李建国为管委会主任，袁正义、薛宝新、陈玉林为副主任
江防乡	六届人大二次会议	1983年7月	听取和审议江防人民公社管理委员会工作报告并作出相应决议；撤社建乡，成立江防乡人民政府；授印，揭牌；审查和批准江防人民公社财政预决算草案的报告；选举孙定一为乡长，陈玉林、窦玉为副乡长；成立江防人民公社经济联合委员会，宣布陆绅才为经联委主任，尤维泰、邢施泉为副主任
	七届人大一次会议	1984年4月	听取和审议江防乡人民政府工作报告并作出相应决议；审查和批准江防乡财政预决算草案的报告；选举陈玉林为乡长，倪邦仁为副乡长
	七届人大二次会议	1985年7月	听取和审议江防乡人民政府工作报告并作出相应决议；审查和批准江防乡财政预决算草案的报告；通过乡规民约、计划生育乡规民约、村镇建设规划等决议
	七届人大三次会议	1986年8月	听取和审议江防乡人民政府工作报告并作出相应决议；审查和批准江防乡财政预决算草案的报告；通过江防乡计划生育民约(修改稿)；公布撤销江防人民公社经济联合委员会
	八届人大一次会议	1987年3月	听取和审议江防乡人民政府工作报告并作出相应决议；审查和批准江防乡财政预决算草案的报告；选举陈玉林为乡长，倪邦仁为副乡长
	八届人大二次会议	1988年4月	听取和审议江防乡人民政府工作报告并作出相应决议；审查和批准江防乡财政预决算草案的报告；通过江防乡人民政府关于各村建立村经济合作社的工作计划；成立江防乡鱼池村经济合作社

续表7-3-2

镇区名称	会议名称	会议时间	主 要 议 程
江防乡	八届人大三次会议	1989年1月	听取和审议江防乡人民政府工作报告并作出相应决议;审查和批准江防乡财政预决算草案的报告
	九届人大一次会议	1990年3月	听取和审议江防乡人民政府工作报告并作出相应决议;审查和批准江防乡财政预决算草案的报告;选举陈玉林为乡长,印学礼、杨忠礼、倪邦仁为副乡长
	九届人大二次会议	1991年3月	听取和审议江防乡人民政府工作报告并作出相应决议;审查和批准江防乡财政预决算草案的报告;补选杨忠礼为乡长
	九届人大三次会议	1992年3月	听取和审议江防乡人民政府工作报告并作出相应决议;审查和批准江防乡财政预决算草案的报告
	十届人大一次会议	1993年3月	听取和审议江防乡人民政府工作报告并作出相应决议;审查和批准江防乡财政预决算草案的报告;推选金海波为人大主席团常务主席,选举杨忠礼为乡长,邢施泉、倪邦仁为副乡长
	十届人大二次会议	1994年3月	听取和审议江防乡人民政府工作报告并作出相应决议;审查和批准江防乡财政预决算草案的报告;通过"江防乡公路拓宽改造黑色路面工程"的议案
	十届人大三次会议	1995年3月	听取和审议江防乡人民政府工作报告并作出相应决议;审查和批准江防乡财政预决算草案的报告;补选姜跃进、于敬明为副乡长,程士林为科技副乡长
	十一届人大一次会议	1996年3月	听取和审议江防乡人民政府工作报告并作出相应决议;审查和批准江防乡财政预决算草案的报告;选举孙永义为人大主席,倪邦仁为人大副主席,刘金泉为乡长,邢施泉、蔡锦祥、秦文斌为副乡长
	十一届人大二次会议	1997年3月	听取和审议江防乡人民政府工作报告并作出相应决议;听取和审议江防乡人大主席团工作报告并作出相应决议;审查和批准江防乡财政预决算草案的报告;选举尤维泰为乡长,薛美娟为副乡长
	十一届人大三次会议	1998年3月	听取和审议江防乡人民政府工作报告并作出相应决议;听取和审议江防乡人大主席团工作报告并作出相应决议;审查和批准江防乡财政预决算草案的报告
	十二届人大一次会议	1999年1月	听取和审议江防乡人民政府工作报告并作出相应决议;听取和审议江防乡人大主席团工作报告并作出相应决议;审查和批准江防乡财政预决算草案的报告;选举孙永义为人大主席,孙荣华为副主席,尤维泰为乡长,姜跃进、蔡锦祥、薛美娟、秦文斌为副乡长
长江公社	六届人大一次会议	1981年9月	听取和审议长江人民公社革命委员会工作报告并作出相应决议;政社分设,成立长江人民公社管理委员会;授印,揭牌;审查和批准长江人民公社财政预决算草案的报告;选举孙有道为管委会主任,朱从仁、朱敏祖、茅锦坤为副主任
长江乡	六届人大二次会议	1983年9月	听取和审议长江人民公社管理委员会工作报告并作出相应决议;审查和批准长江人民公社财政预决算草案的报告;选举徐天明为乡长,茅锦坤、秦玉林为副乡长;成立长江人民公社经济联合委员会,宣布朱敏祖为经联委主任,孙鹤飞为副主任

续表7-3-2

镇区名称	会议名称	会议时间	主 要 议 程
长江乡	七届人大一次会议	1984年4月	听取和审议长江乡人民政府工作报告并作出相应决议;审查和批准长江乡财政预决算草案的报告;选举秦玉林为乡长,茅锦坤、黄兆林为副乡长
	七届人大二次会议	1985年7月	听取和审议长江乡人民政府工作报告并作出相应决议;审查和批准长江乡财政预决算草案的报告;补选居黄平、祁展庆为副乡长
长江镇	七届人大三次会议	1986年7月	听取和审议长江镇人民政府工作报告并作出相应决议;审查和批准长江镇财政预决算草案的报告;公布撤销长江人民公社经济联合委员会
	八届人大一次会议	1987年3月	听取和审议长江镇人民政府工作报告并作出相应决议;审查和批准长江镇财政预决算草案的报告;通过长江镇精神文明建设公约;选举朱敏祖为镇长,居黄平、茅锦坤、黄兆林为副镇长
	八届人大二次会议	1988年5月	听取和审议长江镇人民政府工作报告并作出相应决议;审查和批准长江镇财政预决算草案的报告;通过长江镇集体干部、职工养老合作保险章程决议;选举沈国祥为人代会主席团常务主席,丁正国为镇长
	八届人大三次会议	1989年5月	听取和审议长江镇人民政府工作报告并作出相应决议;审查和批准长江镇财政预决算草案的报告;听取人大议案审查报告
	九届人大一次会议	1990年2月	听取和审议长江镇人民政府工作报告并作出相应决议;听取和审议长江镇人大主席团工作报告并作出相应决议;审查和批准长江镇财政预决算草案的报告;选举丁正国为镇长,茅锦坤、黄兆林为副镇长
	九届人大二次会议	1991年3月	听取和审议长江镇人民政府工作报告并作出相应决议;听取和审议长江镇人大主席团工作报告并作出相应决议;审查和批准长江镇财政预决算草案的报告
	九届人大三次会议	1992年3月	听取和审议长江镇人民政府工作报告并作出相应决议;听取和审议长江镇人大主席团工作报告并作出相应决议;审查和批准长江镇财政预决算草案的报告;听取和审议长江镇国民经济和社会发展第八个五年规划纲要并作出相应决议;补选张蔡云为副镇长,张辉为科技副镇长
	九届人大四次会议	1992年7月	听取和审议长江镇人民政府工作报告并作出相应决议;听取和审议长江镇人大主席团工作报告并作出相应决议;审查和批准长江镇财政预决算草案的报告;补选张辉为科技副镇长
	十届人大一次会议	1993年2月	听取和审议长江镇人民政府工作报告并作出相应决议;听取和审议长江镇人大主席团工作报告并作出相应决议;审查和批准长江镇财政预决算草案的报告;推选沈国祥为人大主席团常务主席,选举丁正国为镇长,茅锦坤、张蔡云、黄国贤为副镇长,张辉为科技副镇长
	十届人大二次会议	1995年3月	听取和审议长江镇人民政府工作报告并作出相应决议;听取和审议长江镇人大主席团工作报告并作出相应决议;审查和批准长江镇财政预决算草案的报告;补选周炳赋为科技副镇长

续表7-3-2

镇区名称	会议名称	会议时间	主要议程
长江镇	十届人大三次会议	1995年8月	听取和审议长江镇人民政府工作报告并作出相应决议;听取和审议长江镇人大主席团工作报告并作出相应决议;审查和批准长江镇财政预决算草案的报告;补选金剑良为镇长,张光龙为副镇长
	十一届人大一次会议	1996年3月	听取和审议长江镇人民政府工作报告并作出相应决议;听取和审议长江镇人大主席团工作报告并作出相应决议;审查和批准长江镇财政预决算草案的报告;选举袁正义为人大主席,茅锦坤为副主席,金剑良为镇长,杨龙、朱从俊为副镇长
	十一届人大二次会议	1998年2月	听取和审议长江镇人民政府工作报告并作出相应决议;听取和审议长江镇人大主席团工作报告并作出相应决议;审查和批准长江镇财政预决算草案的报告;补选陆兴祥为副镇长
	十二届人大一次会议	1999年1月	听取和审议长江镇人民政府工作报告并作出相应决议;听取和审议长江镇人大主席团工作报告并作出相应决议;审查和批准长江镇财政预决算草案的报告;选举袁正义为人大主席,金剑良为镇长,吴俊民、李嘉萍、朱从俊、陆兴祥为副镇长
	十二届人大二次会议	2000年2月	听取和审议长江镇人民政府工作报告并作出相应决议;听取和审议长江镇人大主席团工作报告并作出相应决议;审查和批准长江镇财政预决算草案的报告
	十三届人大一次会议	2000年10月	听取和审议长江镇人民政府工作报告并作出相应决议;听取和审议长江镇人大主席团工作报告并作出相应决议;审查和批准长江镇财政预决算草案的报告;选举金剑良为人大主席,石志祥、薛美娟为副主席,张文斌为镇长,姜跃进、吴俊民、李嘉萍、蔡锦祥、秦文斌为副镇长
	十三届人大二次会议	2001年2月	听取和审议长江镇人民政府工作报告并作出相应决议;听取和审议长江镇人大主席团工作报告并作出相应决议;审查和批准长江镇财政预决算草案的报告
	十四届人大一次会议	2002年1月	听取和审议长江镇人民政府工作报告并作出相应决议;听取和审议长江镇人大主席团工作报告并作出相应决议;审查和批准长江镇财政预决算草案的报告;听取长江镇人民政府行政工作组工作报告;选举金剑良为人大主席,薛美娟、石志祥、朱醒亚、朱银华为副主席,张文斌为镇长,吴俊民、姜跃进、秦文斌、蔡锦祥、倪桂华、李嘉萍为副镇长
	十四届人大二次会议	2003年3月	听取和审议长江镇人民政府工作报告并作出相应决议;听取和审议长江镇人大主席团工作报告并作出相应决议;审查和批准长江镇财政预决算草案的报告;补选冯昕为镇长
	十四届人大三次会议	2004年3月	听取和审议长江镇人民政府工作报告并作出相应决议;听取和审议长江镇人大主席团工作报告并作出相应决议;审查和批准长江镇财政预决算草案的报告
	十四届人大四次会议	2005年1月	听取和审议长江镇人民政府工作报告并作出相应决议;听取和审议长江镇人大主席团工作报告并作出相应决议;审查和批准长江镇财政预决算草案的报告;补选沙海军为副镇长,汪伟为科技副镇长

续表7-3-2

镇区名称	会议名称	会议时间	主要议程
长江镇	十四届人大五次会议	2006年2月	听取和审议长江镇人民政府工作报告并作出相应决议;听取和审议长江镇人大主席团工作报告并作出相应决议;审查和批准长江镇财政预决算草案的报告;补选王志成为人大主席,秦文斌为人大副主席,姜跃进为镇长,王昌龄、李世林为副镇长
	十四届人大六次会议	2007年1月	听取和审议长江镇人民政府工作报告并作出相应决议;听取和审议长江镇人大主席团工作报告并作出相应决议;审查和批准长江镇财政预决算草案的报告
	十五届人大一次会议	2007年12月	听取和审议长江镇人民政府工作报告并作出相应决议;听取和审议长江镇人大主席团工作报告并作出相应决议;审查和批准长江镇财政预决算草案的报告;选举马金华为人大主席,蔡锦祥为人大副主席,姜跃进为镇长,李世林、王洪海、孙德利为副镇长
	十五届人大二次会议	2009年2月	听取和审议长江镇人民政府工作报告并作出相应决议;听取和审议长江镇人大主席团工作报告并作出相应决议;审查和批准长江镇财政预决算草案的报告;补选吴志华为人大主席,张建川为副主席,郝晓东为镇长,陈飞为副镇长
	十五届人大三次会议	2010年2月	听取和审议长江镇人民政府工作报告并作出相应决议;听取和审议长江镇人大主席团工作报告并作出相应决议;审查和批准长江镇财政预决算草案的报告;补选钱福良为人大副主席,卢国杰为镇长,周永秀、陈承为副镇长
	十五届人大四次会议	2011年1月	听取和审议长江镇人民政府工作报告并作出相应决议;听取和审议长江镇人大主席团工作报告并作出相应决议;审查和批准长江镇财政预决算草案的报告;听取和审议长江镇国民经济和社会发展第十二个五年规划纲要并作出相应决议。补选顾留忠为镇长,张亮、张小建为副镇长
	十六届人大一次会议	2012年3月	听取和审议长江镇人民政府工作报告并作出相应决议;听取和审议长江镇人大主席团工作报告并作出相应决议;审查和批准长江镇财政预决算草案的报告;选举张建军为人大主席,钱福良、陈承为副主席,顾留忠为镇长,何玉龙、杨玉、花爱梅、秦天、周永秀、张小建、张亮、丁建、杨海燕为副镇长
	十六届人大二次会议	2013年1月	听取和审议长江镇人民政府工作报告并作出相应决议;听取和审议长江镇人大主席团工作报告并作出相应决议;审查和批准长江镇财政预决算草案的报告
	十七届人大一次会议	2013年6月	听取和审议长江镇人民政府行政工作组工作报告并作出相应决议;听取和审议长江镇人大筹备组工作报告并作出相应决议;审查和批准长江镇财政预决算草案的报告;选举张建军为人大主席,魏维农、钱福良、陈承为人大副主席,顾留忠为镇长,何玉龙、花爱梅、秦天、陈红军、张小建、张亮、丁建、杨海燕、周峰、吴荣、纪坤岗为副镇长
	十七届人大二次会议	2014年1月	听取和审议长江镇人民政府工作报告并作出相应决议;听取和审议长江镇人大主席团工作报告并作出相应决议;审查和批准财政预决算草案的报告;补选赵银山为副镇长

续表7-3-2

镇区名称	会议名称	会议时间	主 要 议 程
长江镇	十七届人大三次会议	2015年1月	听取和审议长江镇人民政府工作报告并作出相应决议;听取和审议长江镇人大主席团工作报告并作出相应决议;审查和批准长江镇财政预决算草案的报告;补选许宁为副镇长
	十七届人大三次会议	2016年1月	听取和审议长江镇人民政府工作报告并通过相关决议;听取和审议长江镇人大主席团工作报告并通过相关决议;听取和审议长江镇国民经济和社会发展第十三个五年规划纲要并通过相关决议;审查和批准长江镇财政预决算草案报告
	十七届人大五次会议	2016年7月	听取和审议镇人民政府工作报告(包含上半年工作情况、镇全面小康推进情况、议案建议办理情况);审查和批准镇上半年财政预算执行情况和下半年财政预算调整的报告;评议农村工作局(含社会事业局)、建设局;接受纪坤岗、吴荣、许宁三名同志辞去副镇长职务

三、相关乡(镇)人大主席团常务主席,人民代表大会主席、副主席名录

车马湖乡

(2000年4月撤销)

常务主席	顾遵才	(1993.03—1994.12)
主　　席	顾遵才	(1996.03—1997.07)
	丛左明	(1998.02—1999.01)
	张有亮	(1999.01—2000.02)
副 主 席	吴其标	(1996.03—1998.02)
	杨忠领	(1999.01—2000.04)

郭园镇

(2013年3月撤销)

常务主席	田祥云	(1993.03—1994.12)
主　　席	王　振	(1996.03—1998.10)
	江锦华	(1999.01—2000.01)
	邹贤良	(2000.04—2000.10任人大筹备组组长)
		(2000.10—2007.12)
	张建军	(2007.12—2009.12)
	郝晓东	(2010.01—2013.03)
副 主 席	郭松泉	(1996.03—1998.07)
	郭载坚	(1999.01—2000.04)
	魏维农	(2000.04—2000.10人大筹备组成员)
		(2000.04—2008.12)
		(2012.03—2013.03)

张岳秀(女) (2000.10—2007.12)
沈宝泉 (2000.04—2000.10 人大筹备组成员)
(2002.10—2005.08)
王海珊 (2006.02—2006.12)
熊祥余 (2009.01—2011.07)

长青沙乡

(2001年10月撤销)

常务主席 居黄平 (1993.03—1994.12)
主　　席 严锦坤 (1996.03—1998.12)
张　勇 (1999.01—2001.10)
副 主 席 朱艳华(女) (1996.03—1998.03)
丁正洪 (2000.02—2001.10)

江防乡

(2000年4月撤销)

常务主席 金海波 (1993.03—1994.12)
主　　席 孙永义 (1994.12—2000.04)
副 主 席 倪邦仁 (1996.03—2000.04)
孙荣华 (1999.01—2000.04)

长江镇

常务主席 沈国祥 (1988.05—1994.12)
主　　席 袁正义 (1994.12—2000.10)
金剑良 (2000.04—2000.10任人大筹备组组长)
(2001.10—2002.01任人大筹备组组长)
(2000.04—2006.01)
王志成 (2006.02—2007.11)
马金华 (2007.12—2009.12)
吴志华 (2009.02—2012.03)
张建军 (2013.03—2013.06任人大筹备组组长)
(2012.03—　　)
副 主 席 茅锦坤 (1996.03—1999.12)
石志祥 (2001.10—2002.01 人大筹备组成员)
(2000.10—2004.01)
薛美娟(女) (2001.10—2002.01 人大筹备组成员)
(2000.10—2003.07)
朱银华 (2001.10—2002.01 人大筹备组成员)
(2001.10—2005.12)

朱醒亚	(2001.10—2002.01人大筹备组成员) (2001.10—2003.12)
秦文斌	(2006.02—2007.12)
蔡锦祥	(2007.12—2008.12)
张建川	(2009.02—2010.02)
钱福良	(2013.03—2013.06人大筹备组成员) (2010.02—)
陈　承	(2013.03-2013.06人大筹备组成员) (2012.03—)
魏维农	(2013.03-2013.06人大筹备组成员) (2013.03—)

第三节　城南街道人民代表大会

一、概　述

如皋高新技术产业开发区(城南街道)位于如皋主城区东南方向,总面积77平方公里,由软件园与桃园镇合并而来。1981年恢复人民代表大会制度后,桃园乡(桃园公社)于1981年7月召开五届人大一次会议,2000年2月召开桃园乡最后一次人大会议即十一届人大二次会议。马塘乡(马塘公社)于1981年8月召开人民代表大会制度恢复以来首届人代会即六届人大一次会议,1999年1月召开的十二届人大一次会议成为马塘乡最后一次人代会。2000年4月,桃园乡与马塘乡合并为桃园镇,并在2000年10月召开桃园镇首届人大一次会议,2010年12月桃园镇和软件园实现园镇合一。2012年6月,经江苏省人民政府批准,设立江苏省如皋高新技术产业开发区。2013年3月撤销原桃园镇,将原桃园镇所辖区域和原如城镇所辖的张八里、新庄、建设、宋家桥、平明5个居委会区域合并,设立城南街道办事处。行政区划调整后,城南街道与江苏省如皋高新技术产业开发区实行"以区带街、区街合一"管理体制。2013年1月召开的三届人大二次会议成为桃园镇最后一次人民代表大会。桃园镇人大常设机构变更为如皋市人大常委会城南街道工作委员会。

二、相关乡(镇)人民代表大会会议

1981年—2013年城南街道相关乡(镇)人民代表大会会议概况一览表

表7-3-3

辖区名称	会议名称	会议时间	主 要 议 程
桃园公社	五届人大一次会议	1981年7月	听取和审议公社革命委员会工作报告、财政预决算报告并作出相应决议;成立桃园公社管理委员会,选举蔡成义为主任,徐永华、许秀银、李守华、朱玉余为副主任
	五届人大二次会议	1982年8月	听取和审议公社管理委员会工作报告并作出相应决议

续表7-3-3

辖区名称	会议名称	会议时间	主要议程
桃园乡	五届人大三次会议	1983年9月	听取和审议政府工作报告、财政预决算报告并作出相应决议;补选蔡成义为乡长,储玉俊、俞丰成为副乡长
	六届人大一次会议	1984年4月	听取和审议政府工作报告、财政预决算报告并作出相应决议;选举蔡成义为乡长,俞丰成、储玉俊为副乡长,作提案审查报告
	六届人大二次会议	1984年9月	听取和审议政府工作报告并作出相应决议
	六届人大三次会议	1986年9月	听取和审议政府工作报告、财政预决算报告并作出相应决议;补选陶元达为副乡长
	七届人大一次会议	1987年3月	听取和审议政府工作报告、财政预决算报告并作出相应决议;选举蔡成义为乡长,陶元达、储玉俊为副乡长
	七届人大二次会议	1988年4月	听取和审议政府工作报告、财政预决算报告并作出相应决议
	七届人大三次会议	1989年5月	听取和审议政府工作报告、财政预决算报告并作出相应决议
	八届人大一次会议	1990年3月	听取和审议政府工作报告、财政预决算报告并作出相应决议;选举蔡成义为乡长,陶元达、缪国俊为副乡长
	八届人大二次会议	1991年3月	听取和审议政府工作报告、财政预算报告并作出相应决议;补选许秀祥为乡长,马学贵为副乡长
	八届人大三次会议	1992年3月	听取和审议政府工作报告、财政预决算报告并作出相应决议;补选田演坤为乡长
	九届人大一次会议	1993年3月	听取和审议政府工作报告、财政预决算报告、人大主席团工作报告并作出相应决议;推选蔡成义为人大主席团常务主席,选举田演坤为乡长,章邦安、缪国俊、戴玉发为副乡长,刘铭基为科技副乡长
	九届人大二次会议	1994年3月	听取和审议政府工作报告、财政预决算报告、人大主席团工作报告并作出相应决议;补选张元龙为乡长
	九届人大三次会议	1994年12月	听取和审议政府工作报告、财政预决算报告、人大主席团工作报告并作出相应决议;补选马玉芳为副乡长
	九届人大四次会议	1995年2月	听取和审议政府工作报告、财政预决算报告、人大主席团工作报告并作出相应决议;补选周容为科技副乡长
	十届人大一次会议	1996年3月	听取和审议政府工作报告、财政预决算报告、人大主席团工作报告并作出相应决议;选举赵如林为人大主席,戴玉发为副主席,吴德华为乡长,马玉芳、沙卫东、陈小兵为副乡长
	十届人大二次会议	1997年2月	听取和审议政府工作报、财政预决算报告、人大主席团工作报告并作出相应决议
	十届人大三次会议	1998年2月	听取和审议政府工作报告、财政预决算报告、人大主席团工作报告并作出相应决议;通过“依法治乡”“村务公开”两项重要决定;补选沈祖和为乡长

续表7-3-3

辖区名称	会议名称	会议时间	主 要 议 程
桃园乡	十一届人大一次会议	1999年1月	听取和审议政府工作报告、财政预决算报告、人大主席团工作报告并作出相应决议;选举吴德华为人大主席,马玉芳为副主席,沈祖和为乡长,陈大和、张延林为副乡长,程仕林为科技副乡长
	十一届人大二次会议	2000年2月	听取和审议政府工作报告、财政预决算报告、人大主席团工作报告并作出相应决议
桃园镇	一届人大一次会议	2000年10月	听取和审议政府工作报告、人大筹备组工作报告并作出相应决议;审查和批准桃园镇镇区建设规划草案;选举吴德华为人大主席,张延林、杨健康为副主席,李平为镇长,陈大和、孙家林、张启伯、钱国梅、倪东波为副镇长
	一届人大二次会议	2001年2月	听取和审议政府工作报告、财政预决算报告、人大主席团工作报告并作出相应决议
	一届人大三次会议	2002年1月	听取和审议政府工作报告、财政预决算报告、人大主席团工作报告并作出相应决议;补选沈良高为镇长
	一届人大四次会议	2003年3月	听取和审议政府工作报告、财政预决算报告、人大主席团工作报告并作出相应决议
	一届人大五次会议	2004年2月	听取和审议政府工作报告、财政预决算报告、人大主席团工作报告并作出相应决议;补选缪国俊为人大副主席,石卫国为副镇长
	一届人大六次会议	2005年2月	听取和审议政府工作报告、财政预决算报告、人大主席团工作报告并作出相应决议;补选朱留宽为镇长,郝如良、曹阳为副镇长
	一届人大七次会议	2006年2月	听取和审议政府工作报告、财政预决算报告、人大主席团工作报告并作出相应决议;补选石高明为人大主席,陈大和、钱汉钧为副主席
	一届人大八次会议	2007年1月	听取和审议政府工作报告、财政预决算报告、人大主席团工作报告并作出相应决议;补选石卫国为镇长,蒋俊为副镇长
	二届人大一次会议	2007年12月	听取和审议政府工作报告、财政预决算报告、人大主席团工作报告并作出相应决议;选举沈良高为人大主席,陈大和为副主席,石卫国为镇长,阮爱银、潘文胜、张启伯为副镇长
	二届人大二次会议	2009年1月	听取和审议政府工作报告、财政预决算报告、人大主席团工作报告并作出相应决议;补选石卫国为人大主席,曹阳为镇长、戴春祥为副镇长
桃园镇(江苏如皋软件园)	二届人大三次会议	2010年1月	听取和审议政府工作报告、财政预决算报告、人大主席团工作报告并作出相应决议
	二届人大四次会议	2011年1月	听取和审议政府工作报告、财政预决算报告、人大主席团工作报告并作出相应决议;补选曹阳为人大主席,张启伯为副主席,孙得利为镇长,孙爱民为副镇长
	三届人大一次会议	2012年3月	听取和审议政府工作报告、财政预决算报告、人大主席团工作报告并作出相应决议;选举沈兵为人大主席、张启伯为副主席、储开平为镇长、孙爱民、潘文胜、阮爱银、沈燕为副镇长

续表7-3-3

辖区名称	会议名称	会议时间	主 要 议 程
桃园镇（江苏如皋软件园）	三届人大二次会议	2013年1月	听取和审议政府工作报告、财政预决算报告、人大主席团工作报告并作出相应决议
马塘公社	六届人大一次会议	1981年8月	听取和审议公社革命委员会工作报告、提案审查报告、代表资格审查并做相应决议；选举产生公社管理委员会，选举薛祝华为主任，钱本余、王海彬、龚福履、卢德本为副主任
马塘乡	六届人大三次会议	1983年9月	听取和审议政府工作报告、财政预决算报告并作出相应决议；通过《村镇规划》；补选薛祝华为乡长，曹树田、钱本余为副乡长
	七届人大一次会议	1984年4月	听取和审议政府工作报告、财政预决算报告并作出相应决议；选举薛祝华为乡长，曹树田、钱本余为副乡长
	七届人大二次会议	1984年9月	听取和审议政府工作报告、财政预决算报告并作出相应决议
	七届人大三次会议	1985年1月	听取和审议政府工作报告、财政预决算报告并作出相应决议；补选高申贵为乡长，庄明海、冒正山为副乡长
	七届人大四次会议	1986年7月	听取和审议政府工作报告、财政预决算报告并作出相应决议
	八届人大一次会议	1987年3月	听取和审议政府工作报告、财政预决算报告并作出相应决议；选举高申贵为乡长，仇坚、庄明海为副乡长
	八届人大三次会议	1989年5月	听取和审议政府工作报告、财政预决算报告并作出相应决议
	九届人大一次会议	1990年3月	听取和审议政府工作报告、财政预决算报告并作出相应决议；选举高申贵为乡长，庄明海、张秀祥为副乡长
	九届人大二次会议	1991年3月	听取和审议政府工作报告、财政预决算报告并作出相应决议
	九届人大三次会议	1992年3月	听取和审议政府工作报告、财政预决算报告并作出相应决议；补选焦永明为乡长
	十届人大一次会议	1993年3月	听取和审议政府工作报告、财政预决算报告、人大主席团工作报告并作出相应决议；推选陈峰为人大主席团常务主席，选举焦永明为乡长，庄明海、浦建宏为副乡长，陈圣怀为科技副乡长
	十届人大二次会议	1994年3月	听取和审议政府工作报告、财政预决算报告、人大主席团工作报告并作出相应决议
	十届人大三次会议	1994年12月	听取和审议政府工作报告、财政预决算报告、人大主席团工作报告并作出相应决议；补选缪广林为乡长，宗秀兰为副乡长
	十一届人大一次会议	1996年1月	听取和审议政府工作报告、财政预决算报告、人大主席团工作报告并作出相应决议；选举缪广林为人大主席，王斌为人大副主席
	十一届人大二次会议	1997年2月	听取和审议政府工作报告、财政预决算报告、人大主席团工作报告并作出相应决议；补选何爱国为副乡长

续表7-3-3

辖区名称	会议名称	会议时间	主要议程
马塘乡	十一届人大三次会议	1998年2月	听取和审议政府工作报告、财政预决算报告、人大主席团工作报告并作出相应决议;选举顾遵才为人大主席
	十二届人大一次会议	1999年1月	听取和审议政府工作报告、财政预决算报告、人大主席团工作报告并作出相应决议;选举余道才为人大主席,徐光发为副主席,选举李平为乡长,孙家林、邱德华、宗秀兰为副乡长
	十二届人大二次会议	2000年2月	听取和审议政府工作报告、财政预决算报告、人大主席团工作报告并作出相应决议;选举张启伯为副乡长

三、相关乡(镇)人大主席团常务主席,人民代表大会主席、副主席,街道人大工委主任、副主任名录

桃园乡

(2000年4月撤销)

常务主席 蔡成义 (1993.03—1996.03)
主　　席 赵如林 (1996.03—1999.01)
吴德华 (1999.01—2000.04)
副 主 席 戴玉发 (1996.03—1999.01)
马玉芳(女) (1999.01—2000.04)

马塘乡

(2000年4月撤销)

常务主席 陈　峰 (1993.03-1996.03)
主　　席 缪广林 (1996.01-1998.02)
顾遵才 (1998.02-1999.01)
余道才 (1999.01-2000.03)
副 主 席 王　斌 (1996.01-1999.01)
徐光发 (1999.01-2000.04)

桃园镇

(2013年3月撤销)

主　　席 吴德华 (2000.04—2000.10任人大筹备组组长)
(2000.04—2006.02)
石高明 (2006.02—2007.12)
沈良高 (2007.12—2009.01)
石卫国 (2009.01—2011.01)
曹　阳 (2011.01—2012.03)
沈　兵 (2012.03—2013.03)

副主席 张延林 (2000.10—2003.03)
杨健康 (2000.10—2005.01)
缪国俊 (2004.02—2007.12)
陈大和 (2006.02—2010.12)
钱汉钧 (2006.02—2007.11)
张启伯 (2010.12—2013.03)

城南街道

(2013年3月设立)

主　任 沈　兵 (2013.03—2015.04)
纪卫国 (2015.04—2016.08)
副主席 张启伯 (2013.03—2014.10)
左　明 (2015.04—2016.08)

第四节　如城街道人民代表大会

一、概　述

1949年5月,苏北行政公署颁布"凡3万人以上的城市必须召开'各界人民代表会议'"的决定。根据决定,如城城区于1952年召开了首届全城各界人民代表会议。1953年,国家颁布《选举法》,按选举法规定,城区于1954年3月31日召开首届人民代表大会。此后,如城人民代表大会都按规定正常召开。直至"文化大革命"时期,成立如城镇革命委员会,人民代表大会制度中断执行。1981年革命委员会消失,人民代表大会制度恢复,同年8月,如城镇召开第八届人民代表大会一次会议。至2000年2月,如城镇先后召开了14届人民代表大会。2000年4月,新民、城西、邓元三乡并入如城镇,同年10月召开了如城镇第十五届人民代表大会一次会议。2001年10月8日,大明、建设两乡合并组建皋南镇,2005年1月皋南镇并入如城镇,同年3月,召开了如城镇第十六届人民代表大会一次会议。2013年2月,召开如城镇第十八届人民代表大会三次会议,此次会议成为如城镇历史上最后一次人民代表大会。2013年3月,如城镇被撤销,设立如城街道办事处,原如城镇人大常设机构也变更为如皋市人大常委会如城街道工作委员会。2013年12月,成立如皋工业园区,与如城街道办事处实行"以区带街、区街合一"的运行体制。

二、相关乡(镇)人民代表大会会议

1981年—2013年如城街道相关乡(镇)人民代表大会会议概况一览表

表7-3-4

镇区名称	会议名称	会议时间	主要议程
新民公社	五届人大一次会议	1981年8月	听取和审议新民公社政府工作报告和提案审查报告,并作出相应决议;选举冒兴城为公社管理委员会主任,选举冒留岳、张才美、周云高、范钦莲、钱秀松为公社管理委员会副主任
	五届人大二次会议	1982年8月	补选陆良珊为公社管理委员会副主任

续表7-3-4

镇区名称	会议名称	会议时间	主要议程
新民乡	六届人大一次会议	1983年9月	听取和审议新民乡人民政府工作报告并作出相应决议;审查和批准财政预决算草案的报告;选举徐兴城为乡长,周云高、陆良珊、史传如为副乡长
	六届人大二次会议	1984年2月	听取和审议新民乡人民政府工作报告并作出相应决议;审查和批准财政预决算草案的报告
	六届人大三次会议	1985年7月	听取和审议新民乡人民政府工作报告并作出相应决议;审查和批准财政预决算草案的报告;补选袁国祥为副乡长
	六届人大四次会议	1986年10月	听取和审议政府关于经济社会发展第七个五年计划草案的报告;审查和批准新民乡经济社会发展第七个五年计划;审查和批准财政预决算草案的报告
	七届人大一次会议	1987年3月	听取和审议新民乡人民政府工作报告并作出相应决议;审查和批准财政预决算草案的报告;选举张成玉为新民乡乡长,选举洪兆太、袁国祥为副乡长
	七届人大二次会议	1988年4月	听取和审议新民乡人民政府工作报告并作出相应决议;审查和批准财政预决算草案的报告;补选周云高为副乡长
	七届人大三次会议	1989年5月	听取和审议新民乡人民政府工作报告并作出相应决议;审查和批准财政预决算草案的报告;对代表变动情况作说明
	八届人大一次会议	1990年2月	听取和审议新民乡人民政府工作报告并作出相应决议;审查和批准财政预决算草案的报告;选举张成玉为乡长,刘德银、洪兆太、费秀平为副乡长;审议通过乡人民政府关于实施《乡规民约》的议案
	八届人大二次会议	1991年3月	补选夏宝应为副乡长
	八届人大三次会议	1991年3月	听取和审议《乡规民约》并通过相应决议
	八届人大四次会议	1992年3月	听取和审议新民乡人民政府工作报告并作出相应决议;审查和批准财政预决算草案的报告;听取和审议新民乡人民代表大会主席团工作报告
	八届人大五次会议	1992年7月	补选周富濂为科技副乡长
	九届人大一次会议	1993年3月	听取和审议新民乡人民政府工作报告并作出相应决议;审查和批准财政预决算草案的报告;听取和审议新民乡人民代表大会主席团工作报告;推选许映虎为新民乡人代会主席团常务主席,选举张成玉为乡长,洪兆太、周云高、刘德银、夏宝应、周富濂为副乡长
	九届人大二次会议	1994年2月	听取和审议新民乡人民政府工作报告并作出相应决议;审查和批准财政预决算草案的报告;听取和审议新民乡人民代表大会主席团工作报告;推选张才美为新民乡人代会主席团常务主席,补选冒有祥为副乡长,吴展文为科技副乡长

续表7-3-4

镇区名称	会议名称	会议时间	主 要 议 程
新民乡	九届人大三次会议	1995年2月	听取和审议新民乡人民政府工作报告并作出相应决议;审查和批准财政预决算草案的报告;听取和审议新民乡人民代表大会主席团工作报告
	十届人大一次会议	1996年3月	听取和审议新民乡人民政府工作报告并作出相应决议;审查和批准财政预决算草案的报告;听取和审议新民乡人民代表大会主席团工作报告;选举许映虎为人大主席,许秀璋、钱俊生为副主席,张成玉为乡长,冒君、冒友祥为副乡长
	十届人大二次会议	1997年2月	听取和审议新民乡人民政府工作报告并作出相应决议;审查和批准财政预决算草案的报告;听取和审议新民乡人民代表大会主席团工作报告
	十届人大三次会议	1998年11月	听取和审议新民乡人民政府工作报告并作出相应决议;审查和批准财政预决算草案的报告;听取和审议新民乡人民代表大会主席团工作报告
	十一届人大一次会议	1999年1月	听取和审议新民乡人民政府工作报告并作出相应决议;审查和批准财政预决算草案的报告;听取和审议新民乡人民代表大会主席团工作报告;选举仲锋为人大主席,冒玉昌为副主席,何达楷为乡长,陈玉才、胡国华、谢静为副乡长
	十一届人大二次会议	2000年2月	听取和审议新民乡人民政府工作报告并作出相应决议;审查和批准财政预决算草案的报告;听取和审议新民乡人民代表大会主席团工作报告
大明公社	五届人大一次会议	1981年12月	选举祁俊为公社管理委员会主任,选举曹美英、蒋盛友为公社管理委员会副主任
大明乡	五届人大二次会议	1983年7月	听取和审议大明乡人民政府工作报告并作出相应决议;审查和批准财政预决算草案的报告;补选祁俊为乡长,潘竹林、蒋盛友为副乡长
	六届人大一次会议	1984年5月	听取和审议大明乡人民政府工作报告并作出相应决议;审查和批准财政预决算草案的报告;选举邱彦照为乡长,潘竹林、蒋盛友、田芝兴为副乡长
	六届人大二次会议	1985年1月	听取和审议大明乡人民政府工作报告并作出相应决议;审查和批准财政预决算草案的报告
	六届人大三次会议	1985年7月	听取和审议大明乡人民政府工作报告并作出相应决议;审查和批准财政预决算草案的报告
	六届人大四次会议	1986年7月	听取和审议大明乡人民政府关于国民经济社会发展第七个五年计划草案的报告,审议批准大明乡国民经济社会发展第七个五年计划;审查和批准财政预决算草案的报告
	七届人大一次会议	1987年3月	听取和审议大明乡人民政府工作报告并作出相应决议;审查和批准财政预决算草案的报告;选举王松华为乡长,潘竹林、蒋盛友为副乡长

续表7-3-4

镇区名称	会议名称	会议时间	主要议程
大明乡	七届人大二次会议	1988年5月	听取和审议大明乡人民政府工作报告并作出相应决议;审查和批准财政预决算草案的报告
	七届人大三次会议	1989年5月	听取和审议大明乡人民政府工作报告并作出相应决议;审查和批准财政预决算草案的报告
	八届人大一次会议	1990年3月	听取和审议大明乡人民政府工作报告并作出相应决议;审查和批准财政预决算草案的报告;选举汤国礼为乡长,吴建华、蒋盛友为副乡长
	八届人大二次会议	1991年3月	听取和审议大明乡人民政府工作报告并作出相应决议;审查和批准财政预决算草案的报告
	八届人大三次会议	1992年4月	听取和审议大明乡人民政府工作报告并作出相应决议;审查和批准财政预决算草案的报告;听取和审议大明乡人民代表大会主席团工作报告并作出相应决议;补选张义林为乡长
	九届人大一次会议	1993年3月	听取和审议大明乡人民政府工作报告并作出相应决议;审查和批准财政预决算草案的报告;听取和审议大明乡人民代表大会主席团工作报告并通过相应决议;推选张义林为人大主席团常务主席;选举吴建华为乡长,田大道、季书圣为副乡长
	九届人大二次会议	1994年3月	听取和审议大明乡人民政府工作报告并作出相应决议;审查和批准财政预决算草案的报告;听取和审议大明乡人民代表大会主席团工作报告并通过相应决议
	九届人大三次会议	1995年12月	听取和审议大明乡人民政府工作报告并作出相应决议;审查和批准财政预决算草案的报告;听取和审议大明乡人民代表大会主席团工作报告并通过相应决议;补选孙长林为人大主席
	十届人大一次会议	1996年3月	听取和审议大明乡人民政府工作报告并作出相应决议;审查和批准财政预决算草案的报告;听取和审议大明乡人民代表大会主席团工作报告并作出相应决议;选举孙长林为人大主席,田大道、贾德如为副主席,吴建华为乡长,张进、缪玉芳、何美如为副乡长
	十届人大二次会议	1997年2月	听取和审议大明乡人民政府工作报告并作出相应决议;审查和批准财政预决算草案的报告;听取和审议大明乡人民代表大会主席团工作报告并作出相应决议;补选郭夕俊为副乡长
	十届人大三次会议	1998年3月	听取和审议大明乡人民政府工作报告并作出相应决议;审查和批准财政预决算草案的报告;听取和审议大明乡人民代表大会主席团工作报告并通过相应决议
	十一届人大一次会议	1999年1月	听取和审议大明乡人民政府工作报告并作出相应决议;审查和批准财政预决算草案的报告;听取和审议大明乡人民代表大会主席团工作报告并作出相应决议;选举佘德林为人大主席,顾良才为副主席,吴建华为乡长,张进、郭夕俊、缪玉芳为副乡长
	十一届人大二次会议	2000年2月	听取和审议大明乡人民政府工作报告并作出相应决议;审查和批准财政预决算草案的报告;听取和审议大明乡人民代表大会主席团工作报告并作出相应决议;选举刘平甫为大明乡乡长;通过《切实加强佛教管理,推进精神文明建设》报告的决议;通过《进一步加强生猪管理》报告的决议

续表7-3-4

镇区名称	会议名称	会议时间	主 要 议 程
大明乡	十一届人大三次会议	2000年10月	补选丛左明为人大主席
建设公社	八届人大一次会议	1981年8月	听取和审议建设革委会工作报告和提案审查报告,并作出相应决议;选举冯子安为管委会主任,选举王忠、沈百林、冒学忠为副主任,选举曹树田、王达泉、朱有来、李秀兰、张英明、冒小常、娄宝珍、葛靖华、缪广林为委员
建设乡	八届人大二次会议	1983年9月	补选陈朝宽为乡长,缪广林、杨鹤锦为副乡长
	九届人大一次会议	1984年4月	听取和审议建设乡人民政府工作报告并作出相应决议;审查和批准财政预决算草案的报告;听取和审议关于选举工作动员报告;听取和审议提案审查报告并通过相应决议;选举陈朝宽为乡长,杨鹤锦、缪广林为副乡长
	九届人大二次会议	1984年4月	听取和审议建设乡人民政府工作报告并作出相应决议;审查和批准财政预决算草案的报告
	九届人大三次会议	1985年7月	听取和审议建设乡人民政府工作报告并作出相应决议;审查和批准财政预决算草案的报告;听取和审议《关于增加有关村群众居住点的说明》并作出相应决议;补选孙长林为副乡长
	九届人大四次会议	1986年6月	听取和审议建设乡人民政府工作报告并作出相应决议;审查和批准财政预决算草案的报告;听取和审议七五规划报告并通过相应决议
	十届人大一次会议	1987年3月	听取和审议建设乡人民政府工作报告并作出相应决议;审查和批准财政预决算草案的报告;选举孙长林为乡长,缪广林、杨鹤锦为副乡长
	十届人大二次会议	1988年8月	听取和审议建设乡人民政府工作报告并作出相应决议;审查和批准财政预决算草案的报告;听取和审议提案审查报告并通过相应决议
	十届人大三次会议	1989年5月	听取和审议建设乡人民政府工作报告并作出相应决议;审查和批准财政预决算草案的报告
	十一届人大一次会议	1990年2月	听取和审议建设乡人民政府工作报告并作出相应决议;审查和批准财政预决算草案的报告;选举陈汝春为乡长,吕品、姚福瑞为副乡长
	十一届人大二次会议	1991年3月	听取和审议建设乡人民政府工作报告并作出相应决议;审查和批准财政预决算草案的报告;听取和审议主席团工作报告并通过相应决议
	十一届人大三次会议	1992年3月	听取和审议建设乡人民政府工作报告并作出相应决议;审查和批准财政预决算草案的报告;听取和审议主席团工作报告并作出相应决议;听取审查代表建议、批评和意见情况的报告

续表7-3-4

镇区名称	会议名称	会议时间	主要议程
建设乡	十二届人大一次会议	1993年3月	听取和审议建设乡人民政府工作报告并作出相应决议;审查和批准财政预决算草案的报告;听取和审议主席团工作报告并作出相应决议;推选陈汝春为人大主席团常务主席;选举陈钧为乡长,吕品、姚福瑞为副乡长,任杰为科技副乡长
	十二届人大二次会议	1994年3月	听取和审议建设乡人民政府工作报告并作出相应决议;审查和批准财政预决算草案的报告;听取和审议主席团工作报告并作出相应决议;补选冒正山为副乡长
	十二届人大三次会议	1994年12月	听取和审议建设乡人民政府工作报告并作出相应决议;审查和批准财政预决算草案的报告;听取和审议主席团工作报告并作出相应决议;补选焦永明为乡长,李爱玲为副乡长,陈学明为科技副乡长
	十三届人大一次会议	1996年3月	听取和审议建设乡人民政府工作报告并作出相应决议;审查和批准财政预决算草案的报告;听取和审议主席团工作报告并作出相应决议;选举缪广林为人大主席,王斌为副主席,陆蔚如为乡长,姚福瑞、孙家林、杨国华为副乡长
	十三届人大二次会议	1997年2月	听取和审议建设乡人民政府工作报告并作出相应决议;审查和批准财政预决算草案的报告;听取和审议主席团工作报告并作出相应决议;听取和审议1997年控减农民负担费用和劳务出工方案
	十三届人大三次会议	1998年3月	听取和审议建设乡人民政府工作报告并作出相应决议;审查和批准财政预决算草案的报告;听取和审议主席团工作报告并作出相应决议;听取和审议关于1997年度控减农民负担的执行情况和1998年度农民负担预算方案的汇报并作出相应决议;听取和审议1997年度殡葬改革执行情况和1998年度执行国家《殡葬管理条例》的实施意见并作出相应决议;听取和审议关于贯彻《江苏省计划生育条例》《严禁早婚早育的实施办法》执行情况的汇报及1998年加强计划生育管理的工作打算并通过相应决议
	十四届人大一次会议	1999年1月	听取和审议建设乡人民政府工作报告并作出相应决议;审查和批准财政预决算草案的报告;听取和审议主席团工作报告并作出相应决议;选举缪广林为人大主席,庄明海为乡长,仇坚、周萍、姚继兵、姚福瑞为副乡长
	十四届人大二次会议	2000年2月	听取和审议建设乡人民政府工作报告并作出相应决议;审查和批准财政预决算草案的报告;听取和审议主席团工作报告并通过相应决议
	十四届人大三次会议	2000年10月	听取和审议建设乡人民政府工作报告并作出相应决议;审查和批准财政预决算草案的报告;听取和审议主席团工作报告并作出相应决议;补选庄明海为人大主席,王桂兰为乡长,黄锦林为副乡长
邓园公社	五届人大一次会议	1981年12月	听取和审议邓园革委会工作报告和代表提案审查报告,并作出相应决议;选举许映光为管委会主任,王松华、马学贵为副主任

续表7-3-4

镇区名称	会议名称	会议时间	主 要 议 程
邓园乡	五届人大二次会议	1983年5月	听取和审议邓园乡人民政府工作报告并作出相应决议;审查和批准财政预决算草案的报告;补选许映光为乡长,马学贵、纪福祥为副乡长
	六届人大一次会议	1984年4月	听取和审议邓园乡人民政府工作报告并作出相应决议;审查和批准财政预决算草案的报告;选举佘德林为乡长
	六届人大二次会议	1985年7月	听取和审议邓园乡人民政府工作报告并作出相应决议;审查和批准财政预决算草案的报告
	六届人大三次会议	1986年7月	听取和审议邓元乡第七个五年计划(草案)的报告并作出相应决议;审查和批准财政预决算草案的报告
	七届人大一次会议	1987年3月	听取和审议邓园乡人民政府工作报告并作出相应决议;审查和批准财政预决算草案的报告
	七届人大二次会议	1988年5月	听取和审议邓园乡人民政府工作报告并作出相应决议;审查和批准财政预决算草案的报告
	七届人大三次会议	1989年5月	听取和审议邓园乡人民政府工作报告并作出相应决议;审查和批准财政预决算草案的报告
	八届人大一次会议	1990年2月	听取和审议邓园乡人民政府工作报告并作出相应决议;审查和批准财政预决算草案的报告;听取和审议主席团工作报告并通过相应决议;选举佘德林为乡长,选举纪福祥、焦银官、夏侯泉为副乡长
	八届人大二次会议	1991年3月	听取和审议邓园乡人民政府工作报告并作出相应决议;审查和批准财政预决算草案的报告;听取和审议主席团工作报告并通过相应决议
	八届人大三次会议	1992年8月	听取和审议邓园乡人民政府工作报告并作出相应决议;审查和批准财政预决算草案的报告;听取和审议主席团工作报告并作出相应决议;补选张建为副乡长
	九届人大一次会议	1993年3月	听取和审议邓园乡人民政府工作报告并作出相应决议;审查和批准财政预决算草案的报告;听取和审议主席团工作报告并作出相应决议;推选钱秀松为人大主席团常务主席,选举高申贵为乡长,纪福祥、夏侯泉、张建为副乡长,选举产生人民陪审员
	九届人大二次会议	1994年2月	补选秦林为副乡长
	九届人大三次会议	1994年6月	补选邵和平为副乡长
	九届人大四次会议	1995年2月	通过大会主席团名单;通过财政预决算审查委员会主任委员、委员名单;通过议案审查委员会主任委员、委员名单;听取和审议邓园乡人民政府工作报告并作出相应决议;审查和批准财政预决算草案的报告;听取和审议主席团工作报告并作出相应决议;召开主席团成员、各代表队队长会议;补选陈克元为副乡长

续表7-3-4

镇区名称	会议名称	会议时间	主 要 议 程
邓园乡	十届人大一次会议	1996年3月	听取和审议邓园乡人民政府工作报告并作出相应决议;审查和批准财政预决算草案的报告;听取和审议主席团工作报告并作出相应决议;选举刘焕林为人大主席,焦银官、李松来为副主席,秦林为乡长,纪福祥、陈克元、刘炜忠、张宏开为副乡长
	十届人大二次会议	1997年2月	听取和审议邓园乡人民政府工作报告并作出相应决议;审查和批准财政预决算草案的报告;听取和审议主席团工作报告并作出相应决议;补选周新生、冯前为科技副乡长
	十届人大三次会议	1998年12月	补选孙骥为乡长
	十一届人大一次会议	1999年1月	听取和审议邓园乡人民政府工作报告并作出相应决议;审查和批准财政预决算草案的报告;听取和审议主席团工作报告并通过相应决议;选举秦林为人大主席,方志友为人大副主席,孙骥为乡长,刘炜忠、刘蓓月、周宏群为副乡长
	十一届人大二次会议	2000年2月	听取和审议邓园乡人民政府工作报告并作出相应决议;审查和批准财政预决算草案的报告;听取和审议主席团工作报告并通过相应决议
城西公社	五届人大一次会议	1981年12月	选举汪旭为管委会主任,选举孙德华、贾德如为副主任
	五届人大二次会议	1983年1月	讨论通过城西公社《乡规民约》
城西乡	六届人大一次会议	1983年9月	听取和审议城西乡人民政府工作报告并作出相应决议;审查和批准财政预决算草案的报告;选举孙德华为乡长,左大胜、刘培根为副乡长
	六届人大二次会议	1985年1月	听取和审议城西乡人民政府工作工作报告并作出相应决议;审查和批准财政预决算草案的报告
	六届人大三次会议	1985年7月	听取和审议城西乡人民政府工作报告并作出相应决议;审查和批准财政预决算草案的报告;补选钱玉盛为副乡长
	六届人大四次会议	1986年7月	听取和审议“七五”期间经济和社会发展计划报告并作出相应决议;审查和批准财政预决算草案的报告
	七届人大一次会议	1987年3月	听取和审议城西乡人民政府工作报告并作出相应决议;审查和批准财政预决算草案的报告;选举陈汝春为乡长,左大胜、钱玉盛为副乡长
	七届人大二次会议	1988年5月	听取和审议城西乡人民政府工作工作报告并作出相应决议;审查和批准财政预决算草案的报告
	七届人大三次会议	1989年4月	听取和审议城西乡人民政府工作报告并作出相应决议;审查和批准财政预决算草案的报告;听取和审议城西乡1989—2000年村镇规划草案的报告并通过相应决议

续表7-3-4

镇区名称	会议名称	会议时间	主要议程
城西乡	八届人大一次会议	1990年3月	听取和审议城西乡人民政府工作报告并作出相应决议;审查和批准财政预决算草案的报告;选举张维民为乡长,左大胜为副乡长
	八届人大二次会议	1991年3月	听取和审议城西乡人民政府工作工作报告并作出相应决议;审查和批准财政预决算草案的报告;补选吴鹤高为副乡长
	八届人大三次会议	1992年3月	听取和审议城西乡人民政府工作报告并作出相应决议;审查和批准财政预决算草案的报告;补选贾德如为副乡长
	九届人大一次会议	1993年3月	听取和审议城西乡人民政府工作报告并作出相应决议;审查和批准财政预决算草案的报告;听取和审议人大主席团工作报告并作出相应决议;推选佘鸣皋为人大主席团常务主席,选举佘德林为乡长,左大胜、吴鹤高为副乡长,贾德如为科技副乡长
	九届人大二次会议	1994年3月	听取和审议城西乡人民政府工作报告并作出相应决议;审查和批准财政预决算草案的报告;听取和审议人大主席团工作报告并作出相应决议;补选章长明为副乡长
	九届人大三次会议	1995年2月	听取和审议城西乡人民政府工作报告并作出相应决议;审查和批准财政预决算草案的报告;听取和审议人大主席团工作报告并通过相应决议
	十届人大一次会议	1996年3月	听取和审议城西乡人民政府工作报告并作出相应决议;审查和批准财政预决算草案的报告;听取和审议人大主席团工作报告并作出相应决议;选举季永和为乡人大主席,陈美芳为副主席,佘德林为乡长,吴鹤高、陈国兴为副乡长
	十届人大二次会议	1997年3月	听取和审议城西乡人民政府工作报告并作出相应决议;审查和批准财政预决算草案的报告;听取和审议人大主席团工作报告并作出相应决议;补选吴广和为副乡长
	十届人大三次会议	1998年2月	听取和审议城西乡人民政府工作报告并作出相应决议;审查和批准财政预决算草案的报告;听取和审议人大主席团工作报告并作出相应决议;听取和审议陈文有作关于1998乡村两级以资代劳统筹安排报告并作出相应决议;补选陈美芳为副乡长
	十一届人大一次会议	1999年1月	听取和审议城西乡人民政府工作报告并作出相应决议;审查和批准财政预决算草案的报告;听取和审议人大主席团工作报告并作出相应决议;选举季永和为人大主席,吉祖玉为副主席,黄毅为乡长,吴鹤高、陈国兴、陈美芳为副乡长
	十一届人大二次会议	2000年2月	听取和审议城西乡人民政府工作工作报告并作出相应决议;审查和批准财政预决算草案的报告;听取和审议人大主席团工作报告并通过相应决议
皋南镇	一届人大一次会议	2001年12月	听取和审议皋南镇人民政府工作报告并作出相应决议;审查和批准财政预决算草案的报告;听取和审议人大主席团工作报告并作出相应决议;选举刘平甫为镇人大主席,刘德银、张进、姚福瑞为人大副主席,章有程为镇长,仇坚、姚继兵、郭夕俊、黄锦林为副镇长

续表7-3-4

镇区名称	会议名称	会议时间	主 要 议 程
皋南镇	一届人大二次会议	2003年2月	听取和审议皋南镇人民政府工作报告并作出相应决议;审查和批准财政预决算草案的报告;听取和审议人大主席团工作报告并通过相应决议
	一届人大三次会议	2004年2月	听取和审议皋南镇人民政府工作报告并作出相应决议。审查和批准财政预决算草案的报告;听取和审议人大主席团工作报告并作出相应决议;补选马玉明为镇长,崔建村为副镇长
如城镇	八届人大一次会议	1981年8月	听取和审议如城镇人民政府工作报告并作出相应决议;审查和批准财政预决算草案的报告;选举叶世民为镇长,孙家祥、陈亚芳、冒振山、沈学富、仇廷根为副镇长
	八届人大二次会议	1983年5月	听取和审议如城镇人民政府工作报告并作出相应决议;审查和批准财政预决算草案的报告
	九届人大一次会议	1984年5月	听取和审议如城镇人民政府工作报告并作出相应决议;审查和批准财政预决算草案的报告;选举刘志高为镇长,祁俊、仇廷根、马能玉为副镇长
	九届人大二次会议	1985年5月	听取和审议如城镇人民政府工作报告并作出相应决议;审查和批准财政预决算草案的报告;补选单银凤为副镇长
	九届人大三次会议	1986年7月	听取和审议如城镇人民政府工作报告并作出相应决议;审查和批准财政预决算草案的报告
	十届人大一次会议	1987年3月	听取和审议如城镇人民政府工作报告并作出相应决议;审查和批准财政预决算草案的报告;选举刘志高为镇长,马能玉、仇廷根、祁俊、单银凤为副镇长
	十届人大二次会议	1988年5月	听取和审议如城镇人民政府工作报告并作出相应决议;审查和批准财政预决算草案的报告
	十届人大三次会议	1989年4月	听取和审议如城镇人民政府工作报告并作出相应决议;审查和批准财政预决算草案的报告;选举沈征绍为副镇长
	十一届人大一次会议	1990年3月	听取和审议如城镇人民政府工作报告并作出相应决议;审查和批准财政预决算草案的报告;选举刘志高为镇长,马能玉、沈征绍、陈爱玲、单银凤为副镇长
	十一届人大二次会议	1991年3月	听取和审议如城镇人民政府工作报告并作出相应决议;审查和批准财政预决算草案的报告;补选刘友俊为镇长
	十一届人大三次会议	1992年3月	听取和审议如城镇人民政府工作报告并作出相应决议;审查和批准财政预决算草案的报告;听取和审议人大主席团报告并通过相应决议
	十二届人大一次会议	1993年3月	听取和审议如城镇人民政府工作报告并作出相应决议;审查和批准财政预决算草案的报告;听取和审议人大主席团报告并作出相应决议;选举刘志高为人大主席,陈爱玲为镇长、马能玉、刘茂富、单银凤为副镇长

续表7-3-4

镇区名称	会议名称	会议时间	主 要 议 程
如城镇	十二届人大二次会议	1994年2月	听取和审议如城镇人民政府工作报告并作出相应决议;审查和批准财政预决算草案的报告;听取和审议人大主席团报告并作出相应决议;补选陈建华为副镇长
	十二届人大三次会议	1995年5月	听取和审议如城镇人民政府工作报告并作出相应决议;审查和批准财政预决算草案的报告;听取和审议人大主席团报告并作出相应决议;选举孙美英为副镇长
	十三届人大一次会议	1996年3月	听取和审议如城镇人民政府工作报告并作出相应决议;审查和批准财政预决算草案的报告;听取和审议人大主席团报告并作出相应决议;选举浦文海为人大主席,郭永宏、刘茂富为镇人大副主席,陈爱玲为镇长,马能玉、陆新林、王舜慧、单银凤为副镇长
	十三届人大二次会议	1997年3月	听取和审议如城镇人民政府工作报告并作出相应决议;审查和批准财政预决算草案的报告;听取和审议人大主席团报告并通过相应决议
	十三届人大三次会议	1998年3月	听取和审议如城镇人民政府工作报告并作出相应决议;审查和批准财政预决算草案的报告;听取和审议人大主席团报告并通过相应决议
	十四届人大一次会议	1999年1月	听取和审议如城镇人民政府工作报告并作出相应决议;审查和批准财政预决算草案的报告;听取和审议人大主席团报告并作出相应决议;选举陈爱玲为人大主席,刘茂富为人大副主席,黄兆林为镇长,王舜慧、张小星、高广进、秦艳秋为副镇长
	十四届人大二次会议	2000年2月	听取和审议如城镇人民政府工作报告并作出相应决议;审查和批准财政预决算草案的报告;听取和审议人大主席团报告并通过相应决议;增选陆新林为副镇长
	十五届人大一次会议	2000年10月	听取和审议《镇行政工作组工作报告》《人大筹备组工作报告》;选举刘坤如为人大主席,仲锋、陈美芳、刘炜忠为副主席,黄兆林为镇长,王舜慧、陆新林、陈国兴、刘蓓月、周宏群、谢静、张书强为副镇长
	十五届人大二次会议	2001年4月	听取和审议如城镇人民政府工作报告并作出相应决议;审查和批准财政预决算草案的报告;听取和审议人大主席团报告并作出相应决议;听取7位副镇长的述职报告,并逐一评议
	十五届人大三次会议	2002年1月	听取和审议如城镇人民政府工作报告并作出相应决议;审查和批准财政预决算草案的报告;听取和审议人大主席团报告并作出相应决议;补选杨德贵为人大副主席,张小星为副镇长
	十五届人大四次会议	2003年2月	听取和审议如城镇人民政府工作报告并作出相应决议;审查和批准财政预决算草案的报告;听取和审议人大主席团报告并作出相应决议;听取农技站、土管站、经营管理服务站等部门负责人述职报告,并逐一评议打分
	十五届人大五次会议	2004年2月	听取和审议如城镇人民政府工作报告并作出相应决议;审查和批准财政预决算草案的报告;听取和审议人大主席团报告并通过相应决议

续表7-3-4

镇区名称	会议名称	会议时间	主要议程
如城镇	十六届人大一次会议	2005年3月	听取和审议如城镇人民政府工作报告并作出相应决议;审查和批准财政预决算草案的报告;听取和审议人大主席团报告并作出相应决议;选举刘平甫为人大主席,杨德贵、张进、姚福瑞为副主席,黄兆林为镇长,仇坚、刘蓓月、邱松友、张小星、陆新林、陈国兴、郝晓东、姚继兵、黄锦林、崔建村、谢静为副镇长,季建忠为科技副镇长
	十六届人大二次会议	2006年2月	听取和审议如城镇人民政府工作报告并作出相应决议;审查和批准财政预决算草案的报告;听取和审议人大主席团报告并作出相应决议;听取和审议镇国民经济和社会发展第十一个五年计划规划概要草案并作出相应决议;补选孙骥为人大主席,丁健、仇坚、胡国华、姚继兵、黄锦林为人大副主席
	十六届人大三次会议	2007年1月	听取和审议如城镇人民政府工作报告并作出相应决议;审查和批准财政预决算草案的报告;听取和审议人大主席团报告并作出相应决议;补选丁建兰为镇长,唐建如为副镇长
	十六届人大四次会议	2007年8月	补选王明坤、李小燕为副镇长
	十七届人大一次会议	2007年12月	听取和审议如城镇人民政府工作报告并作出相应决议;审查和批准财政预决算草案的报告;听取和审议人大主席团报告并作出相应决议;选举黄毅为人大主席,姚继兵为副主席,丁建兰为镇长,王明坤、李小燕、张小星、陈国兴、郭震寰、唐建如为副镇长
	十七届人大二次会议	2009年1月	听取和审议如城镇人民政府工作报告并作出相应决议;审查和批准财政预决算草案的报告;听取和审议人大主席团报告并作出相应决议;补选陈国兴为人大副主席
	十七届人大三次会议	2010年1月	听取和审议如城镇人民政府工作报告并作出相应决议;审查和批准财政预决算草案的报告;听取和审议人大主席团报告并作出相应决议;补选孙骥为人大主席,谢静为副主席,黄毅为镇长,郭夕俊、仲继元为副镇长
	十七届人大四次会议	2010年7月	听取和审议如城镇人民政府工作报告并作出相应决议;审查和批准财政预决算草案的报告;听取和审议人大主席团报告并作出相应决议;补选黄建龙为镇长
	十七届人大五次会议	2011年1月	听取和审议如城镇人民政府工作报告并作出相应决议;审查和批准财政预决算草案的报告;听取和审议人大主席团报告并作出相应决议;补选郭夕俊为镇长
	十八届人大一次会议	2012年3月	听取和审议如城镇人民政府工作报告并作出相应决议;审查和批准财政预决算草案的报告;听取和审议人大主席团报告并作出相应决议;选举孙骥为人大主席,邱松友、陈忠全为副主席,郭夕俊为镇长,仲继元、吴亚兵、张成、郭震寰、唐建如为副镇长
	十八届人大二次会议	2013年1月	听取和审议如城镇人民政府工作报告并作出相应决议;审查和批准财政预决算草案的报告;听取和审议人大主席团报告并通过相应决议
	十八届人大三次会议	2013年2月	听取和审议如城镇人民政府工作报告并作出相应决议;审查和批准财政预决算草案的报告;听取和审议人大主席团报告并通过相应决议

三、相关乡(镇)人大主席团常务主席，人民代表大会主席、副主席，街道人大工委主任、副主任名录

如城、新民、城西、邓园、大明、建设1镇5乡1993年起，在人民代表大会主席团闭会期间设人民代表大会常务主席，但多由党委书记兼任。1995年5月，根据修改后的《地方组织法》规定，各乡镇换届时，都设立专职人民代表大会常务主席和副主席。

如城镇

主　席　刘志高　(1993.03—1996.05)
浦文海　(1996.05—1999.01)
陈爱玲(女)　1999.01—2000.04)

副主席　郭永宏　(1996.05—1999.01)
刘茂富　(1996.05—2000.04)

2000年4月，新民、城西、邓园3乡与如城镇合并，在正式召开人民代表大会换届选举之前，由市委决定，组建"如城镇人大筹备组"。至当年10月召开人代会，产生新的人大班子，筹备组自然解散。

组　长　刘坤如　(2000.04—2000.10)

成　员　仲　锋　(2000.04—2000.10)
佘德林　(2000.04—2000.10)
邢志祥　(2000.04—2000.10)
秦龙建　(2000.04—2000.10)
戴维薇(女)　(2000.04—2000.10)
席美芳(女)　(2000.04—2000.10)
袁素梅(女)　(2000.04—2000.10)
吴广和　(2000.04—2000.10)
钱爱华(女)　(2000.04—2000.10)
陈其华　(2000.04—2000.10)
胡国华　(2000.04—2000.09)

2000年10月18-19日，如城镇第十五届人民代表大会第一次会议选举产生新的人大主席、副主席。

主　席　刘坤如　(2000.10—2005.01)

副主席　仲　锋　(2000.10—2001.10)
陈美芳(女)　(2000.10—2005.01)
刘炜忠　(2000.10—2004.07)
杨德贵　(2001.10—2005.01)

2005年1月，皋南镇与如城镇合并，市委指定由刘平甫负责人大筹备工作组，组员有杨德贵、张进、姚福瑞，3月10日，人代会选举产生新一届如城镇人大常设机构。

主　席　刘平甫　(2005.01—2005.03任人大筹备组组长)
(2005.03—2006.02)

副主席　杨德贵　(2005.03—2006.02)
张　进　(2005.03—2006.01)
姚福瑞　(2005.03—2006.02)

2006年3月1日,第十六届镇人代会第二次会议,对主席、副主席进行补选。

主　席　孙　骥　　(2006.03—2013.03)

副主席　杨德贵　　(2006.03—2007.11)

姚福瑞　　(2006.03—2007.11)

丁　健(女)　(2006.03—2007.11)

胡国华　　(2006.03—2007.11)

姚继兵　　(2006.03—2007.11)

黄锦林　　(2006.03—2007.11)

仇　坚　　(2006.03—2007.11)

2007年,第十七届人代会一次会议,对主席、副主席进行改选。

主　席　黄　毅　　(2007.12— 2010.01)

副主席　姚继兵　　(2007.12—2009.08)

2009年,第十七届人代会二次会议,对副主席进行补选。

副主席　陈国兴　　(2009.01—2010.01)

2010年,第十七届人代会三次会议,对主席、副主席进行改选。

主　席　孙　骥　　(2010.01— 2012.03)

副主席　陈国兴　　(2010.01—2011.07)

谢　静　　(2010.01—2011.12)

2012年,第十八届人代会一次会议,对主席、副主席进行改选。

主　席　孙　骥　　(2012.03—2013.03)

副主席　邱松友　　(2012.03—2013.03)

陈忠全　　(2012.03—2012.11)

2013年3月,撤销如城镇,成立如城街道,如城镇人大变更为如皋市人大常委会如城街道工作委员会。设立如城街道人大工委主任、副主任。

主　任　孙　骥　　(2013.03—2016.01)

沙海军　　(2016.01—　　　)

副主任　邱松友　　(2013.03—2016.01)

方峻江　　(2015.03—2016.01)

殷小红(女)　(2015.03—　　　)

缪祥才　　(2016.01—　　　)

新民乡

主　席　许映虎　　(1993.03—1994.03)

张才美　　(1994.03—1996.03)

许映虎　　(1996.03—1999.01)

仲　锋　　(1999.01—2000.04)

副主席　许秀璋　　(1996.03—1998.11)

钱俊生　　(1996.03—1999.01)

冒玉昌　　(1999.01—2000.04)

城西乡

主　席　佘鸣皋　（1993.03—1996.01）
　　　　　季永和　（1996.05—2000.04）
副主席　陈美芳　（1996.05—1998.03）

邓园乡

主　席　钱秀松　（1993.03—1995.11）
　　　　　刘焕林　（1996.05—1999.01）
　　　　　秦　林　（1999.01—2000.04）
副主席　焦银官　（1996.05—1999.01）
　　　　　李松来　（1996.05—1999.01）
　　　　　方志友　（1999.01—2000.04）

大明乡

主　席　张义林　（1993.03—1995.12）
　　　　　孙长林　（1995.12—1999.01）
　　　　　佘德林　（1999.01—2000.05）
　　　　　丛左明　（2000.10—2001.10）
副主席　田大道　（1996.03—2001.10）
　　　　　贾德如　（1996.03—1999.01）

建设乡

主　席　陈汝春　（1993.03—1996.03）
　　　　　缪广林　（1996.03—2000.04）
　　　　　庄明海　（2000.10—2001.10）
副主席　王　斌　（1996.03—1999.01）

皋南镇

2001年10月8日大明、建设两乡合并为皋南镇,市委明确由党委副书记刘平甫主持人大筹备组工作,刘德银、张进、姚福瑞为人大筹备组成员,12月19日人代会选举产生:

主　席　刘平甫　（2001.10—2001.12任人大筹备组组长）
　　　　　　　　　（2001.12—2005.01）
副主席　刘德银　（2001.12—2004.01）
　　　　　张　进　（2001.12—2005.01）
　　　　　姚福瑞　（2001.12—2005.01）

第五节 东陈镇人民代表大会

一、概 述

自1954年人民代表大会制度建立起，东陈镇先后为东陈乡、东风人民公社、城东人民公社、东陈人民公社、东陈乡、东陈镇。“文化大革命”期间，人民代表大会制度中断执行，直到1981年恢复，召开第五届人民代表大会。1993年3月，根据《中华人民共和国地方各级人民代表大会和地方各级人民政府组织法》和《江苏省乡（镇）人民代表大会工作暂行条例》的有关规定，设立镇人大主席团,并在人民代表大会闭会期间设人民代表大会常务主席，由党委书记兼任。2000年4月，原丁北镇并入东陈镇，原雪岸、南凌二乡合并为雪岸镇。2013年3月，撤销原雪岸镇、东陈镇，设立新的东陈镇，同年5月，召开东陈镇第十五届人大一次会议。至2016年，东陈镇为第十五届人民代表大会。

二、相关乡（镇）人民代表大会会议

1981年—2015年东陈镇相关乡（镇）人民代表大会会议概况一览表

表7-3-5

辖区名称	会议名称	会议时间	主 要 议 程
东陈公社	五届人大一次会议	1981年8月	听取和审议公社革委会工作报告并作出相应决议；选举于成信为公社管委会主任，许秀璋、张成玉、陆德芳、尤松柏、周国庆为副主任
	五届人大二次会议	1982年7月	听取和审议公社管委会工作报告并作出相应决议
东陈乡	五届人大三次会议	1983年9月	听取和审议政府工作报告、财政预决算报告并作出相应决议；补选朱正来为乡长，许秀璋、尤松柏为副乡长
	六届人大一次会议	1984年4月	听取和审议政府工作报告、财政预决算报告并作出相应决议；选举朱正来为乡长，许秀璋、尤松柏、王立根为副乡长
	六届人大二次会议	1985年7月	听取和审议政府工作报告、财政预决算报告并作出相应决议
	六届人大三次会议	1986年4月	听取和审议政府工作报告、财政预决算报告并作出相应决议
东陈镇	七届人大一次会议	1987年2月	听取和审议政府工作报告、财政预决算报告并作出相应决议；选举仲锋为镇长，许秀璋、尤松柏、王立根为副镇长
	七届人大二次会议	1988年4月	听取和审议政府工作报告、财政预决算报告并作出相应决议
	七届人大三次会议	1989年5月	听取和审议政府工作报告、财政预决算报告并作出相应决议
	八届人大一次会议	1990年2月	听取和审议政府工作报告、财政预决算报告并作出相应的决议；选举李中林为镇长，王立根、许秀璋为副镇长
	八届人大二次会议	1991年3月	听取和审议政府工作报告、财政预决算报告并作出相应的决议

续表7-3-5

辖区名称	会议名称	会议时间	主要议程
东陈镇	八届人大三次会议	1992年3月	听取和审议政府工作报告、财政预决算报告并作出相应决议;补选葛振中为镇长
	九届人大一次会议	1993年3月	听取和审议政府工作报告、人大主席团工作报告、财政预决算报告并作出相应决议;推选王兆良为人大主席团常务主席,选举葛振中为镇长,王立根、许秀璋、张启林为副镇长,赵文龙为科技副镇长
	九届人大二次会议	1994年3月	听取和审议政府工作报告、人大主席团工作报告、财政预决算报告并作出相应决议
	九届人大三次会议	1994年12月	听取代表变化情况说明;补选丁健为副镇长
	九届人大四次会议	1995年2月	听取和审议政府工作报告并作出相应决议;补选范兴海为科技副镇长
	十届人大一次会议	1996年2月	听取和审议政府工作报告、人大主席团工作报告、财政预决算报告并作出相应决议;选举冒学春为人大主席,潘竹林为副主席,王世海为镇长,冒良桂、洪兆太、王立根为副镇长
	十届人大二次会议	1997年3月	听取和审议政府工作报告、人大主席团工作报告、财政预决算报告并作出相应决议
	十届人大三次会议	1998年2月	听取和审议政府工作报告、人大主席团工作报告、财政预决算报告和《关于非农建设用地规划的修编方案》并作出相应决议
	十一届人大一次会议	1999年1月	听取和审议政府工作报告、人大主席团工作报告、财政预决算报告并作出相应决议;选举冒学春为人大主席,洪兆太为人大副主席,司祝建为镇长,范广林、马小燕、吴志广为副镇长
	十一届人大二次会议	2000年2月	听取和审议政府工作报告、人大主席团工作报告、财政预决算报告并作出相应决议
	十二届人大一次会议	2000年10月	听取和审议行政工作组工作报告、人大筹备组工作报告和《关于东陈镇总体规划修编议案》并作出相应决议;选举汤德明为人大主席,陈本山、郝建兰为副主席,冒平为镇长,范广林、马小燕、冯志军、卢树平、薛献忠为副镇长
	十二届人大二次会议	2001年2月	听取和审议政府工作报告、人大主席团工作报告、财政预决算报告并作出相应决议
	十二届人大三次会议	2001年12月	听取和审议政府工作报告、人大主席团工作报告、财政预决算报告并作出相应决议;补选章建宏为人大主席,冒正山为副主席
	十二届人大四次会议	2003年2月	听取和审议政府工作报告、人大主席团工作报告、财政预决算报告并作出相应决议

续表7-3-5

辖区名称	会议名称	会议时间	主 要 议 程
东陈镇	十二届人大五次会议	2004年9月	听取和审议政府工作报告、人大主席团工作报告、财政预决算报告和《关于镇区规划调整议案》并作出相应决议;补选居小刚为副镇长
	十二届人大六次会议	2005年2月	听取和审议政府工作报告、人大主席团工作报告、财政预决算报告并作出相应决议;补选刘金城为镇长,吴志广为副镇长,戴斌为科技副镇长
	十二届人大七次会议	2006年2月	听取和审议政府工作报告、人大主席团工作报告、财政预决算报告并作出相应决议;补选冒平为人大主席,冯志军、汪正祥为副主席,薛国平为副镇长
	十三届人大一次会议	2007年12月	听取和审议政府工作报告、人大主席团工作报告、财政预决算报告并作出相应决议;选举冒平为人大主席,郝建兰为副主席,顾卫国为镇长,王斌、吴志广、薛国平为副镇长
	十三届人大二次会议	2008年8月	补选周铭君为副镇长
	十三届人大三次会议	2009年1月	听取和审议政府工作报告、人大主席团工作报告、财政预决算报告并作出相应决议;补选娄锋、韩冬庆为副镇长
	十三届人大四次会议	2010年1月	听取和审议政府工作报告、人大主席团工作报告、财政预决算报告并作出相应决议;补选佘德华为镇长
	十三届人大五次会议	2011年1月	听取和审议政府工作报告、人大主席团工作报告、财政预决算报告并作出相应决议;补选佘德华为人大主席,薛树平为副主席,谢裕斌为镇长,吉爱明、戴峰为副镇长
	十四届人大一次会议	2012年3月	听取和审议政府工作报告、人大主席团工作报告、财政预决算报告并作出相应决议;选举卢树平为人大主席,薛树平、吴志广为副主席,谢裕斌为镇长,吉爱明、赵小成、高张生、王洁为副镇长
	十四届人大二次会议	2013年1月	听取和审议政府工作报告、人大主席团工作报告、财政预决算报告并作出相应决议
	十五届人大一次会议	2013年5月	听取和审议行政工作组工作报告、人大筹备组工作报告、财政预算报告并作出相应决议;选举李小军为人大主席,薛树平、吴志广、王斌为副主席,谢裕斌为镇长,吉爱民、毛玉才、赵小成、冒华、陆浩、周杰、高张生、王洁为副镇长
	十五届人大二次会议	2014年1月	听取和审议政府工作报告、人大主席团工作报告、财政预决算报告并作出相应决议;补选吴冰冰为镇长,朱亚光为副镇长
	十五届人大三次会议	2015年1月	听取和审议政府工作报告、人大主席团工作报告、财政预决算报告并作出相应决议;补选郝建兰为人大副主席,谢书平为副镇长
丁北公社	八届人大一次会议	1981年12月	听取和审议公社革委会工作报告并作出相应决议;选举孙裕贵为公社管委会主任,王学友、陈美英、冒广才、冒正山、花裕为副主任

续表7-3-5

辖区名称	会议名称	会议时间	主要议程
丁北乡	八届人大二次会议	1983年9月	听取和审议管委会工作报告、财政预决算报告和《关于丁北乡村镇规划的报告》并作出相应决议；选举许逢山为乡长，冒正山、花裕为副乡长
	九届人大一次会议	1984年4月	听取和审议政府工作报告、财政预决算报告并作出相应决议；选举许逢山为乡长，冒正山、花裕为副乡长
	九届人大二次会议	1985年1月	听取和审议政府工作报告、财政预决算报告并作出相应决议
	九届人大三次会议	1985年7月	听取和审议政府工作报告、财政预决算报告并作出相应决议；补选吕品为副乡长
	九届人大四次会议	1986年9月	听取和审议政府工作、财政预决算报告并作出相应决议；补选王友寿为副乡长
	十届人大一次会议	1987年3月	听取和审议政府工作报告、财政预决算报告并作出相应决议；选举马松林为乡长，吕品、王友寿、花裕为副乡长
	十届人大二次会议	1988年5月	听取和审议政府工作报告、财政预决算报告并作出相应决议
	十届人大三次会议	1989年5月	听取和审议政府工作、财政预决算报告并作出相应决议
	十一届人大一次会议	1990年3月	听取和审议政府工作报告、财政预决算报告并作出相应决议；选举马松林为乡长，王友寿、缪广林为副乡长
	十一届人大二次会议	1991年3月	听取和审议政府工作报告、财政预决算报告并作出相应决议
	十一届人大三次会议	1992年7月	听取和审议政府工作、财政预决算报告并作出相应决议；补选冯汉成为科技副乡长
	十二届人大一次会议	1993年3月	听取和审议政府工作报告、人大主席团工作报告、财政预决算报告并作出相应决议；推选王忠为人大主席团常务主席，选举严世元为乡长，王友寿、缪广林为副乡长，冯汉成为科技副乡长
	十二届人大二次会议	1994年2月	听取和审议政府工作报告、人大主席团工作报告、财政预决算报告并作出相应决议；补选吕品为乡长，何爱国为副乡长
丁北镇	十二届人大三次会议	1995年2月	听取和审议政府工作报告、人大主席团工作报告、财政预决算报告并作出相应决议；补选姜明国为科技副镇长
	十二届人大四次会议	1995年8月	补选孙兴南为副镇长
	十三届人大一次会议	1996年3月	听取和审议政府工作报告、人大主席团工作报告、财政预决算报告、村提留镇统筹预决算报告并作出相应决议；选举吕品为人大主席，薛银和为副主席，孙兴南为镇长，陈福泉、冒正山为副镇长

续表7-3-5

辖区名称	会议名称	会议时间	主 要 议 程
丁北镇	十三届人大二次会议	1997年3月	听取和审议政府工作报告、人大主席团工作报告、财政预决算报告、镇村两级提留预决算报告并作出相应决议
	十三届人大三次会议	1997年12月	补选郝建兰为副镇长
	十三届人大四次会议	1998年2月	听取和审议政府工作报告、人大主席团工作报告、财政预决算报告、镇村两级提留预决算报告并作出相应决议
	十四届人大一次会议	1999年1月	听取和审议政府工作报告、人大主席团工作报告、财政预决算报告并作出相应决议;选举孙兴南为人大主席,薛银和为人大副主席,冒平为镇长,冒正山、郝建兰、冯志军、卢树平为副镇长
	十四届人大二次会议	2000年1月	听取和审议政府工作报告、人大主席团工作报告、财政预决算报告并作出相应决议;补选薛献忠为副镇长
雪岸公社	五届人大一次会议	1981年8月	听取和审议公社革委会工作报告并作出相应决议;选举何达江为公社管委会主任,陈玉琪、邱贤祥、朱正来、夏龙发为副主任
雪岸乡	五届人大二次会议	1983年7月	听取和审议政府工作报告并作出相应决议;通过社经联委工作试行条例;选举何达江为乡长,陈玉琪、夏龙发、仲锋为副乡长
	六届人大一次会议	1984年4月	听取和审议政府工作报告并作出相应决议;选举邱贤祥为乡长,陈玉琪、夏龙发为副乡长
	六届人大二次会议	1985年8月	听取和审议政府工作报告并作出相应决议
	七届人大一次会议	1987年3月	听取和审议政府工作报告、财政预决算报告并作出相应决议;选举冒学春为乡长,王世海、夏龙发为副乡长
	七届人大二次会议	1988年4月	听取和审议政府工作报告、财政预决算报告并作出相应决议
	七届人大三次会议	1989年5月	听取和审议政府工作报告、财政预决算报告并作出相应决议
	八届人大一次会议	1990年3月	听取和审议政府工作报告、财政预决算报告并作出相应决议;选举冒学春为乡长,丁忠仁、夏龙发为副乡长
	八届人大二次会议	1991年2月	听取和审议政府工作报告、财政预决算报告并作出相应决议;补选张才美为乡长
	八届人大三次会议	1992年3月	听取和审议政府工作报告、财政预决算报告并作出相应决议
	九届人大一次会议	1993年3月	听取和审议政府工作报告、财政预决算报告并作出相应决议;推选宦松山为人大主席团常务主席,选举张才美为乡长,丁忠仁、何秀琪为副乡长

续表7-3-5

辖区名称	会议名称	会议时间	主要议程
雪岸乡	九届人大二次会议	1994年2月	听取和审议政府工作报告、财政预决算报告并作出相应决议;补选吴国庆为乡长
	九届人大三次会议	1995年2月	听取和审议政府工作报告、人大主席团工作报告、财政预决算报告并作出相应决议;补选周建国为科技副乡长
	十届人大一次会议	1996年3月	听取和审议政府工作报告、人大主席团工作报告、财政预决算报告并作出相应决议;选举倪德平为人大主席,陆德芳、许映和为副主席,何秀琪为乡长,王学生、薛志光为副乡长
	十届人大二次会议	1997年2月	听取和审议政府工作报告、人大主席团工作报告、财政预决算报告并作出相应决议;补选邱贤祥为人大副主席
	十届人大三次会议	1998年2月	听取和审议政府工作报告、人大主席团工作报告、财政预决算报告并作出相应决议;补选何秀琪为人大主席,徐海为乡长
	十一届人大一次会议	1999年1月	听取和审议政府工作报告、人大主席团工作报告、财政预决算报告并作出相应决议;选举何秀琪为人大主席,夏映俊为人大副主席,徐海为乡长,范钦松、薛志光为副乡长
	十一届人大二次会议	2000年2月	听取和审议政府工作报告、人大主席团工作报告、财政预决算报告并作出相应决议;补选吴志广为副乡长
雪岸镇	一届人大一次会议	2000年10月	听取和审议行政工作组工作报告、人大筹备组工作报告并作出相应决议;选举季淼为人大主席,夏映俊、娄桂生为副主席,陈松稳为镇长,王学生、朱益红、吴志广、薛志光、吉卫华为副镇长
	一届人大二次会议	2001年2月	听取和审议政府工作报告、人大主席团工作报告、财政预决算报告并作出相应决议
	一届人大三次会议	2002年1月	听取和审议政府工作报告、人大主席团工作报告、财政预决算报告并作出相应决议;补选陈松稳为人大主席,朱正来为人大副主席,冒海清为镇长
	一届人大四次会议	2003年2月	听取和审议政府工作报告、人大主席团工作报告、财政预决算报告并作出相应决议
	一届人大五次会议	2004年2月	听取和审议政府工作报告、人大主席团工作报告、财政预决算报告并作出相应决议;补选薛志光为人大副主席
	一届人大六次会议	2005年1月	听取和审议政府工作报告、人大主席团工作报告、财政预决算报告并作出相应决议;补选许映兰为镇长
	一届人大七次会议	2006年2月	听取和审议政府工作报告、人大主席团工作报告、财政预决算报告并作出相应决议;补选冒海清为人大主席
	一届人大八次会议	2007年2月	听取和审议政府工作报告、人大主席团工作报告、财政预决算报告并作出相应决议;补选盛建华、冯志军为人大副主席
	二届人大一次会议	2007年12月	听取和审议政府工作报告、人大主席团工作报告、财政预决算报告并作出相应决议;选举冒海清为人大主席,盛建华为副主席,宗爱君为镇长,吉卫华、周斌、冒华为副镇长

续表7-3-5

辖区名称	会议名称	会议时间	主要议程
雪岸镇	二届人大二次会议	2009年2月	听取和审议政府工作报告、人大主席团工作报告、财政预决算报告并作出相应决议
	二届人大三次会议	2010年1月	听取和审议政府工作报告、人大主席团工作报告、财政预决算报告并作出相应决议;补选吴鹏为人大主席,毛玉才、赵小成为副镇长
	二届人大四次会议	2011年1月	听取和审议政府工作报告、人大主席团工作报告、财政预决算报告和雪岸镇“十二五”规划并作出相应决议
	三届人大一次会议	2012年3月	听取和审议政府工作报告、人大主席团工作报告、财政预决算报告并作出相应决议;选举李小军为人大主席,周斌、王斌为人大副主席,顾季青为镇长,周杰、冒华、陆浩、毛玉才为副镇长
	三届人大二次会议	2013年1月	听取和审议政府工作报告、人大主席团工作报告、财政预决算报告并作出相应决议
南凌公社	八届人大一次会议	1981年12月	听取和审议公社革委会工作报告并作出相应决议;选举顾锦璋为公社管委会主任,王芝发、王立根、许映和为副主任
南凌乡	八届人大二次会议	1983年10月	听取和审议政府工作报告、财政预决算报告并作出相应决议;通过人民公社经济联合委员会工作试行条例;选举顾锦璋为乡长,王芝发、王立根、许映和为副乡长
	九届人大一次会议	1984年4月	听取和审议政府工作报告并作出相应决议;选举徐兴城为乡长,许映和为副乡长
	九届人大二次会议	1985年2月	听取和审议政府工作报告、财政预决算报告并作出相应决议
	九届人大三次会议	1986年4月	听取和审议《关于南凌乡第七个五年计划草案的报告》、财政预决算报告并作出相应决议
	十届人大一次会议	1987年3月	听取和审议政府工作报告、财政预决算报告并作出相应决议;选举徐兴城为乡长,许映和、张启林为副乡长
	十届人大二次会议	1988年4月	听取和审议政府工作报告、财政预决算报告并作出相应决议
	十届人大三次会议	1988年9月	补选史传如为乡长
	十届人大四次会议	1989年5月	听取和审议政府工作报告、财政预决算报告并作出相应决议
	十一届人大一次会议	1990年3月	听取和审议政府工作报告、财政预决算报告并作出相应决议;选举仲锋为乡长,张义林、袁国祥为副乡长
	十一届人大二次会议	1991年3月	听取和审议政府工作报告、财政预决算报告和《南凌乡基本农田保护公约》并作出相应决议

续表7-3-5

辖区名称	会议名称	会议时间	主 要 议 程
南凌乡	十一届人大三次会议	1992年3月	听取和审议政府工作报告、人大主席团工作报告、财政预决算报告并作出相应决议
	十一届人大四次会议	1992年7月	补选高国兴为科技副乡长
	十二届人大一次会议	1993年3月	听取和审议政府工作报告、财政预决算报告并作出相应决议;推选袁国祥为人大席团常务主席,选举仲锋为乡长,高国兴、范钦松、杭世银为副乡长
	十二届人大二次会议	1994年3月	听取政府工作报告、人大主席团工作报告、财政预决算报告并作出相应决议;补选顾春泉为副乡长
	十二届人大三次会议	1994年12月	补选吴德斌为科技副乡长
	十二届人大四次会议	1995年2月	听取和审议政府工作报告、财政预决算报告并作出相应决议
	十三届人大一次会议	1996年3月	听取和审议政府工作报告、人大主席团工作报告、财政预决算报告并作出相应决议;选举濮存明为人大主席,刘宏海为副主席,仲锋为乡长,张冬林、范广林、范钦松为副乡长
	十三届人大二次会议	1997年4月	听取和审议政府工作报告、人大主席团工作报告、财政预决算报告并作出相应决议
	十三届人大三次会议	1998年2月	听取和审议政府工作报告、人大主席团工作报告、财政预决算报告并作出相应决议
	十四届人大一次会议	1999年1月	听取和审议政府工作报告、人大主席团工作报告、财政预决算报告并作出相应决议;选举费秀平为人大主席,顾春华为副主席,季淼为乡长,张冬林、王学生、吉卫华为副乡长
	十四届人大二次会议	2000年2月	听取和审议政府工作报告、人大主席团工作报告、财政预决算报告并作出相应决议;补选朱益红为副乡长

三、相关乡(镇)人大主席团常务主席,人民代表大会主席、副主席名录

东陈镇

(2000年4月丁北镇并入，2013年3月雪岸镇并入)

常务主席　王克良　(1993.03—1996.02)
主　　席　冒学春　(1996.02—2000.04)
汤德明　(2000.04—2001.08)
(2000.04—2000.10任人大筹备组组长)
章建宏　(2001.11—2005.12)

冒　平　(2006.02—2010.12)
佘德华　(2011.01—2012.03)
卢树平　(2012.03—2013.03)
李小军　(2013.03—　)

副主席　潘竹林　(1996.02—1999.01)
洪兆太　(1999.01—2000.04)
陈本山　(2000.04—2000.10人大筹备组成员)
(2000.04—2007.11)
郝建兰(女)　(2000.04—2000.10人大筹备组成员)
(2000.04—2011.01)
(2015.01—　)
冒正山　(2001.12—2002.08)
冯志军　(2006.02—2006.12)
汪正祥　(2006.02—2007.11)
薛树平　(2011.01—2015.01)
吴志广　(2012.03—2016.01)
王　斌　(2013.05—2016.01)
吉爱明　(2016.01—　)

雪岸镇

(2013年3月撤销)

常务主席　宦松山　(1993.03—1996.03)

主　席　倪德平　(1996.03—1996.12)
何秀琪　(1998.02—2000.04)
季　淼　(2000.04—2000.10任人大筹备组组长)
(2000.04—2001.12)
陈松稳　(2002.01—2006.01)
冒海清　(2006.02—2009.12)
吴　鹏　(2010.01—2012.03)
李小军　(2012.03—2013.03)

副主席　陆德芳(女)　(1996.03—1998.10)
许映和　(1996.03—1997.02)
邱贤祥　(1997.02—1998.12)
夏映俊　(1999.01—2001.11)
(2000.04—2000.10人大筹备组成员)
娄桂生　(2000.10—2001.11)
朱正来　(2002.01—2004.02)
薛志光　(2004.02—2006.02)
冯志军　(2007.02—2007.11)
盛建华　(2007.02—2012.03)
周　斌　(2012.03—2013.03)
王　斌　(2012.03—2013.03)

丁北镇

(2000年4月撤销)

常务主席	王　忠	(1993.03—1996.03)
主　　席	吕　品	(1996.03—1999.01)
	孙兴南	(1999.01—2000.04)
副 主 席	薛银和	(1996.03—2000.04)

南凌乡

(2000年4月撤销)

常务主席	袁国祥	(1993.03—1995.12)
主　　席	濮存明	(1996.03—1999.01)
	费秀平	(1999.01—2000.04)
副 主 席	刘宏海	(1996.03—1998.12)
	顾春华	(1999.01—2000.04)

第六节　丁堰镇人民代表大会

一、概　述

丁堰镇位于如皋市东部,距如城10余公里,东接如东县双甸镇,西邻城南街道,南与白蒲镇接壤,北与东陈镇毗连。总面积70.48平方公里,人口5.3万人。境内地势平坦、土地肥沃、气候温和、资源丰富,素称富庶之区。

镇中心为古丁堰镇,唐代史书便有记载。历经变迁,自明代起,沿串场河(今如泰河)形成西起三元桥,东至碧霞宫以东,长约三华里的整齐的对面大街。街有八条巷向两侧延伸。东有过街楼,西有三元门,北有启凤门,是行人车辆进出大街的通道。南傍运盐河,有供旅客上下和货物装卸的码头。至今,虽历经沧桑,仍基本保留了明、清时期古镇的格局。

"文化大革命"期间,人民代表大会制度中断执行,直到1981年恢复。1993年,根据《中华人民共和国地方各级人民代表大会和地方各级人民政府组织法》和《江苏省乡(镇)人民代表大会工作暂行条例》的有关规定,设立镇人大主席团,并在人民代表大会闭会期间设人民代表大会常务主席。1995年3月,撤销丁西乡建制,并入丁堰镇;2000年4月,又将丁堰乡并入。到2016年,为第十二届人民代表大会。

二、相关乡(镇)人民代表大会会议

1981年—2015年丁堰镇相关乡(镇)人民代表大会会议概况一览表

表7-3-6

辖区名称	会议名称	会议时间	主要议程
丁堰镇	三届人大一次会议	1981年2月	听取和审议革委会工作报告并作出相应决议;选举张明为镇长,管保玉、汪文富、丛宗远为副镇长
	三届人大二次会议	1982年3月	听取和审议政府工作报告并作出相应决议
	三届人大三次会议	1983年2月	听取和审议政府工作报告报告并作出相应决议;补选张有德为镇长
	四届人大一次会议	1984年5月	听取和审议政府工作报告并作出相应决议;选举张有德为镇长,汪文富、张德寿为副镇长
	四届人大二次会议	1985年7月	听取和审议政府工作报告并作出相应决议;选举张德寿为镇长,顾伯祥为副镇长
	四届人大三次会议	1986年6月	听取和审议关于国民经济和社会发展第七个五年计划、财政预决算报告并作出相应决议;选举顾伯祥为镇长
	五届人大一次会议	1987年3月	听取和审议政府工作报告、财政预决算报告并作出相应决议;制定《丁堰镇镇规民约》;选举陈美英为镇长,汪文富、佘道才为副镇长
	五届人大二次会议	1988年3月	听取和审议政府工作报告、财政预决算报告并作出相关决议
	五届人大三次会议	1989年3月	听取和审议政府工作报告、财政预决算报告 ,并作出相应决议
	六届人大一次会议	1990年3月	听取和审议政府工作报告、财政预决算报告、《关于认真贯彻基本国策,严格控制人口增长》《关于加强土地管理,切实保护耕地》《丁堰镇人民教育基金会章程》报告并作出相应决议;选举陈美英为镇长,汪文富、佘道才为副镇长
	六届人大二次会议	1991年3月	听取和审议政府工作报告、财政预决算报告并作出相应决议;补选杨国华为副镇长
	六届人大三次会议	1992年3月	听取和审议政府工作报告、财政预决算报告、人大主席团报告;佘道才辞去副镇长职务,补选李昌坤为副镇长
	六届人大四次会议	1992年8月	听取和审议政府工作报告、财政预决算报告、人大主席团报告 ;补选陈建林为科技副镇长
	七届人大一次会议	1993年3月	听取和审议政府工作报告、财政预决算报告、人大主席团工作、继续推行人民教育基金制度报告并作出相应决议;选举骆春林为常务主席,陈美英为镇长,黄锦林、杨国华、李昌坤为副镇长,陈建林为科技副镇长
	七届人大二次会议	1994年3月	听取和审议政府工作报告、财政预决算报告、人大主席团工作报告并作出相应决议;李昌坤辞去副镇长
	七届人大三次会议	1995年2月	听取和审议政府工作报告、财政预决算报告、人大主席团工作报告并作出相应决议

续表7-3-6

辖区名称	会议名称	会议时间	主 要 议 程
丁堰镇	八届人大一次会议	1996年3月	听取和审议政府工作报告、财政预决算报告、人大主席团工作报告、执行村镇规划报告并作出相应决议;选举侯瑞康为人大主席,刘国田、娄元才为人大副主席,佘道才为镇长,马春才、韩国平为副镇长
	八届人大二次会议	1997年3月	听取和审议政府工作报告、财政预决算报告、人大主席团工作、农民负担情况报告并作出相应决议
	八届人大三次会议	1998年3月	听取和审议政府工作报告、财政预决算报告、人大主席团工作报告并作出相应决议
	九届人大一次会议	1999年1月	听取和审议政府工作报告、财政预决算报告、人大主席团工作报告并作出相应决议;选举宋健为镇长,马春才、韩国平、何爱国、赵美兰为副镇长
	九届人大二次会议	2000年3月	听取和审议政府工作报告、财政预决算报告、人大主席团工作报告并作出相应决议
	十届人大一次会议	2000年10月	听取和审议行政工作组、人大筹备组等工作报告并作出相应决议;选举严金华为人大主席,吉爱民、刘萍为副主席,宋健为镇长,宗秀兰、何爱国、韩国平、郭继平、徐朝阳为副镇长
	十届人大二次会议	2001年2月	听取和审议政府工作报告、财政预决算报告、人大主席团、镇区总体规划等工作报告并作出相应决议
	十届人大三次会议	2001年11月	听取和审议政府工作报告、财政预决算报告、人大主席团工作、镇区总体规划报告并作出相应决议;补选李平为人大主席,焦永明、孙兴南、何文成为副主席,补选王桂兰为镇长
	十届人大四次会议	2003年2月	听取和审议政府工作报告、财政预决算报告、人大主席团工作报告并作出相应决议
	十届人大五次会议	2004年2月	听取和审议政府工作报告、财政预决算报告、人大主席团工作报告并作出相应决议;补选程宏为镇长,薛爱平为副镇长
	十届人大六次会议	2005年2月	听取和审议政府工作报告、财政预决算报告、人大主席团工作报告并作出相应决议
	十届人大七次会议	2006年2月	听取和审议政府工作报告、财政预决算报告、人大主席团工作报告并作出相应决议;补选江太宏、陈林为镇人大副主席,苏燕、周忠泽为副镇长
	十届人大会八次会议	2007年1月	听取和审议政府工作报告、财政预决算报告、人大主席团工作报告并作出相应决议;程宏辞去镇长职务;补选卢志敏为镇长,王亚明、侯茂华为副镇长
	十一届人大一次会议	2007年12月	听取和审议政府工作报告、财政预决算报告、人大主席团工作报告并作出相应决议;选举卢志敏为人大主席,陈林为副主席,杨大勇为镇长,王亚明、杨晓静、侯茂华为副镇长
	十一届人大二次会议	2009年1月	听取和审议政府工作报告、财政预决算报告、人大主席团工作报告并作出相应决议;补选薛国平为副镇长
	十一届人大三次会议	2010年1月	听取和审议政府工作报告、财政预决算报告、人大主席团工作报告并作出相应决议;补选缪剑云为副镇长

续表7-3-6

辖区名称	会议名称	会议时间	主 要 议 程
丁堰镇	十一届人大四次会议	2011年1月	听取和审议政府工作报告、财政预决算报告、人大主席团工作报告并作出相应决议；补选薛国平为镇人大副主席，崔建村为镇长，吉卫华，郭继平为副镇长
	十二届人大一次会议	2012年3月	听取和审议政府工作报告、财政预决算报告、人大主席团工作报告 并作出相应决议；选举薛爱平为镇人大主席，郭继平、薛国平为副主席，崔建村为镇长，王亚明、缪剑云、吉卫华、杨晓静为副镇长
	十二届人大二次会议	2013年1月	听取和审议政府工作报告、财政预决算报告、人大主席团工作报告并作出相应决议
	十二届人大三次会议	2013年4月	组织学习《中华人民共和国全国人民代表大会和地方各级人民代表大会代表法》《中华人民共和国全国人民代表大会和地方各级人民代表大会选举法》；补选薛献忠为人大主席
	十二届人大四次会议	2014年1月	听取和审议政府工作报告、财政预决算报告、人大主席团工作报告并作出相应决议；补选储开平为镇长，周峰为副镇长
	十二届人大五次会议	2015年1月	听取和审议政府工作报告、财政预决算报告、人大主席团工作报告并作出相应决议；薛国平辞去人大副主席职务，补选张佩华为人大副主席
丁埝公社	五届人大一次会议	1981年5月	听取和审议革命委员会工作、提案审查报告并作出相应决议；选举郑健为革委员会主任
	五届人大二次会议	1983年1月	听取和审议管委会工作报告并作出相应决议；补选马春才、丛宗远、高申贵为管委会副主任
丁堰乡	五届人大三次会议	1983年9月	听取和审议政府工作报告报告并作出相应决议；补选郑健为乡长，马春才、丛宗远、许秀南为副乡长
	六届人大一次会议	1984年4月	听取和审议议案审查、政府工作报告并作出相应决议；选举高申贵为乡长，马春才、丛宗远、许秀南为副乡长
	六届人大二次会议	1985年1月	听取和审议政府工作报告报告并作出相应决议；选举薛祝华为乡长
	六届人大三次会议	1985年7月	听取和审议政府工作报告报告并作出相应决议
	六届人大四次会议	1986年7月	通过议案审查委员会和财经委员会名单；选举张德寿为副乡长
	七届人大一次会议	1987年3月	听取和审议政府工作报告、财政预决算报告报告 并作出相应决议；选举张德寿为乡长，朱余富、许秀南为副乡长
	七届人大二次会议	1988年4月	听取和审议政府工作报告、财政预决算报告、建设规划报告并作出相应决议
	七届人大三次会议	1989年5月	听取和审议政府工作报告、财政预决算报告、乡规民约、议案审查报告并作出相应决议
	八届人大一次会议	1990年3月	听取和审议政府工作报告、财政预决算报告并作出相应决议；选举张德寿为乡长，朱余富、陈福泉、汤德明为副乡长

续表7-3-6

辖区名称	会议名称	会议时间	主要议程
丁堰乡	八届人大二次会议	1991年3月	听取和审议政府工作报告、财政预决算报告并作出相应决议；张德寿辞去乡长职务，选举薛裕才为乡长
	八届人大三次会议	1992年3月	听取和审议政府工作报告、财政预决算报告并作出相应决议
	九届人大一次会议	1993年3月	听取和审议政府工作报告、财政预决算报告并作出相应决议；推选张德寿为人大主席团常务主席，选举薛裕才为乡长，朱余富、汤德明、陈福泉为副乡长，朱金华为科技副乡长
	九届人大二次会议	1994年2月	听取和审议政府工作报告、财政预决算报告并作出相应决议；选举宗梅芳为副乡长
	九届人大三次会议	1995年3月	听取和审议政府工作报告、财政预决算报告并作出相应决议；选举汤德明为乡长
	十届人大一次会议	1996年5月	听取和审议政府工作报告、财政预决算报告、人大主席团工作报告并作出相应决议；选举陈朝宽为人大主席，冒明余为副主席，汤德明为乡长，宗梅芳、黄锦林、高建平为副乡长
	十届人大二次会议	1997年3月	听取和审议政府工作报告、财政预决算报告、人大主席团工作报告并作出相应决议
	十届人大三次会议	1998年3月	听取和审议政府工作报告、财政预决算报告、人大主席团工作报告 并作出相应决议
	十一届人大一次会议	1999年1月	听取和审议政府工作报告、财政预决算报告、人大主席团工作报告并作出相应决议；选举焦永明为乡长，宗梅芳、郭继平、许秀平为副乡长
丁西公社	五届人大一次会议	1981年2月	听取和审议管委会工作、农民负担审查报告 并作出相应决议；选举许逢山为革委会主任，陆万林、刘炳元、苏广余为副主任
	五届人大二次会议	1982年3月	听取和审议管委会工作报告并作出相应决议
丁西乡	五届人大三次会议	1983年7月	听取和审议政府工作报告、财政预决算报告报告并作出相应决议；补选侯瑞康为乡长，焦永明、苏广余、张国富为副乡长
	六届人大一次会议	1984年4月	听取和审议政府工作报告、议案审查报告 并作出相应决议；选举侯瑞康为乡长，焦永明、苏广余、张国富为副乡长
	六届人大二次会议	1985年7月	听取和审议政府工作报告、议案审查、国民经济和社会发展第七个五年计划报告；张国富辞去副乡长职务，补选马春才为副乡长
	六届人大三次会议	1986年7月	听取和审议政府工作报告、财政预决算报告报告并作出相应决议
	七届人大一次会议	1987年3月	听取和审议政府工作报告、财政预决算报告报告 并作出相应决议；选举侯瑞康为乡长，焦永明为副乡长
	七届人大二次会议	1988年5月	听取和审议政府工作报告、财政预决算报告并作出相应决议

续表7-3-6

辖区名称	会议名称	会议时间	主要议程
丁西乡	七届人大三次会议	1989年5月	听取和审议政府工作报告、财政预决算报告并作出相应决议
	八届人大一次会议	1990年3月	听取和审议政府工作报告、财政预决算报告、加强土地管理,切实保护耕地报告并作出相应决议;选举侯瑞康为乡长,焦永明、马春才为副乡长
	八届人大二次会议	1991年3月	听取和审议政府工作报告、财政预决算报告报告并作出相应决议
	八届人大三次会议	1992年3月	听取和审议政府工作报告、财政预决算报告、议案审查报告并作出相应决议
	九届人大一次会议	1993年3月	听取和审议政府工作报告、财政预决算报告、人大主席团工作报告并作出相应决议;推选陈昭元为人大常务主席,选举侯瑞康为乡长,马春才、陆蔚茹、孙建华为副乡长,其中孙建华为科技副乡长
	九届人大二次会议	1994年3月	听取和审议政府工作报告、财政预决算报告、人大主席团工作报告并作出相应决议;选举陈勇为副乡长
	九届人大三次会议	1995年2月	听取和审议政府工作报告、财政预决算报告、人大主席团工作报告并作出相应决议

三、相关乡(镇)人大席团常务主席,人民代表大会主席、副主席名录

丁堰镇

(1995年3月,丁西乡并入,2000年4月丁堰乡并入)

常务主席 骆春林 (1993.03—1995.03)
主　　席 侯瑞康 (1995.03—1996.03主持人大工作)
(1996.03—2000.04)
严金华 (2000.04—2000.10人大筹备组组长)
(2000.10—2001.10)
李　平 (2001.12—2007.12)
卢志敏 (2007.12—2011.12)
薛爱平 (2012.03—2013.03)
薛献忠 (2013.04—　)
副 主 席 刘国田 (1996.03—2000.04)
娄元才 (1996.03—2000.04)
吉爱民 (2000.10—2001.10)
刘　萍(女) (2000.10—2005.02)
焦永明 (2001.12—2005.02)
孙兴南 (2001.12—2007.10)
何文成 (2001.12—2003.02)

	江太宏	(2006.02—2007.10)
	陈　林	(2006.02—2010.12)
	薛国平	(2011.01—2014.12)
	郭继平	(2012.03—　　)
	张佩华(女)	(2015.01—2016.01)
	吉卫华	(2016.01—　　)

丁西乡

(1995年并入丁堰镇)

常务主席	陈昭元	(1993.04—1994.12)

丁堰乡

(2000年4月并入丁堰镇)

常务主席	张德寿	(1993.03—1994.10)
主　　席	陈朝宽	(1996.05—2000.04)
副 主 席	冒明余	(1996.03—1997.11)

第七节　白蒲镇人民代表大会

一、概　述

1954年6月12日白蒲镇列为县属镇,1958年9月20日参与组成白蒲(火箭)人民公社,1959年3月2日,与姚园乡合并组成白蒲公社,1959年8月4日划出姚园公社,1963年3月5日,恢复白蒲镇人民委员会。1966年5月"文化大革命"开始,人民公社委员会改为"公社(镇)革命委员会",其领导人均由上级按"三结合"原则任命,人民代表大会制度中断执行。直至1981年10月30日,经镇人民代表大会选举镇长、副镇长,成立白蒲镇人民政府,此后依法换届。1990年2月,经县委同意,镇人民代表大会主席团在闭会期间设常务主席1名。1995年4月白蒲镇与原蒲西乡合并,历两届人代会,至2000年4月22日行政区划再次调整,新姚、勇敢两乡并入白蒲镇,奚斜乡并入林梓镇。2013年3月20日,撤销林梓镇、白蒲镇,将原林梓镇、白蒲镇所辖区域合并,设立新的白蒲镇,同年,选举白蒲镇第十七届人大代表122名,并于6月召开白蒲镇第十七届人大一次会议。至2016年为十七届人民代表大会。

二、相关乡(镇)人民代表大会会议

1981年—2015年白蒲镇相关乡(镇)人民代表大会会议概况一览表

表7-3-7

辖区名称	会议名称	会议时间	主 要 议 程
白蒲镇	七届人大一次会议	1981年10月	听取和审议政府工作报告和提案审查报告并作出相应决议;选举郑焕华为镇长,朱广明、袁其明、杨东明为副镇长

续表7-3-7

辖区名称	会议名称	会议时间	主 要 议 程
白蒲镇	八届人大一次会议	1984年5月	听取和审议政府工作报告和提案审查报告并作出相应决议;选举李世忠为镇长,杨东明为副镇长
	八届人大二次会议	1984年12月	听取李世忠代表政府作的“白蒲镇城镇建设和市场管理”的工作报告,通过“白蒲镇人民政府加强城镇建设和管理的通告”以及实施“通告”的细则
	八届人大三次会议	1985年7月	听取和审议政府工作报告和提案审查报告并作出相应决议;补选胡邦林为副镇长
	八届人大四次会议	1986年7月	听取和审议政府工作报告和财政预决算报告并作出相应决议
	九届人大一次会议	1987年3月	听取和审议政府工作报告和财政预决算报告并作出相应决议;选举李世忠为镇长,杨东明、胡邦林为副镇长
	九届人大二次会议	1988年4月	听取和审议政府工作报告和财政预决算报告并作出相应决议
	九届人大三次会议	1989年5月	听取和审议政府工作报告和财政预决算报告并作出相应决议;补选常嘉复为副镇长
	十届人大一次会议	1990年3月	听取和审议政府工作报告和财政预决算报告并作出相应决议;选举李世忠为镇长,胡邦林、常嘉复、宗志祥为副镇长
	十届人大二次会议	1991年3月	听取和审议政府工作报告、“八五规划”报告和财政预决算报告并作出相应决议
	十届人大三次会议	1992年3月	听取和审议政府工作报告、财政预决算报告和人大主席团工作报告并作出相应决议
	十届人大四次会议	1992年7月	听取和审议政府工作报告、财政预决算报告和人大主席团工作报告并作出相应决议;补选黄炳华为科技副镇长
	十一届人大一次会议	1993年3月	听取和审议政府工作报告、财政预决算报告和人大主席团工作报告并作出相应决议;选举李世忠为镇长,胡邦林、常嘉福、宗志祥为副镇长,黄炳华为科技副镇长
	十一届人大二次会议	1994年2月	听取和审议政府工作报告、财政预决算报告和人大主席团工作报告并作出相应决议;通过关于进一步加强城镇建设和管理的意见
	十一届人大三次会议	1995年2月	听取和审议政府工作报告、财政预决算报告、人大主席团工作报告和关于“搬迁如意市场,新建薛家桥贸易市场的意见”的报告并作出相应决议
	十二届人大一次会议	1996年3月	听取和审议政府工作报告、财政预决算报告和人大主席团工作报告并作出相应决议;选举李世忠为镇人大主席,胡邦林为副主席,周太荣为镇长,张秀祥、陆秀琴、陈国华、耿超为副镇长
	十二届人大二次会议	1997年3月	听取和审议政府工作报告、财政预决算报告和人大主席团工作报告并作出相应决议;通过白蒲镇关于创建示范新型小镇的决议

续表7-3-7

辖区名称	会议名称	会议时间	主要议程
白蒲镇	十二届人大三次会议	1998年2月	听取和审议政府工作报告、财政预决算报告和人大主席团工作报告并作出相应决议；通过白蒲镇旧城改造的决议
	十三届人大一次会议	1999年1月	听取和审议政府工作报告、财政预决算报告和人大主席团工作报告并作出相应决议；选举杨春和为镇人大主席，黄淑芳为副主席，陈爱民为镇长，张秀祥、耿超、吴刚、刘加峰为副镇长
	十三届人大二次会议	2000年2月	听取和审议政府工作报告、财政预决算报告和人大主席团工作报告并作出相应决议；补选周萍为副镇长
	十四届人大一次会议	2000年10月	听取和审议《行政工作组工作报告》和《人大筹备组工作报告》并作出相应决议；选举徐海昌为镇人大主席，陈国荣、金宏光、蒋俊友为镇人大副主席，宋军为镇长，王美玲、杨国军、苏晓红、耿超、周萍、姜石泉为副镇长
	十四届人大二次会议	2001年2月	听取和审议政府工作报告、财政预决算报告和人大主席团工作报告并作出相应决议
	十四届人大三次会议	2002年1月	听取和审议政府工作报告、财政预决算报告和人大主席团工作报告并作出相应决议；通过关于白蒲镇中心街南侧改造的决议；补选宋军为镇人大主席，施锦华、张引珍为镇人大副主席，张秀祥为镇长
	十四届人大四次会议	2003年3月	听取和审议政府工作报告、财政预决算报告和人大主席团工作报告并作出相应决议；通过新蒲大桥改造计划
	十四届人大五次会议	2004年2月	听取和审议政府工作报告、财政预决算报告和人大主席团工作报告并作出相应决议
	十四届人大六次会议	2005年2月	听取和审议政府工作报告、财政预决算报告和人大主席团工作报告并作出相应决议；补选朱杰兵为科技副镇长。（补选镇长未成功）
	十四届人大七次会议	2006年2月	听取和审议政府工作报告、财政预决算报告和人大主席团工作报告并作出相应决议；补选袁国泉、钱克贤为人大副主席，张益群为镇长，田学平、章盛国为副镇长
	十四届人大八次会议	2007年1月	听取和审议政府工作报告、财政预决算报告和人大主席团工作报告并作出相应决议
	十五届人大一次会议	2007年12月	听取和审议政府工作报告、财政预决算报告和人大主席团工作报告并作出相应决议；选举张秀祥为镇人大主席，袁国泉为副主席，张益群为镇长，章盛国、曹玲、周复军为副镇长
	十五届人大二次会议	2009年1月	听取和审议政府工作报告、财政预决算报告和人大主席团工作报告并作出相应决议；通过白蒲镇总体规划修编的决议
	十五届人大三次会议	2010年1月	听取和审议政府工作报告、财政预决算报告和人大主席团工作报告并作出相应决议；补选沈亚林为镇人大主席，谢海兵为镇长，朱建军、陈慧华、仇永华为副镇长
	十五届人大四次会议	2011年1月	听取和审议政府工作报告、财政预决算报告和人大主席团工作报告并作出相应决议；补选周铭君为副镇长

续表7-3-7

辖区名称	会议名称	会议时间	主要议程
白蒲镇	十六届人大一次会议	2012年3月	听取和审议政府工作报告、财政预决算报告和人大主席团工作报告并作出相应决议;选举沈亚林为镇人大主席,蒋俊友、陆新明为副主席,朱建军为镇长,章盛国、曹玲、周铭君、宗炳生为副镇长
白蒲镇	十六届人大二次会议	2013年1月	听取和审议政府工作报告、财政预决算报告和人大主席团工作报告并作出相应决议
白蒲镇	十七届人大一次会议	2013年5月	听取和审议政府工作报告、财政预决算报告和人大主席团工作报告并作出相应决议;选举张长健为镇人大主席,朱元军、蒋俊友、陆新明为副主席,朱建军为镇长,章盛国、曹玲、周铭君、宗炳生、侯茂华、冒俊、徐拥军、陈玉峰为副镇长
白蒲镇	十七届人大二次会议	2014年1月	听取和审议政府工作报告、财政预决算报告和人大主席团工作报告并作出相应决议
白蒲镇	十七届人大三次会议	2015年1月	听取和审议政府工作报告、财政预决算报告和人大主席团工作报告并作出相应决议;补选陈慧华为镇人大主席,李世芬、樊玉宝为副镇长
蒲西公社	八届人大一次会议	1981年8月	经社员代表大会选举产生蒲西人民公社管理委员会,选举丁邦如为主任,徐长法、顾晓春、陈祥林为副主任
蒲西公社	八届人大二次会议	1982年12月	听取和审议一年多来管委会工作情况及1983年工作任务并作出相应决议
蒲西乡	八届人大三次会议	1983年10月	经乡人民代表大人民代表大会选举,成立蒲西乡人民政府,选举赵广金为乡长、肖杰为副乡长
蒲西乡	九届人大一次会议	1984年4月	听取和审议政府工作报告并作出相应决议;选举赵广金为乡长,肖杰为副乡长
蒲西乡	九届人大二次会议	1985年1月	补选周计才为副乡长
蒲西乡	九届人大三次会议	1985年8月	听取和审议政府工作报告和提案审查报告并作出相应决议
蒲西乡	九届人大四次会议	1986年7月	听取和审议政府工作报告和财政预决算报告并作出相应决议
蒲西乡	十届人大一次会议	1987年3月	听取和审议政府工作报告和财政预决算报告并作出相应决议;选举陈祥林为乡长,周计才、丁俊红为副乡长
蒲西乡	十届人大二次会议	1988年4月	听取和审议政府工作报告和财政预决算报告并作出相应决议
蒲西乡	十届人大三次会议	1989年5月	听取和审议政府工作报告和财政预决算报告并作出相应决议
蒲西乡	十一届人大一次会议	1990年3月	听取和审议政府工作报告和财政预决算报告并作出相应决议;选举陈祥林为乡长,宋军、钱克贤为副乡长
蒲西乡	十一届人大二次会议	1991年3月	听取和审议政府工作报告和财政预决算报告并作出相应决议

续表7-3-7

辖区名称	会议名称	会议时间	主 要 议 程
蒲西乡	十一届人大三次会议	1992年3月	听取和审议政府工作报告和财政预决算报告并作出相应决议
	十一届人大四次会议	1992年7月	补选张本为科技副乡长
	十二届人大一次会议	1993年3月	听取和审议政府工作报告和财政预决算报告并作出相应决议;选举宋军为乡长,姜建华、陈国华为副乡长,张本为科技副乡长
	十二届人大二次会议	1994年2月	听取和审议政府工作报告、财政预决算报告和人大主席团工作报告并作出相应决议
	十二届人大三次会议	1995年2月	听取和审议政府工作报告、财政预决算报告和人大主席团工作报告并作出相应决议
新姚公社	八届人大一次会议	1981年8月	听取和审议政府工作报告,选举产生了新的乡政权和建立人民公社经济联合委员会;选举章经为主任,顾光中、冒进元、顾锦生、周国臣为副主任
	八届人大二次会议	1982年10月	听取和审议新姚公社工作报告和议案审查报告并作出相应决议
新姚乡	八届人大三次会议	1983年10月	听取和审议管委会工作报告和财政预决算报告;补选冒进元为乡长,顾光中、苏金福为副乡长
	九届人大一次会议	1984年4月	听取和审议政府工作报告和财政预决算报告并作出相应决议;选举冒进元为乡长,顾光中、苏金福为副乡长
	九届人大二次会议	1985年2月	补选吴仲杰为乡长
	九届人大三次会议	1985年7月	听取和审议政府工作报告和财政预决算报告并作出相应决议
	九届人大四次会议	1986年7月	听取和审议政府工作报告和财政预决算报告并作出相应决议
	十届人大一次会议	1987年3月	听取和审议政府工作报告和财政预决算报告并作出相应决议;选举吴仲杰为乡长,苏金福、常嘉复为副乡长
	十届人大二次会议	1988年5月	听取和审议政府工作报告和财政预决算报告并作出相应决议
	十届人大三次会议	1989年5月	听取和审议政府工作报告和财政预决算报告并作出相应决议
	十一届人大一次会议	1990年3月	听取和审议政府工作报告和财政预决算报告并作出相应决议;选举吴仲杰为乡长,苏金福、管怀清为副乡长
	十一届人大二次会议	1991年3月	听取和审议政府工作报告和财政预决算报告并作出相应决议
	十一届人大三次会议	1992年3月	听取和审议政府工作报告和财政预决算报告并作出相应决议;补选管怀清为乡长,曹娟为副乡长

续表7-3-7

辖区名称	会议名称	会议时间	主要议程
新姚乡	十一届人大四次会议	1992年7月	补选凌毅为科技副乡长
	十二届人大一次会议	1993年3月	听取和审议政府工作报告和财政预决算报告并作出相应决议;选举陈祥林为主席团常务主席,管怀清为乡长,苏金福、曹娟为副乡长,凌毅、潘跃进为科技副乡长
	十二届人大二次会议	1994年2月	听取和审议政府工作报告、财政预决算报告和人大主席团工作报告并作出相应决议
	十二届人大三次会议	1995年2月	听取和审议政府工作报告、财政预决算报告和人大主席团工作报告并作出相应决议;补选张钰为科技副乡长
	十三届人大一次会议	1996年3月	听取和审议政府工作报告、财政预决算报告和人大主席团工作报告并作出相应决议;选举杨春和为乡人大主席,沈达仁为乡人大副主席,管怀清为乡长,曹娟、袁国泉、苏晓红为副乡长
	十三届人大二次会议	1997年2月	听取和审议政府工作报告、财政预决算报告和人大主席团工作报告并作出相应决议
	十三届人大三次会议	1998年2月	听取和审议政府工作报告、财政预决算报告和人大主席团工作报告并作出相应决议
	十四届人大一次会议	1999年1月	听取和审议政府工作报告、财政预决算报告和人大主席团工作报告并作出相应决议;选举李世忠为乡人大主席,袁国泉为乡长,苏晓红、杨国军、钱顺华为副乡长
	十四届人大二次会议	2000年2月	听取和审议政府工作报告、财政预决算报告和人大主席团工作报告并作出相应决议
勇敢公社	五届人大一次会议	1981年5月	经社员大会选举,建立勇敢人民公社管理委员会,选举张振熙为主任,顾金汉、周锦华、顾建华、杨海林为副主任
	五届人大二次会议	1982年10月	听取和审议政府工作报告和提案审查报告并作出相应决议
勇敢乡	五届人大三次会议	1983年9月	补选杨海林为乡长,顾金汉为副乡长
	六届人大一次会议	1984年4月	听取和审议政府工作报告和财政预决算报告并作出相应决议;选举严绍华为乡长,顾金汉为副乡长
	九届人大二次会议	1985年1月	听取和审议政府工作报告和财政预决算报告并作出相应决议
	九届人大三次会议	1985年7月	听取和审议政府工作报告和财政预决算报告并作出相应决议;通过《勇敢乡集镇规划》
	九届人大四次会议	1986年7月	听取和审议政府工作报告和财政预决算报告并作出相应决议
	十届人大一次会议	1987年3月	听取和审议政府工作报告和财政预决算报告并作出相应决议;选举顾建华为乡长,李其芝、张引珍为副乡长

续表7-3-7

辖区名称	会议名称	会议时间	主 要 议 程
勇敢乡	十届人大二次会议	1988年4月	听取和审议政府工作报告、财政预决算报告和修改《乡规民约》的报告并作出相应决议
	十届人大三次会议	1989年5月	听取和审议政府工作报告和财政预决算报告并作出相应决议
	十一届人大一次会议	1990年3月	听取和审议政府工作报告和财政预决算报告并作出相应决议;选举顾建华为乡长(副乡长选举不成功)
	十一届人大二次会议	1991年3月	听取和审议政府工作报告和财政预决算报告并作出相应决议;补选李其芝、冒正山为副乡长
	十一届人大三次会议	1992年3月	听取和审议政府工作报告和财政预决算报告并作出相应决议;补选吴仲杰为乡长
	十一届人大四次会议	1992年7月	补选赵伦盛为科技副乡长
	十二届人大一次会议	1993年3月	听取和审议政府工作报告和财政预决算报告并作出相应决议;选举姜海峰为主席团常务主席,吴仲杰为乡长,李其芝、冒正山为副乡长,赵伦圣为科技副乡长
	十二届人大二次会议	1994年2月	听取和审议政府工作报告、财政预决算报告和人大主席团工作报告并作出相应决议
	十二届人大三次会议	1995年2月	听取和审议政府工作报告、财政预决算报告和人大主席团工作报告并作出相应决议;补选王文渊为副乡长
	十二届人大四次会议	1995年8月	听取和审议政府工作报告、财政预决算报告和人大主席团工作报告并作出相应决议;补选宋军为乡长
	十三届人大一次会议	1996年3月	听取和审议政府工作报告、财政预决算报告和人大主席团工作报告并作出相应决议;选举吴仲杰为乡人大主席,曹亚云为乡人大副主席,宋军为乡长,王文渊、金宏光为副乡长
	十三届人大二次会议	1997年2月	听取和审议政府工作报告、财政预决算报告和人大主席团工作报告并作出相应决议
	十三届人大三次会议	1998年2月	听取和审议政府工作报告、财政预决算报告和人大主席团工作报告并作出相应决议
	十四届人大一次会议	1999年1月	听取和审议政府工作报告、财政预决算报告和人大主席团工作报告并作出相应决议;选举管怀清为乡人大主席,宋军为乡长,王文渊、丁先骏、吴光琪为副乡长
	十四届人大二次会议	2000年1月	听取和审议政府工作报告、财政预决算报告和人大主席团工作报告并作出相应决议
林梓公社	八届人大一次会议	1981年12月	林梓人民公社召开第八届人民代表大会(时称社员代表大会)一次会议,出席大会代表80人,顾邦能当选为公社管理委员会主任,沈恒龙、沈厚福、许秀奎当选为副主任

续表7-3-7

辖区名称	会议名称	会议时间	主要议程
林梓公社	八届人大二次会议	1982年12月	听取和审议政府工作报告并作出相应决议
林梓乡	八届人大三次会议	1983年8月	成立林梓乡人民政府;选举丁邦魁为乡长,许秀奎、郁长如为副乡长
	九届人大一次会议	1984年4月	听取和审议政府工作报告并作出相应决议;选举丁邦魁为乡长,许秀奎、郁长如连任副乡长
	九届人大二次会议	1985年1月	听取和审议政府工作报告并作出相应决议
	九届人大三次会议	1985年7月	听取和审议政府工作报告和提案审查报告并作出相应决议;补选仇达先为副乡长
林梓镇	九届人大四次会议	1986年4月	听取和审议撤乡建镇的报告,通过乡长、副乡长改称镇长、副镇长的决定
	九届人大五次会议	1986年7月	听取和审议政府工作报告、财政预决算报告和林梓镇总体规划的报告并作出相应决议
	十届人大一次会议	1987年3月	听取和审议政府工作报告和财政预决算报告并作出相应决议;选举丁邦魁为镇长,许秀奎、仇达先为副镇长
	十届人大二次会议	1988年5月	听取和审议政府工作报告和财政预决算报告并作出相应决议
	十届人大三次会议	1989年5月	听取和审议政府工作报告和财政预决算报告并作出相应决议;补选羌汉荣为镇长
	十一届人大一次会议	1990年3月	听取和审议政府工作报告和财政预决算报告并作出相应决议;选举羌汉荣为镇长,李斯荣、仇达先、徐斌为副镇长,盖希程为科技副镇长
	十一届人大二次会议	1991年3月	听取和审议政府工作报告和财政预决算报告并作出相应决议
	十一届人大三次会议	1992年3月	听取和审议政府工作报告和财政预决算报告并作出相应决议
	十一届人大四次会议	1992年7月	补选石进为科技副镇长
	十二届人大一次会议	1993年3月	听取和审议政府工作报告和财政预决算报告并作出相应决议;选举杨春和为人大主席团常务主席,羌汉荣为镇长,仇达先、徐斌为副镇长,石进、李德山为科技副镇长
	十二届人大二次会议	1994年2月	听取和审议政府工作报告、财政预决算报告和人大主席团工作报告并作出相应决议
	十二届人大三次会议	1995年2月	听取和审议政府工作报告、财政预决算报告和人大主席团工作报告并作出相应决议;补选姚志新为科技副镇长

续表7-3-7

辖区名称	会议名称	会议时间	主要议程
林梓镇	十三届人大一次会议	1996年3月	听取和审议政府工作报告、财政预决算报告和人大主席团工作报告并作出相应决议;选举沈厚福为镇人大主席,严绍华、仇达先为副主席,羌汉荣为镇长,李爱玲、沈亚峰、江太宏为副镇长
	十三届人大二次会议	1997年2月	听取和审议政府工作报告、财政预决算报告和人大主席团工作报告并作出相应决议
	十三届人大三次会议	1998年2月	听取和审议政府工作报告、财政预决算报告和人大主席团工作报告并作出相应决议;补选姜建华为镇长,陆兆岳为副镇长
	十四届人大一次会议	1999年1月	听取和审议政府工作报告、财政预决算报告和人大主席团工作报告并作出相应决议;选举严绍华为镇人大主席,姜建华为镇长,李爱玲、陈福泉、周忠泽、季鸿雁为副镇长
	十四届人大二次会议	2000年1月	听取和审议政府工作报告、财政预决算报告和人大主席团工作报告并作出相应决议
	十五届人大一次会议	2000年10月	听取和审议《行政工作组工作报告》和《人大筹备组工作报告》并作出相应决议;选举姜建华为镇人大主席,徐建国、徐海华为镇人大副主席,王锦国为镇长,周忠泽、陈福泉、李爱玲、张建明、丁先骏为副镇长
	十五届人大二次会议	2001年2月	听取和审议政府工作报告、财政预决算报告和人大主席团工作报告并作出相应决议
	十五届人大三次会议	2002年1月	听取和审议政府工作报告、财政预决算报告和人大主席团工作报告并作出相应决议;补选曹娟为镇人大副主席,李志平为副镇长
	十五届人大四次会议	2003年3月	听取和审议政府工作报告、财政预决算报告和人大主席团工作报告并作出相应决议
	十五届人大五次会议	2004年2月	听取和审议政府工作报告、财政预决算报告和人大主席团工作报告并作出相应决议
	十五届人大六次会议	2005年1月	听取和审议政府工作报告、财政预决算报告和人大主席团工作报告并作出相应决议;补选徐海为镇长
	十五届人大七次会议	2006年2月	听取和审议政府工作报告、财政预决算报告和人大主席团工作报告并作出相应决议;补选钱顺华为镇人大副主席,郭继平为副镇长
	十五届人大八次会议	2007年1月	听取和审议政府工作报告、财政预决算报告和人大主席团工作报告并作出相应决议;补选邱松友、袁权民为副镇长
	十六届人大一次会议	2007年12月	听取和审议政府工作报告、财政预决算报告和人大主席团工作报告并作出相应决议;选举徐海为镇人大主席,吴忠信为镇人大副主席,居小刚为镇长,胡欣荣、邱松友、郭继平为副镇长
	十六届人大二次会议	2009年1月	听取和审议政府工作报告、财政预决算报告和人大主席团工作报告并作出相应决议;补选蒋俊友为镇人大副主席,侯茂华、陈云龙为副镇长
	十六届人大三次会议	2010年1月	听取和审议政府工作报告、财政预决算报告和人大主席团工作报告并作出相应决议

续表7-3-7

辖区名称	会议名称	会议时间	主要议程
林梓镇	十六届人大六次会议	2011年1月	听取和审议政府工作报告、财政预决算报告和人大主席团工作报告并作出相应决议;补选冒俊、徐春建为副镇长
	十七届人大一次会议	2012年3月	听取和审议政府工作报告、财政预决算报告和人大主席团工作报告并作出相应决议;选举张长健为镇人大主席,朱元军为镇人大副主席,许益飞为镇长,侯茂华、冒俊、陈玉峰、徐拥军为副镇长
	十七届人大二次会议	2013年1月	听取和审议政府工作报告、财政预决算报告和人大主席团工作报告并作出相应决议
奚斜公社	八届人大一次会议	1981年9月	选举产生公社革委会,选举佘德林为主任,顾遵谋、顾遵才、陆士忠、陈峰、肖杰为副主任
	八届人大二次会议	1982年12月	听取和审议政府工作报告并作出相应决议
奚斜乡	八届人大三次会议	1983年10月	成立奚斜乡人民政府,经乡人民代表大会选举佘德林为乡长,顾遵才、顾遵谋为副乡长
	九届人大一次会议	1984年5月	听取和审议政府工作报告和财政预决算报告并作出相应决议;选举丁邦如为乡长,顾遵才、顾遵谋为副乡长
	九届人大二次会议	1985年1月	听取和审议政府工作报告并作出相应决议
	九届人大三次会议	1985年7月	听取和审议政府工作报告和财政预决算报告并作出相应决议;补选肖杰为副乡长
	九届人大四次会议	1986年7月	听取和审议政府工作报告和财政预决算报告并作出相应决议
	十届人大一次会议	1987年3月	听取和审议政府工作报告和财政预决算报告并作出相应决议;选举曹安良为乡长,顾遵才、肖杰、孙同坤为副乡长
	十届人大二次会议	1988年4月	听取和审议政府工作报告和财政预决算报告并作出相应决议
	十届人大三次会议	1989年5月	听取和审议政府工作报告和财政预决算报告并作出相应决议;补选郁长如为乡长
	十一届人大一次会议	1990年3月	听取和审议政府工作报告和财政预决算报告并作出相应决议;选举郁长如为乡长,肖杰、吴康茂为副乡长
	十一届人大二次会议	1991年3月	听取和审议政府工作报告、财政预决算报告和人大主席团工作报告并作出相应决议
	十一届人大三次会议	1992年3月	听取和审议政府工作报告、财政预决算报告和人大主席团工作报告并作出相应决议
	十一届人大四次会议	1992年7月	补选郁有林为科技副乡长
	十二届人大一次会议	1993年3月	听取和审议政府工作报告、财政预决算报告和人大主席团工作报告并作出相应决议;选举沈厚福为乡长,肖杰、苏晓红为副乡长

续表7-3-7

辖区名称	会议名称	会议时间	主 要 议 程
奚斜乡	十二届人大二次会议	1994年3月	听取和审议政府工作报告、财政预决算报告和人大主席团工作报告并作出相应决议
	十二届人大三次会议	1995年2月	听取和审议政府工作报告、财政预决算报告和人大主席团工作报告并作出相应决议;补选季希林为科技副乡长
	十三届人大一次会议	1996年3月	听取和审议政府工作报告、财政预决算报告和人大主席团报告并作出相应决议;选举陈峰为人大主席,吴康茂为副主席,周克进为乡长,肖杰、王桂兰、陆裕发为副乡长
	十三届人大二次会议	1997年2月	听取和审议政府工作报告、财政预决算报告和人大主席团工作报告并作出相应决议;补选王锦国为乡长,徐斌为副乡长
	十三届人大三次会议	1998年2月	听取和审议政府工作报告、财政预决算报告和人大主席团工作报告并作出相应决议
	十四届人大一次会议	1999年1月	听取和审议政府工作报告、财政预决算报告和人大主席团工作报告并作出相应决议;选举姜海峰为人大主席,徐斌为人大副主席,王锦国为乡长,陆裕发、张建明、倪东坡为副乡长
	十四届人大二次会议	2000年1月	听取和审议政府工作报告、财政预决算报告和人大主席团工作报告并作出相应决议

三、相关乡(镇)人大主席团常务主席,人民代表大会主席、副主席名录

白蒲镇

(1995年4月蒲西乡并入,2000年4月新姚乡、勇敢乡并入白蒲镇,奚斜乡并入林梓镇,2013年3月林梓镇并入)

常务主席 江荣泉 (1990.03—1993.03)
姚鑫明 (1993.03—1996.03)
主　　席 李世忠 (1996.03—1998.06)
杨春和 (1999.01—2000.04)
徐海昌 (2000.04—2000.10任人大筹备组组长)
(2000.04—2001.12)
宋　军 (2002.01—2007.12)
张秀祥 (2007.12—2010.01)
沈亚林 (2010.01—2013.03)
张长健 (2013.03—2015.01)
陈慧华 (2015.01—　　)
副 主 席 胡邦林 (1996.03—1999.01)
黄淑芳(女) (1999.01—2000.04)

	陈国荣	(2000.04—2000.10人大筹备组成员)
		(2000.04—2006.01)
	金宏光	(2000.04—2000.10人大筹备组成员)
		(2000.04—2007.11)
	蒋俊友	(2000.04—2000.10人大筹备组成员)
		(2000.04—2001.10)
	施锦华	(2002.01—2006.01)
	张引珍(女)	(2002.01—2004.01)
	钱克贤	(2006.02—2007.11)
	袁国泉	(2006.02—2011.07)
	蒋俊友	(2012.03—)
	陆新明	(2012.03—)
	朱元军	(2013.06—2014.12)

蒲西乡

(1995年4月撤销)

常务主席	张振熙	(1993.03—1995.04)

新姚乡

(2000年4月撤销)

常务主席	陈祥林	(1993.03—1996.03)
主　　席	杨春和	(1996.03—1998.06)
	李世忠	(1999.01—2000.04)
副 主 席	沈达仁	(1996.03—1998.10)

勇敢乡

(2000年4月撤销)

常务主席	姜海峰	(1993.03—1996.03)
主　　席	吴仲杰	(1996.03—1998.10)
	管怀清	(1999.01—2000.04)
副 主 席	曹亚云	(1996.03—1998.10)

林梓镇

(2013年3月撤销)

常务主席	杨春和	(1993.03—1996.03)
主　　席	沈厚福	(1996.03—1998.10)
	严绍华	(1999.01—2000.04)
	姜建华	(2000.04—2000.10任人大筹备组组长)
		(2000.04—2007.12)
	徐　海	(2007.12—2010.01)
	王舜慧(女)	(2010.01—2012.03)

	张长健	(2012.03—2013.03)
副主席	严绍华	(1996.03—1999.01)
	仇达先	(1996.03—2000.04)
	徐建国	(2000.04—2000.10人大筹备组成员) (2000.04—2001.10)
	徐海华	(2000.04—2000.10人大筹备组成员) (2000.04—2007.11)
	曹 娟(女)	(2002.01—2005.11)
	钱顺华	(2006.02—2007.12)
	吴忠信	(2007.12—2010.01)
	蒋俊友	(2007.12—2011.12)
	朱元军	(2010.01—2013.03)

奚斜乡

(2000年4月撤销)

常务主席	曹安良	(1993.03—1996.03)
主 席	陈 峰	(1996.03—1999.01)
	姜海峰	(1999.01—2000.04)
副主席	吴康茂	(1996.03—1999.01)
	徐 斌	(1999.01—2000.04)

第八节 下原镇人民代表大会

一、概 述

自1954年人民代表大会制度建立起,下原镇先后为下原乡、跃进人民公社、下原人民公社,共召开四届人民代表大会。“文化大革命”期间,人民代表大会制度中断执行,直到1981年恢复,召开第五届人民代表大会。1993年,根据《中华人民共和国地方各级人民代表大会和地方各级人民政府组织法》和《江苏省乡(镇)人民代表大会工作暂行条例》的有关规定,设立镇人大主席团,并在人民代表大会闭会期间设人民代表大会常务主席,由党委书记兼任。1995年3月下原乡经如皋市人民政府批准撤乡建镇。2000年4月,原花园乡撤销,并入下原镇,同年10月,召开下原镇第十二届人大一次会议。到2016年,为第十四届人民代表大会。

二、相关乡(镇)人民代表大会会议

1981年—2015年下原镇相关乡(镇)人民代表大会会议概况一览表

表7-3-8

辖区名称	会议名称	会议时间	主要议程
下原公社	五届人大一次会议	1981年12月	听取和审议革委会工作报告、提案审查报告并作出相应决议;选举张瑞生为管委会主任,曹安良、赵惠、吴炳龙为副主任,仇美丽、丛素珍、孙志成、李四海、吴建、卢庭珊、邹宏轩、邵淑芬、姜祝连、顾祖立、徐伯祥为委员
	五届人大二次会议	1982年8月	听取和审议政府工作报告、提案审查报告并作出相应决议;选举黄德成为管委会副主任
下原乡	五届人大三次会议	1983年9月	听取和审议政府工作报告、财政预决算报告、提案审查报告并作出相应决议;补选曹安良为乡长,赵惠、黄德成为副乡长
	六届人大一次会议	1984年4月	听取和审议政府工作报告、财政预决算报告、提案审查报告并作出相应决议;选举陈峰为乡长,赵惠、黄德成为副乡长
	六届人大二次会议	1985年4月	选举吴炳龙为乡长
	六届人大三次会议	1985年9月	听取和审议政府工作报告、财政预决算报告、提案审查报告并作出相应决议;补选孙新才为副乡长
	六届人大四次会议	1986年8月	听取和审议政府工作报告、财政预决算报告、提案审查报告并作出相应决议;补选郭松泉、顾祖立为副乡长
	七届人大一次会议	1987年3月	听取和审议政府工作报告、财政预决算报告并作出相应决议;选举吴炳龙为乡长,郭松泉、顾祖立、黄德成为副乡长
	七届人大二次会议	1988年4月	听取和审议政府工作报告、财政预决算报告并作出相应决议
	七届人大三次会议	1989年5月	听取和审议政府工作报告、财政预决算报告并作出相应决议
	八届人大一次会议	1990年3月	听取和审议政府工作报告、财政预决算报告并作出相应决议;选举顾遵才为乡长,丛左明、姜健、顾祖立为副乡长
	八届人大二次会议	1991年3月	听取和审议政府工作报告、财政预决算报告并作出相应决议
	八届人大三次会议	1992年3月	听取和审议政府工作报告、财政预决算报告、人大主席团工作报告并作出相应决议
	九届人大一次会议	1993年3月	听取和审议政府工作报告、财政预决算报告、人大主席团工作报告并作出相应决议;推选葛志泉为人大主席团常务主席,选举丛左明为乡长,沙云良、姜健、顾祖立、黄荣辉为副乡长
	九届人大二次会议	1994年3月	听取和审议政府工作报告、财政预决算报告、人大主席团工作报告并作出相应决议
	九届人大三次会议	1995年2月	听取和审议政府工作报告、财政预决算报告、人大主席团工作报告并作出相应决议;补选宋诚林为科技副乡长

续表7-3-8

辖区名称	会议名称	会议时间	主 要 议 程
下原镇	十届人大一次会议	1996年3月	听取和审议政府工作报告、财政预决算报告、人大主席团工作报告并作出相应决议；选举葛志泉为人大主席，朱益成为副主席，陈志进为镇长，王学杰、周萍、郭振忠为副镇长
	十届人大二次会议	1997年2月	听取和审议政府工作报告、财政预决算报告、人大主席团工作报告并作出相应决议
	十届人大三次会议	1998年2月	听取和审议政府工作报告、财政预决算报告、人大主席团工作报告并作出相应决议
	十一届人大一次会议	1999年1月	听取和审议政府工作报告、财政预决算报告、人大主席团工作报告并作出相应决议；选举葛志泉为人大主席，朱有华为镇长，周志翔、周海涛、康美华为副镇长
	十一届人大二次会议	2000年2月	听取和审议政府工作报告、财政预决算报告、人大主席团工作报告并作出相应决议
	十二届人大一次会议	2000年10月	听取和审议行政工作报告、人大筹备工作报告并作出相应决议；选举姚鑫明为人大主席，康美华、胡欣荣为副主席，朱有华为镇长，周海涛、李志平、吴金芹、周志翔、高翠萍为副镇长
	十二届人大二次会议	2001年2月	听取和审议政府工作报告、财政预决算报告、人大主席团工作报告并作出相应决议
	十二届人大三次会议	2002年1月	听取和审议政府工作报告、财政预决算报告、人大主席团工作报告并作出相应决议；补选肖杰、宗序祥为副主席
	十二届人大四次会议	2002年8月	听取和审议并审议镇人民政府关于《在全镇开展捐资助学活动的报告》；对财政所、派出所、计生服务站和法律服务所开展述职评议
	十二届人大五次会议	2003年2月	听取和审议政府工作报告、财政预决算报告、人大主席团工作报告并作出相应决议；补选张建军为镇长
	十二届人大六次会议	2003年7月	听取和审议政府上半年工作汇报；补选马金华为人大主席
	十二届人大七次会议	2004年2月	听取和审议政府工作报告、财政预决算报告、人大主席团工作报告、镇区建设规划、工业园区规划、农村公路建设规划并作出相应决议；补选卢国杰、阮汝旭为副镇长
	十二届人大八次会议	2005年1月	听取和审议政府工作报告、财政预决算报告、人大主席团工作报告并作出相应决议；补选徐海昌为主席，王贵成为镇长，吕庆为副镇长
	十二届人大九次会议	2006年2月	听取和审议政府工作报告、财政预决算报告、人大主席团工作报告、镇村布局规划和村庄建设规划，并作出相应决议；补选李志平、吴明成、周海涛、高翠萍、龚泉为副主席，张书强为镇长，沙云良为副镇长
	十二届人大十次会议	2007年1月	听取和审议政府工作报告、财政预决算报告、人大主席团工作报告并作出相应决议；补选吴中信、姜燕、钱吴明为副镇长
	十三届人大一次会议	2007年12月	听取和审议政府工作报告、财政预决算报告、人大主席团工作报告并作出相应决议；选举王贵成为主席，高翠萍为副主席，苏强为镇长，仇永华、沙云良、夏建国、钱吴明为副镇长

续表7-3-8

辖区名称	会议名称	会议时间	主要议程
下原镇	十三届人大二次会议	2009年1月	听取和审议政府工作报告、财政预决算报告、人大主席团工作报告并作出相应决议;补选吴建平为副主席,李世林、张国平为副镇长
	十三届人大三次会议	2010年1月	听取和审议政府工作报告、财政预决算报告、人大主席团工作报告并作出相应决议;补选王鹏为副镇长
	十三届人大四次会议	2011年1月	听取和审议政府工作报告、财政预决算报告、人大主席团工作报告、十二五规划纲要并作出相应决议;补选苏强为主席,杜晓峰为镇长,申爱学、陈大平、洪秀美为副镇长
	十四届人大一次会议	2012年3月	听取和审议政府工作报告、财政预决算报告、人大主席团工作报告、镇区2011—2015年建设规划,并作出相应决议;选举吕庆为人大主席,缪建平为副主席,杜晓峰为镇长,申爱学、杨海鹏、陈大平、洪秀美为副镇长
	十四届人大二次会议	2013年1月	听取和审议政府工作报告、财政预决算报告、人大主席团工作报告并作出相应决议
	十四届人大三次会议	2014年1月	听取和审议政府工作报告、财政预决算报告、人大主席团工作报告并作出相应决议
	十四届人大四次会议	2015年1月	听取和审议政府工作报告、财政预决算报告、人大主席团工作报告、《下原镇镇村布局优化》和《村庄规划》并作出相应决议;补选柳杰军为镇长
花园公社	五届人大一次会议	1981年12月	听取和审议革委会工作报告、提案审查报告并作出相应决议;选举夏正国为管委会主任,杨海山、陈汝春、翁淑媛、曹海如为副主任,谢秦泉、余大富、王太银、卞长福、许金如、李振华、周建红、冒美珠、钱再贤、郭凡德为委员
	五届人大二次会议	1982年7月	听取和审议政府工作报告、提案审查报告并作出相应决议;通过乡规民约
花园乡	五届人大三次会议	1983年10月	听取和审议政府工作报告、财政预决算报告、提案审查报告并作出相应决议;通过乡政府工作试行条例、人民公社经联委工作试行条例;补选陈汝春为乡长,曹海如、许金如为副乡长
	六届人大一次会议	1984年4月	听取和审议政府工作报告、提案审查报告并作出相应决议;选举陈汝春为乡长,许金如、曹海如为副乡长
	六届人大二次会议	1985年1月	听取和审议关于签订1985年—1987年经济承包合同的报告并作出相应决议
	六届人大三次会议	1985年8月	听取和审议政府工作报告、提案审查报告并作出相应决议;补选余大富为副乡长
	六届人大四次会议	1986年7月	听取和审议政府工作报告、财政预决算报告并作出相应决议;补选许波涛为乡长
	七届人大一次会议	1987年3月	听取和审议政府工作报告、财政预决算报告、提案审查报告并作出相应决议;选举许波涛为乡长,许金如、曹海如为副乡长

续表7-3-8

辖区名称	会议名称	会议时间	主要议程
花园乡	七届人大二次会议	1988年4月	听取和审议政府工作报告、财政预决算报告并作出相应决议
	七届人大三次会议	1989年6月	听取和审议政府工作报告、财政预决算报告并作出相应决议
	八届人大一次会议	1990年3月	听取和审议政府工作报告、财政预决算报告并作出相应决议;选举许波涛为乡长,许金如、曹海如为副乡长
	八届人大二次会议	1991年3月	听取和审议政府工作报告、财政预决算报告并作出相应决议;补选顾良才为副乡长
	八届人大三次会议	1992年3月	听取和审议政府工作报告、财政预决算报告、人大主席团工作报告并作出相应决议;补选秦锦国为副乡长
	九届人大一次会议	1993年3月	听取和审议政府工作报告、财政预决算报告、人大主席团工作报告并作出相应决议;推选许波涛为人大主席团常务主席,选举秦锦国为乡长,许金如、顾良才、钱国梅为副乡长
	九届人大二次会议	1994年3月	听取和审议政府工作报告、财政预决算报告、人大主席团工作报告并作出相应决议;选举吴康茂为副乡长
	九届人大三次会议	1995年2月	听取和审议政府工作报告、财政预决算报告、人大主席团工作报告并作出相应决议
	九届人大四次会议	1995年8月	补选姜建华为副乡长
	十届人大一次会议	1996年3月	听取和审议政府工作报告、财政预决算报告、人大主席团工作报告并作出相应决议;选举许波涛为主席,鲍学文为副主席,姜建华为乡长,许金如、钱国梅、李其芝、龚海斌为副乡长
	十届人大二次会议	1997年2月	听取和审议政府工作报告、财政预决算报告、人大主席团工作报告并作出相应决议
	十届人大三次会议	1998年2月	听取和审议政府工作报告、财政预决算报告、人大主席团工作报告并作出相应决议;补选鲍学文为乡长
	十一届人大一次会议	1999年1月	听取和审议政府工作报告、财政预决算报告、人大主席团工作报告并作出相应决议;选举徐海昌为人大主席,余大富为副主席,鲍学文为乡长,胡欣荣、吴金芹、李志平为副乡长
	十一届人大二次会议	2000年2月	听取和审议政府工作报告、财政预决算报告、人大主席团工作报告并作出相应决议

三、相关乡(镇)人大主席团常务主席，人民代表大会主席、副主席名录

下原镇

（2000年4月花园乡并入）

常务主席	葛志泉	（1993.03—1996.03）
主 席	葛志泉	（1996.03—2000.04）
	姚鑫明	（2000.04—2000.10为人大筹备组组长）
		（2000.10—2003.07）
	马金华	（2003.07—2004.12）
	徐海昌	（2005.01—2007.11）
	王贵成	（2007.12—2011.01）
	苏 强	（2011.01—2011.12）
	吕 庆	（2012.03—2016.08）
副主席	朱益成	（1996.03—1998.11）
	胡欣荣	（2000.10—2001.10）
	康美华（女）	（2000.10—2006.01）
	肖 杰	（2001.10—2006.01）
	宗序祥	（2001.10—2004.01）
	李志平	（2006.02—2007.11）
	吴明成	（2006.02—2007.11）
	周海涛	（2006.02—2007.11）
	龚 泉	（2006.02—2007.11）
	高翠萍（女）	（2006.02—2011.12）
	吴建平	（2009.01—2009.12）
	缪建平	（2012.03—2016.01）
	张 建	（2016.01— ）

花园乡

（2000年4月撤销）

常务主席	许波涛	（1993.03—1996.05）
主 席	许波涛	（1996.05—1998.09）
	徐海昌	（1999.01—2000.04）
副主席	鲍学文	（1996.03—1998.02）
	余大富	（1999.01—2000.04）

第九节　吴窑镇人民代表大会

一、概　述

1957年实行大乡制,成立吴窑乡。1958年建立人民公社,实行“政社合一”体制,改名为五星公社。1959年更名为吴窑人民公社。1983年农村政治体制改革,政社分设,复名吴窑乡。1994年9月,吴窑撤乡建镇。其间因“文化大革命”,人民代表大会制度中断执行,直到1981年恢复,召开第六届人民代表大会一次会议。1993年,根据《中华人民共和国地方各级人民代表大会和地方各级人民政府组织法》和《江苏省乡(镇)人民代表大会工作暂行条例》的有关规定,设立镇人大主席团,并在人民代表大会闭会期间设人民代表大会常务主席,由党委书记兼任。2000年4月,长庄乡并入吴窑镇。2000年10月13日召开十三届人大第一次会议,到2016年为十五届人民代表大会。

二、相关乡(镇)人民代表大会会议

1981年—2015年吴窑镇相关乡(镇)人民代表大会会议概况一览表

表7-3-9

辖区名称	会议名称	会议时间	主　要　议　程
吴窑公社	六届人大一次会议	1981年10月	听取和审议革委会工作报告、提案审查报告并作出相应决议;选举蔡可明为主任、郝金发、石征祥、陈灿、钱玉圣为副主任
	六届人大二次会议	1983年9月	听取和审议财政报告;通过经联委试行条例
吴窑乡	七届人大一次会议	1984年4月	听取和审议政府工作报告、提案审查报告并作出相应决议;选举蔡可明为乡长,沈国祥、钱玉圣为副乡长
	七届人大二次会议	1985年2月	听取和审议乡政府工作报告、乡一九八四年财政决算和一九八五年财政预算(草案)的报告并作出相应决议
	七届人大三次会议	1985年8月	听取和审议乡政府工作报告、财政预(决)算(草案)的报告并作出相应决议;补选柳康祥为副乡长
	七届人大四次会议	1986年6月	听取和审议关于乡国民经济和社会发展第七个五年规划报告(草案)的报告、关于乡1985年财政决算和1986年财政预算(草案)的报告并作出相应决议
	八届人大一次会议	1987年3月	听取和审议乡政府工作报告、乡一九八六年财政决算和一九八七年财政预算(草案)的报告并作出相应决议;选举蔡可明为乡长,沈尉、柳康祥为副乡长
	八届人大二次会议	1988年6月	听取和审议政府工作报告、关于1987年财政决算和1988年财政预算报告并作出相应决议
	八届人大三次会议	1988年9月	听取和审议政府工作报告、关于1988年财政决算和1989年财政预算报告并作出相应决议;补选沈国祥为乡长

续表7-3-9

辖区名称	会议名称	会议时间	主要议程
吴窑乡	八届人大四次会议	1989年5月	听取和审议政府工作报告、财政预决算报告并作出相应决议
	九届人大一次会议	1990年3月	听取和审议乡政府工作报告、乡一九八九年财政决算和一九九〇年财政预算(草案)的报告并作出相应决议;选举沈国祥为乡长,沈尉、吴道进、魏国林为副乡长
	九届人大二次会议	1991年3月	补选周久林同志为乡长
	九届三次会议	1992年3月	听取和审议政府工作报告、财政预决算报告并作出相应决议;通过关于加强市镇建设拓宽南北公路、贯彻执行国策、严格控制人口增长、村级定职干部实行养老保险的决议(草案)
	十届人大一次会议	1993年3月	听取和审议乡第九届人大主席团工作报告、乡政府工作报告、乡一九九二年财政决算和一九九三年财政预算(草案)报告并作出相应决议;选举周久林为乡长,吴道进、张耀祥、赵建明、沈建为副乡长
	十届人大二次会议	1994年3月	听取和审议政府工作报告、人大主席团工作报告、财政预(决)算工作报告并作出相应决议
吴窑镇	十届人大三次会议	1995年2月	听取和审议政府工作报告、人大主席团工作报告、财政预(决)算工作报告并作出相应决议;补选汪晓晖为科技副乡长
	十届人大四次会议	1995年9月	听取和审议政府工作报告、人大主席团工作报告、财政预(决)算工作报告并作出相应决议;补选张蔡云为副镇长
	十一届人大一次会议	1996年3月	听取和审议政府报告、1995年财政决算和1996年财政预算草案的报告、人大主席团工作报告并作出相应决议;选举张耀广为人大主席,王美芳为副主席,杨忠礼为镇长,吴道进、赵建明、张蔡云、张文斌为副镇长
	十一届人大二次会议	1997年3月	听取和审议政府报告、财政预决算报告、人大主席团工作报告并作出相应决议;补选顾富华为主席团常务主席
	十一届人大三次会议	1998年2月	听取和审议政府工作报告、人大主席团报告、1997年财政预算执行情况和1998年财政预算(草案)的报告并作出相应决议;补选吴道健为镇长、沈良高为副镇长
	十二届人大一次会议	1999年1月	听取和审议政府工作报告、人大主席团工作报告、财政预(决)算报告并作出相应决议;选举顾富华为人大主席,张国均为副主席,吴道健为镇长,黄爱明、王美芳、郝昌军为副镇长
	十二届人大二次会议	2000年2月	听取和审议政府工作报告、人大主席团工作报告、财政预(决)算报告并作出相应决议;补选沈良高为人大主席、张文斌为镇长、郝昌军为副镇长
	十三届人大一次会议	2000年10月	听取和审议政府工作报告、人大筹备组工作报告并作出相应决议;选举沈良高为人大主席,苏春祥、蔡成泽为副主席,夏文彬为镇长,黄爱明、郝昌军、郝如良、胡成华、王美芳为副镇长

续表7-3-9

辖区名称	会议名称	会议时间	主 要 议 程
吴窑镇	十三届人大二次会议	2001年2月	听取和审议政府工作报告、人大主席团工作报告、财政预(决)算报告并作出相应决议;正、副镇长和有关部门负责人述职,并进行测评
	十三届人大三次会议	2002年1月	听取和审议政府工作报告、人大主席团工作报告并作出相应决议;补选张志忠为人大主席,张斯伦为副主席,王炳贵、王印明为副镇长
	十三届人大四次会议	2003年3月	听取和审议政府工作报告、人大主席团工作报告、财政预(决)算报告并作出相应决议;补选夏文彬为人大主席,张志忠为镇长
	十三届人大五次会议	2004年2月	听取和审议政府工作报告、人大主席团工作报告、财政预(决)算工作报告并作出相应决议;审议并通过沈加强、马以如、周维兵、王美丽、沈良明、杨皋明等代表“关于营造良好工作氛围,争创省级卫生集镇”议案;补选沈尉为人大副主席
	十三届人大六次会议	2005年1月	听取和审议政府工作报告、人大主席团工作报告、财政预(决)算工作报告并作出相应决议;审议并通过秦芝华代表“关于加快实施河道整治”的议案;补选卢晓剑为镇长,刘慧勇、沙俊斌、环大中为副镇长
	十三届人大七次会议	2006年2月	听取和审议政府工作报告、人大主席团工作报告、财政预(决)算报告并作出相应决议;补选万久平为人大主席,杨明为副镇长
	十三届人大八次会议	2007年2月	听取和审议人民政府工作报告、人大主席团工作报告、财政预(决)算报告并作出相应决议;补选王林为镇长,严希平为副镇长
	十四届人大一次会	2007年12月	听取和审议政府工作报告、人大主席团工作报告、财政预(决)算报告并作出相应决议;选举夏文彬为人大主席,王印明为副主席,王林为镇长,刘慧勇、严希平、陆建高、季爱明为副镇长
	十四届人大二次会议	2009年2月	听取和审议政府工作报告、人大主席团工作报告和财政预决算工作报告并作出相应决议;补选刘亚东为镇长
	十四届人大三次会议	2010年1月	听取和审议政府工作报告、人大主席团工作报告、财政预决算工作报告并作出相应决议;补选环大中为人大主席,赵宏祥为镇长,郭建为副镇长
	十四届人大四次	2011年1月	听取和审议政府工作报告、人大主席团工作报告、财政预决算工作报告、“十二五”规划的决议(草案)并作出相应决议
	十五届人大一次会议	2012年3月	听取和审议政府工作报告、人大主席团工作报告、财政预决算工作报告并作出相应决议;选举严希平为人大主席,王印明为副主席,郭建为镇长,石光富、吴华、季爱明、张俊为副镇长
	十五届人大二次会议	2013年1月	听取和审议人民政府工作报告、人大主席团工作报告和财政预决算工作报告并作出相应决议

续表7-3-9

辖区名称	会议名称	会议时间	主要议程
吴窑镇	十五届人大三次会议	2014年1月	听取和审议人民政府工作报告、人大主席团工作报告和财政预决算工作报告并作出相应决议;补选周永刚为人大主席,严海兵为副镇长
	十五届人大四次会议	2015年1月	听取和审议人民政府工作报告、人大主席团工作报告、财政预决算工作报告并作出相应决议;通过吴华、王印明等人员辞职申请;补选薛宜全为人大副主席,陈晓华为镇长,田祥、周勇为副镇长
长庄公社	六届人大一次会议	1981年12月	听取和审议革委会工作报告、提案审查报告并作出相应决议;选举王益民为管委会主任,马福生、许勇祥、郑国和为副主任,选举纪佩兰、吴万福、吴建华、吴边祥、肖国琪、狄邦兰、杨皋明、夏宝松、郭再德、薛松德为管委会委员
	六届人大二次会议	1983年2月	听取和审议公社管委会工作报告并作出相应决议;选举李昌荣为公社管委会副主任
长庄乡	七届人大一次会议	1984年4月	听取和审议政府工作报告、提案审查报告并作出相应决议;选举李昌荣为乡长,许秀祥、沈伯林、马汝言为副乡长
	七届人大二次会议	1985年7月	听取和审议政府工作报告并作出相应决议;补选杨海澄为副乡长
	七届人大四次会议	1986年7月	听取和审议政府工作报告、财政预决算(草案)并作出相应决议
	八届一次会议	1987年3月	听取和审议政府工作报告、财政预决算(草案)并作出相应决议;选举朱玉余为乡长,杨海澄、马汝言为副乡长
	八届人大二次会议	1988年4月	听取和审议政府工作报告、财政预(决)算报告并作出相应决议
	八届人大三次会议	1989年5月	听取和审议政府工作报告、财政预(决)算报告并作出相应决议
	九届一次会议	1990年3月	听取和审议政府工作报告、财政预决算(草案)并作出相应决议;选举刘继忠为乡长,石高明、杨海澄为副乡长
	九届二次会议	1991年3月	听取和审议政府工作报告、财政预决算(草案)并作出相应决议
	九届三次会议	1992年3月	听取和审议政府工作报告、财政预决算(草案)并作出相应决议
	十届一次会议	1993年3月	听取和审议政府工作报告、财政预决算(草案)并作出相应决议;推选王天华为人大主席团常务主席,高以仁为乡长,杨海澄、李平为副乡长
	十届人大二次会议	1994年3月	听取和审议政府工作报告、主席团工作报告、财政预决算(草案)并作出相应决议
	十届人大三次会议	1995年2月	听取和审议乡政府工作报告、乡人大主席团工作报告和财政预决算报告并作出相应决议

续表 7-3-9

辖区名称	会议名称	会议时间	主要议程
长庄乡	十一届一次会议	1996年3月	听取和审议政府工作报告、主席团工作报告、财政预决算报告（草案）并作出相应决议；选举张松泉为人大主席，朱兴雨为副主席，张元龙为乡长，张延林、钱国梅为副乡长
	十一届人大二次会议	1997年2月	听取和审议政府工作报告、主席团工作报告、财政预决算（草案）并作出相应决议
	十一届人大三次会议	1998年2月	听取和审议政府工作报告、主席团工作报告、财政预决算（草案）并作出相应决议
	十二届人大一次会议	1999年1月	听取和审议政府工作报告、主席团工作报告、财政预决算（草案）并作出相应决议；选举张松泉为人大主席，张元龙为乡长，张延林、钱国梅为副乡长
	十二届人大二次会议	2000年2月	听取和审议政府工作报告、主席团工作报告、财政预决算报告并作出相应决议

三、相关乡（镇）人大主席团常务主席，人民代表大会主席、副主席名录

吴窑镇

（2000年4月长庄乡并入）

常务主席 顾富华 （1993.03—1996.03）
主　　席 张耀广 （1996.03—1997.01）
顾富华 （1997.01—2000.01）
沈良高 （2000.02—2001.10）
（2000.04—2000.10任人大筹备工作组组长）
张志忠 （2001.11—2002.11）
夏文彬 （2002.11—2005.12）
万久平 （2006.01—2007.12）
夏文彬 （2008.01—2009.12）
环大中 （2010.01—2011.12）
严希平 （2012.01—2013.12）
周永刚 （2014.01—2016.08）
副 主 席 王美芳（女） （1996.03—1999.01）
张国均 （1999.01—2000.04）
苏春祥 （2000.10—2001.10）
蔡成泽 （2000.10—2001.10）
张斯伦 （2001.11—2005.12）
沈　尉 （2005.01—2005.12）

王印明 (2008.01—2014.12)
薛宜全 (2015.01—)

长庄乡
(2000年4月撤销)

常务主席 王天华 (1993.03—1996.03)
主　　席 张松泉 (1996.03—2000.04)
副 主 席 朱兴雨 (1996.03—1999.01)

第十节　磨头镇人民代表大会

一、概　述

1958年成立磨头区人民公社，辖大明、磨头、桃园、仁静、胡芝五乡(镇)。1959年2月磨头区人民公社撤销，成立磨头人民公社，下辖五个工区。1983年实行政社分设，改设磨头乡。1986年撤乡建镇，磨头成为县属镇。"文化大革命"期间，人民代表大会制度中断执行，直到1981年恢复，召开第五届人民代表大会。1993年，根据《中华人民共和国地方各级人民代表大会和地方各级人民政府组织法》和《江苏省乡(镇)人民代表大会工作暂行条例》的有关规定，设立镇人大主席团，并在人民代表大会闭会期间设人民代表大会常务主席，由党委书记兼任。2000年4月，原场南乡撤销，划入磨头镇，同年10月，召开磨头镇第十二届人大一次会议。2001年9月，原场北乡撤销，划入磨头镇，同年召开磨头镇第十二届人大二次会议。到2016年，为第十五届人民代表大会。

二、相关乡(镇)人民代表大会会议

1981年—2015年磨头镇相关乡(镇)人民代表大会会议概况一览表

表7-3-10

辖区名称	会议名称	会议时间	主要议程
场南公社	五届人大一次会议	1981年10月	听取和审议革委会工作报告并作出相应决议；选举孙平芝为公社管理委员会主任，祁泽瑞、沈百才、马福皋为副主任，许兰英、吕邦德、汤友林、陈海余、孙汝银、沈志元、曹玉兰、朱玉明、王志美为委员
	五届人大二次会议	1982年9月	听取和审议政府工作报告并作出相应决议
场南乡	五届人大三次会议	1983年9月	听取和审议政府工作报告、财政经济预决算报告并作出相应决议；补选孙平芝为乡长，马福皋、郑国和为副乡长；产生场南人民公社经济联合委员会，刘继忠为主任，张元龙为副主任
	六届人大一次会议	1984年10月	听取和审议政府工作报告、财政预决算报告并作出相应决议；选举孙平芝为乡长，郑国和、马福皋为副乡长
	六届人大二次会议	1985年1月	听取和审议政府工作报告、财政预决算报告并作出相应决议；补选朱仁柏为乡长，张元龙为副乡长

续表7-3-10

辖区名称	会议名称	会议时间	主 要 议 程
场南乡	六届大三次会议	1986年7月	听取和审议场南乡国民经济、社会发展第七个五年计划草案的报告和财政预决算报告并作出相应决议
	七届人大一次会议	1987年2月	听取和审议政府工作报告、财政预决算报告并作出相应决议;选举朱仁柏为乡长,马福皋、张元龙为副乡长
	七届人大二次会议	1988年4月	听取和审议政府工作报告、财政预决算报告并作出相应决议
	七届人大三次会议	1989年5月	听取和审议政府工作报告、财政预决算报告并作出相应决议
	八届人大一次会议	1990年2月	听取和审议政府工作报告、财政预决算报告并作出相应决议;选举张松泉为乡长,沈祖和、张元龙为副乡长
	八届人大二次会议	1991年3月	听取和审议政府工作报告、财政预决算报告并作出相应决议
	八届人大三次会议	1992年3月	听取和审议政府工作报告、财政预决算报告并作出相应决议
	九届人大一次会议	1993年3月	听取和审议政府工作报告、财政预决算报告并作出相应决议;推选刘坤如为人大主席团常务主席,选举张松泉为乡长,沈祖和、孙汝银为副乡长
	九届人大二次会议	1994年3月	听取和审议政府工作报告、财政预决算报告、人大主席团工作报告并作出相应决议;补选许秀平为副乡长
	九届人大三次会议	1995年3月	听取和审议政府工作报告、财政预决算报告、人大主席团工作报告并作出相应决议
	十届人大一次会议	1996年3月	听取和审议政府工作报告、财政预决算报告、人大主席团工作报告并作出相应决议;选举高兴山为人大主席,朱建国为副主席,刘平甫为乡长,孙汝银、许秀平为副乡长
	十届人大二次会议	1997年3月	听取和审议政府工作报告、财政预决算报告、人大主席团工作报告以及红旗路工程情况的报告并作出相应决议;补选张芸为副乡长
	十届人大三次会议	1998年3月	听取和审议政府工作报告、财政预决算报告、人大主席团工作报告并作出相应决议
	十一届人大一次会议	1999年1月	听取和审议政府工作报告、财政预决算报告、人大主席团工作报告并作出相应决议;选举许秀祥为人大主席,刘平甫为乡长,刘俊、张芸、吴鹏为副乡长
	十一届人大二次会议	2000年2月	听取和审议政府工作报告、财政预决算报告、人大主席团工作报告并作出相应决议;补选朱为民为乡长,陆建高为副乡长
场北公社	五届人大一次会议	1981年12月	建立场北人民公社革委会,选举朱仁柏为公社管理委员会主任,杨春和、祖友珊为副主任,选举蔡业贵、朱祥生、陈勇明、周久元、丁帮栋,申必华、周久美、丁佐弼、刘松柏为委员

续表7-3-10

辖区名称	会议名称	会议时间	主要议程
场北公社	五届人大二次会议	1982年9月	听取和审议政府工作报告并作出相应决议
场北乡	五届人大三次会议	1983年9月	听取和审议政府工作报告、财政经济预决算报告并作出相应决议;补选朱仁柏为乡长,祖友珊、唐文贵为副乡长;产生场北人民公社经济联合委员会,杨春和为主任,季金美、田正国为副主任
	五届人大四次会议	1984年4月	听取和审议政府工作报告、财政经济预决算报告并作出相应决议;补选田演坤为副乡长。
	八届人大一次会议	1985年1月	听取和审议政府工作报告、财政经济预决算报告并作出相应决议;选举唐文贵为乡长,田演坤、祖友珊为副乡长
	八届人大二次会议	1985年8月	听取和审议政府工作报告并作出相应决议;补选田芝兴为副乡长
	八届人大三次会议	1986年7月	听取和审议场北乡国民经济、社会发展第七个五年计划草案的报告和财政预决算报告并作出相应决议
	九届人大一次会议	1987年3月	听取和审议政府工作报告和财政预决算报告并作出相应决议;选举唐文贵为乡长,祖友珊、田演坤为副乡长
	九届人大二次会议	1988年4月	听取和审议政府工作报告和财政预决算报告并作出相应决议
	九届人大三次会议	1989年5月	听取和审议政府工作报告和财政预决算报告并作出相应决议;补选曹友明为副乡长
	十届人大一次会议	1990年3月	听取和审议场北乡人民政府工作报告和财政预决算报告;选举唐文贵为乡长,田演坤、曹友明为副乡长
	十届人大二次会议	1991年3月	听取和审议场北乡人民政府工作报告和财政预决算报告并作出相应决议;选举储玉俊为副乡长
	十届人大三次会议	1992年3月	听取和审议政府工作报告和财政预决算报告
	十届人大四次会议	1992年8月	选举陈贤忠为科技副乡长
	十一届人大一次会议	1993年3月	听取和审议政府工作报告、财政预决算报告;推选许秀祥为人大主席团常务主席,选举徐邦进为乡长,刘俊、陈贤忠、蒋圣友、储玉俊为副乡长
	十一届人大二次会议	1994年3月	听取和审议政府工作报告、财政预决算报告、人大主席团工作报告并作出相应决议
	十一届人大三次会议	1994年12月	补选王才明为乡长,通过徐邦进辞去乡长职务的报告
	十一届人大四次会议	1995年2月	听取和审议政府工作报告、财政预决算报告、人大主席团工作报告并作出相应决议
	十二届人大一次会议	1996年3月	听取和审议政府工作报告、财政预决算报告、人大主席团工作报告并作出相应决议;选举田演坤为人大主席,刘广权、田芝兴为人大副主席,王才明为乡长,陈义宏、丁邦栋为副乡长

续表7-3-10

辖区名称	会议名称	会议时间	主要议程
场北乡	十二届人大二次会议	1997年2月	听取和审议政府工作报告、财政预决算报告、人大主席团工作报告并作出相应决议;补选储玉俊为副乡长
	十二届人大三次会议	1997年12月	补选陈兰为副乡长
	十二届人大四次会议	1998年2月	听取和审议政府工作报告、财政预决算报告、人大主席团工作报告并作出相应决议
	十三届人大一次会议	1999年1月	听取和审议政府工作报告、财政预决算报告、人大主席团工作报告并作出相应决议;选举章金彩为人大主席、丁邦栋为人大副主席,王才明为乡长,陈兰、刘慧勇、陈义宏为副乡长
	十三届人大二次会议	2000年2月	听取和审议政府工作报告、财政预决算报告、人大主席团工作报告并作出相应决议;补选田演坤为人大主席,通过章金彩辞去人大主席的报告
	十三届人大三次会议	2000年10月	听取和审议政府工作报告、财政预决算报告、人大主席团工作报告并作出相应决议;补选沈祖和为人大主席,通过田演坤辞去人大主席的报告
	十三届人大四次会议	2001年2月	听取和审议政府工作报告、财政预决算报告、人大主席团工作报告并作出相应决议
磨头公社	五届人大一次会议	1981年12月	听取和审议革委会工作报告;选举葛存鸾为公社管理委员会主任,冒广林、章文宽、俞丰成为副主任,沈祖和、汤玉兰、何本新、沈世和、孙玉婉、张兆明、徐加琪、陈锦章、沈征美为委员
	五届人大二次会议	1982年9月	听取和审议政府工作报告、财政预决算报告并作出相应决议
磨头乡	五届人大三次会议	1983年9月	听取和审议政府工作报告、财政预决算报告并作出相应决议;补选刘坤如为乡长,贾德如、俞丰成为副乡长;成立磨头人民公社经济联合委员会,张贤国为主任,贾忠明为副主任
	六届人大一次会议	1984年4月	听取和审议政府工作报告、财政预决算报告并作出相应决议;选举刘坤如为乡长,贾德如、石高明为副乡长,张贤国为委员会主任
	六届人大二次会议	1985年5月	听取和审议政府工作报告、财政预决算报告并作出相应决议
	六届人大三次会议	1986年7月	听取和审议政府工作报告、财政预决算报告并作出相应决议;补选刘坤如为乡长,石高明、贾德如为副乡长
磨头镇	七届人大一次会议	1987年12月	听取和审议政府工作报告、财政预决算报告并作出相应决议;选举孙平芝为镇长,石高明、贾德如、俞丰成为副镇长
	七届人大二次会议	1988年5月	听取和审议政府工作报告、财政预决算报告并作出相应决议
	七届人大三次会议	1989年3月	听取和审议政府工作报告、财政预决算报告并作出相应决议
	八届人大一次会议	1990年3月	听取和审议政府工作报告、财政预决算报告并作出相应决议;选举孙长林为镇长,贾德如、俞丰成、刘平甫为副镇长

续表7-3-10

辖区名称	会议名称	会议时间	主 要 议 程
磨头镇	八届人大二次会议	1991年3月	听取和审议政府工作报告、财政预决算报告并作出相应 决议
	八届人大三次会议	1992年3月	听取和审议政府工作报告、财政预决算报告并作出相应决议;补选孙玉如为副镇长
	九届人大一次会议	1993年3月	听取和审议政府工作报告、财政预决算报告;推选赵如林为人大主席团常务主席,选举唐文贵为镇长,俞丰成、刘平甫、孙玉如为副镇长
	九届人大二次会议	1994年2月	听取和审议政府工作报告、财政预决算报告、人大主席团工作报告并作出相应决议;推选蔡成德为人大主席团常务主席,补选张延林为副镇长
	九届人大三次会议	1994年12月	听取和审议政府工作报告、财政预决算报告、人大主席团工作报告并作出相应决议;补选刘平甫为镇长,刘正元为副镇长
	九届人大四次会议	1995年2月	听取和审议政府工作报告、财政预决算报告、人大主席团工作报告并作出相应决议
	十届人大一次会议	1996年3月	听取和审议政府工作报告、财政预决算报告、人大主席团工作报告并作出相应决议;选举蔡成义为人大主席,俞丰成为副主席,选举钱志刚为镇长,刘正元、陈元福、贾建华为副镇长
	十届人大二次会议	1997年2月	听取和审议政府工作报告、财政预决算报告、人大主席团工作报告并作出相应决议
	十届人大三次会议	1998年2月	听取政府工作报告、财政预决算报告、人大主席团工作报告并作出相应决议;听取镇一九九八年集体提留和“两工”使用计划方案;补选沈彬为镇长
	十一届人大一次会议	1999年1月	听取和审议政府工作报告、财政预决算报告、人大主席团工作报告并作出相应决议;选举沈彬为镇长,贾建华、刘正元、王学杰为副镇长,孙玉如为人大主席,章长余为副主席
	十二届人大二次会议	2000年2月	听取和审议政府工作报告、财政预决算报告、人大主席团工作报告并作出相应决议
	十二届人大一次会议	2000年10月	听取和审议政府工作报告、财政预决算报告、人大主席团工作报告并作出相应决议;选举朱为民为镇长,刘正元、刘俊、张芸、贾建华、陆建高为副镇长,选举孙玉如为人大主席,王学杰、蔡显华为人大副主席
	十二届人大二次会议	2001年2月	听取和审议政府工作报告、财政预决算报告、人大主席团工作报告并作出相应决议
	十三届人大一次会议	2002年1月	听取和审议行政工作组工作报告、财政预决算报告、人大主席团工作报告并作出相应决议;选举孙玉如为人大主席,柯永华、陈伯平、蔡显华为副主席,朱为民为镇长,刘正元、刘俊、贾建华、刘慧勇、陈兰为副镇长
	十三届人大二次会议	2003年3月	听取和审议政府工作报告、人大主席团工作报告并作出相应决议、财政预决算报告;补选苏建华为镇长
	十三届人大三次会议	2004年2月	听取和审议政府工作报告、财政预决算报告、人大主席团工作报告并作出相应决议;通过柯永华辞去人大副主席的报告

续表7-3-10

辖区名称	会议名称	会议时间	主 要 议 程
磨头镇	十三届人大四次会议	2005年1月	听取和审议政府工作报告、财政预决算报告、人大主席团工作报告并作出相应决议；补选吴鹏为镇长，黄爱民为副镇长
	十三届人大五次会议	2006年2月	听取和审议政府工作报告、财政预决算报告、人大主席团工作报告并作出相应决议；补选刘俊、田大如、李世友、陈树明、黄爱民、缪银良为人大副主席，单芝龙为副镇长
	十三届人大六次会议	2007年2月	听取和审议政府工作报告、财政预决算报告、人大主席团工作报告并作出相应决议；补选刘亚东为镇长，刘建军为副镇长；通过吴鹏辞去镇长的辞职报告
	十四届人大一次会议	2007年12月	听取和审议政府工作报告、财政预决算报告、人大主席团工作报告并作出相应决议；选举朱为民为人大主席，贾建华为人大副主席，刘亚东为镇长，单芝龙、刘正友、刘建军、陈兰为副镇长
	十四届人大二次会议	2009年1月	听取和审议政府工作报告、财政预决算报告、人大主席团工作报告并作出相应决议；选举张书强为人大主席，范晓强为镇长，钱吴明、陆小辉为副镇长；通过朱为民辞去人大主席、刘亚东辞去镇长的辞职报告
	十四届人大三次会议	2010年1月	听取和审议政府工作报告、财政预决算报告、人大主席团工作报告并作出相应决议
	十四届人大四次会议	2011年1月	听取和审议政府工作报告、财政预决算报告、人大主席团工作报告并作出相应决议
	十五届人大一次会议	2012年1月	听取和审议政府工作报告、财政预决算报告、人大主席团工作报告并作出相应决议；选举张书强为人大主席，刘慧勇、单芝龙为人大副主席，许薇为镇长，刘正友、石晓鹏、钱吴明、丁邦宏为副镇长
	十五届人大二次会议	2013年1月	听取和审议政府工作报告、财政预决算报告、人大主席团工作报告并作出相应决议
	十五届人大三次会议	2014年1月	听取和审议政府工作报告、财政预决算报告、人大主席团工作报告并作出相应决议
	十五届人大四次会议	2015年1月	听取和审议政府工作报告、财政预决算报告、人大主席团工作报告并作出相应决议；通过刘慧勇副主席的请辞报告

三、相关乡（镇）人大主席团常务主席，人民代表大会主席、副主席名录

磨头镇

（2000年4月场南乡并入，2001年9—10月场北乡并入）

常务主席　赵如林　（1993.03—1994.03）

蔡成德　（1994.03—1996.03）

主　　席　蔡成义　（1996.03—1998.09）

孙玉如 （1999.01—2007.11）
（2000.04—-2000.10 ,2001.10—2002.01 任人大筹备组组长）
朱为民 （2007.12—2009.01）
张书强 （2009.01—2016.01）
贾根建 （2016.01— ）
副主席 俞丰成 （1996.03—1998.11）
章长余 （1999.01—2000.10 ）
王学杰 （2000.10—2002.01）
蔡显华 （2000.04—2000.10，2001.10—2002.01 人大筹备组成员）
（2000.10—2006.01）
柯永华 （2001.10—2002.01 人大筹备组成员）
（2002.01—2004.02）
陈伯平 （2001.10—2002.01 人大筹备组成员）
（2002.01—2003.02）
刘 俊 （2006.02—2007.11）
田大如 （2006.02—2007.11）
李世友 （2006.02—2007.11）
陈树明 （2006.02—2007.11）
黄爱民 （2006.02—2007.11）
缪银良 （2006.02—2007.11）
贾建华 （2007.12—2011.12）
刘慧勇 （2012.03—2014.12）
单芝龙 （2012.03— ）

场南乡

（2000 年 4 月撤销）

常务主席 刘坤如 （1993.03—1996.03）
主 席 高兴山 （1996.03—1998.11）
许秀祥 (1999.01—2000.04)
副主席 朱建国 （1996.03—1998.11）

场北乡

（2001 年 10 月撤销）

常务主席 许秀祥 （1993.03—1995.11）
主 席 田演坤 （1996.03—2001.10）
章金彩 （1999.01—2000.02）
沈祖和 （2000.10—2001.10）
副主席 刘广权 （1996.03—1998.12）
田芝兴 （1996.03—1998.10）
丁邦栋 （1999.01—2001.10）

第十一节　九华镇人民代表大会

一、概　述

1949年解放后,恢复平西区公所,重建九华乡。1954年人民代表大会制度建立后,九华乡先与通州桃园乡合并为九华乡,归南通县平潮区。1957年实行大乡制,划归薛窑区,与二甲部分、一甲、中心乡北部(邵老园乡、扒头乡北部),合并为新的九华乡,1958年改建为九华人民公社。文化大革命前共召开了四届人民代表大会。"文化大革命"期间,人民代表大会制度中断执行,直到1981年恢复,召开了九华人民公社第五届人民代表大会。1983年政社分设复名九华乡,直到1999年1月,召开了九华乡第十一届人大一次会议。2000年4月,九华乡、龙舌乡、营防乡三乡合并为九华镇,同年10月,召开了九华镇第一届人大一次会议。到2016年,为九华镇第三届人民代表大会。

二、相关乡(镇)人民代表大会会议

1981年—2015年九华镇相关乡(镇)人民代表大会会议概况一览表

表7-3-11

辖区名称	会议名称	会议时间	主 要 议 程
九华公社	五届人大一次会议	1981年9月	听取和审议九华公社革命委员会工作报告并作出相应决议;选举蔡日康为公社管理委员会主任,石太明、薛永元、姚荣林、王振为公社管理委员会副主任
九华乡	五届人大二次会议	1983年9月	补选王振为乡长,薛新忠、于敬明为副乡长
	六届人大一次会议	1984年4月	听取和审议乡政府工作报告并作出相应决议;选举王振为乡长,于敬明、唐凤岗为副乡长
	六届人大二次会议	1985年1月	审议通过九华乡《1985—1987四项统筹的审议报告》;选举冯旭为副乡长
	六届人大三次会议	1985年7月	听取和审议乡政府工作报告
	六届人大四次会议	1986年12月	补选薛新忠为乡长,陈永兴为副乡长
	七届人大一次会议	1987年3月	听取和审议乡政府工作报告和财政预决算报告并作出相应决议;选举金剑良为乡长,邹贤良、冯旭为副乡长
	七届人大二次会议	1988年5月	审议通过九华乡《关于优抚工作的暂行规定》《关于1988年九华乡中小学基本建设以及危房维修经费筹集的暂行办法》
	七届人大三次会议	1989年5月	听取和审议乡政府工作报告和财政预决算报告并作出相应决议
	八届人大一次会议	1990年3月	听取和审议乡政府工作报告和财政预决算报告并作出相应决议;选举金剑良为乡长,冯旭、邹贤良、陈永兴为副乡长

续表7-3-11

辖区名称	会议名称	会议时间	主要议程
九华乡	八届人大二次会议	1991年3月	听取和审议乡政府工作报告、人大主席团工作报告和财政预决算报告并作出相应决议;审议通过九华乡《乡规民约》《九华乡人民教育基金会制度》《关于建立九华经济开发区的决议(草案)》《关于划分基本农田保护区的决议(草案)》
	八届人大三次会议	1992年3月	听取和审议乡政府工作报告、人大主席团工作报告和财政预决算报告并作出相应决议
	九届人大一次会议	1993年3月	选举邹贤良为乡长,季广宏、陈永兴、唐礼为副乡长
	九届人大二次会议	1994年2月	听取和审议乡政府工作报告、人大主席团工作报告和财政预决算报告并作出相应决议
	九届人大三次会议	1995年2月	听取和审议乡政府工作报告、人大主席团工作报告和财政预决算报告并作出相应决议;补选杨子谦为科技副乡长
	十届人大一次会议	1996年3月	听取和审议乡政府工作报告、人大主席团工作报告和财政预决算报告并作出相应决议;选举喻学文为人大主席,姜伯达为副主席,邹贤良为乡长,陈永兴、唐礼、熊祥余为副乡长
	十届人大二次会议	1997年3月	听取和审议乡政府工作报告、人大主席团工作报告和财政预决算报告并作出相应决议
	十届人大三次会议	1998年2月	听取和审议乡政府工作报告、人大主席团工作报告和财政预决算报告并作出相应决议;补选吴松兵为乡长
	十一届人大一次会议	1999年1月	听取和审议乡政府工作报告、人大主席团工作报告和财政预决算报告并作出相应决议;选举薛新忠为人大主席,陈永兴为副主席,吴松兵为乡长,郭宝玲、周国富、周永刚为副乡长
九华镇	一届人大一次会议	2000年10月	听取和审议九华镇行政工作组工作报告和九华镇人大筹备组工作报告并作出相应决议;选举张志忠为人大主席,刘国兰、李斯锦、王文渊为副主席,吴松兵为镇长,卢国杰、田一云、郭宝玲、周国富、周永刚、徐至善为副镇长
	一届人大二次会议	2001年2月	听取和审议了镇政府工作报告、人大主席团工作报告、财政预决算报告和九华镇国民经济社会发展“十五”规划(草案)并作出相应决议
	一届人大三次会议	2002年1月	听取和审议镇政府工作报告、人大主席团工作报告和财政预决算报告并作出相应决议;补选吴松兵为人大主席,薛新忠、唐礼为人大副主席,陈志进为镇长
	一届人大四次会议	2003年2月	听取和审议镇政府工作报告、人大主席团工作报告和财政预决算报告并作出相应决议
	一届人大五次会议	2004年2月	听取和审议镇政府工作报告、人大主席团工作报告和财政预决算报告并作出相应决议;补选邹美义为人大副主席,周志翔为副镇长
	一届人大六次会议	2005年1月	听取和审议镇政府工作报告、人大主席团工作报告和财政预决算报告并作出相应决议;补选神俊华为镇长

续表7-3-11

辖区名称	会议名称	会议时间	主 要 议 程
九华镇	一届人大七次会议	2006年2月	听取和审议镇政府工作报告、人大主席团工作报告和财政预决算报告并作出相应决议;补选邵永华、李世杰、周国富、徐至善、朱明祥为副主席;薛美银、姜建如为副镇长
	一届人大八次会议	2007年1月	听取和审议镇政府工作报告、人大主席团工作报告和财政预决算报告并作出相应决议;补选石兵为镇长,潘文胜、薛建明为副镇长
	二届人大一次会议	2007年12月	听取和审议镇政府工作报告、人大主席团工作报告和财政预决算报告并作出相应决议;选举石兵为人大主席,李世杰为副主席,曹金林为镇长,姜建如、郭宝玲、薛建明、蒋俊为副镇长
	二届人大二次会议	2009年1月	听取和审议镇政府工作报告、人大主席团工作报告和财政预决算报告并作出相应决议
	二届人大三次会议	2010年1月	听取和审议镇政府工作报告、人大主席团工作报告和财政预决算报告并作出相应决议;补选苏晓红为人大主席,石兵为镇长,何玉龙为副镇长
	二届人大四次会议	2010年8月	听取和审议镇政府工作报告、人大主席团工作报告和财政预决算报告并作出相应决议;补选周永刚为人大主席,许金华为副主席
	二届人大五次会议	2011年1月	听取和审议镇政府工作报告、人大主席团工作报告和财政预决算报告并作出相应决议;补选郭宝玲为人大副主席,秦建军、刘东、陈然、肖茂华、李世芬为副镇长
	三届人大一次会议	2012年3月	听取和审议镇政府工作报告、人大主席团工作报告和财政预决算报告并作出相应决议;选举薛美银为人大主席,许金华、郭宝玲为人大副主席,周永刚为镇长,李世芬、刘东、肖茂华、陈然、沙健忠为副镇长
	三届人大二次会议	2013年1月	听取和审议镇政府工作报告、人大主席团工作报告和财政预决算报告并作出相应决议
	三届人大三次会议	2014年1月	听取和审议镇政府工作报告、人大主席团工作报告和财政预决算报告并作出相应决议;补选顾晓春为镇长
	三届人大四次会议	2015年1月	听取和审议镇政府工作报告、人大主席团工作报告和财政预决算报告并作出相应决议;补选孙康为镇长、郭庆为副镇长
龙舌公社	五届人大一次会议	1981年9月	听取和审议龙舌公社革命委员会工作报告并作出相应决议;选举缪维臣为公社管理委员会主任,仇炳臣、王锦国、江锦华为公社管理委员会副主任
	五届人大二次会议	1983年2月	听取和审议龙舌公社革命委员会工作报告并作出相应决议
龙舌乡	五届人大三次会议	1983年8月	听取和审议乡政府工作报告、财政预决算报告并作出相应决议;补选江锦华为乡长,孙有智、居汉章为副乡长,姜海峰为经济联合委员会主任
	六届人大一次会议	1984年4月	听取和审议了乡政府工作报告;选举江锦华为乡长,孙有智、居汉章、冯旭为副乡长

续表7-3-11

辖区名称	会议名称	会议时间	主要议程
龙舌乡	六届人大二次会议	1985年2月	听取和审议乡政府工作报告;补选秦锦国为副乡长
	六届人大三次会议	1985年7月	听取和审议乡政府工作报告;补选朱桂林为副乡长
	六届人大四次会议	1986年7月	听取和审议乡政府工作报告、财政预决算报告、“七五”规划报告并作出相应决议
	七届人大一次会议	1987年3月	听取和审议乡政府工作报告、财政预决算报告并作出相应决议;选举喻学文为乡长,孙有智、朱桂林为副乡长
	七届人大二次会议	1988年4月	听取和审议乡政府工作报告、财政预决算报告并作出相应决议
	七届人大三次会议	1989年5月	听取和审议乡政府工作报告、财政预决算报告、总体规划修改报告并作出相应决议
	八届人大一次会议	1990年3月	听取和审议乡政府工作报告、财政预决算报告并作出相应决议
	八届人大二次会议	1991年3月	听取和审议乡政府工作报告、人大主席团工作报告、财政预决算报告并作出相应决议;补选徐海昌为副乡长
	八届人大三次会议	1992年3月	听取和审议乡政府工作报告、人大主席团工作报告、财政预决算报告并作出相应决议;补选魏明哲为乡长
	九届人大一次会议	1993年3月	听取和审议乡政府工作报告、人大主席团工作报告、财政预决算报告并作出相应决议;选举魏明哲为乡长,严军、沙云昌、朱有华为副乡长
	九届人大二次会议	1994年2月	听取和审议乡政府工作报告、人大主席团工作报告、财政预决算报告并作出相应决议
	九届人大三次会议	1994年12月	听取和审议乡政府工作报告、人大主席团工作报告、财政预决算报告并作出相应决议;补选王美林为副乡长
	九届人大四次会议	1995年3月	听取和审议乡政府工作报告、人大主席团工作报告、财政预决算报告并作出相应决议
	十届人大一次会议	1996年3月	选举姚鑫明为人大主席,沙云昌为人大副主席,徐海昌为乡长,王美林、张建平为副乡长
	十届人大二次会议	1997年2月	听取和审议乡政府工作报告、人大主席团工作报告、财政预决算报告并作出相应决议
	十届人大三次会议	1998年2月	听取和审议乡政府工作报告、人大主席团工作报告、财政预决算报告并作出相应决议
	十一届人大一次会议	1999年1月	听取和审议乡政府工作报告、人大主席团工作报告、财政预决算报告并作出相应决议;选举姚鑫明为人大主席,沙云昌为副主席,田桦为乡长,王美林、卢国杰、田一云为副乡长
	十一届人大二次会议	1999年12月	听取和审议乡政府工作报告、人大主席团工作报告、财政预决算报告并作出相应决议;评议政府部门相关工作
	十一届人大三次会议	2000年2月	听取和审议乡政府工作报告、人大主席团工作报告、财政预决算报告并作出相应决议

续表7-3-11

辖区名称	会议名称	会议时间	主要议程
营防公社	四届人大一次会议	1981年12月	听取和审议营防公社革命委员会工作报告并作出相应决议;选举张玉富为公社管理委员会主任,顾锦成、陆秉元、魏明哲、唐凤岗为公社管理委员会副主任
	四届人大二次会议	1983年2月	听取和审议营防公社革命委员会工作报告并作出相应决议
营防乡	四届人大三次会议	1983年9月	听取和审议乡政府工作报和财政预决算报告并作出相应决议;补选周久林为乡长,唐凤岗为副乡长
	五届人大一次会议	1984年4月	听取和审议乡政府工作报告并作出相应决议;选举周久林为乡长,印学礼为副乡长
	五届人大二次会议	档案缺失	
	五届人大三次会议	1985年2月	听取和审议乡政府工作报和财政有关问题的报告;补选魏明哲为乡长,居汉章为副乡长
	五届人大四次会议	1985年7月	听取和审议乡政府工作报告并作出相应决议;补选金剑良为副乡长
	五届人大五次会议	1986年7月	听取和审议“七五计划”工作报告
	六届人大一次会议	1987年12月	听取和审议乡政府工作报告和财政预决算报告并作出相应决议;选举魏明哲为乡长,印学礼、居汉章为副乡长
	六届人大二次会议	1988年4月	听取和审议乡政府工作报告
	六届人大三次会议	1989年5月	听取和审议乡政府工作报告和财政预决算报告并作出相应决议
	七届人大一次会议	1990年3月	听取和审议乡政府工作报告和财政预决算报告并作出相应决议;选举强汉林为乡长,孙凤月、郭松泉为副乡长
	七届人大二次会议	1991年3月	听取和审议乡政府工作报告,人大工作报告和财政预决算报告并作出相应决议
	七届人大三次会议	1992年3月	听取和审议乡政府工作报告,关于营防乡教育基金会召开第二次年会和发动群众捐资办学的报告
	八届人大一次会议	1993年3月	听取和审议乡政府工作报告、人大主席团工作报告和财政预决算报告并作出相应决议;选举喻学文为乡长,张志忠、周涛、郭松泉为副乡长
	八届人大二次会议	1994年3月	听取和审议乡政府工作报告、财政预决算报告并作出相应决议
	八届人大三次会议	1994年12月	听取和审议乡政府工作报告、财政预决算报告并作出相应决议;补选冯旭为副乡长
	八届人大四次会议	1995年2月	听取和审议乡政府工作报告、人大主席团工作报告、财政预决算报告并作出相应决议;选举邹健为科技副乡长
	九届人大一次会议	1996年3月	听取和审议乡政府工作报告、人大主席团工作报告、财政预决算报告并作出相应决议;选举江锦华为人大主席,何玉忠为副主席,阮汝国为乡长,冯旭、王俊国、邵永华为副乡长

续表7-3-11

辖区名称	会议名称	会议时间	主要议程
营防乡	九届人大二次会议	1997年2月	听取和审议乡政府工作报告、人大主席团工作报告、财政预决算报告、营防乡《村规民约》(草案)并作出相应决议;补选强汉林为人大主席,高翠萍为副乡长
	九届人大三次会议	1998年2月	听取和审议乡政府工作报告、人大主席团工作报告、财政预决算报告并作出相应决议
	九届人大四次会议	1998年7月	听取、审议、通过《关于集资解除学校危房的意见》《关于筹集资金迅速修复乡级公路的意见》
	十届人大一次会议	1999年1月	听取和审议乡政府工作报告、人大主席团工作报告、财政预决算报告并作出相应决议;选举强汉林为人大主席,何玉忠为副主席,张志忠为乡长,吴玉彬、徐至善、高翠萍为副乡长
	十届人大二次会议	2000年2月	听取和审议乡政府工作报告、人大主席团工作报告、财政预决算报告并作出相应决议

三、相关乡(镇)人大主席团常务主席,人民代表大会主席、副主席名录

九华镇

(2000年4月,原九华乡、龙舌乡、营防乡合并为九华镇)

主　席　张志忠　(2000.10—2001.12)
(2000.04—2000.10任人大筹备组组长)
吴松兵　(2002.01—2006.12)
神俊华　(2007.01—2007.07)
石　兵　(2007.12—2009.12)
苏晓红　(2010.01—2010.07)
周永刚　(2010.08—2012.02)
薛美银(女)　(2012.03—　)

副主席　刘国兰(女)　(2000.04—2000.10人大筹备组成员)
(2000.10—2001.10)
李斯锦　(2000.04—2000.10人大筹备组成员)
(2000.10—2005.12)
王文渊　(2000.10—2005.12)
薛新忠　(2002.01—2002.08)
邹美义　(2004.02—2005.12)
唐　礼　(2002.01—2005.12)
邵永华　(2006.01—2007.11)
李世杰　(2006.01—2010.07)
周国富　(2006.01—2007.11)
徐至善　(2006.01—2007.11)

朱明祥　（2006.01—2007.11）
郭宝玲（女）（2011.01—2016.01）
许金华　（2010.08—　）

九华乡

（2000年4月撤乡）

常务主席 顾建华　（1993.03—1995.12）
主　　席 喻学文　（1996.03—1999.03）
薛新忠　（1999.03—2000.03）
副 主 席 姜伯达　（1996.03—1999.01）
陈永兴　（1999.01—2000.03）

龙舌乡

（2000年4月撤乡）

常务主席 杨海山　（1993.03—1995.12）
主　　席 姚鑫明　（1996.03—2000.03）
副 主 席 沙云昌　（1996.03—2000.03）

营防乡

（2000年4月撤乡）

常务主席 强汉林　（1993.03—1995.12）
主　　席 江锦华　（1996.03—1996.10）
强汉林　（1997.02—-2000.03）
副 主 席 何玉忠　（1996.03—2000.03）

第十二节　石庄镇人民代表大会

一、概　述

1948年年底，石庄解放，石庄区、镇两级政府迁至石庄镇区办公，将民国政府时的石南镇、石北镇合并为石庄镇，为区属镇。1957年10月10日改石庄镇为县属镇(由石庄区代管)。1958年10月成立旭日人民公社，石庄称石庄工区，1959年2月成立大石庄人民公社，仍为石庄工区。1963年3月5日恢复石庄镇为县属镇建制，原石庄人民公社更名为石北人民公社。1995年3月撤张黄港乡，并入石庄镇；2000年4月撤石北乡，并入石庄镇；2013年3月撤常青镇，将原高井乡5个村居(海圩村、邹蔡村、蔡炎村、草张庄社区、铁篱社区)并入石庄镇。1954年人民代表大会制度建立，各乡(镇)先后召开过一至五(或六)届人民代表大会，“文化大革命”期间人民代表大会制度中止，至1981年恢复。时石庄镇召开第七届人大一次代表会议，且每年有例会。自1981年至1992年乡(镇)人民代表大会未设主席。1993年3月7日石庄镇第十一届人大一次代表会议始设主席团主席。1996年3月石庄镇第十二届人大一次会议增设主席团副主席两名。至2016年为第十七届人民代表大会。

二、相关乡(镇)人民代表大会会议

1981年—2015年石庄镇相关乡(镇)人民代表大会会议概况一览表

表7-3-12

辖区名称	会议名称	会议时间	主要议程
石庄镇	七届人大一次会议	1981年12月	听取和审议政府工作报告并作出相应决议;选举张耀贤为镇长,杨海坤、葛永祥为副镇长
	七届人大二次会议	/	听取和审议政府工作报告、财政预决算报告并作出相应决议
	七届人大三次会议	1983年9月	听取和审议政府工作报告、财政预决算报告并作出相应决议
	八届人大一次会议	1984年5月	听取和审议政府工作报告并作出相应决议;选举张玉台为镇长,葛永祥、钱有余为副镇长
	八届人大二次会议	1985年1月	听取和审议政府工作报告、财政预决算报告并作出相应决议;补选金海波为镇长,钱有余为副镇长
	八届人大三次会议	1985年8月	听取和审议政府工作报告、财政预决算报告并作出相应决议
	八届人大四次会议	1986年6月	听取和审议政府工作、"七五规划报告"、财政预决算报告并作出相应决议
	九届人大一次会议	1987年3月	听取和审议政府工作、财政预决算报告并作出相应决议;选举金海波为镇长,葛永祥、沈忠来、钱有余为副镇长
	九届人大二次会议	1988年5月	听取和审议政府工作报告、财政预决算报告并作出相应决议
	九届人大三次会议	1989年5月	听取和审议政府工作报告、财政预决算报告并作出相应决议
	十届人大一次会议	1990年3月	听取和审议政府工作报告、财政预决算报告并作出相应决议;选举姜步源为镇长,沈忠来、张耀祥为副镇长
	十届人大二次会议	1991年3月	听取和审议政府工作报告、财政预决算报告并作出相应决议
	十届人大三次会议	1992年3月	听取和审议政府工作报告、财政预决算报告并作出相应决议
	十届人大四次会议	1992年7月	听取和审议政府工作报告、财政预决算报告并作出相应决议;补选杨雪松为科技副镇长
	十一届人大一次会议	1993年3月	听取和审议政府工作报告、财政预决算工作报告并作出相应决议;选举季永和为人大主席团常务主席,姜步源为镇长,魏国林、张玉为副镇长,杨雪松为科技副镇长
	十一届人大二次会议	1994年3月	听取和审议政府工作报告、人大主席团工作报告、财政预决算工作报告并作出相应决议;补选黄兆林为镇长
	十一届人大三次会议	1995年2月	听取和审议政府工作报告、财政预决算报告并作出相应决议

续表7-3-12

辖区名称	会议名称	会议时间	主要议程
石庄镇	十二届人大一次会议	1996年3月	听取和审议政府工作报告、人大主席团工作报告、财政预决算工作报告并作出相应决议;选举陈灿为人大主席,范成义、徐成富为副主席,孙定一为镇长,石来平、石兵、陈坤元、刘富贵为副镇长
	十二届人大二次会议	1997年2月	听取和审议政府工作报告、人大主席团工作报告、财政预决算工作报告并作出相应决议;补选马小燕为副镇长
	十二届人大三次会议	1998年2月	听取和审议政府工作报告、人大主席团工作报告、财政预决算工作报告并作出相应决议
	十三届人大一次会议	1999年1月	听取和审议政府工作报告、人大主席团工作报告、财政预决算工作报告并作出相应决议;选举金海波为人大主席,沈永德为副主席,陈志进为镇长,石兵、张松明、曹霞为副镇长
	十四届人大一次会议	2000年10月	听取和审议政府工作报告、人大主席团工作报告、财政预决算工作报告并作出相应决议;选举刘金泉为人大主席,张万庆、石金耀为副主席,陈志进为镇长、张松明、张祥、曹霞、石兵、陆兴祥、贲义谦为副镇长
	十四届人大二次会议	2001年2月	听取和审议政府工作报告、人大主席团工作报告、财政预决算工作报告并作出相应决议
	十四届人大三次会议	2002年1月	听取和审议政府工作报告、人大主席团工作报告、财政预决算工作报告并作出相应决议;补选张爱民为人大副主席,蔡可如为镇长
	十四届人大四次会议	2003年2月	听取和审议政府工作报告、人大主席团工作报告、财政预决算工作报告并作出相应决议
	十四届人大五次会议	2004年2月	听取和审议政府工作报告、人大主席团工作报告、财政预决算工作报告并作出相应决议;补选王忠明、陈汝松为人大副主席
	十四届人大六次会议	2005年1月	听取和审议政府工作报告、人大主席团工作报告、财政预决算工作报告并作出相应决议;补选杨龙为镇长
	十四届人大七次会议	2006年2月	听取和审议政府工作报告、人大主席团工作报告、财政预决算工作报告并作出相应决议;补选张建川为人大副主席,郭夕林为镇长,丁勇为副镇长
	十四届人大八次会议	2007年1月	听取和审议政府工作报告、人大主席团工作报告、财政预决算工作报告并作出相应决议;补选杨龙为人大主席,丁飞、成玉华为副镇长
	十五届人大一次会议	2007年12月	听取和审议政府工作报告、人大主席团工作报告、财政预决算工作报告并作出相应决议;选举郭夕林为人大主席,张建川为副主席,赵宏祥为镇长,丁飞、成玉华、汪东、缪爱国为副镇长
	十五届人大二次会议	2009年1月	听取和审议政府工作报告、人大主席团工作报告、财政预决算工作报告并作出相应决议;补选蔡锦祥为人大副主席,徐亚琴、张松益为副镇长
	十五届人大三次会议	2010年1月	听取和审议政府工作报告、人大主席团工作报告、财政预决算工作报告并作出相应决议;补选谭真为镇长

续表7-3-12

辖区名称	会议名称	会议时间	主要议程
石庄镇	十五届人大四次会议	2011年2月	听取和审议政府工作报告、人大主席团工作报告、财政预决算工作报告并作出相应决议;罢免郭夕林人大主席职务、张松益副镇长职务;补选谭真为人大主席,倪桂华为副主席,陆爱斌为镇长,徐建、黄国建为副镇长
	十六届人大一次会议	2012年3月	听取和审议政府工作报告、人大主席团工作报告、财政预决算工作报告并作出相应决议;选举柳杰军为人大主席,倪桂华为副主席,陆爱斌为镇长,杨飞、徐建、殷桂平、黄国建为副镇长
	十七届人大一次会议	2013年6月	听取和审议政府工作报告、人大主席团工作报告、财政预决算工作报告并作出相应决议;选举柳杰军为人大主席,倪桂华为副主席,陆爱斌为镇长,徐建、殷桂平、杨飞、黄国建、王建梅、黄宏佰为副镇长
	十七届人大二次会议	2014年1月	听取和审议政府工作报告、人大主席团工作报告、财政预决算工作报告并作出相应决议
	十七届人大三次会议	2015年1月	听取和审议政府工作报告、人大主席团工作报告、财政预决算工作报告并作出相应决议;补选马军华为人大主席,薛煜为镇长,郭爱民为副镇长
石南公社	六届人大一次会议	1981年10月	听取和审议革委会工作报告、财政预决算工作报告并作出相应决议;选举薛嵩兴为管委会主任,顾汝臣、倪汉卿、钱有余为管委会副主任
张黄港乡	六届人大二次会议	1983年9月	听取和审过政府工作报告、财政预决算工作报告并作出相应决议;补选徐成富为乡长,钱有余、范成义为副乡长
	七届人大一次会议	1984年4月	听取和审议政府工作报告、财政预决算工作报告并作出相应决议;选举徐成富为乡长,钱有余、范成义为副乡长
	七届人大二次会议	1985年1月	听取和审议政府工作报告、财政预决算报告并作出相应决议
	七届人大三次会议	1985年8月	听取和审议政府工作报告、财政预决算报告并作出相应决议
	七届人大四次会议	1986年7月	听取和审议政府工作报告、财政预决算工作报告并作出相应决议
	八届人大一次会议	1987年3月	听取和审议政府工作报告、财政预决算工作报告并作出相应决议;选举张玉台为乡长,范成义、缪永峰为副乡长
	八届人大二次会议	1988年6月	听取和审议政府工作报告、财政预决算工作报告并作出相应决议
	八届人大三次会议	1989年10月	听取和审议政府工作报告、财政预决算工作报告并作出相应决议;审议关于加强土地管理的乡规民约草案
	九届人大一次会议	1990年3月	听取和审议政府工作报告、财政预决算工作报告并作出相应决议;选举张玉台为乡长,陈坤元、范成义为副乡长
	九届人大二次会议	1991年3月	听取和审议政府工作报告、财政预决算工作报告并作出相应决议

续表7-3-12

辖区名称	会议名称	会议时间	主要议程
张黄港乡	九届人大三次会议	1992年3月	听取和审议政府工作报告、财政预决算工作报告并作出相应决议
	九届人大四次会议	1992年7月	补选吴仕荣为科技副乡长
	九届人大五次会议	1992年10月	听取和审议政府工作报告、财政预决算工作报告并作出相应决议;审议通过永隆村8组、凤龙村2组、杨庄村10组调整和预留规划线定议案
	十届人大一次会议	1993年3月	听取和审议政府工作报告、人大主席团报告、财政预决算工作报告并作出相应决议;推选陈灿为人大主席团常务主席,王金龙为乡长,陈坤元、张仕荣为副乡长
	十届人大二次会议	1994年3月	听取和审议政府工作报告、人大主席团工作报告、财政预决算工作报告并作出相应决议;补选刘富贵为副乡长
	十届人大三次会议	1995年2月	听取和审议政府工作报告、人大主席团工作报告、财政预决算工作报告并作出相应决议;补选张林明为科技副乡长
石北公社	六届人大一次会议	1981年7月	听取和审议革委会工作报告、财政预决算工作报告并作出相应决议;选举石俊宜为管委会主任,柳康祥、孙新才、高兴玉、张耀广为管委会副主任
石北乡	六届人大二次会议	1983年9月	听取和审议政府工作报告、财政预决算工作报告并作出相应决议;选举张子周为乡长,高兴玉、孙新才、柳康祥为副乡长
	七届人大一次会议	1984年4月	听取和审议政府工作报告、议案审查报告并作出相应决议;选举张子周为乡长,高兴玉、孙新才、柳康祥为副乡长
	七届人大二次会议	1985年1月	听取和审议政府工作报告、财政预决算工作报告并作出相应决议;审议关于现役军人补贴、民兵训练经费、教育经费三项筹款报告
	七届人大三次会议	1985年8月	听取和审议政府工作报告、财政预决算工作报告并作出相应决议;补选马云贵为副乡长
	八届人大一次会议	1987年3月	听取和审议政府工作报告、财政预决算工作报告并作出相应决议;选举张子周为乡长,储鉴卿、马云贵为副乡长
	八届人大二次会议	1988年5月	听取和审议政府工作报告、财政预决算工作报告并作出相应决议
	八届人大三次会议	1989年4月	听取和审议政府工作报告、财政预决算工作报告并作出相应决议;补选夏泽富为副乡长
	九届人大一次会议	1990年3月	听取和审议政府工作报告、财政预决算工作报告并作出相应决议;选举储鉴卿为乡长,钱有余、张光龙为副乡长
	九届人大二次会议	1991年3月	听取和审议政府工作报告、财政预决算工作报告并作出相应决议
	九届人大三次会议	1992年3月	听取和审议政府工作报告、财政预决算报告并作出相应决议

续表7-3-12

辖区名称	会议名称	会议时间	主要议程
石北乡	十届人大一次会议	1993年3月	听取和审议政府工作报告、财政预决算工作报告并作出相应决议;选举张玉台为人大常务主席,储鉴卿为乡长,张爱民、张光龙为副乡长,成步来为科技副乡长
	十届人大二次会议	1994年3月	听取和审议政府工作报告、人大主席团工作报告、财政预决算工作报告并作出相应决议
	十届人大三次会议	1995年3月	听取和审议政府工作报告、人大主席团工作报告、财政预决算工作报告并作出相应决议
	十一届人大一次会议	1996年3月	听取和审议政府工作报告、人大主席团工作报告、财政预决算工作报告并作出相应决议;选举张玉台为人大主席,葛永祥为副主席,魏国林为乡长,张爱民、石初恒、王忠明为副乡长
	十一届人大二次会议	1997年3月	听取和审议政府工作报告、人大主席团工作报告、财政预决算工作报告并作出相应决议
	十一届人大三次会议	1998年2月	听取和审议政府工作报告、人大主席团工作报告、财政预决算工作报告并作出相应决议;补选陈仁高为乡长
	十二届人大一次会议	1999年1月	听取和审议政府工作报告、人大主席团工作报告、财政预决算工作报告并作出相应决议;选举张耀祥为人大主席,陈仁高为乡长,张祥、贲义谦为副乡长,唐卢明为科技副乡长
高井公社	六届人大一次会议	1981年10月	听取和审议革委会工作报告、财政预决算工作报告并作出相应决议;选举高仁元为主任,储鉴卿、邹昭泽为副主任
高井乡	六届人大二次会议	1983年9月	听取和审议政府工作报告、财政预决算工作报告并作出相应决议;选举王金龙为乡长,李昌进、张跃德为副乡长
	七届人大一次会议	1984年4月	听取和审议政府工作报告、议案审查报告并作出相应决议;选举王金龙为乡长,李昌进、张跃德为副乡长
	七届人大二次会议	1985年1月	听取和审议政府工作报告、财政预决算工作报告并作出相应决议
	七届人大三次会议	1985年8月	听取和审议政府工作报告、财政预决算工作报告并作出相应决议;补选张勤书为副乡长
	七届人大四次会议	1986年10月	听取和审议政府工作报告、财政预决算工作报告并作出相应决议
	八届人大一次会议	1987年3月	听取和审议政府工作报告、财政预决算工作报告并作出相应决议;选举王金龙为乡长,张跃德,孙修生为副乡长
	八届人大二次会议	1988年5月	听取和审议政府工作报告、财政预决算工作报告并作出相应决议
	八届人大三次会议	1989年5月	听取和审议政府工作报告、财政预决算工作报告并作出相应决议
	九届人大一次会议	1990年3月	听取和审议政府工作报告、财政预决算工作报告并作出相应决议;选举王金龙为乡长,孙修生、夏春兰为副乡长

续表7-3-12

辖区名称	会议名称	会议时间	主要议程
高井乡	九届人大二次会议	1991年3月	听取和审议政府工作报告、财政预决算工作报告并作出相应决议;补选沈良旭为副乡长
	九届人大三次会议	1992年3月	听取和审议政府工作报告、财政预决算工作报告并作出相应决议
	九届人大四次会议	1992年7月	听取和审议政府工作报告、财政预决算工作报告并作出相应决议;补选朱炎清为科技副乡长
	十届人大一次会议	1993年3月	听取和审议政府工作报告、财政预决算工作报告并作出相应决议;选举孙修生为乡长,沈良旭、张松明为副乡长,朱炎青为科技副乡长
	十届人大二次会议	1994年3月	听取和审议政府工作报告、财政预决算工作报告并作出相应决议;补选沈尉为副乡长
	十届人大三次会议	1995年2月	听取和审议政府工作报告、财政预决算工作报告并作出相应决议
	十一届人大一次会议	1996年3月	听取和审议政府工作报告、财政预决算工作报告并作出相应决议;选举黄志祥为人大主席,张芸为人大副主席,沈尉为乡长,沈良旭、张松明、徐桂华为副乡长
	十一届人大二次会议	1997年2月	听取和审议政府工作报告、人大工作报告、财政预决算工作报告并作出相应决议;补选高申甫为副乡长
	十一届人大三次会议	1997年12月	听取和审议政府工作报告、人大工作报告、财政预决算工作报告并作出相应决议;补选徐迎春为副乡长
	十二届人大一次会议	1999年1月	听取和审议政府工作报告、人大工作报告、财政预决算工作报告并作出相应决议;选举储鉴卿为人大主席,沈尉为乡长,王中明、高申甫、徐迎春、蔡正荣为副乡长,金海彬为科技副乡长
	十二届人大二次会议	2000年2月	听取和审议政府工作报告、人大工作报告、财政预决算工作报告并作出相应决议

三、相关镇人大主席团常务主席,人民代表大会主席、副主席名录

石庄镇

(1995年3月张黄港乡并入,2000年4月石北乡并入,2013年3月原常青镇三个村委会、两个居委会并入)

常务主席 季永和 (1993.03—1995.12)
主　　席 陈　灿 (1996.03—1998.12)
金海波 (1999.01—2000.04)
刘金泉 (2000.04—2000.10任人大筹备组组长)
(2000.04—2006.12)
杨　龙 (2006.12—2007.12)

	郭夕林	(2007.12—2011.02)
	谭 真	(2011.02—2011.12)
	柳杰军	(2011.12—2014.12)
		(2013.03—2013.06任人大筹备组组长)
	马军华	(2015.01—2015.12)
	卢小冬	(2016.01—)
副主席	徐成富	(1996.03—1998.03)
	范成义	(1996.03—1998.03)
	沈永德	(1998.03—2000.04)
	张万庆	(2000.04—2000.10人大筹备组成员)
		(2000.04—2001.10)
	石金耀	(2000.10—2003.02)
	张爱民	(2002.01—2003.07)
	王中明	(2004.01—2006.12)
	陈汝松	(2004.01—2006.01)
	张建川	(2006.01—2008.12)
	蔡锦祥	(2008.12—2010.12)
	倪桂华	(2011.01—2016.01)
		(2013.03—2013.06人大筹备组成员)
	张 斌	(2016.01-)

张黄港乡

(1995年3月撤销)

常务主席	陈 灿	(1993.03—1995.03)

石北乡

(2000年4月撤销)

常务主席	张玉台	(1993.03—1996.02)
主 席	张玉台	(1996.03—1998.12)
	张耀祥	(1999.01—2000.04)
副主席	葛永祥	(1996.03—2000.04)

高井乡

(2000年4月撤销)

主 席	黄志祥	(1996.03—1998.12)
	储鉴卿	(1999.01—2000.04)
副主席	张 芸(女)	(1996.03—1997.02)

第十三节　江安镇人民代表大会

一、概　述

自1954年人民代表大会制度建立起,江安镇先后为邓白乡、邓白人民公社、江安人民公社、江安乡、江安镇,共召开十七届人民代表大会。"文化大革命"期间,人民代表大会制度中断执行,直到1981年恢复,召开第六届人民代表大会。1993年,根据《中华人民共和国地方各级人民代表大会和地方各级人民政府组织法》和《江苏省乡(镇)人民代表大会工作暂行条例》的有关规定,设立镇人大主席团,并在人民代表大会闭会期间设人民代表大会常务主席,由党委书记兼任。2000年4月,撤销原葛市乡,划入江安镇,同年9月,召开江安镇第十三届人大一次会议。2000年10月,撤销黄市乡建立黄市镇。2005年1月,撤销原黄市镇,划入江安镇,同年3月,召开江安镇第十四届人大一次会议。2013年3月,撤销原高明镇,原高明镇所辖陈庄、西庄、黄庄3个村委会和胜利、章庄、周庄3个居委会区域并入江安镇。同年5月,召开江安镇第十七届人大一次会议。到2016年,为第十七届人民代表大会。

二、相关乡(镇)人民代表大会会议

1981年—2015年江安镇相关乡(镇)人民代表大会会议概况一览表

表7-3-13

辖区名称	会议名称	会议时间	主要议程
江安公社	六届人大一次会议	1981年12月	听取和审议公社革命委员会工作报告并作出相应决议;选举孙光国为公社管理委员会主任,沈永贵、周光才、徐金星为副主任,尤明兰、纪静、冷伯祥、许秀芳、陈光荣、周荣春、徐永兰、徐建伦、申启来、董云如为委员
江安乡	六届人大二次会议	1983年8月	听取和审议公社管理委员会工作报告和财政预决算报告并作出相应决议;补选孙依群为乡长,马云贵、沈永贵、黄志祥为副乡长
	七届人大一次会议	1984年4月	听取和审议政府工作报告和财政预决算报告并作出相应决议;选举孙依群为乡长,马云贵、沈永贵、黄志祥为副乡长
	七届人大二次会议	1985年4月	听取和审议政府工作报告和财政预决算报告并作出相应决议
	七届人大三次会议	1985年9月	听取和审议政府工作报告和财政预决算报告并作出相应决议;补选严裕法为乡长,李昌进为副乡长
	七届人大四次会议	1986年8月	听取和审议政府工作报告和财政预决算报告并作出相应决议
	八届人大一次会议	1987年3月	听取和审议政府工作报告和财政预决算报告并作出相应决议;选举严裕法为乡长,沈永贵、冯宏昌为副乡长
	八届人大二次会议	1988年3月	听取和审议政府工作报告和财政预决算报告并作出相应决议;补选陈根林为乡长
	八届人大三次会议	1989年5月	听取和审议政府工作报告和财政预决算报告并作出相应决议

续表7-3-13

辖区名称	会议名称	会议时间	主 要 议 程
江安乡	九届人大一次会议	1990年3月	听取和审议政府工作报告和财政预决算报告并作出相应决议;选举环志友为乡长,陈井根、冯宏昌为副乡长
	九届人大二次会议	1991年4月	听取和审议政府工作报告和财政预决算报告并作出相应决议
	九届人大三次会议	1992年7月	补选洪涛为科技副镇长
	十届人大一次会议	1993年3月	听取和审议政府工作报告、人大主席团工作报告和财政预决算报告并作出相应决议;推选杨孔兵为人大主席团常务主席,选举周光才为乡长,陈井根、周久发为副乡长,推选殷高仁为人民陪审员
	十届人大二次会议	1994年6月	选举杨启康为科技副乡长
	十届人大三次会议	1994年12月	听取和审议政府工作报告、人大主席团工作报告和财政预决算报告并作出相应决议;补选刘明芳为副乡长
	十届人大四次会议	1995年2月	听取和审议政府工作报告、人大主席团工作报告和财政预决算报告并作出相应决议;补选周光华为副乡长,杨启康为科技副乡长
江安镇	十一届人大一次会议	1996年3月	听取和审议政府工作报告、人大主席团工作报告和财政预决算报告并作出相应决议;选举周昌池为人大主席,孙修礼、曹德建为副主席,周光才为镇长,陆书芳、夏泽富、陈阜东为副镇长
	十一届人大二次会议	1997年3月	听取和审议政府工作报告、人大主席团工作报告和财政预决算报告并作出相应决议;补选赉义平为镇长
	十一届人大三次会议	1998年2月	听取和审议政府工作报告、人大主席团工作报告和财政预决算报告并作出相应决议;补选孙克千为副镇长
	十二届人大一次会议	1999年1月	听取和审议政府工作报告、人大主席团工作报告和财政预决算报告并作出相应决议;选举卢坤虎为人大主席,徐远高为副主席,赉义平为镇长,孙克千、石建如、李玉华为副镇长,顾明群为科技副镇长
	十三届人大一次会议	2000年9月	听取和审议行政工作组工作报告、人大筹备组工作报告和财政预决算报告并作出相应决议;选举张建华为人大主席,陈阜东、石建如为副主席,赉义平为镇长,孙克千、王炳贵、李玉华、周兴成、严循龙为副镇长
	十三届人大二次会议	2001年2月	听取和审议政府工作报告、人大主席团工作报告和财政预决算报告并作出相应决议
	十三届人大三次会议	2001年12月	听取和审议政府工作报告、人大主席团工作报告和财政预决算报告并作出相应决议;补选周贵林为人大主席,夏泽富为副主席,朱爱琴为副镇长
	十三届人大四次会议	2003年2月	听取和审议政府工作报告、人大主席团工作报告和财政预决算报告并作出相应决议
	十三届人大五次会议	2004年2月	听取和审议政府工作报告、人大主席团工作报告和财政预决算报告并作出相应决议

续表7-3-13

辖区名称	会议名称	会议时间	主要议程
江安镇	十四届人大一次会议	2005年3月	听取和审议行政工作组工作报告、人大筹备组工作报告和财政预决算报告并作出相应决议；选举周贵林为人大主席，陈阜东、石建如为副主席，张光龙为镇长，丁秀英、李玉华、张玉峰、严循龙、周向阳、徐晓林、黄安军为副镇长
	十四届人大二次会议	2006年2月	听取和审议政府工作报告、人大主席团工作报告和财政预决算报告并作出相应决议；补选丁佐华为人大主席，徐桂华、李玉华、黄安军、常文龙为副主席，吴志华为镇长
	十四届人大三次会议	2007年2月	听取和审议政府工作报告、人大主席团工作报告和财政预决算报告并作出相应决议；补选郭夕俊为镇长，刘宝林为副镇长
	十五届人大一次会议	2007年12月	听取和审议政府工作报告、人大主席团工作报告和财政预决算报告并作出相应决议；选举吴志华为人大主席，徐桂华为副主席，郭夕俊为镇长，丁秀英、刘宝林、周向阳、章军为副镇长
	十五届人大二次会议	2009年2月	听取和审议政府工作报告、人大主席团工作报告和财政预决算报告并作出相应决议；补选张百璘为人大主席
	十五届人大三次会议	2010年1月	听取和审议政府工作报告、人大主席团工作报告和财政预决算报告并作出相应决议；补选卢昆军为人大副主席，孙福才为镇长
	十五届人大四次会议	2011年1月	听取和审议政府工作报告、人大主席团工作报告和财政预决算报告并作出相应决议；补选顾卫国为人大主席，林炳文为副主席，唐晓星为副镇长
	十六届人大一次会议	2012年3月	听取和审议政府工作报告、人大主席团工作报告和财政预决算报告并作出相应决议；选举张玉峰为人大主席，林炳文为副主席，孙福才为镇长，唐晓星、朱建兵、丁秀英、刘宝林为副镇长
	十七届人大一次会议	2013年5月	听取和审议行政工作组工作报告、人大筹备组工作报告和财政预决算报告并作出相应决议；选举卢小冬为人大主席，严循龙、林炳文为副主席，王建云为镇长，任浩鑫、唐晓星、朱建兵、张昌明、丁秀英、刘宝林、朱伟锋为副镇长
	十七届人大二次会议	2014年1月	听取和审议政府工作报告、人大主席团工作报告和财政预决算报告并作出相应决议
	十七届人大三次会议	2015年1月	听取和审议政府工作报告、人大主席团工作报告和财政预决算报告并作出相应决议；补选丁新建为副镇长
胜利公社	六届人大一次会议	1981年9月	听取和审议公社革命委员会工作报告并作出相应决议；选举徐恺为公社管理委员会主任，张玉台、苏绍华、朱从祥、周永生、孙金莲为副主任，李莲英、石云龙、刘中林、孙尔勤、张富有、沈永明、葛桂云为委员
	七届人大一次会议	1982年12月	听取和审议公社管理委员会工作报告并作出相应决议；选举徐恺为管委会主任，张玉台、孙金莲、朱从祥、周永生、范钦芳为副主任
胜利乡	七届人大二次会议	1983年10月	听取和审议公社管委会工作报告和财政预决算报告并作出相应决议；通过人民公社经济联合委员会委员、主任、副主任；通过乡人民政府、人民公社经济联合委员会工作试行条例；选举朱从祥为乡长，周永生、范钦芳为副乡长

续表7-3-13

辖区名称	会议名称	会议时间	主要议程
胜利乡	八届人大一次会议	1984年4月	听取政府工作报告并作出相应决议;选举朱从祥为乡长,周永生、范钦芳、李昌进为副乡长
	八届人大三次会议	1985年8月	听取政府工作报告并作出相应决议
	八届人大四次会议	1986年7月	听取和审议政府工作报告和财政预决算报告并作出相应决议;补选高伯和为乡长
	九届人大一次会议	1987年3月	听取和审议政府工作报告和财政预决算报告并作出相应决议;选举高伯和为乡长,周永生、范钦芳为副乡长
	九届人大三次会议	1989年5月	听取和审议政府工作报告和财政预决算报告并作出相应决议;听取《关于村镇建设总体规划修改意见的报告》
	十届人大一次会议	1990年3月	听取和审议政府工作报告和财政预决算报告并作出相应决议;选举黄志祥为乡长,范钦芳、周永生、孙国才为副乡长
	十届人大二次会议	1991年4月	听取和审议政府工作报告和财政预决算报告并作出相应决议;通过《胜利乡人民政府关于实行殡葬改革的规定》
	十届人大三次会议	1992年2月	听取和审议政府工作报告和财政预决算报告并作出相应决议
	十届人大四次会议	1992年7月	选举瞿荣、张志平为科技副镇长;听取《关于集镇规划的报告》
	十一届人大一次会议	1993年3月	听取和审议政府工作报告和财政预决算报告并作出相应决议;推选张耀广为主席团常务主席,选举陈邦林为乡长,周永生、孙国才、孙金莲为副乡长
	十一届人大二次会议	1994年2月	听取和审议政府工作报告、人大主席团工作报告和财政预决算报告并作出相应决议;通过《关于进一步加强计划生育管理工作的决议》
	十一届人大三次会议	1995年2月	听取和审议政府工作报告、人大主席团工作报告和财政预决算报告并作出相应决议
	十二届人大一次会议	1996年3月	听取和审议政府工作报告、人大主席团工作报告和财政预决算报告并作出相应决议;选举孙依群为人大主席,周永生为副主席,严翔为乡长,刘明芳、孙国才、张体旺为副乡长
	十二届人大二次会议	1997年2月	听取和审议政府工作报告、人大主席团工作报告和财政预决算报告并作出相应决议;补选周光华为副乡长
	十三届人大一次会议	1999年1月	听取和审议政府工作报告、人大主席团工作报告和财政预决算报告并作出相应决议;选举严翔为人大主席,卢玉稳为副主席,孙林为乡长,刘明芳、许华明、毛玉才为副乡长
黄市公社	六届人大一次会议	1981年7月	听取和审议公社革命委员会工作报告并作出相应决议;选举鞠竞成为公社管理委员会主任,卢荫茂、高伯和、黄德明、范钦芳为副主任,赵锦生、胡乔凤、黄元良、吴金成、龚治伯、徐远斋、尤福兵、刘文元、周荣华、鞠秀莲为委员

续表7-3-13

辖区名称	会议名称	会议时间	主要议程
黄市乡	六届人大二次会议	1983年9月	听取和审议公社管委会工作报告并作出相应决议;补选孙占文为乡长,高伯和、孙金莲、环志友为副乡长
	七届人大一次会议	1984年4月	听取和审议政府工作报告并作出相应决议;选举高伯和为乡长,孙金莲、周久银为副乡长;通过公社经济联合委员会,选举环志友为主任,周贵树、石明才、毛瑞根为副主任,刘文元、丁忠戈、申应国、徐伟、肖永璋为委员
	七届人大二次会议	1985年1月	听取和审议政府工作报告并作出相应决议
	七届人大三次会议	1985年9月	听取和审议政府工作报告并作出相应决议
	七届人大四次会议	1986年8月	听取和审议政府工作报告和财政预决算报告并作出相应决议;补选黄永明为乡长
	八届人大一次会议	1987年3月	听取和审议政府工作报告和财政预决算报告并作出相应决议;选举黄永明为乡长,刘志俊、朱敏荣、周久银为副乡长
	八届人大二次会议	1988年12月	听取和审议政府工作报告和财政预决算报告并作出相应决议;补选周贵林为副乡长
	九届人大一次会议	1990年3月	听取和审议政府工作报告和财政预决算报告并作出相应决议;选举黄永明为乡长,丁忠戈、朱敏荣、周贵林为副乡长
	九届人大二次会议	1991年3月	听取和审议政府工作报告和财政预决算报告并作出相应决议;补选孙新建为乡长
	九届人大三次会议	1992年7月	补选顾永祥为科技副乡长
	十届人大一次会议	1993年3月	听取和审议政府工作报告和财政预决算报告并作出相应决议;推选孙长林为人大主席团常务主席,选举孙新建为乡长,严翔、周贵林为副乡长,顾永祥为科技副乡长
	十届人大二次会议	1994年3月	听取和审议政府工作报告、人大主席团工作报告和财政预决算报告并作出相应决议;选举严翔为乡长
	十届人大三次会议	1995年2月	听取和审议政府工作报告、人大主席团工作报告和财政预决算报告并作出相应决议;补选沈金华为科技副乡长
	十一届人大一次会议	1996年3月	听取和审议政府工作报告、人大主席团工作报告和财政预决算报告并作出相应决议;选举孙修生为人大主席,石树民为副主席,沈建为乡长,周兴成、周昌瑞、周贵林、黄安军为副乡长
	十一届人大二次会议	1997年3月	听取和审议政府工作报告、人大主席团工作报告和财政预决算报告并作出相应决议
	十一届人大三次会议	1997年8月	选举丁建兰为副乡长
	十一届人大四次会议	1998年2月	听取和审议政府工作报告、人大主席团工作报告和财政预决算报告并作出相应决议;选举周贵林为乡长

续表7-3-13

辖区名称	会议名称	会议时间	主 要 议 程
黄市乡	十二届人大一次会议	1999年1月	听取和审议政府工作报告、人大主席团工作报告和财政预决算报告并作出相应决议;选举张仕荣为人大主席,周永生为副主席,周贵林为乡长,周光华、黄安军、徐晓林为副乡长
	十二届人大二次会议	2000年10月	听取和审议政府工作报告、人大主席团工作报告和财政预决算报告并作出相应决议;补选黄志祥为人大主席
黄市镇	十三届人大一次会议	2001年12月	听取和审议政府工作报告、人大主席团工作报告和财政预决算报告并作出相应决议;选举黄志祥为人大主席,石建如、黄子德为副主席,林凤平为镇长,丁秀英、周光华、黄安军、徐晓林为副镇长
	十三届人大二次会议	2003年3月	听取和审议政府工作报告、人大主席团工作报告和财政预决算报告并作出相应决议
	十三届人大三次会议	2004年2月	听取和审议政府工作报告、人大主席团工作报告和财政预决算报告并作出相应决议;选举张光龙为镇长
葛市公社	六届人大一次会议	1981年9月	听取和审议公社革命委员会工作报告并作出相应决议;选举周进为公社管理委员会主任,杨孔兵、沈国民、环志友为副主任,丁永华、丁兰美、丁邦国、马债如、石明义、朱庆涛、陈坤元、苏美华、麦庆荣为委员
	六届人大二次会议	1982年9月	听取和审议公社管理委员会工作报告并作出相关决议;补选黄永明为公社管理委员会副主任
葛市乡	六届人大三次会议	1983年3月	听取和审议管委会工作报告并作出相关决议;补选黄永明为乡长,徐永兰、夏泽富为副乡长
	七届人大一次会议	1984年4月	听取和审议政府工作报告并作出相应决议;选举黄永明为乡长,夏泽富、徐永兰、陈井根为副乡长
	七届人大三次会议	1985年9月	听取和审议政府工作报告并作出相应决议
	七届人大四次会议	1986年7月	听取和审议政府工作报告并作出相应决议;补选环志友为乡长
	八届人大一次会议	1987年3月	听取和审议政府工作报告和财政预决算报告并作出相应决议;选举孙依群为乡长,陈井根、徐永兰、黄辉邦为副乡长
	八届人大二次会议	1988年4月	听取和审议政府工作报告和财政预决算报告并作出相应决议;补选周光才为副乡长
	八届人大三次会议	1989年5月	听取和审议政府工作报告和财政预决算报告并作出相应决议
	九届人大一次会议	1990年3月	听取和审议政府工作报告和财政预决算报告并作出相应决议;选举孙林为乡长,卢坤虎、夏泽富为副乡长
	九届人大二次会议	1991年4月	听取和审议政府工作报告和财政预决算报告并作出相应决议
	九届人大三次会议	1992年3月	听取和审议政府工作报告和财政预决算报告并作出相应决议

续表7-3-13

辖区名称	会议名称	会议时间	主要议程
葛市乡	十届人大一次会议	1993年3月	听取和审议政府工作报告、人大主席团工作报告和财政预决算报告并作出相应决议;推选黄永明为人大主席团常务主席,选举刘金泉为乡长,丁志祥、张建华、夏泽富为副乡长
	十届人大二次会议	1994年3月	听取和审议政府工作报告、人大主席团工作报告和财政预决算报告并作出相应决议;补选陈建国为副乡长
	十届人大三次会议	1995年2月	听取和审议政府工作报告、人大主席团工作报告和财政预决算报告并作出相应决议
	十届人大四次会议	1995年8月	补选张仕荣为副乡长
	十一届人大一次会议	1996年5月	听取和审议政府工作报告、人大主席团工作报告和财政预决算报告并作出相应决议;选举周久林为人大主席,徐金星为副主席,张仕荣为乡长,张建华、丁忠戈、张家明为副乡长
	十一届人大二次会议	1997年2月	听取和审议政府工作报告、人大主席团工作报告和财政预决算报告并作出相应决议;选举周咏梅为副乡长
	十一届人大三次会议	1998年10月	听取和审议政府工作报告、人大主席团工作报告和财政预决算报告并作出相应决议
	十二届人大一次会议	1999年1月	听取和审议政府工作报告、人大主席团工作报告和财政预决算报告并作出相应决议;选举杨孔兵为人大主席,陈荣坤为副主席,选举张建华为乡长,王炳贵、丁秀英、严循龙为副乡长
	十二届人大二次会议	2000年1月	听取和审议政府工作报告、人大主席团工作报告和财政预决算报告并作出相应决议;选举夏泽富为人大主席,周兴成为副乡长

三、相关镇人大主席团常务主席,人民代表大会主席、副主席名录

江安镇

(2000年4月葛市乡并入,2005年1月黄市镇并入,2013年3月高明镇并入)

常务主席 杨孔兵 (1993.03—1994.12)
主　　席 周昌池 (1996.03—1998.08)
卢坤虎 (1999.01—2000.04)
张建华 (2000.04—2000.10任人大筹备组组长)
(2000.04—2001.12)
周贵林 (2001.12—2005.01)
(2005.01—2006.02)
丁佐华 (2006.02—2007.12)
吴志华 (2007.12—2009.02)
张百璘 (2009.02—2011.01)

	顾卫国	(2011.01—2012.03)
	张玉峰	(2012.03—2013.03)
	卢小冬	(2013.03—2013.05任人大筹备组组长)
		(2013.03—2015.12)
	王　鹏	(2016.01—　　　)
副主席	孙修礼	(1996.03—1998.12)
	曹德建	(1996.03—1998.12)
	徐远高	(1999.01—2000.04)
	陈阜东	(2000.04—2000.09)(人大筹备组成员)
		(2000.04—2001.12)
		(2005.01—2006.02)
	石建如	(2000.09—2001.12)
		(2005.01—2006.02)
	夏泽富	(2001.12—2003.01)
	徐桂华	(2005.12—2010.01)
	李玉华	(2006.02—2007.12)
	黄安军	(2006.02—2007.12)
	常文龙	(2006.02—2007.07)
	卢昆军	(2010.01—2011.01)
	林炳文	(2011.01—2013.03)
		(2013.03—2013.05)(人大筹备组成员)
		(2013.06—2014.12)
	严循龙	(2013.03—2013.05)(人大筹备组成员)
		(2013.06—2015.012)
	马　彬	(2016.01—　　　)

胜利乡

(2000年4月撤销)

常务主席	张耀广	(1993.03—1994.12)
主　　席	孙依群	(1996.03—1999.01)
	严　翔	(1999.01—2000.04)
副主席	周永生	(1996.03—1999.01)
	卢玉稳	(1999.01—2000.04)

黄市镇

(2005年1月撤销)

常务主席	孙长林	(1993.03—1994.12)
主　　席	孙修生	(1996.03—1999.01)
	张仕荣	(1999.01—2000.04)
	黄志祥	(2000.10—2005.01)
副主席	石树民	(1996.03—1999.01)
	周永生	(1999.01—2000.04)

石建如　(2001.12—2005.01)
黄子德　(2001.12—2002.08)

葛市乡
(2000年4月撤销)

常务主席	黄永明	(1993.03—1994.12)
主　　席	周久林	(1996.05—1999.01)
	杨孔兵	(1999.01—1999.09)
	夏泽富	(2000.01—2000.04)
副 主 席	徐金星	(1996.05—1999.01)
	夏泽富	(1998.10—2000.01)
	陈荣坤	(1999.01—2000.04)

第十四节　搬经镇人民代表大会

一、概　述

自1954年人民代表大会制度建立起,搬经镇先后为搬经乡、搬经人民公社、卢港(区)人民公社、搬经乡、搬经镇,共召开十六届人民代表大会。"文化大革命"期间,人民代表大会制度中断执行,直到1981年恢复,召开第五届人民代表大会。1993年3月,根据《中华人民共和国地方各级人民代表大会和地方各级人民政府组织法》和《江苏省乡(镇)人民代表大会工作暂行条例》的有关规定,设立镇人大主席团,经如皋市委同意,镇人民代表大会主席团在闭会期间设常务主席1名。2000年4月,原加力乡撤销,划入搬经镇,同年10月,召开搬经镇第十二届人大一次会议。2005年1月,原夏堡镇撤销,划入搬经镇,同年3月,召开搬经镇第十三届人大一次会议。2013年3月,撤销原常青镇、高明镇;原高明镇所辖晓庄、刘庄、卢庄3个村委会和中心居、高明、鲍庄3个居委会区域,原常青镇所辖万全、楼冯、土山3个村委会和横埭、袁庄、叶庄、董王4个居委会区域,并入搬经镇,同年6月,召开搬经镇第十六届人大一次会议。到2016年,为第十六届人民代表大会。

二、相关乡(镇)人民代表大会会议

1981年—2015年搬经镇相关乡(镇)人民代表大会会议概况一览表

表7-3-14

辖区名称	会议名称	会议时间	主 要 议 程
搬经公社	五届人大一次会议	1981年5月	听取和审议革委会工作报告并作出相应决议;选举季从富为公社管委会主任,李耘、丁邦和、陈璋炎为副主任
	五届人大二次会议	1982年7月	听取和审议管委会工作报告并作出相应决议
搬经乡	五届人大四次会议	1983年8月	听取和审议政府工作报告、财政预决算报告并作出相应决议;通过搬经人民公社经济联合委员会组成人员名单和乡人民政府、人民公社经济联合委员会工作试行条例;补选杨宝芝为乡长,丁邦和、陈璋炎为副乡长;选举夏策富为人民陪审员

续表7-3-14

辖区名称	会议名称	会议时间	主要议程
搬经乡	六届人大一次会议	1984年4月	听取和审议政府工作报告、议案审查报告并作出相应决议;选举杨宝芝为乡长,丁邦和、陈璋炎为副乡长
	六届人大二次会议	1985年7月	听取和审议政府工作报告、财政预决算报告并作出相应决议
	六届人大三次会议	1986年4月	听取和审议政府工作报告、财政预决算报告并作出相应决议
搬经镇	七届人大一次会议	1987年3月	听取和审议政府工作报告、财政预决算报告并作出相应决议;选举陈璋炎为镇长,丁邦和为副镇长
	七届人大二次会议	1988年3月	听取和审议政府工作报告、财政预决算报告并作出相应决议
	八届人大一次会议	1990年3月	听取和审议政府工作报告、财政预决算报告并作出相应的决议;选举陈璋炎为镇长,丁邦和、陈建秋为副镇长
	八届人大二次会议	1991年5月	听取和审议政府工作报告、人大主席团工作报告、财政预决算报告并作出相应决议
	八届人大三次会议	1992年3月	听取和审议政府工作报告、财政预决算报告并作出相应决议;补选赵登宽为镇长
	九届人大一次会议	1993年3月	听取和审议政府工作报告、人大主席团工作报告、关于加强计划生育的规定、财政预决算报告并作出相应决议;推选李耘为人大主席团常务主席,选举赵登宽为镇长,丁邦和、陈建秋为副镇长,平志年为科技副镇长;选举陈应寿为人民陪审员
	九届人大二次会议	1994年3月	听取和审议政府工作报告、人大主席团工作报告、财政预决算报告并作出相应决议
	九届人大三次会议	1994年12月	听取和审议代表变化情况说明、政府经济工作报告并作出相应决议;补选俞翠美为副镇长
	十届人大一次会议	1996年3月	听取和审议政府工作报告、人大主席团工作报告、财政预决算报告并作出相应决议,通过《关于加强计划生育的补充规定》;选举李耘为人大主席,丁德礼、陈本善为人大副主席,选举赵登宽为镇长,俞翠美、章金山、王贵华为副镇长
	十届人大二次会议	1997年3月	听取和审议政府工作报告、人大主席团工作报告、财政预决算报告、环境保护规划报告并作出相应决议
	十届人大三次会议	1998年2月	听取和审议政府工作报告、人大主席团工作报告、财政预决算报告并作出相应决议
	十一届人大一次会议	1999年1月	听取和审议政府工作报告、人大主席团工作报告、财政预决算报告并作出相应决议;选举陈建秋为人大主席,赵登宽为镇长,选举王贵华、杨伯圣、张燕为副镇长
	十一届人大二次会议	2000年2月	听取和审议政府工作报告、人大主席团工作报告、财政预决算报告并作出相应决议;正副镇长述职;补选刘向阳为副镇长
	十二届人大一次会议	2000年10月	听取和审议行政工作组、人大筹备组工作报告并作出相应决议;选举张怀民为人大主席,曹友明、黄太元为副主席,选举马金华为镇长,王贵华、刘向阳、章金山、张秀萍、陈晓华为副镇长

续表7-3-14

辖区名称	会议名称	会议时间	主 要 议 程
搬经镇	十二届人大二次会议	2001年2月	听取和审议政府工作报告、人大主席团工作报告、财政预决算报告并作出相应决议
	十二届人大三次会议	2002年1月	听取和审议政府工作报告、人大主席团工作报告、财政预决算报告并作出相应决议;补选李梅兰为人大副主席,刘向阳为镇长
	十二届人大四次会议	2003年3月	听取和审议政府工作报告、人大主席团工作报告、财政预决算报告并作出相应决议,通过人大副主席黄太元的辞职报告
	十二届人大五次会议	2003年8月	听取和审议人大筹备工作、代表变动及补选情况报告;听取政府组成人员述职;补选陈建秋为人大主席
	十三届人大一次会议	2005年3月	听取和审议行政工作组工作、人大筹备组工作、财政预决算报告并作出相应决议;选举刘向阳为人大主席,选举何稳泉、章金山为人大副主席,选举王贵华为镇长,张林、任浩鑫、明曙光、郭成凤、张燕、孙克千为副镇长
	十三届人大二次会议	2006年2月	听取和审议政府工作报告、人大主席团工作报告、财政预决算、《关于全面推进农民集中居住、加快推进建设社会主义新农村的议案》报告并作出相应决议;补选许薇、纪卫国为副镇长
	十三届人大三次会议	2007年1月	听取和审议政府工作报告、人大主席团工作报告、财政预决算报告并作出相应决议;补选章琪运为副镇长
	十四届人大一次会议	2007年12月	听取和审议政府工作报告、人大主席团工作报告、财政预决算报告并作出相应决议;选举刘向阳为人大主席,何稳泉为副主席,选举张兴国为镇长,孙克千、纪卫国、章琪运、明曙光为副镇长
	十四届人大二次会议	2009年1月	听取和审议政府工作报告、人大主席团工作报告、财政预决算报告并作出相应决议;补选魏建友为人大副主席,张兴龙、刘平林为副镇长
	十四届人大三次会议	2010年1月	听取和审议政府工作报告、人大主席团工作报告、财政预决算报告并作出相应决议;补选薛献忠为人大主席,倪建、翟彩云为副镇长
	十四届人大四次会议	2011年1月	听取和审议政府工作报告、人大主席团工作报告、财政预决算报告并作出相应决议;补选胡晓勇为镇长,王兆友、谢仁兵为副镇长
	十五届人大一次会议	2012年3月	听取和审议政府工作报告、人大主席团工作报告、财政预决算报告并作出相应决议;选举薛献忠为人大主席,王兆友为人大副主席,选举胡晓勇为镇长,张兴龙、张红建、陈小强、谢仁兵、翟彩云为副镇长
	十五届人大二次会议	2013年1月	听取和审议政府工作报告、人大主席团工作报告、财政预决算报告并作出相应决议
	十六届人大一次会议	2013年6月	听取和审议行政工作组工作、人大筹备组工作、财政预算报告并作出相应决议;选举郭锡兵为人大主席,王兆友、张俊、顾益勤为人大副主席,选举胡晓勇为镇长,石明良、许鹏、张兴龙、张红建、陈小强、徐浩、梅志祥、谢仁兵、翟彩云为副镇长
	十六届人大二次会议	2014年1月	听取和审议政府工作报告、人大主席团工作报告、财政预决算报告并作出相应决议;补选王正权为副镇长

续表7-3-14

辖区名称	会议名称	会议时间	主要议程
搬经镇	十六届人大三次会议	2015年2月	听取和审议政府工作报告、人大主席团工作报告、财政预决算报告并作出相应决议;通过人大副主席王兆友、顾益勤的辞职报告;补选任建兵、喻晓春为副镇长
加力公社	五届人大一次会议	1981年12月	听取和审议公社革委会工作报告并作出相应决议;选举葛存和为公社管委会主任,吴桂让、贾福连、张开连、佘峰、马能安为副主任
加力乡	五届人大四次会议	1983年10月	听取和审议政府工作报告、财政预决算报告并作出相应决议;选举孙新建为乡长,贾福连、马能安、陈昭质为副乡长;通过经联委组成人员名单和乡政府、经联委工作试行条例
	六届人大一次会议	1987年3月	听取和审议政府工作报告、财政预决算报告并作出相应决议;选举万建英、陈昭质为副乡长
	六届人大二次会议	1988年5月	听取和审议政府工作报告、财政预决算报告并作出相应决议;补选陈昭志为乡长
	六届人大三次会议	1989年4月	听取和审议政府工作报告、财政预决算报告并作出相应决议;补选祖友珊为副乡长
	七届人大一次会议	1990年3月	听取和审议政府工作报告、财政预决算报告并作出相应决议;选举陈昭志为乡长,祖友珊、朱香明为副乡长
	七届人大二次会议	1991年3月	听取和审议政府工作报告、财政预决算报告并作出相应决议;补选张怀民为乡长
	七届人大三次会议	1992年7月	听取和审议政府工作报告、人大主席团工作报告、财政预决算报告并作出相应决议;补选朱金明为科技副乡长
	八届人大一次会议	1993年3月	听取和审议政府工作报告、人大主席团工作报告、财政预决算报告并作出相应决议;推选陈昭志为人大主席团常务主席,选举张怀民为乡长,祖友珊、朱香明为副乡长,朱金明为科技副乡长,沙荣明为人民陪审员
	八届人大二次会议	1994年6月	听取和审议政府工作报告、人大主席团工作报告、财政预决算报告并作出相应决议;补选李德明为科技副乡长
	九届人大一次会议	1996年3月	听取和审议政府工作报告、财政预决算、人大主席团工作报告并作出相应决议;选举许映如为人大主席,张秀萍为副主席,张怀明为乡长,丁正龙、张林、佘德才为副乡长
	十届人大一次会议	1999年1月	听取和审议政府工作报告、财政预决算、人大主席团工作报告并作出相应决议;选举张兴平为人大主席,于宏卫为副主席,夏维松为乡长,张秀萍、章金山、陈晓华为副乡长,殷忠泉为科技副乡长
夏堡公社	五届人大一次会议	1981年8月	听取并审议革委会工作报告;选举丁祥银为管委会主任,丁邦余、卢锦文、陈应轩、谢仁海为副主任,王兆宏、吉祖玉、闫仁华、闫秀兰、汤文圣、陈怀清、周绍章、俞秀珠、席玉明、曹友明、黄焕龙、戴庆鸥为委员

续表7-3-14

辖区名称	会议名称	会议时间	主　要　议　程
夏堡乡	五届人大三次会议	1983年10月	听取和审议政府工作报告、财政预决算报告并作出相应决议；补选谢仁海为乡长，陈应轩、刘元贵为副乡长；通过夏堡人民公社经济联合委员会组成人员名单和乡政府、经联委工作试行条例
	六届人大一次会议	1984年4月	听取和审议政府工作报告、财政预决算报告并作出相应决议；选举谢仁海为乡长，刘元贵、曹友明为副乡长
	六届人大二次会议	1985年7月	听取和审议政府工作报告、财政预决算报告并作出相应决议
	六届人大三次会议	1986年10月	听取和审议夏堡乡国民经济社会发展“七五”计划、财政预决算报告并作出相应决议；补选章金彩为乡长，肖承明为副乡长
	七届人大一次会议	1987年3月	听取和审议政府工作报告、财政预决算报告并作出相应决议；选举章金彩为乡长，刘元贵、谢跃进为副乡长
	七届人大二次会议	1988年4月	听取和审议政府工作报告、财政预决算报告并作出相应决议
	七届人大三次会议	1989年5月	听取和审议政府工作报告、财政预决算报告并作出相应决议；补选肖承明为副乡长
	八届人大一次会议	1990年3月	听取和审议政府工作报告、财政预决算报告并作出相应决议；选举章金彩为乡长，刘元贵、肖承明、谢跃进、杭俊为副乡长
	八届人大二次会议	1991年3月	听取和审议政府工作报告、财政预决算报告并作出相应决议
	八届人大三次会议	1992年3月	听取和审议政府工作报告、主席团工作、财政预决算报告并作出相应决议；补选许金荣为科技副乡长
	九届人大一次会议	1993年3月	听取和审议政府工作报告、主席团工作、财政预决算和关于夏堡集镇规划建设的方案报告并作出相应决议；推选章金彩为常务主席，选举谢跃进为乡长，杨伯圣、张林为副乡长，许金荣为科技副乡长，选举鞠冬生为人民陪审员
	九届人大二次会议	1994年3月	听取和审议政府工作报告、人大主席团工作报告、财政预决算报告并作出相应决议
	九届人大三次会议	1994年12月	补选李梅兰为副乡长
	十届人大一次会议	1996年3月	听取和审议政府工作报告、主席团工作、财政预决算报告并作出相应决议；选举陈召志为人大主席，任吉银为副主席，谢跃进为乡长，杨伯圣、李梅兰、黄建龙为副乡长
	十届人大二次会议	1997年2月	听取和审议政府工作报告、人大主席团工作报告、财政预决算报告并作出相应决议；补选谭大圣为副乡长
	十届人大三次会议	1998年2月	听取和审议政府工作报告、人大主席团工作报告、财政预决算报告并作出相应决议

续表7-3-14

辖区名称	会议名称	会议时间	主 要 议 程
夏堡乡	十一届人大一次会议	1999年1月	听取和审议政府工作报告、人大主席团工作报告、财政预决算报告并作出相应决议;选举夏宝润为人大主席,选举黄建龙为乡长,张林、谭大圣、缪春梅为副乡长
	十一届人大二次会议	2000年10月	听取和审议政府工作报告、人大主席团工作报告并作出相应决议;补选张兴平为人大主席,补选朱秀玲为乡长
	十一届人大三次会议	2001年2月	听取和审议政府工作报告、人大主席团工作报告、财政预决算报告并作出相应决议
夏堡镇	十二届人大一次会议	2001年12月	听取和审议政府工作报告、人大主席团工作报告、财政预决算报告并作出相应决议;选举张兴平为人大主席,朱秀玲为镇长,张林、孙世军、明曙光为副镇长
	十二届人大二次会议	2004年1月	听取和审议政府工作报告、人大主席团工作报告、财政预决算报告并作出相应决议;补选朱贵宏为人大主席,王贵华为镇长
常青公社	五届人大一次会议	1981年9月	听取和审议公社革委会工作、财政预决算报告并作出相应决议;选举杭世余为公社管委会主任,王正华、李玉新、汤如明、孙新建为副主任
常青乡	五届人大二次会议	1983年9月	听取和审议政府工作报告、财政预决算报告并作出相应决议;补选章友祥为乡长,王正华、汤如明为副乡长;通过经联委组成人员名单和乡政府、经联委工作试行条例
	六届人大一次会议	1984年4月	听取和审议政府工作报告并作出相应决议;选举章友祥为乡长,王正华、汤如明为副乡长
	六届人大二次会议	1985年5月	听取和审议政府工作报告、财政预决算报告和关于村组干部离职补助规定草案及说明并作出相应决议
	六届人大三次会议	1986年7月	听取和审议国民经济社会发展“七五”计划、财政预决算报告并作出相应决议;补选王兆宏为副乡长
	七届人大一次会议	1987年12月	听取和审议政府工作报告、财政预决算报告并作出相应决议;选举章友祥为乡长,选举王兆宏、陈国鉴为副乡长
	七届人大二次会议	1988年5月	听取和审议政府工作报告、财政预决算报告并作出相应决议
	七届人大三次会议	1989年4月	听取和审议政府工作报告、财政预决算、常青乡村镇建设规划报告并作出相应决议
	八届人大一次会议	1990年3月	听取和审议政府工作报告、财政预决算报告并作出相应决议;选举章友祥为乡长,鲍家华、陈应轩为副乡长
	八届人大二次会议	1991年3月	听取和审议政府工作报告、财政预决算报告并作出相应决议;补选余德连为副乡长
	八届人大三次会议	1992年3月	听取和审议政府工作报告、财政预决算报告并作出相应决议;补选顾国华为科技副乡长
	八届人大四次会议	1992年7月	补选王素清为科技副乡长

续表7-3-14

辖区名称	会议名称	会议时间	主 要 议 程
常青乡	九届人大一次会议	1993年3月	听取和审议政府工作报告、人大主席团工作报告、财政预决算报告、村级干部合作保养条例、《水利、道路、林网管理条例》并作出相应决议;推选杭世余为人大主席团常务主席,选举章友祥为乡长,洪德忠、夏正国、柴存德、陈应轩为副乡长,王素清、刘文广、顾国华为科技副乡长;选举汤友先为人民陪审员
	九届人大二次会议	1994年2月	听取和审议政府工作报告、人大主席团工作报告、财政预决算、本乡九年义务教育经费预算、大交通计划、村级干部合作保养条例修改说明报告并作出相应决议
	九届人大三次会议	1994年12月	听取和审议政府工作报告;补选朱秀玲为副乡长
	九届人大四次会议	1995年2月	听取和审议政府工作报告、人大主席团工作报告、财政预决算报告并作出相应决议;补选徐艺东为科技副乡长
	十届人大一次会议	1996年3月	听取和审议政府工作报告、人大主席团工作报告、财政预决算、《关于加强土地管理、切实保护耕地的实施细则》报告并作出相应决议;选举谢仁海为人大主席,李玉新为副主席,章友祥为乡长,卢玉稳、朱秀玲、顾留忠为副乡长
	十届人大二次会议	1997年2月	听取和审议政府工作报告、人大主席团工作报告、财政预决算报告并作出相应决议
	十届人大三次会议	1998年2月	听取和审议政府工作报告、人大主席团工作报告、财政预决算报告并作出相应决议;补选夏正国为人大主席
	十一届人大一次会议	1999年1月	听取和审议政府工作报告、人大主席团工作报告、财政预决算报告并作出相应决议;选举章友祥为人大主席,柴存德为副主席,洪小江为乡长,储玉俊、陆新林、张益群为副乡长,徐建平为科技副乡长
	十一届人大二次会议	2000年2月	听取和审议政府工作报告、人大主席团工作报告、财政预决算报告并作出相应决议;评议正副乡长;补选佘德才为副乡长
常青镇	一届人大一次会议	2000年10月	听取和审议行政工作组工作、人大筹备组工作、财政预决算报告并作出相应决议。选举张仁斋为人大副主席,黄建龙为镇长,张益群、佘德才、吴信和、王忠明、丁秀英、孙世军为副镇长
	一届人大二次会议	2001年2月	听取和审议政府工作报告、人大主席团工作报告并作出相应决议
	一届人大三次会议	2002年1月	听取和审议政府工作报告、人大主席团工作报告、财政预决算报告并作出相应决议;补选黄建龙为人大主席,高兴山为副主席
	一届人大四次会议	2003年3月	听取和审议政府工作报告、人大主席团工作报告、财政预决算报告并作出相应决议;补选张健为镇长
	一届人大五次会议	2004年2月	听取和审议政府工作报告、人大主席团工作报告、财政预决算报告并作出相应决议;补选石岗为副镇长

续表7-3-14

辖区名称	会议名称	会议时间	主要议程
常青镇	一届人大六次会议	2005年2月	听取和审议政府工作报告、人大主席团工作报告、财政预决算报告并作出相应决议;补选马军华、陈卫华为副镇长,袁黎轶为科技副镇长
	一届人大七次会议	2006年2月	听取和审议政府工作报告、人大主席团工作报告、财政预决算报告并作出相应决议;补选洪德忠、吴信和、殷祥来为人大副主席
	一届人大八次会议	2007年2月	听取和审议政府工作报告、人大主席团工作报告、财政预决算报告并作出相应决议;补选张健为人大主席,郝昌军为镇长,丁毅为副镇长
	二届人大一次会议	2007年12月	听取和审议政府工作报告、人大主席团工作报告、财政预决算报告并作出相应决议;选举张健为人大主席,洪德忠、殷祥来为人大副主席,许德华为镇长,丁毅、李元庆、陈卫华为副镇长
	二届人大二次会议	2009年1月	听取和审议政府工作报告、人大主席团工作报告、财政预决算报告并作出相应决议;补选顾益勤为人大副主席
	二届人大三次会议	2010年2月	听取和审议政府工作报告、人大主席团工作报告、财政预决算报告并作出相应决议;补选马军华为镇长
	二届人大四次会议	2011年1月	听取和审议政府工作报告、"十二五"规划、人大主席团工作、财政预决算报告并作出相应决议;补选梅志祥、樊玉宝为副镇长
	三届人大一次会议	2012年3月	听取和审议政府工作报告、人大主席团工作报告、财政预决算报告并作出相应决议;选举马军华为人大主席,张俊、顾益勤为人大副主席,选举郭锡兵为镇长,王建梅、梅志祥、徐浩、黄宏佰为副镇长
	三届人大二次会议	2013年1月	听取和审议政府工作报告、人大主席团工作报告、财政预决算报告并作出相应决议
高明公社	五届人大一次会议	1981年9月	听取和审议管委会工作、财政预决算报告并作出相应决议;选举顾怀旺为公社管委会主任,周贵忍、刘元贵、章金彩、蔡元森、夏宝余、缪宏云、杭世余为副主任
高明乡	五届人大三次会议	1983年9月	听取和审议政府工作报告、财政预决算报告并作出相应决议;补选赵登宽为乡长,杭世余、蔡元森、夏宝余为副乡长;通过经联委组成名单,通过乡政府和经联委工作条例
	六届人大一次会议	1984年4月	听取和审议政府工作报告、财政预决算报告并作出相应决议;选举赵登宽为乡长,夏宝余、杭世余为副乡长
	七届人大一次会议	1987年3月	听取和审议政府工作报告、财政预决算报告并作出相应决议;选举卢锦文为乡长,鲍家华、王正华为副乡长
	八届人大一次会议	1990年3月	听取和审议政府工作报告、财政预决算报告并作出相应决议;选举丁祥银为常务主席,卢锦文为乡长,王正华、陈国鉴为副乡长
	八届人大二次会议	1991年3月	听取和审议政府工作报告、财政预决算报告并作出相应决议

续表7-3-14

辖区名称	会议名称	会议时间	主 要 议 程
高明乡	八届人大三次会议	1992年3月	听取和审议政府工作报告、财政预决算、《关于强化计划生育工作的具体规定》报告并作出相应决议
	八届人大四次会议	1992年7月	补选陈曜为科技副乡长
	九届人大一次会议	1993年3月	听取和审议政府工作报告、财政预决算报告并作出相应决议;推选陈璋炎为人大主席团常务主席,选举许映如为乡长,王正华、夏维松为副乡长,陈曜为科技副乡长,卢晓剑为人民陪审员
	九届人大二次会议	1994年3月	听取和审议政府工作报告、主席团工作、财政预决算、计划生育条例、集镇规划、农民负担情况报告并作出相应决议
	九届人大三次会议	1994年6月	补选瞿瑞华为科技副乡长
	十届人大一次会议	1996年3月	听取和审议政府工作报告、主席团工作、财政预决算报告并作出相应决议;选举王秀芳为人大副主席,卢坤虎为乡长,谢静、章建宏、于义圣为副乡长
	十届人大二次会议	1997年3月	听取和审议政府工作报告、人大主席工作、财政预决算报告并作出相应决议;补选张耀广为人大主席
	十届人大三次会议	1997年12月	补选王秀芳为副乡长
	十一届人大一次会议	1999年1月	听取和审议政府工作报告、人大主席工作、财政预决算报告并作出相应决议;选举张耀广为人大主席,章建宏为乡长,于义圣、王秀芳、卢晓剑为副乡长
	十一届人大二次会议	2000年2月	听取和审议政府工作报告、人大主席工作、财政预决算报告并作出相应决议;补选朱从轩为副乡长
高明镇	一届人大一次会议	2000年10月	听取和审议行政工作组工作、人大筹备组工作、财政预决算报告并作出相应决议;选举孙林为人大主席,常文龙、吴志军为副主席,章建宏为镇长,于义圣、王秀芳、朱从轩、许华明、刘明芳、毛玉才为副镇长
	一届人大二次会议	2001年4月	听取和审议政府工作报告、人大主席团工作报告、财政预决算报告并作出相应决议
	一届人大三次会议	2001年12月	听取和审议政府工作报告、人大主席团工作报告、财政预决算报告并作出相应决议;补选王秀芳、许华明、陈义宏为人大副主席,洪小江为镇长,张芸为副镇长
	一届人大四次会议	2003年3月	听取和审议政府工作报告、人大主席团工作报告、财政预决算报告并作出相应决议
	一届人大五次会议	2004年2月	听取和审议政府工作报告、人大主席团工作报告、财政预决算报告并作出相应决议;补选丁建兰为镇长
	一届人大六次会议	2005年2月	听取和审议政府工作报告、人大主席团工作报告、财政预决算报告并作出相应决议;补选黄永和为人大副主席

续表7-3-14

辖区名称	会议名称	会议时间	主要议程
高明镇	一届人大七次会议	2006年2月	听取和审议政府工作报告、人大主席团工作报告、财政预决算报告并作出相应决议;补选纪成如为人大主席,张爱民为镇长
	二届人大一次会议	2007年12月	听取和审议政府工作报告、人大主席团工作报告、财政预决算报告并作出相应决议;选举纪成如为人大主席,于义圣为副主席,郝晓东为镇长,朱建兵、任浩鑫、毛玉才、陆浩为副镇长
	二届人大二次会议	2009年1月	听取和审议政府工作报告、人大主席团工作报告、财政预决算报告并作出相应决议;补选万锡元为镇长
	二届人大三次会议	2010年1月	听取和审议政府工作报告、人大主席团工作报告、财政预决算报告并作出相应决议;补选陈晓仲为人大主席,石明良为副镇长
	二届人大四次会议	2011年1月	听取和审议政府工作报告、人大主席团工作报告、财政预决算报告并作出相应决议
	三届人大一次会议	2012年3月	听取和审议政府工作报告、人大主席团工作报告、财政预决算报告并作出相应决议;选举卢小冬为人大主席,严循龙为人大副主席,万锡元为镇长,任浩鑫、张昌明、石明良、许鹏、朱伟锋为副镇长
	三届人大二次会议	2013年1月	听取和审议政府工作报告、人大主席团工作报告、财政预决算报告并作出相应决议

三、相关乡(镇)人大主席团常务主席,人民代表大会主席、副主席名录

搬经镇

(2000年4月加力乡并入,2005年1月夏堡镇并入,2013年3月常青镇、高明镇并入)

常务主席 李 耘 (1993.03—1996.02)

主 席 李 耘 (1996.02—1999.01)

陈建秋 (1999.01—2000.10)

(2003.08—2005.03)

张怀民 (2000.04—2000.10任人大筹备组组长)

(2000.04—2003.08)

刘向阳 (2005.01—2005.03任人大筹备组组长)

(2005.01—2010.01)

薛献忠 (2010.01—2013.03)

郭锡兵 (2013.03—2013.06任人大筹备组组长)

(2013.03—)

副 主 席 丁德礼 (1996.03—1998.12)

陈本善 (1996.03—1998.10)

曹友明 (2000.04—2000.10人大筹备组成员)

(2000.04—2001.10)

	黄太元	(2000.10—2002.03)
	李梅兰(女)	(2002.01—2003.12)
	何稳泉	(2005.01—2005.03 人大筹备组成员)
		(2005.03—2010.04)
	章金山	(2005.01—2005.03 人大筹备组成员)
		(2005.03—2006.01)
	魏建友	(2009.01—2012.03)
	王兆友	(2012.03—2014.12)
		(2013.03—2013.06 人大筹备组成员)
	顾益勤	(2013.03—2013.06 人大筹备组成员)
		(2013.03—2015.01)
	张　俊	(2013.03—2013.06 人大筹备组成员)
		(2013.03—2016.01)
	翟彩云(女)	(2016.01—　　)

加力乡

(2000年4月撤销)

常务主席	陈昭志	(1993.03—1996.02)
主　　席	许映如	(1996.03—1998.04)
	张兴平	(1999.01—2000.04)
副 主 席	张秀萍(女)	(1996.03—1999.01)
	于宏卫	(1999.01—2000.04)

夏堡镇

(2005年1月撤销)

常务主席	章金彩	(1993.03—1996.02)
主　　席	陈召志	(1996.03—1999.01)
	夏宝润	(1999.01—2000.10)
	张兴平	(2000.10—2004.01)
	朱贵宏	(2004.01—2004.12)
副 主 席	任吉银	(1996.03—1998.11)

常青镇

(2013年3月撤销)

常务主席	杭世余	(1993.03—1996.02)
主　　席	谢仁海	(1996.03—1998.02)
	夏正国	(1998.02—1999.01)
	章友祥	(1999.01—2000.04)
	黄建龙	(2002.01—2006.02)
	张　健	(2007.02—2012.03)
	马军华	(2012.03—2013.03)
副 主 席	李玉新	(1996.03—1999.01)

柴存德 (1999.01—2000.04)
张仁斋 (2000.04—2000.10 人大筹备组成员)
(2000.10—2003.07)
高兴山 (2002.01—2006.01)
洪德忠 (2006.02—2010.01)
殷祥来 (2006.02—2007.11)
吴信和 (2006.02—2007.11)
顾益勤 (2009.01—2013.03)
张 俊 (2012.03—2013.03)

高明镇

(2013年3月撤销)

常务主席 丁祥银 (1990.03—1993.03)
陈璋炎 (1993.03—1996.02)
主 席 张耀广 (1997.03—2000.04)
孙 林 (2000.04—2000.10任人大筹备组组长)
(2000.10—2006.01)
纪成如 (2006.02—2010.12)
陈晓仲 (2010.01—2012.03)
卢小冬 (2012.03—2013.03)
副 主 席 王秀芳(女) (1996.03—1997.12,2001.12—2004.07)
常文龙 (2000.04—2000.10 人大筹备组成员)
(2000.04—2001.10)
吴志军 (2000.04—2000.10 人大筹备组成员)
(2000.04—2007.11)
许华明 (2001.12—2003.07)
陈义宏 (2001.12—2005.12)
黄永和 (2005.02—2007.11)
于义圣 (2006.01—2010.12)
严循龙 (2005.12—2007.11)
(2012.03—2013.03)

第八篇

人大工作研究会

概 述

如皋市人大工作研究会(以下简称研究会)是从事人民代表大会制度、地方人大工作和社会主义民主法治建设研究的学术团体。研究会的宗旨是坚持以马列主义、毛泽东思想、邓小平理论、“三个代表”重要思想和科学发展观为指导,坚持贯彻党在社会主义初级阶段的基本路线和基本纲领,坚持贯彻依法治国、建设社会主义法治国家的基本方略,以人大代表、人大系统的干部和研究会组成人员为主体,从理论和实践的结合上开展对人民代表大会制度、社会主义民主政治、地方人大工作研究,为推进全市的政治、经济、社会、文化和生态文明建设服务。研究会的主要任务:一.组织会员认真学习马列主义、毛泽东思想、邓小平理论、“三个代表”重要思想和科学发展观;学习党的路线、方针、政策;学习宪法、法律、法规,学习地方人大工作的业务知识,不断提高会员的政治思想理论水平和研究工作能力。二.积极开展建设中国特色社会主义民主政治,坚持和完善人民代表大会制度,加强和改进地方人大工作研究。三.围绕党的中心工作,坚持以经济建设为中心和地方人大工作的实践,拟定研究课题,组织研究活动,召开理论研讨会,并聘请有关专家、学者参加。四.总结交流研究成果,编辑出版、评选优秀论文,向南通市、江苏省、国家有关杂志刊物推荐刊用。五.加强同各兄弟县(市、区)人大工作研究会及从事民主法制和人大理论研究的机关、团体的联系,互通信息,交流资料。研究会在如皋市人大常委会及其党组的领导下开展工作,接受如皋市社团机关的业务指导和监督管理,并以团体会员身份参加南通市人大工作理论研究会,承认其章程,接受其业务指导,承担其委托的研究任务。研究会的终止程序由理事会提议,会员大会半数以上通过,经如皋市人大常委会党组同意,报原社团发证机关批准后终止活动。

研究会自1996年5月16日经市民政部门批准成立始,20年的工作历程,按照章程,认真履行职责,与时俱进,积极探索,开拓创新,做出大量研究工作,较好地完成工作任务。召开换届会议两次(分别是1996年5月16日,2012年11月30日);召开人大工作研究会常务理事年会11次;召开人大工作暨人大工作研究座谈会2次;会长碰头会或会长办公会74次。在全市11个镇建立了人大工作研究分会。为推动全市人大工作及人大工作研究做出应有贡献,得到市委、市人大领导的充分肯定与认可。

第一章 人大工作研究会主要工作

如皋市人大工作研究会是根据中共十四大精神和省、市委、省、市人大常委会及其党组的统一部署和要求，于1996年3月开始筹备，包括拟定建会方案、申报批准、制订章程，提出组成人员建议名单等。经如皋市民政局1996年5月7日《关于同意成立如皋市人大工作研究会的批复》批准，于1996年5月16日召开如皋市人大工作研究会成立大会暨首届第一次理事会。会议由如皋市人大常委会副主任郭载荣主持，如皋市人大常委会主任、市人大工作研究会名誉会长石秀峰讲话，如皋市人大办公室主任黄裕龙报告研究会筹备工作情况，市民政局副局长戴武松宣读《关于同意建立如皋市人大工作研究会的批复》。会议通过了人大工作研究会章程及组成人员名单，选举冯邦才为如皋市人大工作研究会会长，戴崇颐为副会长兼秘书长，黄裕龙为副秘书长，常务理事12人，理事44人，聘请顾问8人，名誉会长1人。如皋市委副书记刘桂江，市委常委、副市长石耀，市政协副主席袁泉等领导到会祝贺并讲话。如皋市委办、市委宣传部、市政协办、市民政局等部门的负责人应邀出席会议。

2000年4月5日召开第一届第二次常务理事会年会。会议议程：一是传达省、南通市人大工作理论研究会年会精神；二是总结市人大工作研究会三年来的工作情况和下年度工作安排；三是审议通过常务理事会章程修改草案及组成人员变更名单。根据修改后的章程，邀请如皋市(县)第八届至十届市人大常委会老领导为市人大工作研究会顾问。首届第一次会议组成人员为会长1人，副会长兼秘书长1人，副秘书长1人。理事会增补郭载荣、徐邦友为副会长；朱俊为秘书长，江国太、吴希林为副秘书长。常务理事由12人增补为15人，理事由44人增补为69人，顾问6人。

2001年4月14日上午，召开如皋市人大工作研究会常务理事会第三次年会。出席会议的有如皋市人大工作研究会名誉会长、会长、各位副会长、顾问、秘书长、各位副秘书长、全体常务理事。如皋市人大机关各委办副主任、秘书列席会议。会议议程三项：一是由市人大工作研究会会长冯邦才作工作报告；二是由市人大常委会主任、市人大研究会名誉会长石秀峰传达南通市人大理论研究会常务理事会年会精神，并对市人大工作研究会今后工作提要求；三是增补奚定九为如皋市人大工作研究会常务理事、副会长。

2002年5月31日，召开如皋市人大工作研究会常务理事会第四次年会。出席会议的有：如皋市人大常委会各位领导、市人大工作研究会名誉会长、正副会长、顾问、常务理事、正副秘书长。另外还邀请如皋市人大常委会办公室副主任林凯、市人大常委会人事代表工委副主任房兴柏、下原镇人大主席姚鑫明、搬经镇人大主席张怀民、如城镇人大主席刘坤如等列席会议。会议由副会长奚定九传达南通市人大理论研究会年会精神；如皋市人大工作研究会会长冯邦才作工作报告；交流人大工作研究成果。

2006年3月20日，召开如皋市人大工作研究会常务理事会第五次年会。会议由副会长徐邦友主持，冯邦才作工作报告。出席会议的有：如皋市人大常委会领导，人大机关全体人员，市人大工作研究会名誉会长、正副会长、正副秘书长、顾问、常务理事、部分理事。

2008年6月10日，召开如皋市人大工作研究会常务理事会第六次年会。会议由副会长奚定九主持。一是会长冯邦才作工作报告；二是会议研讨交流；三是市人大常委会主任石耀讲话。会议增补房兴柏为市人大工作研究会副秘书长。出席会议的有市人大领导、市人大研究会名誉会长、正副会长、正副秘书长、顾问、常务理事共计25人。

2009年5月15日，召开人大工作理论研究座谈会。出席会议有如皋市人大常委会领导，市人大工作研究会名誉会长、正副会长、正副秘书长，市人大常委会机关各委室负责人，如城、丁堰、石庄、袁桥、磨头、长江镇人大专职副主席参加了会议。市人大工作研究会会长冯邦才作工作报告，市人大常委会主任石耀讲话。

2010年5月19日，召开如皋市人大工作研究会常务理事会第七次年会。出席会议的有市人大工作研究会名誉会长、正副会长、正副秘书长、顾问、常务理事。会议邀请了如皋市人大常委会主任、各位副主任，市人大常委会各委办负责人，如城、石庄、长江（如皋港区）等镇区的人大领导、镇人大研究分会正副会长出席会议。会议有四项议程：一是如皋市人大工作研究会会长冯邦才作工作报告；二是长江镇（如皋港区）、石庄镇、如城镇孔庙社区等3个单位的领导交流发言；三是如皋市人大常委会副主任张秀良传达北戴河全国人大主席培训会议精神；四是如皋市人大常委会主任石耀讲话。

2011年5月20日，召开市人大工作研究会常务理事第八次年会。会议由研究会副会长徐邦友主持。出席会议的有市人大常委会领导、各委室负责人，市研究会名誉会长、正副会长、正副秘书长、顾问、常务理事、理事。邀请石庄镇分会、如城镇人大、长江镇（如皋港区）分会，丁堰镇人大领导列席会议。会议议程三项：一是研究会会长冯邦才作工作报告；二是请石庄、如城、长江（如皋港区）、丁堰等四个镇人大领导作交流发言；三是市人大常委会主任石耀讲话。会议对纪念地方人大设立常委会30周年征文活动的先进单位和个人进行表彰。

2012年11月30日，召开如皋市人大工作研究会第二届第一次常务理事会。出席会议对象：市人大常委会主任、各位副主任、督导员；市人大常委会离退休老领导；市法院院长、市检察院检察长；市政府办主任；市人大机关全体人员和机关离退休人员；各镇人大主席或副主席、人大秘书。会议主要任务是总结回顾市人大工作研究会第一届以来的工作情况及新一届人大研究会工作建议；选举产生新一届人大工作研究会的理事、常务理事、会长、副会长、正副秘书长。

2013年11月22日，召开人大工作研究会第二届第二次常务理事会年会暨研讨交流会议。出席会议的有如皋市人大常委会及党组领导，市人大研究会名誉会长、会长、各位副会长、正副秘书长，各位常务理事。部分不是理事的镇人大研究分会会长或副会长、各分会秘书长，各街道人大工委秘书等列席会议。会议由副会长吴晓培主持。会议议程共四项：第一项议程研讨交流。本次会议共收集参研文章43篇，经筛选确定了29篇列入汇编。第二项议程，由副会长徐邦友提请增补三名常务理事和三名理事建议名单事宜。会议经过表决，增补如城街道人大工委主任孙骥、城南街道人大工委主任沈兵、城北街道人大工委主任黄亚周等3人为市人大工作研究会常务理事；增补市人大办公室秘书科科长吉晓燕，搬经镇人大主席、分会会长郭夕兵，磨头镇人大副主席、分会会长刘慧勇为市人大工作研究会理事。第三项议程，会长刘培银作工作报告。第四项议程，市人大常委会主任谢新民讲话。

2015年11月10日，召开人大工作研究会第二届第三次常务理事会年会。会议由市人大常委会办公室主任、市人大工作研究会秘书长华国瑞主持。出席会议的有市人大常委会全体领导、市人大工作研究会会长、各位常务理事、理事、正副秘书长。市人大常委会机关部分人员列席会议。第一项议程为秘书长华国瑞作关于如皋市人大工作研究会有关人员变动情况的说明。根据市委文件的有关规定：一是年龄超过70周岁的老同志，不再担任市人大工作研究会的职务；二是已在其他社团组织任职的不再担任市人大工作研究会的有关职务；三是本届一次会议上特邀在如皋市工作的部分省、南通市人大代表和若干如皋市人大代表共10人担任理事，因他们兼职工作较多，经研究，他们不再担任理事职务；四是因工作单位、职务发生变化，相关人员在人大工作研究会的职务作相应调整变换。第二届第一次常务理事会上，聘请名誉会长3人，会长1人，副会长4人，秘书长1人，副秘书长5人，常务理事32人，理事65人，共计105人（常务理事32人中含正、副秘书长2人；理事中含副秘书长4人）。调整变动后，会长1人，正副秘书长5人，常务理事15人，理事38人。第二项议程，会长刘培银作工作报告。第三项议程，市人大常委会主任谢新民讲话。

如皋市人大常委会及党组领导对市人大工作研究会工作非常重视和关心支持。研究会召开会议时,主要领导都能到会提要求,对研究会的工作给予充分肯定和认可。

如皋市人大工作研究会重要会议一览表

表8-1-1

1996年5月16日	召开市人大工作研究会成立大会既首届第一次常务理事会
2000年4月5日	召开市人大工作研究会首届第二次常务理事会
2001年4月14日	召开市人大工作研究会首届第三次常务理事会
2002年5月3日	召开市人大工作研究会首届第四次常务理事会
2003年12月6日	召开市人大工作暨人大工作研究座谈会
2006年3月20日	召开市人大工作研究会首届第五次常务理事会
2008年6月10日	召开市人大工作研究会首届第六次常务理事会
2009年5月15日	召开市人大工作暨人大工作研究座谈会
2010年5月19日	召开市人大工作研究会首届第七次常务理事会
2011年5月20日	召开市人大工作研究会首届第八次常务理事会
2012年11月30日	召开市人大工作研究会第二届第一次常务理事会
2013年11月20日	召开市人大工作研究会第二届第二次常务理事会
2015年11月10日	召开市人大工作研究会第二届第三次常务理事会

第二章　常务理事会组成人员名录

第一届第一次常务理事会组成人员名单
（1996年5月16日）

名誉会长：石秀峰
会　　长：冯邦才
副 会 长：戴崇颐
秘 书 长：戴崇颐（兼）
副秘书长：黄裕龙
常务理事：（以姓名笔画为序）
冯邦才　汤建华　杜祝三　李昌焕　杨炜昌　汪如一
徐邦友　奚定九　郭载荣　黄裕龙　谭志旺　戴崇颐
顾　　问：（以姓名笔画为序）
王金镛　王宝鹤　许吉甫　孙忠权　孙德明　杨银聪
张鹏志　陈殿文

第一届第二次常务理事会组成人员名单
（2000年4月5日）

名誉会长：石秀峰
会　　长：冯邦才
副 会 长：郭载荣、戴崇颐、徐邦友
秘 书 长：朱　俊
副秘书长：江国太　吴希林
顾　　问：孙德明　许吉甫　王金镛　杨银聪　王宝鹤　张鹏志
常务理事：（以姓名笔画为序）
冯邦才　朱　俊　刘学成　江国太　杜祝三　杨炜昌
李志生　李昌焕　徐　邦　郭载荣　章开峰　葛存斋
程鸿兰（女）缪长青　戴崇颐

（说明：市人大工作研究会第一届第二次常务理事会至第五次常务理事会的组成人员无变化。）

第一届第六次常务理事会组成人员名单

(2008年6月10日)

名誉会长：石秀峰
会　　长：冯邦才
副 会 长：戴崇颐　郭载荣　徐邦友　奚定九
秘 书 长：朱　俊
副秘书长：江国太　吴希林　房兴柏
顾　　问：孙德明　许吉甫　王金镛　杨银聪　王宝鹤　张鹏志
常务理事：(以姓名笔画为序)
冯邦才　朱　俊　刘学成　江国太　杜祝三　杨炜昌
李志生　李昌焕　徐邦友　奚定九　郭载荣　章开峰
葛存斋　程鸿兰(女)缪长青　戴崇颐

第二届第一次常务理事会组成人员名单

(2012年11月12日)

名誉会长：冯邦才　石秀峰　石　耀
会　　长：刘培银
副 会 长：吴晓培　徐邦友　奚定九　周金仁
秘 书 长：华国瑞
副秘书长：林　凯　房兴柏　江国太　杨海山　陈璋炎
常务理事：(以姓名笔画为序)
王宝鹤　王金镛　王晓明　华国瑞　朱　俊　朱晓明
汤建华　何　强　佘鸣皋　吴存银　张秀良　张鹏志
李昌焕　杜祝三　杨炜昌　杨银聪　汪如一　周荣明
季　淼　林　凯　费秀平　徐天明　殷春和　秦玉林
郭载荣　钱志刚　黄兆林　喻耀辉　程德兴　蒋明华
缪永涛　谭志旺

第二届第二次常务理事会组成人员名单

(2013年11月20日)

名誉会长：冯邦才　石秀峰　石　耀
会　　长：刘培银
副 会 长：吴晓培　徐邦友　奚定九　周金仁
秘 书 长：华国瑞
副秘书长：林　凯　房兴柏　江国太　杨海山　陈璋炎

常务理事:(以姓名笔画为序)

王宝鹤	王金镛	王晓明	华国瑞	孙 骥	朱 俊
朱晓明	汤建华	何 强	佘鸣皋	吴存银	张秀良
张鹏志	李昌焕	杜祝三	杨炜昌	杨银聪	汪如一
沈 兵	周荣明	季 森	林 凯	费秀平	徐天明
殷春和	秦玉林	郭载荣	钱志刚	黄亚周	黄兆林
喻耀辉	程德兴	蒋明华	缪永涛	谭志旺	

第二届第三次常务理事会组成人员名单
（2015年11月10日）

会　　长:刘培银

秘 书 长:华国瑞

副秘书长:林 凯　房兴柏　杨海山　陈璋炎

常务理事:(以姓名笔画为序)

王晓明	华国瑞	孙 骥	朱晓明	纪卫国	何 强
吴存银	张建军	周荣明	季 森	林 凯	冒 平
费秀平	黄亚周	黄兆林	喻耀辉	缪永涛	

第九篇

文 件 辑 存

本篇收存的文件主要是人大常委会的文件和中共如皋市委关于加强和改进人大工作方面的文件。人大常委会的文件主要包括常委会开展工作的规则、讨论决定重大事项、加强监督、行使人事任免权和加强代表工作等方面的文件。

中共如皋市委文件

中共如皋市委
批转《中共如皋市人大常委会党组关于进一步发挥市人大代表作用加强市人大常委会制度建设的若干意见》的通知

皋委发〔2005〕87号

各镇党委,市委各部委办局,市各委办局院行社党组(委),市各人民团体、市各直属单位党组织:

中共中央和江苏省委分别以9号文件和23号文件转发了全国人大常委会党组和江苏省人大常委会党组《关于进一步发挥人大代表作用,加强人大常委会制度建设的若干意见》。中央9号文件和省委23号文件总结了50年来人大工作的实践经验,明确了新形势下坚持和完善人民代表大会制度的指导思想、工作重点和主要措施,是我们党高度重视党的执政能力建设、高度重视人民代表大会制度建设的具体而生动的体现,是人民代表大会制度发展进程中的一件大事,对于发展社会主义民主政治、加强人民代表大会制度建设,具有重大的现实意义和深远的历史意义。为了更好地贯彻落实中央和省委文件精神,市人大常委会党组结合我市实际,提出了《中共如皋市人大常委会党组关于进一步发挥市人大代表作用,加强市人大常委会制度建设的若干意见》。市委同意这一《意见》,现转发给你们,请认真贯彻执行。同时,要继续贯彻落实中共如皋市委《关于加强和改进人大工作的决定》(皋委发(〔2005〕32号)。

人民代表大会制度是我国的根本政治制度。坚持和完善这一制度,是加强党的执政能力建设的重要举措,是发展社会主义民主、健全社会主义法制、建设社会主义政治文明、构建社会主义和谐社会的重要内容。坚持和完善人民代表大会制度,要始终坚持正确的政治方向,始终坚持民主集中制,始终坚持走群众路线。当前,要重点做好进一步发挥市人大代表的作用,支持、规范和保证其依法履行职责和行使权力,加强市人大常委会的制度建设,使市人民代表大会及其常委会更好地发挥地方国家权力机关的作用这两方面的工作,为确保完成我市"十一五"规划各项任务,加快三个文明建设和依法治市进程,实现经济社会全面持续跨越发展,构建社会主义和谐社会作出应有的贡献!

中共如皋市委员会
2005年12月24日

中共如皋市人大常委会党组
关于进一步发挥市人大代表作用加强市人大常委会制度建设的若干意见

人民代表大会制度是我国的根本政治制度。党的十六大和十六届五中全会强调,要坚持和完善人民代表大会制度,支持和保证人民代表大会及其常委会依法履行职能。今年以来,中共中央和江苏省委分别以9号文件和23号文件转发了全国人大常委会党组和江苏省人大常委会党组关于进一步发挥代表作用、加强人大常委会制度建设的若干意见,进一步强调当前人大工作的重点应放在充分发挥人大代表作用和加强人大常委会制度建设上,这为我们进一步做好地方人大工作指明了方向。

为认真贯彻中央和省委文件精神,解放思想,开拓创新,更好发挥市人大及其常委会的职能作用,以推进我市三个文明建设和依法治市进程,努力实现全面跨越发展、构建和谐社会的目标,现提出以下实施意见:

一、进一步发挥市人大代表的作用

1.进一步拓宽代表知情知政渠道,切实为代表履职服务

在每次代表大会举行前,应将会议的有关材料印发代表,请代表提前审阅。在会议审议时,有关机关应当安排相关负责人到会听取意见、回答询问,并积极采纳代表提出的意见和建议,对议案和报告作出修改。各镇人大主席团可组织本选区的市人大代表列席镇人代会。市人代会召开期间邀请上级人大代表列席。

在代表大会闭会期间,市人大常委会办事机构应将全年工作要点、常委会会报、常委会重要工作安排和重要活动的情况印发给全体代表。市人民政府、市人民法院和市人民检察院按季通过印发公报、简报、刊物等形式,通报主要工作、重要的政策、措施及有影响的案件处理情况,必要时可以召开通报会。向每位代表发送《如皋动态》。

坚持和完善邀请代表列席人大常委会会议制度,每次常委会会议邀请适当数量熟悉相关议题的代表列席。继续组织代表参加市人大常委会组织的代表视察、专题调研、执法检查、工作评议、述职评议等活动,使代表了解情况,参与法律监督和工作监督。人大常委会审议部分重要议题,可将草案印发给代表,充分听取代表意见。组织人大代表旁听法院庭审。

2.密切与代表的联系

坚持和完善市人大常委会领导接待代表日制度,常委会组成人员联系代表制度,以及市人大工作机构对口联系代表制度。市人民政府及其组成部门、市人民法院、市人民检察院要把联系人大代表列入重要议事日程,建立健全联系代表制度,通过多种方式加强与代表的联系,广泛听取代表意见,每半年至少召开一次有关代表座谈会。

要充分发挥人大代表的桥梁纽带作用,通过加强与代表的联系,进一步密切党和政府与人民群众的血肉联系,调动广大干部群众的积极性,群策群力,同心同德,积极投身全面建设小康社会的伟大事业。

3.规范代表议案的处理工作

代表提出议案,应有案由、案据和方案。根据市人大及其常委会的职权,代表议案的范围主要包括:(1)需要由市人大及其常委会决定的有关法律、法规实施中的重大问题的议案;(2)提请常委会听取和审议"一府两院"专题工作和人民群众关心的主要问题的议案;(3)应由市人大及其常委会决定或批准的其他事项的议案。联名提出有关议案的,领衔提出议案的代表应向联名附议的代表分别提供议案文本,经附议人认真审阅同意后,再签名附议。

制订《如皋市人民代表大会关于议案若干问题的规定》,对代表提出议案的工作进行规范。代表除了在大会期间提出议案外,符合议案基本条件、准备成熟的代表议案,也可以在大会闭会期间提出。

代表在市人民代表大会会议期间提出的议案,由大会秘书处向主席团提出议案处理意见的报告,经主席团决定是否列入大会议程。

大会主席团决定交常务委员会会议审议的代表议案,人大常委会应在大会闭会后的三个月内提出对代表议案的审议结果或者处理意见的报告,由主任会议研究,提请常委会会议审议通过后,印发下次代表大会会议。

凡经常委会会议审议通过的代表议案审议结果和处理意见的报告或者决议、决定,需要交由市人民

政府、市人民法院、市人民检察院及其有关部门具体实施的，实施机关应当在六个月内向市人大常委会提出实施情况的报告。代表议案实施情况的报告印发下次人民代表大会会议。

市人大常委会对议案的实施情况加强检查督促，可以组织代表进行视察，也可以依照法律规定提出询问或者质询。议案办理期限结束时，由主办单位提出结案报告报市人大常委会批准。

4.认真办理代表建议、批评和意见

代表要围绕中心，服务大局，提出高质量的建议、批评和意见。建议、批评和意见可以在大会会议期间提出，也可以在大会闭会期间提出；可以一人提出，也可以联名提出。

要不断创新交办、督办的形式，提高办理效果。对人代会期间代表所提建议统一交办，对现实性强、人民群众广为关注的热点事项建议重点交办，对上一年“一府两院”承诺的跨年度办理的建议滚动交办。对普通交办的建议实行正常化督查，对重点交办的建议实行领导挂帅督查，对滚动交办的建议，邀请提建议代表一起参加跟踪督查。

对代表建议、批评和意见，承办单位主要负责人要亲自负责研究处理。需由几个部门联合承办的，应指定主办单位负责牵头，共同提出处理意见。要认真总结办理代表建议、批评和意见的经验，改进办理方式。代表建议、批评和意见的办理情况，政府及其有关部门要向市人大常委会作专题汇报，向下次人代会作书面汇报。

市人大常委会对提出好的议案、建议、批评和意见的代表，对在办理工作中成绩突出、代表满意的单位和个人，予以表彰。

5.组织好闭会期间代表活动

代表在闭会期间的活动以集体活动为主，以代表小组活动为基本形式，一般在原选区内进行。原则上每季度安排一次代表小组活动。代表小组活动要做到有计划、有专题、有深度、有实效。要根据时代发展的要求，不断创新活动的方式，丰富活动内涵，扩大代表活动的影响，提高代表活动的效果。活动的时间和内容可以根据市人大常委会的要求确定，也可以由代表小组根据当地实际情况确定。

要健全和完善代表活动点，坚持以代表活动点为阵地，把活动点建成代表与选民的联系点、选民反映民意的接待点、代表讨论问题的议事点。

6.规范代表个人持证视察和约见国家行政机关负责人行为

市人大代表除参加由市人大常委会统一安排的视察外，可以持证视察。视察的内容、对象、时间由代表提出，可以单独视察，也可几名代表一同视察。被视察单位必须尊重代表的民主权利，向代表如实客观地介绍情况。代表在视察中可以向被视察单位提出建议、批评和意见，但不直接处理问题。市人大常委会要及时予以联系安排，并认真做好有关服务工作。

代表在履行职责过程中，可以就宪法、法律、法规执行中存在的重要问题和人民群众反映强烈的问题，约见国家本级或下级行政机关负责人。有关机关要在一周内将接待的时间、地点告知代表本人。被约见的国家机关负责人要认真听取代表的建议和意见，对代表提出的问题进行认真研究，并在一个月内将有关处理情况答复代表本人，同时报市人大常委会备案。

7.组织好代表的专题调研和视察活动

市人大常委会组织代表每年开展一次专题调研和视察活动，为提出代表议案或建议、批评和意见做准备。专题调研和视察活动安排在每年下半年进行，专题调研和视察的题目可以由市人大常委会拟定，也可以由代表根据全市工作的大局和代表准备提出议案或建议、批评和意见等情况确定。活动可以按代表小组进行，也可以结合代表的意愿和本人的职业等情况组成专题小组进行。活动结束后应形成调研报告，报送市人大常委会办事机构研究处理。市人大常委会办事机构对代表反映的有关问题和由代表转交的群众申诉、控告、检举等信件，应及时转有关机关、组织研究处理，并由有关机关、组织负责答复代表，市人大常委会办事机构应加强督办工作。

8.加强代表培训工作

在新代表依法选出后，组织代表集中学习人民代表大会制度和宪法、地方组织法、代表法等法律法规，使代表掌握履职的基本知识，增强代表的职务意识、责任意识和法律意识，正确履行好代表职责。

定期或不定期举办培训班，着重帮助代表提高履职能力。通过专题培训和研讨，提高代表审议各项报告，审查财政预算，提出议案、建议，开展闭会期间的活动等方面的能力。要以加强培训和优化结构为重点，切实提高人大代表的整体素质和履职能力，充分发挥人大代表在国家政治生活中的重要作用。

9.建立代表活动的保障机制

建立健全人大代表执行职务的保障措施，并为其发挥作用提供必要的物质条件。适当增加人大代表活动经费，提高到每年每人800元，并列入财政预算。代表履行职责期间，有关部门和单位提供交通、电信、办公用品等方面的物质保障。

要处理好代表履行职务与做好本职工作的矛盾。不驻会的市人大常委会组成人员在出席常委会会议时，其所在工作单位应视作单位工作量予以计算，同时相应核减其在所在单位的原有工作量。参加常委会会议如遇其他会议或活动相冲突，原则上应以参加常委会会议为主，因特殊情况不能参加会议，应向会议主持人履行书面请假手续。代表参加市人民代表大会和闭会期间各项代表活动，其所在工作单位应给予充分的时间保证，并将代表活动的成效纳入到代表个人的年终考核之中，在评奖中与本单位其他人员同等对待。

10.市人大代表要忠实履行代表职责

每位代表要按时按规定参加人民代表大会会议，认真审议各项议题，充分发表自己的意见。要积极主动地参加市人大常委会组织的相关活动和代表小组开展的各项活动，因病因事不能出席人代会和闭会期间代表活动的，要严格执行请假制度。要积极参加市人大常委会组织的学习和培训，努力提高自己的履职能力。要积极参加代表“四带”活动，在经济建设、社会事业发展、全面建设小康社会和构建和谐社会中发挥先进作用。要密切与人民群众的联系，通过选民接待日、走访选民、召开座谈会等多种形式，听取和反映人民群众的意见和要求。要主动积极地向选民述职，自觉接受人民群众的监督。要发扬求真务实的优良作风，开展专题调研、集中视察等活动，必须轻车简从，深入实际，了解民意，有针对性地提出解决实际问题的办法和方案。要带头模范地遵纪守法，把依法执行代表职务与从事个人职业活动严格区别开来，不得借执行代表职务进行个人职业活动，对涉及个人和亲属的具体案件应当回避。执行代表职务的活动，不得接受企事业组织、社会团体和个人的任何赞助。每位代表应认真填写履职登记卡，真实地反映履职情况。

二、加强市人大常委会的制度建设

11.进一步明确人大监督工作应遵循的原则

一是坚持党的领导。在监督工作中遇到的重大问题，由市人大常委会党组及时向市委报告。二是集体行使监督职权。监督项目的确定、监督行为的实施以及监督后意见或决议的形成，都由市人大常委会或者由市人大常委会委托主任会议集体做出决定。三是不包办代替。市人大常委会对市人民政府、市人民法院和市人民检察院的工作既要监督，又要支持，不代行和干预它们的行政权、审判权和检察权。

12.进一步加强人大常委会工作监督和法律监督

市人大常委会的工作监督和法律监督应围绕中心、突出重点、讲求实效。要紧紧围绕市委工作的大局、改革发展稳定中的重大问题、关系人民群众切身利益的热点难点问题，选准题目，抓住关键，认真履行监督职责。监督的重点是市人民政府、市人民法院、市人民检察院执行宪法、法律、法规和市人大及其常委会决议、决定的情况，本行政区域国民经济和社会发展计划、预算的编制和执行情况等。要把人民来信来访中反映强烈的热点问题和带有普遍性的问题作为监督工作的重点之一，督促有关方面及时处理。

要综合运用多种监督形式，增强监督实效。市人大及其常委会根据监督事项的需要，可以综合运用听取和审议专题工作报告、执法检查、工作评议、述职评议、个案监督等监督形式，切实改进和加强监督工作。对社会影响较大的突出问题，要适时运用相关的法定形式进行监督。对执法检查后的有关情况应形成执法检查报告，并印发市人民政府、市人民法院、市人民检察院及其有关部门，督促有关整改措施落实到位。通过加强监督，促进“一府两院”及有关部门不断转变作风，改进工作，提高效率，让人民满意。

进一步完善预算审查监督办法、人事任免办法、评议工作办法，建立健全司法监督制度、执法检查制度、重大案件报告制度、规章备案审查办法、人代会和常委会会议学法制度等，不断提高各项工作的制度化、规范化程度。

13.进一步提高人大常委会会议的审议质量

继续采取“会前初审”、“审议票决”、“再审议”等办法，不断提高人大常委会会议的审议质量。对“一府两院”提交人大常委会会议审议的工作汇报或其他材料，提前送常委会组成人员征求意见。会议期间，除了人事任免必须进行票决外，对需作出决议、决定的议题和“一府两院”所汇报工作的满意度也采用票决的形式进行表决。以“审议意见书”的形式，对被审议工作作出基本评价，指出存在问题，提出意见建议、整改时限及办理要求。列席会议的政府或“两院”领导进行表态发言，当场作出整改及办理承诺。采取明查与暗访相结合、听取汇报与现场督察相结合的方法，进行跟踪督办。重要议题的办理情况，在下次或隔次常委会会议上再次进行审议，促进有关部门再次进行整改，形成“审议——整改——再审议——再整改”的良好机制。对常委会会议审议、执法检查和视察所提意见的落实情况，在第二年年初召开的常委会会议上进行汇报。

14.充分发挥人大常委会各工作委员会的作用

市人大常委会组织的执法检查、评议，有关工作委员会要具体组织实施；市人大常委会听取市人民政府、市人民法院、市人民检察院的专题工作报告，进行人事任免，有关工作委员会要做好会前调研等各项准备工作；对市人大常委会执法检查和审议专题工作报告提出的意见，有关工作委员会要跟踪督查，督促有关部门改进工作并向常委会提交整改情况的书面报告；对市人民政府、市人民法院、市人民检察院承办的重点建议、批评和意见，由有关工作委员会进行督办。

坚持和完善人大工作机构与对口部门的联系制度，有关部门全年工作安排、重要活动应及时通报人大常委会各对口联系的工作机构，党委、政府召开的有关全局性的工作会议，须通知人大工作机构的负责人参加。

15.加强人大常委会信访工作

制订《市人大常委会机关信访工作若干规定》，按照“分别受理、综合分析、统一交办、定期反馈、严格督查”的精神，实行人大信访联席会议制度，制定信访事项处理办法，把处理人民来信来访与了解社会动态、完善预测防范机制、畅通与人民群众联系渠道结合起来，努力提高信访工作的水平。成立信访督办室，加强信访干部队伍建设。

16.加强人大常委会宣传工作

坚持正确的舆论导向，严格执行新闻审稿制度。搞好人民代表大会制度、人代会和常委会会议、主任会议的宣传报道，做到程序性报道与深度报道相结合，增强常委会会议的公开性、透明度和社会影响。组织好常委会开展监督工作和代表履行职责情况的宣传报道工作。制订人大机关宣传报道工作的目标责任制，做好人大工作信息的收集、整理、上报工作，不断提高宣传报道和人大工作信息的质量。充分发挥人大工作研究会的作用，加强人大工作的理论研究。

17.加强人大常委会机关建设

加强思想建设。引导机关干部树立终身学习的观念，掌握法律知识、人大业务知识和市场经济方面的知识，理论联系实际，提高人大干部分析问题和解决问题的能力，常委会领导同志和全体机关干部都要严格执行中央和省、市有关廉洁自律的要求，杜绝腐败现象的发生，真正把人大常委会机关建设成

“政治坚定、业务精通、务实高效、作风过硬、团结协作、勤政廉洁”的学习型机关、廉洁型机关、效率型机关。

加强组织建设。建立和完善人大机关干部选拔任用的竞争激励机制,通过在职培训、基层挂职和竞争上岗等方式,切实加强对机关干部的培养、使用和选拔。同时,逐步推进市人大机关与党委、政府、司法机关之间的干部交流。

加强作风建设。加强与市人大代表和人民群众的联系,自觉坚持实事求是、一切从实际出发的原则,提倡讲真话、说真情、求实效,坚持反对各种形式主义和表面文章。市人大常委会领导同志要带头深入实际,深入基层,深入群众,结合经济社会发展和人大工作实际开展调研。各工作机构要大力加强调查研究工作,在此基础上提出市人大常委会开展执法检查、听取专题工作报告。坚持先调查后审议的原则,深入实际调查研究,使常委会形成的每项决议、决定,都建立在掌握准确情况、符合真正实际的基础上。

18.从制度上保证和加强党对人大工作的领导

市人大常委会党组在市委的领导下,在市人大及其常委会依法履行职责的过程中,保证全面贯彻落实中央的路线方针政策和市委的决策。市人代会、人大常委会会议的重要安排,监督和决定重大事项、干部任免等工作中的重大问题,由市人大常委会党组报请市委研究决定后再进入法定程序。市人大常委会组成人员中的中共党员,将党组织临时关系转到市人大常委会机关,组成临时党支部,受市人大常委会党组领导。人大常委会党组就人大工作中的重大问题,通过党内组织生活,统一党员的认识,保证实现党的意图和主张。认真落实市人大常委会党组关于保持共产党员先进性教育活动的整改方案,切实加强机关党组织的思想、组织、作风、制度建设,充分发挥地方国家权力机关党员领导干部的执政骨干作用和广大共产党员的先锋模范作用。

中共如皋市委关于加强和改进人大工作的决定

皋委发〔2005〕32号

为认真贯彻落实党的十六大和十六届三中、四中全会精神,进一步加强和改进党对人大工作的领导,充分发挥地方国家权力机关的作用,大力推进社会主义民主法制建设,加快实现全面跨越发展、建设全面小康社会的奋斗目标,特作出如下决定:

一、充分认识坚持和完善人民代表大会制度的重大意义,切实加强党对人大工作的领导

人民代表大会制度是我国的根本政治制度,是我国政权的基本组织形式,是人民当家作主的重要保证。发展社会主义民主政治,建设社会主义政治文明,最根本的是坚持党的领导、人民当家作主和依法治国的有机统一,最重要的是坚持和完善人民代表大会制度。要从坚持邓小平理论和“三个代表”重要思想、巩固人民民主政权、实现党和国家长治久安的高度,从加强党的执政能力建设、巩固党的执政地位的高度,从落实科学发展观、全面建设小康社会、加快推进社会主义现代化进程的高度,深刻认识坚持和完善人民代表大会制度的意义,全面加强和改进党对人大工作的领导,保证和支持人大及其常委会依法行使各项职权,从组织上、制度上、机制上采取有力措施,不断开创我市人大工作的新局面。

市委将进一步发挥“统揽全局、协调各方”的核心领导作用,善于运用国家政权的形式,实施党对经济、政治、社会的领导和管理,处理和解决改革、发展和稳定中的重大问题。市委每届任期内至少要召开一次人大工作会议,市委常委会每年至少听取两次人大常委会党组的工作汇报,提出工作意见,解决人大工作中的实际问题。加强对人大常委会党组的工作领导和指导,对其请示的事项,认真研究并及时予以答复。在人大工作的党员同志,既要严格遵守党的纪律,又要严格按照法律法规办事,把坚持对党负责与对人民负责、对法律负责有机统一起来，按照法定程序，充分发扬民主，认真贯彻党委意图，保证党委重大决策得以实施。

二、保证和支持人大及其常委会依法行使重大事项决定权

要善于通过法定程序将党委的重大决策和重要主张，转变为国家意志和人民群众的共同意愿。市委及时向人大及其常委会通报重大情况，保证人大及其常委会了解党委中心工作和本地区经济、政治、社会各项事业的发展情况。"一府两院"对依法应由人大及其常委会讨论决定的重大事项，必须主动、及时地提请人大及其常委会讨论决定。要实行决策落实的督促检查和责任追究制度，保证人大及其常委会决议决定和审议意见的贯彻实施。党委、政府召开的有关全局性的工作会议，须通知人大常委会的领导、有关人大常委会委员和人大工作部门的负责人参加。"一府两院"除每年向人民代表大会报告工作外，还要将重要的专项工作情况，向人大常委会会议、主任会议或人大有关工作机构报告，以便人大常委会组成人员更加全面、准确地知情知政，履行法律赋予的职责。人大及其常委会要以求真务实的作风，了解民情、反映民意、集中民智，使做出的决议、决定更加切合实际，符合人民群众的根本利益。

三、保证和支持人大及其常委会依法行使监督权

市人大及其常委会要按照宪法、法律和有关法规的规定，认真履行监督职责。要进一步加强工作监督，听取和审议"一府两院"的工作报告和专题汇报，将常委会会议在审议中提出的批评、意见和建议，以"人大常委会会议审议意见书"的形式向"一府两院"及其有关部门进行通报，并督促其整改。对重要议题，"一府两院"在隔一次的人大常委会会议上回报审议意见的落实情况，以便人大及其常委会实行跟踪监督。同时，每年选择几个政府组成部门或"两院"开展工作评议。要进一步加强法律监督，加大执法检查力度，改进执法检查方式，对人民群众反映强烈的案件，依法进行个案监督。对监督中发现的执法不公案件，要督促有关部门依法纠正，并依法追究相关人员的责任。对社会影响较大的突出问题，要适时运用特定问题调查、质询、罢免、撤职、撤销不适当的行政决定或命令等法定形式进行监督，强化监督实效。

要加强对人民代表大会选举和人大常委会任命的国家工作人员的监督。在每届任期内，凡由人民代表大会选举、人大常委会决定任命的"一府两院"组成人员，至少向人大常委会进行一次述职，并接受评议。对在人大常委会会议上述职的人员，在评议后要进行无记名投票测评，并公开测评结果。对述职对象的履职情况表示满意和基本满意达不到人大常委会组成人员半数以上的，述职人员应当在6个月内再次向人大常委会述职。市委将把人大常委会对述职人员的述职评议结果与干部考察、民主测评的结果综合起来进行全面分析。对再次述职评议满意和基本满意票仍达不到人大常委会组成人员半数以上的干部，市委将根据《党政领导干部选拔任用工作条例》的规定和程序及时进行调整。

四、保证和支持人大及其常委会依法行使选举、任免权

市委将按照《江苏省各级人民代表大会常务委员会人事任免工作条例》的规定，及时向人大常委会党组及主任会议通报关于人事安排的意图和被推荐人的详细情况，认真听取意见和建议。市委及其组织部门在推荐、考察干部过程中，按照《党政领导干部选拔任用工作条例》的规定，听取市人大常委会党组的意见。如果人大代表和常委会组成人员对拟任免的人选提出不同意见的，市委将认真研究，并作出必要的解释和说明。如果发现有事实依据、足以影响选举或任命的问题，则建议人大或人大常委会按照规定程序暂缓选举、任命、决定任命，或重新推荐合适人选。对提请人大常委会任命的人员，要严格执行任前调查、法律知识考试制度。对考试不合格者，暂缓任命。对提请任命的人员，要在人大常委会会议上作供职发言。在任命通过前，不得在新闻媒体上公开宣布被任命人员的职务。规范任免程序，一般情况下，在市人大常委会举行会议十天前，提请机关要将人事任免人员的基本情况、主要表现、任免理由及其他需要说明的材料送人大常委会，新提拔任命的人员同时报送公示情况。如遇特殊情况不能按期提出的应当向人大常委会主任会议说明。对于人大及其常委会依法选举或任命的干部，在届期内，除有特殊情况，一般不得调动；因工作需要确需调整的，应按法律规定，提请人大或其常委会审议

决定。

五、进一步提高代表素质,充分发挥代表作用

要以加强培训和优化结构为重点,切实提高人大代表的整体素质和履职能力,充分发挥人大代表在国家政治生活中的重要作用。要为人大开展代表培训工作提供必要的条件。合理安排各层次代表的比例,特别要保证有一定数量工人、农民和知识分子的代表,切实优化人大代表结构。要健全人大代表知情知政的制度和机制,保证人大代表及时了解市委、市政府重要决策和部署,知晓全市重大事项和人大常委会的重要活动,把握市情、政情和工作大局。引导代表深入实际、深入群众,畅通人大代表反映社情民意的渠道。拓展人大代表发挥作用的空间,积极组织代表通过听取工作报告、执法检查、工作评议、述职评议、视察、调查等活动,支持人大代表开展持证视察。要高度重视人大代表提出的议案和建议,对人民代表大会确定的议案,承办部门必须认真办理,确保办理质量和效率。对代表在人代会期间和闭会期间提出的建议、批评和意见,承办部门能够办到的,必须马上办理落实;应该办理但暂不具备条件办理的,要制定让代表满意的办理计划;对不属于本级职权范围,或因有关法律法规及政策有明确规定,而不能办理的,要向代表认真作出解释,确保代表议案、建议的办复率达到百分之百,努力提高办结率和代表满意率。建立健全人大代表执行职务的保障措施,并为其发挥作用提供必要的物质条件,适当增加人大代表活动经费,并列入财政预算。建立代表评比表彰制度和代表向选民述职制度。

六、强化人大常委会的组织建设

以与时俱进的精神不断推进人大及其常委会的组织建设。要优化人大常委会组成人员的年龄、知识和专业结构,既要有一定数量的实践经验丰富、熟悉经济社会发展全局的同志,也要注意选拔综合素质好、法律知识基础厚实、有发展前途的中、青年干部,并注意从人大机关中选拔优秀中、青年干部进入领导班子。要进一步增加常委会驻会委员的比例,驻会委员的比例逐步达到委员总数的二分之一,并建立激励机制,挑选人大机关和党委及“一府两院”有关部门优秀干部担任人大常委会驻会委员和人大常委会工作机构负责人,这些同志不实行退二线制度,同时注意选拔年富力强的专家学者担任驻会委员。要按照新形势下人大工作发展的需要,合理调整市人大常委会的机构设置,以保证其履行地方国家权力机关的职责。市人大工作机构人员的配备,充分考虑人大党组的意见,各工作机构的主要负责人在充分考虑人大党组意见的基础上,市委统筹安排。

七、重视和加强基层人大工作

镇人大工作是全市人大工作的重要组成部分,要从加强人民代表大会制度建设和基层政权建设的需要出发,重视和加强镇人大工作。市人大常委会要加强对镇人大工作的指导,支持镇人大主席团依法履行职责,推进基层人大工作的健康发展。开展人大工作先进镇的争创活动,由市人大常委会推荐,市委办公室扎口,报市委审定,比例一般掌握在25%左右,由市委在一年一度的综合表彰大会上表彰。各镇人大要从全市工作大局出发,充分发挥职能作用,依法开展视察、调研、评议等工作。要主动加强与市人大常委会的工作联系和配合,上下联动、协调一致,形成人大工作的整体合力。按照组织法的要求,各镇设主席1名,副主席1-2名,党委书记兼任人大主席的,要配备副主席专职做人大工作。各镇要保证必要的镇人大代表活动经费,列入各镇的财政预算。

八、切实加强人大常委会机关建设

要在思想上、政治上、组织上关心人大机关干部队伍建设,把人大机关干部的培养、使用纳入整个干部队伍建设的范围。通过挂职、交流、培训等渠道,培养锻炼人大机关的干部,注意提拔使用人大机关中的优秀干部,逐步解决人大机关干部的职务、职级问题。同时妥善安排好长期在人大机关工作的老同志,切实解决人大干部“一站到底”等问题。加大人大机关与党委、政府机关之间的干部交流力度。人大常委会机关每届都要有一定数量的干部与党委、政府、司法机关的干部进行双向交流、上下交流,增强人大工作的活力。有计划地把党委和“一府两院”一些重要岗位的后备干部安排到人大工作和锻炼,提高干部的民主法制意识和依法办事水平。

进一步做好人大机关老干部工作，在市人大机关专门配备一定人员为老干部服务，并按照上级规定，提供为老干部服务的物质保证，对于从党委、政府转到人大及其工作机构担任领导职务的同志离、退休后，可根据本人意见，转到原所在单位负责管理。人大机关退二线的同志也可参照办理。

进一步改善人大常委会的办公和工作条件，在安排财政预算时应切实保障人大及其常委会开展工作所需的经费，对人大机关的办公用房、交通车辆、办公自动化建设，要认真研究，采取切实措施予以改善。支持人大常委会加强与外地人大及国外地方议会的友好交往。

市人大常委会组成人员和机关工作人员要切实增强做好人大工作的政治责任感和历史使命感，进一步发扬求真务实作风，深入实际，深入群众，努力把人大机关建设成为政治坚定、业务精通、务实高效、作风过硬、团结协作、勤政廉洁的机关，为推进全市“三个文明”建设作出新的贡献。

中共如皋市委关于加强人大工作和建设的实施意见

皋委发〔2015〕63号

为加强和改进党对全市人大工作的领导，充分发挥国家权力机关和人大代表的作用，根据《中共中央转发〈中共全国人大常委会党组关于加强县乡人大工作和建设的若干意见〉的通知》（中发〔2015〕18号）和《中共江苏省委关于加强全省县乡人大工作和建设的实施意见》（苏发〔2015〕26号），以及《中共南通市委关于加强基层人大工作和建设的实施意见》（通委发〔2015〕15号），结合我市实际，现就加强全市人大工作和建设提出如下实施意见：

一、加强全市人大工作和建设的总体要求和基本原则

1.加强人大工作和建设的总体要求。全面落实十八届四中全会、中央和省委有关文件精神，坚持党的领导、人民当家作主、依法治国的有机统一，坚持和完善人民代表大会制度，保证基层人大依法行使职权；按照总结、继承、完善、提高的原则，加强基层人大规范化建设，提高依法履职水平，全力推动全市人大工作迈上新台阶，为建设经济强、百姓富、环境美、社会文明程度高的新如皋夯实基础。

2.加强人大工作和建设的基本原则。坚持党的领导，自觉把党的领导贯穿于全市人大工作全过程、落实到依法履职各方面；坚持人民主体地位，始终把实现好、维护好、发展好最广大人民根本利益作为人大工作的出发点和落脚点；坚持依法治市，保证宪法、法律法规和上级人大及其常委会决议在本行政区域内得到遵守和执行；坚持民主集中制，保证市、镇人大由选民直接选举产生，对人民负责、受人民监督，“一府两院”由人大产生，对人大负责、受人大监督，坚持集体行使职权，集体决定问题；坚持从实际出发，充分发挥人大直接面向基层群众的优势，坚持问题导向，依法探索创新，注重求真务实。

二、依法做好人大代表选举工作

3.加强对人大代表选举工作的领导。市委、镇党委对人大换届选举工作负领导责任，要及时研究解决选举工作中出现的情况和问题。将贯彻落实中央和省、市委关于换届选举工作的部署要求及相关法律法规和规定，作为各级党委特别是党委书记履行政治责任的重要内容。市人大常委会对人大换届选举工作负组织责任，要依法加强对市、镇两级选举委员会的领导。换届选举工作中的重大问题和重要情况，市人大常委会党组要及时向市委请示报告。

4.规范代表候选人提名推荐工作程序。各级党委要依法行使代表候选人提名推荐权，把好代表政治关、素质关、结构关。市委组织部会同有关方面提出代表候选人初步建议人选，要充分发扬民主、广泛听取建议人选所在地方、单位和群众的意见，并征求市人大常委会党组、镇人大主席团意见，经换届选举工作领导小组审核后，报市委常委会会议和镇党委会会议批准。为保证工作的连续性，连任代表一般应占代表总数的三分之一左右。市人大常委会党组、镇人大主席团根据代表履职情况提出连任代表的初步建议人选。

5.做好代表候选人考察和审查工作。市委组织部要会同有关方面对代表候选人进行综合考察，对考察结果负责。选民提名的人选未经过组织部门考察的，由选举委员会把关。要严格认定代表候选人的真实身份，代表候选人身份应当以参加选举时所从事的职业为准；具有多重身份的，应当按工作性质主次认定；党政干部、企业负责人不得挤占工人、农民和专业技术人员的代表候选人名额。要提高选举工作透明度，选举委员会依法按时公布初步代表候选人、正式代表候选人名单及代表候选人的基本情况，向社会公布当选代表名单，接受人民群众监督。认真受理投诉举报，及时组织调查核实。

6.强化选举组织工作。依法做好宣传动员、选区划分、选民登记、提名推荐、协商预选、候选人介绍、投票选举、记票监票、选举结果确定以及代表资格审查等各环节工作。改进选民登记工作，建立和完善选民登记系统，提高选民登记的便捷性和准确性。制定具体办法，保障流动人口参选。改进代表候选人介绍工作，充实代表候选人相关信息资料，完善组织代表候选人与选民见面、回答选民提问的程序，保障选民知情权。

7.做好人大代表资格审查工作。市、镇人大代表资格审查委员会依法审查当选代表是否符合宪法、法律规定的代表基本条件，选举是否符合法律规定，当选代表是否存在贿选等破坏选举的违法行为。对不符合法律规定或者以违法行为当选的，代表资格审查委员会应在报告中提出个别代表当选无效的意见，由市人大常委会、镇人民代表大会确定。代表资格审查委员会应当认真受理对当选代表的举报，及时交有关方面依法调查处理；对被举报的当选代表问题线索清晰但尚未核查清楚的，由有关方面继续调查，可以延迟提出其当选有效或者无效的意见。

8.加强对选举全过程的监督。各级党委和纪检监察机关要认真履行监督责任，严格执行换届纪律规定，坚决查处选举中的不正之风和腐败问题，确保选举工作风清气正。

三、认真开好市、镇人大会议

9.依法合理安排会议次数和会期。市人民代表大会会议每年至少举行1次，必要时可以增加；市人大常委会会议每两个月至少举行1次；镇人民代表大会会议一般每年举行2次。根据实际需要和会议内容，合理安排会期，做到依法、务实、有效。没有选举事项时，市人民代表大会会议不少于2天，镇人民代表大会会议不少于1天，保证人大代表充分审议各项报告、议案。有选举事项时，应当按照有关法律和地方性法规的规定增加会期。

10.着力提高会议的质量。按照民主集中制原则，健全议事规则，创新议事形式，完善审议程序，充实会议内容，集思广益，凝聚共识。人民代表大会和人大常委会会议召开前，应当通过召开情况通报会、寄送相关参阅材料等方式，保障人大代表和常委会组成人员更好地知情知政。认真准备会议文件，并提前送达人大代表和常委会组成人员。人大代表和常委会组成人员应当提前调研、认真准备，紧紧围绕议题审议发言，提高审议质量。认真组织好人民代表大会和人大常委会会议的专题询问活动，增强询问监督的针对性和实效性。审议各项报告和议案、开展询问活动时，有关国家机关负责人应到会听取意见、回答询问，会后认真研究、积极采纳人大代表和常委会组成人员提出的意见建议并及时反馈。市人大常委会主任会议和镇人大主席团会议听取有关方面对人大审议意见处理情况的汇报，并向市、镇人民代表大会和市人大常委会作出报告。

四、依法行使重大事项决定权和监督权

11.健全人大讨论、决定重大事项的程序和制度。各级党委要增强依法执政观念，善于把重大决策部署通过人大法定程序转化为国家意志，支持和尊重同级人大依法行使重大事项决定权，努力推进决策的科学化、民主化。市、镇人民政府重大决策出台前要向本级人大报告，对本行政区域经济、政治、文化、社会、生态文明建设的重大事项，应主动提交人大或人大常委会会议审议。人大要把听取和审议“一府两院”工作报告、审查批准计划和预算作为行使重大事项决定权的重点，依法认真负责地作出决议、决定。除法律、法规明确规定须由人大讨论、决定的事项外，人大或人大常委会还可以根据地方实际，讨论、决定本行政区域内的下列事项：保证宪法、法律、法规和上级人大及其常委会决议得到遵守和执行的重要措施；加强民主法治建设的重大决策；区域发展总体规划、城镇建设、重大民生工程、重大建设项目等。依法作出决议、决定后，要加强监督检查和跟踪问效，推动有关国家机关认真贯彻落实人大通过的决议、决定。

12.进一步突出监督工作重点。全面贯彻实施监督法和有关法律、法规的规定，认真听取人大代表和人民群众的意见和建议，紧紧围绕中央和省、市委的决策部署和党委中心工作，突出事关改革发展稳定全局的重大问题、人民群众普遍关注的热点难点问题，每年有重点、有计划地加强监督，积极回应社会关切。加大执法检查力度，强化对执法、司法工作的监督，确保宪法和法律法规在本行政区域内得到全面贯彻。依法开展对公共财政、政府性基金、国有资本经营、社会保障等全口径预算决算的审查和监督，改进和加强监督工作。人大应积极探索创新预算审查监督方式，扩大人民群众对预算管理的有序参与。

13.完善监督工作方式方法。市人大常委会要健全执法检查、听取审议工作报告、预算审查、专题询问、工作评议、规范性文件备案审查等方面的工作机制，加大督促落实和跟踪问效力度，增强监督的针对性和实效性，切实推动有关方面改进工作、解决问题；积极探索通过质询、特定问题调查等方式加强监督。镇人大通过听取审议工作报告、开展工作评议、组织代表视察调研、进行执法检查等方式，对政府工作进行监督。市、镇人大要结合本地实际，依法探索加强监督工作的有效方式方法。

五、认真做好人事选举任免工作

14.坚持党管干部原则与人大依法行使选举任免权有机统一。市委和镇党委提出国家机关组成人员人选时，应当及时向市人大常委会党组、镇人大主席团通报党委人事安排和被推荐人选的基本情况，听取意见建议。认真对待和研究人大代表、常委会组成人员对有关人选提出的意见，尊重和保障人大代表依法联名提出候选人的权利，尊重人大选举、表决结果。人民代表大会临时党组织、人大常委会党组和人大常委会组成人员、人大代表中的党员，应当认真贯彻党委人事安排意见，依法正确履行职责。经人大选举和任命的国家机关工作人员在任期内保持相对稳定，因特殊原因确需调整的，必须严格履行法定程序。

15.规范和完善人事选举和任免程序。保障人大代表和人大常委会组成人员的知情权，全面准确、实事求是地介绍被推荐人选的基本情况，规范被推荐人选在会议投票表决前同人大代表、常委会组成人员见面的程序。对“两院”报经人大任命的有关人员，人大常委会有关工作机构应当会同有关部门进行任职资格审查。建立和完善任前法律知识考试、拟任职发言、颁发任命书、就职宣誓等制度，增强选举和任命人员的政治意识、法治意识、责任意识、公仆意识。

16.加强对人大选举和任命人员的监督。通过完善和规范履职报告、述职评议等方式，加强对人大选举和任命人员的监督，对不称职或违法乱纪的国家工作人员，应当依法罢免或撤销其职务。

六、加强同人大代表和人民群众的联系

17.密切人大代表和人民群众的联系。加强和完善“一个载体、两项制度”建设，发挥人大代表直接联系选民的优势，通过开展代表调研视察、定期接待选民、向选民报告履职情况等活动，充分了解和准确反映民情民意，自觉接受选民的监督。依托人大网站，搭建代表履职服务网络平台，公开代表基本信息、联系方式，畅通社情民意表达和反映渠道，密切代表与选民群众的联系。

18.加强国家机关与人大代表、人民群众的联系。市人大常委会要坚持和完善常委会主任接待代表日制度，健全人大常委会组成人员联系本级人大代表的工作机制，每位常委会组成人员至少与3位本级人大代表保持经常联系，认真听取意见建议；扩大代表对常委会工作的参与，根据代表职业特点、业务专长和工作需要，邀请更多代表列席会议以及参与相关视察调研、执法检查、专题审议和工作评议等活动，重视吸收列席会议代表的意见。“一府两院”要加强同本级人大代表的联系，通过多种形式听取代表对有关工作的意见建议。政府研究出台事关全局的重大工程项目或者涉及民生的重大举措，应当听取代表的意见建议。代表依法提出约见有关国家机关负责人的，人大应当进行联系和安排，有关国家机关负责人或者其委托的人员应当认真听取代表的意见建议。人大要认真受理和督促有关部门处理好群众来信来访。

19.提高人大代表议案建议办理质量。把认真办理代表议案建议作为支持代表依法履职、充分发挥代表作用的关键环节，切实解决重答复、轻落实的问题。对一些事关经济社会发展大局和人民群众切身利益的重要建议，市人大常委会主任、副主任，镇人大主席、副主席应当牵头重点督办。督促“一府两院”加强与代表的沟通协商，积极推动解决问题。市、镇人大应当向社会公开代表议案建议提出和办理情况，完善代表议案建议办理考核机制，提高议案建议办成率和代表满意率。

20.做好人大代表履职服务保障工作。市人大常委会和镇人大主席、副主席依照法律规定，做好联系代表、组织代表活动的各项工作，为代表执行职务提供便利，做好服务保障工作。要组织好人大代表学习培训工作，实现人大代表培训全覆盖。代表活动必需经费，应列入本级财政预算并予以保证。逐步建立代表履职补助制度，对无固定收入的代表执行代表职务，根据实际情况由本级财政给予补贴。

21.加强人大代表履职监督。加强代表思想、作风建设，教育和督促代表珍惜人民赋予的权力，严格依法执行职务，认真履行代表义务，模范遵守宪法法律和社会公德。健全代表述职制度，组织人大代表定期向原选区选民报告履职情况，回答选民询问，接受选民监督。建立代表履职档案，记录代表履职情况，并逐步向社会公开。探索建立代表履职激励机制，建立健全不称职代表退出机制，不能履行代表职责的应当劝其辞去代表职务，对违纪违法的人大代表应当依法罢免。

七、切实加强人大自身建设

22.加强思想政治建设。坚持正确的政治方向，坚持党对人大工作的领导，始终在思想上政治上行动上同以习近平同志为总书记的党中央保持高度一致，坚决贯彻中央和省委决策部署。认真贯彻党的群众路线，践行“三严三实”，始终保持奋发有为、积极进取、昂扬向上的精神状态，全面提升人大工作质量和水平。

23.加强市人大组织建设。按照修改后的地方组织法，市人大常委会组成人员的名额为45人。优化市人大常委会组成人员结构，推进年轻化、专业化，逐步将专职组成人员比例提高到60%以上，特别要增加法律、经济、社会管理等方面的专业人员。市人大设立法制、财政经济等专门委员会。健全常委会办事和工作机构，设立办公室、研究室和内务司法、财政经济、人事代表联络、环资城建、农业农村、教科文卫、外事民宗侨台等工作委员会。加强工作力量和能力建设，市人大常委会各机构的工作人员一般不少于2人。按照省委有关文件要求，市人大常委会主任、副主任以及转到人大工作的专职委员不占人大机关和原所在单位的编制，在地方总编制中单列。

24.加强镇人大建设。镇人大设专职主席1人，并提名为市人大代表人选，根据工作需要配备专职副主席。镇人大主席、副主席应当把主要时间和精力放在人大工作上。设立镇人大办公室，或在相关综合办公室挂牌，并配备专（兼）职工作人员。镇人大主席团成员不担任镇政府的职务。

25.规范镇人大主席团闭会期间的工作。按修改后的地方各级人民代表大会和地方各级人民政府组织法规定，镇人大主席团或者镇人大主席、副主席在闭会期间，可以组织代表听取审议镇政府专项工作报告，对法律法规以及上级人大决议决定的实施情况进行检查，联系和组织代表开展活动，听取和反映代表、群众的意见建议，组织办理代表意见建议；开会时，向镇人民代表大会报告工作。镇人大主席团或者镇人大主席、副主席，应当将代表的审议意见和群众对政府工作的意见交由有关方面研究处理，有关方面应当及时反馈研究处理情况。镇人大主席团会议一般一个季度举行一次，由镇人大主席主持。

26.加强街道人大工作机构建设。市人大常委会在街道设立工作委员会，负责联系本辖区内的人大代表，组织代表开展活动，根据人大常委会的授权，开展监督、选举等工作，并向派出的人大常委会报告工作。街道人大工委配备专职主任和专职副主任，由市人大常委会任命，专职主任提名为市人大代表人选。设立街道人大工委办公室，或在相关综合办公室挂牌，并配备专（兼）职工作人员。

27.加强开发园区人大工作机构建设。在具有行政管辖职能的省级及以上开发园区设立人大工作委员会，作为市人大常委会的派出机构，协助人大常委会开展监督、选举、组织代表活动等。开发园区人大工委配备专职主任或副主任，并明确专职工作人员。开发园区人大工委主任、副主任由市人大常委会任命。

28.加强干部队伍建设。各级党委要重视和关心人大干部队伍建设，把人大干部的培养、选拔和任用纳入干部队伍建设总体规划，选派政治坚定、经验丰富、具备专业知识的干部到人大任职。市人大常委会主任实行专职配备，列席市委常委会会议。根据工作需要，镇人大主席、街道和开发园区人大工委主任可以进入本级党委班子。镇、街道、园区人大干部享有党政同职级干部待遇。加强人大干部同党政部门、司法部门干部之间的合理交流，并形成机制。

29.推进信息化建设。充分利用现代信息技术，建好市人大门户网站，鼓励镇、街道、开发区人大同步开设人大工作网站或网页，推进微信、微博等新兴媒体在人大工作中的运用。人大常委会全部建立电子表决系统，逐步建立人民代表大会电子表决系统。加强信息化工作机构和队伍建设；把信息化建设和运行维护所需资金，作为专项列入预算。

八、加强党对人大工作的领导

30.把人大工作摆上重要位置。各级党委要高度重视和大力加强人大工作和建设，把人大工作纳入整体工作布局，统一部署和推进。市委、镇党委每届任期内至少召开一次人大工作会议，每年专题听取市人大常委会党组和镇人大主席团工作汇报，及时研究解决人大工作中的重要问题。市人大常委会党组成员、人大专门委员会和常委会工作机构党员主要负责人列席市委全委会议、参加全局性工作会议。宣传部门要高度重视人民代表大会制度、人大工作和人大代表依法履职的宣传。

31.人大工作要自觉坚持党的领导。市人大常委会党组要认真落实市委对人大工作的要求，围绕中心、服务大局，切实加强对基层人大工作和建设的指导，推动全市人大工作与时俱进、开拓创新。市、镇人大要紧紧围绕党和国家工作大局、党委中心任务，依法行使职权，积极开展工作，保证党的主张通过法定程序成为国家意志，保证党组织推荐的人选通过法定程序成为国家机关领导人员。人大党组织和党员干部要坚决贯彻党的理论和路线方针政策，贯彻党委决策部署，自觉严守政治纪律和政治规矩。人大召开重要会议、开展重要活动、作出重要决定以及工作中的重大问题，应及时向市委、镇党委请示报告。

人大常委会关于议事规则文件

如皋市人民代表大会常务委员会议事规则

(2008年3月28日如皋市第十五届人大常委会第二次会议通过)

第一章 总 则

第一条 根据《中华人民共和国宪法》、《中华人民共和国地方各级人民代表大会和地方各级人民政府组织法》和《中华人民共和国各级人民代表大会常务委员会监督法》等法律法规的规定,综合吸取十一届人大常委会以来若干工作规则的内容,结合我市人民代表大会常务委员会(以下简称常委会)的工作实际,制定本规则。

第二条 常委会审议议案、决定问题,遵循坚持党的领导、充分发扬民主、严格依法办事的原则。

第二章 议事的权限

第三条 常委会是市人民代表大会的常设机关。常委会依照宪法和地方组织法的规定行使职权,对市人民代表大会负责并报告工作。

第四条 常委会依照法定的权限和程序工作,集体行使职权。

第五条 常委会围绕法律规定的下列职权,审议议案、决定问题:

(一)保证宪法、法律、行政法规、地方性法规得到遵守和执行;

(二)保证上级和本级人民代表大会及其常委会决议、决定得到遵守和执行;

(三)讨论决定政治、经济、科学、教育、文化、卫生、环境与资源保护、民政、民族等工作的重大事项以及人民群众普遍关注和迫切要求解决的重大问题;

(四)国民经济和社会发展计划、预算的部分变更;

(五)对本级人民政府、人民法院、人民检察院工作的监督;

(六)对本级人民代表大会选举和常委会任命的国家机关工作人员的监督;

(七)联系本级人民代表大会代表,受理人民群众对国家机关及其工作人员的申诉和意见;

(八)撤销本级人民政府不适当的决定、命令和规章;

(九)撤销下一级人民代表大会不适当的决议、决定;

(十)任免、撤销国家机关工作人员职务和接受辞职的事项;

(十一)人民代表大会换届选举工作中的重要事项;

(十二)在市人民代表大会闭会期间,补选南通市人民代表大会出缺的代表和罢免个别代表;

(十三)本级人民代表大会会议的召集和代表大会授权事项的受理;

(十四)授予地方荣誉称号;

(十五)常委会认为应当依法审议、决定的其他重大事项。

第三章 会议内容的确定

第六条 市人大常委会年度工作要点安排的相关议题，由常委会会议审议。

主任会议可以向常委会会议提出属于常委会职权范围内的议案，由常委会会议审议。

市人民政府、市人民法院、市人民检察院可以向常委会提出属于常委会职权范围内的议案，由主任会议决定提请常委会会议审议。

常委会组成人员3人以上联名，可以向常委会提出属于常委会职权范围以内的议案，由主任会议决定是否提请常委会会议审议。

第七条 对列入常委会会议议程的议案，提议案的机关、常委会有关工作机构应当提供相关资料。提议案机关的负责人和提议案领衔人可以在常委会会议上对议案作补充说明。在审议和表决前，提案人要求撤回的，经主任会议同意，对该项议案的审议即行终止。

第八条 主任会议决定不提请常委会会议审议的议案，应当向常委会会议报告并向提案者说明。

第四章 会议的准备

第九条 常委会会议日期，由主任会议确定。会议议程草案由主任会议拟订，提请常委会会议决定。

第十条 常委会主任、副主任组成主任会议。常委会主任会议一般每半月举行一次，必要时可以随时召开。按少数服从多数的原则，主任会议全体组成人员过半数出席，方可举行主任会议。

常委会各委室主任列席主任会议；需要时，常委会有关委室副主任列席主任会议。根据会议议题需要，市人民政府、市人民法院、市人民检察院的负责人和有关人员可以列席主任会议。

第十一条 主任会议的议题、开会日期，由主任或主任委托的副主任确定。主任会议由主任主持。主任可以委托副主任主持会议。主任会议决定问题需要表决时，采取举手方式或其他方式，由主任会议全体组成人员过半数通过。

第十二条 常委会工作机构应在举行常委会会议7日前，将开会日期、地点、建议会议审议的议题，通知常委会组成人员，并印发有关的工作报告。临时召集的会议，可以临时通知。

第十三条 常委会组成人员要密切联系人大代表、选民、人民群众，经常进行调查研究，听取群众意见和要求，及时向市人大常委会反映情况。常委会会议举行前，常委会组成人员应就会议议题做好审议准备。

第五章 会议的召开

第十四条 常委会会议由主任或受主任委托的副主任召集并主持，每两个月至少举行一次。必要时，可以临时召集会议。

第十五条 常委会会议必须有常委会全体组成人员的过半数出席，才能举行。

第十六条 常委会组成人员必须出席常委会会议，不得随便缺席。因病或其他特殊原因，不能出席常委会全体会议的应通过常委会办公室向常委会主任请假，不能出席常委会分组会议的应向分组会议召集人请假。

第十七条 常委会举行会议时，市人民政府市长或主管副市长，市人民法院院长、市人民检察院检察长以及与议题有关的工作部门负责人列席会议，听取意见，回答询问。

常委会各工作机构的负责人列席会议。可以邀请部分本级人大代表、上级人大代表，镇人大主席或专职副主席列席会议。可以邀请有关专家列席会议。

第十八条 列席人员接到人大常委会召开会议的通知后,要安排好工作,保证按时列席。会议期间,如遇有特殊情况而不能到会或中途需要离开会议,必须通过常委会办公室向常委会主任请假,经批准后应安排其他负责人列席。

第十九条 常委会会议可以设旁听席。旁听方法由主任会议决定。

第六章 审议和表决

第二十条 常委会听取和审议专项工作报告、执法检查报告,审议计划和预算执行情况按《如皋市人大常委会关于听取和审议专项工作报告的暂行规定》、《如皋市人大常委会关于加强对法律法规实施情况检查监督的暂行规定》、《如皋市人大常委会关于监督计划和预算执行的暂行规定》进行。

第二十一条 常委会讨论决定人事任免事项按《如皋市人大常委会人事任免办法》的规定办理。

第二十二条 常委会授予地方荣誉称号工作按《如皋市人大常委会授予地方荣誉称号办法》的规定进行。

第二十三条 常委会审议其他议案根据有关规定进行,必要时可制订相关规定和办法。

第二十四条 在常委会审议议案和有关报告时,出席会议的常委会组成人员和列席会议的本级、上级人大代表,可以向人民政府、市人民法院、市人民检察院提出询问。常委会组成人员3人以上联名可书面提出质询案。询问和质询的办理按《监督法》及有关规定进行。

第二十五条 常委会组成人员在在分组审议时应围绕会议议题,认真发表审议意见。在常委会全体会议上的发言,一般不超过10分钟。事先提出要求,经会议主持人同意,发言时间可以适当延长。对议案的说明、报告或专题发言,不受以上规定时间的限制。

第二十六条 常委会组成人员在常委会的各种会议上,其发言和表决不受法律追究。

第二十七条 常委会表决议案,通过决议、决定,对"一府两院"相关工作的满意度及有关事项进行表决,表决方式由主任会议建议,常委会会议通过,一般采用无记名投票、电子表决的方式,也可根据实际情况,采用举手或其它方式。表决议案,通过决议、决定由常委会全体组成人员的过半数通过方能生效。表决结果由会议主持人当场宣布。

第二十八条 常委会会议审议列入议程的议案时,发现有重大问题需要进一步调查研究的,经主任会议提出,全体会议同意,可以暂不付诸表决,交有关工作机构进一步调查研究,提出报告,由下一次常委会会议审议决定。或者授权主任会议审议决定并向常委会会议报告。

第七章 公布和督办

第二十九条 常委会行使职权的情况,向社会公开,接受人民群众和本级人民代表大会代表的监督。

第三十条 常委会会议公开举行,会议情况公开报道。会议通过的决议、决定、人事任免名单等,予以公布。

第三十一条 市人民政府、市人民法院、市人民检察院在常委会会议上的工作报告,常委会的执法检查报告,常委会的审议意见,市人民政府、市人民法院、市人民检察院对审议意见的处理情况或执行决议情况的报告,向市人大代表通报并向社会公布。

第三十二条 常委会会议结束后5个工作日内,常委会工作机构整理汇总《审议意见》,由常委会领导签发交"一府两院"及有关部门研究处理。

第三十三条 市人民政府、市人民法院、市人民检察院应当在一个月内将审议意见的研究处理方案送交市人大常委会有关工作机构征求意见。处理方案应有切实可行的办法和措施,对没有吸收的意见,要给予合理的说明和解释。

市人民政府、市人民法院、市人民检察院在6个月内向常委会书面报告审议意见的落实情况,或在决议规定的期限内,将执行决议的情况向常委会报告。

第三十四条 本规则自通过之日起施行。

如皋县人民代表大会常务委员会主任会议制度

(1991年1月26日如皋县第十一届人大常委会第六次会议通过)

第一条 根据《中华人民共和国地方各级人民代表大会和地方各级人民政府组织法》的有关规定,结合我县实际,制定本制度。

第二条 常务委员会主任、副主任组成主任会议。

第三条 常务委员会主任会议一般每半月举行一次,必要时可以随时召开。

第四条 常务委员会办公室主任、副主任列席主任会议;需要时,常务委员会有关工作委员会主任或副主任列席主任会议。

第五条 根据会议议题需要,县人民政府、县人民法院、县人民检察院的负责人和有关人员可以列席主任会议。

第六条 主任会议的议题、开会日期,由主任或主任委托的副主任确定。

第七条 主任会议由主任主持。主任可以委托副主任主持会议。

第八条 主任会议处理常务委员会重要日常工作:

1.决定常务委员会每次会议召开的时间、地点、列席会议对象,拟定会议议程草案;

2.研究确定提请常务委员会会议审议的议案、人事任免案和质询案;

3.拟召开县人民代表大会的日期、议程草案及有关建议事项,提请常务委员会会议审议;

4.组织起草和讨论常务委员会向县人民代表大会的工作报告(草案),提请常务委员会会议审议;

5.讨论制定有关常务委员会机关的工作制度、办法等规范性文件草案,提请常务委员会会议审议;

6.提出常务委员会代表资格审查委员会的组成人选,提请常务委员会会议审议;

7.讨论制定县、乡换届选举工作方案,提请常务委员会会议审议;

8.拟定常务委员会全年工作要点(草案),提请常务委员会会议审议;

9.讨论常务委员会办事机构的设立和撤销及其有关人事任免,提请常务委员会会议审议;

10.检查人民代表大会及其常务委员会决议、决定贯彻执行情况,检查代表议案和建议、批评、意见及其常务委员会会议审议意见和代表、委员视察中提出建议的办理情况;

11.听取并审议县人民政府、县人民法院、县人民检察院及其有关部门的专题工作汇报;

12.讨论研究常务委员会办公室和工作委员会的工作;

13.拟定视察和调查工作方案,提出对特定问题的调查及其调查委员会的组成建议,提请常务委员会会议审议;

14.处理常务委员会授权决定的事项;

15.处理其他重要日常工作。

第九条 主任会议讨论决定问题时,必须充分发扬民主,听取各方面的意见,坚持民主集中制原则。

第十条 主任会议决定问题需要表决时,采取举手方式或其他方式,由主任会议全体组成人员过半数通过。

第十一条 主任会议议定的事项,交由办公室或有关的工作委员会承办或催办,并及时听取汇报。

第十二条 主任会议由办公室派员记录,并整理归档,必要时可以编印会议纪要。

如皋市人大常委会组成人员守则

(1993年7月27日如皋市第十二届人大常委会第三次会议通过)

为了加强常委会组织制度建设,使常委会组成人员依据宪法和法律的有关规定,更好地履行职责,制定本守则。

第一条 常委会组成人员必须维护全市人民的根本利益和共同意志,坚持人民代表大会制度,致力于社会主义民主和法制建设,模范地遵守宪法和法律,全心全意为人民服务,自觉接受市人民代表大会代表和人民群众的监督。

第二条 常委会组成人员要认真贯彻执行党的基本路线,努力学习建设有中国特色社会主义的理论,学习宪法和法律,熟悉经济建设情况,掌握行使职权必备的知识。

第三条 常委会组成人员必须切实履行职责,为保障国家的宪法、法律在本市的贯彻实施,推进全市的两个文明建设和民主法制建设同心同德,努力工作。

第四条 常委会组成人员必须出席常委会会议,不得随便缺席,当出席会议与平时工作在时间上有冲突时,应首先服从出席会议的需要;因病或其他不可避免的特殊原因,不能出席常委会全体会议的应通过常委会办公室向常委会主任请假,不能出席常委会分组会议的应向分组会议召集人请假。

第五条 常委会组成人员在常委会的各种会议上,应当遵守议事规则和其他有关程序性的规定,其发言和表决不受法律追究。

第六条 常委会会议举行前,常委会组成人员应就会议议题做好审议准备,在常委会会议上,应围绕会议议题踊跃发言。

第七条 常委会组成人员必须参加对议案的表决,并服从依法表决的结果。会议主持人宣布议案交付表决后,常委会组成人员不得再对该议案发表意见,但与表决有关的程序问题不在此限。

第八条 常委会组成人员要依照规定参加常委会组织的视察活动,要密切联系人民代表、选民、人民群众,经常进行调查研究,听取群众意见和要求,及时向市人大常委会反映情况。

第九条 常委会组成人员要严守机密,凡属规定不应公开的内容,不得以任何方式传播。常委会组成人员要保持清正廉洁。

第十条 常委会组成人员严重违反本守则的,应向主任会议作出检查。

本守则自通过之日起施行。

如皋市人大常委会会议列席人员守则

(1997年5月29日如皋市第十二届人大常委会第三十次会议通过)

一、市人大常委会依法召开会议时,市政府必须有一名负责同志列席,法院、检察院及议题涉及部门的正职领导必须列席。

二、列席人员接到人大常委会召开会议的通知后,要安排好工作,保证按时列席。会议期间,如遇有特殊情况而不能到会或中途需要离开会议，必须向人大常委会主任请假，经批准后应安排其他负责人列席。

三、列席人员要根据会议要求认真做好准备，并将汇报材料于会前十天送市人大常委会办公室。

四、列席人员必须认真听取审议、负责地回答人大常委会组成人员的询问。

五、列席人员会后要认真贯彻落实会议决议、决定和审议意见。“一府两院”须在决议、决定作出后的一个月内将贯彻的意见报送市人大常委会，并在适当的时候向人大常委会汇报执行决议、决定的情况。对会议形成的审议意见，“一府两院”须在隔一次的人大常委会会议上汇报办理落实情况。

如皋市人大常委会会议公民旁听试行办法

(2010年9月27日如皋市第十五届人大常委会第二十五次会议通过)

第一条 为进一步加强社会主义民主政治制度建设，密切市人民代表大会常务委员会(以下简称市人大常委会)与人民群众的联系，便于公民了解市人大常委会履行职责情况，拓宽公民有序参与管理国家事务的渠道，根据《中华人民共和国宪法》、《中华人民共和国地方各级人民代表大会和地方各级人民政府组织法》和《如皋市人民代表大会常务委员会议事规则》的有关规定，结合本市实际，制定本办法。

第二条 年满十八周岁，具有完全民事行为能力，持有本市居民身份证或持有效居住证件(以下简称有效证件)在本市居住一年以上的中国公民，可以依照本办法的规定申请旁听市人大常委会全体会议。依法被限制人身自由或者被剥夺政治权利的人除外。

第三条 市人大常委会主任会议根据市人大常委会会议审议议题的需要，决定邀请公民旁听。

第四条 市人大常委会会议需邀请公民旁听的，经市人大常委会主任会议决定后，由市人大常委会办公室于会议举行十五天前通过新闻媒体发布公告，公布会议举行的时间、地点、主要议题、旁听人数和申请旁听的方式。

第五条 公民在会议举行七天前向市人大常委会办公室提出旁听申请。公民可以持居民身份证或有效证件，到市人大常委会办公室申报，也可以在所在地镇人大申报，也可以通过网络或电话申报。申报时应填写《旁听申请表》。

第六条 市人大常委会办公室会同有关部门、镇区根据本办法第二条、第四条之规定审核确定旁听人员，旁听人数原则上不超过十人。如报名人数超过规定人数，则按随机抽选方式确定。会议举行三天前，正式通知被邀请旁听公民本人。

第七条 被邀请旁听公民应按照通知要求，凭旁听证按时旁听会议。

第八条 市人大常委会办公室应为旁听会议的公民提供会议有关材料。

第九条 公民旁听常委会的全体会议。旁听会议的公民，应遵守有关法律法规和会场纪律。在会议上无审议权和表决权，但可以在审议议题的范围内，书面提出意见和建议。市人大常委会办公室可以根据需要，组织召开旁听会议公民的座谈会，听取意见和建议。旁听会议的公民提出的意见和建议，由主任会议决定交市人大常委会有关工作机构或一府两院有关部门研究处理。

第十条 本办法自通过之日起施行。

人大常委会履行职责文件

如皋市人大常委会关于监督计划和预算执行的暂行规定

(2007年6月26日如皋市第十四届人大常委会第四十次会议通过)

第一条　为了加强对国民经济和社会发展计划、预算执行情况的监督,提高监督水平,保障全市经济和社会事业健康发展,根据《中华人民共和国地方各级人民代表大会常务委员会监督法》、《中华人民共和国预算法》和其他有关法律、法规,结合本市实际,制定本规定。

第二条　如皋市人民代表大会常务委员会负责监督经本级人民代表大会批准的国民经济和社会发展计划及预算的执行;审查和批准计划和预算的调整方案;审查和批准市级决算。

市人大常委会财政经济工作委员会(以下简称财经工委)作为市人大常委会的工作机构,承担监督计划和预算执行情况的日常工作。

财经工委根据市人大常委会工作要点,提出监督计划和预算执行工作方案及审查决算时间安排,并告知市人民政府及相关部门,市人民政府及相关部门应根据市人大常委会的工作安排,及时提供相关信息资料及说明,积极协助配合市人大常委会及财经工委做好各项调研工作。

第三条　在市人民代表大会批准市级预算之日起三十日内,市政府财政部门应当批复市级各部门、各单位的预算,并报送市人大常委会备案。财经工委应当对批复情况进行检查。

第四条　市人民政府应当在每年的七月至八月期间,将上一年度的市级决算草案提请市人大常委会审查和批准。

决算草案应当按照本级人民代表大会批准的预算所列科目编制,按预算数、调整数、或者变更数以及实际执行数分别列出,并作出说明。

市人民政府应当在常委会举行会议一个月前将决算草案送交财经工委征求意见。

第五条　市人大常委会每年审查和批准决算的同时,听取和审议市人民政府提出的审计机关关于上一年度预算执行和其他财政收支情况的审计工作报告。

审计部门开展上年度预算执行和其他财政收支情况的审计(以下简称同级财政审计)方案应当在每年的一季度报财经工委征求意见,并主动向财经工委通报审计进展情况。

财经工委应当在每年的六月份听取审计部门同级财政审计情况的报告,根据审计情况初步审查决算草案,与财政等部门交换意见。市财政部门、审计部门应当在常委会举行会议十五日前向主任会议报告决算草案和同级财政审计工作报告草案,并于常委会举行会议十日前将修改后的决算、同级财政审计工作报告草案送交市人大常委会。

第六条　市人民政府应当在每年七月至八月期间,向市人大常委会报告半年度计划和预算的执行情况。

财经工委在市人大常委会举行会议听取和审议报告之前,应认真调研半年度计划和预算执行情况。市政府相关部门应在常委会举行会议二十日前将半年度计划和预算执行情况的书面报告送交财经工委征求意见,在常委会举行会议的十五日前向主任会议报告计划、预算执行情况的报告草案,并在常委会举行会议的十日前将修改后的计划、预算执行情况的报告草案送交人大常委会。在常委会举行会议听取和审议半年度计划和预算执行情况的报告时，市人民政府及有关部门应派负责人到会听取意见，回答询问。

第七条 市人大常委会对决算草案和预算执行情况报告，重点审查下列内容：

（一）收入任务完成情况及预算收支平衡情况；

（二）重点支出的安排和资金到位情况；

（三）预算超收收入的安排和使用情况；

（四）部门预算制度建立和执行情况；

（五）向下级财政转移支付情况；

（六）上级财政补助资金的安排和使用情况；

（七）本级人民代表大会关于批准预算的决议的执行情况。

市人大常委会对计划安排的重大建设项目，可以根据需要听取市人民政府的专项工作汇报，进行监督。

第八条 国民经济和社会发展计划及预算经人民代表大会批准后，在执行过程中需要作部分调整的，市人民政府应当将调整方案提请市人大常委会审查和批准。

严格控制不同预算科目之间的资金调整。预算安排的农业、教育、科技、文化、卫生、社会保障等资金需要调减的，市人民政府应当提请市人大常委会审查和批准。

市人民政府及其相关部门应当在市人大常委会举行会议审查和批准计划、预算调整方案的一个月前，将计划和预算调整初步方案送交财经工委征求意见。财经工委应围绕调整方案开展调研，为常委会会议审查提供有关资料。

第九条 常委会会议结束后的五个工作日内，财经工委整理市人大常委会组成人员对国民经济和社会发展计划执行情况报告、预算执行情况报告和审计工作报告的审议意见，交由市人民政府研究处理。市人民政府应当在年内向市人大常委会提出关于审议意见处理情况的书面报告。常委会认为必要时，可以对审计工作报告作出决议，市人民政府应当在决议规定的期限内，将执行决议的情况向常委会报告。

第十条 常委会听取的国民经济和社会发展计划执行情况报告、预算执行情况报告和审计工作报告及审议意见，人民政府对审议意见研究处理情况或者执行决议情况的报告，向本级人民代表大会代表通报并向社会公布。

第十一条 国民经济和社会发展五年规划经本级人民代表大会批准后，在实施的中期阶段，市人民政府应当将规划实施情况的中期评估报告提请市人大常委会审议。规划经中期评估需要调整的，市人民政府应当将调整方案提请市人大常委会审查和批准。

第十二条 本规定自市人大常委会通过之日起施行。

如皋市人大常委会关于听取和审议专项工作报告的暂行规定

（2007年6月26日如皋市第十四届人大常委会第四十次会议通过）

第一条 根据《中华人民共和国宪法》、《中华人民共和国地方各级人民代表大会和地方各级人民政府组织法》和《中华人民共和国各级人民代表大会常务委员会监督法》等有关法律规定制订本规定。

第二条 人大常委会每年选择若干关系改革发展稳定大局和群众切身利益、社会普遍关注的重大问题，有计划地安排听取和审议本级人民政府、人民法院和人民检察院（以下简称“一府两院”）的专项工作报告。

第三条 常委会听取和审议专项工作报告的议题,根据下列途径确定:

(一)人大常委会在执法检查中发现的突出问题;

(二)市人大代表对"一府两院"工作提出的建议、批评和意见集中反映的问题;

(三)人大常委会组成人员提出的比较集中的问题;

(四)人大常委会工作机构在调查研究中发现的突出问题;

(五)人民来信来访集中反映的问题;

(六)"一府两院"向人大常委会要求报告的专项工作;

(七)社会普遍关注的其他问题。

法律规定的由人大常委会审议决定的事项按照程序列入常委会议题。

第四条 每年年底前,人大常委会工作机构结合制订下年度人大常委会工作要点,拟订下年度听取和审议专项工作的年度计划。人大常委会听取和审议专项工作报告的年度计划,报主任会议讨论,常委会会议审议通过,人代会后,印发全体组成人员,通报全体代表,向社会公布,并通知"一府两院"。

第五条 人大常委会听取和审议专项工作报告,一般按计划进行。对于计划编制后发生的突发事件,或者引起人民群众普遍关注的焦点、热点问题,虽然计划没有列入,但经主任会议建议,常委会也可以听取相关的工作报告。

第六条 人大常委会听取和审议专项工作报告前,由主任会议组织人大常委会组成人员和部分本级人大代表,进行专题调查研究或者视察,多渠道征求意见。常委会举行会议一个月前,由常委会工作机构汇总意见,交"一府两院"及有关部门研究并在专项工作报告中作出回应。

第七条 "一府两院"应当在常委会举行会议的20日前,由其办事机构将专项工作报告送交人大常委会有关工作机构征求意见;"一府两院"对报告修改后,在常委会举行会议的10日前送交人大常委会。常委会办事机构在常委会举行会议的7日前,将专项工作报告发给常委会组成人员。

第八条 专项工作报告由人民政府、人民法院或者人民检察院的负责人向人大常委会报告,人民政府也可以委托有关部门负责人向人大常委会报告。

第九条 人大常委会会议听取专项工作报告并进行审议,可以邀请相关代表列席会议发表意见,"一府两院"及有关部门负责人应到会听取意见,回答询问。审议时常委会组成人员对专项工作的满意度进行表决,必要时可以对专项工作报告作出决议。

第十条 常委会会议结束后5个工作日内,常委会工作机构整理汇总《审议意见》,由常委会领导签发交"一府两院"及有关部门研究处理。市人民政府、市人民法院、市人民检察院应当在一个月内将研究处理方案送交市人大常委会有关工作机构征求意见。有关工作机构应当对照审议意见,审核报告机关为研究落实审议意见是否提出了切实可行的办法和措施;对没有吸收的意见,是否给予了合理的说明和解释。"一府两院"在六个月内向常委会书面报告处理情况,或在决议规定的期限内,将执行决议的情况向常委会报告。

第十一条 "一府两院"专项工作报告、常委会对专项工作报告的审议意见、"一府两院"对审议意见的处理情况或执行决议情况的报告,向市人大代表通报并向社会公布。

第十二条 本规定自人大常委会审议通过后施行。

如皋市人大常委会关于加强对法律法规实施情况检查监督的暂行规定

（2007年6月26日如皋市第十四届人大常委会第四十次会议通过）

第一条 为了维护法律的尊严，保证法律法规在我市的贯彻执行，促进法治如皋建设，根据《中华人民共和国宪法》、《中华人民共和国地方各级人民代表大会和地方各级人民政府组织法》、《中华人民共和国各级人民代表大会常务委员会监督法》和《江苏省人民代表大会常务委员会加强对法律法规实施情况检查监督的若干规定》制定本规定。

第二条 市人大常委会对国家法律和有关法律问题的决定、决议、行政法规和本省地方性法规贯彻实施的情况进行检查监督。

第三条 每年年底前，市人大常委会工作机构根据《中华人民共和国各级人民代表大会常务委员会监督法》第九条规定的途径，围绕全市工作中心和改革发展稳定大局，针对事关群众切身利益、社会普遍关注的重大问题，对已颁布实施一定时间的法律、法规提出下年度执法检查议题建议，报主任会议讨论，常委会会议审议通过。人代会后，印发全体组成人员，通报全体代表，向社会公布，并通知“一府两院”。

第四条 市人大常委会执法检查工作由常委会相关工作机构具体组织实施。

第五条 市人大常委会按照精干、效能、便于活动的原则，组织执法检查组。执法检查组由组长一人、组员若干人组成，由主任会议从市人大常委会组成人员中确定，可以吸收本级人民代表大会代表参加。检查组可配备一定工作人员，并可邀请法律法规实施主管机关、政府法制机构相关人员、有关专家协助开展工作。

第六条 市人大常委会的执法检查，主要是检查监督法律法规实施主管机关贯彻实施法律、法规的情况，督促市人民政府及其部门、市人民法院和市人民检察院及时解决法律法规实施中存在的问题。执法检查过程中，不对法律实施的情况提出结论性的意见。执法检查组不直接处理问题和案件。

第七条 法律、法规实施主管机关主要负责人应当在检查组第一次全体成员会上汇报所检查法律、法规的贯彻实施情况。

第八条 执法检查组成员和工作人员应熟悉和掌握有关法律、法规和政策，要深入基层、深入实际、深入群众，采用听取汇报、召开座谈会、个别走访、抽样调查、调阅案卷、查看文件、实地考察等多种形式，了解和掌握法律法规实施的真实情况。有关部门和单位应当支持执法检查组的工作，提供真实情况和其他必要的帮助。

第九条 执法检查结束后，执法检查组应当及时全面汇总情况，提出客观真实的执法检查报告。执法检查报告的内容应包括：对所检查的法律、法规实施情况的全面评价；法律、法规实施中存在的问题及原因分析；对改进执法工作的对策建议；对法律法规本身需要修改完善的建议等。

执法检查报告初稿形成后，必要时可以征求市人民政府、市人民法院或者市人民检察院及有关部门的意见，执法检查组组长召集执法检查组全体会议，主持研究、修改和审定执法检查报告稿。

第十条 市人大常委会执法检查组的执法检查报告，由主任会议决定提请常务委员会会议审议。常委会会议听取和审议执法检查报告，法律、法规实施主管机关的负责人应当到会听取意见，回答询问。

第十一条 市人大常委会会议的审议意见和执法检查报告，在会议结束后五个工作日内一并交市人民政府、市人民法院或者市人民检察院研究处理。市人民政府、市人民法院或者市人民检察院应当在一个月内将研究处理方案送交市人大常委会有关工作机构征求意见,在6个月内将处理情况向常委会作出书面汇报。必要时,由主任会议决定提请常委会审议,或者由常委会组织跟踪检查;也可委托市人大常委会有关工作机构组织跟踪检查,具体采取哪一种形式由主任会议决定。

第十二条 市人大常委会的执法检查报告及审议意见,市人民政府、市人民法院或者市人民检察院对其研究处理情况的报告,向市人民代表大会代表通报并向社会公布。

第十三条 此规定自人大常委会通过之日起施行。1994年3月20日如皋市第十二届人大常委会第七次会议通过的《如皋市人大常委会关于加强对法律法规实施情况检查监督的规定》同时废止。

如皋市人大常委会关于规范性文件备案审查的暂行规定

(2009年3月4日如皋市第十五届人大常委会第十三次会议通过)

第一条 为了加强对规范性文件的备案审查,维护社会主义法制的统一,根据《中华人民共和国各级人民代表大会常务委员会监督法》、《江苏省各级人民代表大会常务委员会规范性文件备案审查条例》等有关法律法规,制定本规定。

第二条 下列规范性文件,应当报送市人大常委会备案:

(一)市人民政府发布的具有普遍约束力的决定、命令。

(二)镇人民代表大会作出的具有普遍约束力的决议、决定。

第三条 规范性文件应当自公布之日起三十日内报送备案。

规范性文件报送备案,应当提交备案报告、规范性文件正式文本和说明各一式五份,同时附送规范性文件的电子文本。

每年1月31日前,各报送机关应当将其上一年度制定的规范性文件目录报送备查。

第四条 对不按照规定报送规范性文件备案的,由市人大常委会办公室通知制定机关限期报送。

第五条 对报送备案的规范性文件,主要审查是否存在下列情形:

(一)超越法定权限;

(二)与法律、行政法规相抵触;

(三)与上级或者本级人民代表大会及其常务委员会的决议、决定相抵触;

(四)违反法定程序;

(五)其他应当予以修改或者撤销的不适当情形。

第六条 在市人大常委会的领导下,市人大常委会办公室和各工作委员会分别承担以下职责

市人大常委会办公室负责报送备案的规范性文件和公民、法人及其他组织审查建议的接收、登记、分送、存档等日常工作。

市人大常委会有关工作委员会按照职责分工,承担相关规范性文件的初步审查工作。

规范性文件的内容涉及两个以上工作委员会职责范围的,常委会办公室应当明确主办机构。

承担规范性文件审查的工作委员会在初审过程中形成的相关材料,送市人大常委会办公室存档。

第七条 公民、法人和其他组织认为应该向市人大常委会报送备案的规范性文件存在第五条所列情形之一需要审查的,可向市人大常委会书面提出审查建议。审查建议应当写明建议审查的规范性文件名称、审查的事项和理由。市人大常委会办公室会同有关工作委员会进行初步审查。

自收到审查建议之日起两个月内提出书面初审意见;有特殊情况的可以延长一个月。初步审查结

果以书面形式告知提出建议的公民、法人和其他组织。

对不属于市人大常委会审查范围的,应当告知其向有权审查的机关提出。

第八条 市人大常委会工作委员会对报送备案的规范性文件发现存在本规定第五条所列情形之一的,由市人大常委会办公室与有关工作委员会会商后提出初步审查意见。

第九条 市人大常委会工作委员会对规范性文件进行初审、研究时,可以要求制定机关说明有关情况或者补充相关材料。初审过程中,经集体研究认为规范性文件存在本规定第五条所列情形之一的,可以与制定机关进行沟通,提出修改或者撤销的初步意见。制定机关按照所提意见对该规范性文件进行修改或者撤销的,可以不再进行审查。

第十条 经初步审查,认为规范性文件需要修改或者撤销而制定机关未予修改或者撤销的,经市人大常委会会主任会议同意,市人大常委会会办公室向制定机关提出书面初审意见,建议制定机关自行修改或者撤销该规范性文件。

第十一条 规范性文件的制定机关应当自收到书面初审意见之日起一个月内提出是否修改或者撤销的意见,并书面告知市人大常委会办公室。

需要修改或者撤销的规范性文件,制定机关应当自书面告知之日起一个月内修改或者撤销。

第十二条 制定机关应当将修改后的规范性文件或者撤销规范性文件的情况报送备案。

第十三条 制定机关接到书面初审意见后对规范性文件未予修改或者撤销的,由主任会议提出相应的处理意见,决定是否向市人大常委会会议提出撤销该规范性文件的议案。撤销规范性文件的议案,由常务委员会会议审议决定,审议结果向社会公布。

第十四条 本规定自2009年5月1日施行。

如皋市人大常委会专题询问暂行办法

(2012年11月30日市十六届人大常委会第八次会议通过)

第一条 为进一步加强市人大常委会监督工作,保障市人大常委会组成人员依法行使询问权,促进市人民政府、市人民法院、市人民检察院依法行政、公正司法,根据《中华人民共和国地方各级人民代表大会和地方各级人民政府组织法》和《中华人民共和国各级人民代表大会常务委员会监督法》等法律的有关规定,结合工作实际,制定本暂行办法。

第二条 专题询问是市人大常委会就某一特定议题或领域相关情况组织开展的询问活动。专题询问一般在市人大常委会会议期间进行,也可单独组织开展专题询问。

第三条 专题询问应坚持加强党的领导、依法依规、实事求是、客观公正、民主公开的原则。

第四条 专题询问的内容,应重点围绕关系全市改革发展稳定大局、涉及群众切身利益和社会普遍关注的热点难点问题,也可就人大代表所提议案和建议涉及的重要事项,开展专题询问。

第五条 专题询问的主体为市人大常委会组成人员。列席市人大常委会会议的人大代表、常委会工作机构负责人和镇人大主席、副主席也可以提出专题询问的建议。必要时可以邀请市民代表列席专题询问会议。

第六条 专题询问的对象为询问议题所涉及的市人民政府及其组成部门、办事机构、直属机构和垂直管理部门,市人民法院,市人民检察院。一般由上述机关或部门的主要负责人回答询问,确有正当理由并经批准,也可由上述机关、部门的副职领导人或其下属机构的正副职领导人回答询问。

第七条 专题询问的议题,由市人大常委会相关工作机构在调查研究、征求意见的基础上提请主任会议研究,列入市人大常委会年度工作要点。市人大常委会组成人员、市人大代表和镇人大主席团可以根据实际情况提出专题询问议题的建议,由主任会议研究确定,一般安排在下一次常委会会议上进行。

第八条 主任会议确定专题询问议题后,人大常委会办事机构及时向有关机关通报专题询问初步安排,征求其对专题询问安排的意见和建议,在此基础上制定实施方案,报主任会议审定。

第九条 专题询问的实施方案应当包括专题询问的目的、重点、方式、程序、时间、参加人员和工作分工等内容。相关工作机构应当召开协调会议,落实方案的有关具体事宜。

第十条 专题询问会议召开前十五天,市人大常委会工作机构正式通知受询问机关或部门;同时告知市人大常委会组成人员。

第十一条 专题询问会议召开前,人大常委会可以组织组成人员及人大代表,围绕询问专题有针对性地开展调查研究,并形成调查报告。

第十二条 受询问机关或部门于专题询问会议召开前十天,将应询报告及回答专题询问的负责人等报市人大常委会工作机构,由市人大常委会工作机构于专题询问会议召开七天前印发市人大常委会组成人员。

第十三条 专题询问会议主要采取联组方式进行,由市人大常委会主任或受主任委托的副主任主持。

第十四条 专题询问采取一问一答的方式进行。提出询问、回答询问,应经主持人准许。

受询问机关或部门负责人应当场回答询问,不能当场回答的,应当说明原因,经主持人和询问人同意后,在规定的时间内书面答复,如有必要可在下次人大常委会会议上答复或限期书面答复。

专题询问内容涉及多个机关或部门的,由一个机关或部门主答,其他机关或部门可补充回答。

第十五条 受询问机关或部门负责人回答后,询问人和其他人员认为仍有不清楚或有必要再了解的问题,可以当场跟进提出追问,受询问机关或部门负责人应予回答。

第十六条 专题询问结束后,人大常委会可以对有关机关或部门答复专题询问的情况进行满意度测评。

第十七条 专题询问会议结束后,市人大常委会相关工作机构对专题询问情况进行综合整理,汇总有关问题并形成审议意见,经主任会议审定后,交由受询问机关或部门办理。

受询问机关应在三个月内将审议意见落实情况报告市人大常委会,逾期不能报告的,应作出书面说明。

第十八条 市人大常委会及有关工作机构对审议意见落实情况进行跟踪督察,对受询问机关或部门承诺事项的落实情况实行重点督办。市人大常委会必要时可以组织对办理落实情况的满意度测评,测评结果不满意超过半数的,可依法启动质询等监督手段。

第十九条 专题询问的有关情况按照规定向社会公开。

第二十条 人大常委会会议期间组成人员提出的询问,按《监督法》的相关规定进行。

第二十一条 本暂行办法由市人大常委会主任会议负责解释,自通过之日起施行。

如皋市人大常委会人事任免实施办法

(2007年6月26日如皋市第十四届人大常委会第四十次会议通过)

第一章 总 则

第一条 为了规范如皋市人民代表大会常务委员会(以下简称市人大常委会)的人事任免工作,保障依法行使人事任免权,根据《中华人民共和国宪法》、《中华人民共和国地方各级人民代表大会和地方各级人民政府组织法》、《中华人民共和国人民法院组织法》、《中华人民共和国人民检察院组织法》、《中华人民共和国各级人民代表大会常务委员会监督法》、《江苏省各级人民代表大会常务委员会人事任免工作条例》等法律规定，结合本市实际情况，制定本办法。

第二条 人事任免工作，应当按照党管干部的要求，贯彻干部队伍革命化、年轻化、知识化、专业化的方针，坚持任人唯贤、德才兼备、群众公认、注重实绩、充分发扬民主、严格依法办事的原则。

第三条 市人大常委会依法任免、决定任免国家机关工作人员，接受国家机关工作人员辞职，撤销国家机关工作人员职务，以及对所任命的国家机关工作人员进行监督等，适用本办法。

第四条 市人大常委会人事任免工作机构负责人事任免的具体工作。

第二章 任免范围

第五条 根据主任会议提名，任免市人大常委会办公室主任、副主任，工作委员会主任、副主任、委员和其他办事机构主任、副主任。

根据主任会议在市人大常委会组成人员中提名，通过市人大常委会代表资格审查委员会主任委员、副主任委员和委员。根据主任会议在市人大常委会组成人员和其他代表中提名，通过市人大常委会关于特定问题调查委员会主任委员、副主任委员和委员。

第六条 在市人民代表大会闭会期间，根据市长提名，决定副市长的个别任免。

根据市长提名，决定市人民政府组成部门的局长、主任的任免，并由市人民政府报上一级人民政府备案。

第七条 根据市人民法院院长提名，任免市人民法院副院长、审判委员会委员、庭长、副庭长、审判员。

第八条 根据市人民检察院检察长提名，任免市人民检察院副检察长、检察委员会委员、检察员。

第九条 市人大常委会主任因故不能担任职务或者缺位时，根据主任会议提名，由市人大常委会在副主任中决定一人代理主任的职务。

第十条 在市人民代表大会闭会期间，市长和市人民法院院长、市人民检察院检察长因故不能担任职务或者缺位时，根据主任会议提名，由市人大常委会分别从市人民政府、市人民法院、市人民检察院的副职领导人员中决定一人代理市长和市人民法院院长、市人民检察院检察长的职务。如果提名的人选不是副职领导人，应当先任命其为副职领导人，再决定其代理市长和市人民法院院长、市人民检察院检察长的职务。决定代理市人民检察院检察长，须由市人民检察院报上一级人民检察院和人大常委会备案。

本条所列代理职务，直至市长和市人民法院院长、市人民检察院检察长恢复工作或者下一次市人民代表大会选出新的市长和市人民法院院长、市人民检察院检察长为止。

第十一条 市人民代表大会换届后，新的一届市人民政府的市长，应当在两个月内提请市人大常委会任命市人民政府组成部门的局长、主任。不继续提请任命上述职务的人员，其原职务自行终止。

市人大常委会任命的本机关和市人民法院、市人民检察院的工作人员，在市人民代表大会换届后，继续担任原职务的，不再重新任命。

第十二条 市人大常委会任命的国家机关工作人员，如果其任职机构被撤销或者被合并的，原提请机关应当提请市人大常委会免去其相应的职务；如果其任职机构名称变更的，原提请机关应当提请市人大常委会任免其相应的职务。

第十三条 市人大常委会任命的国家机关工作人员，如果按照有关规定轮岗或竞争上岗而拟变动职务的，原提请机关应当提请市人大常委会任免其相应的职务。

第三章 任免程序

第十四条 凡拟提请市人大常委会任命的人选,有关机关应当对其进行全面考察,向市人大常委会送达任命职务案、考察材料和对重要情况的书面说明,并在市人大常委会主任会议上作口头介绍。书面材料和口头介绍应当如实反映以下情况:㈠被提请任命人员的基本情况;㈡被提请任命人员的德、能、勤、绩、廉和法制观念等方面的优点和不足;㈢民主推荐、民主测评和任前公示等方面的有关情况;㈣各方面反映的突出问题和查证情况。

凡不具备法律、法规等规定的任职资格的,不得提请市人大常委会任命其担任相应的职务。

第十五条 提请市人大常委会审议的人事任免案,由提请机关正职领导人或者代理正职领导人签署。提请机关应当将人事任免案、被提请任命人员考察材料以及人事任免呈报表等,在市人大常委会举行会议的十日前送达市人大常委会人事任免工作机构。因特殊情况不能按期提出的,应当向市人大常委会主任会议说明。

第十六条 市人大常委会人事任免工作机构负责对提请机关送达的人事任免的有关材料进行初审。如果发现被提请任免人员的情况有不清楚之处,或者送达的材料不符合要求的,应当要求有关机关作进一步了解,并补送有关材料。

第十七条 市人大常委会任命的国家机关工作人员,需要轮岗或竞争上岗的,有关机关应于实施十天前将轮岗或竞争上岗的具体方案、依据和其它有关材料送达市人大常委会。

轮岗或竞争上岗过程中出现重要情况,有关机关应当及时报告市人大常委会。轮岗或竞争上岗结束后,应当及时报告市人大常委会任命的工作人员轮岗或竞争上岗的有关情况。

第十八条 市人大常委会应当对被提请任命的人员进行任前法律知识考试。具体工作由市人大常委会人事任免工作机构会同有关部门承办。考试结果应当书面报告市人大常委会。

考试不及格并经补考仍然不及格的,提请机关应当撤回提名,并且在一年内不得再向市人大常委会提请任命其职务。

第十九条 市人大常委会主任会议听取有关机关负责人关于人事任免情况的介绍,决定将人事任免案提交人大常委会会议审议。

主任会议对被提请任免的人员有不同意见的,有关机关应当作进一步考察、研究,并向主任会议作出说明。市人大常委会人事任免工作机构可以配合了解有关情况。

市人大常委会会议审议人事任免事项前,应当按照有关规定向被提请任命人员就拟任职发言等方面提出要求。拟任职发言应当包括本人近年来德、能、勤、绩、廉等方面的优点和不足;对拟任职务的认识与思路;依法接受监督的态度等方面的情况。

第二十条 市人大常委会会议开始时,应当将人事任免案和被提请任命人员考察基本情况等材料,发给参加市人大常委会组成人员及列席会议的人员。市人大常委会在听取专项工作报告等工作中对被提请任命人员作出的评价,可以发给市人大常委会组成人员及列席会议的人员。

第二十一条 列入市人大常委会会议议程的人事任免案,提请机关的正职领导人或者代理正职领导人应当在人大常委会全体会议上说明任免理由,并介绍被提请任命人员的思想作风、工作实绩、法制观念、业务水平和组织领导能力等主要情况。正职领导人或者代理正职领导人因特殊情况不能到会说明时,可以委托一位副职领导人到会代为说明。

第二十二条 市人大常委会会议审议人事任命事项时,通知被提请任命人员到会,作拟任职发言。

第二十三条 市人大常委会会议审议人事任免案时,有关机关应当派员到会听取意见,回答询问。

第二十四条 市人大常委会会议审议人事任免案时,如果对被提请任免人员提出不同意见且争议较大的,或者发现被提请任命人员有足以影响其任职问题的,由主任会议提出,经市人大常委会会议同意,可以暂不交付表决。

对暂不交付表决的人事任免事项,有关机关应当作进一步考察、研究,市人大常委会人事任免工作机构可以配合了解有关情况;经考察、研究后,提请机关认为需要继续提请审议的,由主任会议决定将该人事任免事项列入人大常委会会议议程,并由提请机关向人大常委会会议作补充说明。

第二十五条 列入市人大常委会会议议程的人事任免案,在交付表决前,提请机关要求撤回的,经主任会议同意,并向市人大常委会会议报告,对该人事任免案的审议即行终止。

第二十六条 提请市人大常委会审议的人事任免事项表决未获通过的,有关机关经过进一步考察、研究后,可以再次提请人大常委会进行审议,并作出说明。

再次提请人大常委会任命的人员,经市人大常委会会议表决仍未获通过的,不得再提名为同一职务的人选。

第二十七条 本办法第五条第一款、第六条第二款、第七条、第八条规定的国家机关工作人员任命获得通过后,市人大常委会应当向其颁发任命书。

任命书由市人大常委会主任或者代理主任签署,并由市人大常委会主任、代理主任或者副主任颁发。

任命书可以在市人大常委会会议表决通过人事任免事项后当场颁发,也可以通过举行颁发任命书仪式或者召开颁发任命书大会颁发。

第四章 辞职与撤职

第二十八条 在市人民代表大会闭会期间,市人大常委会组成人员、市人民政府领导人员、市人民法院院长、市人民检察院检察长,可以向市人大常委会提出辞职,由市人大常委会决定是否接受辞职。辞职请求应当书面提出。

市人大常委会决定接受辞职的,报市人民代表大会下一次会议备案。决定接受市人民检察院检察长辞职的,须由市人民检察院报经上一级人民检察院检察长提请该级人大常委会批准。

第二十九条 市人大常委会组成人员不得担任国家行政机关、审判机关和检察机关的职务;如果担任上述职务,必须向市人大常委会辞去市人大常委会组成人员的职务。

第三十条 市人大常委会主任会议、市人大常委会五分之一以上组成人员联名,可以向市人大常委会提出撤销由市人大常委会任命的国家机关工作人员职务案。市长、市人民法院院长、市人民检察院检察长可以分别向市人大常委会提出撤销由市人大常委会任命的国家机关工作人员职务案。

撤销职务案应当书面提出,写明撤职的对象和理由,并附有关材料。

第三十一条 市人大常委会主任会议提出的撤销职务案由市人大常委会会议审议。

市长、市人民法院院长、市人民检察院检察长提出的撤销职务案,由主任会议决定提请人大常委会会议审议,或者先交市人大常委会人事任免工作机构进行初步审查,再由主任会议决定提请市人大常委会会议审议。

市人大常委会五分之一以上组成人员联名提出的撤销职务案,由主任会议决定是否提请市人大常委会会议审议,也可以先交市人大常委会人事任免工作机构进行初步审查,再由主任会议决定是否提请市人大常委会会议审议;或者由主任会议提议,经全体会议决定,组织调查委员会,由以后的市人大常委会会议根据调查委员会的报告审议决定。

市人大常委会会议审议撤销职务案时,被提出撤销职务的人员,有权到会提出申辩意见,或者书面提出申辩意见。书面申辩意见经主任会议决定,由市人大常委会人事任免工作机构印发市人大常委会会议。

第三十二条 在市人民代表大会闭会期间,经主任会议提议,市人大常委会可以决定撤销市人民法院院长的职务,但应当依照法定程序报请上一级人大常委会批准。

第三十三条 在市人大常委会闭会期间,市人大常委会组成人员的代表职务被罢免的,其市人大常委会组成人员的职务相应撤销。

第五章 表决与公布

第三十四条 市人大常委会会议表决人事任免、辞职请求和撤销职务等事项,采用无记名投票方式或者电子表决方式。

在表决人事任免、辞职请求和撤销职务等事项时,市人大常委会组成人员可以投赞成票,可以投反对票,也可以弃权,以市人大常委会全体组成人员过半数通过。表决结果由会议主持人当场宣布。

第三十五条 市人大常委会会议表决人事任免、辞职请求和撤销职务等事项的结果,应当书面通知有关机关和提案人,表决通过的事项应当及时在市人大常委会公报和本行政区域范围内有关的媒体上公布。

凡依法应当由市人大常委会任免的国家机关工作人员,未经市人大常委会审议通过,不得对外公布,也不得到职或者擅自离职。

第六章 监 督

第三十六条 市人大常委会任命的国家机关工作人员应当模范遵守宪法和法律、法规,严格执行市人民代表大会和市人大常委会作出的决议和决定,自觉接受市人大常委会的监督,努力为人民服务,认真履行职责。

第三十七条 市人大常委会在听取工作汇报、执法检查、视察等工作中,对被任命的国家机关工作人员履行职责的情况实施监督。

第三十八条 市人大常委会受理公民、法人和其他组织对由其任命的国家机关工作人员的检举和控告,并交有关部门调查处理,有关部门应当将调查处理情况报告市人大常委会。

第三十九条 市人大常委会任命的国家机关工作人员受到党纪政纪处分或者死亡的,提请任命的机关应当报市人大常委会备案。

第七章 附 则

第四十条 本条例自通过之日起施行。1987年8月7日如皋县第十届人大常委会第三次会议通过的《如皋县人民代表大会常务委员会人事任免办法》废止。

如皋市人大常委会
关于"一府两院"相关人员报告工作的暂行办法

(2014年8月28日如皋市第十六届人大常委会第二十六次会议通过)

第一章 总 则

第一条 为履行市人大常委会的法定职能,推进"一府两院"工作,根据《中华人民共和国宪法》《中华人民共和国地方各级人民代表大会和地方各级人民政府组织法》《中华人民共和国各级人民代表大会常务委员会监督法》等有关法律，结合我市实际情况，制订本办法。

第二条 市人大常委会任命的"一府两院"相关人员向常委会报告工作，旨在促进市人民政府、市人民法院、市人民检察院等国家机关工作人员牢固树立民主意识、法律意识和公仆意识，提高依法履职和接受监督的自觉性，全心全意为人民服务。

第三条 坚持党管干部和依法办事、民主公开、务求实效的原则。

第二章 报告工作的对象、组织、内容和方式

第四条 报告工作的对象：

(一)由市人大常委会决定任命的市人民政府组成部门负责人；

(二)由市人大常委会任命的市人民法院副院长、审判委员会委员，市人民检察院副检察长、检察委员会委员。

第五条 报告工作在市人大常委会领导下进行，由常委会主任会议组织实施。

第六条 报告工作的内容：

(一)学习和贯彻宪法、法律法规，依法行政、公正司法的情况；

(二)依法履行职责、完成工作目标情况；

(三)贯彻落实市委重大决策部署和市人民代表大会及其常务委员会的决议、决定和审议意见的情况；办理人民代表大会议案和人大代表提出的建议、批评和意见以及市人大常委会交办的信访件等情况；

(四)思想作风建设及廉洁自律情况；

(五)市人大常委会或常委会主任会议确定要求报告的专项工作、重大事项等其他情况。

第七条 报告工作的方式：

本办法第四条规定的对象每年均须向人大常委会报告工作，并接受测评。常委会主任会议每年从中确定一定数量的人员到常委会会议上报告工作，届内每人至少一次。未安排到会报告工作的对象，向市人大常委会提交书面报告。

市人大常委会也可根据具体情况，安排部分由人大常委会任命但未列入本办法第四条规定对象的其他相关人员，向常委会报告工作并接受测评。

第三章 报告工作的工作步骤

第八条 市人大常委会办公室于常委会召开会议一个月前，书面通知"一府两院"相关人员所在单位及本人，做好报告工作准备。

第九条 市人大常委会召开主任会议，确定当年到人大常委会会议上报告工作的对象。

第十条 报告人应按照本办法第六条规定要求，实事求是总结工作，认真撰写工作报告，征求本机关、本部门干部职工意见，在市人大常委会会议召开前十天，将报告送常委会相关工作机构，提前印发市人大常委会组成人员。

第十一条 市人大常委会视情况组织常委会组成人员到报告人所在部门(系统)、相关单位以及向报告人服务对象了解情况，听取评价和反映。

第十二条 常委会召开会议，听取和审议报告人工作报告。市人大常委会组成人员以无记名投票方式对报告人的履职情况按满意、基本满意、不满意三个档次进行测评。必要时，常委会组成人员可对上述人员进行询问。

第十三条 市人大常委会会议结束后,测评结果向报告人本人和所在单位反馈,并报市委作为考核和任用干部的参考依据。

第十四条 测评中得不满意票数超过常委会组成人员半数的,市人大常委会进行专题调查,提出处理意见。

第十五条 本办法自通过之日起施行。

如皋市人民代表大会常务委员会关于授予地方荣誉称号的办法

(2003年12月1日市十四届人大常委会第六次会议通过)

第一条 为了依法履行市人民代表大会常务委员会(以下简称市人大常委会)授予地方荣誉称号的职权,根据《中华人民共和国地方各级人民代表大会和地方各级人民政府组织法》的有关规定,结合我市实际,制定本办法。

第二条 按照本办法授予的荣誉称号为如皋市地方国家机关最高荣誉称号。

第三条 凡是模范地遵守国家的法律法规,为本行政区域内的物质文明、政治文明、精神文明建设作出重大贡献,在社会上产生重大影响和深受广大人民群众赞誉的个人和集体,包括特邀、特聘和市外、境外、海外为如皋经济社会发展作出突出贡献者,均可授予荣誉称号。

第四条 被授予荣誉称号者,还应符合下列条件之一:

(一)在发展一、二、三产业中取得突出效益,同时符合国家规定的环境保护标准。

(二)为本市引进外资和先进技术,对我市社会事业热情捐赠或赞助,产生重大效益和影响。

(三)在重大发明创造、科技推广应用或者重要科研成果中作出杰出贡献,产生显著经济、社会、环境效益。

(四)在教育、文化、卫生、体育、新闻等事业发展中,有重大建树。

(五)在城市建设、重大基础设施建设或者农村城镇化建设中作出突出贡献。

(六)在国家和人民利益受到威胁时,见义勇为,舍生忘死,为保护国家和人民群众的利益,作出重大贡献。

(七)在推进民主法制、打击犯罪活动、维护社会稳定中作出突出贡献。

(八)在国内外为我市赢得荣誉和创造利益,成绩卓著,有较高声望。

(九)有其他卓著功绩。

第五条 授予荣誉称号议案的提出:

(一)市人大常委会主任会议,可以向常委会提出授予荣誉称号的议案,由常委会会议审议。

(二)市人民政府,市人民法院,市人民检察院,可以向常委会提出授予荣誉称号的议案,由主任会议决定提请常委会会议审议。

(三)市人大常委会组成人员三人以上联名,可以向常委会提出授予荣誉称号的议案,由主任会议决定是否提请常委会会议审议。

(四)市人大代表十人以上联名,市各群众团体可以向常委会主任会议推荐授予荣誉称号人员名单,并由主任会议交有关委员会调查研究,提出意见后,决定是否向常委会提出授予荣誉称号的议案。

第六条 市人大常委会审议授予荣誉称号,应在审议前一个月将经过认真调查核实后拟提请授予荣誉称号者的主要事迹、成就和贡献的材料,送达常委会组成人员。同时将拟授予荣誉称号者名单通过新闻媒体向社会公示。常委会组成人员和常委会有关工作机构应当通过多种方式和途径广泛听取市人大代表、机关团体等各方面的意见,并进行必要的视察。

第七条 市人大常委会审议授予荣誉称号议案后,以无记名投票方式进行表决,会议通过的授予荣誉称号的决定向全市公布。

第八条 授予荣誉称号,一般每两年举行一次,在市人民代表大会会议上宣布授予荣誉称号决定,颁发证书、奖章,并给予必要的物质奖励。

第九条 奖章名谓"如皋市人民奖章"。对被授予荣誉称号的个人发奖章和证书,集体颁发证书和匾牌并注明"集体"字样。奖章、牌匾和证书由市人大常委会监制。

第十条 如有必要市人大常委会可以通过相应程序撤销由它所授予的荣誉称号。

第十一条 本办法由如皋市人大常委会负责解释。

第十二条 本办法自2004年1月1日起施行。

如皋市人民代表大会常务委员会讨论、决定重大事项的规定

(2002年7月31日如皋市第十三届人大常委会第三十三次会议通过,2014年8月28日如皋市第十六届人大常委会第二十六次会议修订)

第一条 为了保障和规范市人民代表大会常务委员会(以下简称市人大常委会)依法行使讨论、决定本行政区域内重大事项的职权,根据《中华人民共和国宪法》《中华人民共和国地方各级人民代表大会和地方各级人民政府组织法》《中华人民共和国各级人民代表大会常务委员会监督法》等有关法律的规定,结合本市实际,制定本规定。

第二条 本办法所称重大事项,是指本行政区域内在经济、政治、文化、社会和生态文明建设中带有全局性、长远性、根本性的,须经市人大常委会讨论、决定及应向市人大常委会报告、备案的事项。

第三条 市人大常委会讨论、决定重大事项,应坚持中共如皋市委的领导、遵守法定程序。

第四条 市人民政府重大决策出台前,应当按照本规定事先向市人大常委会报告。

第五条 下列重大事项应当提请市人大常委会审议,并作出相应的决议、决定:

(一)贯彻执行宪法、法律、法规和上级人大及其常委会决议、决定的重大措施;

(二)根据中共如皋市委的决策部署和建议,需要市人大常委会作出相应决议、决定的事项;

(三)推进依法治市、加强社会主义民主法制建设的重要决策和部署;

(四)市国民经济和社会发展五年规划的调整方案以及年度计划的部分变更;

(五)财政决算草案及预算调整方案;

(六)授予或者撤销市级荣誉称号;

(七)同外国城市缔结友好关系;

(八)确定或者变更本市市徽、市树、市花、市歌和永久性节庆日;

(九)市人民代表大会授权市人大常委会审议并作出决议、决定的重大事项;

(十)法律、法规规定应当由市人大常委会讨论并作出决议、决定的其他重大事项。

第六条 下列重大事项,应当向市人大常委会报告,听取意见和建议,必要时,市人大常委会可以作出决议、决定:

(一)实施市国民经济和社会发展五年规划的中期评估情况;

(二)国民经济和社会发展计划、预算执行情况;

(三)预算执行和其他财政收支的审计情况及审计查出问题的整改情况;

(四)养老、失业、医疗等社会保险基金管理情况;

(五)住房公积金等与人民群众利益密切相关的资金收支与管理情况;

(六)市人民政府履行国有资产出资人职责和国有资产监督管理的情况;

(七)市级政府性债务及管理使用情况;

(八)有关经济建设和经济体制、产业结构等方面的重大决策,教育、科学、文化、卫生、人口、体育、民族、宗教等重大民生事业改革与发展的重大决策;

(九)国民经济和社会发展中涉及面广、影响深远的重大建设项目的决策、建设和变更;

(十)食品药品安全工作;

(十一)水、燃气、公共交通等公用事业价格和教育、医疗等公益性服务价格的调整;

(十二)城市总体规划及其重大变更;

(十三)土地利用总体规划;

(十四)生态环境保护规划及大气、土壤和重要水系的污染防治规划;

(十五)历史文化名城、历史文物古迹、风景名胜区保护情况;

(十六)对重大突发事件、重大事故和重大灾害的应急处置情况;

(十七)市人民代表大会选举和市人大常委会任命的人员重大违法、违纪行为的查处情况;

(十八)法律、法规规定或者市人民政府、市人民法院、市人民检察院认为应当向市人民代表大会或者市人大常委会报告的其他重大事项。

第七条　下列重大事项,应当征求市人大常委会意见后,再按照审批权限报请批准,并将批准情况报市人大常委会备案:

(一)行政区划的调整、行政区域名称的变更和政府驻地的迁移;

(二)市人民政府工作部门的设立、增加、减少或者合并;

(三)法律、法规规定应当报市人大常委会备案的其他重大事项。

第八条　本规定第五条规定的重大事项,应当以议案形式提出,第六条规定的重大事项,应当以报告形式提出,第七条规定的重大事项,应当以备案报告形式提出。

有关重大事项的议案或者报告应当包括以下主要内容:

(一)关于该重大事项的基本情况;

(二)与该重大事项有关的法律、法规、规章、政策依据;

(三)该重大事项的决策方案及其可行性说明等资料;

(四)各方面对该重大事项的意见等材料;

(五)市人大常委会认为需要提供的其他材料。

备案报告应当包括以下主要内容:

(一)关于该重大事项的基本情况;

(二)与该重大事项有关的法律、法规、规章、政策依据。

需要对重大事项作出决议、决定的,提议案人、报告人应当提供有关决议、决定的文本草案及其必要性、可行性说明。

第九条　下列机关或者人员可以依法向市人大常委会提出有关重大事项的议案或者报告:

(一)市人大常委会主任会议(以下简称主任会议);

(二)市人民政府、市人民法院、市人民检察院;

(三)常委会组成人员三人以上联名。

主任会议向市人大常委会提出的议案,由市人大常委会会议审议;市人民政府、市人民法院、市人民检察院提出的议案、报告,由主任会议决定提请市人大常委会会议审议,或者先交市人大常委会相关工作机构讨论初审、提出报告,再决定提请市人大常委会会议审议;常委会组成人员三人以上联名提出的议案,由主任会议决定是否提请市人大常委会会议审议,或者先交相关工作机构讨论初审、提出报告,再决定是否提请市人大常委会会议审议。

第十条 市人大常委会各工作机构认为有关重大事项有必要提请市人大常委会讨论、决定的,可以向主任会议提出建议,由主任会议决定向市人大常委会提出讨论、决定重大事项的议案。

第十一条 拟提请市人大常委会审议或者向市人大常委会报告的重大事项,一般应当在每年年初提出建议议题,经主任会议讨论通过后,列入市人大常委会年度工作要点;建议议题提出前,应当广泛听取市人大代表、社会各界和广大市民的意见。

讨论通过的年度重大事项议题需要作个别调整的,由主任会议决定。

第十二条 市人民政府、市人民法院、市人民检察院一般应在市人大常委会举行会议的一个月前,将有关重大事项的议案或者报告送交市人大常委会办公室。

临时提请市人大常委会审议的重大事项议案或者报告,应当在主任会议举行的七日前送交。

突发的重大情况和紧急重大情况应随时报告。

第十三条 市人大常委会审议重大事项时,提出机关(机构)负责人应当到会说明,听取意见,回答询问。市人大常委会组成人员三人以上联名提出重大事项议案的,由议案联名人推举其中一人作说明,回答询问。

第十四条 列入市人大常委会会议议程的议案,在交付表决前,提出机关(机构)或者提议案人要求撤回的,应当说明理由,经主任会议同意,并向市人大常委会报告,对该议案的审议即行终止。

第十五条 市人大常委会的决议、决定,必须在常委会会议上由常委会全体组成人员的过半数通过。市人大常委会会议通过决议、决定采取无记名投票的方式表决。

市人大常委会关于重大事项的决议、决定通过后,应当及时予以公布。

经审议而未作出决议、决定的,市人大常委会办公室在市人大常委会会议闭会后五个工作日内,以书面形式将审议意见反馈给提出者。

第十六条 市人大常委会的决议、决定及审议意见,交由市人民政府、市人民法院、市人民检察院办理的,承办机关应当认真办理,并在六个月内向市人大常委会报告办理情况。对需要较长时间办理的,可以分阶段报告。

第十七条 对市人大常委会决议、决定及审议意见的执行情况和办理情况,市人大常委会相关工作机构应当进行跟踪检查,并向市人大常委会主任会议报告。必要时,可以作为监督议题,纳入市人大常委会年度监督工作计划。

第十八条 违反本规定,应当报请市人大常委会审议并由市人大常委会作出相应决议、决定的重大事项不报请、擅自作出决定的,市人大常委会可责成其纠正。

应当向市人大常委会报告或者备案的重大事项不报告或者不报备案的,对市人大常委会作出的决议、决定不执行、提出的审议意见不认真研究处理的,市人大常委会可以采取询问、质询、组织特定问题调查等方式依法实施监督。

第十九条 本规定自公布之日起施行。

人大常委会关于代表工作文件

如皋市人民代表大会代表建议、批评和意见处理办法

(2014年8月28日如皋市第十六届人大常委会第二十六次会议通过)

第一章　总　则

第一条　为坚持和完善人民代表大会制度,保障代表依法行使提出建议、批评和意见的权利,规范市人民代表大会代表建议、批评和意见的提出、交办、办理和监督工作,根据《中华人民共和国宪法》《中华人民共和国地方各级人民代表大会和地方各级人民政府组织法》和《中华人民共和国全国人民代表大会和地方各级人民代表大会代表法》等有关法律,结合我市实际情况,制定本办法。

第二条　代表在市人民代表大会会议期间和闭会期间分别向市人民代表大会及其常务委员会提出对全市各方面工作的建议、批评和意见,是法律赋予的职权,是代表人民参与管理国家事务、管理经济和文化事务、管理社会事务的一项重要工作。

第三条　认真研究处理代表建议、批评和意见,是国家机关和组织的法定职责。

第四条　国家机关和组织应当为代表提出建议、批评和意见提供必要的条件和服务。

第二章　代表建议、批评和意见的提出

第五条　代表应当围绕全市经济、政治、文化、社会生活中的重大问题和人民群众普遍关心的问题,在充分调查研究、深入了解人民群众意见和要求的基础上,对市人民代表大会及其常务委员会、市人民政府及其部门、市人民法院、市人民检察院和其他机关、组织的工作提出建议、批评和意见。

市人大常委会应当通过组织代表培训、视察、专题调研、执法检查、联系人民群众等活动,为代表掌握相关规定、知情知政、了解社情民意,更好地提出建议、批评和意见提供服务。

第六条　代表建议、批评和意见可以用书面或者电子文本形式提出。代表以书面形式提出建议、批评和意见的,应当使用统一印制的代表建议、批评和意见专用纸,并亲笔签名;代表以电子文本形式提出建议、批评和意见的,应当同时提交统一印制并有本人签名的代表建议、批评和意见专用纸。

第七条　代表建议、批评和意见可以由代表一人单独提出,也可以由代表数人联名提出。代表一人单独提出与代表数人联名提出具有同等效力。代表数人联名提出的,领衔代表应当采取个别征求意见、召开座谈会等方式,使参加联名的代表了解建议、批评和意见的内容。参加联名的代表应当确认建议、批评和意见的内容能够表达自己的真实意愿。

第八条　代表提出建议、批评和意见,应当坚持实事求是的原则,符合法律、法规和规章的规定,符合党和国家的方针政策;应当一事一案,事由明确、内容清楚,做到建议可行、批评有据、意见具体。

第九条　代表提出建议、批评和意见,应当正确处理从事个人职业活动与执行代表职务的关系,不得牟取个人利益,所提问题应当属于本级国家机关和组织的职权管辖范围。

下列事项，不应当作为代表建议、批评和意见提出：

(一)涉及解决代表本人或者亲属个人问题的；

(二)属于法律或者政策咨询、学术探讨、产品推介的；

(三)代转他人信件的；

(四)涉及检举、控告或者申诉的；

(五)对尚未审理终结的具体司法案件提出具体裁判意见的；

(六)对正在进行的招标投标活动提出具体中标意见的；

(七)可能与个人利益存在关联或者干涉正常经济活动和市场主体公平竞争的。

第三章 代表建议、批评和意见的审理和交办

第十条 代表建议、批评和意见的收集、审理、登记，在市人民代表大会会议期间，由大会办事机构负责；闭会期间，由市人大常委会代表工作机构负责。内容过于简单或明显不符合国家法律法规的代表建议，大会办事机构和常委会代表工作机构可退回代表补充、完善。

第十一条 代表提出的建议、批评和意见，由市人大常委会代表工作机构交由有关机关、组织办理。属于政府及其部门办理的，统一交市人民政府办公室，再由市人民政府办公室按照部门职责分工，落实具体承办单位并协调相关事宜。

属于本办法第九条规定情形的，不予交办，并告知代表。

第十二条 代表建议的交办、办理以及答复等通过网上办理系统和书面答复两种方式同时进行。

第十三条 市人大常委会主任会议每年确定一定数量的重点建议，交由有关机关、组织重点研究处理。重点建议的方案由常委会代表工作机构在对代表建议、批评和意见进行综合分析并征求常委会相关工作机构意见的基础上提出。

第四章 代表建议、批评和意见的办理

第十四条 各承办单位应当建立健全办理代表建议、批评和意见的工作制度，实行主管领导和具体承办人员分级负责制，严格办理工作程序。

第十五条 承办单位在接到承办任务后，应对交办的代表建议、批评和意见逐件清点、分类、登记，对确实不属于本单位职责范围内办理的代表建议、批评和意见，在收到交办件后七日内向交办机关说明情况，由交办机关研究重新确定承办单位，不得自行转办、延误转办。

第十六条 承办单位应当对所承办的代表建议、批评和意见进行分析，研究制定办理方案，逐件提出办理意见，落实具体办理人员，明确工作要求，提高办理工作效率和水平。对涉及面广、处理难度大或者问题反映比较集中的代表建议、批评和意见，由单位主要负责人牵头办理。

第十七条 承办单位办理代表建议、批评和意见，应当加强同代表的联系。办理前应当充分听取代表的意见，准确掌握代表提出建议、批评和意见的具体意向；办理过程中，应当通过实地调研、现场踏勘、邀请代表参与等多种方式，加强与代表的沟通联系；办理结束后，应当将办理结果和答复信函及时告知、送达代表，并通过电话联系、见面座谈等形式征求对办理工作的意见。

代表建议、批评和意见涉及国家秘密的，承办单位应当做好保密工作。

第十八条 代表建议、批评和意见所涉及的问题需要市人民政府两个以上部门会办的，由市人民政府办公室负责协调，确定主办单位和协办单位。协办单位应当在交办后一个月内将处理意见提交主办单位。由主办单位及时将办理结果答复代表。

主办、协办单位办理意见不一致时，主办单位负责同志应当及时牵头协调，将协商一致的办理意见

汇总答复代表,并抄送协办单位;经主办单位牵头协调仍未解决的,由主办单位汇总各方面意见向市人民政府办公室报告,由市人民政府办公室进行协调。

代表建议反映问题较为复杂或涉及多个部门的,由市人民政府办公室牵头办理并答复代表。

第十九条 对市人大常委会主任会议确定的重点建议,市人民政府应认真研究办理方案,由市人民政府市长或副市长领办,政府有关部门重点办理。

第二十条 承办单位应当区别不同情况,将处理代表批评、建议和意见的结果答复代表:

(一)能够解决的问题,应当尽快解决并明确答复代表;

(二)应当解决但因客观条件限制一时难以办结或难以落实解决的问题,在答复中要向代表如实说明情况,并明确办理时限,实行滚动办理,在妥善解决后再次答复代表;

(三)对因客观原因限制不具备解决条件、在短期内确实不能解决的问题,以及需要向上级反映或留作参考的建议,承办部门应从严把关,审慎分析,实事求是向代表说明原因,予以答复。

第二十一条 承办单位对代表建议办理情况的书面答复,应当由单位主要负责人审核、签发。对代表联名提出的建议、批评和意见,承办单位应当答复每位代表。

承办单位对代表建议、批评和意见的答复,应当主题明确、态度诚恳、有针对性。答复意见同时抄报市人大常委会代表工作机构和市人民政府办公室,并上传代表建议网上办理系统,以便代表随时查阅。

第二十二条 各承办单位应当在交办之日起三个月内答复代表;因涉及面广、处理难度大确实不能按期答复的,应向交办机关和建议人说明情况,但答复期限最长不得超过六个月。

第五章 代表建议、批评和意见办理工作的监督

第二十三条 市人大常委会工作机构和市人民政府办公室负责对代表建议、批评和意见的办理情况加强检查督促。

市人大常委会代表工作机构负责代表建议、批评和意见的收集、整理、交办、督查、协调等具体工作,其他工作机构负责对口联系单位的代表建议办理情况的检查、督办。

第二十四条 市人大常委会代表工作机构在收到承办单位对代表建议办理的答复抄件后,发函向代表征询对承办单位办理工作的意见。

第二十五条 代表可以直接向承办单位或者通过市人大常委会代表工作机构了解所提建议、批评和意见的办理情况。

承办单位办理不认真或者答复不当导致代表不满意的,市人大常委会应当责成有关机关、组织重新办理;属于市人民政府及其部门办理的,由市人大常委会统一交由市人民政府办公室落实重新办理的相关事宜。

承办单位重新办理代表建议、批评和意见,应当当面听取代表意见,并在两个月内答复代表。

对多次办理、答复代表仍不满意的建议,由交办机关进行客观评鉴,作出相应处理。

第二十六条 对当年度没有办结的建议,常委会相关工作机构继续跟踪督办,督促承办单位切实按照答复代表的工作计划推进,直至办结。

第二十七条 对市人大常委会主任会议确定需要重点办理的建议、批评和意见,由市人大常委会领导领衔督办、市人大常委会相关工作机构重点督办,会同有关承办单位切实抓出成效。

第二十八条 市人大常委会可以组织对承办单位办理代表建议、批评和意见情况进行视察。常委会主任会议可以根据需要,听取有关承办单位办理情况的汇报;对多次提出而未解决的代表建议、批评和意见,可以听取有关承办单位的专题报告,并提出处理意见。

第二十九条 代表建议、批评和意见办理完毕后,分别由市人民政府、市人民法院和市人民检察院向市人大常委会报告办理情况,并将报告印发下次人民代表大会会议。

第三十条 交办机关对代表建议、批评和意见办理工作成绩显著的单位和个人，予以表彰和奖励；对不认真办理的单位和个人，予以通报批评；对因主观原因导致办理无成效、代表不满意的，在年终市级机关目标责任制考核中予以扣分。

第六章 附 则

第三十一条 驻如的全国、省、南通市人大代表在闭会期间向本市人大及其常委会、市人民政府、市人民法院和市人民检察院提出的建议的办理工作可参照本办法执行。

第三十二条 镇人民代表大会代表建议、批评和意见的提出、交办、办理和监督，参照本办法执行。

第三十三条 本办法所称有关机关和组织，是指市人大常委会、市人民政府、市人民法院、市人民检察院以及本市其他具有办理代表建议、批评和意见职责的机关和组织。

第三十四条 本办法自通过之日起施行。1990年10月6日如皋县第十一届人大常委会第四次会议通过的《如皋县人大常委会关于办理县人大代表的建议、批评和意见的办法》同时废止。

如皋市人大常委会关于市人大代表密切联系人民群众的意见

皋人发〔2013〕11号

为认真贯彻落实党的十八大精神，促进市人大代表更好地履行职责、发挥作用，自觉接受群众监督，根据《中华人民共和国全国人民代表大会和地方各级人民代表大会代表法》(以下简称《代表法》)等有关法律法规的规定，结合我市实际，现就市人大代表密切联系人民群众提出如下意见：

一、人大代表密切联系人民群众的意义

(一)人大代表密切联系人民群众是党的十八大提出的的政治要求。党的十八大提出要“完善代表联系群众制度”、“支持和保证人民通过人民代表大会行使国家权力”，这既是社会主义民主政治建设的重要内容，也是对人大代表提出的政治要求。作为人民代表大会制度的实践主体，市人大代表要按照党的十八大要求，更加广泛、更加深入、更加自觉地联系人民群众、服务人民群众。

(二)人大代表密切联系人民群众是法定义务和职责。《代表法》规定：人大代表应“与原选区选民和人民群众保持密切联系，听取和反映他们的意见和要求，努力为人民服务”。市人大代表应当带头履行法定义务和职责，保持和人民群众的密切联系。

(三)人大代表密切联系人民群众是促进我市经济社会又好又快发展的现实需要。当前，全市正在深入贯彻党的十八大精神，奋力开创如皋科学发展新局面。新阶段、新任务需要全体人民的共同努力和奋力拼搏。全体人大代表应主动深入群众，当好党和政府联系群众的桥梁和纽带；热情服务群众，实现好、维护好、发展好最广大人民群众的根本利益；宣传团结群众，为全市经济社会又好又快发展作出新贡献。

(四)人大代表密切联系人民群众是充分发挥代表作用，坚持人民代表大会制度的重要举措。人大代表密切联系群众，有利于调动人民群众依法行使民主权利的积极性，有利于人大代表更好地代表人民参与管理国家事务，有利于推动政府决策更加符合人民群众的切身利益。

二、人大代表密切联系人民群众的措施

为全面落实代表工作各项要求，加强人大代表与人民群众的密切联系，在全体代表中广泛开展“六个一”活动：

(一)重点联系一个村(社区)。每位人大代表在与原选区选民保持密切联系的基础上，重点联系一个村(社区)。主要围绕市委决策部署、人大决议决定的贯彻落实参与督查推进;围绕建设“民富村强乡美风气好”社会主义新农村出谋划策;围绕教育、卫生、文化、保障等民生事项进行沟通联系,帮助基层化解难题。

(二)参与一次“代表接待选民日”活动。每月10日为“代表接待选民日”,组织人大代表轮流接待选民。每位代表每年至少参加一次接待活动,对选民所提意见、建议和诉求,要有登记、有交办、有回复。

(三)进行一次集中走访调研。每年11月份的第二周,为“人大代表集中调研活动周”。在“活动周”期间,每位市人大代表都要安排专门时间,到原选区或挂钩联系的村(社区)进行集中走访调研,倾听群众反映,广泛征集意见,为参加人民代表大会审议报告和提出建议做好充分准备。

(四)结对帮扶一个困难户。市人大代表充分发挥自身优势,每人至少结对帮扶一个困难户,为困难家庭办实事、解难事、做好事。鼓励有条件的代表结对帮扶更多的困难家庭。

(五)提出一件事关群众利益的建议。在每次人代会及闭会期间,市人大代表应积极提出建议,其中,至少提出一件反映群众利益、符合如皋实际、对经济发展社会和谐有促进作用的建议。

(六)任期内至少向选民报告一次履职情况。根据《代表法》有关规定,代表在任期内应向原选区选民报告履职情况。市人大代表应根据统一安排,任期内至少一次回到原选区向选民报告履行代表职责情况,回答选民询问,接受选民监督。

三、人大代表密切联系人民群众的保障

(一)加强载体建设,抓好意见实施。一是加强载体建设。完善“人大代表之家”功能,公布代表联系方式;确定人大代表接待选民地点,设立代表信箱;利用好人大网站,加强联系互动。二是制定好活动方案。制定好“六个一”活动计划,重点编排好人大代表接待选民轮值表、代表挂钩联系村(社区)和结对帮扶困难户方案、代表向选民述职计划等。三是抓好组织实施。镇人大主席、副主席负责在本镇的市人大代表“六个一”活动的组织实施。市人大常委会工作机构按照联系分工进行指导。

(二)注重实际效果,抓好成果转化。市人大代表在联系群众过程中形成的代表建议,属于各镇管辖的事项由镇人大交镇政府办理;属于市“一府两院”管辖的事项由市人大常委会交“一府两院”办理。“一府两院”及相关承办单位要认真办理,并在规定的时间内答复代表,向群众反馈。对办理不力的事项,代表可以持证视察、约见相关负责人或依法启动询问、质询等监督程序。对群众反映集中的问题,可由各代表小组形成专题报告,提供给有关领导和部门决策参考,也可建议人大常委会列为监督的议题。

(三)加强督查推动,抓好服务保障。市人大常委会及各工作机构将进一步加强与各镇人大的联系和配合,推动“六个一”活动的开展。一是加强督查。定期召开主席例会,交流推进活动情况,宣传推介先进典型,对活动的开展和代表建议办理情况进行督查督办。二是加强服务。各镇人大要进一步加强与代表的联系沟通,精心组织好联系、走访、帮扶、述职及各项调研视察活动,努力为代表参与“六个一”活动提供便利和必要的服务保障。三是加强考评。每年年底,对各镇“六个一”活动开展情况进行汇总,其结果作为人大工作先进镇评比的依据。人大代表中的领导干部要带头参加“六个一”活动,具体实施可与“三解三促”、“双联双助”有机结合,但与原选区选民联系和向原选区选民报告履职情况不能以其它形式代替。

镇人大代表联系选民工作,由各镇人大主席团参照本意见组织实施。

附　　录

历届县(市)人民政府县(市)长、副县(市)长名录

如皋解放之后至第一届人民政府前

县　长　庄振华(代)（1949.03—1949.12）
　　　　王遐松　　（1949.12—1951.08）
　　　　倪锦瑜　　（1951.08—1955.10）
　　　　李普凡　　（1955.10—1955.12）
副县长　夏正言　　（1949.02—1951.05）
　　　　丁春江　　（1953.02—1955.07）
　　　　张朝模　　（1953.02—1955.12）

如皋县第一届人民政府县长、副县长

县　长　李普凡（1955.12—1957.03）
副县长　沈忠怀（1955.12—1957.03）
　　　　张朝模（1955.12—1956.09）

如皋县第二届人民政府县长、副县长

县　长　李普凡（1957.03—1957.12）
　　　　倪锦瑜（1957.12—1958.05）
副县长　沈忠怀（1957.03—1958.05）
　　　　邹义良（1957.03—1958.05）
　　　　丁学文（1957.03—1958.05）
　　　　潘逸尘（1957.03—1958.05）
　　　　李普凡（1957.12—1958.02）

如皋县第三届人民政府县长、副县长

县　长　倪锦瑜（1958.05—1960.01）
　　　　严永祥（1960.01—1961.12）
副县长　沈忠怀（1958.05—1961.12）
　　　　邹义良（1958.05—1959.12）
　　　　丁学文（1958.05—1961.12）

陶肖溪 (1958.05—1960.09)
吴功祥 (1960.01—1961.12)

如皋县第四届人民政府县长、副县长

县　长　沈忠怀 (1961.12—1964.01)
副县长　吴功祥 (1961.12—1963.04)
丁学文 (1961.12—1963.04)
沙镇祥 (1961.12—1964.01)
胡伯兰 (1961.12—1964.01)

如皋县第五届人民政府县长、副县长

县　长　魏志田 (1964.01—1966.01)
副县长　沈忠怀 (1964.01—1965.02)
张贤堂 (1964.01—1965.02)
沙镇祥 (1964.01—1966.01)
胡伯兰 (1964.01—1966.01)
曹　怡 (1965.04—1966.01)
董法玉 (1965.04—1966.01)
刘　勤 (1965.04—1966.01)

如皋县第六届人民政府县长、副县长

县　长　魏志田 (1966.01—1967.03)
副县长　曹　怡 (1966.01—1967.03)
董法玉 (1966.01—1967.03)
沙镇祥 (1966.01—1966.01)
刘　勤 (1966.01—1967.03)
胡伯兰 (1966.01—1967.03)
吴凤琴 (1966.01—1967.03)

1967年3月,县人民委员会因“文化大革命”冲击瘫痪,4月成立中国人民解放军如皋县军事管制委员会,对如皋实行军管

主　任　窦祖银 (1967.04—1968.03)
副主任　陈佩璜 (1967.04—1968.03)
张明奋 (1967.04—1968.02)
韩　隽 (1967.04—1968.03)

1968年3月,成立如皋县革命委员会。1976年10月“文化大革命”结束,如皋县革命委员会作为县政权机构,予以保留

主　任　窦祖银 (1968.03—1971.05)
张　鸣 (1971.05—1973.02)

唐如浴（1973.02—1976.01）
黄克明（1976.01—1976.10）
副主任　王飞岳（1968.03—1971.05）
马亚保（1968.03—1971.05）
陈佩璜（1968.03—1971.05）
陈兰珍（1968.03—不详）
陆万璋（1968.10—1976.10）
张　鸣（1969.02—1971.05）
许吉甫（1970.01—1976.10）
于　赤（1970.01—1976.10）
唐如浴（1971.05—1973.02）
邓兰芳（1973.02—1976.10）
徐祥修（1973.02—1975.08）
徐兆元（1973.02—1976.10）
潘宝才（1974.11—1976.10）
主　任　黄克明（1976.10—1977.09）
严永祥（1977.09—1978.03）
黄克明（1978.03—1979.03）
刁守坦(代)(1978.12—1979.03)
刁守坦（1979.03—1981.04）
副主任　陆万璋（1976.10—1979.03）
许吉甫（1976.10—1981.04）
于　赤（1976.10—1978.10）
徐兆元（1976.10—1979.03）
邓兰芳（1976.10—1979.03）
潘宝才（1976.10—1979.05）
严永祥（1976.11—1977.09）
徐希权（1978.03—1979.03）
吴功祥（1978.03—1981.04）
谢翼飞（1978.06—1981.04）
吴凤琴（1978.06—1981.04）
董介庚（1978.06—1981.04）
季　康（1978.12—1979.05）
董法玉（1979.03—1980.12）
严绍恭（1979.03—1981.04）
孙忠权（1979.03—1981.04）
谢开生（1979.03—1981.04）
孙德明（1979.03—1981.04）
陆明钰（1979.03—1981.04）

如皋县第八届人民政府县长、副县长

县　长　陆明钰　(1981.04—1984.03)
副县长　冯邦才　(1981.04—1984.03)
　　　　季秀英　(1981.04—1984.03)
　　　　严绍恭　(1981.04—1984.03)
　　　　许吉甫　(1981.04—1984.03)
　　　　明道奎　(1981.04—1984.03)
　　　　沈　霞　(1981.04—1984.03)
　　　　胡国富　(1981.04—1981.05)

如皋县第九届人民政府县长、副县长

县　长　张炳贤　(1984.03—1985.08)
　　　　潘宝才　(1986.05—1987.03)
副县长　冯邦才　(1984.03—1987.03)
　　　　明道奎　(1984.03—1987.03)
　　　　徐　朋　(1984.03—1987.03)
　　　　季秀英　(1984.03—1985.04)
　　　　袁　泉　(1984.03—1987.03)
　　　　周宝生　(1985.04—1987.03)
　　　　郭载荣　(1985.04—1987.03)
　　　　潘宝才　(1985.08—1986.05 代理县长)

如皋县第十届人民政府县长、副县长

县　长　潘宝才　(1987.03—1989.04)
　　　　石秀峰　(1989.04—1990.03)
副县长　张振刚　(1987.03—1988.07)
　　　　周宝生　(1987.03—1990.03)
　　　　郭载荣　(1987.03—1990.03)
　　　　汤建华　(1987.03—1990.03)
　　　　袁　泉　(1987.03—1990.03)
　　　　刘桂江　(1988.07—1990.03)
科技副县长
　　　　陆耀良　(1989.08—1990.03)

如皋县（市）第十一届人民政府县（市）长、副县（市）长

县 (市) 长　石秀峰　(1990.03—1993.01)

副县(市)长　　石　耀　(1990.03—1993.02)
周宝生　(1990.03—1993.02)
郭载荣　(1990.03—1993.02)
汤建华　(1990.03—1993.02)
于永芳　(1990.03—1993.02)
徐建平　(1990.03—1993.02)
王耀光　(1993.01—1993.02代理市长)

科技副县(市)长
陆耀良　(1990.03—1991.09)
王道波　(1991.09—1993.02)

如皋市第十二届人民政府市长、副市长

市　长　　王耀光　(1993.02—1996.01)
刘井石　(1996.03—1998.01)

副市长　　石　耀　(1993.02—1998.01)
于永芳　(1993.02—1998.01)
徐建平　(1993.02—1996.03)
徐邦友　(1993.02—1996.03)
徐天明　(1993.02—1998.01)
陈照煌　(1993.07—1996.01)
秦玉林　(1994.09—1998.01)
刘井石　(1996.01—1996.03代理市长)
朱　春　(1996.01—1997.11)
刘培银　(1996.03—1998.01)
章树山　(1996.03—1998.01)
单晓鸣　(1997.07—1997.11)
陈惠娟　(1997.11—1998.01)

科技副市长
李明成　(1993.09—1996.02)
刁玉章　(1996.02—1998.01)

如皋市第十三届人民政府市长、副市长

市　长　　刘井石　(1998.01—1999.12)
蓝绍敏　(2000.01—2001.01)
陈惠娟　(2001.01—2002.12)

副市长　　章树山　(1998.01—1998.12)
陈惠娟　(1998.01—2001.01
2001.01—2001.01代理市长)
刘培银　(1998.01—2001.01)
陈照东　(1998.01—2003.01)

徐天明 (1998.01—2003.01)
姜剑国 (1998.01—2000.07)
张元健 (1998.01—2003.01)
蓝绍敏 (1998.12—2000.01
1999.12.起代理市长)
程德兴 (1999.12—2003.01)
李中林 (2001.01—2003.01)
沈品辉 (2001.01—2003.01)
黄　成 (2002.11—2003.01)
陈冬梅 (2002.11—2003.01)
周铁根 (2002.12—2003.01
2002.12—2003.01代理市长)

科技副市长
聂东林 (1998.3—　　　)
徐　峰 (2002.05—2002.10)

如皋市第十四届人民政府市长、副市长

市　长 周铁根 (2003.01—2006.06)
姜永华 (2007.01—2007.12)
副市长 陈照东 (2003.01—2004.03)
李中林 (2003.01—2006.06)
张元健 (2003.01—2007.12)
沈品辉 (2003.01—2004.03)
黄　成 (2003.01—2007.12)
陈冬梅 (2003.01—2007.12)
潘建华 (2004.03—2007.04)
葛夕芳 (2004.03—2006.11)
丁兴华 (2004.05—2007.11)
姜永华 (2006.06—2007.01
2006.06—2007.01代理市长)
单定方 (2006.06—2007.12)
沈品辉 (2007.04—2007.12)
孙　杰(挂职) (2007.06—2007.12)
张　军 (2007.11—2007.12)

如皋市第十五届人民政府市长、副市长

市　长 姜永华 (2007.12—2012.03)
副市长 沈品辉 (2007.12—2008.12)
单定方 (2007.12—2008.12)
黄　成 (2007.12—2011.06)

陈冬梅　(2007.12—2010.03)
张　军　(2007.12—2011.02)
杜永红　(2007.12—2012.03)
孙　杰　(2008.03—2010.01)
陈万圣　(2008.03—2012.03)
马建明　(2008.06—2010.11)
吴道健　(2008.12—2012.03)
赵男男　(2009.01—2011.06)
杜松华　(2009.01—2011.12)
李　斌(挂职)　(2010.05—2012.10)

如皋市第十六届人民政府市长、副市长

市　长　姜永华　(2012.03—2013.01)
陈晓东　(2013.01—2016.07)
何益军　(2016.07—　)
副市长　吴道健　(2012.03—　)
杜永红　(2012.03—　)
陈万圣　(2012.03—　)
缪爱诚　(2012.03—　)
成　明　(2012.03—2016.07)
陆雪松　(2012.03—2016.07)
茅红宇　(2012.03—　)
孙宏放　(2012.10—2014.09)
谢　刚　(2012.11—2014.11)
秦智坤　(2014.05—2015.05)
姜业奎　(2014.12—2016.04)

历届县(市)法院院长名录

1949年至1967年期间县人民法院院长名录
庄振华(兼)　(继前—1949.12)
王遐松(兼)　(1949.12—1951.08)
丁春江　(1952.08—1953.02)
严永祥　(1954.07—1958.05)
董法玉　(1958.05—1964.01)
吴　勇　(1964.01—1967.03)

1967年4月对县人民法院实行军管,1973年11月恢复法院

	高云鹏	(1973.11—1978.10)
	陈文翰	(1978.10—1981.04)
八届	庞　坚	(1981.04—1984.03)
九届	陈禹峰	(1984.03—1987.03)
十届	马道来	(1987.03—1990.03)
十一届	陈步高	(1990.03—1993.02)
十二届	陈步高	(1993.02—1996.02)
	常连生	(1996.02—1996.03副院长、代理院长)
	常连生	(1996.03—1998.01)
十三届	蒋明华	(1998.01—2002.11)
	祝建华	(2002.11—2003.01副院长、代理院长)
十四届	祝建华	(2003.01—2007.11)
	吴存银	(2007.11—2007.12副院长、代理院长)
十五届	吴存银	(2007.12—2011.12)
十六届	吴存银	(2012.01— 2016.07)
	章智敏	(2016.07— 副院长、代理院长)

历届县(市)检察院检察长名录

1951年至1967年期间县人民检察院检察长名录

	储　骏(兼)	(1951.03—1953.02)
	顾鸿福(兼)	(1953.02—1954.12)
	董法玉	(1955.03—1956.11)
	徐长达	(1957.05—1962.03)
	吴云辉	(1963.05—1964.03)
	徐瑞平	(1965.03—1967.03)

1967年4月对县人民检察实行军管,1973年11月没有恢复检察院

	徐长达(代)	(1978.09—1980.03)
	高云鹏(代)	(1980.12—1981.04)
八届	高云鹏	(1981.04—1983.03)
	彭金龙	(1983.03—1984.03)
九届	刘桂江	(1984.03—1986.11)
	范广有	(1986.11—1987.03副检察长、代理检察长)
十届	范广有	(1987.03—1990.03)
十一届	范广有	(1990.03—1993.02)
十二届	范广有	(1993.02—1996.02)
	卢旭光	(1996.02—1996.03副检察长、代理检察长)

	卢旭光	(1996.03—1998.01)
十三届	卢旭光	(1998.01—2000.07)
	吴晓培	(2000.07—2001.01 副检察长、代理检察长)
	吴晓培	(2001.01—2003.01)
十四届	吴晓培	(2003.01—2006.02)
	唐旭东	(2006.02—2007.12)
十五届	唐旭东	(2007.12—2011.12)
十六届	何　强	(2012.01—2016.07)
	孙　亚	(2016.07— 副检察长、代理检察长)

如皋县(市)历届出席南通市人民代表大会代表名录

第八届(65名)

丁学文	马学贤	王　煦	王世襄	卞仁余	叶世民
叶荣华	朱启祥	仲树清	刘国兴	刘建义	江锡清
许映和	孙玉如	李行之	杨友明	杨银聪	吴李芳
吴秀玲	吴展文	吴熙平	邱永祥	辛　峰	沙　冰
张乃卿	张宝新	陆明钰	陆朝凤	陆裕发	陈　美
陈克裕	陈继忠	邵静萍	环　斌	范有富	易广仁
季林祥	季念慈	周　尧	周久连	周秀芳	金宝华
金毓岗	宗序兰	赵兰芳	胡亚伟	冒良桂	姜祝三
洪德厚	顾兰美	顾琴和	顾敦沂	徐　朋	徐　尊
徐希权	钱同春	高德明	郭进荣	黄世洁	黄芝泉
曹林书	康美华	董介庚	程泉康	潘信征	

第九届(69名)

于永芳	马学贤	王连生	王　湛	叶荣华	刘正元
刘松岩	刘昌启	刘福平	许吉甫	许映和	孙希珍
孙范民	孙德明	李玉坤	吴秀玲	吴　琳	吴熙平
辛　峰	汪如一	沈从云	沈丽娟	张如芳	张振刚
陆中凯	陆朝凤	陆裕发	陈　时	陈　承	陈　强
陈继忠	陈璋炎	环　斌	环伟民	范钦志	金毓岗
周久莲	周　尧	周桂根	周善林	赵兰芳	冒良桂
俞树谟	恒　岳	姜祝三	夏　涛	顾袁明	顾琴和
顾嘉禾	徐　朋	徐邦友	徐国光	徐建平	高晓燕

高德明	郭进荣	唐宝莲	桑文祥	黄世娟	黄金红
曹　剑	曹林书	曹壁荣	康美华	程泉康	程浥禾
谢翼飞	蔡礼芳	潘信征			

第十届(71名)

马玉兰	马能全	王克成	王丽梅	王连生	王学桂
王蔼如	石　耀	冯　植	冯邦才	华保良	刘昌启
许映和	许澄嘉	孙美祥	孙建国	纪国良	严绍恭
李玉坤	李传禄	邹运才	邹　康	沈良兵	张　杰
张　佩	张汉清	张如太	张宝蔚	张耀国	陆中凯
陆志平	陈有华	陈华汝	陈克然	环伟民	季念慈
金来英	周　萍	周久莲	周国祥	柯　文	冒传林
恒　岳	俞云猛	俞树谟	施祥贵	袁　泉	袁德凤
夏　涛	顾清波	顾嘉禾	钱建国	徐　朋	徐邦友
徐希权	徐耀武	郭雪宜	黄扶正	曹林书	龚玉芬
葛莉莉	程亚民	程纪新	焦友余	谢　健	谢翼飞
解志明	谭志旺	翟东春	潘信征	戴其南	

第十一届(78名)

马玉兰	王　泉	王连生	王德忠	石秀峰	朱林军
朱德林	刘正光	汤建华	祈晓健	许　娟	严绍恭
严剑波	杜永宏	李　刚	李文华	杨海山	吴　峰
吴伯兰	吴德顺	汪　剑	汪　梅	沈良兵	宏　学
张大延	张文魁	张如泰	张武林	张振刚	陈　灿
陈玉书	陈本高	陈振兴	陈爱玲	陈德萍	范建华
郁　政	季争游	周　萍	周子泉	郑振明	冒　安
冒传林	冒福来	洪远琪	姚寓韶	袁德凤	顾清波
顾嘉禾	顾曙平	柴逸永	倪　健	徐　朋	徐永昌
钱德平	殷天成	浦文海	高　如	高菊娣	郭再萍
黄　允	黄　健	黄　娟	黄扶正	黄忠仁	龚玉芬
章树山	蒋　琴	蒋兴龙	蒋厚甫	蒋厚余	程亚民
程德兴	谢翼飞	蔡成德	缪世明	戴武林	魏祝明

第十二届(78名)

丁兴华	马　斌	马特里	王　辉	王桂兰	王德忠
王德峰	左伯华	石　耀	卢瑞华	田祥云	孙汝建
孙晓霞	朱　晋	朱一飞	朱守祥	朱秀玲	朱林军
刘　凡	刘正光	刘晓京	刘晓洁	刘培银	刘德林

许友兰	严尚军	严绍恭	杜永宏	李明生	吴 旭
佘鸣皋	沙晓明	沈 薇	沈长明	沈世和	沈永祥
宏 学	张兆民	张奎宏	陆 踊	陆书通	陈 进
陈 坚	陈玉书	陈爱玉	陈惠娟	陈照东	邵晓泉
周 萍	周子泉	郑振明	郑浩明	单亚男	赵彩莲
柯 文	施长凤	姜亚南	姜健荣	顾清波	钱德平
徐 朋	高 如	郭再萍	黄 伟	黄 毅	黄仁山
黄文斌	黄兰英	黄奎生	曹 娟	章建平	葛夕芳
葛长泉	蒋 琴	程亚民	蓝绍敏	潘建华	魏祝明

第十三届（92人）

丁正美	刁彩华	马 斌	王 辉	王飞云	王云娟
王庆煊	王咸钢	王桂兰	王德忠	左伯华	石 耀
石建彬	史传如	印国祥	朱 晋	朱一飞	朱林军
朱德炎	刘晓洁	江元宜	许 俊	许友兰	阮汝国
孙汝建	孙晓霞	苏 燕	杜松华	杨 飞	杨 甦
杨宁宁	杨国强	吴永建	吴存银	吴贵新	吴道元
汪正祥	沙晓明	沈 薇	沈长明	沈百新	沈孝峰
沈良高	沈品辉	宏 学	张 兴	张 俊	张 辉
张亚明	张奎宏	张德璜	陆金林	陆善平	陈 进
陈 坚	陈 莉	陈 斌	陈 强	陈爱玉	陈惠娟
邵晓泉	周时和	金义明	郑振明	赵彩莲	胡拥军
柯 文	冒 军	施乃平	姜建宁	姜健荣	姚明钏
顾明山	顾清波	徐 强	徐正洪	徐建文	高甫平
郭震寰	唐旭东	黄 飞	黄 毅	黄兰英	曹启雄
程信武	储开平	蓝绍敏	鲍兴来	蔡 波	缪宝迎
镇 翔	魏祝明				

第十四届（92人）

丁正美	王 勇	王 捷	王 辉	王小洁	王向红
王志刚	王桂兰	王晓红	王爱凤	王德忠	尤素敏
石小华	左伯华	成 明	朱 晋	朱林军	朱爱华
刘 璠	刘建中	刘建明	刘础瑞	刘晓洁	江治学
许 薇	阮汝国	孙晓霞	纪显龙	杜国元	杨 飞
杨 甦	杨宁宁	杨国强	李玉坤	严 军	严希平
吴云国	吴存银	吴学军	吴道元	何 强	邱 辰
佘柳涛	汪正祥	沙声宏	沙晓明	沈寿明	宋晓泉
张 军	张 娟	张建明	张奎宏	张晓云	陆 平
陆 彪	陈 坚	陈 进	陈 勇	陈 斌	陈惠娟
陈照东	陈慧宇	宏 学	邵怀德	邵晓泉	易曹群

金义明	冒锦华	姜健荣	姚泽民	顾清波	钱淑娟
倪张根	徐芹霞	郭　庆	郭再萍	高甫平	高国兴
黄建龙	曹建国	韩成敏	蒋　建	景　迅	程　翔
程亚民	谢桂平	谢新民	鲍兴来	薛美银	鞠昌明
戴　薇	魏祝明				

补选的南通市人大代表依照《中华人民共和国全国人民代表大会和地方各级人民代表大会选举法》第五十四条和江苏省选举实施细则第五十九条规定，根据代表出缺情况和人大工作需要，在人民代表大会闭会期间，由如皋市人大常委会补选南通市人大代表。

1991年1月23日，召开如皋县第十一届人大常委会第六次会议，补选刘桂江为南通市九届人大代表。

1991年2月20日，召开如皋县第十一届人大常委会第七次会议，补选黄扶正为南通市九届人大代表。

1992年1月18日，召开如皋市第十一届人大常委会第十三次会议，补选杨任远为南通市第九届人大代表。

1996年1月18日，召开如皋市第十二届人大常委会第十八次会议，补选郁政为南通市第十届人大代表。

2000年1月4日，召开如皋市第十三届人大常委会第十四次会议，补选蓝绍敏为南通市第十一届人大代表。

2004年12月30日，召开如皋市第十四届人大常委会第十七次常委会会议，通过罢免李明生南通市第十二届人大代表事项，补选沈品辉为南通市第十二届人大代表。

2008年6月25日，召开如皋市第十五届人大常委会第五次会议，同意接受沈品辉辞去南通市第十三届人民代表大会代表职务的请求。

2008年12月26日，召开如皋市第十五届人大常委会第十次会议，补选程晓强为南通市第十三届人大代表。

2011年1月7日，召开如皋市第十五届人大常委会第二十八次会议，补选刘　璠、朱卫民为南通市第十三届人大代表。

2011年12月21日，召开如皋市第十五届人大常委会第三十八次会议，补选韩立明、钮启贤为南通市第十三届人大代表。

2012年4月27日，召开如皋市第十六届人大常委会第二次会议，同意接受印国祥辞去南通市第十三届人民代表大会代表职务的请求。

2012年6月12日，召开如皋市第十六届人大常委会第三次会议，补选黄爱军、姜永华为南通市第十四届人大代表。

2012年6月12日，召开如皋市第十六届人大常委会第三次会议，同意接受程翔辞去南通市第十四届人民代表大会代表职务的请求。

2013年3月14日，召开如皋市第十六届人大常委会第十二次会议，接受阮汝国辞去南通市第十四届人民代表大会代表职务的请求。

2013年4月26日，召开如皋市第十六届人大常委会第十四次会议，接受黄建龙辞去南通市第十四届人民代表大会代表职务的请求。

2013年12月26日，召开如皋市第十六届人大常委会第二十次会议，补选阎建国为南通市第十四届人大代表。

2014年12月23日，召开如皋市第十六届人大常委会第三十次会议，补选朱千波、张建冲为南通市第十四届人大代表。

如皋县(市)历届出席江苏省人民代表大会代表名录

第一届(1955年)	倪锦瑜	俞铭璜	罗清生	江明卿	刘志健		
第二届(1958年)	江明卿	罗清生	单宗肃	倪锦瑜	张礼成		
第三届(1965年)	张礼成	夏凤珠	魏志田	李锦成	宋瑞芝	郑学年	郑庆瑞
	胡奠南	胡伯兰					
(“文化大革命”期间人大停止活动)							
第六届(1983年)	许吉甫	夏明辉	严淑芳	王雨萍	顾敦沂	孙裕贵	阙剑冲
	沈恒珠	冯竹明	陆朝凤				
第七届(1988年)	潘宝才	顾敦沂	徐名义	濮尊周	徐　进	丁忠信	季志伟
	周　萍						
第八届(1993年)	贾晓明	沐美云	王耀光	花汉民	丁忠信	季志伟	王秀珍
第九届(1998年)	刘井石	姜剑国	施祥贵	马宏裕	王秀珍	吴　琼	金来英
第十届(2003年)	周铁根	李玉坤	花爱梅	沈良兵	张英田	吴　琼	许　梅
第十一届(2008年)	姜永华	石　耀	张英田	李玉坤	左伯华	姚泽民	
第十二届(2013年)	陈晓东	马　斌	王海霞	姚泽民	徐正洪	窦银妹	

如皋县(市)历届出席全国人民代表大会代表名录

第四届(1969年)	冒云芳
第五届(1978年)	陆正友
第七届(1988年)	李玉坤
第八届(1993年)	李玉坤
第九届(1998年)	李玉坤
第十届(2003年)	陈惠娟
第十一届(2008年)	阎建国

上级人大领导到如皋视察调研记略

1983年

12月13日　第九届全国人大常委会委员长、时任国务院副总理李鹏视察如皋企业。

1984年

11月26日　时任国务委员、第五届全国人大常委会副委员长姬鹏飞视察如皋并题词。

1989年

1月16—17日　省人大常委会副主任邗白等一行七人,到如皋检查了解农业生产和治理整顿的有关情况。

1990年

4月30日　时任全国人大常委会副委员长费孝通视察如皋。

1992年

9月17日　时任全国人大常委会副委员长彭冲视察如皋并为如皋人大题词。

1993年

9月17日　第五、六、七届全国人大常委会副委员长彭冲一行由省人大常委会主任韩培信,南通市委书记陈根兴、市人大常委会主任朱剑、副主任李明勋等陪同,到如皋视察。

1994年

5月24—26日　南通市人大常委会主任秦兆桢、副主任谢翼飞等一行6人到如皋了解农民负担情况,市人大常委会主任冯邦才陪同调查走访。

9月17日　全国人大常委会委员、中华全国总工会副主席章瑞英等一行4人,由南通市领导李炎、戈雪芬陪同,到如皋视察工会工作。

9月20—21日　由全国人大代表沈道齐率领的省人大视察组一行11人到如皋视察《江苏科技进步

条例》执行情况，听取市政府关于该条例贯彻实施情况的汇报，并实地视察无线电六厂、钢球厂、林梓、白蒲镇的科技工作情况。

1997年

5月5—6日　省人大《中华人民共和国档案法》执法检查组一行15人由省人大科教文委员会副主任周尔辉、省档案局副局长于鸿模带队到如皋视察。

9月5—6日　南通市人大常委会副主任谢翼飞到如皋了解企业改制进展情况，听取市政府领导的汇报，并深入南通电子专用设备厂、电子材料厂和如皋印刷厂调查改制情况。

12月6日　南通市人大常委会主任秦兆桢陪同上海南汇县客人到如皋绿园商谈共建上海水上绿园事宜。双方就共建事宜达成共识。

1998年

5月22日　南通市人大常委会副主任葛忠康率领人大、经委、计委、机械局、汽车办及如皋市相关领导到南通电子专用设备厂考察汽车(摩托车)配件生产经营情况。

6月6—8日　上海市人大常委会副主任沙麟到如皋考察。南通市人大常委会副主任徐相林及如皋市主要领导陪同考察。

6月10—11日　省人大常委会农经委副主任梁宏博、吴汝言，省农业资源开发局副局长杨万如一行7人到如皋调查老区农业资源开发情况。

1999年

5月19日　时任江苏省人大常委会主任韩培信视察如皋。

2002年

1月7日　省人大代表如皋小组视察了如皋市皮防所的工作情况。市人大常委会主任石秀峰，副主任浦文海、郭载荣、汤建华、周金仁、邵晓泉等参加了视察。

5月22日　省人大代表、省人大农委副主任委员冯惟珠一行4人到如皋对贯彻《中华人民共和国农业技术推广法》及省实施办法执行情况进行调研。南通市人大常委会副主任严绍恭，如皋市领导陈照东、徐天明等陪同调研。

10月5日　济南军区原副司令员、时任上海市人大常委会副主任刘伦贤一行到如皋调研，南通军分区政委谢宝君，如皋市领导石耀、石秀峰、陈照东陪同参观。

2003年

8月28日　省人大常委会副主任赵龙率省教育厅、省财政厅等部门同志到如皋召开关于进一步完善农村义务教育管理体制重点建议督办会。南通市人大常委会副主任汤桑林，如皋市领导杨曹明、石耀、张元健、陆小兵等出席会议。

2004年

4月8日　江苏省委原书记、省人大常委会主任陈焕友视察如皋，南通、如皋市领导陪同。

4月10日　省人大教科文卫委员会主任潘宗白、副主任宋秀芳，南通市人大常委会副主任汤桑林等一行到如皋检查《中华人民共和国食品卫生法》的执行情况。

5月22日　全国人大法制工作委员会法规备案审查室处长、中国宪法法学研究会理事刘松山应邀到如皋，为市人大常委会全体组成人员，各镇党委书记、人大主席、镇长和分管政法副书记，市级机关各部门负责人作宪法和宪法修正案专题讲座。

10月18日　第九届全国人大常委会副委员长曹志在省人大常委会副主任赵龙的陪同下到如皋视察。

12月9日　省人大常委会副主任柏苏宁到如皋考察调研人大代表工作。市委书记陈惠娟、市人大常委会副主任刘培银分别作了汇报，市人大常委会主任石耀作了补充发言。柏苏宁一行视察如皋镇村人大代表活动点，并给予好评。

2005年

6月23日　南通市人大视察北三县人防工作汇报会在如皋召开。南通市人大常委会副主任周通生、陆兴达，市政府副秘书长周跃华出席会议，并对如皋的人防工作给予充分肯定。

2006年

4月6日　省人大常委会副秘书长、法工委主任罗晓桦一行到如皋就《江苏省信访条例(征求意见稿)》征求意见。

6月29日　省委书记、省人大常委会主任李源潮到如皋视察。在省、南通和如皋市领导陪同下，李源潮一行视察了内外城河风光带、上海轮胎橡胶(集团)如皋有限公司、江苏熔盛重工集团有限公司。

11月1日　省人大常委会副主任叶坚，南通市人大常委会党组副书记、副主任周通生一行到如皋调研劳动就业工作。市领导石耀等陪同。

2007年

6月14日　省人大环境资源城乡建设委员会主任杨任远调研如皋房地产市场发展情况，市领导姜永华、石耀等陪同。

10月1日　十届全国人大常委会副委员长、全国妇联主席顾秀莲到如皋调研。省领导张连珍、柏苏宁，南通市领导罗一民、丁大卫等陪同调研。

2008年

3月7日　西藏自治区人大常委会副主任周春来一行访问考察如皋。市委书记陈惠娟、市人大常委会主任石耀陪同考察。

8月12日　江苏省省长罗志军视察如皋船舶制造业发展情况，南通、如皋市领导罗一民、丁大卫、蓝绍敏、陈惠娟等陪同视察。

8月21日　省人大常委会农业和农村工委主任宋家新到如皋调研，南通市人大常委会副主任宋飞等陪同调研。

9月8日　全国人大常委会副秘书长刘振伟视察如皋经济社会发展情况。省政府副秘书长、省信访局局长王庆元，南通市委常委、常务副市长蓝绍敏等陪同视察。

9月9日　省人大常委会原副主任王湛率省人大代表省直机关南通组到如皋调研经济社会发展情况。南通市人大常委会副主任徐永兵陪同调研。

10月3日　全国人大常委、上海市人大常委会原主任、复旦大学上海视觉艺术学院名誉院长龚学平，上海市人大代表、上海市商会副会长、月星集团董事长丁佐宏一行10余人到如皋考察。市领导姜永华、石耀、李中林陪同考察。

10月20日　全国人大代表省直三组在省人大常委会副主任柏苏宁率领下到如皋进行专题调研，南通市领导丁大卫、宋飞、吴晓春陪同调研。调研组一行参观了熔盛重工、神马科技，考察了如皋城市建设情况。

12月11日　省人大调研组到如皋，就人大代表建议、意见办理情况开展专题座谈。市人大常委会主任石耀、副主任吴晓培出席座谈会。

2009年

2月22日　省人大环境资源城乡建设委员会原主任杨任远到如皋视察经济社会发展情况。市领导陈惠娟、石耀陪同视察。

2月28日　全国人大代表、党的十七大代表、江苏大生集团有限公司董事长左成懃应邀到如皋作专题报告，传达温家宝总理在江苏省企业家座谈会上的讲话精神。市人大常委会副主任吴晓培、副市长陈冬梅、市政协副主席刘聪泉出席报告会。

4月7日　湖北省人大常委会副主任周洪宇率队到如皋，市人大常委会主任石耀，副主任吴晓培陪同考察。

4月9日　江苏省人大常委会原副主任、省慈善总会会长俞兴德在南通市慈善总会会长程亚明等陪同下，对如皋慈善事业发展情况进行考察和指导。市领导陈惠娟、顾保红、张秀良等参加接待。

6月2日　省人大常委会副主任朱龙生到如皋视察沿江开发情况，市领导陈惠娟、石耀等陪同视察。

10月16日　全国人大副委员长严隽琪视察如皋市造船企业。

11月4日　全国人大常委会委员、全国人大内务司法委员会主任委员、全国人大常委会代表资格审查委员会主任委员黄镇东，全国人大外事委员会副主任委员郑斯林率领江苏在京中直单位全国人大代表调研组到如皋视察。江苏省、南通市领导陪同视察。

12月11日　江苏省人大常委会环资城建委主任陶培荣率城乡供水情况考察组到如皋考察。市领导姜永华、石耀、马建明、周金仁陪同。

2010年

3月18日　江苏省委书记、省人大常委会主任梁保华就注重自主创新、加快转型升级、推动经济社会全面协调可持续发展主题到如皋调研，南通、如皋市领导丁大卫、黄利金、陈惠娟等陪同视察。

4月2日　省人大常委会副主任柏苏宁率检查组一行到如皋，就《中华人民共和国妇女权益保障法》《江苏省实施〈妇女权益保障法〉办法》贯彻实施情况进行执法检查，市领导陈惠娟、姜永华、石耀等陪同检查。

2011年

2月10日　全国人大常委龚学平到如皋视察经济社会发展情况，市人大常委会副主任吴晓培陪同视察。

5月12日　全国人大常委会委员、农业与农村委员会副主任委员孙文盛、尹成杰率队到如皋，专题调研耕地保护补偿制度等有关问题。省、南通市、如皋市领导陪同调研。

6月15—16日　全国人大常委会委员、民进中央副主席兼秘书长朱永新一行到如皋视察，市领导陈惠娟、石耀、张辉陪同视察。

7月9日　全国人大常委会办公厅信访局督办处处长松英毅一行考察如皋经济社会发展情况，市人大常委会主任石耀、副主任张秀良陪同考察。

12月2日　省人大常委会副主任、省总工会主席张艳专题视察如皋经济社会发展及工会工作情况，南通、如皋市领导陆玉明、陈惠娟、石耀、吴晓培陪同视察。

2012年

3月31日　省人大内务司法委员会委员陈斌斌一行3人专题调研如皋司法监督工作，市人大常委会主任谢新民、副主任张元健、督导员张秀良陪同调研。

4月6日　省人大常委会委员、农委主任宋家新率领调研组一行到如皋专题调研村级集体经济发展情况，南通市人大常委会副主任吴晓春，如皋市领导姜永华、谢新民、石耀、司祝建等陪同调研。

4月26日　第十届全国人大常委会副委员长盛华仁视察如皋经济社会发展情况，市人大常委会主任谢新民、党组书记石耀陪同视察。

6月26—27日　省人大常委会副主任丁解民一行专题调研如皋经济社会发展情况。市领导石耀、吴道健、张勇、佘鸣皋、陆雪松陪同。

8月23日　省人大常委会副主任、省总工会主席张艳一行视察了解如皋企业工会工作开展情况。南通市政协副主席、总工会主席陆玉明，如皋市领导姜永华、石耀、蒋建、张元健陪同视察。

9月15日　全国人大常委会副委员长桑国卫率领全国人大常委会农业法执法检查组到如皋开展执法检查，省人大常委会副主任丁解民，南通、如皋市领导黄利金、韩立明、王向红、徐辉、姜永华等陪同视察。

10月3日　第十届全国人大常委会副委员长、中国关工委主任顾秀莲到如皋视察，省科协党组副书记、副主席陈惠娟，南通市领导程静，如皋市领导姜永华、谢新民、石耀、司祝建陪同视察。

10月17日　省人大常委会委员、外事委员会主任袁静波一行视察如皋高效农业发展情况，实地察看森果农庄、振中观赏鱼基地、欣晨冷库等处。市人大常委会主任谢新民、副市长杜永红陪同视察。

10月31日　全国人大常委会副委员长、民进中央主席严隽琪在如皋亲切会见出席第十届海峡两岸中华传统文化与现代化研讨会的台湾海峡两岸民意代表交流基金会董事长、中国国民党中评会主席团主席饶颖奇等台港嘉宾一行。全国人大常委、民进中央副主席王佐书，全国人大常委、民进中央副主席兼秘书长朱永新，海峡两岸关系协会驻会副会长李炳才及省、南通、如皋市领导参加会见。

11月2日　省人大常委会常务副主任、党组副书记林祥国率领省直单位南通组省人大代表到如皋，专题调研现代农业发展情况，南通市人大常委会党组书记、副主任黄利金，副市长徐辉等陪同调研。

11月15—16日　全省人大研究室主任座谈会在如皋召开。省人大常委会副秘书长、研究室主任唐建出席会议。

2013年

5月23日　中国大型石墨化工设备研发生产基地授牌暨南通星球科技园开业仪式在如皋举行，第十届全国人大常委会副委员长顾秀莲为“中国大型石墨化工设备研发生产基地”南通星球石墨设备有限公司授牌并作重要讲话，第八、九届全国政协委员、地质矿产部原副部长、中国工业防腐蚀技术协会名誉副主席张文驹为基地颁发相关证书。省、南通、如皋市领导出席授牌仪式，并为南通星球科技园开业剪彩。

6月24—25日　省人大常委会副主任刘永忠率队到如皋专题调研农业资源开发工作，并听取如皋市、南通市、全省农业综合开发情况汇报。南通市领导王向红、徐辉等陪同调研。

2014年

2月19日　全国人大代表，南通市委副书记、市长张国华，连云港市人大常委会副主任于丽华率领全国人大代表南通、连云港组到如皋，就中心镇建设推动新型城镇化发展情况开展专题调研，南通、如皋市领导黄利金、陈晓东等参加活动。

4月15日　省人大常委会推进新型城镇化工作情况调研组一行到如皋视察，了解全市新型城镇化推进情况。南通、如皋市领导施建中、刘聪泉、陈万圣、万维庆陪同视察。

2015年

3月31日　全国人大常委会副委员长、民进中央主席严隽琪率队到如皋，专题调研现代公共文化服务体系建设工作，并听取如皋市委书记姜永华汇报全市经济社会发展和公共文化服务体系建设情况。全国政协副秘书长、民进中央副主席朱永新，省政协副主席朱晓进，南通市委副书记、市长张国华等参加调研。

10月29日　省人大常委会副主任、党组成员刘永忠一行到如皋，开展《江苏省耕地质量管理条例》执法检查，并听取如皋市工作汇报。南通市、如皋市领导程静、陈晓东陪同。

2016年

3月16日，南通市人大常委会副主任程静率队到如皋调研依法治市工作。市领导缪小华、刘向阳、张元健、成明参加活动。调研组一行先后走访了江苏宝众宝达药业有限公司、江苏隆昌化工有限公司、江苏力星通用钢球股份有限公司、江苏九鼎集团。座谈会上，市委常委、政法委书记缪小华汇报了如皋市依法治市工作推进情况，相关单位、企业代表进行座谈。

4月21日，南通人大常委会常务副主任、党组副书记陈斌一行到如皋视察检查《中华人民共和国环境保护法》执行情况，如皋市领导陈晓东、谢新民、刘聪泉、陈万圣参加活动。

5月5日，南通市人大常委会副主任程静一行到如皋调研“万名代表小康行”贯彻落实情况，市人大常委会领导张元健陪同调研。

5月26日,南通市人大常委会党组副书记、常务副主任陈斌一行到如皋,视察全市“万名代表小康行”主题实践活动开展情况。市领导姜永华、陈晓东、谢新民、张元健、邵晓泉、张勇参加活动。陈斌一行视察华灿电讯、二案社区,并看望慰问联系村的部分困难户。市委书记姜永华汇报全市经济社会发展情况。市人大常委会主任谢新民汇报市人大常委会工作及如皋市“万名代表小康行”主题实践活动开展情况。

7月14日,南通市人大常委会党组成员周建浩一行到如皋开展调研保护企业家积极性和推进重大产业项目建设视察调研活动。

8月17日,南通市人大常委会副主任曹斌一行到如皋调研“万名代表小康行”活动开展情况。

9月13日,省人大常委会常务副主任、党组副书记蒋宏坤一行到如皋督办医养融合建议办理情况、调研农村水污染治理工作。如皋市领导陈晓东、谢新民、邵晓泉、张勇、陈万圣陪同视察。

后　　记

经过半年多的紧张工作,《如皋市人大志》(1949.1—2016.7)已编纂完稿。在此,我谨代表如皋市人大志编委会向给予志书大力支持的单位和个人表示衷心感谢。

市十六届人大常委会主任会议对志书提出了明确的编纂原则和具体要求,创造了良好的条件和环境,并作最终审定。市人大常委会的历届老领导对志书的修改和完善提出了宝贵意见。市档案馆提供了大量的资料。市人大机关各委室的负责同志参与了志书的审定工作。

杨国斌担任本书的主编,林凯、周荣民任副主编。陈敏敏负责第一、第二、第三、第四和第九篇的编撰;张媛媛负责第五篇和附录的编撰;盛聪锋负责第六篇的编撰;孙世军以及各镇、各街道的人大秘书共同负责第七编的编撰,各镇人大主席团和各街道人大工委校核把关;房兴柏负责第八篇的编撰。朱华杰、吉小燕、沈寿友、许映如、王伯平、郭海波、成国春、王洪玉等参与了图片收集、资料查找、文字录入、校对勘误等具体工作。在编纂过程中,得到了市勘测院及方弢、邱贵平、汤一建、黄友谊、丁松山、范建华等同志的支持和帮助。

由于时间跨度较大,部分资料散失,加之编者缺乏经验,志书中难免存在疏误或遗漏之处,敬请读者批评指正。

如皋市第十六届人大常委会主任 

2016年9月